BIBLIOTHÈQUE

DE L'ÉCOLE

DES HAUTES ÉTUDES

PUBLIÉE SOUS LES AUSPICES

DU MINISTÈRE DE L'INSTRUCTION PUBLIQUE

― SCIENCES PHILOLOGIQUES ET HISTORIQUES

QUARANTE-NEUVIÈME FASCICULE

DEUX VERSIONS HÉBRAÏQUES DU LIVRE DE KALÎLÂH ET DIMNÂH PAR
J. DERENBOURG

PARIS

F. VIEWEG, LIBRAIRE-ÉDITEUR

67, RUE DE RICHELIEU, 67.

1881.

KALÎLÂH ET DIMNÂH

PAR

JOSEPH DERENBOURG.

DEUX VERSIONS HÉBRAÏQUES

DU LIVRE DE

KALÎLÂH ET DIMNÂH

LA PREMIÈRE ACCOMPAGNÉE D'UNE TRADUCTION FRANÇAISE,

PUBLIÉES

D'APRÈS LES MANUSCRITS DE PARIS ET D'OXFORD

PAR

JOSEPH DERENBOURG

MEMBRE DE L'INSTITUT

PARIS

F. VIEWEG, LIBRAIRE-ÉDITEUR

67, RUE DE RICHELIEU, 67.

1881.

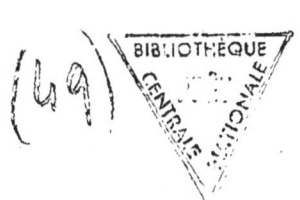

AVANT-PROPOS.

Nous publions dans ce volume : 1° La version hébraïque, attribuée au rabbin Joël, des fables de *Kalîlâh we-Dimnâh*, dont il n'existe qu'un seul manuscrit incomplet[1], celui de la Bibliothèque nationale de Paris, n° 1282, 2; 2° une seconde version hébraïque, faite par Jacob ben Elazar, auteur du XIII° siècle, connu surtout par son *Dictionnaire hébreu* que David Kamḥi, dans son *Livre des racines*, cite souvent sous le titre du *Livre complet* (ספר השלם), et dont le commencement seul est conservé dans un manuscrit également unique de la Bodléienne à Oxford.

N° 1 est parfaitement connu par la notice étendue qu'en a donnée M. Sylvestre de Sacy, *Notices et extraits*, t. IX, p. 417 et suiv. M. de Sacy a placé, à la suite de cette notice, le texte hébreu du chapitre IX du *Kalîlâh*, accompagné d'une traduc-

---

1) La version latine de Jean de Capone, dont nous parlerons tout à l'heure, nous permet d'établir la proportion entre ce qui manque dans notre manuscrit, et entre ce qui y est conservé. La version comprend en tout 76 feuillets; notre texte hébreu répond aux derniers 42 feuillets, tandis que les premiers 34 sont perdus. M. Benfey (*Pantschatantra*, I, 14), a supposé qu'il manquait plus que la moitié; voyez aussi *Orient u. Occident*, I, 481.

tion française (p. 451—466). Un autre chapitre, le chapitre X de notre manuscrit, a été publié et traduit en allemand par notre ami M. Neubauer (*Orient und Occident*, vol. I, 1862, p. 481 et suiv.; 657 et suiv.).

L'état déplorable du manuscrit de Paris, où les lacunes abondent et dont l'orthographe atteste l'ignorance et l'incurie du copiste, a obligé M. de Sacy et M. Neubauer de recourir à la traduction latine qui a été faite sur notre texte hébreu au XIIIe siècle par un Juif converti, Jean de Capoue [1]. Nous avons agi de même, et les nombreuses corrections que nous avons insérées dans le texte hébreu ou indiquées dans les courtes notes dont nous l'avons accompagné, montrent suffisamment le parti que nous avons pu tirer de cette version latine. Nous avons ajouté une traduction française aussi littérale que possible.

N° 2 était tout-à-fait inconnu avant que M. Steinschneider en eût parlé dans le *Zeitschrift der deutsch. Morgenl. Gesellschaft*. Le manuscrit a été acheté par la Bodléienne où il porte aujourd'hui le n° 2384. En jetant un coup d'œil sur la table des chapitres, (ci-dessous, p. 320, l. 21 jusqu'à p. 321, l. 10,) on peut se convaincre que cette version a été faite d'après une rédaction arabe différente de celle dont s'est servi le rabbin Joël. Cette rédaction se rapproche davantage du texte donné par M. de Sacy, eu égard surtout aux additions et changements, fournis par les manuscrits dont M. le professeur Guidi à Rome a publié les extraits dans son travail aussi concis que substantiel (*Studii sul testo arabo del libro di Calila e Dimna*, Roma, 1873) [2].

---

[1] Cette version n'a été imprimée qu'une fois vers l'année 1483.
[2] Dans nos notes ces extraits sont cités sous la lettre G.

Pour n° 2, nous nous sommes contenté de renvoyer aux versets de la Bible dont notre version n'est en grande partie qu'un centon. Cette indication fait comprendre souvent les chevilles inutiles dans l'exposition des faits racontés et donne un motif pour lequel tout ne doit pas être pris à la lettre. Nous avons, en outre, expliqué les passages difficiles, soit en citant les textes correspondants de Jean de Capoue ou de l'ancienne version espagnole publiée par M. Gayangos [1], soit en ajoutant une traduction française. Il nous importait de ne pas laisser croire au lecteur que nous ayons compris ce qui nous a paru inintelligible à nous-même. Nous considérons comme le premier devoir de tout éditeur de n'induire personne en erreur à cet égard. Confesser franchement qu'on a rencontré des obstacles qu'on a cherché vainement à surmonter, c'est offrir une consolation au lecteur qui se sent arrêter par ces passages difficiles et l'inviter à en tenter à son tour l'interpréation.

La version hébraïque de nos fables n'a plus aujourd'hui l'importance que lui prêtait M. Benfey autrefois en publiant son excellent introduction du *Pantschatantra* (Leipzig, 1859). La découverte et publication de la traduction syriaque (1876) a montré jusqu'à l'évidence que la rédaction hébraïque était peu propre à jeter une nouvelle lumière sur le développement graduel qu'avaient reçu ces fables depuis leur origine dans l'Inde. L'influence de cette rédaction ne se fait sentir que par l'intermédiaire de la version latine de Jean de Capoue qui paraît avoir été reproduite à son tour dans les différentes langues de l'Europe. Sous ce rapport, le n° 1 seul forme un anneau dans

---

[1] *Biblioteca de autores españoles*, t. LI, Madrid 1860. Le Calila é Dimna y occupent les pages 11 à 78. La version est citée sous l'abréviation Gay.

— X —

la chaîne de la transmission de ces fables à travers les siècles; le n° 2 n'est qu'un produit littéraire de l'hébraïsme moderne qui montre tout au plus à quel point les copistes arabes de la version d'Al Moukaffa' ont usé et abusé de la liberté que leur laissait une œuvre de pure imagination.

Ce volume ne forme que la deuxième partie de notre publication. Pour avoir une connaissance exacte de la version hébraïque du rabbin Joël, nous avons cru utile de publier le commencement qui manque dans notre manuscrit, d'après la traduction de Jean de Capoue. Non-seulement l'édition de cette traduction est fort rare, mais le latin de Jean doit bien souvent, pour être compris ou corrigé, être ramené à l'hébreu qu'il était destiné à traduire. Ainsi, lorsqu'on y rencontre *ignis*, quand le sens exigerait *homo*, on ne se trompera pas en supposant que Jean avait lu אֵשׁ pour אִישׁ.

Une introduction qui traitera succintement de tout ce qui concerne les deux versions hébraïques et l'influence que la première version a exercée sur la rédaction des fables dans les idiomes européens sera placée en tête du volume et formera avec le commencement du Kalîlâh la première partie de l'ouvrage.

Cet avant-propos est tout provisoire et pourra être supprimé lorsque l'introduction aura paru.

יתר הפלטה הנשארת

מן העתקת

ספר כלילה ודמנה

מלשון ערב לשפת עבר

המיוחסת

לחכם אחד ר' יואל שמו

FRAGMENT

D'UNE TRADUCTION HÉBRAÏQUE

DU

LIVRE DE KALÎLÂH ET DIMNÂH

ATTRIBUÉE

A UN CERTAIN R. JOËL.

[השער השלישי]

. . . .

אמר דמנה כי מדינה אחת ושמה מרות בא עליהם האויב וילכד
אנשידם ויהרגו האנשים וישבו הנשים והילדים ויחלקו האנשים
האויבים* לאנשי השׁביּיה׃ ויפל בגורל איש אחד מהם אכר אחד ולו
שתי נשים והיה מענה אותם האדון וירעיב אותם האדון   ויקם
האיש וילך יום אחד עם שתי נשיו לקושש עצים ותמצא אחד מהן
בלויי סמרטוט ותקחם ותכסה בה ערותה   ותאמר האחרת לאישה
לא תביט לזאת הזונה הנואפת ערומה ובמה כסתה ערותה   אמר

1) C. *mulieres*.

[Chapitre III.]

. . . .

Dimnah dit: Une ville, nommée Marwat, fut attaquée par l'ennemi. Les habitants furent pris; on tua les hommes et emmena les femmes et les enfants captifs. L'ennemi se distribua quelques prisonniers et l'un des vainqueurs eut pour sa part un laboureur et ses deux femmes. Le maître les tourmentait et les faisait souffrir de faim. Un jour l'homme, accompagné de ses deux femmes, se mit en route pour ramasser du bois, lorsque l'une d'elles trouva des haillons pourris qu'elle prit pour en couvrir sa nudité. Vois-tu, dit l'autre femme à son mari, vois-tu cette prostituée, cette éhontée, de quoi elle a couvert sa nudité?

לה האיש אוי לך עזבת נפשך ערומה ותבזה ותחרף למי אשר
כסתה ערותה ולא תראה מום עצמך[1]

צורת האיש ושתי נשיו

ואולם אני תמה תמהון גדול מאד אשר מלאך לבך לדבר אחרי   p. 39.
אשר ידעת מנפשך כל אשר ידעתה מחלאת גופך ואשר בך מרוע
המראה ואשר אתה מבאיש ואשר בך מטומאת הגוף והשמצה ורוע
המעשים על[2] מלאך לבך שתתעמוד בין יד מלך הנקי וגוף הטהור[3]
מן החרפות וכל מום ושמצה ותעבוד בו עבודת מי אין מום בו
ותתעסק במאכליו   וכבר ידע ממך[4] אשר התעלמתי וכיסיתי אותם
ואנשים זולתי אנשי החיל כיסו אותם ואולם הסתרתי אותם עליך
עד היום ולא גיליתי אותם כי (אילו הייתי מגלה אותם)[5] הייתי אומר

---

1) C. ajoute : *videlicet trabem in oculo tuo, in alterius autem oculo vides vestucam.* Voy. Lucas VI, 41; cette addition appartient au traducteur. — 2) Lis. ועל. — 3) Lis. גוף והטהור. — 4) Lis. ידעתי מומיך; C. *novi maculas tuas*. — 5) Ces mots sont de trop, et ne se lisent pas chez C.

Malheur à toi, répondit le mari, tu te laisses nue toi-même, et tu lances le mépris et l'injure à celle qui a couvert sa nudité? Tu ne vois pas ton propre défaut!

Figure de l'homme et de ses deux femmes.

Ainsi je m'étonne grandement de ce que tu as osé parler, sachant tout ce que tu sais de ta personne, de la maladie dont ton corps est atteint, de ta laideur, de la mauvaise odeur que tu exhales, de l'impureté et de la souillure dont tu es impregné, de tes mauvais agissements. Tu as cependant osé te tenir devant le roi au corps pur, devant sa personne exempte de corruption et de tout défaut, de toute souillure. Tu sers le roi, comme si tu étais sans tache, et tu t'occupes de sa nourriture. Je connaissais tes infirmités que j'ai célées et cachées, comme bien du monde dans l'armée en dehors de moi. Si j'en ai gardé le secret jusqu'à ce jour sans rien révéler, c'est que je me disais : Je ne souffre pas de l'honneur que le roi lui

בנפשי אם יכבד אותו אדוני המלך לא ירע לי ואם עשה לו רע לא
יועיל לי ואני ראוי שאכסה עליו והיה לי שאשמרך בזה הדבר
אבל אחרי אשר נגלתה לי ממך האיבה ודברת בשקר ואליל
ותרמית לבך באשר לא ידעתה אומר לך עתה כי לא הוא ראוי
לך שתתעסק למלך אפילו *ספר או¹ עומד פתחו אף כי אתה ⁵
שתתעסק בלחם הלחם²ˑ אמר שר האופים לי אתה אומר אשר
אשמע אמר דמנה כן אני לך אומר כי אספתה מדות רעות כי
אתה פסח ומרוח אשך וצרוע הפחדים³ ותתגורד יד ביד וראשך
מלא שחין והוא לא ראוי שתתקרב לשער המלך לעולמים ויהי
כשמוע שר האופים אשר הוציא עליו דמנה נשתנו פניו ונכלם 10
והתבושש ודבק לחכו לשונו ויחנק בדמעותיו ויבכה על אשר הוציא
עליו דבה   ויהי כראות דמנה כי יבכה אמר לו ראוי לך שתבכה

1) Manque chez C. — 2) D'après C. בלחם המלך. — 3) Ms. הפדיתים.

---

fait, et le mal dont le roi l'affligerait, ne me profiterait en rien.
Il convenait donc d'être réservé et d'avoir égard à toi. Mais
depuis que tu m'as déclaré ta haine, et que tu as dit fausse-
ment, traitreusement et frauduleusement des choses que tu ne
savais pas, je te dirai maintenant, que tu n'es pas digne de
servir le roi, pas même comme barbier ou portier, à plus forte
raison, comme chargé de lui préparer la nourriture.

Le chef des cuisiniers répondit : C'est à moi que tu dis les
choses que je viens d'entendre?

Oui, dit Dimnah, à toi, qui réunis tous les défauts; car tu es
boiteux, impotent, couvert de lèpre aux testicules, tu te grattes
les mains, et ta tête est couverte de pustules. Il ne convient
donc pas que tu approches jamais du palais du roi.

Le chef des cuisiniers ayant entendu les propos de Dimnah,
devint blême! Couvert de honte et de confusion, sa langue s'atta-
chait à son palais; les sanglots le suffoquèrent, et il versa des
larmes abondantes sur la calomnie que Dimnah venait de répandre. Lorsque Dimnah le vit pleurer, il reprit : tu fais bien de

ותוסיף [p. 40.] לבכות יום ולילה כי¹ הגידו דברך למלך ויודע כל מום
אשר בך והרחיק אותך לקצי הארץ   ויהי כשמוע הדבר נאמן²
הארי אשר היה כותב כל הדברים והיה שמו שהרג³ כתב אותו
ויוליכוהו להארי ויצו הארי לסור גבורתו לשר האופים וירחיק אותו
5 ויכתוב הסופר הנאמן כל אשר אמר דמנה ומה אמרו לו
ויחתמו עליו וישלחו לדמנה אל בית הסוהר וישובו⁴ לדרכם
ביום ההוא

צורת דמנה יוליכוהו לבית הסוהר•

והיה שם אחד מן החיות ושמו רוזבא והיה חבר כלילה והיתה
10 לו מן המלך מעלה גדולה   וימהר ויבא לדמנה בבית הסוהר ויגד
לו כי מת כלילה   ויכבד מאוד בעיני דמנה ויגדל עליו כאבו ויגונו
וחמלתו לאשר היה בינם מן האהבה והאחוה ויבכה בכי גדול

1) C.: *quam si sciret*, etc. — 2) Ce mot qui a le sens « fidèle », signifie aussi : notaire, tabellion. — 3) Ces trois mots manquent chez C. — 4) C.
15 ajoute : *omnes de exercitu,* כל אנשי החיל.

pleurer; continue à verser des larmes jours et nuits; car si le roi était instruit de ce qui te concerne et connaissait tes défauts, il t'exilerait aux extrémités de la terre.

Le notaire du lion avait écrit toutes les paroles qu'il avait
20 entendues. Il s'appelait Schahrag. On porta ce qu'il avait écrit au lion, qui ordonna aussitôt d'enlever au chef des cuisiniers son office et de le chasser. Le procès-verbal de ce qu'avait dit Dimnah, et de ce qu'on lui avait répondu fut dressé par le secrétaire fidèle, et signé. On renvoya ensuite Dimnah en prison,
25 et chacun se retira chez soi.

Figure de Dimnah, reconduit en prison.

Il y avait à la cour un animal, nommé Rousbé, ami de Kalîlâh, qui occupait un rang élevé auprès du roi. Il s'empressa de se rendre en prison, auprès de Dimnah. Il lui donna la nouvelle
30 de la mort de Kalîlâh. Dimnah en fut fortement affligé, et grande fut sa douleur, son chagrin et son attendrissement à cause de

ויאמר אוי לחיי ואוי לעולם' כי נפרדתי בו מאחי ושעשועי לבי
ומבטחי   וכבר צדקו דברי האיש אשר אמר כי כל מי נוגע בעולם
בנגע אחד יאספו עליו צרות רבות ומכל פאה ומכל צד התלאות
והיגון והתוגה כמו קרה לי הילילו הה ליום² אשר נאספו עלי
5 הצרות ממצוק המוסר³ ואשר נאספו בי העם להרשיעני ונגזרתי
מאנשי עצתי וחברתי⁴ אח כמוך ואני מגדר בך פרץ אחי כלילה
וכבר בטחתי בחסדי האל אשר יעשה עמי תמיד   ובאשר ראיתי
ממך אשר | שמת דברי אל לבך והאהבה אשר בך והחמלה עלי
ואדע כי אתה תהיה לי באחוה ואהבה כמו אחי כלילה ויותר

1) Ces deux mots manquent chez C. — 2) Ézéch. XXX, 2; ms., והלילה. 10
— 3) Lis. הסוהר; C. carceris. — 4) C. ajoute: *et meis fratribus et consangineis.
Nunc tamen laudo Deum qui recolligens ad se fratrem meum K. reliquit mihi
de viris societatis et dilectionis mee fratrem sicut te.* ואחי וקרובי ועתה אודה
לאל אשר אסף אליו אחי כלילה כי השאיר לי מאנשי אהבתי וחברתי.

---

l'amitié et du sentiment fraternel qui l'avaient uni à Kalîlâh. 15
Il pleura beaucoup en disant: Malheur à ma vie! malheur à
tout le monde! Me voilà séparé de mon frère, de celui qui
était la joie de mon cœur, l'objet de ma confiance. Il avait bien
raison, celui qui dit: l'homme qui a été frappé dans le monde
d'un seul coup, voit bientôt s'accumuler sur lui de toute part 20
et de tout côté des tourments sans nombre, des malheurs, des
chagrins, des douleurs. C'est là mon sort, hélas, depuis le jour
où j'ai été torturé des angoisses de la prison, où tout le monde
s'est ligué contre moi pour me traiter de criminel, et où je suis
retranché de mes conseillers, de mes intimes; [de mes frères 25
et parents; je remercie donc Dieu de m'avoir, après la mort de
mon frère Kalîlâh, laissé un ami, un intime,] un frère, comme
toi! La brèche, faite par la perte de mon frère Kalîlâh, est ainsi
réparée par toi, et je reprends confiance dans la grâce de Dieu
qui ne me fera jamais défaut. Je vois que tu as pris à cœur 30
mon affaire, que tu éprouves de l'amitié et de la compassion
pour moi. Je sais que, pour le sentiment de fraternelle amitié,
tu seras comme mon frère Kalîlâh, et mieux; tu te conduiras

וִשתתנהג בדברי כהתנהג האח הנאמן והיה מקדם אני ואחי כלילה
אספנו מעט ממאכל¹ היה לנו למחיה ונחביאהו למקום כך וכך ואם
תראה שתביאהו לי עשה וימהר רוזבא אל המקום אשר אמר לו
דמנה ויוציא כל אשר שם וישאהו וישימהו לפניו ויקח דמנה את
5 חלק כלילה ויתן אותו אליו ויהי אחר כן אמר לו השלם לבך
והתנהג במאמרי והשב אלי רעיונך והודיעני מה יהיה מדברי האריה
העת יוליכו לו כל דברי אשר דברתי * אצל אנשי החיל² ושמע מה
תאמר אם האריה והתבונן באשר אמרתי לך ובאשר לא אמרתי
ובמה יזכרו אותי בבית המלך כי יכול תוכל לעשות זה הדבר כי
10 כל היום תוכל לצאת ולבוא ואחרי כן תגיד אותו לי ואף גם זאת
אני אוהב ממך שתדע כי זה הדבר הנקל והנבוה אשר נתתי לך
לא נתתי לך מפני שנגלו עיני ואראה שתוציאני או מפני אשר אני

1) C.: *de pecunia*, מכסף. — 2) Manque chez C.

---

dans mon affaire, comme se serait conduit ce frère fidèle. Autre-
15 fois, nous avions, mon frère Kalîlâh et moi, ramassé une petite
provision de nourriture pour notre entretien, et nous l'avions en-
foui à tel et tel endroit; si tu veux me l'apporter, fais-le. Rousbé
s'empressa de se rendre à l'endroit que Dimnah lui avait indiqué, prit tout ce qui s'y trouvait et le plaça devant lui. Dimnah
20 en prit la part de Kalîlâh, le donna à Rousbé, et lui dit: Sois
calme et suis mes ordres; tourne tes pensées vers moi et faismoi connaître ce que dira le lion au moment où l'on lui aura
rapporté mes paroles devant les gens de l'armée. Écoute ce
que dira la mère du lion, et fais attention à ce que je t'ai re-
25 commandé aussi bien qu'à ce que j'ai pu avoir omis. Vois aussi
de quelle façon on parle de moi au palais; car, libre d'entrer et
de sortir toute la journée, tu peux le faire et tout me rapporter.
Je voudrais aussi que tu fusses convaincu que le cadeau si petit
et si insignifiant que je t'ai fait, je ne te l'ai pas donné parce
30 qu'il m'a semblé que tu me ferais sortir d'ici, ou bien, parce
que je tremble pour ma vie à cause du mal que j'ai commis;

מפחד על נפשי מרע שעשיתי ואולם אעשה אותו לאהבה אשר
היתה בינך ובין' כלילה ואשר אני בוטח בעצתך ואמתך ועמדך
בברית ואני לא ראיתי איש מכל אשר עוב כלילה לרשת אותו
כמוך ועל ׄכן אהבתי שאעזבהו לך ויקח רוזבא אשר נתן לו דמנה
5 וישבע לו שיודיעהו כל אשר ישמע מן הארי בדבר דמנה וישלח
את * אשר נתן לו׳ אל ביתו

צורת דמנה בכלא ורוזבא ידבר עמו וההון לפניו

ויהי אחרי כן השכים רוזבא וילך לבית הארי וימצא לשופט
ולנמר³ שהביאו הספרים וישימם לפניו ויקראם ויצוה לכותב
10 להעתיקם ושיתנם לנמר לו ולשופט מהרו בדמנה והעמידוהו
לפני החיל⁴ ושאו אלי כל אשר ידברו בו ואשר יאמר הוא ויהי

1) C. ajoute אחי. — 2) C.: *pecuniam*, הכסף. — 3) Ms. וללמד.
4) C. *curiam*.

---

je l'ai fait à cause de l'amitié qui a existé entre toi et Kalîlâh,
de la confiance que j'ai dans tes conseils, ta véracité et ta fidélité inébranlable. Personne ne m'a donc paru aussi digne que
toi de l'héritage que Kalîlâh a laissé, et j'étais heureux de te
l'abandonner.

Rousbé accepta le don de Dimnah et lui jura de lui redire
tout ce qu'il entendrait du lion. Puis il envoya chez lui ce qu'il
avait reçu.

Figure de Dimnah en prison, de Rousbé en conversation avec lui, et du
trésor, placé devant Rousbé.

Le lendemain de grand matin, il alla au palais du lion. Il y
trouva le juge et le léopard qui apportaient et déposaient les
livres devant le lion. Le lion les lut et ordonna au secrétaire
d'en prendre une copie pour la remettre au léopard; puis il dit
à celui-ci et au juge: Faites venir Dimnah et placez-le devant
l'armée; puis vous me rendrez compte de tout ce qu'on produira
contre lui, ainsi que des paroles qu'il dira lui-même.

השופט והנמר יוצאים מאת פני המלך באה אליו אם הארי ויקרא[1]
באזניה הספרים וכל הדברים ההם ותשא קולה ותאמר אל ידע
בעיניך אם אעתיק בדברים[2] עליך כי אני אראך כי לא תדע מה
ייטב לך ומה יירע לך הלא הזהרתיך שלא יפתך כל אשר תשמע
5 מדברי זה * הנזיר הרשע[3] והמכזב והמפתה הניח עצמך[4] ממנו כי
אם תחייהו ישחית עליך חייליך ותקם ותצא מאתו מתקצפת עליו
וישמע רוזבא דברי אם הארי * וישמרם בלבו * ויצא * ממהר[6]
בצאתה[6] ויבוא אל דמנה אל הכלא ויגד לו כל אשר אמרה אם הארי
בעת קרא הארי הספרים אליה עוד זה מדבר והנה מלאך הסוהר[7]
10 בא אל דמנה ויוליכהו ויעמידהו לפני | החיל ויהי כאשר נאספו כל
החיילים והעם ודמנה עומד[8] אמר שר הצבא לדמנה כבר נגלה לי

1) C. *et mandavit leo ut legerent*, ויצו המלך לקרוא. — 2) Cf. *Ps.* XXXI,
19. — 3) C. *inimico*, האויב. — 4) C. *populum tuum*, עמך. — 5) Manque
chez C. — 6) C. : *de palacio*. — 7) C. *judicis*, השופט. — 8) C. ajoute :
15 *coram eos*, לפניהם.

A peine le juge et le léopard furent-ils sortis de chez le roi,
que la mère du lion arriva près de lui. Il lui lut les livres et
tout ce qui avait rapport à cette affaire, et aussitôt la mère
éleva la voix et dit : Qu'il ne te déplaise, si je t'adresse des
20 paroles dures, car je te prouverai que tu ne sais pas ce qui est
pour ton bien ou pour ton mal. Ne t'ai-je pas averti que tu ne
devrais pas te laisser séduire par les paroles que te ferait entendre ce faux dévot, ce menteur et séducteur? Délivre ton
peuple de lui, car, si tu le laisses vivre, il soulèvera ton armée
25 contre toi. Elle se leva et sortit, emportée par la colère.

Rousbé avait entendu et retenu les paroles de la mère du
lion, et aussitôt que celle-ci fut sortie, il se rendit vite à la
prison auprès de Dimnah, pour lui raconter ce que la mère du
lion avait dit à la lecture des livres. Rousbé parlait encore,
30 qu'un messager du juge vint emmener Dimnah et le placer
devant l'armée.

Lorsque toute l'armée et le peuple furent rassemblés et que
Dimnah fut placé devant eux, le chef de l'armée lui dit : Pour

דברך והאמין אותו בלבי ויגידיהו לי מי הוא בעיני נאמן ולא הוא
ראוי לי עוד שאשאל על זה הדבר מפני שאני יודע שאמת זה כי
כבר חקרתי עליו ומצאתי אמת ולולא הדבר שצווני המלך בחמלתו
על העם וכל החילים שפטתי אותך כמעשיך   אמר לו דמנה אדע
5 דבריך דברי מי אין לו לא רחמנות ולא חנינה ולא מביט בדבר
החמוץ והמעונה ולא ידרוש האמת ולא מבקש היושר ולא חוקר על
הצדק אבל אתה הולך אחרי תאותך ותרצה להרגני ולא נאמנו לך
מכל הדברים אשר שמו עלי אפילו אחד   אבל לא אלין עליך ולא
אשים חמם עליך[1] כי הרשע אשר עול[2] לא ירצה אשר ירצו בעלי
10 הצדק והיושר ובעלי התום   ויקם השופט ויאמר ראוי לאיש אשר
הוא פקיד ונגיד שישלם לבעלי הצדק כצדקתם ויכירהו לו ויכבדהו
עליו כי זה האיש הוא ראוי שיעשה לו כל טוב[3]   ועל הפקיד שיענה

1) Manque chez C. — 2) C. et pravus. — 3) Manque chez C.

---

moi ton affaire est claire; elle m'est confirmée et rapportée par
une personne digne de confiance; il serait donc superflu de 15
prendre encore des informations, puisque je connais la vérité
à la suite d'une instruction sérieuse. Aussi sans les ordres du
roi et sa miséricorde pour le peuple et toute l'armée, je t'aurais
jugé selon tes actions. — Tes paroles, répondit Dimnah, sont
celles d'un homme sans pitié, ni miséricorde, qui n'a aucun 20
égard pour celui qui est opprimé et tourmenté, qui ne recherche pas la vérité, ni ne demande l'équité, ni ne s'efforce de
découvrir la justice. Tu veux assouvir ta passion et me tuer,
sans qu'une seule de toutes les paroles qui ont été prononcées
contre moi, ait été prouvée. Mais je ne veux pas murmurer 25
contre toi, ni t'accuser de violence; car le méchant n'a jamais
les mêmes désirs que les défenseurs du droit, de la justice et
de l'équité. — Le juge reprit aussitôt la parole : Certes, dit-il,
un chef, un préposé doit récompenser les gens vertueux selon
leurs vertus, il doit les distinguer et honorer, lorsqu'ils ont 30
mérité qu'on leur fasse du bien; mais un chef doit également

החוטא על חטאו ויכהו' כדי רשעתו והנשארים ישמעו וייראו² ויוסיפו
בעלי הצדק יושר על יושרם וטוב לך שיפרעו ממך בזה העולם
משתלך בעוונך לעולם הבא ועתה התודה עוונך וחטאתך ושים נא
כבוד לאל* ותן לו תודה הגד נא לי מה עשית³ כי תהיה אחריתך

5 טובה ואם אתה תעשה אותו ותהיה ממלט נפשך מעינוי העולם
הבא ויצא לך שם טוב וידברו בך טוב ותנצל מרב התלאות
והסיר עלילות דברים אשר אתה אומר ואל תהיה מן הנלוזים תפולי⁴
ושים התוודותך לעוונך נוח לנפשך ובית שלמך⁵ כי המות על
היושר טוב מן החיים על הרשע אמר דמנה לשופט שמעני אדוני
10 כן דברת וכל דבריך ומאמריך מאמרי חכם ודבריך דברי נבון
ואמנם כי בעת יצליח מזל האיש ראוי הוא שלא ימכור אחריתו

1) C. *flagellare*; ms. וייבינו. Cf. Deut. XXV, 2. — 2) Ibid. XIX, 20. —
3) Manque chez C. — Cf. Jos. VII, 19. C. ajoute: *fili me*, בני שים. —
4) Manque chez C. — 5) C. : *in domo futuri seculi*; lis. בבית.

15 infliger des peines au pécheur selon ses péchés, le frapper
selon sa méchanceté, afin que les autres entendent et craignent,
et que les vertueux se sentent encouragés dans leur droiture.
Mieux vaut du reste pour toi, que tu reçoives ta rétribution
dans ce monde, que d'aller chargé d'iniquités dans l'autre
20 monde. Confesse donc tes méfaits et tes péchés, rends cet
hommage à Dieu et fais lui l'aveu, dis-moi ce que tu as fait, et
ta fin sera bonne; car en agissant ainsi, tu délivreras ton âme
des tortures de l'autre monde, et comme ta réputation se ré-
tablira, on dira du bien de toi, et tu échapperas aux nom-
25 breuses tribulations. Abandonne ces paroles frivoles que tu
profères, et ne sois pas hypocrite; en avouant tes péchés, tu
donneras la paix à ton âme pour le champ du repos. Car, mieux
vaut mourir en juste que vivre dans la méchanceté.

Dimnah répondit au juge : Écoute-moi, seigneur! tes paroles
30 sont vraies; tes propos et tes assertions sont ceux d'un sage,
tes discours ceux d'un homme intelligent. Lorsqu'on prospère,
on ne doit pas vendre sa vie future pour le bien de cette terre

בתבל הארורה הנזכרת¹ והאובדת ולא יקנה נוח מעט בעִנוי הרבה
*ואומר לך כי אילו היה בי זה הדבר הייתי מחשב עתה כדבריך²
ואומר האמת ואתודה עוני ואילו הייתי יותר רשע מכל איש בעולם
בעת הייתי שומע דְבריך אזי היה לבי נכנע והייתי מכיר בעיני השכל
5 הדרך הטוב מן הרע כי החוטא האכזר בעת יחטא ואין לו מי יוכיחהו
לא יוכל לעזוב רשעו ועת ישלח לו [האל³] מוכיח חכם ונבון כמוך
לא יוכל לעזוב להקשיב⁴ לבו מצור אלא ישוב רך בדבר המוכיח
ויכנע ויכיר מה הוא עושה ויתודה ואני עתה הייתי מתאוה שאהיה
חוטא כמו שאמרת ואתודה עווני ואמצא נוח מזה העמל והייתי
10 ממהר לצאת מן האדמה הארורה לבית תענוג וחמדה | וכמעט
אומר לך שאני חטאתי ואתודה בעון שלא עשיתי בעת שמעתי מתק
מאמריך וייטב בעיני שאמות נקי ואכפל טובותי בעולם הבא אבל

1) Manque chez C. Peut-être: הנשברת; cf. Ezéchiel XXXIV, 4. —
2) Manque chez C. — 3) C. deus. — 4) Lis. להקשות, C. obdurare.

maudite et passagère, ni acheter un peu de bien-être au prix
de grands tourments. Je te dis donc, que si j'étais tel qu'on me
dépeint, je penserais maintenant comme toi, je proclamerais
la vérité et je confesserais mes péchés. Fussé-je le plus grand
scélérat de la terre, après t'avoir écouté, je m'humilierais et je
discernerais, par les yeux de l'intelligence, entre la bonne et la
mauvaise voie. Car, le pécheur endurci, qui, au moment où il
commet un crime, ne rencontre pas un censeur, ne peut pas
abandonner sa méchanceté; mais si Dieu lui envoie un censeur sage et intelligent comme toi, il ne saurait laisser son cœur
plus dur qu'un rocher; il s'amollit à la parole du censeur, s'hu-
milie, reconnaît ce qu'il a fait, et en fait l'aveu. Je voudrais
presque être un pécheur, comme tu l'as dit, confesser mes
fautes, et trouver ainsi la fin de cette misère, en quittant rapidement cette terre maudite pour entrer dans la demeure des
jouissances et des délices. J'étais sur le point de te déclarer que
j'avais péché, et de faire l'aveu de fautes que je n'ai pas com-
mises, en entendant tes paroles douces; il me plaisait de mourir

נזכרתי באשר אמרו החכמים כי האובד עצמו אין לו חלק לא בעולם
הזה ולא בעולם הבא וידעתי כי אם הייתי אומר שחטאתי והיה העון
עלי כאילו הרגתי את עצמי אחר אשר התודתי עון שלא עשיתי אבל
נקי אני מכל אשר שמו עלי נקי וזך ואיך אהרג נפשי ואעזר לאויבי
5 עליה' ואני תמים ולא דברתי כזב ולא חשבתי² וירע בעיני שאתודה
באשר לא עשיתי ואהיה חבר למי רוצה להרגני ואתה תדע מה יש
בזה הדבר * ואני נקי כפים³ ואם תרצו להרגיני בחמס הנה אלהים
עוזר לי⁴ ואני אומר לכם אשר אמרתי אתמול אך יראו את אלהים
וזכרו חשבון הדין ואל תבואו בדבר שתנחמו עליו בעת לא יועיל
10 לכם דבר כי המשפט לא ישפטוהו על דבר ספק אלא על האמת
ואני מכיר נפשי יותר מכם אבל אתם תחשבו עלי רעה והשמרו

1) C. *super hæc.* — 2) C. ajoute : *et defraudatus sum in mea causa.* — 3) C. remplace ces mots par : *peccati,* העון מן. — 4) Is. L, 7.

---

innocent et de doubler ainsi mes biens dans l'autre monde.
15 Mais je me suis rappelé la sentence des sages : Quiconque se
détruit lui-même n'a part ni à cette vie ni à la vie future. Or,
je sais qu'en me disant coupable d'avoir péché, ce serait comme
si je me donnais la mort, puisque je me chargerais d'une faute
qui ne m'incombe pas; car je suis innocent de tout ce qu'on
20 a mis sur mon compte, oui, innocent et pur. Comment pourrais-je alors me suicider et venir ainsi en aide à mes ennemis,
quand je suis sincère, et lorsque je n'ai ni dit ni médité un mensonge? Je ne puis donc pas confesser ce que je n'ai pas fait,
ni m'associer à ceux qui veulent ma perte. Je sais bien ce qui
25 en est et que mes mains sont pures. Si donc vous voulez m'entraîner injustement au supplice, Dieu viendra à mon aide. Je
vous dis seulement ce que je vous ai dit hier : Craignez Dieu
et rappelez-vous le compte du dernier jugement; ne vous engagez pas dans une affaire dont vous vous repentirez lorsque
30 le repentir sera devenu inutile ; on ne rend pas un arrêt dans
une cause douteuse où la vérité n'est pas établie. Je me connais mieux que vous, et vous me voulez du mal; aussi faites

לכם פן יקרה לכם אשר קרה לאיש¹ האומר אשר לא ידע
ולא ראה

אמר שר השופט והשר הצבא ואיך היה

אמר דמנה היה איש אחד והיתה לו אשה נבונה ומשכלת² והיה
p. 46.
5 לאיש עבד והיה העבד חושק לגברתו והיה | מאיץ בה ימים רבים
והיא לא תשמע אליו ויחשוב בנפשו דבר³ שיעבודי⁴ אותה בו
ויצא יום אחד לצוד ציד ויצוד שני אפרוחי ענור⁵ ויעש להם כן
וילמוד אותם⁶ שיאמר אני ראיתי השוער שוכב עם גברתי ואחד
למד⁷ שיאמר אני לא אוסיף לדבר עוד   והיה האפרוחים מדברים
10 בלשון רודנים⁸ ולא היו אנשי המדינה מבינים אותם   ויהי יום אחד
אדוניו יושב בביתו ונגדו אשתו עד בא אליו הענורים וייטב בעיני

1) C. *cuidam servo*, לעבד אחד. — 2) C. ajoute: *ita quod omnes de
ejus prudentia mirabantur et ceperunt exemplum ab ea*, והכל תמהו משכלה
ותהי להם למשל. — 3) C. ajoute: *nocte et die*, יום ולילה. — 4) C. *turbaret*,
שיאביד (?). — 5) C. *psitaci et papagalli*. — 6) Lis. וילמד האחד; C. *docuit*
unum. — 7) C. *tertium*; de même p. 14, l. 8: *tertia avis* pour והשני. —
8) C. *lingua edomica*.

---

bien attention, qu'il ne vous arrive ce qui est arrivé au domestique qui déclarait ce qu'il n'avait ni vu ni su.

Le premier juge et le chef de l'armée dirent : Quelle est cette histoire?

Dimnah raconta : Un homme avait une femme entendue et intelligente; [tout le monde admirait sa raison et la citait comme exemple]. Il avait aussi un domestique qui s'éprit d'amour pour sa maîtresse. Il insista donc longtemps auprès d'elle; mais elle ne l'écoutait point. Le domestique s'ingénia alors à trouver un moyen pour la perdre. Il alla un jour à la chasse et prit deux jeunes perroquets. Il les mit en cage et apprit à l'un les mots : J'ai vu le portier coucher avec ma maîtresse; à l'autre il apprit les mots : Je ne veux pas en dire davantage. Ces perroquets parlaient la langue des Rôdoniens que les gens du pays ne comprenaient pas. Une fois le maître resta chez lui et sa

האיש קולם והוא לא ידע מה אמרו ויצו לאשתו שתשמור אותם
ושייטב להם כל היום   ויהי היום ויבואו לו אורחים מארץ רודנים
ויעש להם משתה ויאכלו וישתו   ויהי כאשר תמו מלאכול ולשתות
הביאו לפניהם העגורים וירננו   ויהי כאשר שמעו האנשים דבריהם
הביטו זה לזה והורידו לארץ ראשם מבשתם ויאמרו לבעל הבית 5
התידע מה הם אומרים   אמר להם לא כי אם קולם אשר ינעם
לי   ויאמרו אל ירע בעיניך אשר נאמר לך כי אחד אומר שהשוער
שוכב עם אשתך והשני אומר ואני לא אוסיף עוד לדבר' *ויען הנער
מבית אחר ויאמר² ואני מעיד בכל אשר יאמרו העופות   ויצו האיש
שיהרגו את אשתו
10

צורת האיש והאנשים והעופות

1) C. ajoute : *et utrum sit credendum aut non nescimus*, ואיננו יודעים. — 2) C. *quod audiens servus cito dixit*. אם הוא ראוי להאמין בם או לא.

femme était assise en face de lui, lorsque les perroquets vin-
15 rent auprès de lui. Leur voix lui plut sans qu'il sût ce qu'ils
disaient; il recommanda donc à sa femme d'en avoir bien soin
et de les bien traiter toujours. Il arriva un jour des étrangers
du pays des Rôdoniens auxquels le maître prépara un festin.
On mangea et on but, et après avoir bien mangé et bu, on fit
20 venir les perroquets qui babillaient. Or à peine ces hommes
eurent-ils entendu ce que disaient les oiseaux qu'ils se regardèrent et laissèrent tomber leur tête de confusion. Puis ils
dirent au maître de la maison : Comprends-tu ce qu'ils disent? —
Non, fit-il, seulement leur voix me plaît. — Ne t'en déplaise,
25 reprirent les étrangers, mais l'un dit, que le portier couche avec
ta femme, et l'autre ajoute, qu'il ne veut pas en dire davantage, [mais nous ne savons pas s'il faut les croire ou non]. Alors
le domestique prit la parole et dit : Je me porte comme témoin
pour tout ce que racontent ces oiseaux. Le mari donna aussi-
30 tôt l'ordre de tuer sa femme.

Figure de l'homme, des étrangers et des oiseaux.

ותשלח אשתו אליו לאמור חקור על אשר אמרו לך כי או יגלה
לך * הדבר אם הוא אמת או כזב' ועתה שאל אילו החכמים שישאלו
לעופות ויראו אם ידעו בלשונם דבר מלבד אילו כי הדבר הזה
לימד אותם עבדך הרשע אשר רצה לשלוח יד בי ונמנעתי ממנו
5 על כן עשה זה הדבר   וישאילום והנה לא ידעו דבר כי אילו
הדברים ויראו² כי הדבר ההוא הנער למד אותם להם   וישלח
אחריו ויבוא לו ובידו נץ   ותאמר לו גברתו אוי לך למה הוצאת
עלי בדבר הזה   אמר לה כן הוא   ויעף הנץ לעינו וינקר אותה
ויוציאנה [מראשו³]   ותאמר לו האשה מהרה שלם לך האל כמעשיך
10 על אשר אמרת כי ראית אשר לא ראית ותעיד עלי שקר
ויצו אדוניו להמיתו⁴·

צורת העבד והנץ יוציא עינו

1) C. *verbum hujus mendacis*, דבר המכוב הוה. — 2) C. *tunc cognovit dominus*,
ונעשה לו כפעלו. — 3) *de capite*. — 4) C. *et sic digna factis accepit*, וירא האיש.

Mais sa femme lui fit dire : Examine ce que t'on a dit ; alors
tu sauras si c'est vrai ou faux. Maintenant prie ces hommes
instruits d'interroger les oiseaux et de voir s'ils savent encore
d'autres mots de la langue des Rôdoniens que ceux-ci. Car ces
mots leur ont été enseignés par ton méchant domestique qui a
voulu mettre la main sur moi ; et comme je me suis refusée à
ses tentatives, il a agi ainsi. Les étrangers interrogèrent donc
les oiseaux qui ne savaient que ces paroles, qu'évidemment le
domestique leur avait apprises. Le maître le fit venir ; il arriva,
un faucon sur le poing. Malheureux, lui dit sa maîtresse, pourquoi m'as-tu ainsi calomniée? — J'ai dit ce qui est, répondit
le domestique. Aussitôt le faucon s'élança sur son œil, l'arracha et le fit sortir de sa tête. La femme lui dit : Dieu t'a rétri-
bué vite selon tes actions ; car tu as prétendu avoir vu ce que
tu n'avais pas vu, et tu as rendu contre moi un faux témoignage. Le maître ordonna de le mettre à mort.

Figure du domestique pendant que le faucon lui arrache l'œil.

ואולם נשאתי לכם זה המשל כי כל מי אשר יעשה כמו העבד
הזה מהרה ישלם לו האל כפעלו   ויהי אחרי כן כתב השופט כל
אשר אמרו לדמנה ואשר השיב הוא והשיבוהו אל הכלא   וילכו
שרי הצבא¹ אל בית המלך *והאחרים הלכו לדרכם² וישב דמנה
לחם בכל יום דברים והם לא ישמעוהו   ותאמר אם האריה אל 5
הארי אם תעזוב לדמנה חי אחרי עשותו כל אלה עוד יעולל רעות
גדולות ותלאות הרבה * ויתפרץ מדבריך³ אשר לא תוכל לגבור
אותו   ויהי כדברה אליו יום יום⁴ נפל הדבר בלבו ויתבאר לו כי
אמת היה   ויביאו הנמר ויעיד על דמנה אשר שמע ממנו ומכלילה
בעת אשר עבר על | ביתם   וישלח הזאב אשר היה בכלא ויאמר 10
אני מעיד כי שמעתי כך וכך ויוציאוהו מן הבור ויביאוהו למלך
ויעיד על דמנה אשר שמע ממנו⁵ ואשר השיב כלילה אותו   ויאמן

- 1) C. omnes, כלם. — 2) Manque chez C. — 3) C. et incides in ruinam. —
4) Gen. XXXIX, 10. — 5) C. ajoute: *loquentem ad Kelilam*, מדבר עם כלילה.

15 Je vous ai raconté cette parabole, parce que Dieu rétribue
vite selon ses œuvres quiconque agit comme ce domestique.

Après cela le juge écrivit tout ce qu'ils avaient dit à Dimnah
et ce qu'il avait répondu. Puis Dimnah fut réintégré dans la
prison et tous les autres se rendirent au palais.

20 Dimnah leur adressait tous les jours des propos qu'on n'écoutait pas. La mère du lion dit enfin au lion : Si tu laisses vivre
Dimnah après tout cela, il entraînera encore des grands malheurs et te causera beaucoup de tribulations ; tu finiras par subir
des difficultés que tu ne pourras pas surmonter. En parlant ainsi
25 journellement à son fils, ces paroles pénétrèrent dans son cœur
et leur vérité lui devint évidente. On amena aussi le léopard
pour qu'il déposât contre Dimnah tout ce qu'il lui avait entendu dire à lui ainsi qu'à Kalîlâh lorsqu'il avait passé devant leur maison. Le loup aussi, qui était en prison, fit dire
30 qu'il pouvait témoigner de ce qu'il avait entendu. On le retira donc de la prison et on l'amena devant le lion, où il
rapporta contre Dimnah tout ce qu'il avait entendu de lui,

הארי בו וידע כי דמנה הסיתהו ויפתהו¹ ויהי כראותו כי כן צוה
ויוציאו לדמנה וימיתוהו

צורת דמנה נהרג וצורת ההורג

*ויהי אחרי כן אמר סנדבאר הפילסוף לדיסלם המלך² ראוי
לבעלי השכל שיזהרו בדברים האלה ואחרים כמוהם ושידעו כי
כל מי יבקש טובת נפשו ברעת חברו הוא חוטא על נפשו וילכד
ברוע בעליו³ * ואני נזהר בדברים האלה ולומר אותם ונשמר מהם
כדברים אחרים על כל פנים

נשלם שער מעשה דמנה ולחקור על מעשיו·

1) C. ajoute : *ut interficeret Senesbam*. — 2) Manque chez C. — 3) Lis. מעלליו ou פעליו, C. *operationum suarum*. — 4) Manque chez C.

---

ainsi que les réponses que Kalîlâh lui avait faites. Le lion le crut et fut convaincu que Dimnah l'avait circonvenu et amené [à tuer Sansabeh]. Voyant ainsi que c'était vrai, le lion donna l'ordre d'extraire Dimnah de la prison et de le mettre à mort.

Figure de Dimnah supplicié et figure de celui qui le mettait à mort.

Là-dessus Sendebar le philosophe dit au roi Dislem : Quiconque est doué d'intelligence, doit être prudent dans ces choses et d'autres semblables. Celui qui cherche son propre bonheur au prix du malheur de son compagnon, se chargera d'iniquités et sera victime de ses mauvaises actions. — Moi, je suis sur mes gardes pour ces choses, même pour les dire ; je m'observe aussi sous tous les rapports pour d'autres choses que celles-ci.

Fin du chapitre, où l'on scrute les actions de Dimnah.

[השער הרביעי]

וזה שער היונה והעכבר והעורב והצבי

ויהי אחרי כן אמר המלך לסנדבאר הפילסוף כבר הבינותי משל
החברים הנאהבים והנעימים אשר יפריד ביניהם האכזר המכזב
בתחבולותיו וידעתי עוד מה היה אחרית דבריו   ועתה הודיעני
בעד האוהבים הנאמנים איך תגלה אהבתם ותתקיים וייטיבו איש
לאחיו באהבתם וחיבתם²   אמר סנדבאר הפילוסוף למלך [דע³]
כי המשכיל עזר לאוהביו ואוהביו עזר לו ולא יחליף אהבתם בכל
הון משל היונה והצבי⁴ והעכבר והעורב

1) C. *De columba et de fidelibus sociis*, היונה והחברים הנאמנים. — 2) C.
et societate, וחברתם. — 3) C. ajoute : *scito*. — 4) Manque chez C.

[Chapitre IV.]

C'est le chapitre de la colombe, de la souris, du corbeau et du cerf.

Le roi dit ensuite au philosophe Sendebar : J'ai réfléchi sur
la parabole des compagnons amis et bienveillants, entre lesquels le menteur cruel met la scission par ses artifices, et je
sais aussi quel a été le résultat de ses propos. Maintenant faismoi connaître des amis fidèles, comment leur amitié se manifeste et se maintient, et comment, grâce à leur attachement et
leur union, ils peuvent se faire du bien l'un à l'autre.

Le philosophe Sendebar répondit au roi : L'homme intelligent est un secours pour ses amis et ses amis sont un secours
pour lui ; rien au monde ne peut altérer leur amitié. Ce qui le
prouve, c'est l'histoire de la colombe, du cerf, de la souris et
du corbeau.

אמר המלך ואיך היה

אמר הפילסוף אמרו כי בארץ רסנתאבר' אצל מדינה כך וכך
מקום לציידים והיו באים שמה כל היום² והיה שם אילן גדול רב
ענפים והיה שם קן לעורב אחד   ויהי יום אחד והעורב עומד על
האילן עד ראה צייד אחד ועל שכמו מכמרת³ ובידו רשת ומקלי
והוא יבא אצל האילן   ויחרד העורב ויאמר בנפשו כבר הביא זה
הצייד דבר לא אדע אם לי או לבלעדי אבל אעמוד ואראה מה
יעשה הצייד⁵   ויפרש מכמרתו ויזרק שם גרגרים מן הבר ויארוב
קרוב מן הרשת ולא התמהמה אלא מעט עד שבאה יונה אחת
והיתה גבירת היונים ועמה יונים הרבה   ותראה היונה הבר ולא
ראתה הרשת ותלקט וילקטו עמה ויפלו כלם ברשת   וימהר הצייד

1) C. *quadam*, אחת. — 2) C. ajoute : *ad venandum*, לצוד. — 3) Manque chez C. — 4) C. ajoute : *magnus*, גדול. — 5) C. ajoute : *et secundum hoc sciam me habere et dirigere*, ובזה אדע מה אעשה ואתנהג.

Quelle est cette histoire? demanda le roi.

Le philosophe reprit : Sur le territoire de Resentabar, près de telle et telle ville, il y avait, dit-on, un rendez-vous de chasseurs, où l'on venait journellement. Là se trouvait un arbre grand et touffu. Un corbeau y avait son nid. Un jour le corbeau, se tenant debout sur l'arbre, vit un chasseur qui portait un filet sur ses épaules et, dans sa main, un piége et un bâton. A son approche le corbeau trembla et se dit : Le chasseur vient là d'apporter quelque chose, je ne sais pas si c'est pour moi ou pour un autre; je veux donc attendre et voir ce qu'il fera. Le chasseur tendit son filet et y répandit des grains de blé, puis il se mit en embuscade, non loin du filet. Il n'attendit pas longtemps lorsqu'une colombe, la maîtresse des colombes, arriva accompagnée d'un grand nombre de colombes. Elle vit le blé mais n'aperçut pas le filet. Elle se mit à picorer, les autres en firent autant et toutes furent prises dans le piége. Le chasseur accourut aussitôt heureux et content. Les colombes,

שמח וטוב לב¹ ויהי כאשר ראו אותו היונים קמו כל אחד הנה והנה
מתנודדות כה וכה² אולי ימלטו   ותאמר להם היונה גברתם אל
נא תשעו בהבל ואל נא תהיה אחת³ מכם אוהבת נפשה יותר משל
חברתה אבל קומנה כולכם בפעם אחת ואולי נשא הרשת ונמלט⁴
ויעשו כן ויעתיקו הרשת מן הארץ⁵ ויעופו בה עד לב השמים
וירא הצייד מעשיהם⁶ וילך אחריהם לבקשם ולא הכזיב תוחלתו
מהם * ולא הסיר תקותו מהם⁷ ויחשוב שלא יעופו כי אם מעט ותכבד
עליהם הרשת ויפולו⁸   ויאמר העורב בנפשו אלך אחריהם עד
אשר אראה מה יהיה מעשיהם ומעשה הצייד עמהם   ותביט היונה
אחריה ויהי כי ראתה⁹ הצייד אחריהם אמרה | ליונים הנה הוא אחריכם
שבא לבקש אתכם ואם אנחנו נעוף דרך ישרה כנגד לא נוכל

1) Esth. V, 9. — 2) C. ajoute : *lamentabiliter*. — 3) Ms. אחר. — 4)
C. ajoute : *ab isto magno periculo*, מן הרעה הגדולה הזאת; il met entre paren-
thèses : *quo nunc proh dolor sumus constituti*, et continue : *et fortassis quae-
libet liberabit se et alias secum*, ואולי כל אחת מכם תציל נפשה והאחרות עמה.
— 5) C. ajoute : *magno cum labore*. — 6) C. ajoute : *mirabatur hujus facti*,
ויתמה. — 7) Manque chez C. — 8) C. ajoute : *Corvus autem haec omnia
alonge videns*, וירא העורב כל זאת מרחוק. — 9) Ms. הייתה.

le voyant, se levèrent chacune de son côté et se remuèrent en
tous sens, espérant se sauver. Alors la colombe, leur maîtresse,
leur dit : Ne faites pas de vains efforts, et qu'aucune de vous ne
se préoccupe plus d'elle-même que de ses camarades. Cherchez
toutes à la fois à soulever le filet, peut-être échapperons-nous
à ce grand danger. Les colombes firent ainsi : elles réussirent
à détacher le filet de la terre et volèrent vers le ciel. Le chasseur qui les vit faire, les suivit sans renoncer à son espérance,
ni abandonner son dessein. Il pensait qu'elles ne voleraient pas
bien loin, que le filet leur pèserait et qu'elles tomberaient à
terre. Le corbeau se dit alors : Je volerai derrière elles, pour
voir ce qu'elles feront et ce que fera le chasseur. En jetant un
regard en arrière, la colombe remarqua que le chasseur les
suivait. Il est à vos trousses, dit-elle aux colombes; si nous
volons tout droit devant nous, nous ne pourrons pas nous cacher

להתעלם ממנו ולא יחדל לרוץ אחרינו ואם אנחנו נעוף בין האילנות
והגבחור מהר נתעלם ממנו ולא ידע דרכינו ויתיאש ממנו וישוב
לדרכו   ובכל זה הנה קרוב ממנו בזה הדרך חור אחד לעכבר
והוא לי חבר ואלו הגענו אליו אני יודעת כי היה גוזר זאת הרשת
ויצילנו ממנה   ויעשו היונים כאשר ציותה אותם היונה' עד אשר 5
נעלמו מעיני הצייד ויתיאש מהם וישב לדרכו וילך   [ו]העורב היה
הולך אחריהם ושוקד להלך אצלם² עד אשר יראה היש לאל ידם
להמלט מן הרשת אשר נפלו בה וילמד מהם אלו התחבולות
וישמר מעשיהם בלבו עת ילכד

צורת היונה והיונים והעורב אחריהם 10

*וילך העורב ויביט מה הם עושים³   ויהי כאשר הגיעו היונים
לחור העכבר צותה היונה שיפלו כולם ויפולו וימצאו העכבר והוא

1) C. *ductrix,* הנבירה. — 2) C. *alonge,* מרחוק. — 3) Manque chez C.

---

de lui, et il continuera à nous poursuivre. Volons donc entre
les arbres et les collines et bientôt nous nous soustrairons à sa
vue, il ignorera la route que nous aurons prise, et désespérant
de nous attraper, il retournera chez lui. Ce qui plus est, il se
trouve près de nous sur ce chemin le trou d'une souris avec laquelle je suis liée; si nous pouvions arriver jusqu'à elle, elle
couperait ce filet, j'en suis sûre, et nous délivrerait. Les colombes agirent selon les ordres de leur maîtresse jusqu'à ce
qu'elles ne fussent plus vues du chasseur; celui-ci, ayant perdu
tout espoir, s'en alla. Le corbeau les suivit toujours, désirant
voir si elles auraient le pouvoir de s'échapper du filet dans lequel elles étaient tombées; il voulait en même temps apprendre
ces artifices et les retenir dans sa mémoire pour le moment où
il serait pris lui-même.

Figure de la colombe maîtresse et des autres colombes, suivies du corbeau.

Le corbeau allait donc et observait ce que faisaient les colombes. Or, une fois arrivée au trou de la souris, la colombe

הכין מאה חורות לעת הצרות ותקראהו היונה בשמו והיה שמו שנבר' ויענה העכבר מן החור ויאמר לה מי את ותאמר לו אני היונה חברתך ויצא אליה מהרה ויהי כראותו אותה ברשת² אמר לה אחותי³ ומה הוא הדבר אשר הפילך בזה המוקש אמרה לו היונה הלא תדע כי אין דבר מכל הדברים שבעולם אלא הוא נגזר מן השמים * בגזרת עירין ובמאמר קדישין והגזור | דין יבא על האיש אשר נגזר עליו⁴ והגזרה הנגזרת עלי היא הפילתני בזה המוקש והיא גלתה לי הבר והסתתרה ממני הרשת עד נפלתי בה אני ורעיותי * ולא אוכל להמלט מאשר יש לו למצא אותי וכי אין אדם אשר ימלט ממנו ולא יוכל להשגב ממנו מי הוא יותר חזק ממני⁵ כי יש פעמים אשר יחשך השמש והירח ויצודו הדגים במים⁶ אשר לא ישוטו בהם איש ויורידו העוף מן האויר בעת נגזר עליהם הדבר

1) C. *Sambat.* — 2) C. ajoute : *cum aliis columbis*, עם יונים אחרים. — 3) ajoute : *dilecta*, האהובה. — 4) Manque chez C. — 5) C. *Nec potest quis evadere ab eo quod est datum desuper*, ולא יוכל אדם להמלט מאשר Ms. אלא א' pour ולא א'. — 6) C. ajoute : *profunda*, עמוקים. נגזר למעלה.

maîtresse leur ordonna de se laisser choir. Elles le firent, trouvèrent la souris qui s'était préparé cent trous pour une époque de malheurs. La colombe l'appela par son nom qui était Schanbar. La souris répondit de son trou en disant : Qui es-tu ? — Je suis ton alliée, la colombe. — La souris sortit vite, mais en la voyant prise dans le filet, elle lui dit : Ma sœur, qu'est-ce qui t'a fait tomber dans ce piége ? — Ne sais-tu pas, répliqua la colombe, que rien dans le monde n'arrive qui ne soit arrêté au ciel par le décret des anges et la décision des saints ? L'arrêt frappe alors l'homme qui en a été l'objet. Un tel arrêt m'a précipitée dans ce piége ; il m'a fait voir les grains de blé en me cachant le filet, de manière que j'y suis tombée avec mes camarades. Je n'ai pas pu me dérober à ce qui devait m'atteindre, et personne ne saurait y échapper ni s'y soustraire, fût-il plus fort que moi. Souvent le soleil et la lune s'obscurcissent, les poissons sont pris dans des eaux où personne ne saurait

ההוא   והדבר אשר יחבר בין העצל וחפצו הוא אשר יפריד בין
המהיר ובקשתו והוא אשר השליכני בזה המוקש   ויהי אחרי כן
בא העכבר ויקח לגור הרשת אשר היתה בה היונה חברתו   אמרה
לו החל ביונים והתר מאסרם ואחרי כן תשוב לי   ותאמר לו פעם
שנית ושלישית זה הדבר והעכבר בכל זה לא הביט לניבה ולא ⁵
השיבה דבר   ויהי כי הרבתה לדבר אליו ותאלצהו אמר לה כבר
אמרת לי זה הדבר פעמים רבות כאלו אין צורך לנפשך   אמרה
לו היונה אל ירע בעיניך על השאלה אשר שאלתי לך כי לא דברתי
לך זה אלא מפני שהשימו אותי אלה היונים גברת עליהן ויש עלי
לשמרן כמו אשמר נפשי ויותר   וככה הביאו צואריהם בעבודתי ¹⁰
וסרו אל משמעתי¹ בעצתי ובחברתם ועזרתם הצילנו האל מן
הצייד   ואני לא אירא כי אם תתחיל בהם בטרם תתירני ואהיה

1) Ms. מְשַׁמְרָתִי.

---

nager, et les oiseaux sont abattus dans l'air, lorsque le destin
le veut. La même cause qui fait atteindre son but au paresseux, 15
éloigne l'homme habile de l'objet de son désir; c'est elle aussi
qui m'a jetée dans ce piége.

Là-dessus la souris vint et se mit à couper les mailles du
filet où était prise son amie la colombe. Mais celle-ci lui dit :
Commence par briser les liens des autres colombes, et tu vien- 20
dras ensuite à moi. Elle répéta deux, trois fois ces paroles, mais
la souris ne fit pas attention à ce qu'elle disait, et ne répondit
pas. Quand la colombe revenait encore avec insistance sur
cela, la souris dit : Tu m'as déjà dit ces mots plusieurs fois,
comme si tu n'avais aucun besoin toi-même. La colombe ré- 25
pondit : Que ma demande ne te déplaise pas, mais je ne t'ai
parlé ainsi que parce que ces colombes m'ont mise comme
maîtresse à leur tête; j'ai donc le devoir de veiller sur elles
comme sur moi, et davantage. Elles se sont soumises à mon
service, elles m'écoutent, et c'est grâce à mon conseil, à leur dé- 30
vouement et à leur secours, que Dieu nous a délivrées du chasseur. Je ne crains pas qu'en commençant par elles, avant que

אני באחרונה ׀ כי *לא תוכל לעזב אותי ואע"פ[1] שתתרפה[1] לא תוכל
לעזב אותי מפני אהבתך וחמלתך עלי

צורת העכבר יצא מן החור ויגור הרשת

אמר לה העכבר עוד זה אשר תאמר יוסיף אהבה לחברתיך
בך   ויהי אחרי כן שב העכבר ויגזר הרשת כולה ותשב היונה
וחברותיה אל מקומם בשלום   ויהי כאשר ראה העורב אשר עשה
העכבר ואשר הציל היונים בקש להתחבר עמו ויאמר בנפשו לא
אדע מה יקרה לי באורך הימים פן ימצאני אשר מצא ליונה
ולחברותיה ואין לי מעמד ושלווה בלתי חברת העכבר   ויקרב אל
החור שלו ויקרא אותו בשמו[2]   ויאמר לו העכבר מי אתה   אמר
לו אני עורב *ויקרה לי כך וכך ויהי בראותי לחברך[3] ואשר הציל
האל ליונים על ידיך על כן באתי להתחבר אליך ובאתי לפיים

1) Manque chez C. — 2) C. ajoute : *scilicet Sambat*. — 3) C. *Videns,
quod accidit socie tue columbe,* ויהי בראותי מה קרה לחברתך היונה.

---

15 tu brises mes liens, et en me réservant pour la fin, tu ne m'a-
bandonnes ; car, quelque fatiguée que tu sois, tu ne peux pas
m'abandonner, parce que tu m'aimes et que tu as pitié de moi.

Figure de la souris, sortie de son trou pour couper le filet.

Alors la souris lui dit : Ce que tu viens de dire, te fera aimer
20 encore davantage par tes camarades. Puis la souris revint
couper tout le filet, et la colombe ainsi que ses camarades
rentrèrent saines et sauves chez elles.

Le corbeau ayant vu ce qu'avait fait la souris, comment
elle avait sauvé les colombes, désirait se lier avec elle. Il se
25 dit : Je ne sais ce qui peut m'arriver avec le temps ; je puis
éprouver le sort de cette colombe et de ses camarades, et je
n'aurai ni tranquillité, ni bonheur sans l'alliance de cette souris.
Il approcha donc du trou et appela la souris par son nom. —
La souris lui répondit : Qui es-tu ? — Le corbeau dit : Je suis
30 un corbeau ; en voyant ce qui est arrivé à ton amie et comment
Dieu a sauvé les colombes par ton entremise, je suis venu me

ממך חברתך   אמר לו העכבר אין הכירה ביני וביניך   ואולם
ראוי למשכיל לדרוש אשר יקוה למצא ויעזב לדרוש אשר לא
יוכל לו ואל יהי סכל כאיש אשר רצה להוליך ולנהג הספינות
במדבר ולהוליך העגלות במים   ואיך יוכל להיות שתהיה ביני
וביניך הכירה ואני מאכל ואתה אוכל   אמר לו העורב הבט בשכלך 5
וחשוב בנפשך כי אוכל אותך ואעפ״י שאתה מאכל לא יוסיף לי
מאומה ולא יועיל לי מותך ובחיותך יש לי עזר ממך בכל הימים
אשר אתה חי   ולא הוא ראוי לך שתשיבני נכלם אחרי אשר באתי
לבקש אהבתך כי נראה לי ממך חסד ויושר המעשים ואם לא
תעשיהו לפנים ולא שיגלה לאיש פעלך   כי בעל החסד והיושר 10
לא יתעלם יושרו ואעפ״י שיעלימהו ויסתירהו כל אשר יוכל כמור
דרור אשר יסתירהו האדם וצרר אותו ולא ימנעהו מלתת ריחו

lier avec toi, et je sollicite ton alliance. — Là-dessus répondit la souris : Entre toi et moi les rapports sont impossibles. Quand on est intelligent, il faut chercher seulement ce qu'on peut espérer trouver, et renoncer à ce qu'on ne saurait obtenir. On ne doit point être fou comme celui qui prétendait conduire et piloter des vaisseaux dans le désert, et faire aller des chariots sur l'eau. Comment peut-il y avoir jamais des rapports entre toi et moi, puisque je suis l'aliment et toi le mangeur! — Le corbeau répliqua : Réfléchis et considère que, bien que tu sois un aliment pour moi, je n'aurais rien de plus en te mangeant, et ta mort ne me profiterait pas; au contraire, en te laissant vivre, j'aurai un secours de ta part aussi longtemps que tu existeras. Il ne convient pas que tu me renvoies confus, après que je suis venu rechercher ton amitié; car ta bonté et la droiture de tes actions se sont révélées à moi, bien que tu n'agisses pas pour l'apparence et que tu n'étales tes œuvres devant personne. Mais l'homme bon et juste ne saurait dérober sa droiture, quelques efforts qu'il fasse pour les cacher et voiler. Elle est comme le musc que l'homme couvre et enveloppe, et qui néanmoins ré-

ואתה אל תשנה ממני מדותיך ואל תמנע ממני ידידותיך   אמר לו
העכבר כי האיבה הגדולה היא איבת הגרם כי איבת המקרה תסור
בסור המקרה ואיבת הגרם לא תסור ולא יתכן לה לסור   והמה
שני דברים כאיבת הפיל לאריה כי היא איבת המלחמה וכי יש
פעמים יהרוג הפיל לאריה והארי לפיל   והשנית כי רעת האיבה
היא מראש שני דברים על האחד כאיבה אשר ביני ובינך וביני ובין
החתול כי זאת האיבה לא הוא מרע ממני עליך אבל היא ביננו ואת
האיבה מפני העמל אשר נכתב עלי מכם[1] ואין בין איבת הגרם
שלום בעולם ואם תהיה ביניהם[2] שלום תשוב באחריתה איבה
ושלום האיבה[3] אין לסמוך עליו ולבטוח בו   כי המים יחממו אותם
באש ויהיה חם כאש אעפ"י כן אם השליכוה באש כבה אותו

1) C. *de me et vobis*, עלִי ועליכם. — 2) Ms. ajoute : איבה; erreur manifeste. — 3) C. *inimici*, האִיב.

---

pand son odeur. Ne change donc pas pour moi tes habitudes, et
ne me refuse pas ton amitié. — La souris répondit : La grande
haine est la haine inhérente à la substance; car la haine accidentelle
cesse avec la cessation de l'accident, tandis que la haine
substantielle ne cesse jamais ni ne saurait jamais cesser. La
haine substantielle présente deux cas différents, comme la haine
entre le lion et l'éléphant; c'est comme à la guerre, puisque
tantôt l'éléphant tue le lion, tantôt le lion l'éléphant. Mais en
second lieu, cette haine devient un malheur, quand la chance
tourne toujours contre l'un des deux adversaires, comme cela arrive
entre toi et moi, et entre le chat et moi. Cette haine ne provient
pas d'un mal qui t'aurait atteint de ma part, mais de ce qu'il
est écrit que nous devons souffrir invariablement par votre race.
Dans la haine inhérente à la substance il n'y a pas d'apaisement,
et la paix qui interviendrait se changerait finalement en haine;
sur une paix, succédant à une telle haine, on ne pourrait s'appuyer,
ni s'y fier. Ainsi l'eau chauffée par le feu au point de l'égaler
pour la chaleur, n'en éteint pas moins le feu sur lequel on la

ואולם המשילו החכמים למתחבר לאויבו כמו השם בידו*חיה ופתן'
ולא ידע מתי יתהפך עליו ונשך אותו | והמשכיל בעל המוסר לא
יאמין באויבו לעולם אבל | ירחק ממנו² אמר העורב כבר הבינותי
דבריך ואתה ראוי [שתדע] יצירתך ותבין צדק מאמריך³ ולא תעתיק
5 עלי אמריך ותרחיקני בדבריך באמרך אין מקום לחברתך עמי ולא

1) C. *serpentem.* — 2) C. ajoute : *ne ei contingat sicut cuidam qui serpentem nutrivit in domo sua. Inquit corvus: quomodo fuit hoc. Respondit mus. Parabola. Fuit vir quidam simplex in cujus domo serpens morabatur. Sperabant autem vir et uxor ejus valde fortunosum esse cum eis serpentem ducere moram, quod etiam illius patrie erat consuetudo. Quadam vero die* 10 *dominico vir misit familiam suam cum uxore ad ecclesiam ipso manente in lecto, quum capitis dolore patiebatur. Et facto silentio in domo serpens exibat cavernam (circumspiciens late). Vir autem misit iannam versus ignem semiapertam. Et videns quod serpens (postquam neminem domi senserat) caudam misit in ollam qua mulier decoxit escas circa ignem et veneno im-* 15 *misso abiit in antrum suum. Et cum hoc paterfamilias videret surrexit et fodit ollam cum decoctione sub terram ne quis ab eo cibo infirmaretur. Adveniente autem hora solita qua serpens quaerebat escam quam mulier frequenter et dabat ecce vir cum ligone stabat ante foramen expectans serpentis exitum. Et cum veniret serpens ad foramen erexit caput et sedule se circum-* 20 *spexit qui recordabatur malicie ejus. Vir autem volens percutere serpens sensit hoc et fugit in antrum quia scivit malefecisse. Et post aliquot dies mulier inprecabatur viro ut se cum serpente veniret et odium suum deponeret. In quod vir consensit. Et ivit ad foramen et vocavit serpentem dicens se cum eo velle venire et odium inter eos auferre. Cumque hoc serpens audivit dixit:* 25 *Nunquam reintegrabitur inter nos amicitia nostra qui cum recordaberis malificii mei quando venenum in ollam ad interficiendum te et familiam tuam immisi etiam quin ego recordabor quum tu cum ligone ad puniendum me percussisti sine ulla misericordia. Tunc non potest stare amicitia nostra. Et ergo melius est ut quilibet nostrum solus et sine mora alius habitet.* — 3) Lis. 30 מאמרי; C. *verborum meorum.*

---

jette. Aussi celui qui fait d'un ennemi son allié est comparé par les sages à l'homme qui porte une vipère dans sa main, et ne s'en aperçoit que lorsqu'elle s'est tournée contre lui et le mord. L'homme intelligent, avisé, n'a jamais confiance dans son en- 35 nemi, mais s'en éloigne.

Le corbeau dit : J'ai compris tes paroles; mais tu dois connaître ta nature et saisir la vérité de mes observations. Ne me dis pas des mots durs, ni ne me repousse, en soutenant que

יוכל להיות   כי המשכילים והנדיבים ידרשו החסד ולהתחבר אליו
מאהבה¹ בין הנאמנים לא תפרד מהרה ולא תסור אבל פרידתה
רחוקה וחברתה קרובה² וכמו כלי זהב אשר ישבר לימים
ויעשה מהרה ויתקנוהו כמו שהיה   והאהבה בין הרעים פרידתה
קרובה וחברתה רחוקה כמו כלי היוצר אשר ישבר מהרה ולא
יעשה לעולם   והנדיב יאהב הנדיב מפעם אחת שיראהו ומיום אחד
שיכירהו והנבל לא יהיה³.אהבתו כי אם לבצוע בצע   ואתה נדיב
ואני צריך לחברתך ואני לא אסור מפתחך ושוקד על דלתותיך ולא
אוכל ולא אשתה עד תתחבר עמי   אמר לו העכבר כבר רציתי
באהבתך כי אני לא השיבותי לעולם לשואל ריקם נכלם⁴ משאלתו
ואולם התחלתי לדבר לך כדברים האלה כדי שאתעולל עלילות
לנפשי ואוציא לד תואנה בגללך כי לא תכעם עלי נפשי כל היום

1) Lis. והאהבה. — 2) C. *quia quod bonum est durabile est*,
כי הדבר. — 3) Lis. תהיה. — 4) C. *quod nunquam converti faciem alicujus*
inanem; ms. השיבותי לשאול ויקם בכלם. הטוב יקום

---

toute alliance avec moi est impossible. Les êtres intelligents et
nobles recherchent la bonté pour s'y attacher. L'amitié entre des
personnes sûres ne se rompt ni ne cesse facilement; la rupture
est lente, et l'alliance prompte à se rétablir. Ainsi les vases d'or
qui se brisent, se réparent vite et se remettent dans leur ancien
état. L'amitié entre des méchants se rompt facilement et ne se
renoue guère. Tels sont les vases du potier, qui une fois cassés
ne se réparent jamais. Le noble aime le noble quand il ne l'a
vu qu'une fois et qu'il ne l'a connu que d'un jour. Mais l'homme
vil ne conclura d'amitié que pour en profiter. Comme tu es
noble et que j'ai besoin de ton alliance, je ne quitterai pas ta
porte et je veillerai sur le seuil, je ne mangerai ni ne boirai, que
tu n'aies fait alliance avec moi. — La souris reprit: J'agrée
ton amitié, car je ne renvoie pas un solliciteur confus et sans
lui accorder sa demande. J'ai commencé seulement à te parler
comme je l'ai fait pour me raisonner moi-même et pour chercher un prétexte qui te soit favorable, afin que je n'aie jamais

ושלא אשמור¹ לה תלונה וחמס עלי   וכבר הגדתי לך כי אילו
רציתי הייתי יכול להשמר ממך והנני² מתחבר עמך ואם אתה
תבגוד בי אל תתהלל עלי ותאמר מצאתי העכבר בלי עצה ובלי
שכל ולא יוכל להשמר. ממני ונפתה מכל דברי³   ויהי אחרי כן
5 ויצא העכבר מחורו ויעמוד אצל הפתח

1) Lis. תשמור. — 2) C. *evitare*; peut-être : ואינני. — 3) C. continue
ainsi : *Neque contingat mihi quae contigit gallo cuidam. Inquit corvus : quomodo est factum. Respondit mus. Parabola. Tempore hyemali nocte quadam
perfrigida exivit vulpes quidam famelicus ut sibi cibum colligeret. Et ve-
niente ipso ad predium quoddam audivit gallumin lentisco canentem. Et* 10
*festinans vulpes ad arborem inquisivit a gallo : Galle quid cantas in hac
tenebrosa et frigida nocte. Respondit gallus : annuncio diem quem ex natura nosco statim venturum, quem omnibus meo cantu insinuo. Ait vulpes :
Ex hoc cognosco te aliquid faticinii et presagii divini habere. Audiens hec
gallus letatus est, et iterum incepit cantare. Et tunc vulpes in cepit cori-* 15
*sare et saltare sub arbore. Et sic inquisita causa a gallo, quare vulpes
saltaret, respondit : Quia video te sapientem philosophum cantare, merito e
ego corisare debeo, quia cum gaudentibus gaudere debemus. Et dixit : O galle
princeps omnium avium, non solum dotatus es ut in aere sed etiam in terra
more prophetarum tua faticinia omnibus creaturis terrenis nuncies. O felicis-* 20
*sime quum pre omnibus te natura ornavit; descende ut tecum possim contra-
here societatem. Et si illam integre favere non velis, sine tamen me osculari
dyadema et coronam tui insignis capitis, ut possim dicere, osculatus sum caput
sapientissimi galli qui fert coronam inter omnes aves. Et audiens hec gallus
descendit, confidens blanditiis vulpis. Et inclinavit caput vulpi quod arripiens* 25
*vulpes gallum comedit et suam famem refecit. Et dixit : Ecce inveni sapien-
tem absque omni prudentia. Hanc parabolam dixi tibi quod gallus merito
precogitasset inveteratum odium inter ipsum et vulpem. Sic gallus factus est
cibus vulpis. Sed confide* (l. *confido*) *tibi dixit mus ad corvum quod verba tua
non sunt bilingui collo expressa.* 30

---

l'âme irritée, et que je ne conserve ni rancune, ni méchanceté.
J'ai encore voulu affirmer, qu'en le voulant, j'aurais pu me ga-
rer de toi, et ne pas t'accorder mon alliance; si tu me trahis,
tu ne pourras donc pas te vanter et prétendre que tu as trouvé
la souris imprudente et sans intelligence; qu'elle n'a pas pu 35
se mettre sur ses gardes et qu'elle s'est laissée séduire par la
moindre chose. — Après cela, la souris sortit de son trou et se
tint près de l'entrée.

p. 55.
| צורת העכבר אצל הפתח והעורב ידבר עמו

אמר לו העורב למה תעמוד אצל פתחך ומי זה אשר מנעך
לצאת אלי ולהתחבר עמי היש דבר ממני בנפשך או תפחד ממני
עוד   אמר לו העכבר אנשי העולם יש ביניהם שני דברים * ויעמדו
עליהם האנשים¹ והיא מתנת הנפש ומתנת היד   אבל הנותנים
מתנת הנפש הם הנאמנים והמתערבים זה עם זה באהבתם והנותנים
מתנת היד הם העוזרים זה לזה בכל דבר אשר היא אהבתם לעזור
כל איש לאחיו ולהועילו   והעושה חסד למען טוב לו ולהיטיב
לנפשו בעולם² ידמה לצייד בהשליכו הבר לעופות לא לכבודם
ולא לחסד כי אם להיטיב לנפשו ולהכין מחיתו   ומתן הנפש טוב
ממתן היד   ואני כבר האמנתי במתן נפשך ותרצה בם³ נפשי ולא

1) Manque chez C. — 2) C. *in futuro seculo*, בעולם הבא; mal. —
3) Lis. בך.

Figure de la souris, se tenant près de l'entrée, pendant que le corbeau
lui parle.

Le corbeau lui dit : Pourquoi restes-tu près de l'entrée?
Qu'est-ce qui t'empêche de sortir auprès de moi et de vivre
dans ma société? Subsiste-t-il encore quelque chose dans ton
âme de la peur que je t'inspirais? — Les rapports, répondit la
souris, entre les gens du monde se forment et s'établissent de
deux manières : On donne son âme, ou bien, on donne la main.
Ceux-ci donnent leur âme, qui, dans leur dévouement, s'accordent une amitié mutuelle. On ne se donne que la main, lorsqu'on se prête l'un à l'autre de l'assistance en toute chose où
l'amitié peut être profitable et utile. Quand on fait acte de
charité dans son propre intérêt et pour en tirer un avantage
dans le monde, on ressemble au chasseur qui jette du blé aux
oiseaux, non pour les honorer, ni pour leur faire la charité, mais
pour se faire du bien à lui-même, et se préparer sa nourriture.
Donner son âme vaut mieux que donner la main. Moi, j'ai
la confiance que tu me donnes ton âme, et je t'accorde volon-

ימנעני לצאת אליך רוע הלב אשר יש ממך   ואולם ידעתי כי יש
לך חברים[1] והוא יסוד בריאתם כיסודך ולא היא עצתם עלי [כעצתך[2]
ואני מפחד כי אם יראוני אחד מהם עמך ימיתוני   אמר לו העורב
אות החבר הנאמן הוא. שיהיה חבר לחבר חבירו ושיהיה אויב
5 לאויב חברו   ואין לי לא חבר ולא אח אשר לא יהיה לך אוהב
וחושק בך והוא קל בעיני להאביד | ולהרחיק אשר אינו כן אצלך
[3]כי הזורע החכם בעת יצמח עמו דבר ישחיתהו יעקר אותו ויסירהו*
ויהי אחרי כן יצא העכבר לעורב ויקרבו זה לזה ויתנו אהבתם
ואמונתם איש לאחיו ויתחברו וישב זה עם זה בשלוה והאמינו איש
10 באחיו ויאמרו חידות ומשלים וידברו בדברי העולם

צורת העורב והעכבר

1) C. *multos*, רבים. — 2) C. *sicut consilium tuum*. — 3) Manque chez C.

---

tiers la mienne. Ce n'est donc pas par méfiance de toi, que je
ne suis pas sortie ; mais je sais que tu as des amis, dont l'instinct est le même que le tien, sans que leurs sentiments à mon
égard ressemblent aux tiens; et je crains que l'un d'eux, en me
voyant, ne me tue. — Pour être un camarade fidèle, dit le corbeau, il faut qu'on soit l'ami de l'ami de ce camarade, et l'ennemi de son ennemi. Je n'ai ni un camarade, ni un frère, qui
ne sera épris de toi, et il me sera facile de perdre et d'exterminer tous ceux qui n'éprouveraient pas ce sentiment à ton égard.
Le semeur avisé arrache et enlève tout plant qui, en poussant,
peut détruire ce qu'il a semé.

Là-dessus la souris se rendit auprès du corbeau; ils se rapprochèrent l'une de l'autre et se promirent mutuellement amitié
et fidélité; ils vivaient comme des camarades, et demeuraient
paisiblement et tranquillement ensemble, l'un ayant confiance
en l'autre, se racontant des traits ingénieux, des paraboles et
des histoires du monde.

Figure du corbeau et de la souris.

ויהי כי האריכו לשבת אמר העורב לעכבר זה החור שלך
קרוב מדרך העולם ואפחד שמא ישימו עינם עלי ואני יודע מקום
יפה ונוה טוב ושמה דנים ומים הרבה' ולי שם חבר מחיות המים
וארצה שאלך² שמה ונשב שמה בשלוה ובשקט   אמר לו העכבר
אני ארצה שאלך עמך כי מקומי זה אני מואס לשבת בו   אמר לו
העורב ולמה תמאס אותו אמר לו העכבר דברים רבים קרו לי
ואילו היינו לשם הייתי מספר לך   ויקח העורב העכבר בזנבו
ויעוף בו עד הגיע לעין המים אשר שמה החיה* אשר במים והיא
אחת מן שרץ המים³   ויהי כי ראתה אותה באה במים כי לא הכירה
אותם   ותשם העורב את העכבר בארץ ויעמוד על האילי ויקראה
בשמה ותכיר קולו ותצא אליו ותשמח בו ותשאלהו מאין בא ויגד

1) C. ajoute : *et fructus,* ופירות; puis הרבה avant ומים. — 2) Lis. שנלך.
— 3) *socius corvi quod erat testudo.*

Ils avaient passé longtemps à cet endroit, lorsque le corbeau
dit à la souris : Ton trou est près du chemin où le monde passe,
et je crains qu'on n'ait les yeux sur moi. Je connais un bel endroit, une demeure charmante, où il y a beaucoup de poissons
et de l'eau en quantité; j'y ai, en outre, une amie amphibie. J'aimerais bien y aller, et nous y fixer paisiblement et tranquillement. — La souris répondit : Je veux bien aller avec toi, car
je déteste l'habitation que nous occupons. — Et pourquoi la
détestes-tu? lui demanda le corbeau. — C'est qu'il m'est arrivé
ici bien des choses, dit la souris; une fois arrivée dans l'autre
demeure, je te raconterai tout. — Le corbeau prit la souris par
la queue et la transporta dans l'air jusqu'à ce qu'ils arrivassent
à la source où était l'amphibie, un de ces reptiles qui vivent
dans l'eau. En voyant les nouveaux-venus, le reptile gagna
l'eau, car il ne les reconnaissait pas. Mais aussitôt que le corbeau eût déposé la souris à terre, il monta sur l'arbre et appela
par son nom le reptile, qui, reconnaissant la voix, sortit auprès
du corbeau, et rempli de joie, lui demanda d'où il venait. Le

לה קורותיו מן העת אשר ראה ליונה וכל אשר קרה לו עם העכבר מאחרי כן עד הגיע אליו

p. 57.
צורת העורב באילן והעכבר | בארץ והחיה במים

ותתמה משכל העכבר ובינתו ואמונתו ותקרב אליו ותשאלהו
לשלום ותאמר לו מה היה הדבר אשר הביאך הלום   אמר העורב
לעכבר אמור עתה הדברים אשר יחלתני לאמור אותם פה ספרה
נא אותם והשיב דבר על אשר שאלה החיה חברתנו   ויקם העכבר
להגיד להם דבריו ויאמר היה תחלת שבתי בארץ כך וכך בבית
אחד מן הנזירים ולא היתה לו אשה מימיו והיו מביאים לו סל בלחם
והיה אוכל ממנו ועזב הנותר ויתלהו בבית   והייתי אני שומר אותו
עד יצא וארוץ ואקפץ שם ולא אעזוב שם דבר ואוכל אותו ואשליך
השארית לעכברים אחרים' והיה הנזיר פעמים יפצר לתלות הסל

1) C. *que erant in domo*, אשר היו בבית.

---

corbeau raconta tout ce qui lui était arrivé depuis le moment
où il avait vu la colombe, ainsi que sa rencontre avec la souris.

Figure du corbeau sur l'arbre, de la souris à terre, et du reptile dans l'eau.

L'amphibie fut surpris de l'intelligence, de l'entente et de la fidélité de la souris. Après s'en être rapproché, et après les saluts d'usage, il lui demanda la raison qui l'avait amenée dans ce pays. Le corbeau dit alors à la souris : Raconte maintenant les choses dont tu m'as fait espérer le récit; raconte-les et réponds à la question que notre ami, l'amphibie, t'adresse. — La souris se mit aussitôt à leur narrer son histoire:

Autrefois je demeurai dans tel et tel pays, dans la maison d'un dévot qui ne s'était jamais marié. On lui apportait dans un panier de la nourriture, dont il mangeait; et puis il suspendait ce qui restait dans une chambre. Moi, je le guettais, et dès qu'il sortait, j'accourais, sautais vers l'endroit et n'y laissais rien. Je mangeais et jetais le reste aux autres souris. Quelquefois le dévot faisait des efforts pour suspendre le panier à une place

במקום שלא אוכל ללכת שם ולא יועיל לו כלום . ויהי היום ויבא
הלך לאיש הנזיר ויאכלו שניהם כל היום ויהי הלילה אכלו ושתו
וישא הנזיר אשר נשאר להם אחרי האוכל בסל ויתלה . ויקח לדבר
עם האורח שהלך עד קצי העולם ולא השאיר ארץ אשר לא בא
בה וראה נוראות העולם ונפלאותיו ויתחיל לספר לנזיר והנזיר בכל
זה נענע ידו ויספוק כנגד הסל כדי שיבריחני מן הסל . ויחר אף
האורח על זה הדבר ויאמר לנזיר אני אספר לך ולא תאזין אלי
ולא תקשיב אלי ויאמר הנזיר אבל ינעמו לי דבריך וימתקו ׀ לחכי
אמרותיך אבל עשיתי זה הדבר אשר ראית להבריח העכברים
אשר בביתי וכבר העציבוני והכאיבוני ולא יעזבו בסל כלום אלא
ויאכלוהו וישחיתוהו אמר האורח עכבר אחד הוא או רבים
אמר לו הנזיר רבים הם עכברי הבית ויש מהם עכבר אחד הכאיבני

---

que je ne pourrais pas atteindre; mais cela ne lui servait à rien.
Un jour le dévot reçut un voyageur, avec lequel il mangea
toute la journée, et, la nuit venue, on mangeait et buvait encore.
Ensuite le dévot emporta les restes de la mangeaille dans un
panier qu'il suspendit. Après cela, il s'entretint avec l'étranger
qui avait parcouru le monde entier, sans laisser un pays qu'il
n'eût pas visité, et qui avait vu les prodiges et les merveilles
de la terre. Pendant les récits du voyageur, le dévot remuait
la main, et frappait contre le panier afin de m'en tenir éloignée.
L'étranger s'en fâcha, et dit au dévot: J'ai beau te raconter, tu
ne m'écoutes pas, ni ne me prêtes aucune attention. — Non,
répondit le dévot, tes paroles m'amusent, et je goûte fort tout
ce que tu dis; mais ce que tu m'as vu faire, c'était pour chasser
les souris qui sont dans ma maison et qui m'affligent et me
chagrinent, en ne laissant absolument rien dans mon panier
qu'ils ne mangent et détruisent. — Est-ce une seule souris ou
y en a-t-il plusieurs? demanda l'étranger. — Les souris de la
maison, répondit le dévot, sont nombreuses; mais il y en a surtout une qui me tourmente et m'afflige, parce que je ne puis pas

והעציבני ואין לאל ידי עמו   אמר לו האורח ומה זה הדבר אשר
תאמר כבר זכרתי לדבר האיש אשר אמר לחברו לא נתנה האשה
שומשמין מפוצלים כאשר אינם מפוצלים אלא על דבר

צורת הנזיר והאורח ישאלהו

אָמר הנזיר לאורח ואיך היה   אמר האורח חניתי פעם אחד 5
בבית איש אחד*במדינת כך וכך' ובאתי שם בערב ויכבדני ויאכל
עמי ואחר כך עשו לי מטה ושכבתי   וילך הוא למשכבו עם אשתו
וביני וביני מסך וסתר עד שמעתי לאיש ולאשה באחרית הלילה
ידברו זה לזה ואאזין אליהם   והנה האיש אומר לאשתו ארצה מחר
שאקרא אנשים שיאכלו עמי   אמרה לו הָאִשה*ואיך תקרא 10
האנשים ללחמך ולא תשאיר בביתך דבר. ולא תצפה דבר בביתך²
אלא תפזר הכל   אמר לה האיש אל ירע בעיניך זה הדבר אשר

<small>1) Manque chez C. — 2) C. *non cessas omni die facere convivia.*</small>

---

en venir à bout. — Ce que tu me dis là, reprit l'étranger, me
rappelle les paroles d'un homme qui dit un jour à son voisin : 15
Certes, c'est pour cause que cette femme a donné des grains de
sésame écossés pour d'autres qui ne l'étaient pas.

Figure du dévot que l'étranger interroge.

Le dévot demanda à son hôte quelle est cette histoire?
L'hôte répondit : Je descendis une fois dans la maison d'un 20
homme, habitant telle et telle ville. J'y étais arrivé le soir. Je
fus accueilli honorablement, on m'offrit à manger et me prépara
ensuite un lit. J'allai me coucher, et l'homme allait en faire
autant avec sa femme. Entre eux et moi il y avait un rideau
qui me les cachait. Mais je pus écouter à la fin de la nuit 25
la conversation des deux époux, et en prêtant l'oreille, j'entendis le mari dire à sa femme : Je veux inviter demain quelques
hommes à partager notre repas. Là-dessus la femme répliqua:
Comment invites-tu du monde à manger, tandis que tu ne laisses
rien dans la maison, et qu'il n'y a rien à y attendre, puisque tu 30
gaspilles tout? — Le mari reprit : Qu'il ne te déplaise de nourrir

נאכיל האנשים או אשר תתן להם   כי כל מי ירצה לקחת ולא
לתת אלא לקבץ ולאסוף והיה אחריתו כאחרית הזאב   אמרה | לו
האשה ואיך היה   אמר לה בעלה אמרו כי איש אחד מן הציידים
יצא יום אחד *בחרבו ובקשתו ובחפצו¹ לבקש ציד   ויהי הולך
*עד כה וכה² ולא הרחיק מן העיר עד מצא צבי אחד ויורהו ויפגע
בו וימות ויקחהו לשוב אל ביתו בו   ויהי הוא הולך בדרך ויפגשהו
חזיר אחד מחזירי היער והחזיר ירוץ אחריו וירצה להרגו   וישלך
הצבי משכמו והוא מת ויקח הקשת והחץ ויורהו ויבא החץ בלבו
ויקם החזיר בחזק כאב המכה בא אל האיש ויכהו במלתעותיו
ויקרע בטנו וימת וימת עמו החזיר³   ויעבר עליהם זאב והיה בראותו
החזיר והצבי והאיש שמתו⁴ ויאמר בנפשו ראוי אני שאשמור* כדי

1) C. *arcu et sagittis*, בקשת ובחצים. Dans le manuscrit ובחפצו, probablement pour ובמפצו. — 2) C. *in silva*, ביער. — 3) C. ajoute : *cum letaliter vulneratus esset*. — 4) C. *mortuos*; ms. שמה. — Puis il ajoute : *et gavisus est*, וישמח.

les hommes et de leur donner! Car celui qui veut toujours prendre sans rien donner, qui ne songe qu'à amasser et à thésauriser, subit le sort, qui a finalement atteint le loup. — Qu'est-ce que c'est? demanda la femme, et le mari lui dit : Un chasseur sortit un jour avec son épée, son arc et ses engins pour attraper du gibier. En allant par-ci par-là sans s'éloigner de la ville, il trouva un cerf. Il le visa, l'atteignit et le tua. Il prit le cerf pour le rapporter chez lui, lorsqu'en route il fit la rencontre d'un sanglier qui le poursuivait et cherchait à le tuer. Le chasseur jeta le cerf mort de son épaule; puis il prit l'arc et une flèche, visa le sanglier et la flèche lui traversa le cœur. Rendu furieux par la douleur que lui causait la blessure, le sanglier se rua sur l'homme et le frappa avec ses défenses qui lui déchirèrent le ventre. Le chasseur mourut ainsi en même temps que le sanglier. Un loup qui passait, en voyant les cadavres du sanglier, de l'homme et du cerf, se dit : Je veux mettre autant que je puis cette trouvaille en réserve; ce sera un trésor pour les temps de

יכלתי' זה אשר מצאתי ויהי צפון לעתות בצרה ולא אוכל ממנו
היום ודי לי ביתרים אשר בקשת שאוכל אותם   ויקרב אל הקשת
לאכול היתרים ויגזרו היתרים כפתע פתאום² ויכהו בצוארו וימת

צורת האיש והצבי והחזיר והזאב מתים והקשת נגזרת

ואולם נשאתי לך זה המשל למען תדעי כי אין טוב בצופן הונו 5
ולא ישליטנו האלהים לאכול ממנו ולישא את חלקו³ ואין לו ממנו
כי אם אשר יאכל ואשר ישמח בו   אמרה לו האשה כן דברת
אבל אני יש לי שומשמין ויספוק למאכל שלושה אנשים או ארבעה
או כמה שתרצה' והנני אשכים בבקר לעשותו⁴ וקרא אתה⁵ לכל
מי שתרצה   ותקם | האשה בבקר ותפצל ;השומשמין ותשטח אותם 10
לשמש ליבש אותם   ותאמר לנער עמוד ושמור אותם מפני
העופות והכלבים ותלך לעשות מעשיה   ויהי עד כה ועד כה ויבא

1) C. omnia. — 2) C. ajoute : *in tramite*. — 3) Cf. *Eccl.* V, 18. —
C. : *et non uti iis*. — 4) Manque chez C. — 5) Manque chez C.

---

disette. Je n'en mangerai pas aujourd'hui, je me contenterai 15
des cordes de l'arc, comme nourriture. Il s'approcha donc de
l'arc pour ronger les cordes; mais celles-ci étant coupées subitement, l'arc le frappa au cou et le tua.

Figure de l'homme, du cerf, du sanglier et du loup, tous tués,
et de l'arc brisé.   20

Je t'ai conté cette parabole, pour que tu saches, que cela ne
vaut rien de cacher sa fortune, comme si Dieu ne nous en avait
pas rendus maîtres pour en manger et en prendre notre part.
La fortune ne sert à l'homme que pour s'en nourrir et en jouir.
— La femme dit alors : Tu as raison ; j'ai des grains de sésame 25
qui suffiront pour trois, quatre personnes et plus. Demain je
les préparerai de bonne heure, et tu peux faire autant d'invitations que tu voudras. Le matin la femme se leva, écossa le
sésame, et les étendit au soleil pour les sécher. Puis elle dit à
un garçon : reste ici, et prends garde aux oiseaux et aux chiens. 30
Elle allait vaquer à ses affaires, lorsque sur ces entrefaites un

כלב אחד אשר היה בבית והנער לא ראה אותו ויאכל מהם ויהי
כאשר שבע מהם השתין על הנותר   ותראהו האשה ותטמאהו[1]
ותמאם לעשות ממנו מאכל ותלך לשוק ותחליפהו בשומשמין
אחרים שאינם מפוצלים בד בבד   ואני מביט אליה ואשמע איש
5 אחד אומר איך נתנה זאת האשה שומשמין מפוצלים [באשר אינם
מפוצלים] אין זה כי אם לדבר   ואני אומר לך בזה העכבר אשר
אמרת לי כי ידלג על הסל הוא לבדו מכל חבריו אין זה כי אם
מדבר גדול ולא יעשהו על לא דבר   ועתה בקש לי כשילים
וכילפות[2] ונראה מה הוא סודו   ויביא לו הנזיר   ואני בכל זה[3]
10 הייתי יושב בחור אחר של אחד מחברי אבל הייתי שומע דבריהם
והיה בחור אשר הייתי שם אלף שקלי זהב לא ידעתי מי שם אותם
שם והייתי שוטח אותם כל יום וישמח לבי בהם ויתחזק בהם

1) Manque chez C. — 2) C. ajoute : *et perfodam in cavernam suam*, ואחפור בחורו. — 3) C. ajoute : *miser testudo* (!).

15 chien de la maison arriva sans que le garçon le vît; il mangea des grains, et une fois rassasié, il urina sur le reste. Ce voyant, la femme les considéra comme impurs, et ne voulut plus en faire un mets. Elle se rendit donc au marché, et les échangea contre des grains non écossés, mesure pour mesure. Je l'observai, et j'en-
20 tendis quelqu'un dire : Comment cette femme a-t-elle donné des grains de sésame écossés pour d'autres qui ne le sont pas ? Il y a là-dessous quelque chose. — Moi aussi, (continua l'hôte,) je te dis au sujet de cette souris qui, à ce que tu prétends, peut seule de toutes ses camarades sauter sur ce panier, que ceci
25 doit provenir d'une cause importante, et que ce n'est pas sans raison qu'elle le fait. Cherche-moi maintenant des bêches et des haches, et nous verrons quel est le secret de cette souris. Le dévot les lui apporta. Pendant que tout cela se passait, j'étais assise dans le trou de l'une de mes camarades et j'entendais ce
30 qu'on disait. Or, il y avait dans le trou que j'habitais mille pièces d'or qu'un inconnu y avait déposées; je les étalais

מאוד   ויהי אחרי כן בא האורח יקור' ויחפור עד הגיע אליהם
ויקחם   ויאמר לנזיר לא היה יכול זה העכבר [לעלות²] למקום
אשר דברת כי אם בגלל אלו השקלים כי הם היו מוסיפים לו כח
והיו מאמצים לבו אבל עתה תראה אם מהיום והלאה יוכל לעשות
5 כמו שהיה עושה ולא תהיה לו מהיום הזה והלאה מעלה גדולה | על
העכברים   ויהי כשמעי דבר האורח ידעתי כי אמת היה הדבר
ויקחני כאב בנפשי וחולש גדול ותשש כחי   ויהי בעת נאספו עלי
העכברים אשר היו כל יום באים אלי ויאמרו לי כבר לקחנו הרעב
ויחסר לנו אשר היית נותן לנו ואתה היית תקותנו ועתה בקש דבר
10 מה תעשה לנו ואלך למקום אשר הייתי מדלג שם ואפצר לעלות
ולא יכלתי   ויראו כי לא הייתי יכול לעלות ולא נתתי להם מאומה
ואקל בעיניהם וימאסו אותי ואשמע אחד מהם אומר נשחת העכבר³

1) C. *ad cavernam*, בחור; le mot du texte vient de נקר. Peut-être faut-il lire יברה. — 2) C. *ascendere*. — 3) C.: *socius iste noster*, חברנו זה.

---

chaque jour, mon cœur s'en réjouissait et j'y gagnais beaucoup de
force. Après cela l'étranger vint auprès de mon trou et y creusa
la terre jusqu'à ce qu'il atteignît les pièces d'or. Il les enleva en
disant : Cette souris n'aurait pas pu monter à l'endroit que tu
m'as indiqué, n'étaient ces pièces ; ce sont-elles qui ont augmenté sa force et rehaussé son courage. Tu verras, si dorénavant elle pourra faire ce qu'elle a fait! dès ce jour, elle n'aura
pas plus de valeur que toutes les souris. — En entendant les
paroles de l'hôte, je reconnus que la chose était vraie ; je fus
saisie d'un malaise et d'une grande faiblesse, et ma vigueur s'é-
vanouit. Aussi, à la réunion des souris, elles venaient journellement me dire : Nous sommes prises de faim, il nous manque
ce que d'habitude tu nous donnais; toi, notre espérance, cherche
donc ce que tu peux faire pour nous. Je me rendis à l'endroit
où je sautais habituellement, mais malgré mes efforts, je ne
réussissais pas. Lorsque les souris virent que je ne pouvais
plus monter et que je ne leur donnais rien, elles me méprisèrent

ולא יוכל על דבר ועתה נלכה לדרכנו ונעזבהו*אין לנו חלק
בעכבר ולא נחלה בו איש לאוהליו ואל נא תטו אחרי הבצעˊ כי
אנחנו רואים כי לא יוכל על דבר ולא יעשה אשר היה עושה
אבל אני אומר לכם כיˋ*אחרי אשר הזקין² עתה הוא יצטרך אלינו
5 ויבקש ממנו מאכל ומשתה נטה ממנו ונלכה איש לדרכנו   וילכו
כלם ויעזבוני³ ולא היו מביטים אלי ואומר בנפשי לא אראה החברים
והידידים והאחים והמשפחה והקרובים והרעים אלא כלם ילכו
אחרי העושר   ואין נדבה ועצה ואמונה וחכמה כי אם בעושר
כי מצאתי מי שאין לו עושר בעת ירצה לעשות דבר לא יתכן
10 הדבר בחפצו ואין לו כח להשלימו   כמו מימי הנחלים אשר הם
*בימי הקיץˊ יבשים ואין בהם כח׀ללכת ולהיות נגרים   ומצאתי כי

1) C.: *nec amplius attendamus ei.* Cf. Gen. XXXI, 19; II Sam. XX, 1;
I Sam. VIII, 3. — 2) Manque chez C. — 3) C. ajoute: *nec amplius
accesserunt ad me,* ולא יספו לבוא אלי. — 4) C. manque.

---

15 et me traitèrent avec dédain. J'entendis une souris dire: C'en
est fait d'elle, elle ne peut plus rien, allons notre chemin et
laissons-la; nous n'avons rien à faire avec elle, que chacune
rentre dans son réduit! Quel avantage pourrez-vous tirer d'elle?
nous voyons, qu'elle est impuissante, et qu'elle est hors d'état
20 d'agir comme autrefois. Je vous affirme donc qu'elle est devenue
vieille, et que dorénavant elle aura besoin de nous; elle nous
demandera à boire et à manger; abandonnons-la et suivons chacune notre route. — Elles me quittèrent toutes et s'en allèrent, sans
égard pour moi. Je me dis alors: Je ne dois pas considérer les
25 amis, les camarades, les frères, la famille, les parents et les prochains; tous ne cherchent que la richesse; il n'y a ni générosité,
ni conseil, ni foi, ni sagesse que dans la richesse. Car j'ai trouvé
que celui qui est sans fortune, quand il voudrait entreprendre
une chose, ne le peut à son gré, et il n'a pas la force de la mener
30 à bonne fin; il est comme les eaux des ruisseaux qui pendant
l'été tarissent, et qui n'ont plus de vigueur pour marcher et
couler. Puis, j'ai trouvé, que tous ceux qui sont sans fortune,

כל מי אין לו עושר אין לו אחים ו[מי אין לו אחים¹] אין לו משפחה
ומי אין לו משפחה אין לו ילדים ומי אין לו ילדים אין לו זכר ומי
אין לו זכר *אין לו עושר ומי אין לו עושר² אין לו שכל ומי אין לו
שכל אין לו עולם הזה ולא העולם הבא ולא ראשית ולא אחרית
5 כי האיש בעת אין לו עושר ויצטרך³ וימאסוהו חבריו ויעזבוהו
קרוביו ומיודעיו שכחהו⁴ וישוב נקלה בעיניהם ויש פעם אשר
יצטרך האדם ומרוב אשר יהיה צריך למחיה יביא עצמו במות
וימכור נפשו ואחרי אשר ימכור נפשו ימכור תורתו⁵ ואלהיו וישכח
אותו ולא יביט לא לפנים ולא לאחור ויעזב הכל *עד יאבד עצמו
10 מן העולם הזה והעולם הבא⁶ ועל כן אין בעולם קשה מן העניות
*ואמרו חכמים ז"ל חסרון כים קשה מכולם⁷   וכי העץ אשר בעפר
שרשה והיא אכולה מכל פה⁵ היא טובה מן הדל אשר יצריכהו

1) Ainsi C. — 2) Manque chez C., et doit être biffé. — 3) C. *indiget
subsidio aliorum*, יצטרך לאחרים. — 4) Lis. ישכחוהו. — 5) Manque chez C.
— 6) C. : *donec devincitur*. — 7) *Kohelet rabba* 89ᵇ. Manque chez C. —
8) Peut-être פאה, C. *ab omni parte*.

n'ont pas de frères; qui n'a pas de frères est privé de famille;
s'il n'a pas de famille, il n'a pas d'enfants; sans enfants, on
ne perpétue pas sa mémoire; celui dont personne ne conserve
la mémoire, est comme s'il n'avait pas d'intelligence; et sans intelligence, on n'a rien en ce monde, ni dans le monde à venir; on
n'a ni passé ni avenir. Car l'homme sans richesse, qui a besoin
d'autrui, est alors repoussé par ses compagnons, abandonné par
ses parents, oublié par ses connaissances, et méprisé par tout
le monde. Souvent aussi l'homme besogneux, lorsque la nécessité le pousse, et qu'il faut se nourrir, s'expose à la mort en vendant sa personne, et en vendant après cela son Dieu en même
temps que sa loi; il l'oublie, et ne regarde plus ni en avant ni en
arrière; il abandonne tout, jusqu'à ce qu'il se perde dans ce
monde et le monde à venir. C'est pourquoi rien n'est plus dur
que la pauvreté; les sages ont dit : Le pire de tout est le manque
d'argent. L'arbre qui a sa racine en terre et qui est rongé de

האל לבלתו   והעניוות ראשית כל נגע וסבה לכל תלאה ומסיר לב
ראשי עם הארץ ומוליך יועצים שולל ואיתנים יסלף ומסיר שפה
לנאמנים וטעם זקנים יקח'* ומסיר השכל והתבונה מן האדם²
והוא מקור לכל יגון וגוזר החיים ואוסף התלאות   וכל מי הוא
5 מנוגע בעניוות לא יוכל שלא יסיר הענוה ויעז פניו וכל מי אין לו
ענוה אין לו נדיבת מעשים ומי אין לו נדיבת מעשים יחטא וכל מי
יחטא יכשל וכל מי יכשל יאבל ומי יאבל יסור שכלו וישכח בינתו
ויאבד לבו   ומצאתי | האיש כי בעת ידלדל יחשוד כל איש אותו
ברעה אשר לא עשה ואם יחטא בלעדיו ישימו העון עליו   ואין
10 בעולם מדה שיהללו בה לעשיר אלא ובמדה ההיא יחרפו לעני
אם יהיה נדיב היד יאמרו בעדו מאבד הון ואם יאריך אפו בכל
דבר יאמרו הלש ורפה ידים ואם יהיה בעל שכל בנפש נכבדת

1) *Job*, XII, 17; 19—20. — 2) Manque chez C.

---

toute part est plus heureux que l'indigent que Dieu a condamné
15 à avoir recours à autrui. La pauvreté est la première de toutes
les plaies et la cause de toutes les peines; elle fait perdre courage
aux grands du pays, prive les conseillers de raison, renverse
les forts, ôte la parole aux hommes sûrs et enlève aux anciens
la sagesse, en un mot, elle ôte à tout homme l'intelligence et
20 la prudence. La pauvreté est la source de tout chagrin, elle
tranche le fil de la vie et entasse les adversités. Celui qui est
atteint de pauvreté perd nécessairement la douceur et devient
irascible; sans douceur point de générosité; sans générosité on
pèche, le péché amène la chute, on s'en attriste, et envahie par la
25 tristesse l'intelligence s'en va, le jugement s'oblitère, et le cœur
se perd. — J'ai encore trouvé que l'homme, tombé dans la
misère, est soupçonné par tout le monde du mal qu'il n'a pas
fait; on lui impute le péché qu'un autre a commis; toute qualité qu'on vante chez le riche, on la tourne pour le pauvre en
30 blâme: est-il généreux, on dit qu'il gaspille son bien; est-il endurant en toute chose, on le dit faible et lâche; est-il réfléchi et

יאמרו נמהר הוא ואם יהיה מעביר על מדותיו יאמרו סכל ואם יהיה
אמיץ הלב שוטה מהולל ואם ידבר יאמרו בעל לשון ואם יחריש
יאמרו בהמה ‎ ‎על כן המות טוב מן העניות אשר יביא בעליו לידי
נסיון וקלון שישאל מה שיש ביד בני אדם ויותר רע מזה אם ישאל
5 מנבל כי יבקש להם וישיבוהו ריקם ‎ ‎ והנדיב [העני¹] יותר קל הוא
בעיניו שיביא נפשו² בפי נחש ויוציא משם סם המות ויאכלהו והוא
טוב בעיניו משישאל מנבל שאלה ‎ ‎וכבר נאמר כי כל מי מנוגע
בחלי גופו על מנת שלא יסור ממנו עד יפרד מאוהביו וחבריו או
שיהיה גר ותושב בארץ לא יאספהו איש ולא יהי לו עוזר טוב מותו
10 מחייו ‎ ‎כי החיים לו מות ובמות לו מנוחה ורוחה ‎ ‎ויש פעם אשר
יצטרך האדם * ולא יבצע לשאול שאלה לאיש³ עד אשר יביאהו

1) C. *nobilem pauperem.* — 2) Lisez : ירו; C. *manum suam.* — 3) C. *propter suam nimiam paupertatem.*

---

convenable, on le dit étourdi; est-il longanime, on le dit sot; est-il courageux, on le dit fou et glorieux; parle-t-il, on le nomme bavard; garde-t-il le silence, on le traite de bête. La mort est donc préférable à la pauvreté; car celui qui en est affligé mène une vie d'épreuves et de honte, lorsqu'il est obligé de demander ce que possèdent les autres, et c'est pire encore, quand il doit s'adresser à un avare qui le renvoie sans satisfaire à sa requête. Aussi le pauvre honteux aimerait-il introduire la main dans la gueule d'un serpent, et se nourrir du venin qu'il en retirerait; ce venin lui paraîtrait meilleur que tout ce qu'il pourrait obtenir en sollicitant un avare. On a dit : Pour celui dont le corps est frappé d'une maladie, qui ne peut être guérie qu'à la condition qu'il se sépare de ses amis et camarades, pour l'étranger qui séjourne dans un pays où personne ne l'accueille, ni ne lui vient en aide, la mort vaut mieux que la vie; car une telle vie est la mort, et la mort devient alors le repos et la délivrance. Souvent l'homme dans le besoin ne réussissant pas à s'adresser à quelqu'un, est amené à voler, à assassiner, à piller,

הדבר ההוא לגנוב ולרצח ולגזול והוא יותר רע מכולם וקשה מן
המעשה אשר עזב   כי אמרו החכמים טוב לו לאדם שיהיה אלם
[ואוהב אמת¹] משיהיה בעל לשון ושקרן וטוב לו לאדם שלא יהיה
איש דברים משיהיה מרבה דברים ואפי' באמת   והייתי אז שוכן
5 בחור וראיתי העת שהוציא האורח שקלי זהב מן החור ויחלק
אותם עם הנזיר   ויקח הנזיר חלקו וישימהו אצל ראשו ואפצר
שאקח מהם כלום ואולי ישוב לי כחי וישובו לי אוהבי ואלך פעם
אחת והוא ישן עד אשר קרבתי ממנו וייקץ לקולי וילכוד² שבט
ויכני בו על ראשי מכה גדולה ואנום עד אשר באתי אל החור
10 ויהי כאשר שקט ממני הכאב גברה עלי תאותי ויפתני יצרי עד
אלך פעם שניה עד קרבתי ממנו והוא יביט וישב ידו עלי פעם

1) C. *et veracem*. — 2) Ms. ויצור ילצור; le premier de ces deux mots
paraît effacé. C.: *et cum baculum habere circa ipsum*.

---

ce qui est le mal le plus grand, et plus dur que tout ce qu'il a pu
15 faire auparavant. Car les sages disent, qu'il vaut mieux pour
l'homme d'être muet en aimant la vérité, que d'être éloquent
et menteur, et qu'il est préférable de faire peu de mots que
d'être bavard, dît-on même la vérité. — Je me tenais donc
tranquille dans le trou, et je vis l'étranger retirer les pièces
20 d'or, qu'il partageait avec le dévot. Celui-ci prit sa part qu'il
déposa au chevet de son lit. Je fis alors un effort pour m'emparer
d'une portion de cet or, espérant que peut-être je reprendrais
ainsi ma vigueur, et que mes amis me reviendraient. Je me
rendis donc une fois à l'endroit où il était endormi jusqu'à ce
25 que je fusse près de lui. Mais le dévot se reveilla au bruit que
je faisais, et, saisissant un bâton, m'asséna un coup terrible sur
la tête, et je regagnai en fuyant mon trou. Mais dès que la
douleur se fut calmée, ma passion prit de nouveau le dessus, et
je me laissai entraîner à faire une seconde tentative pour m'ap-
30 procher du dévot. Mais cette fois il m'attendait et un second
coup me mit la tête en sang. Je m'en revins à mon trou, accablée

שנית עד הוציא מראשי הדם ואלך מר בכאבי מתהפך על בטני
*ועל חלצי[1] עד באתי אל החור ונפלתי שם ואני בכאבי מת נופל
ארצה בלי לב ובלי שכל ומרוב הכאב אשר החזיקני מאסתי כל
הון וכל עושר עד כי כעת אשמע זכרו יבואני פחד ורעד ואחשב
בלבי ואראה כי כל נגע וכל צרה שבעולם לא יביאו אותם לאדם
כי אם התאוה והיצר הרע ולא יצא שוכן זה העולם אלא מצרה
ליגון כל ימיו וראיתי החילוף אשר בין הנדיב והכילי כי הוא
דבר גדול מאד ומצאתי כי השמח בחלקו ואשר לא ירצה יותר
ממה שנתנו לו הוא עשיר וכי העושר ההוא יעמד לו לבדו מכל
עושר ומכל הון ושמעתי החכמים אומרים כי [אין[2]] שכל כמו
החושב כל מעשיו ואין הון[3] כמו המדות הטובות ואין עושר כמו
השמח בחלקו *וכבר אמרו החכמים איזהו עשיר השמח בחלקו[4]

1) Manque chez C. — 2) Ainsi C. — 3) C. *nobilitas*. — 4) Manque chez C. Voy. Abôt, IV, I.

de ma douleur, me roulant sur mon ventre et mes reins; je tombai à terre moitié morte de souffrances, sans courage et sans raison. Les souffrances que j'endurai étaient telles, que j'eus un dégoût de toute fortune et richesse, et qu'à en entendre parler seulement, j'étais saisie de terreur et de tremblement. En réfléchissant, je vis que les maux et les angoisses qui atteignent l'homme dans ce monde, ne sont toutes que l'effet de ses mauvais penchants et de la passion; c'est ainsi que les habitants de la terre passent leurs jours dans la peine et la tristesse. J'ai trouvé que la différence entre l'homme généreux et l'avare. était bien grande; mais j'ai reconnu aussi que celui qui est content de son sort et ne désire rien au delà de ce qui lui a été accordé, est riche, et que cette richesse lui reste seule de tous les biens et de toute la fortune qu'il puisse avoir. Les sages disent: Aucune intelligence ne vaut celle de l'homme réfléchi dans toutes ses actions; aucun honneur n'équivaut aux bonnes qualités, nulle richesse n'équivaut au contentement. Ainsi disent

ויהיה לו טוב המעט ההוא כי יעמד לו יותר מן העושר הרב אשר
יסור ממנו מהר   והיו אומרים טוב מכל כבוד הרחמים ורוב¹
האהבה שליחת הכתבים וספרי ההכרה² וראש השכל המדע באשר
היה ובאשר לא היה ואיזה טוב הנפש הזה שירחיק עצמו מן הדבר
אשר לא יוכל להגיע אליו   ויהי אחרית דברי כי רציתי בגורלי 5
*ואמרתי די לי בחלקי³ וסרתי מבית הנזיר אל המדבר והיתה לי
שם חברת אחת מן היונים ותהי אהבתה עמי מאז ועד היום הזה
והיתה לי אהבתה סבה שנתחבר לי בגללה זה העורב   ויהי אחרי
כן זכר לי העורב האהבה אשר בינך ובינו ויודיעני כי היה רוצה
לבוא אליך ורציתי אני לשבת | עמו כי מאסתי לשבת יחיד   כי 10
אין בעולם שמחה כמו חברת האוהבים ואין בעולם תוגה לאדם

1) Lis. וראש, C. *caput.* — 2) C. *societatis*, החברה. — 3) Manque chez C.

---

les sages: Qui est riche? Celui qui se réjouit de son sort. Mieux
vaut pour l'homme ce peu qui lui reste que la grande fortune
qui l'abandonne vite. On dit aussi: La meilleure manière d'honorer quelqu'un c'est de lui montrer de la compassion; l'amitié
se révèle surtout dans l'envoi de lettres et d'écrits qui prouvent
l'attachement; l'intelligence se manifeste avant tout dans la
science de ce qui est et de ce qui n'est pas; on a l'âme bien
faite lorsqu'on renonce volontairement à ce qu'on ne peut pas
atteindre. — La fin de mon affaire était donc, que j'acceptais
ma destinée; je me dis que mon sort me suffisait, et je quittai la
maison du dévot pour me rendre dans cette plaine déserte, où
je trouvai la société d'une colombe. Depuis lors jusqu'à ce
jour je jouis de son amitié, et cette amitié a été la cause que
ce corbeau s'est attaché à moi. Puis le corbeau me parla de
l'amitié qui existe entre toi et lui, et me fit connaître le désir
qu'il avait de se rendre auprès de toi; je consentis alors à
demeurer avec lui, parce que je détestai de rester seul. En
effet, il n'y a au monde de plaisir plus grand que d'être réuni
à ses amis, de même qu'il n'y a rien de plus triste que d'habiter

כמו שישב בלי אוהביו ורעיו וכל זה נסיתי וידעתי כי לא הוא
ראוי לאדם שיבקש (יותר¹) מן העולם יותר מן החוק אשר ידע כי
ישלים לו צרכו וירחיק הרע מנפשו והוא המאכל והדירה ואילו
איש נתנו לו העולם וכל אשר בו לא היה לו ממנה כי אם המעט
אשר ישלים בו צורך נפשו והכלי אין לו ממנו כלום כי אם 5
לבלעדיו ועל כן באתי עם העורב בזאת העצה ואני לך אח וחבר
ואהפוך שתהיה כן מעלתי [בעיניך²] כמו מעלתך בעיני ויהי כאשר
כלה העכבר דבריו ענתה אותו חית המים בדבר טוב ובלשון רכה
ותאמר לו שמעתי דבריך ואמת דברת וראיתיך תזכור שאר
הדברים אשר הם היו בנפשך מהם יגון ואשר זכרתם לי עתה על 10
כן אל נא יסיתך לבך בגללם והסר כעס מלבך כי הדבר הטוב
לא ישלם כי אם [במפעל³] הטוב כמו החולה אשר ידע חליו

1) C. *reliquum vero*, והשאר. — 2) C. *apud te*. — 3) C. *operatione*.

---

sans ses amis et connaissances. Par mon expérience, je sais
encore qu'il convient de rechercher dans ce monde tout juste
ce qui est nécessaire pour satisfaire à nos besoins, et d'écarter ce
qui est nuisible, c'est-à-dire, qu'il faut s'occuper de la nourriture
et de l'habitation. Car si l'on nous accordait la terre et tout ce
qu'elle renferme, nous n'en retirerions que le peu qui contribue
à la satisfaction de nos besoins; tout le reste n'est utile qu'aux
autres. Dans cette pensée je suis venue avec le corbeau; je
serai pour toi une sœur et une compagne, et je voudrais que
tu m'admisses à tes yeux au même rang, que tu occupes à mes
yeux."

Lorsque la souris eut fini de parler, l'amphibie lui répondit
dans un langage doux et tendre : Je t'ai écouté, et tu dis vrai.
Mais j'ai vu que tu regrettes encore beaucoup tout ce qui a provoqué ton chagrin, et ce que tu viens de me raconter. Ne te laisse
pas ainsi entraîner, et chasse le ressentiment de ton cœur. Les
bonnes paroles ont besoin d'être complétées par les bonnes
actions. Le malade qui connaît sa maladie et les remèdes de

ורפואותיו ואם לא ירפא חליו לא תועיל לו חכמתו ולא ימצא
מנוחה   ועתה השב' שכלך ובינתך ואל תדאג לחסרון העושר כי
האיש הנדיב יכבדוהו האנשים ואע"פ שאין לו עושר כאריה אשר
יפחדו ממנו רואיו ואם יהיה שוכב ורובץ   והעשיר אשר אין לו
נדיבת מעשים יבזוהו רואיו ואע"פ שיהיה! עשיר כמו הכלב אשר   5
יבזוהו כל איש ואפילו הלבישוהו עדי זהב מראשו ועד רגליו   ועל
כן אל יכבד על נפשך גרותך ומקומך אשר אתה יושב בו כי
המשכיל * אין לו תוגה ו² לא יצא מארץ לארץ אלא ושכלו הולך
עמו כאריה אשר לא יסור ממקומו אל מקום אלא וכח³ הולך עמו
בכל מקום אשר יפנה שם   ואהיה⁴ מאמין בנפשך מאשר אומר   10
לך ותהיה טובתך רבה ודע כי בעת תעשה הדברים האלה בהם
תבואתך טובה   ואולם נתן השכל והחסד למשכיל⁵ ליתאמץ

1) *ad . . . . te converte*, comme s'il y avait אל עצמך. — 2) Manque
chez C. — 3) Lis. וכחו. — 4) Lis. והיה. — 5) C. *vero prudenti*; peut-
être לנבון.

---

cette maladie, ne tire de sa science aucun avantage ni ne retrouve le calme, s'il ne l'emploie pas pour se guérir. Ainsi
applique ton intelligence et ta raison, et ne te préoccupe plus
de la richesse que tu as perdue. L'homme noble est honoré de
tous, quand même il n'a pas de fortune, comme le lion est
redouté de ceux qui le voient, quand même il est couché,
accroupi. Le riche qui n'agit pas noblement est méprisé par
ceux qui le voient, comme le chien que tout le monde méprise,
fût-il de la tête aux pieds couvert d'ornements d'or. Que ta
pérégrination et que ta demeure nouvelle ne te pèsent pas.
L'homme intelligent ne se chagrine pas, quand il change de
pays, parce que sa raison l'accompagne, comme le lion a beau
changer de place, sa force le suit partout où il se rend. Pénètre-
toi de ce que je te dis, et ce sera pour ton grand bien; et si tu
agis en conséquence, tu en obtiendras un excellent résultat.
La raison et la bonté ont été données à l'homme avisé, pour

הרואה בעין לבו אבל העצל המתרפה במלאכתו הנמהר בכל
מעשיו פעמים מעטים הם אשר יצליח* ויוסיף כבודו¹ כמו לא תעלוז
נפש העלמה בחברת הזקן² ואל תדאג באמרך הייתי בעל עושר
ושבתי היום עני כי העושר וכל טוב העולם מהרה יבוא בעת ירצה
5 האל ופתע יסור* כמו הרוח אשר הוא עולה מהרה ונופל מהרה³
וכבר זכרו החכמים הדברים אשר לא יעמדו ויאבדו מהרה מהם
צל הענן⁴ וחברת הרעים ואהבת הנשים והמהלל אשר הוא כזב
והעושר ולא ישמח המשכיל לרב העושר ולא [יתאבל⁵] למיעוטו
אבל העושר אשר הוא ראוי לשמוח בו הוא שכלו ומעשיו הטובים
10 והוא בוטח בו ויודע כי אין אדם אשר יוכל שולל⁶ אותם לו
ולא יוכל לגזול אותם⁷ | ואלו היה כסף וזהב או ממון היה מפחד

1) C. *figuratur ejus gloria.* — 2) C. *ejus.* — 3) Manque chez C. —
4) C.: *et sunt sicut umbra, societas,* etc. — 5) C. *contristatur.* — 6) Lis.
לשלול. — 7) Manque chez C.

qu'il voie fermement avec l'œil de son cœur. Le paresseux, qui
est mou au travail, qui manque de réflexion lorsqu'il faut agir,
ne réussit guère, et augmente rarement son bien; il ressemble
au vieillard dont la société ne saurait égayer le cœur d'une
jeune fille. Ne t'attriste donc pas en disant: Autrefois je possé-
dais de la fortune, et aujourd'hui je suis pauvre; car la richesse et tout le bien du monde arrivent vite, lorsque Dieu le
veut, et disparaissent subitement, comme le vent qui se lève et
tombe rapidement. Les sages ont énuméré les choses qui n'ont
pas de consistance et disparaissent promptement: l'ombre pro-
jetée par le nuage, l'union entre des méchants, l'amour des
femmes, la vanterie mensongère et la richesse. Le sage ne se
réjouit pas d'une grande fortune, ni ne s'attriste d'une petite;
la richesse dont il doit se réjouir, c'est son intelligence et ses
bonnes actions; il s'y fie, parce qu'il sait que personne ne peut
l'en frustrer, ni les lui voler. Il pourrait redouter des aventuriers
ou des brigands pour l'or, l'argent ou les espèces; mais il n'aura
jamais à craindre que quelqu'un diminue ou prenne ses bonnes

עליו מפני גוים' מפני לסטים² והמעשים הטובים לא יירא אדם
שיחסרו לו או שיקחם לו·אדם והוא ראוי בכל זאת שלא ישכח
אחריתו ואיך ישוב לבית עולְמו כי המות לא יבא כי אם בפתע
פתאם ואין בינו ובין אדם זמן ידוע וכי הוא בין אחים יפריד³ ואתה
אינך צריך לתוכחתי כי יותר תדע ממני ואתה משכיל ויודע כל
אשר ייטב לך ומכיר אשר ירע לך ואולם ראיתי שאשלים לך
שאלתך באהבתי ובחברתי ואודה⁴ אותך על המדות הטובות
ואתה אחינו וכל אשר לנו הוא לך ויהי כשמע העורב הדבר אשר
השיבה חית המים לעכבר ומתק מאמריה ונעם דבריה שמח שמחה
גדולה ויגל ויאמר לה כבר שמחתני ותישבי דעתי ועשית טוב
הרבה עמנו ואת ראויה שתשמחי בנפשך באשר השלים אותך
האל מכל דבר כי אין בעולם אדם ראוי לשמח ולעלוז ולהיטיב
נפשו ולהיות לו שם טוב כמו. מי לא תמוט רגליו מאוהביו ולא

---

1) C. *inimicis*; נייסות (?). — 2) C. ajoute : *aut aliis accidentalibus mundi,* או משאר מקרי העולם. — 3) Cf. *Ruth*, I, 17. — 4) C. *et indicarem tibi*, ואורה.

œuvres. En tout cela il convient de ne pas oublier la fin et le retour au champ de repos. La mort vient subitement, et l'homme n'en est pas éloigné par un temps connu; elle sépare des frères les uns des autres. Mais tu n'as pas besoin de ma morale, tu es plus instruite que moi, tu es sage et au courant de ce qui te fait du bien et de ce qui peut te nuire. J'ai voulu seulement accomplir ton désir de posséder mon amitié et ma société, et t'indiquer les bonnes habitudes à prendre. Tu es notre sœur et tout ce que nous avons t'appartient.

Le corbeau, ayant entendu la réponse douce et gracieuse que l'amphibie avait donnée à la souris, en conçut une grande joie, et dans sa satisfaction il lui dit : Tu m'as fait plaisir, tu m'as donné de la tranquillité, et tu es notre bienfaiteur; tu peux éprouver du contentement d'avoir été doué par Dieu de toutes les perfections. Car personne au monde n'a autant le droit d'être heureux, joyeux, content et de jouir de sa bonne

תמעד אשוריו מחבריו הנאמנים ולא יסור מהם ולא יסורו ממנו
ואל ירחיקוהו אחרים מהם שישמחוהו וישמחם' ויביט לאשר יועיל *
להם   כי הנדיב בעת יכשל לא יקימוהו ויעזרוהו כי אם הנדיבים
כמו הפיל בעת יפול בשוחה לא יוציאוה ממנה כי אם הפילים
5 ולא יעזוב המשכיל | חסדו הידוע לעשותו ואפילו שיביא נפשו בעת² ᵖ·⁶⁹·
המצרים בגמילות חסדים לא הוא מום לו אבל ידע כי*יביא נפשו
בין המצרים³ יקנה העומד בהולך והטוב ברע והדבר הגדול
בקטן   ולא יחשב עשיר*כל מי לא ישתתפו בני אדם בטובו
ובעשרו ולא יחשב חי׳ כל מי הוא בעשרו כילי ונבל   ויהי העורב
10 מדבר דבריו עד בא אצלם צבי ויפחדו ממנו ותבא חית המים
במים ויבא העכבר בחור ויקם העורב באילן   ויגע הצבי למים

1) C. nec a se pro cunctis faciet alios qui letificent ipsum. — 2) Lis. בין.
— 3) Manque chez C. — 4) Manque chez C.

réputation, que celui qui n'a jamais bronché lorsqu'il s'est
agi de ses amis, dont les pas n'ont jamais reculé quand ses
affidés sont mis en cause, qui ne les abandonne pas plus qu'ils
ne l'abandonnent, qui ne se laisse pas détacher d'eux par
d'autres, qu'il réjouirait et qui feraient sa joie, qui se préoccupe
de ce qui peut être utile à ses camarades. L'homme noble, lorsqu'il tombe n'est relevé, ni secouru que par des nobles, comme
l'éléphant qui se laisse choir dans la fosse n'en peut être retiré
que par des éléphants. Le sage ne doit jamais cesser d'agir
selon sa bonté connue, et quand même par sa charité il tombe
dans la gêne, il n'y a pas de mal; car, en agissant ainsi, il
acquiert le solide pour le périssable, le bon pour le mauvais,
l'important pour ce qui est insignifiant. On ne considère pas
comme riche celui qui n'associe pas d'autres à son bien et à sa
fortune; on ne regarde pas comme un être vivant, celui qui
malgré sa richesse est avare et méchant.

Pendant que le corbeau parlait ainsi, survint un cerf. Terrifiés,
l'amphibie se glissa dans l'eau, la souris se cacha dans un trou,
et le corbeau monta sur un arbre. Le cerf toucha à l'eau, but

וישתה מעט ויקם מפחד   וישוט העורב על פני רקיע השמים לראות אם יש דורש או רודף אחרי הצבי ולא ראה מאומה ויקרא לחית המים ולעכבר שיצאו ויאמר להם אין דבר שתפחדו ממנו צאו והקבצו ויצאו ויקבצו   ויהי בצאתם אמרה חית המים לצבי בראותה אותו יביט למים ולא ישתה שתה אדוני ואם אתה צמא 5 אל תירא כי אין מי יעשה לך רע   ויקרב הצבי אליה ותקריב אותו ותאהב אותו ותאמר לו מאין תבא   אמר לה הצבי הייתי במדבר ימים רבים ולא סרו הנחשים ירדפוני ממקום למקום *והייתי היום זקן' ואירא פן יבא צייד ואברח מפחדו עד הנה 10 אמרה לו חית המים אל תירא כי במקום הזה לא נירא² צייד לעולם ואנחנו נתן לך את בריתנו ואהבתנו ושב עמנו והנה המרעה קרוב ממנו   ויתאוה הצבי שיתחבר אליהם וישב עמדם והיה להם ערש

1) Manque chez C. — 2) C. *apparuit*, נראה.

un peu et s'arrêta anxieux. Le corbeau se mit à planer à la face du
15 ciel pour voir si quelqu'un cherchait et poursuivait le cerf, mais
il n'aperçut rien. Il cria donc à l'amphibie et à la souris de sortir
et leur dit : Il n'y a rien à craindre, sortez et réunissez-vous.
Ils sortirent ensemble, et l'amphibie voyant le cerf regarder l'eau
sans boire, lui dit aussitôt : Désaltère-toi, monseigneur ! si tu
20 as soif, ne crains rien, car personne ne te fera du mal. Le cerf
s'étant approché de lui, il le fit venir encore plus près, lui offrit son
amitié et lui dit : D'où viens-tu ? — Le cerf répondit : J'ai vécu
de longues années dans un désert, où les serpents ne cessaient
de me traquer. Aujourd'hui je suis vieux et j'ai peur des
25 chasseurs; ainsi je me suis réfugié jusqu'ici. — L'amphibie répondit : Ne crains rien ! ici jamais chasseur ne s'est montré; nous
ferons alliance avec toi, nous t'accorderons notre amitié, et tu
peux vivre avec nous; de plus, le pâturage est à proximité.
Le cerf ne désirait pas mieux que de se lier avec le corbeau,
30 la souris et l'amphibie; il s'établit donc avec eux sous un bosquet
d'arbres dont ils avaient fait leur demeure, et où ils venaient

— 53 —

מִן הָאִילָנוֹת אֲשֶׁר עָשׂוּ לָשֶׁבֶת שָׁם וְהָיוּ כָּל יוֹם בָּאִים שָׁמָּה וְיֵאָסְפוּ
שָׁם וְיֹאמְרוּ חִידוֹת וִידַבְּרוּ אִישׁ לְאָחִיו וִידַבְּרוּ וְיִזְכְּרוּ דִּבְרֵי הָעוֹלָם
וַיְהִי הַיּוֹם וְהָעוֹרֵב וְהָעַכְבָּר וְחַיַּת הַמַּיִם נֶאֱסָפִים בְּמָקוֹם אֶחָד¹ [וְהַצְּבִי
לֹא הָיָה שָׁם²] וַיּוֹחִילוּ עַד בּוֹשׁ³ וְהִנֵּה לֹא בָא וַיִּדְאֲגוּ עָלָיו כִּי נֶעֱצַר
5 מֵהֶם   וַיְהִי כִּי בוֹשֵׁשׁ מֵהֶם חָמְלוּ עָלָיו פֶּן יִלְכְּדֵהוּ הַצַּיָּד

צוּרַת הָעֶרֶשׂ שֶׁל אִילָנוֹת וְהָעוֹרֵב וְחַיַּת הַמַּיִם וְהָעַכְבָּר

אָמְרָה חַיַּת הַמַּיִם וְהָעַכְבָּר לָעוֹרֵב לֵךְ עוּף עַל פְּנֵי הַשָּׁמַיִם
וְהַבֵּט אוּלַי תִּרְאֶה דָבָר וַיָּסָב הָעוֹרֵב אֶל הַשָּׁמַיִם וְהִנֵּה הַצְּבִי נִלְכַּד
בְּרֶשֶׁת צַיָּד וַיָּשָׁב מְהֵרָה וַיַּגֵּד לָהֶם הַדָּבָר   וַיֹּאמְרוּ הָעוֹרֵב וְחַיַּת
10 הַמַּיִם לָעַכְבָּר וְזֶה הַדָּבָר אֲשֶׁר לֹא נְקַוֶּה בּוֹ⁴ לְאֶחָד זוּלָתְךָ וְעַתָּה
הוֹשִׁיעַ אָחִינוּ וְאָחִיךָ   וַיֵּצֵא הָעַכְבָּר הוֹלֵךְ עַד כֹּה וְכֹה עַד הַגִּיעַ לַצְּבִי
וַיֹּאמֶר לוֹ אָחִי מִי הֱפִילְךָ בְזֶה הַמּוֹקֵשׁ וְאַתָּה מִן הָאַמִּיצִים וְהַנְּבוֹנִים

1) Lis. הזה; C. *ibi*. — 2) C. *et non esset ibi cervus*. — 3) *Juges*, III,
25. — 4) C. ajoute : *liberari*, להציל.

---

chaque jour se réunir, se conter des historiettes, faire la conversation et s'entretenir des choses de ce monde. — Un jour le corbeau, la souris, et l'amphibie étaient ainsi réunis à cet endroit, tandis que le cerf n'y était pas. Ils attendirent longtemps, mais le cerf n'arriva pas. Inquiets de cette absence, qui se prolongeait outre mesure, ils songèrent avec attendrissement au cerf, craignant qu'il n'eût été pris pas un chasseur.

Figure du bosquet, du corbeau, de la souris et de l'amphibie.

L'amphibie et la souris dirent alors au corbeau : Va, vole vers le ciel et regarde si tu aperçois quelque chose. — Le corbeau tournoya dans l'air et vit le cerf pris dans le filet d'un chasseur. Il revint aussitôt faire son rapport. Le corbeau et l'amphibie dirent alors à la souris : Voici une affaire pour laquelle nous ne pouvons espérer le salut que de toi : va et sauve notre frère et le tien. La souris s'en alla, marchant çà et là jusqu'à ce qu'elle eût atteint le cerf. Mon frère, dit-elle, qui

אמר לו הינצל* מן הגורה הנכון והנגזרת' עליו הלא תדע כי לא
לקלים המרוץ ולא לגבורים המלחמה² ויהי הם מדברים והנה
חית המים [באה³] ויאמר לה הצבי מה ראית ומה מצאת בבואך
הנה וכי הצייד בעת יקרב ממנו תשלים העכבר לנזור החבלים
5 וארוץ אני ואמלט ויש לעכבר מחבואות רבות וחורים אשר יתחבא
שם והעורב יעוף ותשארי את | ואת כבדה בלכתך ולא תוכלי לרוץ
*ואנחנו חומלים עליך⁴   אמרה חית המים לא יחשב משכיל אשר
יחיה אחרי פרידת האוהבים וכי עזרת האדם ונוח נפשו בעת הצרה
והוא בעת יפגש האדם לחברו ויוציא כל אחד מהם לבו לחברו
10 ובעת יפרידו בין החבר לחברו ובעת⁵ שמחתו ויחשכו מאורותיו
ויהי לא השלימה חית המים לדבר עד אשר בא הצייד⁶ והעכבר

1) Lis. 'הנגו 'הנו מן 'הנו. — 2) *Eccl.* IX, 11. — 3) C. *supervenit.* —
4) Manque chez C. — 5) Lis. הערב, C. *obfuscatur*. — 6) C. ajoute : *re-*
pente... currens velociter ut cervum quem putavit esse captum acciperet et
15 *secum domum portaret. Sed antequam ipse appropinquaret.*

---

t'a fait tomber dans ce piége, toi qui es si habile et si prudent?
Le cerf répondit : Est-ce que la prudence peut préserver de
l'arrêt du destin? Tu sais bien que la course ne sauve pas les
plus légers, ni la guerre les plus forts. — Pendant qu'il parlait,
20 l'amphibie arriva. Que penses-tu, lui dit le cerf, et quelle idée
as-tu eue de venir ici? Car lorsque le chasseur approchera de
nous, la souris aura terminé sa besogne et coupé les cordes;
alors moi je courrai et m'échapperai, la souris trouvera assez de
cachettes et de trous pour se dérober, et le corbeau s'envo-
25 lera. Toi seul avec ta démarche lourde, tu seras hors d'état de
courir, tu resteras et nous n'aurons qu'à te plaindre. — L'amphibie répondit : N'est pas vraiment sage celui qui consent à
vivre, lorsqu'il est séparé de ses amis. La protection et l'apaisement dans les moments de l'angoisse, l'homme ne les éprouve
30 qu'en rencontrant un camarade auquel il peut ouvrir son cœur;
mais lorsque deux amis sont séparés l'un de l'autre, toute joie est
troublée, et la lumière des yeux s'obscurcit. — L'amphibie avait

כרת החבלים מן הצבי וימלט הצבי בורח' ויעף העורב² ויבא
העכבר בחור אחד³

צורת הצבי במכמורת והעכבר יגורה וצורת העורב וחית המים

ויהי כאשר הגיע הציד לרשת וירא‎ה גזורה תמה ויבט פנים
ואחור ולא ראה דבר כי אם חית המים ויקחנה ויאסור אותה היטב
והעכבר והצבי והעורב הביטו אליו וידאגו כולם לדבר ההוא מאד
אמר העכבר לא אראה אלא העת שנמהר לצאת מפח נפול אל
הפחת * ולא כי אם' מצרה לחברתה   כבר צדק אשר אמר לא
יסור האדם אלא שוקט ובוטח ושלו בעוד שלא יכשל [ואחר⁵] אשר
יתחיל לנפול פעם אחת יאספו אליו הצרות מכל צד ופאה   ולא

1) C. ajoute : *ad nemora velociter*, מהר אל היער. — 2) C. ajoute :
super arborem quandam et sedebat ibi expectans finem de testudine, על אילן
חית המים סוף יהיה מה לראות שם וישב אחד. — 3) C. ajoute : *sed testudo
fugere tam cito non potuit, de quo mus doluit multum in corde suo et jacuit
respiciens a longe ut videret quid de ea fieret.* — 4) C. *et procedimus*, ולבוא.
5) C. *postquam vero.*

à peine terminé son discours que le chasseur revint. Mais déjà
la souris avait coupé les cordes, et le cerf s'échappa en fuyant;
le corbeau prit son vol, et la souris entra dans un trou.

Figure du cerf pris dans un filet, de la souris qui le coupe, du corbeau
et de l'amphibie.

Lorsque le chasseur toucha au filet et le vit coupé, il fut
surpris; il regarda en avant et en arrière, et ne vit rien que
l'amphibie. Il le prit, et le lia solidement.

La souris, le cerf et le corbeau l'avaient vu faire, et en furent
fortement affligés. La souris dit alors : Je le vois, nous sommes
dans un temps, où pressés de sortir d'un piége, nous tombons
dans une fosse, et où nous n'échappons à un malheur que pour en
souffrir un autre. Il avait bien raison celui qui a dit : L'homme ne
saurait être tranquille, rassuré et heureux, qu'aussi longtemps
qu'il n'a pas trébuché; mais dès qu'il a commencé à tomber une
fois, les malheurs s'amassent sur lui de toute part et de tout

די למזלי הרע אשר הפריד ביני ובין אנשי בריתי וביני ועשרי עד
הפריד ביני ובין מי הייתי אח עמו כמו חית המים אשר היתה לי
טובה מכל חבר ורע אשר לא באה עד הנה לדבר רע ולא לאיבה
ולא לשטמה אבל לאמונה אשר בה ונדיבות המעשים ומדה טובה
אשר בה שהיא טובה מאהבת הבן לאביו' מדה לא יסירה כי אם
המות   אוי לזה הגוף אשר הפקיד² עליו כל התלאות אשר יצא
מרעה אל רעה   ולא יעמד לאדם דבר ולא יאריך לו ולא יעמד
למזל הכוכבים טובה ולא רעה אבל הסתכל כי הם נהפכים מדבר
לדבר פעם יאירו ופעם יחשיכו פעם יהפך אפלם לאור ואורם
לאופל   וזאת הצרה אשר יחרשו³ עלי חברי היא כמו השחין
אשר יבא הרופא לרפא אותו ויכה שם בכלי ברזל ויפתחהו
ויאספו על השחין⁴ שתי מכאובים מכאוב המכה ומכאוב השחין

p. 72.

1) C. *aut matris*, ולאמו. — 2) C. *predestinata sunt*, הפקרו. — 3) Lis.
יחרוש, C. *induxit.* — 4) C. *egro*, החולה.

côté. Il n'a pas suffi à ma mauvaise chance de me séparer de
mes alliés et de ma richesse; il faut encore qu'elle m'arrache
à celui, dont j'étais devenue la sœur, à cet amphibie qui était
devenu meilleur pour moi qu'aucun frère et prochain, qui était
venu ici sans mauvaise intention, sans haine, sans inimitié, mais,
au contraire, par fidélité, générosité, mû par ce bon sentiment
qui l'inspirait, et qui vaut mieux que l'amour d'un fils pour
son père, sentiment que la mort seule fait évanouir. Malheur
à ce corps, que la destinée a chargé de tous les tourments, qui
passe d'un malheur à un autre! Rien ne reste, ni ne dure pour
l'homme! Telles sont les étoiles, qui ne présagent ni le bien, ni
le mal continuellement; en les observant, on les voit changer sans
cesse; tantôt elles sont brillantes, tantôt elles s'obscurcissent;
tantôt les ténèbres cèdent à la lumière, tantôt la lumière cède
aux ténèbres. Ce malheur que me prépare mon camarade est
comme la pustule que, pour la guérir, le médecin ouvre avec le
bistouri, en donnant au malade deux douleurs pour une, celle de

וכמוהו האדם אשר נרפאו צריו עם אוהביו בפגשו אותם ואחרי
כן יפרד מהם   אמרו העורב והצבי לעכבר כי יגוננו ודבריך ודברינו
ודבריך לא יועילו לחית המים דבר זה עתה עזוב הדבר ובקש
תחבולות לה   כי יאמרו החכמים כי בעתות הצרה תנסה הרעים
5 ותנסה בעל האמונה במקח ומתן והחברים תנסה אותם בקורות
הזמן   אמר העכבר ארצה בעצתי שילך הצבי עד | יצא לדרך ^(p. 73.)
הצייד ויעמד רחוק ממנו במעבר אשר הוא עובר שמה ויעשה
נפשו כאילו הוא קרוב למות וישליך עצמו עליו העורב כאילו הוא
אוכל מבשרו   כי אני יודע כי כעת יביט אליך יעזב כל אשר על
10 גבו מן החבלים[1] וילך לקחתך   ובעת אשר תראה כי קרוב אליך
העתק משם מעט כדי שלא יסור תקותו ממך ויגעהו אחריך בעוד
שאגזור אני חבלים ואני יודע כי לא ישוב אלא החבלים נגזרים

1) C. ajoute : *et rethia de humero suo*.

---

l'opération et celle de la pustule. Telles sont les tortures de
l'homme qui, soulagé par la société de ses amis, est obligé
ensuite de les quitter. — Mais le corbeau et le cerf dirent à la
souris : Ton chagrin et tes paroles ne profiteront pas plus à
l'amphibie que notre chagrin et nos paroles. Cesse de parler
et cherche des artifices en sa faveur; car les sages disent:
Dans l'adversité on éprouve les prochains, on éprouve l'honnêteté dans les affaires, et les camarades dans les événements
graves. — La souris répondit : Voici ce que je vous conseille:
le cerf ira par le chemin que suivra le chasseur, il s'arrêtera à
une certaine distance sur la route où il doit passer; là il fera
comme s'il était mourant. Le corbeau se jettera sur lui comme
s'il voulait manger de sa chair. Je suis sûr que le chasseur
en voyant cela, abandonnera les filets qu'il porte sur le dos,
afin de prendre le cerf; à mesure que le chasseur s'approchera
du cerf, celui-ci doit peu à peu reculer, de manière à conserver
au chasseur son espérance et à le fatiguer dans sa poursuite.
Pendant ce temps, je couperai les cordes, et, à mon avis, ce sera

גוזרים' ונמלט כולנו ונשוב למקומנו　　ויעש הצבי והעורב כן וילך
אחריהם הצייד　　ויהי כי קרב לקחתם ברח הצבי ויעף העורב
וישב הצייד בבשת פנים לקחת חבליו ויהי כשובו מצא חית המים
כי נמלטה ויתמה מאד וישב נכלם ומחשב לבו' ויהי כראות הצייד
זה הדבר חשב בלבו במעשה הצבי העומד לו והעורב נופל עליו
כאילו הוא אוכל ממנו והוא לא כן ואשר גזרו לו החבלים ויתמה
מאד ויאמר אין זאת הארץ כי אם ארץ מכשפים או ארץ שדים
וישב ממהר לדרכו בפחד גדול　　ויאספו העורב והצבי וחית המים
והעכבר למקומם בשקט | ושלוה
p. 74.

אמר המלך לפילסוף ראה מה הם אלו המעשים ואחרי אשר
השיגה עצת החיות הקטנים והעופות הנקלים לעזר איש את אחיו
כל שכן בני אדם ואלו עשו כמוהו ויעמדו על זה המנהג אלא והגיע

1) L'un des deux mots est superflu. — 2) Lis. בלבו.

---

déjà une chose faite, lorsque le chasseur reviendra sur ses pas.
Ainsi nous serons tous sauvés, et nous pourrons revenir chez
nous. Le cerf et le corbeau firent ce qu'on leur avait conseillé.
Le chasseur les suivit, et lorsqu'il fut près de les prendre, le
cerf s'enfuit et le corbeau s'envola. Le chasseur revint honteux pour prendre ses filets, et il trouva que l'amphibie s'était
échappé. Il fut fort étonné et s'assit confus et pensif. Il se
rappelait ce qu'il avait vu, les agissements du cerf qui se tenait
près de lui, et du corbeau couché sur le cerf comme s'il mangeait de sa chair, puis comment les filets avaient été coupés
et dans son étonnement, il dit: Cette terre est une terre de sor-
ciers ou une terre de démons. Puis il retourna bien vite, fortement effrayé, chez lui. Le corbeau, le cerf, l'amphibie et la
souris se réunirent, tranquilles et heureux, dans leur demeure.

Le roi dit au philosophe: Ces histoires font réfléchir. Si
de petits animaux et de vils oiseaux peuvent ainsi se prêter
un secours mutuel, que ne pourraient faire les hommes s'ils
agissaient de même, et suivaient les mêmes habitudes! ils

אליהם פרי מעשיהם ונעם מפעלם במעשה החסד תשמור¹ אותו
ובמיאום הרשע ולהרחיק אותו

נשלם שער היונה והצבי והעכבר וחית המים והעורב

1) Lis. בשמור.

---

recueilleraient les fruits de leurs actions et de leur conduite
charmante, en observant la charité et en rejetant et écartant
la méchanceté.

Fin de la porte de la colombe, du cerf, de la souris, de l'amphibie et du corbeau.

[השער החמישי]

וזה שער עדת העורבים ועדת הכוסים¹

אמר [המלך²] לפילוסוף כבר הבינותי דברִיך באשר אמרת
ממדת האוהבים הנאמנים בתם הלב והנפש ומה הוא שכרם לדבר
ההוא   הגד נא לי בעד האויב [אם יוכל להעשות³] אוהב ויבטחו
בו אוהביו⁴ ואיך היה⁵ האיבה וענינה וצרותיה⁶ ואיך הוא ראוי
[למלך⁷] לעשותו בעת יניעהו דבר מאנשי ביתו⁸ היש לי⁹ לדרוש
שלמה¹⁰ אם לא   ואם לא¹¹ הוא ראוי שיאמן בנפשו¹² או אם יאות

1) C. ajoute: *Et est de eo qui confidit in inimico et quod deinde accidit ei*. — 2) C. *rex*. — 3) Un blanc dans le ms.; C. *si potest effici*. — 4) Lis. אויבו; C. *inimici*. — 5) Lis. היא; C. *est*. — 6) Lis. וצרותיה; C. *et natura*. — 7) C. *regem*. — 8) Lis. איבתו; C. *inimicitiarum suarum*. — 9) Lis. לו. — 10) Lis. שלמם. — 11) Mot à supprimer. — 12) Lis. באויבו; C. *inimico suo*.

[Chapitre V.]

Et ceci est le chapitre de la communauté des corbeaux et de la communauté des hiboux.

Le roi dit au philosophe : J'ai compris les paroles que tu as prononcées sur la conduite des amis fidèles, sincères de cœur et d'âme, et sur le profit qu'ils en retirent. Parle-moi maintenant des ennemis, s'ils peuvent devenir des amis au point d'inspirer confiance à leurs adversaires. Dis-moi, ce que c'est que l'inimitié, quel est son objet, et quelles sont ses différentes formes. Puis, comment doit agir un roi, lorsqu'il a des difficultés avec des adversaires? doit-il chercher à vivre en paix avec eux, ou non? Convient-il d'avoir foi dans son ennemi? doit-on en faire

שיתחבר בו ושיראה לו הכרה¹ ואהבה ואמר לי על זה הדבר משל

אמר סנדבר לא הוא ראוי למלך ואם יבוא לו דבר מאויבו

אלא יפחד ממנו על נפשו ועל חילו   ואף על פי שידרוש האמונה

והשלום ויראה האהבה * והשלום הידידות² והחברה לחבריו לא

5 הוא ראוי להם *שיאמינו בו ואל [יבטחו³] בדבריו   שאפחד⁵ שמא

יהי דומה הדבר ההוא ויקרה לו אשר קרה לעדת העורבים עם

עדת הכוסים

אמר המלך ואיך היה

אמר הפילוסוף אמרו כי בארץ כך וכך [אצל מדינה כך וכך⁶]

10 היה סביבה הר גדול סובב המדינה והיה שם אילן גדול רב הענפים

*רב גדול והעבותים⁷ והיה בה קן לאלף עורבים ועליהם מלך

1) Lis. חברה; C. *societatem*. — 2) Manque chez C. — 3) Blanc dans le ms. — 4) C. seulement: *credere suis verbis*. — 5) Lis. שיפחד; C. *quum timendum est*. — 6) C. *iuxta civitatem quandam*. — 7) Manque chez C., qui ne traduit que les quatre mots précédents: *arbor magna et ramosa*. Il y a, en outre, dans le ms. avant והעבותים, un blanc qui pourrait contenir neuf ou dix lettres.

---

son allié, son associé, son ami? Raconte-moi une parabole à ce sujet.

Sendebar répondit : Lorsque le roi a des affaires avec ses ennemis, il doit toujours être préoccupé pour sa personne et pour son armée; bien que ces ennemis lui demandent foi et paix, et se montrent envers ses compagnons animés des sentiments d'amitié et de fidélité, d'amour et de sociabilité, il ne faut avoir aucune confiance, ni croire aux paroles. Le roi doit craindre qu'il ne lui arrive ce qui est arrivé entre la communauté des corbeaux et celle des hiboux.

Quelle est cette histoire, demanda le roi, et le philosophe raconta ce qui suit:

Dans tel pays, près de telle ville, il y avait une grande montagne qui l'entourait, et un grand arbre branchu et touffu, renfermant un nid pour mille corbeaux, gouvernés par un roi. Sur

ובהר ההוא היה קן לאלף עופות מעדת הכוסים ועליהם מלך
אחד מהם

צורת ההר והעורבים והכוסים

ויצא מלך עדת הכוסים לילה.* ויהי הוא קם לילה¹ ויכה את
העורבים.* מכה גדולה² מפני האיבה אשר בין העורבים והכוסים
ולא ידע זה הדבר מלך העורבים עד קם בבקר ויהי בראותו
אשר קרה לחילו דאג וישתומם ויחשב בדברו ויקרא לחכמיו
וחברייו³ לשאול מהם עצה⁴ ויספר להם אשר מצא אותם * אשר
עשו‎ בם עדת הכוסים נקמה ועוד⁵ כי היה מפחד פעם שניה פן
ישובו אליהם עדת הכוסים ויעשו בהם השחתה ויאמר להם
הביטו בדבריכם היטב ואל תמהרו לתת עצה עד תחקרו והיה
בם חמשה * עורבים יודעי דעת ומביני מדע ומשכילים בכל חכמה

1) Manque chez C. — 2) C. *plures et interfecerunt.* Cf. Jos. X, 10. —
3) C. *et consiliarios,* ויועציו. — 4) Manque chez C. — 5) Manque chez C.

---

la même montagne il y avait un nid pour mille individus de la
communauté des hiboux qui avaient également leur roi.

Figure de la montagne des corbeaux et des hiboux.

Une nuit le roi des hiboux entreprit une sortie et fit un grand
carnage parmi les corbeaux, à cause de l'inimitié qui règne
entre les corbeaux et les hiboux. Le roi des corbeaux n'en sut
rien jusqu'au moment où il se leva le matin. En voyant ce qui
était arrivé à son armée, il devint soucieux et troublé. Après
réflexion, il convoqua ses sages et ses conseillers pour leur
demander un avis. Il raconta ce qui était arrivé, la vengeance
qu'avait tirée d'eux la communauté des hiboux; puis il exposa
sa crainte que les hiboux ne revinssent une seconde fois pour
les exterminer. Réfléchissez bien, leur dit-il, ne vous pressez
pas de me donner un conseil avant d'avoir bien examiné l'affaire.
Il y avait là cinq corbeaux, instruits, sages, et doués de science
et d'intelligence. Le roi les interrogea et leur demanda conseil

ושכל' ויקראם המלך וישאלם בעד עצתם בזה הדבר ויאמר
המלך לעורב הראשון מה הוא עצתך בזה הדבר ומה תיעץ אותנו
כי קרה לנו אשר ראית ואנחנו מפחד[ים] פן יבואו פעם שניה עלינו
אמר לו העורב עצתי בזה הדבר אשר היו החכמים אומרים כי
5 אמרו בעת יבואך האויב אשר לא תוכל להלחם בו כי העצה
הטובה שתברח ממנו ותרחק ממנו נפשך כדי יכלתך ואל יפתה
לבך להלחם בו וישאל המלך לעורב השני ויאמר לו מה ראית
בדבר זה אמר לא טובה העצה אשר יעץ זה העורב בפעם הזאת
ולא הוא טוב שנעזוב מעונינו ושנבוא תחת סבלות אויבינו מפעם
10 ראשונה אבל יש לנו שנהיה נזהרים ונתעתד ונשמור מן האויב עד
p. 77.
שיבוא וימצאנו עתידים | ונרחיקהו כדי יכלתנו ונשים שומרינו²
וצופים³ וכל דבר אשר יראו מעדת הכוסים יגידו לנו ואחרי כן

1) C. *consiliarii viri sapientes et docti.* Cf. *Dan.* I, 4. — 2) Lis. שומרים.
— 3) C. ajoute: *ab omni latere*, מכל צד.

dans ces circonstances. Le roi dit au premier corbeau : Quelle
est ton opinion, et qu'est ce que tu nous conseilles, puisqu'il nous
est arrivé ce que tu vois, et que nous avons à craindre qu'on ne
nous attaque une seconde fois. — Le corbeau répondit : Mon
conseil en ceci est conforme à ce qu'ont dit les sages : Quand
on est attaqué par un ennemi avec lequel la guerre est impossible, le meilleur parti à prendre est de fuir, de s'éloigner de
lui le plus qu'on peut, et de ne pas se laisser entraîner à la lutte.
— Le roi interrogea le second corbeau et lui dit : Quelle est ta
pensée en ceci ? — Il répondit : Cette fois ce corbeau n'a pas
donné un bon conseil; il ne convient pas de quitter nos habitations et de nous soumettre au joug de nos ennemis dès le
premier coup. Au contraire, nous devons prendre nos précautions, faire nos préparatifs et nous préserver de l'ennemi de
manière à ce qu'en arrivant il nous trouve prêts à le tenir à
distance selon nos moyens. Nous établirons des gardes et des
sentinelles qui nous avertissent de tout ce qu'ils verront faire

אם יבואו לנו להלחם עמנו נצא אליהם עתידים ונלחם מלחמה
גדולה ונבוא בהם ויבואו בנו ואולי נשיג גבורה ונחלוש אותם ונעשה
בהם כל אשר עשו בנו   ולא נתחיל ראשית דברינו לנום ונעזוב[1]
הכבודה והטף כי יהיה להם בזה הדבר עזר עלינו אבל נלחם
עמהם ואם יחלשו אותנו אז ננום מפניהם אחרי אשר לא נוכל
לעשות להם מאומה   ויאמר המלך לעורב השלישי מה עצתך
בזה שאמרו חבריך   [אמר לו[2]] *הקשבתי ואשמע לא כן ידברו[3]
ואני אומר לך כי לא נוכל לעמוד בשלוה *על הדבר אשר ביננו
ובין הכוסים‘   ואין לנו עצה אלא שנשלח אחד ממנו שיהיה לו
בינה ושכל ויהיה קרוב מהם ויתור אותם ויחקור על דבריהם והוא
יודיענו כל אשר בנפשם הורצו לבקש ממנו שלום או ירצו ממנו

1) Lis. ולעזוב. — 2) C. Qui ait. — 3) C. *ambos sane intellexi, ambo
optime locuti sunt iuxta eorum intellectum*, הבינותי אמרי שניהם הטיבו אשר
דברו לפי שכלם: — 4) C. *nostris resistere inimicis secundum damnum quod
habemum ab iis*; peut-être lisait-il: על השבר א׳ ב׳ מן הב׳.

---

chez les hiboux. Si les hiboux viennent ensuite nous attaquer,
nous sortirons en armes, et nous leur ferons une guerre achar-
née; dans la mêlée nous serons peut-être les plus forts et après
les avoir vaincus, nous leur ferons ce qu'ils nous ont fait. Mais
ne commençons pas dès le début par prendre la fuite et abandonner nos biens et nos enfants, ce qui serait leur donner un
secours contre nous. Il faut donc se battre avec eux, et s'ils
l'emportent sur nous, alors nous fuirons, après avoir essayé en
vain de faire quelque chose contre eux. — Le roi s'adressa au
troisième corbeau pour lui demander son avis. Celui-ci dit:
J'ai écouté attentivement, et je ne crois pas qu'on ait bien parlé.
Je soutiens que nous ne pouvons pas rester tranquilles après
ce qui s'est passé entre nous et les hiboux. Je conseille donc
d'envoyer un des nôtres, qui doit être intelligent et entendu,
et qui restera à proximité des hiboux pour les surveiller et pour
s'informer de tout ce qui les concerne. Il nous renseignera sur
leurs intentions, s'ils veulent rétablir la paix avec nous, ou nous

מס' * ואם הם יעשו זה הדבר אנחנו ראויים לעשותו ואנחנו ראויים
שנודה עליו ושנמסור נפשנו לזה² ונעמוד במקומינו ובמעונינו
בשלוה* בלי נפחד מהם³   כי אמרו חכמים כי בעת יבוא למלך
דבר מאויבו אשר לא יוכל עליו ויפחד על עצמו ועל ארצו ממנו
5 הוא ראוי שידרוש השלום* ויתן המס ויהיה טוב למלך ולעם
ולארצותיו⁴ * ושתמהר לעשות אשר אמרתי לך הוא טוב לך
משתתעכב בו⁵ | ויאמר המלך לעורב הרביעי⁶ מה היא עצתך
באשר אמרו חבריך   אמר לו לא אמרו דבר⁷ אבל אראה שלא נאבד
נפשנו ומעלתנו מפני אילו הנבלים הבזויים אשר הם מדרך רגלינו
10 ואל ניתן להם מס כי הוא בזיון גדול וסבלות גדול   וגם אמנם כי
טוב הוא לעזוב מעונינו ולנום למדבר ונשכון שם בגרות ורוע

p. 78.

1) C. ajoute: *annue*, בכל שנה. — 2) C. *ut sic nostrum praeteritum damnum recuperare valeamus*, ובזה נוכל לרפא את שברנו. — 3) Manque chez C. — 4) Manque chez C. — 5) C. *et festina cito hoc attemptare.* — 6) Manque chez C. — 7) C. ajoute: *super quo dominus rex se stabilire potest*, אשר יעמד בו אדוני המלך.

imposer un tribut. Nous devons dans ce cas agir selon leur volonté, leur accorder ce tribut et nous soumettre; nous pouvons alors rester dans nos demeures et nos habitations sans avoir à les craindre. Les sages ont dit: Quand un roi souffre un tort de la part de son ennemi qu'il ne saurait vaincre, et dont il a tout à redouter pour sa personne et son pays, il doit rechercher la paix en payant tribut, ce qui sera bon pour le roi, le peuple et la patrie. Mieux vaut agir avec rapidité selon ce que je viens de dire, que de se montrer hésitant. — Le roi dit alors au quatrième corbeau: Que penses-tu de ce qu'ont dit tes camarades? — Il répondit: Rien de ce qu'ils ont proposé ne peut servir à mon seigneur et roi. Je suis d'avis qu'il ne faut pas nous perdre et ravaler notre dignité à cause de ces êtres méchants et méprisables, que nous devrions fouler à nos pieds. Ne leur payons pas de tribut; car ce serait une grande honte, et un vil servage. En outre, il serait certes plus avantageux pour nous d'abandonner nos habitations, de fuir et d'aller demeurer

המחיה עד אשר יניח האל לנו והוא טוב לנו מזה המעשה כי
אמרו החכמים כל הרוצה לנפשו בעינוי ובסבלות וישפיל נפשו
כבר עזר עליה[2] לאויבו ואף אני יודע כי עדת הכוסים לא[3] ידעו
כי נרצה זה הדבר הם מוסיפים בעינוי ובסבלות [4] וישפיל נפשוי
5 וישימו עלינו מס כבד אשר לא יוכל[5] עליו ותהיה בו אבדתנו מן
העולם וראוי הנה לנו שנהיה נזהרים ועתידים ומועדים ואם יבואו
עלינו[6] נצא עליהם ונערוך עמם מלחמה ונוחיל ונקוה אולי יתעשת
האלהים ולא נאבד[7] ויאמר המלך לעורב החמישי מה אתה רואה
באשר אמרו חביריך אמר לו כי לא אמרו מאומה כי לא הוא
10 ראוי לנו שנערוך מלחמה בעוד שנמצא דרך לשלום וכי הם יותר
חזקים ממנו וכבר אמרו המושלים כי [8] לא מי ידע ערך נפשו

1) C. *angariis.* — 2) C. *contra se.* — 3) Lis. לו; C. *si.* — 4) Manque chez C.; il faudrait: וישפילו נפשו. — 5) Lis. נוכל. — 6) C. ajoute: *iterum,* פעם שנית. — 7) *Jon.* I, 6. — 8) Lis. מי לא.

15 dans le désert, isolés et mal nourris, jusqu'à ce que Dieu nous accorde le repos; ceci vaudrait mieux que d'agir comme l'a dit le préopinant. Les sages affirment: Celui qui accepte pour lui le servage et les corvées, et qui s'abaisse ainsi, aide lui-même à son ennemi. Je connais la communauté des hiboux, et
20 je sais, qu'instruits de notre acquiescement, ils aggraveraient le servage et les corvées, ils nous ravaleraient et nous imposeraient un lourd tribut que nous ne pourrions pas supporter, et qui serait notre ruine finale. Il convient donc de prendre nos précautions, d'être prêts et en armes, de leur résister s'ils
25 nous attaquent de nouveau, de les combattre en bataille rangée et d'espérer, que Dieu voudra peut-être avoir pitié de nous et nous préserver de notre perte. — Le roi se tourna alors vers le cinquième corbeau, pour lui demander son avis sur les propositions de ses camarades. — Il dit: Ils n'ont rien dit qui
30 vaille. Nous ne devons pas engager une bataille aussi longtemps qu'il reste une voie ouverte à la paix, car les hiboux sont plus forts que nous, et dans le proverbe on dit: Quiconque ne con-

וכוחו ויפתהו | סכלותו להלחם באויב החזק [ממנו] כבר רצה להמית
נפשו והעושה זה נפתה והנפתה נכשל ואני מפחד מן הכוסים ולא
הוא ראוי לאדם בעולם שיקל בעינו אויבו ואף על פי שיהיה חלש
ואף כי אתה¹ לנבונים ולמשכילים וכבר נאמר באחד המשלים
5 התקרב לאויבך מעט * תמצא צרכך ממנו² ואל תתקרב לו הרבה
כי תשחית נפשך ותשפילנה ותביאנו בכף אויביה כמו העץ אשר
תעמידנו לעין השמש אם תוריח³ מעט יגדל צילו מאוד ואם תורידהו
הרבה יחסר צילו עד יהיה במדה אחת עם העץ וראוי הוא לנו
שנקרב עדת הכוסים ונתחבר עמהם כי אילו היינו חזקים כמוהם
10 היה לנו לעשות זה הדבר בהם עד ישיג⁴ חפצנו בהם * כי האשה
הרעה אם לא יפתה בעלה בלשון רכה ודברים נעימים ויקח

1) Lis. עתה; C. *nunc.* — 2) Manque chez C. — 3) Lis. תורידהו, C. *deposueris.* — 4) Lis. נשיג.

---

naît pas sa propre valeur ni sa force, et qui par son ignorance
se laisse entraîner à faire la guerre à un ennemi plus fort que
lui, commet un suicide; celui qui agit ainsi manque de réflexion, et qui ne réfléchit pas tombe. Je crains les hiboux, et
s'il ne faut jamais mépriser un ennemi, fût-il même faible, à
plus forte raison ne le doit-on pas, quand on a affaire à des êtres
intelligents et avisés. Un proverbe dit : Approche peu de ton
ennemi, et tu en retireras ce dont tu as besoin; approches-en
davantage, et tu iras à ta perte, tu te ravaleras et t'abaisseras.
Tel est un pieu qu'on place en face du soleil; en l'abaissant
peu, on augmente fort l'ombre qu'il projette; mais plus on l'a-
baisse, plus l'ombre diminue, jusqu'à ce que l'ombre égale le
pieu. Il convient donc de nous approcher de la communauté des
hiboux et de nous lier avec eux. Car quand même nous serions
aussi forts qu'eux, il faudrait encore en agir ainsi, jusqu'à ce
que nous ayons obtenu ce que nous voulons d'eux. Quand un
mari ne sait pas séduire une méchante femme par un langage
doux et des paroles agréables, et qu'il se mette à la battre,

— 68 —

להכותה ולהלקותה לא ימצא מנוח עמה ולא תוכל לשקוט ולא
תשטה עליו' ואני אינני רואה בעצתי להלחם עמהם כי האויב
החזק ואם נהיה רחוקים ממנו לא הוא [ראוי] לנו שנאמין בו שיפתה
לבבנו ואין אנו רואים שנאמר כי לא נפחד מהם   אבל העצה שיש
לנו לעשות היא שנתעתד לו למלחמתו ונהיה נזהרים ונפתה אותם
בתחבולות ובערמה כי החכם אשר ראה את הדבר בטרם יפול
ואחר כמו² היוכל לכונן אשר עבר   וכי אין לבעל המלחמה שיעשה
כי אם שילחם כי פעמים מועטים | הם אשר ימלט   ויש פעמים
אשר תוכל להסיר המלחמה בנועם המאמר והדבר הרך ואין דבר
בעולם יותר טוב ממנו ולא שישיג האדם תאותו בו כמו בזה הדבר
וזאת היא עצתי אליך   ועתה אל תהיה עצתך להלחם עם עדת
הכוסים כי אשר ירצה זה ירצה לאבד נפשו

1) C. *quomodo vir malam habens uxorem nisi persuadeat ei blandiciis et verbis humilibus et verberare non velit et suspicari non habebit eam in tranquillitate.* — Dans notre texte un peu différent, il faut lire אלא תשטה, pour ולא ת׳. — 2) Lis. ואחר נפלו, C. *postquam vero advenit.*

à la frapper, il n'aura jamais de repos, et elle n'aura de cesse qu'elle n'ait excité sa jalousie. Je ne pense pas qu'il faille se battre avec les hiboux; car fussions-nous même éloignés de l'ennemi, quand il est fort, il ne faudrait pas se laisser séduire par une confiance qui ne nous convient pas. Nous ne devons donc pas dire que nous n'avons pas peur; mais le meilleur parti à prendre est d'être prêts à la guerre en multipliant nos précautions, et de les séduire en même temps par des artifices et des ruses. Le sage doit prévoir les choses avant qu'elles arrivent; une fois arrivées, on ne peut plus rétablir ce qui est passé. Un guerrier qui ne sait rien faire que se battre, échappe rarement. Mais souvent on peut éviter le combat par des paroles agréables, par des mots doux; et certes, rien ne vaut mieux pour atteindre l'objet de notre désir. C'est là mon opinion, et je ne te conseillerai pas d'engager une lutte avec les hiboux; car vouloir cela, serait vouloir sa propre perte.

צורת המלך והעורבים החמשה

אמר המלך התרצה שלא נלחם עמם* ולא נתחיל להם מלחמה¹
ועתה מה אתה רוצה שנתחיל עמהם מן התחבולות ומן העצות
אמר העורב שמע בקולנו כי המלך בשעת יהיו כל מעשיו על פי
עצת השרים שלו ונאמניו ויודעיו כל דבר קטן וגדול אז יהיה מענה 5
אויבו* ומכעים אותו ויכול לבקש אותו² ויהיה³ רשת לפעמיו
ויתקיים מלכותו וירבה קהלו וחילו* ויוסיף כבוד על כבודו⁴ ואם
לא שומע ולא עושה בעצת [שריו⁵ ו]יועציו ויאמר די לי בעצת
נפשי ותדמה לו עצת נפשו טובה מעצת שריו אף על פי שהוא
חכם ומשכיל לא ימצא חפצו ויהי דברו נפור ועצתו אובדת ותהי 10
עצתו רשת לרגליו מפני שלא ישאל לחבריו על סודו ושישאל

1) Manque chez C. — 2) Manque chez C. — 3) C. *et parabit*, ויפרש.
— 4) C. *et addetur ei ad singula*. — 5) C. *dominorum suorum*.

Figure du roi et des cinq corbeaux.

Le roi dit : Puisque tu ne veux pas que nous nous battions, 15
ni que nous leur déclarions la guerre, par quels artifices, par
quelles ruses les aborderons-nous? — Le corbeau répondit:
Écoute notre voix! car si le roi agit toujours conformément au
conseil de ses ministres, de ses hommes de confiance, de ceux
qui connaissent toutes les affaires, grandes ou petites, il hu- 20
miliera et affligera son ennemi; il pourra le poursuivre et
tendre un piége sous ses pieds, il affermira sa royauté, for-
tifiera son peuple et son armée, et il agrandira sa gloire. Si,
au contraire, le roi n'écoute pas et ne suit pas les avis de ses
ministres et de ses conseillers, s'il prétend que son opinion 25
lui suffit et que son avis est préférable à celui de ses grands,
fût-il sage et intelligent, il n'atteindra pas le but qu'il poursuit;
ses intentions n'aboutiront pas et ses desseins ne s'accompliront
pas; ses décisions seront un piége pour ses pieds, parce qu'il
n'aura pas interrogé ses amis sur ses projets. Le roi doit consulter 30

לחכם ולאשר אינו חכם עד שיצאו לדבר אחד ובעת * יהיה
המלך חכם ויתיעץ¹ עם מי אינו אוהב אותו ואעפ"י שיעזרהו האל
עליו² ו[לא]³ יעמוד לו הטוב ההוא אלא יסור מהרה וישוב⁴ ואם
יהיה⁵ | פעם אחת לא יהיה פעם אחרת * עד ישוב כאילו לא היה⁶
אבל אשר איעצך להתעתד ולהתכנן למלחמת עדת הכוסים ולעזוב
חרפינו⁷ והקלות ולהתאמץ אבל הענוה והסבלות אם נסבול דע
כי חרפה היא לנו ולבנינו ושמצה בקמנו ואבל גדול לנו וכי האיש
החכם והנבון בעת יהיו חייו בשם טוב וזכר יפה אף על פי שהוא
קצר ימים טוב הוא לו מארך ימים בחרפה וביגון ולא אראה לך
שתתרפה ושתתעצל כי העצלות סבה לכל רעה וחולש לבעליה
ואולם אשר אני אומר לך בסתר ולא ארצה שישמעהו אדם כי
הסוד בעת יעבור שנים הוא נודע ונגלה ואולם יקרה למלכים

1) C. *rex consultus fuerit.* — 2) C. *prosperabitur.* — 3) Lis. לא. — 4) C. ajoute : *in nihilum*; peut-être כאילו לא היה. — 5) C. *prosperatur*; peut-être faut-il ajouter מצליח. — 6) Manque chez C. — 7) Lis. הרפיון; C. *negligentiam.*

ceux qui sont sages et ceux qui ne le sont pas jusqu'à ce qu'ils s'accordent. Puis si le roi délibère avec quelqu'un qui ne l'aime pas, Dieu peut bien venir à son aide, mais ce bien n'a aucune durée, disparaît vite et se réduit à rien ; s'il réussit même une fois, il ne réussit pas une autre fois. Je te conseille donc de préparer et disposer tout pour la guerre contre la communauté des hiboux, de laisser là toute négligence et insouciance, et d'agir avec fermeté ; mais supporter humblement la servitude, serait une honte pour nous et nos enfants, un opprobre en face de nos adversaires, un deuil immense pour nous. L'homme sage et intelligent préfère vivre peu en jouissant d'une bonne réputation et d'une belle renommée, que de vivre longtemps exposé au mépris et à la misère. Tu ne dois donc ni te décourager, ni te laisser aller à la paresse, car la paresse est la cause du tout mal et affaiblit celui qui s'y adonne. Mais ce que j'ai à te dire, doit l'être en secret, et personne ne doit l'entendre. Un secret qui dépasse deux personnes est connu et se découvre. Les rois

גבורה באמץ הלב ולמהר' מעשיהם ואל יתעכבו בהם והמתאמץ
במעשיו הוא המסתיר סודות * והצופן סודו² ימצא שכרו ויהיה לו
בשמירתו דבר משני דברים או להתגבר ולמצוא תאוותו אשר
ירצה או ימלט מצרתו ורעתו * בעת יהיה לבלעדיו הטוב ההוא³
5 כי המלך אע"פי שהוא יותר נבון ובעל עצה מכל יועציו⁴ ומכל
הנותנים לו עצה ואומצה⁴ הוא ראוי שישאל ליועציו   כי האש אשר
תאיר⁵ בעת ידיחו עליה שמן תוסיף נגה ואור ותהיה מאירה יותר
מאשר היתה מטרם שישימו בה השמן   ואולם הוא ראוי *לשר
הטוב⁶ והיועץ הישר בעת *יתיעצו עמו בדבר ! *וישאלהו המלך⁷
10 בגלל דבר שיהיה השר מביט לאשר ירצה המלך ואם יהיה יודע
לתת עצה יהיה הדבר ההוא לטוב לעם ולטוב נפשו ואם יהיה לבו
בדבר ספק ולא ידע האמת יגלהו הוא ואם יגלה לו האמת באשר

---

1) Manque chez C. — 2) C. *celeritate*; peut-être ובמהר. — 3) Manque chez C. — 4) Manque chez C. — 5) C. ajoute : *in lucerna*, במנורה. — 6) Manque chez C. — 7) *quaeritur*, ישאלהו.

---

remportent la victoire par la fermeté, la promptitude de leurs actions et la décision. Or, celui qui sait être ferme garde ses secrets, et celui qui cache ses desseins y trouve son profit; il en retire l'un des deux avantages : il va vaincre et obtenir ce qu'il désirait, ou bien il échappera aux angoisses et aux malheurs qui le menaçaient, quand les autres ont pu s'emparer de ce bien.

Oui, le roi, fût-il même plus intelligent et plus entendu que ses conseillers et que tous ceux qui lui donnent leurs avis et leurs encouragements, doit néanmoins les consulter. La flamme qui éclaire augmente d'éclat et de lumière lorsqu'on y jette de l'huile, et répand plus de clarté qu'avant qu'on l'eût versée. Mais un chef bon, un conseiller droit, consulté et interrogé par le roi dans une affaire, doit réfléchir sur ce que veut le roi et, s'il le peut, donner un avis, pour le bien du peuple et de son souverain. S'il conçoit un doute et ne sait pas la vérité, il cherchera à la découvrir; mais s'il l'a découverte et s'il a

הוא עושה¹ יוסיף בו האהבה והאחוה וירבה לחקור עליו ולא הוא
ראוי לסוד אשר אני אומר לך כי אם שתי לשונות² וארבע אזנים³
ויהי כשמוע מלך העורבים הדבר ההוא ממנו בא עמו בסתר⁴
ויאמר הגד נא לי כי אתה יודע בדברים והודיעני סוד האיבה הזאת
5 אשר נפלה בינינו ובין הכוסים מה הוא ראשיתה ושרשה אמר לו
העורב סיבת זאת האיבה היתה מלה אשר אמר [אחד מן] העורבים⁵
אמר המלך ואיך היה אמר העורב אמרו כי שנה אחת נאספו
כל העופות כי מת מלכם ויקבצו למשוח עליהם מלך *ולא היה שם
אחד מן העורבים⁶ ויתיעצו שימליכו עליהם הכום ויהי הם אצים
10 לעשות זה הדבר עד ראו עורב אחד יעוף כנגדם ויאמרו אנשים
מהם יש לנו שנקוה⁷ לזה העורב עד יבוא ונשאליהו על עצתו
*ויבוא להם העורב ויתיעצו עמו אשר יזמו לעשות עליהם מלך

1) C. *intendit*, רוצה. — 2) C. ajoute : *loqui*, לדבר. — 3) C. ajoute :
audire, לשמוע. — 4) C. *in cameram*, בחדר. — 5) C. *quidam corvus*. —
15 6) Manque chez C. — 7) Lis. שנקרא; C. *ut vocetur*.

---

reconnu la volonté du roi, il lui montrera mieux ses sentiments
d'amitié et de fraternité en examinant davantage l'affaire. Enfin il ne faut pour le secret que je veux te révéler que deux
langues et quatre oreilles.

20 Le roi des corbeaux ayant entendu ces paroles, se rendit
avec le corbeau dans une chambre, et lui dit : Puisque tu en
es instruit, raconte-moi maintenant l'origine de cette haine qui
existe entre nous et les hiboux. Quelle en est la cause et le
point de départ? — Le corbeau répliqua : La cause de cette
25 haine était une parole dite par un certain corbeau. — Qu'était-
ce? demanda le roi. — Le corbeau répondit : Dans une année,
le roi étant mort, tous les oiseaux s'assemblèrent et se réunirent
pour sacrer un nouveau roi. Les corbeaux étaient absents. On
délibérait d'élire le hibou et l'on était sur le point de le faire,
30 lorsqu'on vit un corbeau voler vers la réunion. Alors quelques
oiseaux dirent : Appelons ce corbeau et demandons-lui son avis.
Le corbeau arriva, et aussitôt on lui communiqua le projet qu'on

ולהמליך הכוס' ויאמרו לו אתה כאחד ממנו *ולא הוא ראוי לנו
שנמליך הכוס עלינו כי אם ברצונך וכבר נועצנו לעשות זה הדבר
ועתה מה היא | עצתך² אמר להם העורב אם אתם קראתם אותי
לקחת עצה ממני שמעו דברי *ודעו באמת³ כי אילו אבדו כל מיני
5 עופות' החסידה והאנפה והנץ והיונים וזולתם מן העופות לא היה
ראוי לנו שנמליך זה הכוס עלינו כי אסר מדות רעות הוא רע
מראה ולשון מר * ונבל ואין בו מעשים⁵ והוא בלי שכל ובלי מדע
חסר דעת ובעל חימה אכזרי לא ירחם ועם⁶ אשר בו רוע המעשים
ורוע *מחשבותיו וערמת לבו⁷ אבל אקצר לכם בדברי ואומר לכם
10 שלא תמליכו מכל מיני הכום אחד ובקשו לכם מן העופות האחרים
למי תמליכו ואעפ"י שיהיה סכל ונמהר⁸ במעשיו כי טוב לכם

1) C. *et vocato corvo*, ויקראו לעורב. — 2) C. *et volumus ut dicas nobis voluntatem tuam et consilium quum sturnum in nostrum regem elegimus,* ונרצה
שתאמר לנו רצונך ועצתך כי המלכנו עלינו את הכום. — 3) C. *dico enim vobis,*
15 המובות והנדיבות. — 4) C. ajoute: *bonarum et honorabilium,* כי אני אומר לכם.
5) C. *stultus inquo non est nobilitas operum,* סכל אין בו נדיבות מ'. — 6) C.
et est gens. — 7) C. n'a pas les deux suffixes. — 8) Manque chez C.

---

avait conçu de donner la royauté au hibou. On ajouta : Tu vaux
autant que nous, et il ne convient pas que nous élisions le hibou
comme roi sans ton consentement; nous avions bien pris une
décision de le faire, mais maintenant quel est ton avis? — Le
corbeau leur dit : Si vous m'avez appelé pour me consulter,
écoutez mes paroles et apprenez que, si vraiment toutes les
espèces d'oiseaux nobles et distinguées, telles que la cigogne, le
héron, le faucon, les colombes et d'autres encore avaient péri, il
ne faudrait néanmoins pas choisir pour roi ce hibou, qui est un
assemblage de vices, qui a l'extérieur laid, le langage amer et
méchant; qui n'est ni généreux, ni intelligent, ni instruit, qui
est dépourvu de sens, emporté, cruel, sans miséricorde; puis
sa famille agit et pense mal, et ne connaît que la ruse. Je me
résume et vous affirme que vous ne devez prendre pour roi
aucune des espèces de hiboux, et qu'il faut chercher à qui, parmi les autres oiseaux, vous voudrez confier la royauté. Certes un

סכלותו מחכמת זה   כי המלך אע״פי שיהיה סכל ויהיו *שריו
וחכמיו ונבוניו ויועציו צדיקים¹ יצאו לאורה מעשידם ויכשרו פעליו
ותתנשא מלכותו כמו הארנבת אשר *בא לירח² בדבר אשר לא צוה
אותה מלכה *ותכנשין רשיונה³ ותתיעץ עצה והצילה בסוד העצה
למלכה ולעמה   ויענו מיני העופות ואיך היה המשל הזה   אמר 5
העורב אמרו כי עברו על אנשי העולם שנת בצרת [ודבר⁴] ולא
ירד בה גשם ויחסרו המים והנהרים והנחלים וייבשו כל העשבים
ויכבד הדבר ההוא על כל החיות ויותר על הפילים מכולם
ויאמרו למלכם כי כבר ׀ חסרנו המים והעשבים ועתה אם תוכל
שתתיעץ עלינו עצה ונלך ונבקש עלינו מקום טוב מזה עשה⁵ כי 10
רע מאוד שבתנו בזה המקום   ויקח מלך הפילים מלאכים ויצטידו

1) C. *sapientes consiliarios et rectos socios.* — 2) C. *nocte lune ivit ad regem elephantum,* בא בליל שהירח שלם אל מלך הפילים. — 3) Ces deux mots obscurs manquent chez C. — 4) C. *et pestis.* — 5) Manque chez C.

sot étourdi, malgré sa folie, vaudrait mieux que celui-ci avec sa sagesse. Car un roi, fût-il sot, pourvu qu'il ait des chefs, des sages, des savants et des conseillers, animés de sentiments de justice, obtiendra le succès pour ses actions, ses entreprises réussiront et son gouvernement s'élèvera. Je citerai comme exemple le lièvre qui s'est servi de la lune, sans qu'il en ait reçu l'ordre de son roi; en réfléchissant et en se consultant, il a pu par sa décision sauver son roi et son peuple.

Les différentes espèces d'oiseaux demandèrent, quelle était cette histoire. — Le corbeau répondit: Le monde, raconte-t-on, fut frappé d'une année de famine et de peste; il ne pleuvait pas et l'eau tarissait dans les fleuves et les rivières; toutes les plantes étaient desséchées. Cet état de choses pesait sur tous les animaux, et surtout sur les éléphants. Ils dirent donc à leur roi: Nous manquons d'eau et d'herbage; si tu peux prendre une décision pour nous, allons chercher une place meilleure que celle-ci; car ce serait un malheur pour nous de rester plus longtemps ici. — Le roi des éléphants prit des messagers qui de-

*וַיִּקְחוּ לָהֶם צֵידָה' וַיֵּלְכוּ לְבַקֵּשׁ מַיִם *וּמָקוֹם שֶׁיִּהְיֶה בּוֹ עֲשָׂבִים²
וַיָּשׁוּבוּ הַמַּלְאָכִים וַיָּבוֹאוּ³ אֵלָיו מְצָאָנוּ מָקוֹם כָּךְ וְכָךְ שֶׁל מַיִם יִקְרְאוּ
אוֹתוֹ מַעְיָן הַיָּרֵחַ וְהוּא טוֹב מַמִּים וּמֵעֲשָׂבִים וְיֵשׁ לָנוּ שָׁם מִרְעֶה טוֹב
וַיִּתְיָעֲצוּ שֵׁילְכוּ שָׁם *וְהָיָה סְבִיבוֹת הַמַּעְיָן חוֹרִים רַבִּים לָאַרְנֶבֶת'
5 וַיְהִי כַּאֲשֶׁר בָּאוּ הַפִּילִים אֶל הַמַּעְיָן וְהַפִּילִים הָיוּ הוֹלְכִים עַל חוֹרֵי
הָאַרְנֶבֶת וְדוֹרְכִים אוֹתָם בְּרַגְלֵיהֶם וְהָיוּ מְמִיתִים בָּהֶם הַרְבֵּה   וַיְהִי
כַּאֲשֶׁר רָאוּ הָאַרְנֶבֶת זֶה הַדָּבָר נִקְבְּצוּ לְמַלְכָּם וַיַּגִּידוּ אֲשֶׁר עָשׂוּ
לָהֶם הַפִּילִים וְהָיוּ מִתְעַצְּבִים מְאֹד וְלֹא הָיוּ יְכוֹלִים לָנוּס וְלַעֲזוֹב
מְעוֹנָתָם וִיבַקְשׁוּ מִמַּלְכָּם שֶׁיִּיעָץ בָּזֶה הַדָּבָר   וַיֹּאמְרוּ [הַחֲכָמִים⁵]
10 יֵשׁ לָאָדָם שֶׁיְּבַקֵּשׁ לְנַפְשׁוֹ מוֹצָא מִן הַשּׁוּחָה בְּטֶרֶם שֶׁיִּפּוֹל בָּהּ וְאַחֲרֵי
נָפְלוֹ וּבְעוֹד שֶׁיְּפַחֵד מִמֶּנּוּ וַאֲנַחְנוּ יְרֵאוּת פֶּן יָבוֹאוּ עָלֵינוּ פַּעַם. שְׁנִיָּה

1) Manque chez C., qui paraît avoir lu ויצטירו pour ויצטידו. — Il faut lire להם au lieu de לחם, que porte le ms. — 2) Manque chez C. — 3) Lis. ויאמרו; C. et discerunt. — 4) Manque chez C. — 5) C. sapientes.

vaient se munir des provisions et explorer les divers pays. Ils allèrent chercher de l'eau et un endroit herbageux. Puis ils revinrent dire : Nous avons trouvé tel et tel endroit, où il y a de l'eau, et qui est appelé : fontaine de la lune ; l'eau et l'herbage y sont bons, le pâturage excellent. La décision fut prise de s'y rendre. Mais tout autour de la fontaine il y avait un grand nombre d'antres, où vivaient des lièvres. Or les éléphants, arrivant près de la fontaine, marchèrent sur ces antres, les foulèrent aux pieds, et tuèrent ainsi beaucoup de lièvres. Ce voyant, les lièvres se rassemblèrent auprès de leur roi pour lui communiquer ce que les éléphants leur avaient fait. Ils étaient fort abattus, parce qu'ils ne pouvaient fuir et abandonner leurs habitations. Ils demandèrent donc à leur roi de chercher un remède à ce malheur ; puisque les sages disent, que l'homme doit chercher un moyen de sortir de la fosse avant qu'il y tombe, après qu'il y est tombé, et pendant qu'il la craint. Nous avons peur que les éléphants ne reviennent une seconde fois. — Le roi leur dit : Que tous ceux d'entre vous qui sont intelligents et qui ont quelque

ויאמר המלך יבוא אלי כל חכם לב מכם בעצתו ואראה בעצתכם
ויגש זכר אחד מן הארנבות והיה נבון ויודע *בחכמה ובתבונה
ובדעת¹

צורת המלך של ארנבות והיועץ לפניו

אמר אם יראה המלך שישלחני אל הפילים וישלח עמי
איש נאמן² יראה מה אומר ויגיד³ למלך מה אעשה ויאמר המלך
אתה נאמן בעיני ולא ארצה עליך עד ואין אני חושד אותך *ואין
אתה בעיני שקרן ומכזב⁴ ועתה לך והבט אשר הוא ראוי לך לעשותו
ועשה והגד לפילים⁵ בעדי מה תראה ודע כי המלאך⁶ הטוב הוא
אשר יתקן הדברים וישחיתם וירחיק הדבר ויקריבו ויוסף בדברים
ויגרע. והוא ימשך הלב ויכבוש אותו בדברים והוא יעתיק הלב
בדברים הרעים ובמאמריו⁷

1) *Exode*, XXXV, 31; C. *in scientia*. — 2) C. *cum aliquibus viris de quo (sic) confidat*. — 3) C. *annunciabo*. — 4) Manque chez C. — 5) C. *regi elephantorum*, למלך הפילים. — 6) Ms. המלך. — 7) Manque chez C.

chose à me proposer viennent auprès de moi, et j'examinerai leurs conseils. Alors un lièvre mâle s'approcha du roi; c'était un lièvre savant et instruit dans toute sorte de sciences.

Figure du roi des lièvres, tandis que le conseiller se tient devant lui.

Il dit: Si le roi daigne m'envoyer auprès des éléphants, qu'il me fasse accompagner par un homme de confiance, qui verra ce que je dirai, et rapportera au roi ce que j'aurai fait. — Le roi répondit: Tu possèdes ma confiance et je n'ai besoin d'aucun témoin; je ne te soupçonne pas de vouloir me mentir ou me tromper. Va donc, réfléchis sur ce qu'il convient de faire et agis en conséquence. Dis au roi des éléphants en mon nom ce que tu penses, et sache qu'un bon messager peut redresser ou gâter les affaires, il peut rapprocher ou éloigner les partis, augmenter ou diminuer le différend, il peut par ses paroles attirer et subjuguer les cœurs, ou les aigrir par les propos méchants.

צורת המלך שולח מלאכו

וילך המלאך בליל שהירח שלם עד הגיע אל הפילים   ויהי
כאשר קרוב להם חשב בנפשו ויאמר בלבו הנני קטן הגוף מאד
ורך העצמות ואפחד כי אם אבוא בתוכם ירמסני אחד מהם ויהרגני
וכי כבר נאמר מן המושלים כי כל מי שיבוא על נחש ועל חיה¹   5
*ולא ישמר ממנה² ראוי הוא לו שיטיף סם פיה עליו ותהרגנהו
ואולם הוא ראוי לי שאעלה על הר גבוה ותלול³ ומשם אדבר עמם
בכל אשר ארצה   ויעל על ראש הר אחד ויקרא למלך הפילים
בשמו ויאמר לו הירח שלחני אליך והמלאך אין לו עון בכל אשר
יאמר מטוב ועד רע ואע״פ שיעתיק בדברים כי שליח הוא ואין על   10
השליח עון אלא שישלים את אשר צוה להגיד   אמר לו מלך של
פילים ומה הדבר אשר שלחך הירח אלי   אמר לו כי הירח אומר

1) C. ajoute : *venenosum*. — 2) Manque chez C. — 3) *Ez.* XVII, 22.

Figure du roi lorsqu'il envoie son messager.

Le messager partit par une nuit de pleine lune et arriva auprès des éléphants. Au moment d'approcher d'eux, il réfléchit et se dit : Je suis très petit de corps, j'ai des os minces, et je crains, en me plaçant au milieu d'eux, qu'un éléphant ne m'écrase et ne me tue. On dit dans une sentence : Qui marche près d'un serpent ou d'un animal vénimeux sans faire attention, mérite que le poison dégoutte sur lui et le tue. Mieux vaut donc monter sur une montagne haute et élevée, et que je leur parle de cet endroit selon ma volonté. Le lièvre monta donc sur la cime de la montagne, et appela le roi des éléphants par son nom, en lui disant : La lune m'envoie auprès de toi; un messager n'est pas responsable de ce qu'il dit en bien ou en mal; quand même il prononce des paroles méchantes, il n'est que le messager qui ne peut pas commettre un péché, puisqu'il doit s'acquitter de ce qu'on lui a ordonné de dire. — Et de quel message, dit le roi des éléphants, la lune t'a-t-elle chargé? — Le lièvre répondit : La lune te fait savoir, que le fort, confiant dans sa force, peut être

לך כי | הגבור הבוטח בגבורתו הוא ראוי שיוליכהו כוחו להרג
ולהלחם במי הוא טוב ממנו עד אשר יהיה כחו¹ מכשול ומוקש לו
ותהיה גבורתו רשת לרגליו   ואתה כבר ידעת עוצם כוחך על
הבהמות וחיות ולא די לך ונשאך לבך עד אשר באת *לעשות לי
רע ותבא² אל הארנבות אשר היו סביב המעין הנקרא בשמי והם
עמי וקהל ממלכתי ותהרגם ותהרס חוריהם ותשתה מימיהם³
ותעשה להם כל רע שבעולם אתה וחבריך   ואני הנני מזהירך
ומצוה אותך שלא תשוב פעם שנית לעשות כדבר הרע הזה ואם
תעשה זה הדבר אחשיך עיניך *ואסיר עיני מעליך⁴ לך ולכל חבריך
ואאביד נפשכם   ועתה⁵ אדוני המלך זה המצוה הוא אשר שלחני
הירח ואם לא תאמין לי בא עמי אל העין ואראה אותך לשם
ויתמה מלך הפילים מדבריו אשר דבר לו וילך עמו אל העין

1) Ms. כמו; C. *eius virtus*. — 2) Manque chez C. — 3) C. ajoute : *et devoras pascua eorum*, ותאכל מרעיהם. — 4) Manque chez C. — 5) C. *nunc*; ms. ואתה.

---

amené par sa vigueur à se battre avec quelqu'un qui lui est supérieur, de sorte que sa vigueur peut devenir pour lui une pierre d'achoppement et un piége, et sa puissance tourner en lacs sous ses pieds. Toi, tu connais ta puissance immense, par laquelle tu l'emportes sur les animaux et les bêtes féroces; mais, cela ne te suffit pas, et ton cœur t'a porté jusqu'à moi, pour me faire du mal ainsi qu'aux lièvres qui vivent autour de la fontaine qui porte mon nom. Ces lièvres sont mon peuple, les sujets de mon royaume, et toi, tu les tues, tu dévastes leurs antres, tu bois leur eau, et tu leur fais tout le mal possible, toi ainsi que tes amis. Je viens donc t'avertir et t'ordonner de ne pas commettre une seconde fois un tel méfait; autrement, je t'aveuglerai, et je vous exterminerai, toi et tes amis, sans pitié. Voici, mon seigneur et roi, le message que la lune m'a confié; si tu ne me crois pas, viens avec moi à la source, et je t'y montrerai la lune. — Le roi des éléphants fut étonné de ce que le lièvre

ויהי כהביטו למעין ראה צל הירח במים   אמר לו השליח קח
בחוטמך מן המים'   ויהי בקחתו מן המים נתנענעו ויחשב המלך
כי הירח ירגש וירגז   ויאמר מלך הפילים מה לאדוני המלך אשר
ירגז מי ידע אם *הרע לך אפי² מפני שהבאתי חוטמי במים
5 אמר לו השליח כן הבט רב. חמתו עליך על כל אשר עשית לו
ויפחד מלך הפילים מאד ויאמר לירח אדוני | לעולם לא אוסיף
עוד לעשות אשר עשיתי לא אני ולא אחד מעמי אחרי זה היום
ולעולם והנני הולך אל מקומי וישובו למקומם

צורת השליח ידבר עם הפיל וצורת המעין וצל הירח

10   אמר העורב ואולם נשאתי לכם זה המשל על זה הכום כי
טוב שתמליכו אחד מכל מיני העופות עליכם ואע"פי שיהיה סכל
כי השרים הטובים יורוהו כמו עשתה הארנבת למלכה ואל נא

1) C. ajoute : *et odorabis lunam*. — 2) Manque chez C.

lui avait dit, et l'accompagna à la source. Là en regardant il
vit le reflet de la lune dans l'eau. Le lièvre lui dit : Prends de
l'eau avec ta trompe. Comme il le fit, l'eau s'agita, et le roi
crut que la lune était irritée et en colère. Il dit : Est-ce que
mon seigneur et roi est courroucé? Peut-être lui a-t-il déplu
que j'aie introduit ma trompe dans l'eau? — Certainement, répondit le messager; regarde combien sa colère est grande à
cause de ce que tu lui as fait. Saisi de terreurs, le roi des éléphants dit à la lune : Je ne ferai plus jamais ce que j'ai fait, ni
moi, ni aucun de mon peuple. Je m'en retourne à l'endroit où
j'étais. Et tous retournèrent.

Figure du messager parlant avec l'éléphant, de la source et du reflet de
la lune.

Le corbeau continua : Vous pouvez appliquer cet exemple
au hibou, et en conclure qu'il vaut mieux prendre pour roi un
oiseau quel qu'il soit et fût-il sot; car de bons chefs peuvent
l'instruire, comme le lièvre a fait pour son roi. Mais ne choi-

תמליכו עליכם הכוס כי מדותיו רעים מרוע המרמה והרשע ואין
מעצר לרוחו' *ורוע מדותיו? ואינו מאנשי הממלכה ולא הוא ראוי
לה   ורע³ המלכים כל מי הוא אכזר על עמו *בעל מרמה בו⁴
והממליך אותו עליו יקרה לו כאשר קרה לעוף ולארנבת אשר
5 שמו לחתול שופט ביום⁵ מפני שראו אותו עובד וצם כל היום והיה
בעל מרמה ורשע *ושמוהו שישפוט עליהם ולעת פקודתם אשר
באה⁶   אמרו כל מיני העופות ואיך היה. המשל הזה   אמר העורב
היה לי חבר אחד מן העופות והיה קנו קרוב לאילן אחד אשר
הייתי אני יושב בו והיה זה חבר בעת שילך מקנו היה מאריך
10 בהליכתו ולא ישוב כי אם לימים רחוקים   *ויהי כי ארכו לי הימים
בחבורתו והיינו שכנים רחוק ממני יום אחד⁷ ולא ידעתי אנה הלך

1) *Prov.* XXV, 28. — 2) Manque chez C. — 3) Ms. ורוע. — 4) Manque chez C., qui ajoute : *Et qui confidit in ipso*, והמאמין בו. — 5) Lis. בינידם, ou בינם comme l'auteur écrit souvent. — 6) Manque chez C.; cf. *Is.*
15 X, 3. — 7) C. *Et cum ivisset quadam vice tardavit multum.* Lis. רחק pour רחוק.

---

sissez pas le hibou vicieux, avec ses vilaines ruses et sa méchanceté, qui ne sait pas dompter son esprit et ses mauvaises dispositions. Puis, il n'est pas de la famille royale, ni digne
20 d'en être. Le pire des rois est un roi cruel pour son peuple et trompeur; celui qui lui confie le gouvernement subira le sort de l'oiseau, et du lièvre qui prirent le chat comme juge de leur différend parce qu'ils l'avaient vu occupé toute la journée à des actes de piété et d'abstinence, tandis qu'il était rusé et
25 méchant; le moment où ils se soumirent à son jugement, fut celui de leur châtiment. Toutes les espèces d'oiseaux demandèrent aussitôt quelle était cette histoire. Le corbeau répondit:

J'avais parmi les oiseaux un ami dont le nid était près d'un arbre sur lequel je demeurais. Cet ami, en quittant son nid,
30 faisait de longs voyages et ne revenait qu'après bien des journées. Après que nous eûmes longtemps vécu ensemble en bons voisins, il s'éloigna un jour, sans que je susse où il s'était rendu;

ויאריך לשבת שם ולא ראיתיו' ואעצב לדבר ההוא ופחדתי
שמא יהרגהו איש או יצודנו ציד ואמצא מעלה יותר גדולה מאשר
היה מקדם עמדי   ותשוב אל מקומו² ארנבת אחת   ואומר בנפשי
אשר פקדתי לעוף חברי וחסרתי אותו לא הוא ראוי שאריב³ | עם
5 הארנבת מפני שבאה במקומו. ויהי לקץ ימים שב העוף וימצא
שם במקומו הארנבת ויאמר לה. זה מקומי ומעוני צאי ממנה
ותמאן הארנבת ותאמר לו *הַמִּישָׁם הוא כדי⁵ ואני יותר ראוי
לשבת בו ממך אתה תבקש עלי תואנה ולא אצא משם ואם יש
לך עלי חוב הוליכני לשלטון   אמר לה העוף זה מקומי אם תרצה
10 אריב עמך ולי עד   אמרה לו הארנבת העת שתמצא שופט
*תחדש עדיך⁴ ותביא אותם   אמר לה העוף הוא קרוב ממנו לבי
עמי אליו   אמרה הארנבת ומי הוא   אמר העוף הוא החתול שעל

1) Manque chez C. — 2) C. *nidum suum*, קנו. — 3) Lis. הוא
המושב; — ;בידי C. *habitaculum est in potestate mea.* — 4) *Job* X, 17.

il prolongea son absence, et je ne le vis pas revenir. J'en fus attristé 15
et j'eus peur qu'il n'eût été tué, ou attrapé par un chasseur, ou
bien qu'il n'eût trouvé ailleurs une dignité plus élevée que celle
qu'il avait eue auparavant dans ma société. Un lièvre vint occuper l'habitation de cet oiseau. Je me dis alors : J'ai beau re-
gretter l'absence de mon ami l'oiseau, ce n'est pas une raison 20
pour me quereller avec le lièvre parce qu'il est venu prendre sa
place. A la fin l'oiseau revint et, trouvant le lièvre établi dans
sa demeure, il lui dit : C'est mon habitation et ma demeure;
va-t-en. Le lièvre refusa et dit : La maison est en ma possession, et je suis plus digne que toi de l'occuper; tu me cherches 25
noise, mais je ne m'en irai pas. Si tu as une réclamation à faire,
allons chez le gouverneur. — L'oiseau répondit : Je suis ici chez
moi, et si tu veux, nous plaiderons; j'ai un témoin. — Le lièvre
reprit : Lorsque tu trouveras un juge, tu amèneras tes témoins.
— L'oiseau répliqua : Le juge habite près d'ici, viens avec moi 30
le trouver. — Qui est-ce? demanda le lièvre. — C'est le chat,

יד הנהר והוא עובד אלהים¹ ויצום ביום ויתפלל בלילה והוא נפשט
מכל תענוגי עולם לא יעשה רע וישפוך² דם ויחיה במים ובחציר
קומי נלכה אליו ואשפוט עמך לפניו   אמרה הארנבת קומי ונלך
וילכו שניהם ואני הולך אחריהם לראות *השופט הישר (אשר)
ואראה מה ישפוט ביניהם³ ויהי כראות החתול אותם עמד על עמדו
כאילו הוא מתפלל וכורע ומשתחוה *ורק שפתיו נעות וקולו לא
ישמע⁴ ותתמה הארנבת מאשר ראתה ממנו ומעונתו⁵ ויקרבו אליו
ויכבדוהו וישתחוו לו ופייסו ממנו שישפוט ביניהם   ויצוה שיספרו
לו דבריהם ויספרו לו דבריהם   ויאמר אני [וזקן⁶] תכהינה עיני
מראות וכבדו אזני משמוע ולא אשמע מה תאמרו *שאו קולכם⁷
וקרבו ממני עד אשמע דבריכם
צורת החתול והעוף והארנבת אצלו:

---

1) C. ajoute : *et est heremita*, ונזיר. — 2) Lis. ולא ישפוך. — 3) C. *judicium huius judicis*, מה ישפוט זה השופט. — 4) Manque chez C. Cf. I Sam. I, 19. — 5) Lis. וּמַעֲנוּתוֹ; C. *suae scientiae et mansuetudinis*. — 6) C. *senex*. — 7) Manque chez C.

---

répondit l'oiseau, qui habite sur la rive du fleuve; il est pieux, il jeûne le jour et prie la nuit; il vit retiré des plaisirs mondains, ne fait aucun mal et ne verse pas de sang; il se nourrit d'eau et d'herbes. Viens, allons auprès de lui, et portons notre cause devant son tribunal. — Le lièvre consentit, et ils s'en allèrent tous deux. Moi, je les suivais pour voir ce juge intègre et assister à sa décision. Lorsque le chat les aperçut, il prit position, comme s'il priait, il se mit à genoux et se prosterna; ses lèvres remuaient sans qu'on entendît sa voix. Le lièvre fut étonné de ce spectacle, de cette humilité. Le lièvre et l'oiseau s'approchèrent, saluèrent le chat et se prosternèrent, en le priant de vouloir bien juger leur différend. Le chat leur ordonna de lui raconter leur affaire. Ils en firent l'exposé. Mais le chat leur dit: Je suis vieux, j'ai les yeux faibles et les oreilles dures; je n'entends pas ce que vous dites. Élevez vos voix et approchez davantage, pour que je puisse vous entendre.

Figure du chat et près de lui l'oiseau et le lièvre.

ויהי כשמעם זה הדבר קרבו אליו וישימו פעם שניה דבריהם
אליו   ויאמר להם כדי שיאמינו בו *ויבטחו באמונתו¹ כבר שמעתי
דבריכם והבינותי אתכם ואני נותן לכם עצה מורה אתכם ביושר
ואצוה אתכם שתבקשו האמת   כי המבקש האמת ואע״פ שירשיעוהו
במשפט יותר טוב הוא לו והמבקש השוא והשקר ואע״פ שיגבר
במשפט הוא לרע לו והוא ראוי שיכיר פשעו *וידע כי עליו העון²
כי אין בעולם איש אשר יוציא מזה העולם דבר כי אם המעשים
הטובים אשר יעמדו לו ואשר יותירו לו מכל אשר לו *אבל מכל
אשר בעולם מהון וממטמונים חוץ מן המעשים הטובים לא יועילו
לו³   וראוי על המשכיל שיהיו הנשים בעינו במעלת הנחשים וישים
הונם וזהבם כמו אבנים *וישים האנשים אשר יאהב להם מן הטוב
וימאס להם מן הרע במעלת נפשו⁴   ויהי כשמעם הדברים האלה

1) Manque chez C. — 2) Manque chez C. — 3) Manque chez C. —
4) C. *et diligere quod bonum est proximis et odire eis malum.*

Après cette observation, ils se rendirent tout près du chat
pour lui exposer une seconde fois leur affaire. Il leur dit alors,
afin de leur inspirer de la confiance, et de faire croire à sa bonne
foi: J'ai bien écouté vos paroles, et tout compris. Je vous donne
un conseil: je vous engage à la droiture et je vous'ordonne
de rechercher la vérité. Car mieux vaut rechercher la vérité,
dût-on même perdre par là son procès; s'appliquer au mensonge conduit toujours au mal, bien que cela puisse faire
gagner la cause. Il faut donc reconnaître son péché et avouer
son tort. Car personne n'emporte de ce monde autre chose que
ses bonnes œuvres; elles seules persistent et restent à l'homme
de tout ce qu'il a possédé; fortune, trésors, à part les actions
méritoires, ne lui sont d'aucune utilité. Ainsi l'homme intelligent doit considérer les femmes comme des serpents, l'or et
l'argent comme des pierres, et, pour ses semblables, il convient
qu'il leur souhaite le bien et qu'il leur épargne le mal, comme
il le ferait pour lui-même. — Après ces paroles ils furent pleins

ממנו האמינו בו שניהם *ויבטחו באמונתו וצדקתו' ויקרבו אליו
*ויהי כאשר עמדו נגדו קפץ עליהם² ויחטוף אותם ויהרגם³ ויאכלם

צורת החתול יהרג לעוף ולארנבת

ואולם נשאתי לכם זה המעשה⁴ למען תדעו כי הכוס בעל
ערמה ומרמה ורכילות והם מזאבי העופות אשר יאכלו החיות⁵
ואין אנו ראוים שנבטח בהם *ולא נאמין בהם⁶ ולא נמליך אותם
עלינו   ויהי כשמוע כל מיני העופות הדבר ההוא ממנו ולא המליכו
עליהם הכוס* ותבא בלבם השטנה עד היום הזה⁷   ויען העוף
אשר היה מן הכוסים אשר רצו להמליכו עליהם ויאמר לעורב
אשר דבר הדברים האלה מאד עכרתני היום ולא לעון שעשיתי
לך *ולא לפשע⁸ ולא אדע אם עבר לך עון מהיום כמה זמנים

1) Manque chez C. — 2) Manque chez C. — 3) Manque chez C. —
4) C. *parabolam*, המשל. — 5) C. *aves*, העופות. — 6) Manque chez C. —
7) Manque chez C. — 8) Manque chez C.

---

15 de confiance dans sa bonne foi et sa justice et se rapprochèrent
encore plus de lui. Mais dès qu'ils furent à sa portée, le chat
sauta sur eux, les saisit, les tua et les dévora.

Figure du chat lorsqu'il tue l'oiseau et le lièvre.

Je vous ai raconté cette histoire pour que vous reconnaissiez
20 que le hibou est un être rusé et faux, un vrai loup parmi les
oiseaux qu'il dévore; nous ne devons donc ni croire en lui, ni
avoir confiance, ni le prendre pour roi.

Les divers oiseaux, ayant entendu les paroles du corbeau,
renoncèrent à la pensée de choisir le hibou, et de là vient la
25 haine des hiboux contre les corbeaux jusqu'à ce jour. L'oiseau,
qui appartenait à la famille des hiboux qu'on avait voulu élever
à la dignité royale, prit alors la parole et dit au corbeau: Tu
m'as profondément affligé aujourd'hui, et cela sans que je t'aie
fait un tort, ni commis un péché; je n'ai du moins conscience
30 d'aucune faute, qui depuis longtemps m'aurait échappé et dont tu

שאהיה ראוי היום לזאת הכלימה אשר הכלמתני ועתה אמור לי
מה העון אשר עשיתי לך או מה היה הדבר אשר העתיק לבך
לדבר הדברים האלה   ואני אשבע לך באמת וגם אמנם כי הברזל
יגזור העץ וכי *יש לעץ תקוה ואם יכרת ועוד יחליף¹ והסיף יגזור
5 הבשר וישבור העצם ואחרי כן ירפא המחץ ההוא * והקשת והחצים
יורו. בהם לאדם וימצא רפואה למכה ההיא² ומכת הלשון לא יתרפא
ולא תסור לעולם   וכן יש דברים הרבה שהם כחרבות ולא יוכלו
להסירו כי אם יבואו. בלב ולא יצאו לעולם ממנו וכל תבערה מכבה
מים ולריב השתיקה ולנשיכת נחש רפואה ולאבל התוחלת ולאהבה
10 הפירוד ואש השטמה לא תכבה * ולא תדעך³   ואתם קהל העורבים
כבר נטעתם אילן האיבה בינינו וביניכם ויעמוד לעולמי עד בינינו
וביניכם בעוד שנהיה חיים אנחנו ואתם * ובינינו וביניכם⁴   וידבר

1) *Job* XIV, 7; lis. אם. — 2) Manque chez C. — 3) Manque chez
C. — 4) Lis.: ובינו ובניכם, C. *et filiorum nostrorum.*

aurais souffert, pour que j'eusse pu mériter la honte dont tu m'as
couvert. Dis-moi maintenant de quelle iniquité tu as été victime
de ma part, et qui t'a poussé à prononcer sur moi des paroles
aussi âpres! Je t'en fais, en vérité, le serment: le fer tranche
l'arbre, mais, bien qu'abattu, il lui reste encore l'espoir de re-
verdir; le glaive coupe la chair et rompt l'os, mais cette plaie
peut se guérir; l'arc et les flèches visent l'homme, mais la blessure peut être fermée par des remèdes; tandis que pour un coup
porté par la langue il n'y a ni guérison, ni réparation. Il y a souvent des mots qui sont comme des épées qu'on ne peut éviter,
car ils pénètrent dans le cœur pour ne plus en sortir jamais.
L'incendie est éteint par le feu, une dispute s'arrête par le
silence, la morsure du serpent se guérit par un remède, le deuil
cède à l'espérance, l'amour s'affaiblit par la séparation; mais
la flamme de la haine ne s'éteint pas. Vous, la communauté des
corbeaux, vous avez planté l'arbre de la haine entre nous et
vous; cet arbre restera debout à tout jamais entre nous et
vous tant que nous vivrons, et entre nos enfants et les vôtres.

הכום כדברים האלה וישב לדרכו בחרי אף והוא נעצב ויתפרדו
איש מעל אחיו ולא המליכו איש ביום ההוא   ויחשוב העורב בנפשו
אחרי שובם וירע לו דברו אשר דבר¹ ויאמר בנפשו אמת חטאתי
היום באשר *עשיתי היום ובאשר² דברתי ועל נפשי עוללתי היום
איבה ועל עמי ולא היה לי לדבר בין כל מיני עופות כדברים
הזה   ואולי עופות רבים אשר ראו אשר ראיתי מן הכום וידעו
אשר ידעתי ולא היה מדבר בין כולם כמו אני וימנעו הם להזכיר
אותו מפני שיראו שיבוא להם אשר בא לי והביטו האחרונות *ולא
הבטתי אותם אני³ כי המשכיל אע״פ שיהיה בוטח בגבורתו ובכוחו
לא הוא ראוי לו שיעשה איבה עם איש *ולא שיעולל אותם⁴
ושיאמר אשען על אשר אדע מן העצות והתחבולות והכוח   כמו
האדם אע״פ שיש לו צרי גלעד לא יאות לו שיאכל סם המות

1) C. ajoute : *contra illum*. — 2) Manque chez C. — 3) Manque chez
C. — 4) Manque chez C.

Ainsi parla le hibou et il s'en alla, enflammé par la colère et
abattu par la tristesse.

Là-dessus on se sépara sans qu'on nommât un roi en ce jour.
Mais une fois que les oiseaux étaient partis, le corbeau se mit
à réfléchir et fut mécontent d'avoir prononcé de telles paroles. Il
se dit : En vérité, j'ai commis aujourd'hui une faute d'avoir agi
et parlé ainsi; j'ai attiré sur ma personne et sur mon peuple une
inimitié profonde! je n'aurais pas dû tenir ce discours parmi
tous ces oiseaux! il y avait peut-être parmi eux des oiseaux qui
avaient vu du hibou ce que j'avais vu, qui savaient ce que j'ai
su, et cependant aucun d'eux n'a parlé comme moi; ils se sont
abstenus d'en faire mention, parce qu'ils craignaient de subir
le sort qui m'atteint, et qu'ils ont entrevu les suites d'une conduite que je n'ai pas prévues. Car l'homme intelligent, quelque
confiance qu'il puisse avoir en sa puissance et sa force, ne doit
s'attirer ni provoquer la haine de personne; il ne doit pas plus
s'appuyer sur ses projets, ses ruses et sa force, que l'homme
qui possède le baume de Galad ne doit avaler un poison mortel,

ויבטח על אשר אתו מן הרפואות   ואולם החסד לאנשי המעשים
הטובים ולא לאנשי המאמרים הטובים כי בעל המעשה הטוב אם
יהיה בעל מאמר טוב יוסיף כבוד על כבודו ותגל צדקתו לגדולים
ולנדיבים ובעל המאמר טוב אע״פ שירבו ממנו¹ ולא יהללוהו על
הדבר ההוא אלא במעשה הטוב   ואין בעולם יותר חסר דעת ממני
אשר העתקתי בדברים בלי שאשאל לאדם² ולא ללמד לאנוש
חכם ואני יודע כי כל מי לא ישאל עצה מאנשי השכל והדעת ויעשה
חפצו ועצתו ינחם³   ולא הייתי מצטרך היום לאיבה הזאת ולהביא
היום לנפשי זאת התוגה והיגון   ויוכיח העורב לנפשו באלה הדברים
וילך לדרכו   וזאת היא השאלה אשר שאלתני בעד הדבר אשר
שם האיבה בינינו ובין הכוסים האלה   אמר המלך כבר הבינותי
דבריך ומי יתן ולא יהיה זה העורב ולא יקרה זה הדבר כי אנחנו

1) C. *in eis*. — 2) C. ajoute : *consilium*, עצה. — 3) C. ajoute : *ultimo*, באחרונה.

parce qu'il a des remèdes qui peuvent en conjurer les effets.
La bonté appartient à ceux qui font de bonnes actions, et point à
ceux qui disent de belles paroles : en ajoutant aux belles actions
de belles paroles, on augmente sa gloire et on révèle sa vertu
aux grands et aux nobles ; mais celui qui prononce de belles
paroles, fussent-elles nombreuses, n'est loué qu'autant qu'il les
accompagne de bonnes œuvres. Personne au monde n'est donc
plus léger que moi qui ai prononcé des paroles acerbes, sans
demander conseil à personne et sans m'instruire auprès d'un
sage. Je sais que celui qui, sans demander conseil à des hommes
intelligents et instruits, fait sa volonté et suit son avis, finit par
s'en repentir. Je n'avais pas besoin aujourd'hui de cette haine,
et de m'attirer ces tracas et ces misères. — Ce sont ces remontrances que se fit le corbeau en s'en allant, et c'est là la réponse
à la question que tu m'adressais sur la cause qui a provoqué
l'inimitié entre nous et les hiboux.

Le roi dit : J'ai compris tes paroles, et plût à Dieu que ce

היום בצרה * אבותינו חטאו ואינם ואנחנו עונותיהם סבלנו¹ ועתה
עזור אותנו מזה הדבר והגד נא לי אשר אנחנו צריכים אליו
*יותר מזה ותן לנו עצה מה נעשה באשר קרה בינינו ובין עדת
הכוסים² כי אני יודע כי הכוסים לא ישבעו ממנו בזה אשר עשו כי
5 אם עד אשר ישובו פעם שנית להלחם   אמר לו העורב כבר
הודעתיך לאיזה דבר לא הוא ראוי להלחם עמם ואולם נראה אם
נוכל לעשות להם תחבולות במה נאבידם מן העולם   כי המשכיל
יוכל לעשות בשכלו ובבינתו אשר לא יוכל *חיל גדול³ לעשותו
כי כבר הגידו לנו כי אנשים ילכו⁴ בערמתם ובתחבולותם ובחכמתם
                               p. 92.
10 *עד אשר הסיתו⁵ לנזיר אחד ו⁶הכזיבו | עיניו במראה אשר ידע וראה
אמר מלך העורבים ואיך היה   אמר העורב אמרו כי איש⁷ אחד

1) *Lam.* V, 7. — 2) Manque chez C. — 3) C. *magnus et potens,* גדול
ועצום. — 4) Lis. יכלו ou נכלו. — 5) Manque chez C. — 6) C. *ut,* עד אשר.
— 7) Lis. נזיר.

---

15 corbeau n'eût jamais existé; ce malheur ne serait jamais arrivé!
Mais nous sommes dans la détresse, nos pères qui ne sont plus
ont péché et nous expions leurs fautes. Maintenant aide-nous
dans cette affaire, et dis-moi ce dont nous avons besoin; puis
donne-nous ton avis sur ce qu'il faut faire dans ce qui nous est
20 arrivé avec les hiboux; car je sais que les hiboux ne se sont
pas encore assouvis par ce qu'ils ont fait et qu'ils reviendront
une seconde fois nous combattre. — Le corbeau répondit: Je
t'ai déjà fait connaître pour quelle raison il ne faut pas s'exposer maintenant à un combat avec les hiboux; mais nous es-
25 saierons de trouver des artifices pour les exterminer. L'homme
intelligent peut accomplir par sa raison et son esprit ce qu'une
grande armée est incapable de faire. On nous a raconté un fait
où des hommes, grâce à leur ruse, leurs artifices et leur sagesse,
trompèrent un dévot jusqu'à lui persuader, que ses yeux avaient
30 mal vu ce que cependant il avait bien regardé et reconnu. —
Quelle est cette histoire? demanda le roi des corbeaux. — Le
corbeau répondit:

קנה צבי אחד לעשות ממנו קרבן ויהי הוא הולך עד מצאוהו
שלושה [אנשים¹] ויתיעצו שיקחוהו ממנו ויאמר אחד מהם הלא
תראה זה הנזיר יוליך זה הכלב מה ירצה אותו אמר האחר אראה
משפט נזיר ומלבוש נזיר ולא אראנו במעשיו בו כי אילו היה [כן
5 היה²] משליך הכלב *וירחץ בגדיו ומטהר עצמי³ ויאמר השלישי
אתה הנזיר תרצה למכור הכלב ויהיו מדברים לו כדברים האלה
עד אשר חשב כי כלב הוא אשר יוליך בידו ואמר בנפשו מי ידע
אם האיש אשר מכר אותו התל בי ויפתוהו⁴ וישלך הצבי מידו
וימהר להטהר⁵ בביתו *ויכבס בגדיו⁶ ויקחו השלושה אנשים הצבי
10 וישחטוהו⁷ ויחלקוהו בינם

צורתם

ואולם נשאתי לך זה המשל כי אני יודע שאע"פ שהם כוסים

1) C. *homines.* — 2) C. *nam si sic esset, abjiceret.* — 3) Manque chez
C. — 4) Manque chez C. — 5) Manque chez C. — 6) Manque chez C.
— 7) Manque chez C.

Un dévot acheta un jour un cerf, pour en faire un sacrifice.
En route il fut rencontré par trois hommes qui délibérèrent sur
un moyen de le lui enlever. Le premier de ces hommes dit:
Voyez donc ce dévot qui conduit un chien! Que veut-il faire
avec cette bête? Aussitôt le second ajouta : C'est bien l'extérieur d'un dévot et son accoutrement; mais je ne le reconnais
pas dans sa conduite; car si c'était un dévot, il jetterait ce
chien, laverait ses vêtements et purifierait sa personne! Et le
troisième continua : Dévot, veux-tu vendre ton chien? — Ils
répétèrent tant ces propos que le dévot crut que le cerf qu'il
conduisait était un chien, et il dit : Qui sait si l'homme qui me
l'a vendu, ne m'a pas trompé. Il se laissa donc persuader, lâcha
le cerf et s'empressa de rentrer chez lui pour se purifier et se
laver. Les trois hommes saisirent le cerf, l'égorgèrent et le par-
tagèrent entre eux.

La figure de ces hommes.

Je te cite cet exemple parce que je sais que, bien que ce

בעלי מרמה¹ נוכל להם בתחבולות שנעשה להם ונאבידם מן
העולם   ועתה ראה מה אני אומר לך ועשה אותו תראה למול
חיליך כאילו קצפת עלי ובא אלי *ונקר עיני² ומרוט והכה עד אשר
אני מתגולל בדם והשליכני בארץ אצל האילן אשר אנחנו יושבים
5 בו ותלך אתה וכל חיליך למקום כך וכך³ ותשב שם עד אשיבך
דבר   ויעש המלך הדבר ההוא   ויהי אחרי כן קמו עדת הכוסים
ויצודו⁴ על העורבים ויהי בהגיעם לאילן לא מצאו שם עורבים אפילו
אחד ולא ראו לעורב וירצו שישובו לדרכם   ויאמר העורב המוכה
כבר עניתי נפשי והרגתי עצמי⁵ *ולא יראוני ולא | ידעו אנה אשב
10 ועתה יאספו עלי שתי תלאות כי אהרג נפשי ולא אציל לחברי ולא
אטיב להם⁶   וישא קולו ויתאנה ויאנק עד אשר *שמעו אותו⁷

1) C. *potentes*, חזקים. — 2) Manque chez C. — 3) C. ajoute : *procul
ut ab illis non videamini*, רחוק אשר משם לא תראו מהם. — 4) Peut-être :
ויצורו. — 5) C. ajoute : *ut per hoc devenirem in eorum societatem*, ואבוא בזה
15 בחבורתם. — 6) C. *modo recedent isti non videntes me et non est mihi bonum*.
— 7) C. *audiret ipsum unus eorum*, שמע אותו אחד מן.

---

soient des hiboux rusés, nous pourrons les vaincre par des
artifices et les exterminer. Vois maintenant ce que je te dirai,
et agis en conséquence. Fais semblant devant ta troupe
20 d'être courroucé contre moi, attaque-moi, crève-moi les yeux,
arrache-moi les plumes et frappe-moi au point que je me roule
dans le sang; puis jette-moi à terre près de l'arbre où nous
habitons. Toi, tu t'en iras avec ta troupe à tel et tel endroit, où
tu resteras jusqu'à ce que je t'apporte des nouvelles. Le roi
25 suivit cet avis. — Plus tard la communauté des hiboux se leva
pour faire la chasse aux corbeaux, et, n'en trouvant pas un seul
près de l'arbre et n'apercevant pas le corbeau blessé, elle fut
sur le point de s'en retourner. Le corbeau se dit alors : Je me
suis laissé torturer et presque tuer, et les hiboux ne me voient,
30 ni ne remarquent où je suis; j'aurai donc amassé deux malheurs sur ma tête : je me serai fait achever, et je ne ferai rien
d'utile ou de favorable à mes amis. Il éleva donc la voix, poussa

הכוסים *ְֿויבוא לו   ויהי כראותו אשר קרה לו מן העניו והמכאובות וההכאות הגיד אותו למלך שלהם[1] וילך אליו *עם עשרה מחיליו שישאל אותו בעד העורבים   ויהי כאשר קרבו ממנו צוה לעוף אחד[2] שישאלהו מאין הוא ואיה עדת העורבים

צורת העורב בשורש האילן והכוס 5

אמר העורב אני פלוני בן פלוני ואולם אשר שאלתני בעד העורבים הלא תוכל לראות בחולי ובמכאובי כי איני יודע מסוד העורבים ולא עצתם   אמר מלך הכוסים[3] זה העורב הוא שני למלך העורבים ובעל עצתו וסודו ועל כן שאל אותו מה זה אשר קרה לו ומה היה הדבר אשר אירע לו זה העניו וזאת הצרה 10 ויאמר העורב רוע עצתי וסכלות דעתי עשה לי אשר תראה   אמר הכום *ומה היה העצה הרעה וחסרון דעתך אשר עשה לך כל

1) Manque chez C. — 2) C. *ex decem sociis suis*, מעשרה חביריו. — 3) C. ajoute : *socio suo, scito quod*, לחבירו דע כי.

---

des gémissements et se plaignit jusqu'à ce qu'il fût entendu par un hibou qui vint le trouver. En voyant les châtiments et les coups dont souffrait ce corbeau, il alla le dire au roi. Celui-ci se rendit, accompagné de dix hiboux de sa troupe, auprès de lui pour l'interroger sur les corbeaux. Arrivé près de lui, il ordonna à un oiseau de lui demander d'où il venait et où se trouvait la communauté des corbeaux.

Figure du corbeau au pied de l'arbre et du hibou.

Le corbeau répondit : Je suis un tel, fils d'un tel. Quant à ta question sur les corbeaux, ma maladie et mes souffrances te prouvent assez que je ne suis pas au courant de leurs conciliabules et de leurs décisions. — Le roi des hiboux dit : Ce corbeau est le second après le roi, il est son conseiller intime ; demande lui donc ce qui lui est arrivé, et quelle cause lui a attiré un tel châtiment et une telle misère. — Le corbeau répliqua : Mon mauvais conseil et ma sottise m'ont mis dans cet état. — Quels étaient ce mauvais conseil et ce manque d'intel-

זה' אמר העורב כי בעת עשיתם לעורבים כל אשר עשיתם
והרגתם כל אשר הרגתם ותלכו לדרככם קרא אותנו מלכנו ויאמר
לנו תנו לנו עצה מה אעשה ויתנו לו עצה כולם שילחמו עמכם
חוץ ממני כי אני אמרתי להם אראה כי אין לכם כח שתלחמו
5 עמהם כי הם יותר חזקים מכם * וקשי לב ומרי נפש ועצתי אשר
אני נותן לכם אראה | שתשלימו אותם ותדרשו את שלומם וטובתם
ותקבלו עול מלכותם עליכם ותעמדו בברית ואל תקשו² ואל תמהרו
לתמר³ ותתנו להם המס אם תשמעו ממני ואם ישמעו הם מזה הדבר
ואם לא טוב לכם שתברחו על הארצות⁴ ויודיעוהו ויעצוהו
10 שילחם עמכם ואם ילחמו עמכם טוב להם ורע לכם וצויתי אני
שיבואו בעבודתכם ואומר להם כי האויב הגבור והחזק לא יצילך

1) C. *Et quo modo*. — 2) Comme ואל תקשו עורף. — 3) Je suppose
qu'il faut lire : ואל תמהרו לדבר. — 4) C. a seulement après מכם : *et homines durae cervicis et date illis tributum quod vobis imponent, et tractate
15 super hoc cum civitatibus vestris, ut concordant vobiscum in hoc.*

ligence? demanda le hibou. — Le corbeau reprit : Lorsque
vous avez maltraité les corbeaux et que vous en avez tué tant,
notre roi nous convoqua après votre départ et nous dit : Donnez-
moi votre avis sur ce qu'il y a à faire. Tous conseillèrent le
20 combat avec vous, excepté moi; je leur faisais observer ceci :
Vous n'avez pas les moyens d'entreprendre une guerre avec les
hiboux; ils sont plus forts que vous et aussi entêtés qu'emportés;
je pense donc que vous devez vous arranger avec eux, chercher
la paix et le bien-être, vous soumettre au joug de leur royauté
25 et devenir leurs vassaux; sans vous opiniâtrer et sans rien précipiter, payez leur un tribut, si vous voulez m'écouter et s'ils
veulent entrer dans cette voie. Autrement, il vaut mieux fuir
dans d'autres pays. — Mais les autres conseillers déclarèrent
qu'ils étaient pour la guerre, qui devait aboutir à leur bien et à
30 votre malheur. Moi j'insistais toujours pour qu'ils se soumissent,
en ajoutant : On ne se sauve de la main d'un ennemi vaillant

מידו כי אם שתכנע לו   הלא תראה כי חציר השדה ימלט מן
הרוחות מפני שהוא צעיר וקרוב לעפר והוא נודע¹ לימין ולשמאל
והאילן הגדול מפני שהוא קשה ישבר ברוחות הגדולות מפני ²
שלא יתעטף ימין ושמאל² ויעמוד ויתיצב לרוחות עד אשר ישבר³
ויהי כשמעם ממני הדבר ההוא אמרו לי הלנו אתה אם לצרינו⁴   5
אנחנו רואים כי התערבת עם אויבינו ונמשך לבך אחריהם ואתה
כאחד מהם⁵ ותרצה להאבידנו כדי שתמצא חן וחסד ויתנוך במעלה
גדולה   ויאספו עלי ויעשו בי אשר אתם רואים   ויהי כשמוע מלך
הכוסים הדבר ההוא אמר לאיש אחד מיועציו ומאנשי עצתו ומה
עצתך בזה העורב   אמר לו אין לי בו עצה כי תדע כי אין אחד   10
מכל העורבים שהיה בעל עצה [טוב] ממנו ועל כן אראה⁶ שתמהר

1) Lis.: בורע ou נוטה; C. *declinans*. — 2) C. *sed si obduratur*, ואם
היה קשה. — 3) C. *frangitur et in terram projicitur*, ישבר ויושלך לארץ. —
4) Jos. V, 13. — 5) Manque chez C. — 6) C. comme s'il n'y avait que
טובה כי אם.   15

et fort que par l'humiliation. L'herbe des champs échappe aux
coups de vent parce qu'elle est petite, près du sol et se baisse
à droite ou à gauche, tandis qu'un grand arbre, à cause de sa
résistance, est brisé par les ouragans; il ne sait pas se plier, reste
debout et affronte le vent jusqu'à ce qu'il soit broyé. — En enten-   20
dant mes paroles, ils me dirent: Es-tu des nôtres ou du parti de
nos ennemis? Nous voyons bien que tu fais cause commune avec
nos adversaires, ton cœur est attiré de leur côté, tu leur ressembles, et tu veux nous perdre pour gagner leur grâce et leur
bienveillance, et pour obtenir chez eux une haute dignité. —   25
Ils se jetèrent sur moi et m'infligèrent le traitement que vous
voyez.

Le roi des hiboux, ayant entendu ces paroles, dit à l'un de
ses conseillers et de ses intimes: Qu'est-ce que tu me conseilles au sujet de ce corbeau? — Il répondit: Je n'ai aucun   30
avis à son sujet; tu sais que de tous les corbeaux il n'y a pas
un seul aussi avisé que ce corbeau; il faut donc l'exterminer

להאבידו מן העולם כי זה¹ מנכבדי העורבים² והריגתו *רויח והצלה³ ומנוחה טובה לך והוא צרה גדולה לעורבים *אם ימות זה⁴ וירפו ידיהם כי אין להם מי יתן להם עצה כמהו ' וכבר אמרו חכמים כי כל מי המוציא דבר גדול ומאבד אותו לא ישוב עוד אליו *ולא ישיג ידו לו⁵ · והמבקש שיגבר על אויבו והאלהים אנה אותו לידו⁶ ואחרי כן לא הוא נזהר בו *אין לו אומץ ולא שכל ולא דעת ולא מחשבה ו⁷לא תועיל לעולם חכמתו אבל היא מכשול לו ורשת לרגליו   וכל מי הסגיר לו האל אויבו ולא יניה נפשו ממנו ינחם בעת שימלט אויבו מידו ולא יוכל לו   ויהי אחרי כן אמר המלך לשר השני מה היא עצתך בזה העורב   אמר עצתי שלא תהרגנו כי הנכנע והעני אע"פ שיהא אויב הוא ראוי שירחמו עליו *ושיעברו

1) C. ajoute : *vir magnis consiliis, et* • • ו גדול העצה. — 2) C. ajoute : *et sapientum regis*, ומחכמי מלכם. — 3) Manque chez C. — 4) Manque chez C. — 5) Manque chez C. — 6) *Ex.* XXI, 13. — 7) C. *nec assumit adversus illum argumentum et estimationem ut illum perdat*, ולא יבקש עליו תחבולות ומחשבות להאבידו.

le plus tôt possible ; il fait partie de la noblesse, sa mort sera une délivrance, un soulagement, un repos pour toi et un grand malheur pour les corbeaux ; une fois celui-ci tué, les corbeaux seront découragés et ils n'auront plus de conseiller. Les sages ont dit : Celui qui a trouvé quelque chose d'important, et le perd, ne le retrouvera plus jamais, ni ne le possédera plus ; celui qui veut obtenir la victoire sur son ennemi, et qui, lorsque Dieu le lui a livré, ne fait pas attention, celui-là manque de vigueur et de réflexion, ne sait pas profiter de sa sagesse, et cette sagesse même devient une pierre d'achoppement et un piége pour ses pieds. Celui à qui Dieu a livré son adversaire, et qui ne s'en débarrasse pas, s'en repentira, quand cet ennemi se sera sauvé de son pouvoir et qu'il ne pourra plus s'en emparer. — Puis le roi s'adressa au second chef : Quelle est ton opinion au sujet de ce corbeau ? — Celui-ci répondit : Mon avis est que tu ne dois pas le tuer. Car le malheureux qui est

ממנו¹ ויצילהו מיד המות *והירא והמפחד הוא ראוי שיתנו לו
אמונתם ויבטח על חסדם² כי יש פעמים שימצא אדם עזר באויבו
וישוב אוהב לו כמו שאהבה אשת הזקן את בעלה אחרי אשר
היתה מואסת אותו   אמר לו המלך ואיך היה   אמר הכום אמרו
כי איש אחד סוחר ועשיר והיה זקן מאד והיתה לו אשה יפה מאד   5
והיתה מואסת אותו ותזנה לשכב עמו   *והיתה בלילה אחת שוכבת
במטה עמו³ כל אשר יקריבנו אליה היא היתה מרחקת ממנו *והוא
היה אוהב אותה מאוד⁴ ויהי הם שוכבים לילה אחד עד בוא אליהם
גנב ותיקץ האשה מקולו ותפחד ממנו ותקרב לאישה ותדבק בו עד
הקיצה אותו מרוב | אשר דבקה בו ׳ ויאמר לה מה לך מיומים ומה   10
היה הדבר שקרבת לי כל כך   וישא ראשו וישמע קול רגלי
הגנב על גג הבית⁵ וידע כי מפני שפחדה ממנו עשתה זה   ויאמר

1) Manque chez C. — 2) Manque chez C. — 3) Manque chez C. —
4) Manque chez C. — 5) C. *in domo*, בבית.

humilié, fût-ce même un ennemi, mérite qu'on lui montre de la
miséricorde, du pardon et qu'on le sauve de la mort; il faut rassurer l'homme anxieux et craintif et lui inspirer confiance dans
notre bonté. Souvent on trouve un secours chez son ennemi qui
se transforme en ami. Ainsi la femme de ce vieillard a fini par
aimer son mari après l'avoir détesté. — Quelle est cette histoire?
demanda le roi. — Le hibou répondit: Un riche négociant très
âgé avait une fort jolie femme qui le détestait et qui ne voulait
avoir aucun commerce avec lui; plus il s'approchait d'elle, et plus
elle s'éloignait de lui. Une nuit pendant que le mari et la femme
étaient couchés ensemble, un voleur entra chez eux. La femme
réveillée par le bruit, eut peur, se rapprocha de son mari et se
cramponna si fort à lui qu'il fut réveillé à son tour. Il dit: Que
se passe-t-il d'extraordinaire? pourquoi t'approches-tu tant?
Mais en levant la tête, il entendit le bruit des pieds du voleur
sur le toit de la maison. Il comprit que c'est par peur qu'elle

לגנב כבר עשית לי זאת הלילה דבר אשר אודך עליו כל ימי אחרי
אשר החברתי' אותי עם *אשר אני אוהב והיא מואסת בי² ועתה
קח מן הבית מה תרצה והוא ינתון לך ושרוי לך ומחול לד³

צורת האשה דובקת בבעלה והגנב יאסף [מה] שימצא

אמר המלך לשר השלישי מה עצתך בזה העורב   אמר לו
עצתי שלא תהרגנהו כי האיש בעת מצא לחבר אויבו והוא נגוע
ומכה וענענה⁴ הוא ראוי שיחיה אותו כי הוא טוב לו כי הוא קרא
אותו על מעשה אויבו *ואנה הוא יושב⁶ ומוצאיו ומובאיו ויגיד לו
דרכו⁷   כי המשכיל בעת יקשרו אויביו זה על זה וימרדו זה על
זה כאילו גם⁸ הוא עליהם כי הוא לו טוב גדול וינצל מצרות רבות

1) Lis.: החברת. — 2) C. *uxor mea*, אשתי. — 3) *licita sunt*. Le texte présente une formule rabbinique. — 4) Lis. : ומעה; cf. *Isaïe* LIII, 4. — 5) Lis. : יורה; C. *indicabit*. — 6) Manque chez C. — 7) C. *ejus semitas*, דרכיו. — 8) Lis. : גבר, C. *superabit*.

---

avait fait cela. Il dit aussitôt au voleur : Tu as fait cette nuit quelque chose pour lequel je te serai reconnaissant tant que je vivrai; tu m'as rattaché à celle que j'aime et qui m'avait dédaigné. Prends dans la maison ce que tu veux; cela t'est donné, accordé et abandonné.

Figure de la femme, cramponnée à son mari, tandis que le voleur ramasse ce qu'il peut trouver.

Le roi dit alors au troisième chef : Que penses-tu de ce corbeau? — Il répondit : Ne le tue pas, tel est mon avis; car lorsqu'on a trouvé moyen de se rattacher un adversaire, couvert de plaies, frappé et châtié, il faut le faire guérir. Cela est avantageux, parce qu'il peut donner des indications sur les agissements et l'emplacement de l'adversaire; il peut renseigner sur ses allées et venues et sur ses habitudes. Lorsque les ennemis conspirent les uns contre les autres, lorsqu'ils s'insurgent entre eux, le sage considère cela comme une victoire qu'il a remportée sur eux; c'est un grand bien et une délivrance de

בעת יפרדו אויביו כל איש מחברו   וכבר נאמר חלק לבם עתה
יאשמו¹   וימלט כמו נמלט הנזיר מפני החילוק אשר קרה בין
השטן לגנב   אמר המלך ואיך היה   אמר השר אמרו כי נזיר
אחד ניתן לו פרה ויקח אותה ויביאה לביתו   ויראה אותו גנב אחד
בדרך וירצה לגנוב אותה לו וילך הגנב אחריו עד מצא שטן אחד
בדמות בני אדם   ויאמר לו הגנב מי אתה ומה אתה רוצה   אמר
לו אני שטן ואבקש לחנוק לזה הנזיר ואני הוֹלך עד יישנו בני אדם
ואהרגהו   אמר הגנב גם אני אֶרצה לילךְ אחריו לביתו בעת
שיישנו בני אדם ואקח הפרה שלו   וילכו אחריו שניהם עד הגיעו
לביתו בלילה   ויבוא הנזיר לבית ויביא הפרה לבית אחד ויאכל
אשר מצא² ויישן   ויאמר הגנב בלבו מי ידע אם בעת יבוא השטן

1) Osée, X, 2. — 2) C. *et intravit suum cubiculum*, ויבוא בהדר משכבו.

---

beaucoup d'angoisses, quand la division s'établit parmi les
ennemis. Il est bien dit dans l'Écriture : Leur cœur est divisé,
ils en porteront la peine. C'est un moyen de délivrance, comme
cela est arrivé au dévot, lorsque la discorde s'est mise entre
le démon et le voleur. — Le roi demanda : Quelle est cette
histoire?

Le chef répondit : On raconte qu'un dévot reçut pour cadeau
une vache. Tandis qu'il la conduisait chez lui, un voleur l'aperçut et résolut de la lui enlever. Le voleur suivit donc le dévot,
jusqu'à qu'il fit la rencontre d'un démon qui avait pris la
forme humaine. Le voleur lui dit : Qui es-tu et que veux-tu?
— L'autre répondit : Je suis un démon et je cherche à étrangler ce dévot; je continue donc mon chemin jusqu'à ce que
ses gens soient endormis pour le tuer. — Et moi, reprit le
voleur, je suis résolu aussi à le suivre jusqu'à sa maison afin de
lui prendre sa vache quand le monde sera endormi. Le démon
et le voleur marchèrent donc ensemble jusqu'à ce qu'ils fussent
arrivés la nuit à la maison du dévot. Le dévot rentra; il conduisit là vache dans une chambre; puis il mangea ce qu'il
trouva, et s'endormit. — Le voleur se dit alors : Qui sait,

— 98 —

להנוק אותו יזעק האיש ויאספו כל האנשים ולא אוכל לקחת הפרה
* כי בעת יראה וישובו לדרכם וימצאו אותי ויאמרו כי אני הרגתיו[1]
וידרגוני   אמר הגנב לשטן הרף ממני מעט עד אקח הפרה ואחר
כך תעשה כל חפצך   אמר השטן לא אעשה אלא מטרם אהרג
אותו ואחר כך תבוא אתה   וזה אמר לא כי אני אתחיל   ויבוא
ביניהם חילוק וריבו בחזקה ויתקוטטו *עד אשר קרא השטן לנזיר[2]
ויאמר לו הקיץ כי זה הגנב ירצה לגנוב פרתך ויקרא הגנב גם הוא
ויאמר לו הקיץ כי זה השטן רוצה לחנוק אותך   ויקץ הנזיר ואנשי
ביתו וינוסו שניהם הגנב והשטן וימלט הנזיר מצרה גדולה   ואולם
נשאתי לך זה המשל כי האדם המשכיל והנבון ראוי הוא לו שיתחבר
לאויבו וישאל אותו *כי מי ידע אם יש לו בו טוב גדול[3]

1) C. *sed me videntes capient*, כי בעת יראוני יאחוזני. Dans le texte, il faut probablement lire יהרג pour יראה. — 2) C. *donec fur vocaret heremitam*, עד אשר קרא הגנב לנזיר. — 3) C. *quod latet in corde sui inimici adversus eum*.

---

si, au moment où le démon viendra l'étrangler, le dévot ne criera pas? Les gens se rassembleront, et je ne pourrai pas enlever la vache; car le meurtre étant découvert, on s'en retournera, on me trouvera, me prendra pour l'assassin, et on me tuera. — Le voleur dit donc au démon: Attends un peu et laisse-moi enlever la vache; puis tu feras ce que tu voudras. — Mais le démon répondit: Je ne ferai pas cela! D'abord je le tuerai, tu viendras après. — Non, reprit l'autre, c'est moi qui commencerai. — Ainsi la discorde se mit entre eux, et ils se disputèrent et se querellèrent si fort que le démon finit par crier: Hé, dévot, réveille-toi, voici le voleur qui veut dérober ta vache! Et le voleur à son tour se mit à crier: Réveille-toi, ce démon a l'intention de t'étrangler! — Le dévot et les gens de sa maison se réveillèrent; le voleur et le démon prirent la fuite, et le dévot fut sauvé d'un grand danger.

Je t'ai cité cet exemple pour te démontrer que l'homme intelligent et prudent doit s'attacher à son ennemi et l'interroger, parce qu'il se peut qu'il en résulte pour lui un grand bien.

צורת הנזיר והפרה והשטן והגנב

ויהי כאשר כלה השלישי לדבר דברו אמר השר הראשון
מיועצי המלך והוא אשר יעץ | אותו להמית לעורב ויאמר במה יפתה
אתכם העורב ויסית אתכם בדבריו ובתחבולותיו אשר האמנתם
בו¹   ואמרו [החכמים²] האויב כי יחנן קולו אל תאמן בו   ותרצו
לאבד נפשכם ועצתכם ותקלו הדבר הגדול עד יאבד מידכם ועל
כן חדלו לכם מזאת העצה והביטו כמו יביט אדם נבון משכיל
כמו יביט איש חכם אשר הוא יודע *דברי אויביו ומעשיו³ ואל
יפתה לבבכם ויסירכם מעצתכם הטובה   ואולם אני רוצה בעצתי
שתהרגוהו כי אפחד אם ישוב⁴ עמנו כי אחריתנו [לרע⁵] כי הנבון
המשכיל לא יפתה אותו כל הדברים ולא יטוש אויבו בעת יסגירו

1) C. ajoute: *et credatis verba ejus*, ותבטחו בדבריו. — 2) C. *sapientes*.
— 3) C. *opera sui inimici*, מעשי אויבו. — 4) Lis. ישב; C. *steterit*. — 5) C.
male succedat.

Figure du dévot, de la vache, du démon et du voleur.

Lorsque le troisième chef eut fini de parler, le premier, le conseiller qui avait voulu qu'on tuât le corbeau, reprit la parole et dit: Comment ce corbeau vous séduit-il, et comment peut-il vous entraîner par ses discours et ses artifices auxquels vous ajoutez foi! Les sages ont dit: Lorsque l'ennemi adoucit la voix, ne le crois pas. Mais vous voulez vous perdre vous-mêmes et prendre une fâcheuse décision; vous négligez une chose importante de façon à ce qu'elle vous échappe. Abandonnez donc cette décision et soyez prévoyants comme un homme prudent et intelligent, comme le sage qui connaît les discours et les actions de ses adversaires. Ne vous laissez entraîner à aucune imprudence. Certes, si j'insiste à demander la mort de ce corbeau, c'est que je crains, s'il reste avec nous, des conséquences fâcheuses pour notre avenir. Aucun discours ne fait fléchir l'homme prudent et intelligent, et il ne laisse pas son ennemi tranquille, lorsque Dieu l'a fait tomber entre ses mains, tandis

האל בידו והסכל יפתה לבו בדברים הרכים הנבזים ואל יהיה[1]
כעצלים אשר יפתה לבם בכל מה שיראו ויאמינו בכל מה שישמעו
וירך לבם לאויבים ויאמינו באשר שמעו יותר ממה שיאמינו באשר
ראו כמו האיש אשר היה חרש עצים ויכזיב אשר ראו עיניו והאמין
אשר שמעו אזניו וירך לבו ויפתה   אמר המלך ואיך היה המשל 5
הזה   [אמר השר[2]] אמרו כי איש אחד היה חרש עצים והיתה לו
אשה יפה והיה איש אחר אוהב אותה[3] ויודע הדבר לאישה מאת
חבריו וקרוביו   ויאהב האיש שיחקר על הדבר אם אמת או כזב[4].
ויהי יום אחד ויאמר לאשתו הנני הולך למדינת כך וכך והיא
רחוקה ויש לי לעשות מלאכה לאחד מבני הנדיבים ואשב שם 10
ימים רבים ועתה הכיני לי צידה   ותשמח האשה ותכין לו צידה

1) C. *nec sistit.* — Peut-être faut-il lire תחיו, et dans C. *nec sitis.* —
2) C. *dixit.* — 3) C. ajoute : *qui agebat cum ea.* — 4) C. ajoute : *et credere non voluit de facto uxoris suae nisi videret ad oculum,* ולא רצה להאמין
במעשי אשתו עד אשר יראה בעיניו. 15

---

que le sot se laisse bercer par des paroles douces et humbles;
il n'est pas comme les lâches qui sont pris par tout ce qu'ils
voient, qui croient tout ce qu'ils entendent et dont le cœur
s'amollit pour les ennemis de manière à ajouter plus de foi à
ce qu'ils entendent qu'à ce qu'ils ont distinctement vu. Ils ressemblent à ce charpentier qui s'est laissé toucher et séduire,
parce qu'il ne croyait pas ce qu'il avait aperçu de ses propres
yeux pour croire ce que ses oreilles entendaient. — Le roi demanda : Quelle est cette histoire ? — Le chef répondit:

On raconte qu'il y avait une fois un charpentier qui avait
une jolie femme. Mais elle avait un amant, et les amis et parents
du mari l'en informèrent. L'homme voulait examiner si le fait
était vrai ou faux. Il dit donc un jour à sa femme : Je pars
pour telle et telle ville éloignée, où j'ai de l'ouvrage pour un
noble; j'y resterai plusieurs jours; prépare-moi des provisions
de voyage. La femme fut contente et prépara les provisions.

ויקח צידתו ויצא ללכת ויהי בצאתו ויאמר לה השמר בנפשך
ובביתך עד אשוב אליך   וילך והיא תביט אחריו עד *עבר | הדלת¹
ויהי בשובה בביתה בא הוא ויתחבא במבוא אחר הדלת ויהי בערב
בא בלאט² עד אשר בא תחת המטה אשר הוא ואשתו היו שוכבים
והיא חשבה כי הלך ותשלח אחרי האיש אשר היה אוהב אותה
ותגד לו כי הלך בעלה ויבוא אליה ויאכלו וישתו וידברו חידות
ומשלים   ויהי אחרי כן עלה³ למטתם ויהי הם (חושבים⁴) שוכבים
ובעל הבית יודע כל מעשיהם עד אשר נרדם בעל הבית ויתנודד
ויוציא רגליו תחת המטה כי היה ישן ויהי כראותה האשה זה
הדבר ידעה כי בעלה הוא ותאמר לאיש אשר היה שוכב עמה
ותגד לו הסוד ותאמר שא קולך ושאל אותי ואמר לי למי אתה
אוהבת יותר הלי או לבעלך ובעת לא ארצה להשיב לך דבר

1) C. *prolongaretur a domo,* הרחיק מן הבית. — 2) C. ajoute : *ad cameram,* החדרה. — 3) Lis. עלו. — 4) Mot à biffer. Peut-être faut-il lire הווים; cf. *Isaïe,* LVI, 10.

Il se mit en route, et en la quittant, il dit à sa femme : Prends garde à ta personne et à ta maison jusqu'à mon retour. Le mari s'en alla donc et sa femme le suivit des yeux jusqu'à ce qu'il eût passé la porte. Dès qu'elle fut rentrée, le mari revint et se cacha dans un reduit derrière la porte; ensuite, le soir venu, il se glissa doucement sous le lit conjugal. Elle qui le croyait bien parti, envoya chez son amant et lui fit savoir que son mari était absent. Il vint aussitôt chez elle; on mangea et but; puis on se raconta des histoires et des propos ingénieux, et on alla se coucher. Pendant ce temps le mari observait tout ce qui se faisait, puis il s'endormit, et en remuant pendant son sommeil il sortit les pieds d'au-dessous du lit. Lorsque la femme vit cela, elle sut aussitôt que c'était son mari. Elle parla à l'amant qui était couché à côté d'elle, pour lui communiquer ce qui se passait; elle lui dit : Parle-moi à haute voix et demande-moi : Qui aimes-tu mieux, moi ou ton mari? et quand je ne voudrai pas te répondre, insiste jusqu'à ce que je me prononce. L'amant

תפצר עלי עד אשר אומר לך ויעש האיש כמו שאמרה לו ותאמר
לו מה לך לשאול זאת השאלה בחיי אם אתה חושב כי יש
בעולם אדם שיהיה חשוב ואהוב יותר בעיני מבעלי תחטא כי
אנחנו כל הנשים לא נאהב האחרים אלא להשלים התאוה ולא
נביט לא לגופם ולא למדותם ולא לדבר מדבריהם ובעת נשלים
מהם תאוותינו הם חשובים בעינינו ככל אדם בעולם ואולם האיש
טוב לאשה מאביה ומאחיה ומאמה ומבניה כי עמלו ויגיע שלו הכל
הוא לה ועל כן ארורה האשה אשר לא תאהב יותר חיי בעלה
מחייה ויהי *בהקיץ בעלה שמע¹ זה הדבר מאשתו בטח בחיבתה
לאשר שמע ממנה ויאמר | בנפשו עתה אני יודע כי אשתי אוהבת
אותי בלבה ובנפשה וישמע וישכב במקומו עד עלה השחר²

צורת בעל הבית נטה רגליו תחת המטה ואיש עם האשה במטה

1) C. *audiens*, בשמוע. — 2) C. ajoute : *et amasius cum uxore in lecto dormiens*, והאיש עם האשה ישנים במטה.

---

fit ce que la femme lui avait ordonné. La femme répondit alors:
Pourquoi m'adresses-tu cette question? Par ma vie! si tu penses
qu'il y ait au monde quelqu'un que j'aime et que je respecte
plus que mon mari, tu te trompes. Nous autres femmes, nous
n'aimons les autres hommes que pour satisfaire notre passion,
sans égard pour leur personne ou leurs qualités, ou pour quoi
que ce soit; une fois notre passion assouvie, l'amant n'a pas
plus de valeur à nos yeux que tout autre homme au monde.
Le mari au contraire vaut mieux pour la femme que son père,
ses frères, sa mère et ses enfants, car le fruit de son travail
et de ses labeurs est pour elle. Maudite la femme qui ne don-
nerait pas sa vie pour son mari! Le mari réveillé, en écoutant
ces paroles, eut confiance dans l'affection de sa femme grâce à
ce qu'il avait entendu. Il se dit : Je sais maintenant que ma
femme m'aime de tout son cœur et de toute son âme. Là-dessus,
il se rendormit jusqu'au lever de l'aurore.

Figure du mari sortant ses pieds d'au-dessous du lit, tandis que la femme
et son amant sont couchés dans le lit.

ויהי בבקר יצא האיש לדרכו¹ ותרדם היא על המטה ותישן
ויצא בעלה מתחת המטה וימצאינה ישנה וישב לצדה והוא מנשב
אליה² עד הקיצה ויאמר לה נפשי פדותך שכבי ונומי כי לא ישנת
זאת הלילה ולולא כי לא רציתי לעצב אותך הייתי הורג זה הפריץ
ואניח אותך ממנו

צורת החרש ירוח על אשתו והיא ישנה

ואולם נשאתי לכם זה המשל פן תהיה כאיש אשר הכזיב כל
אשר ראו עיניו והאמין באשר שמעו אזניו ועל כן אל תאמינו לדבר
העורב כי אין בו אמונה ולא הוא מן האנשים אשר יאמינו בהם כי
האיש פעמים אשר לא יוכל לעשות רע לאויבו בעת ימלט מידו
אחרי אשר הסגירו האל בידו   וכי העורבים לא יוכלו³ לעשות לך

1) C. ajoute : *marito ignorante qui dulciter sub lecto iacuit dormiendo in stercoribus*, — 2) C. ובעלה לא ידע כי היה שוכב תחת המטה ישן בצואתו. *et flare in faciem ejus et osculari et amplectari eam*, וישקה ויחבקה. — 3) Lis. יכלו.

Le matin l'amant s'en alla et la femme s'étendit dans le lit
et se rendormit. Le mari sortit alors de dessous le lit, et trouva
sa femme plongée dans le sommeil; il s'assit à côté d'elle
pour l'éventer jusqu'à ce qu'elle fût réveillée. Le mari lui
dit alors : Que mon âme soit une rançon pour toi, reste au lit
et dors, car tu n'as pas dormi toute la nuit. Si je n'avais pas
craint de t'affliger, j'aurais tué cet insolent pour te débarrasser
de lui.

Figure du charpentier qui évente sa femme pendant qu'elle dort.

Je vous cite cet exemple pour que vous ne ressembliez pas
à cet homme qui n'a pas cru ce que ses yeux avaient vu, pour
ajouter foi à ce que ses oreilles avaient entendu. N'ayez donc
aucune confiance dans les paroles du corbeau, car il est sans
foi, et il n'est pas de ces gens qui méritent créance. Souvent on
ne peut plus faire du mal à l'ennemi qu'on a laissé s'échapper
après que Dieu l'a fait tomber entre nos mains. Les corbeaux

רע עד היום ולא נדע מה יקרה לנו מהיום והלאה ומי ידע כי קרבת
זה העורב אלינו *ואשר נאמין בו¹ הוא לרעתנו וכי בא עלינו עת
פקודתנו *ויום אידנו² ועצתי שתמהר אותו לאבד מן העולם כי
אני לא פחדני³ מן העורבים אלא מן היום *הזה והלאה¹ ולא שמע
5 מלך הכוסים ולא האמין אליו לרב סכלותו וחסרון דעתו⁴ ויצו
שיוליכו העורב לבית המלך ויכבדוהו וייטיבו לבו עד שיתרפא
ממכותיו ויהי אחרי כן אמר הכוס אשר היה עצתו להרוג העורב p. 101.
אדוני המלך אחרי אשר לא תרצו להרגו יהיה בעיניכם במדת
האויב הנורא אשר ישמרו רואיו ממנו ושמר ממנו נפשך ונפש
10 חייליך כי העורב הוא מבין ומשכיל *ובעל ערמה ובינה ומרמה
בתחבולות⁶ ולא אראה אלא זאת החברה שנתחבר אלינו לרעתנו

1) Manque chez C. — 2) Manque chez C. — 3) Lis. פחדתי. — 4) C.
quo audivi verba vestra de illo, אשר שמעתי דבריכם על זה העורב. — 5) C.
ajoute : *et scientiae et sui·cordis fatuitate*, ושכלו ונגה לבו. — 6) Manque
15 chez C.

n'ont pas pu nous nuire jusqu'à ce jour; mais nous ne savons
pas ce qui peut arriver dorénavant. Peut-être le rapproche-
ment de ce corbeau et la confiance que nous lui accordons
feront notre malheur, et le temps de notre châtiment, le jour
20 de notre ruine est-il venu. Je conseille donc toujours de l'exterminer le plus tôt possible; car ce n'est que de ce jour que je
crains les corbeaux.

Le roi des hiboux n'écouta pas, et n'eut confiance que dans
sa grande sottise et son manque de savoir. Il donna l'ordre
25 de conduire le corbeau dans son palais, de l'honorer et de lui
accorder ce qu'il désirerait jusqu'à ce que ses blessures fussent
guéries. Après cela le hibou qui avait conseillé de tuer le corbeau reprit : Mon seigneur et roi, puisque vous ne voulez pas
le tuer, regardez-le du moins comme un ennemi terrible dont
30 se gardent ceux qui le voient; préserve-toi de lui, ainsi que ta
troupe. Car ce corbeau est prudent et intelligent, rusé, instruit,
faux et artificieux; je ne vois dans cette liaison que nous con-

היא וְלִטוֹבָתוֹ¹   ולא שמע אליו המלך אלא הקצה אותו ויבזיהו
ולא מנע אותו דבר היועץ מלהטיב לעורב *ולשמור אותו² ולכבדהו
והיה העורב נבון ובעל עצה יודע אשר ירצה מלך הכוסים
ואשר ימאס והיה בכל יום מוסיף לדבר למלך חידות ומשלים
5 והיה בכל יום מוסיף עליו אהבה ויאמין בו ויתחבר אליו והיה
מדבר בכל יום לחברי המלך והעומדים עמו דברים נעימים והיו
כולם אוהבים אותו וחושקים בו   ויהי יום אחד ויאמר למלך ועמו
קהל הכוסים ובינם הכוס אשר יעץ להרג העורב ויאמר כי העורבים
עכרוני ועשו בי נקמה וירצו להרגני בשטמתם   ואומר בלבי כי לא
10 אלך ולא אזוז מכאן ולא אמצא מנוחה ולא תעלוז נפשי עד אשיג
בהם רצוני ותאותי   וכבר בקשתי בזה הדבר ולא מצאתי מי יוכל
להם כי אם אתם ולא אוכל להם אני כי אני עורב אחד   וכבר

1) Manque chez C. — 2) Manque chez C.

tractons qu'un malheur pour nous et un bonheur pour lui. Le roi ne l'écouta pas davantage cette fois, mais prit le hibou en dégoût et le méprisa. Les paroles du conseiller ne l'empêchèrent pas de faire du bien au corbeau, de le garder auprès de lui et de lui faire des honneurs. Le corbeau était instruit et avisé; il savait ce que le roi des hiboux aimait ou détestait; il lui racontait chaque jour des propos ingénieux et des histoires, et gagnait ainsi de plus en plus l'affection, la confiance et l'attachement du roi. Il s'entretenait aussi journellement avec les compagnons et les serviteurs du roi, et, grâce à ses paroles agréables, tous l'aimaient et étaient à sa dévotion.

Un jour, le roi étant accompagné de la communauté des hiboux, parmi lesquels se trouvait aussi celui qui avait conseillé de tuer le corbeau, celui-ci dit: Les corbeaux m'ont en horreur et dans leur haine, ils ont voulu se venger de moi et me tuer. Je pensai donc que je ne m'en irai, ni ne bougerai d'ici, que je n'aurai ni repos ni plaisir, tant que je n'aurai pas satisfait mon désir et assouvi ma passion à leur égard. J'ai recherché les moyens de parvenir à mon but, et je n'ai trouvé que vous qui puis-

הגידו לי בעד אחד מגדולי המלכים כי הם אמרו כי כל מי שיתנדב
בנפשו וישרף אותה באש כבר ¹ העלה קרבן לאל וכל שעה¹ שיבקש
בשעה ההיא מהאל ימלא לו האל שאלתו   ועתה אם יראה המלך
שישרפני ואקרא לאל כי ישים אותי כאחד מכם ואולם אנקמה
5 [מאויבי²] ואשקוט חום לבי בעת אשוב בצורת הכוסים   ויען הכום
אשר היתה לבו להרוג אותו אני³ מדמה אותך בדברים הטובים
אשר תראה וברעים אשר תסתיר אלא כמו היין אשר לו ריח טוב
ויפיו טוב ובהיר וטעמו סם המות   הלא תדע כי אולי שרפנו אותך
אלף פעמים ליסודך תשוב ולשרש בריאתך תשוב כמו העכבר
10 אשר הגידו לנו כי הראו לה כל מי שבעולם להיות לה לאיש
והיא בכל יום תמאס ותבקש טוב מהם עד אשר שבה ליסודה
* ויקחה עכבר כמוה⁴   אמר המלך ואיך היה המעשה ההוא   אמר

1) Biffez ce mot, ou lisez : שאלה; C. *quidquid*. — 2) C. *de inimicis meis*. — 3) Lis. איני. — 4) Manque chez C.

15 siez me les fournir; car que puis-je, moi? je ne suis qu'un corbeau
seul. Or, on m'a raconté au nom d'un grand roi, que quiconque
veut dévouer son âme et se livrer aux flammes, apporte un
sacrifice agréable à Dieu, et toute demande qu'il adresse en ce
moment à Dieu, lui est accordée. S'il plaît au roi de me brûler,
20 j'invoquerai Dieu pour qu'il me transforme en un être comme
vous. Je pourrai me venger de mes ennemis, calmer l'effervescence de mon cœur, lorsque j'aurai pris la forme d'un hibou.
— Le hibou, qui avait toujours voulu le supplice de ce corbeau,
dit : En manifestant de belles paroles et en cachant les mau-
25 vaises, tu ressembles au vin qui a du fumet et une couleur
belle et brillante, et dont le goût empoisonne. Tu sais bien que
quand même on te brûlerait mille fois, tu reviendrais à ta
nature primitive, et tu reprendrais ton ancienne forme. C'est
comme la souris, qui, selon ce qu'on nous raconte, après
30 qu'on lui eut présenté comme mari tout ce qui existe dans le
monde, refusa toujours et voulut mieux que cela, et qui à la
fin revint à un mari de son espèce, une souris comme elle.

הכום אמרו כי איש אחד היה נזיר ועובד אלהים *ואיש תם וישר[1]
והיה האל שומע תפלתו בכל דבר שישאל *ואם שאל שיתהפך
העולם לתהו ובהו אלא יענהו[2]   ויהי היום והוא יושב על שפת
הנהר עד עבר עליו דאה ובין רגליו עכברת *ויהי כי עבר כנגד
הנזיר[3] נפלה מרגליו   ויחמל הנזיר עליה ויקחה *ויחתול אותה
בבגד בחמלתו עליה[4] וירצה שיוליכנה לביתו[5] ויפחד שיבזוהו
אנשי ביתו וישליכנה[6] ויתפלל לאל שישיבנה נערה

צורת הנזיר מתפלל ועכברת בידו

p. 103.

וישמע אלהים לקול הנזיר *ותשב נערה! בעלת יופי והדר והוד[7].
וימהר הנזיר בא אל ביתו וריבה אותה וגדלה ולא הודיע לאשתו
כי היתה עכברת אבל חשבה אשתו כי היא *שפחה שקנה אותה

1) Manque chez C. — 2) Manque chez C. Biffez אלא, ou lisez : האל. —
3) Manque chez C. — 4) Manque chez C. — 5) C. *eam nutrire*, שיאכילהו.
— 6) Lis. וישליכוה. Manque chez C. — 7) Manque chez C.

— Le roi demanda : Quelle est cette histoire? Le hibou répondit:

On raconte qu'un dévot était pieux, intègre et juste; toute prière, quelle qu'elle fût, qu'il adressait à Dieu, était exaucée; eût-il même demandé le bouleversement du monde, il lui aurait été accordé. Un jour ce dévot était assis au bord d'un fleuve, lorsqu'un faucon passa au-dessus de lui, tenant entre ses jambes une femelle de souris, qui pendant ce passage, tomba à ses pieds. Il eut pitié d'elle, la prit, et, mû par un sentiment de compassion, il l'enveloppa dans une étoffe; il désirait l'emporter ainsi chez lui, mais il craignit que sa famille ne la méprisât et ne la jetât dehors. Il pria donc Dieu de la changer en jeune fille.

Figure du dévot priant et tenant la souris entre les mains.

Dieu écouta la voix du dévot, et la souris fut changée en jeune fille d'une beauté éclatante et fière. Le dévot rentra aussitôt chez lui, l'éleva et la soigna. Il n'avait pas fait savoir à sa femme que c'était une souris, et la femme pensait que c'était

או' קרובתו   ויהי כהגיע לשתים עשרה שנה² אמר הנזיר בנפשו
*כבר הגיעה זאת הנערה לדרך נשים ו³לא יכולה לעמוד בלי בעל
שיפרנם אותה *ואשוב אני לעבודתי ואתעסק באשר הייתי עוסק
מקדם⁴   ויאמר לה עתה בחר לך למי תרצה שיהיה בעלך⁵
5 אמרה העלמה ארצה שיהיה *[בעל] גבורה גדולה ו⁶בחזקה מאד
ובממשלה   אמר הנזיר לא אדע מי יש לו אלו המדות אלא
השמש בממשלתה ובמלכותה ואני מתפלל אליה *ועובד אותה⁷
ואשאל ממנה שיארש אותך הפקיד אשר עליה   ויטהר ויתפלל
תפלתו ויאמר שמש טהורה ובריאה להאיר ליצורים בברכה
10 וברחמנות מהאל על אנשי העולם אני אבקש ממך בתפלתי שתתן
בתי לאשה לפקיד שלך כי היא שאלה אותי שאתן לה בעל שיהא
גבור הגבורים וחזק החזקים   אמרה לו השמש אני כבר שמעתי

1) Manque chez C. — 2) C. *et cum crevisset haec puella in nubilem aetatem.* — 3) Manque chez C. — 4) C. *et in ipsa delectetur*, וישמח בה.
15 — 5) C. ajoute : *qui te custodit et gubernet*, אשר ישמרך ויפרנסך. Puis on lit les mots qui répondent à ואשוב jusqu'à מקדם. — 6) C. *virum non habentem similem*, איש לא נהיה במוהו. — 7) Manque chez C.

une esclave que son mari avait achetée ou une de ses parentes. Lorsque la jeune fille eut atteint sa douzième année, le dévot
20 se dit : La voilà devenue femme, et elle ne peut pas rester sans mari; celui-ci la protègera, et moi, je pourrai ensuite retourner à mes actes de dévotion et à mes anciennes occupations. Il parla donc à la jeune fille de se choisir pour mari qui elle voudrait. Elle répondit : Je veux que ce soit un être d'une force supérieure,
25 aussi vigoureux que puissant. — Le dévot dit : Je ne connais que le soleil qui montre ces qualités par son royauté et son gouvernement; je lui adresse mes prières et je l'adore; je veux donc lui demander qu'il te donne son chef pour fiancé. — Il se purifia, fit sa prière et dit : Soleil pur, créé par Dieu pour ré-
30 pandre ta lumière bénie et bienfaisante sur les créatures qui habitent le monde, je te supplie de vouloir bien donner ma fille pour femme à ton chef; car elle m'a demandé de lui donner pour mari le plus vaillant et le plus fort. — Le soleil lui répondit:

דבריך ואני ראוי שלא אשיב אותך ריקם מפני הכבוד אשר נתן
לך המקום יותר משנתן לכל ברואיו ואולם אורך על מי יותר חזק
ממני   אמר הנזיר ומי הוא   אמרה השמש הוא הפקיד אשר על
העננים אשר בכוחו יכסה אותי וימנעני להאיר על הארץ   וישב
הנזיר אל המקום אשר יעלו משם העננים | מן הים ויקרא לפקיד
שלהם ויאמר לו מה שעשה לשמש   אמר לו כבר הבינותי דבריך
וכבר נתן לי האל כוח וגבורה גדולה אשר לא נתן אותו למלכים[1]
ואולם אורה אותך על מי יותר חזק ממני   אמר הנזיר ומי הוא
אמר הפקיד של העננים הוא הרוח אשר יסיעני מקצה השמים ועד
קצה השמים ולא אוכל להפציר בו ולא להמרות בו .   וימהר הנזיר
(לרוח) לנגיד הרוח ויאמר לו כמו אמר לעננים[2]   ויאמר לו נגיד
הרוח כן אני חזק כמו אמרו[3] וכי נתן לי המקום מעלה על ברואיו

1) C. *angelis suis*, למלאכיו. — 2) C. *aliis*, לאחרים. — 3) Lis. אמרת;
C. *dicis*.

J'ai entendu tes paroles, et je ne dois pas t'opposer un refus,
puisque Dieu t'a accordé plus d'honneur qu'à aucune autre de
ses créatures. Mais je t'indiquerai quelqu'un qui est plus fort
que moi. — Et qui est-ce? dit le dévot. — Le soleil répondit:
C'est le chef des nuages, qui a la puissance de me couvrir et
de m'empêcher d'éclairer la terre. — Le dévot se rendit à
l'endroit où les nuages montent de la mer. Il appela leur chef
et lui parla comme il avait fait au soleil. Le chef des nuages
répondit : J'ai compris tes paroles; en effet, Dieu m'a donné
une grande force et une puissance qu'il n'a pas accordée à ses
anges. Mais je te montrerai encore plus fort que moi. — Et
qui? demanda le dévot. — Le chef des nuages répliqua: C'est
le vent qui me transporte d'un point du ciel à l'autre, sans que
je puisse lui résister, ni lui désobéir. — Le dévot se rendit vite
auprès du prince des vents et lui adressa les mêmes paroles
qu'aux nuages. Le prince des vents lui répondit : C'est vrai,
je suis fort, comme tu le dis; Dieu m'a élevé au-dessus de ses

ואולם אורה אותך למי יותר חזק ממני וארצה להתגבר עליו ולא
אוכל   אמר הנזיר ומי הוא   אמר הרוח הוא' ההר אשר קרוב לך
אמר הנזיר להר אני ארצה שאתן לך בתי [לאשה²] כי אתה חזק
מכל החזקים וגבור על כל הגבורים   אמר לו ההר כן הוא כאשר
5 אמרו לך אני חזק וגבור ואולם אראה אותך על מי יותר ממני
בחזקה [והוא יחפרני ויפזרני³] ולא אוכל להלחם להפציר בו
[אמר הנזיר⁴] ומי הוא זה   [אמר לו ההר⁵] הוא העכבר ויקראהו⁶
ויאמר לו כמו שאמר לההר   ויאמר לו העכבר כן אני גבור כמה
שאמרו לך ואולם איך אוכל לקחת אשה מבני אדם ואני עכבר
10 ומשכני בחר. עפר וכפים⁷ *אמר הנזיר לעלמה⁸ בתי התהיי
אשת העכבר כי לא אמצא יותר חזק ממנו כי לא עזבתי אחד מן

---

1) C. ajoute : *Ego non sum ita potens sicut*, איננו חזק כמו. — 2) C. *uxorem*. — 3) C. *quia fodit et dissipat me*. — 4) C. *et ait ei heremita*. — 5) C. *cui dixit mons*. — 6) C. *et accessit heremita ad murem*, וילך הנזיר אל
15 העכבר. — 7) C. *et saxorum foraminibus*; cf. *Job*, XXX, 6; lisez : בחרי. — 8) C. *Et rediens heremita ad puellum ait* : וישב הנזיר אל העלמה ויאמר לה.

---

créatures. Mais, malgré cela, je t'indiquerai plus fort que moi, tellement que si je voulais triompher de lui, je n'y parviendrais pas. — Qui est-ce, dit le dévot? — Le vent dit : C'est la mon-
20 tagne qui est près de toi. — Le dévot s'adressa à la montagne : Je voudrais te donner ma fille pour femme, car ta force est plus grande que celle de tous les forts et tu es plus brave que tous les braves. — La montagne répliqua : On t'a dit la vérité; je suis fort et brave. Cependant je te ferai voir qui l'emporte sur moi,
25 et qui me perfore et me broie, sans que je puisse le combattre, ni lui résister. — Le dévot lui dit : Qui est-ce ? — C'est la souris, répondit la montagne. — Le dévot appela donc la souris, et lui tint les mêmes discours qu'à la montagne. — La souris répliqua : Certes, je suis brave, comme on te l'a affirmé. Mais
30 comment pourrais-je prendre femme dans l'espèce humaine? je suis une souris et j'habite dans des trous de terre et dans des rochers. — Le dévot parla alors à la jeune fille : Ma fille, veux-tu épouser une souris? car je ne trouve pas plus fort

הגבורים והחזקים' וכולם הורוני על העכבר ועתה | אם תרצה
שאקרא לאל וישיב־אותך לעכברת ותשב עמו   אמרה לו כל
אשר תרצה לעשות עלי עשה   ויקרא לאל וישיב אותה עכברת
ותבא עמו לחר וישאנה לאשה

צורת הנזיר והחור והעכבר ואשתו בתוכו

ואולם נשאתי לך זה המשל אשר אתה רמאי ומפתה כי אילו
ישרפוך באש לשרש בריאותך תשוב ובכל מנהגך תעמוד   ולא
שמע מלך הכוסים וחבריו לדברי הכום וישוב העורב אמר להם
חידות ואמר להם משלים ובכל זה היו כולם מוסיפים לאהוב אותו
ולהאמין בו *ולהאזין אליו³   ויאמר מלך הכוסים אליו *אין אתה
נצטרך שנשרפוך באש⁴ כי אנחנו נוקמים נקמתך מן העורבים

1) C. ajoute : *quem non exquisiverim*, אשר לא בקשתי. — 2) C. *Letificabat eos.* — 3) Manque chez C. — 4) C. *non est necesse te comburi;* il faudrait : מצט׳ שישר׳.

---

qu'elle; je n'ai négligé aucun des vaillants et des forts et tous
m'ont recommandé la souris. Par conséquent, si tel est ton
désir, j'invoquerai Dieu, pour qu'il te fasse redevenir souris,
afin que tu puisses demeurer avec ton mâle. — Elle répondit:
Fais tout ce que tu veux. — Le dévot pria donc Dieu, et la
jeune fille redevint une femelle de souris. Elle rentra aussitôt
dans le trou du mâle et devint sa femme.

Figure du dévot et du trou où la souris demeurait avec sa femme.

Je t'ai cité cet exemple, parce que tu es un fripon et un
séducteur, et, te brûlât-on, tu retournerais à ta nature primitive
et tu conserverais toutes tes habitudes. — Mais le roi des
hiboux et ses intimes n'écoutaient toujours pas les paroles du
hibou. Le corbeau continuait à leur réciter des propos ingénieux et des histoires, et on l'en aimait encore davantage; on
avait confiance en lui et l'on prêtait l'oreille à ses paroles. Le roi
des hiboux lui dit donc : Tu n'as pas besoin d'être jeté dans
les flammes pour que nous te vengions des corbeaux. La grâce

*ויוסיף הן וחסד בעיני מלך הכוסים' וישב עמו עד² צמחו אבריו
*וישמן וישב כחו אליו ויגדל ויתחזק³   ויהי כי ארכו לו שם הימים
וידע העורב לב מלך הכוסים *וכל אשר היה רוצה לעשות
לעורבים' ויעף בלאט *ולא ראהו איש⁵ עד הגיע למלך העורבים
ויאמר *הזהרו כי⁶ כבר הסגיר האל בידי הכוסים ועתה התבשרו
אמר מלך העורבים *אנחנו מתעתדים ונזהרים⁷ צוה אותנו
באשר תרצה   אמר העורב כי הכוסים הם *במקום כך וכך ושם
יאספו היום ויש שם עצים הרבה⁶ ועתה יוליכו כל אחד מכם
*בפיו⁹ כדי שיוכל מן העצים וישים אותו בחורי הכוסים ואני אביא
לכם אש ואשים בעצים ואתם תרוחו כלכם בכנפיכם ותנפחו

1) C. *Ait autem corvus, inveni gratiam in oculis regis sturorum,* ויאמר
העורב מצאתי הן בעיני מלך הכוסים. — 2) C. ajoute : *ejus vulnera sanata
fuerint et renata fuit caro sua, et,* נרפאו מכותיו ושב בשרו ו. — 3) Manque
chez C. — 4) Manque chez C. — 5) Manque chez C. — 6) Manque chez
C. — 7) Manque chez C. — 8) C. *manent omni nocte in quadam caverna et
ibi recolliguntur,* יושבים בכל לילה בחור אחד ושם יאספו. — 9) Manque chez C.

et la bonté de ce roi augmentèrent envers le corbeau, qui vivait
près de lui. Ses membres mutilés repoussèrent, il engraissait,
reprenait des forces, et redevenait vigoureux. Après quelque
temps le corbeau connaissait les sentiments du roi des hiboux
et ses dispositions envers les corbeaux. Il s'envola doucement
sans que personne ne le vît et arriva auprès du roi des corbeaux. Il lui dit : Qu'on soit sur ses gardes, car Dieu m'a livré
les hiboux; vous pouvez maintenant vous réjouir. — Le roi
des corbeaux répondit : Nous sommes préparés et sur nos
gardes; ordonne-nous ce que tu veux! — Le corbeau reprit:
Les hiboux se trouvent à tel endroit, et s'y réunissent aujour-
d'hui. Il s'y trouve beaucoup de bois. Que chacun de vous
apporte dans son bec autant de bois qu'il pourra, et le place
devant les cavernes où se trouvent les hiboux; quant à moi,
j'apporterai du feu et j'allumerai le bois que vous ferez brûler
et dont vous activerez la flamme en faisant tous du vent avec
vos ailes et en soufflant avec vos becs. Les hiboux qui sortiront

— 113 —

בפיכם * עד שיבער האש ותדליקו אותו' וכל מי יצא מן הכוסים
ישרף באש והעומדים שם ימותו | בעשן² ויעשו העורבים כאשר
צוה העורב ולא נשאר כוס כולם נשרפו ואחרי כן שבו העורבים
אל מקומם בשלום ובשלוה ובהשקט * אחר אשר הניח האל להם
מאויביהם וישבו כל ימיהם בשמחה³ 5

צורת חורי הכוסים והעורבים ידליקו האש עליהם

ויהי אחרי כן אמר מלך העורבים לעורב ההוא' יכולת לעמוד
עם הכוסים ואיך קנית לחבורתם כל אשר ישבת שם כי אמרו
החכמים כי נשיכת הנחשים ושרפת האש טוב מחבורת הרעים
והאכזרים מלשבת עמהם אמר לו העורב כן הוא כמו אמר אדוני 10
המלך ואולם האיש הנבון בעת שישב עם אויביו * והוא ירצה
לעשות להם תחבולות שיגבר עליהם⁵ ישא ויסבול הצרות * והיגונים

1) Manque chez C. — 2) C. ajoute : et calore, ובחום. — 3) Manque
chez C. — 4) C. ajoute : consiliario suo, miror quomodo, היועץ אותו אתמה
איך. — 5) Manque chez C.   15

---

de la caverne seront consumés, et ceux qui y resteront mourront par la fumée. Les corbeaux exécutèrent les ordres qui leur étaient donnés, et il ne resta pas un hibou; tous succombèrent par le feu. Puis les corbeaux retournèrent chez eux, paisibles, calmes et tranquilles, après avoir été délivrés par Dieu de leurs ennemis, et ils passèrent toute leur vie dans la joie.

Figure des trous des hiboux, pendant que les corbeaux y allument le feu.

Après cela le roi des corbeaux dit à ce corbeau : Comment as-tu pu rester avec les hiboux? Comment as-tu pu supporter leur société pendant ce long séjour? Car les sages disent : La morsure du serpent et la brûlure du feu valent mieux que la société des méchants et des cruels, quand il faut demeurer avec eux. — Le corbeau répondit : Il en est ainsi, comme le dit mon seigneur et roi. Mais l'homme avisé, habitant avec ses ennemis et désirant les vaincre par les embûches qu'il leur dresse, supporte et endure toutes les peines et les tribulations qui lui sur-

8

וכל אשר יעבור עליו ויקל בעיניו וישא כל הנגעים והפגעים ולא
ידאג מרוב צרוותיו' ויקבל בסבר פנים יפות רוע דבריהם ויאמר
אשר ירצו וינעם בחפצם ויתנהל לאט עמהם ויט שכמו לסבול
וישא מדבר הרשעים והאכזורים דברים אשר הם רעים לו מן החצים[2]
כמו החולה[3] אשר יאכל הצרי אשר הוא מר ממות מן הרפואה 5
אשר ימצא אחרי כן   ויאמר העורב[4] הגד נא לי היך היא חכמת
הכוסים ובינתם   אמר העורב לא מצאתי אתם לא דבר ולא עצה
חוץ מן הכום שהיה אמר למלך שיהרג אותי ומרוב שטותם וסכלותם
וחסרון דעתם לא *שמעו לו   והיה נושא להם משלים ויזהירם
שישמרו ממני ואל יחיוני כי רע גדול יבוא להם אם יחיוני ולא 10
שמעו ולא[5] הטו את אזנם לניבו   *ומרוב סכלותם ושטותם כי לא

1) Manque chez C. — 2) C. ajoute : *transvorantibus* (lis. *transfor.*),
השנונים. — 3) C. ajoute : *sapiens*, החכם. — 4) Lis. מלך העורבים. — 5) Manque
chez C.

viennent; elles lui paraissent légères, et il se soumet aux maux
et accidents sans en souffrir; il accueille avec une figure sereine
les méchantes paroles, et répond par des propos qui peuvent
plaire et être agréables. Il se conduit à l'égard de ses ennemis
avec douceur, incline le dos pour se charger du fardeau, et endure des discours impies et cruels qui le blessent plus que des
flèches acérées. L'homme avisé est alors comme le malade qui
avale la médecine plus amère que la mort en vue de la guérison qu'elle doit lui procurer. — Puis dit le roi des corbeaux:
Parle-moi de la sagesse et de l'intelligence des hiboux. — Le
corbeau répondit : Je n'ai rencontré chez eux ni éloquence ni
bons conseils, si ce n'est chez le hibou qui avait répété au roi
de me tuer, et qu'ils n'ont pas écouté par suite de leur grande
sottise, de leur bêtise et de leur ignorance. Cependant il leur
citait des exemples pour les avertir qu'ils devaient se garder
de moi et ne pas me laisser en vie, et qu'il leur arriverait un
grand malheur s'ils ne me tuaient pas; mais ils ne voulaient
rien entendre ni prêter l'oreille à son discours. C'était là leur

הביטו למעשי¹ ולא זכרו כי הייתי גדול אצלך יותר מכל העורבים
ובעל עצתך ולא פחדו ממני כי עשיתי להם תחבולות וערמה
*והגיד להם היועץ שלחם והזהיר אותם ולא שמעו ממנו² וימאסו
עצתו *והם לא שכלו ולא שמעו מן המשכיל ולא הפחידו נפשם
5 ממני ולא יראו אותי³ וכבר נאמר כי כל מי ימצא אויבו והוא
במעלה גדולה בעיני רעיו ומכובד יש לו להזהר ממנו ויירא אותו
כמו יירא מן החיה⁴ אשר לא יאמין בה האדם לעולם   ומרוע עצתם
(כי) לא הסתירו ממני כל סודותם ולא נשמרו ממני   וכבר נאמר
כי יאות לאיש שישמר בכל דבר [ספק⁵] ויזהר בסודותיו ובעצתו
10 מכל מי יחשד אותו ויברח מאויבו כדי יכלתו ואין לו שיקרב אליו
*ולא שיתחבר עמו⁶ ולא שיקרב במים אשר יבוא הוא שם ולא

1) Manque chez C. — 2) Manque chez C. — 3) C. *non respexerunt ultima dona (?)*. — 4) C. *serpente*. — 5) C. *dubia*. — 6) Manque chez C.

---

grande folie et leur égarement de n'avoir pas réfléchi sur mes actions, de ne s'être pas rappelé que j'occupais chez toi le premier rang parmi les corbeaux et que j'étais ton premier conseiller; ainsi ils n'ont pas craint les embûches et les ruses que je leur préparais. Leur conseiller avait beau insister et leur faire de remontrances, rien n'y faisait; ils rejetaient son conseil, ne comprenaient rien, n'écoutaient pas le sage, et n'avaient ni défiance ni crainte de moi. Cependant on a dit: Quiconque rencontre un adversaire haut placé et honoré aux yeux de ses amis, doit s'en préserver et le craindre, comme on redoute le serpent auquel l'homme ne se fie jamais. Ce qui prouve encore le manque absolu de bon sens chez eux, c'est qu'ils ne m'ont caché aucun de leurs secrets, et qu'ils ne se sont en rien méfiés de moi. Cependant il est dit : Dans toute circonstance douteuse, l'homme doit être réservé et dérober ses secrets et ses décisions à ceux qui lui inspirent des soupçons; il doit se cacher de ses ennemis et ne pas s'approcher d'eux ni se lier avec eux; il ne doit pas se tenir près de l'eau où ses adversaires

המשכב' אשר ישכב עליו ולא מן הבגד אשר ילבש *ולא מן
הסוס אשר ירכב עליו ולא מן המאכל אשר אכל ולא מן הרפואות
אשר ישתה² ולא מן הנזר אשר על ראשו ולא יאמין בו ואל יבטח
נפשו במעשיו כי אם בנאמן וטהר לב   אמר מלך העורבים לא
הרג הכוסים כי אם סכלותם וחסרון דעתם ועצתם הנקלה   אמר
העורב צדקת ואולם מי זה אשר הגיע לכסא המלוכה ולא בענוי³
ונפתה בנשים ולא האבידוהו ובטח בהם⁴ ועמדו בברית ואכל
הרבה ולא חלה והיו אנשי עצתו סכלים ולא האבידוהו מן העולם
וכבר נאמר כי הנפתה בעצתו יהיה לו דבר 'רע ולא יהיה לו
שם טוב והמפתה והרמאי אין לו חברים ולא רעים| *והנדיבות
ישפיל אותה רוע המוסר⁵ והכילי אין לו טובה והמאוה לאסף הרבה

1) Lis. במשכב. C. *loco*; lisez *lecto*. — 2) Manque chez C. — 3) Lis.
בעט; C. *recalcitraverit*. — 4) Lis. בהן. — 5) C. *nobilitatem facit in aliam
doctrinam declinare*.

---

se rendent, ni se mettre sur le lit où ils sont couchés, ni se re-
vêtir de leurs habits, ni monter leur cheval, ni manger de leur
nourriture, ni boire de leurs remèdes, ni prendre le diadème de
leur tête; il ne doit avoir confiance en eux ni ajouter foi à leurs
actions; il doit rechercher seulement des hommes sûrs et d'un
cœur pur. — Le roi des corbeaux ajouta: Les hiboux n'ont été
tués que par leur sottise, leur inintelligence et leur honteuse
conduite. — Le corbeau reprit: Tu dis vrai. Mais qui est jamais
monté sur un trône royal sans devenir insolent? Qui s'est laissé
séduire par les femmes sans se perdre? Qui a eu confiance en
elles et les a trouvées fidèles? Qui a mangé beaucoup sans tomber malade? Qui a eu pour conseillers des sots sans avoir été
ruiné? On a bien dit: Celui qui n'en fait qu'à sa tête tombe dans
le malheur et se perd de réputation; le séducteur et le fripon
n'ont ni compagnons ni amis; une mauvaise éducation ôte tout
prix à la générosité; l'avare n'est pas heureux, celui qui a le
désir de ramasser beaucoup n'entasse que des péchés; le roi

יאספו עליו כל העוונות והמלך המפתה.¹ המקלה עצת יועציו ומיודעיו
יאבד נפשו   אמר מלך העורבים צרה גדולה עברה עליך אשר
התענית לכופים ונכנעת להם והיית סובל על יגונתם   אמר לו
העורב כל זה עבר עלי ויחלתי עליו וקבלתי אותו מפני שהייתי
מקוה רווח ומנוסה אשר יהיה לנו בו   כי כל מי יסבול הצרה
מפני הטובה שיבא לו אחרי כן ממנה אין לו שיכבד עליו *ושיקשה
בעינו²   כי כבר שמעתי כי נחש שב עבד לצפרדע והיה לו למרכב
בעת כי צר לו ויבקש בו טובת נפשו   אמר המלך ואיך היה
אמר העורב כי נחש אחד זקן ותשש כחו ולא יכול ללכת לבקש
מחיתו ויצא יום אחד ויטריח על עצמו וילך עד הגיע למעין מים
והיו בו צפרדעים רבים והיה מקדים³ זה יבוא אליו בכל יום * וישוב
ימין ושמאל מן המעין⁴   ויראו אותו הצפרדעים ויאמרו לו מה לך

1) C. *negligens*. — 2) Manque chez C. — 3) Lis. מקודם. — 4) Manque chez C.

---

qui se laisse entraîner à mépriser les avis de ses conseillers et intimes, va à sa perte. — Le roi des corbeaux répliqua: Tu as dû éprouver un grand chagrin, lorsque tu t'es soumis aux hiboux en t'humiliant devant eux et en supportant toutes leurs tracasseries. — Tout cela, je l'ai toléré, dit le corbeau, je l'ai supporté et accepté, parce que j'y entrevoyais la délivrance et un moyen de sortir de l'état où nous étions. On ne trouve ni lourde ni dure l'angoisse qu'on souffre à cause du bien qui doit en résulter plus tard. J'ai entendu raconter qu'un serpent s'est fait l'esclave d'une grenouille et lui servait de véhicule, lorsqu'il était dans le besoin et qu'il pouvait en tirer profit. — Le roi demanda: Quelle est cette histoire? — Le corbeau répondit:

Un serpent, devenu vieux et faible, était hors d'état de se chercher sa nourriture. Un jour il s'efforça de sortir péniblement et arriva à un étang où il y avait beaucoup de grenouilles, et où il avait eu autrefois l'habitude de se rendre journellement. Il se tourna à droite et à gauche de l'étang, jusqu'à ce que les

אשר נראה אותך נכאב ועני ודואג   אמר להם *הלא תראו מה
אני מן הזוקן' ולמה תשאלוני על זה   *אמרו לו ומה לך   אמר²
כי הייתי בכל יום אצוד אתכם ואמצא מכם כל יום כדי טרפי
וחקי ועתה סר כחי ודל בשרי וירך עצמי ונימס' עורי *ולא
5 אוכל אליכם' ואלו רכבתם עלי לא הייתי יכול לכם ועתה לכו
ובשרו מלככם'   ויבוא מלכם אליו ויאמר למה⁶ לך⁷   אמר לו כי
בקשתי זאת הלילה צפרדע⁸ | עד באתי לבית איש נזיר והיה לו בן
יאהב אותו מאד ויצא הבן וידרוך אותי ונשכתי אותו ויהי כאשר
ידע אביו זה הדבר בקש אותי ואבד⁹ ממנו וירא כי לא יכול לי

10   1) C. *Quid boni post senium videtis, nisi me in tanta defectione post
senium constitutum.* — 2) C. *Nonne scitis*, הלא ידעתם. — 3) Plutôt וימס.
— 4) C. *ita ut a vobis meum victum ammodo non valeam capere ut pristinis
temporibus consuevi, neque etiam vos commorari non valeo*, ולא אוכל עוד ליקח
טרפי מכם כאשר עשיתי מקודם ואין בכוחי לעכב אתכם. Dans notre texte,
15 lisez : לכם pour אליכם. — 5) C. *Et cum annunciassent haec regi eorum*,
ויהי כי בשרו זאת למלכם. — 6) Lis. לו מה. — 7) C. ajoute : *ex quo sic
misere hic te presentas.* — 8) C. *et secutus sum illam in multis locis*, והלכתי
אחריו בהרבה מקומות. — 9) Lis. ואברח.

grenouilles l'eussent aperçu. — Qu'as-tu, lui dirent-elles, pour que
20 tu aies l'air si triste, si misérable et si soucieux? — Vous ne voyez
donc pas, répondit le serpent, combien je suis vieux, pour que
vous m'adressiez une telle question? — Qu'est-ce qui t'arrive?
reprirent les grenouilles. — Il dit : J'allais chaque jour à la
chasse, et attrapais assez des vôtres pour m'entretenir selon mes
25 besoins; maintenant mes forces m'ont abandonné; je suis devenu
maigre, mes os se sont ramollis, ma peau s'en va, je ne puis
plus rien contre vous; vous monteriez sur mon dos que je ne
pourrais plus me défendre. Allez donc et donnez cette bonne
nouvelle à votre roi! — Le roi se rendit auprès du serpent et
30 lui demanda ce qu'il avait? — Le serpent répondit : En cherchant cette nuit une grenouille, j'arrivai jusqu'à la maison d'un
dévot. Celui-ci avait un fils qu'il chérissait beaucoup. En sortant, ce fils me foula aux pieds et je le mordis. En l'apprenant,
le père me poursuivit, mais je lui échappai. Voyant qu'il ne
35 pouvait pas s'emparer de moi, il pria son Dieu de m'enlever

ויתפלל אל אלהיו שיסיר כחי וחזקתי ואשוב נגש ונענה בו' חברי
ועתה הנני בידך אדוני המלך עשה לי הטוב בעיניך ובאתי אליך
שאהיה לך למרכב *בנפש חפצה ובלב שלם² ויאמר מלך
הצפרדעים בלבו העת יהיה לי הנחש למרכב יהיה כבוד לי *ויוסיף
5 בהדרי וירצה שישעבד³ אותו ויחשוב אשר [וי]היה לו כבוד באשר
ירכב עליו⁴ וירכב עליו ימים ויהי אחרי כן אמר הנחש לצפרדע
ידעתי⁵ כי אני *מדולדל ונגש ונענה⁶ ולא אוכל לצוד ציד אלא מה
שתתן לי לשם שמים ועתה תן לי ארוחה ואחיה בה אמר המלך
לא תוכל לעמוד בלא ארוחה אחרי אשר אתה לי למרכב ויצו
10 שיתנו לו בכל יום שני צפרדעים ויחיה בהם *ולא הרע בו אם
נכנע לאויבו אבל היה לטוב לו וחיה בו⁷

1) Lis. בין. C. inter. — 2) Manque chez C.; cf. I Chron. XXVIII, 9.
— 3) Ms. שיתעכב. — 4) Manque chez C. — 5) Lis. ידעת; C. nosti. —
6) C. misera. — 7) C. diebus vitae suae et factus est serpens equitatura regis
ranarum, ימי חייו ויהי הנחש למרכב למלך הצפרדעים.

ma force et ma vigueur, pour que je vive opprimé et maltraité
entre mes compagnons. Me voilà donc maintenant, mon seigneur
et roi, en ton pouvoir! Agis avec moi selon ton bon plaisir, et
je m'offre de mon plein gré et de bon cœur comme véhicule pour
ta personne. — Le roi des grenouilles se dit aussitôt : Ce sera
une gloire pour moi d'avoir un serpent pour véhicule; cela
augmentera mon éclat. Il l'accepta comme esclave et s'ima-
gina qu'un tel char serait un honneur pour lui. Il monta donc
le serpent longtemps, lorsque celui-ci dit à la grenouille : Tu
sais que je suis détraqué, accablé et opprimé, et que je ne
puis plus rien attraper, excepté ce que tu voudras bien me
donner pour la grâce de Dieu; accorde-moi donc pour mon
entretien de quoi vivre. — Le roi répondit : En effet, tu ne
peux pas rester sans gages, puisque tu me sers de véhicule.
Il donna donc l'ordre de remettre au serpent chaque jour deux
grenouilles pour sa nourriture. — Ce serpent n'avait donc pas
mal fait de s'humilier devant son ennemi; au contraire, cela
était pour son bien, et il avait ainsi de quoi vivre.

צורת הצפרדע הרוכב על הנחש

ואולם נשאתי לך זה המשל למען תדע כי אשר נשאתי מן
הצרות ומן התלאות לא הרע לנו אבל מצאנו בו הטובה אשר
מצאנו' וכי הרגנו לאויבינו   אמר מלך העורבים וגם אמנם יש
פעמים אשר יוכל האדם לכבוש אויבו במרמה ובתחבולות ויכניע
לו עצמו ויוכל לו בלאט יותר מאשר יוכל לו בכח ובחילים הרבה
וכי הערמה והתחבולות יותר הם טובים להשמיד האויב מן המעשים
החזקים   כי האש היא חזקה מאד ואע"פ שהיא חזקה העת שישימוה
באילן לא תשרוף אלא כל אשר תמצא מן האילן על פני הארץ
והמים אין בהם כח והעת שירדו על האילן כל המים יעקרו אותו
משרשו מתחת לארץ ויעשו לו אשר לא יוכל האש לעשות   ואתה
בערמתך ובתחבולותיך עזבת הכוסים בלי שרש *ובלי ענף² ועתה
לא נירא ונשב עתה בטח ואין מחריד³ וכבר נאמר ארבע⁴ דברים

1) Lis. מצאתנו — 2) Manque chez C. — 3) Cf. *Lév.* XXVI, 7. — 4) Lis. ארבעה.

Figure de la grenouille, montée sur le serpent.

Je t'ai cité cet exemple pour que tu reconnaisses que les angoisses et les tribulations que j'ai supportées ne m'ont pas fait de mal, puisqu'elles ont été la cause du bonheur que nous éprouvons, et que nous avons ainsi tué nos ennemis. — Le roi des corbeaux dit : En effet, souvent l'homme peut terrasser son ennemi par la ruse et les artifices, le soumettre et le vaincre sans bruit plutôt qu'il ne s'en rendrait maître par la force et avec de grandes armées; la ruse et les artifices valent alors mieux que les actions d'éclat. Le feu est fort, et malgré sa vigueur, placé auprès d'un arbre, il n'en brûle que la partie qui est sur la surface du sol; l'eau est sans force, et néanmoins en se précipitant sur l'arbre, elle le déracine complètement, et son action est plus efficace que celle du feu. Toi, par tes ruses et tes artifices, tu as laissé les hiboux sans racine ni rameau; nous n'avons plus rien à craindre, et pouvons rester tranquilles et sans que

די מהם המעט והמעט מהם ישחית הרבה והוא האש והחלי האויב

והנהר¹ אמר העורב למלך כל אשר היה מן הדבר ואשר גברנו
עליהם לא היה אלא מעצת המלך שהיא טובה ומזלו² הטוב כי לא
היה לא בכחי ולא בחכמתי *כי אם בחכמת המלך אשר היה יודע
5 הדברים ואשר הוא דורש הצדק והיושר³ וכבר נאמר כי כל הרוצה
לעשות רע ולהתגבר⁴ על המלך המשכיל החכם בעל המוסר הוא
עושה רע בעצמו⁵ ובכל ובחומר אם יהיה המלך צדיק וחסיד *ולא
הרשע ואשר לא רע⁶ ואשר לא יבעט לרוב המנוחה ולא יפחד לרב
הצרה *כבר בא יומו עת פקודתו⁷ *וכל שכן לכמוך⁸ אדוני
10 המלך המשכיל והחכם והיודע כל הדברים גדול העצה הכובש יצרו
בעלות אפו המואס כל המעשים הרעים המתאמץ לחקור על האמת

1) C. *detrimentum*. — 2) Ms. ומאלו. — 3) Manque chez C. — 4) Manque chez C. — 5) Manque chez C. — 6) Manque chez C. Lis. הרע. — 7) C. *se ipsum offendit*. — 8) C. *o!*

---

personne nous inquiète. On a dit: Il y a quatre choses dont un peu suffit, et ce peu est capable de détruire beaucoup; ce sont: le feu, la maladie, l'ennemi et le torrent. — Le corbeau reprit et dit au roi: Tout ce qui est arrivé, quant à notre victoire sur les hiboux, vient du bon esprit et de la chance heureuse du roi. Ce résultat n'a été obtenu ni par ma force, ni par ma sagesse, mais par la sagesse du roi qui connaît toute chose et qui recherche ce qui est juste et équitable. Il a été dit: Qui veut méchamment se mettre au-dessus d'un roi sage, intelligent et instruit, agit mal envers lui-même; c'est surtout vrai, si ce roi est en même temps juste et pieux, s'il n'a été ni violent, ni méchant envers personne, si l'excès du repos ne l'a pas poussé à l'arrogance, ni l'excès de la misère à l'abattement, et à plus forte raison si l'on a affaire à un souverain comme toi, mon seigneur et roi. Car tu es intelligent, sage, instruit en toute chose, grand dans le conseil; tu sais te maîtriser quand la colère t'envahit, tu hais toute mauvaise action, tu t'efforces, dans des moments d'un vif ressentiment, à découvrir la vérité, et entrevoyant où est la probité, tu ne préci-

* לעתות האף והחימה המביט האמונות ולא ימהר בדבר עד¹ יביט
הרואה הנולד מביט ביומו מה יהי באחריתו אשר לא יקצוף עת
ירצו² צרותיו ולא יגבה לבו עת ירבו טובותיו על חבריו ואהוביו
ויבקש אשר ייטב להם |ᵖ·¹¹¹· כדי יכלתו ולחורש רע למלכו לנפשו יעשה
5 רע   ויאמר מלך העורבים לא היה הדבר הזה כי אם בשכלך
ובעצתך כי אני מהיום אשר הייתי ידעתיך באילו המדות וכבר
אמר³ מאמר אנשי חסד והעומדים בברית אדוניהם כי התנהגת⁴
לעשות דבר [גדול⁵] בחכמה *ובבינה ובלאט⁶ ובתחבולות גדולות
עד הניח אותנו האל מן האויב הגדול הרע והאכזר ועשית בו מעשה
10 אשר מעטים הם האנשים אשר יוכלו לעשותו   כי הגבור והאמיץ
בעת תחנה עליו מחנה ויהרג עשרה או עשרים אנשים כבר עשה
דבר גדול והנבון המשכיל כמוך ימית בעצתו ובתחבולות המלכים

1) C. *et in temporibus irae et superbiae.* — 2) Lis. ירבו; C. *multiplicantur.* — 3) Lis. אמרת; C. *locutus es.* — 4) C. *spopondisti.* — 5) C. *Magna*
15 *agere.* — 6) Manque chez C.

---

pites rien avant d'avoir considéré les conséquences, pressentant
aujourd'hui ce qui sera demain; tu n'éprouves aucune impatience
lorsque les angoisses augmentent, ni une fierté hautaine contre
tes compagnons et amis, quand ton bonheur grandit, tu cherches,
20 au contraire, selon tes facultés ce qui peut leur faire du bien.
Celui qui médite le mal envers un tel roi, se fait du tort à lui-
même. — Le roi des corbeaux reprit: Ces événements ne sont
arrivés que par ton esprit et ta décision; car depuis que je suis,
je te connais ces qualités. Tu as parlé comme parlent les hommes
25 honnêtes et attachés loyalement à leurs maîtres; tu as conduit
une affaire importante avec sagesse, intelligence, prudence et
de grands artifices, jusqu'à ce que Dieu nous eût débarrassés
de cet ennemi fort, méchant et cruel; tu as accompli une œuvre
que peu de personnes auraient pu accomplir. Lorsqu'un homme
30 héroïque et puissant, assiégé par une armée, en tue dix ou
vingt hommes, il a accompli une grande action; un homme avisé
et intelligent comme toi extermine par sa décision et ses arti-

הגדולים וחיילים הרבים ויוכל הוּא לבדו להמית האויב יותר
משיוכלו להמית הגבורים הרבים   ויותר שאני תמה ממעשיך אלא
לרב סבלותך על יגונים ואשר היית רואה מכעס שהיו עושים לך
ואשר היית שומע מרב דבריהם ולא טעית בדבר אחד בעוד
5 שישבת עמם ולא היו מכירים לך באף והחימה   אמר העורב
ממשפטיך לא סרתי כי אתה הוריתני' ועשיתי מוסרך אדוני המלך
והייתי מושך בלאט² ובלשון הרך והאהבה והצחוק שהייתי מראה
להם³ כדי שלא יבינו לי הדבר ואל יחשדוני ועשיתי מצוותיך ועצתך
ומוסרך   וכבר נאמר בעת תהיה עם האויבים⁴ ותפחד מהם קח
10 אותם בערמה ופתה אותם והכנע אליהם והשמר פן תגביה נפשך
ותעתיק בדברים כי׳ לא תגבר עליהם לעולם   אמר מלך העורבים

1) *Ps.* CXIX, 102. — 2) C. *suavi sermone*, בדברים נעימים. — 3) C. *inter duos inimicos*, בין שני אויבים. — 4) C. ajoute : *sic faciendo*, אם אתה עושה זאת.

---

fices de grands rois et des forces nombreuses; à lui seul il peut faire périr l'ennemi plutôt que ne le peuvent plusieurs héros. J'admire surtout dans tes actions ta patience en face des tracasseries, que tu aies pu voir avec calme le chagrin que tu as dû endurer, que tu aies pu entendre leurs nombreux discours sans te laisser jamais détourner de ton but, tant que tu es demeuré avec eux, et qu'ils ne se soient jamais aperçus d'un moment de colère et d'emportement. — Le corbeau dit : C'est que je n'ai pas quitté la doctrine que tu m'as enseignée, et que j'ai suivi tes instructions, mon seigneur et maître. J'ai doucement gagné leurs cœurs; je leur ai fait entendre un langage tendre, amical et enjoué, de façon qu'ils n'ont pu s'apercevoir de rien, ni me soupçonner. Ainsi j'ai exécuté tes ordres et agi selon tes conseils et tes instructions. On l'a bien dit : Quand tu te trouves avec des ennemis que tu dois craindre, prends-les par la ruse, séduis-les, fais l'humble avec eux, et garde-toi bien de t'emporter et d'éclater en propos injurieux, si tu veux jamais parvenir à les vaincre. — Le roi des corbeaux dit : Je vois

אראה כי כן כמו יעצת   וכבר נאמר כי המלך בעת יהיה לו יועץ
נבון ומשכיל ובעת ירצה המלך לעשות דבר' אע"פ שיצליח
בראשיתו יכשל באחריתו ויקצוף וינחם   ויותר אני שמח באשר
הוציאך הקב"ה מידם משאני שמח במנוחה והרוחה אשר באה לנו
כי מן היום אשר לא ראינוך לא היינו יכולים לאכול ולשתות
ולישן מפני שהיינו דואגים עליך   כי כבר נאמר לא תנעם השינה
לחולה עד שיתרפא ולא לאיש בעל התאוה אשר צוה המלך לתת
לו הון עד שישלים דברו ולא לאיש אשר יש לו פחד מאויבו עד
שיאבד מן העולם ויותרי נפשו ממנו   וכבר נאמר כי כל מסיר
החלי ממנו מצא גופו מנוח והמשליך המשא מעל גבו כבר מצאו
חלציו מנוחה ואושר וכל מי אבד אויבו מן העולם מצא לבו מנוחה

1) C. ajoute : *quamvis illud differatur erit ejus finis ad bonum et prosperabitur quod faciet; quando verum malum habuerit consiliarium*; il faut suppléer dans le texte : אף על פי שיאוחר יהיה אחריתו לטוב ויצליח במעשיו אבל אם יהיה לו יועץ רע. — 2) Lis. וירוח ou ויניח; C. *tranquillum reddat.*

qu'il en est ainsi que tu l'avais conseillé. On a dit : Un roi qui, ayant un bon conseiller, veut entreprendre une affaire, la mènera à bonne fin et réussira, quand même il rencontre des obstacles dans l'exécution; mais s'il a un mauvais conseiller, fût-il même heureux au début, il échouera à la fin, il sera mécontent et se repentira. Moi, je suis plus heureux que Dieu t'ait sauvé de leurs mains que je ne le suis du repos et de la délivrance dont nous jouissons. Car depuis le jour où nous ne te voyions plus, je n'ai pu ni manger, ni boire, ni dormir, à cause de l'inquiétude que j'éprouvais. On l'a bien dit : Le malade ne goûte point le sommeil tant qu'il n'est pas guéri; l'homme cupide qui, par les ordres du roi, a de l'argent à recevoir, n'est pas tranquille tant que la promesse n'est pas remplie; il en est de même pour celui qui redoute un ennemi; il ne sera calme que lorsque l'ennemi aura péri et qu'il en sera débarrassé. On dit aussi : Quand on est guéri d'une maladie, le corps retrouve du repos; quand on a rejeté le fardeau de son dos, les reins se délassent et se renforcent; de même lorsqu'on a exter-

ואני כמו כן מצא לבי מנוחה לאשר נעשה¹ לנו על ידך *והנני

בשקט ובשלוה² אמר העורב מה לך לשאול³ כמו הניח אותך

מאויבך שיתמיד מלכותך ויעמיד הדרך ויוסיף כבוד על כבודך

אמר מלך העורבים הגד נא לי איך היה מלך הכוסים במלכותו

ובעצתו ובעמו אמר העורב היה מלך הכוסים סכל ועצל בעל

גאות והיו יועציו ואנשיו סכלים כלם חוץ מן השר אשר יעץ להרגני

אמר מלך העורבים ומה ראית מן השר אשר יעץ להרגך עד

אשר תהלל אותו כל כך אמר העורב היה נבון ומשכיל חכם

יודע הדברים בטרם יבואו אוהב למלכו לא יסור⁴ ממנו דבר אשר

10 יפחד ממנו עליו ולא *יעלים ממנו כל דבר טוב⁵ ובעת יראה כי

ירצה לעשות רע⁶ ידבר על לבו בלאט ויורהו דרך היושר ויגיד לו

.1) Ms. עשה. — 2) Manque chez C. — 3) C. *peto a Deo tuo.* — 4) Lis. יסתיר. — 5) Manque chez C. — 6) C. *aliquid*, דבר.

miné un adversaire, on respire librement. C'est ainsi que je respire depuis l'événement qui s'est accompli par ta main, et vis dans le bonheur et le calme. — Le corbeau reprit : Puis que tu es délivré de tes ennemis, tu n'as plus rien à demander que la durée de ton règne, le maintien de ton éclat, et l'augmentation toujours croissante de ta gloire. — Le roi des corbeaux dit : Dis-moi donc, quelle était la tenue du roi des hiboux dans son royaume, dans son conseil et envers son peuple ? — Le corbeau répondit : Le roi des hiboux était sot, négligent et hautain; ses conseillers et ses hommes étaient tous sans expérience, excepté le chef qui voulait me faire mettre à mort. — Le roi ajouta : Et quelles étaient les qualités que tu as remarquées dans ce conseiller pour que tu me le vantes tant ? — Celui-ci, dit le corbeau, était avisé, intelligent, sage, prévoyant, ami de son roi; il ne lui cachait rien de ce qu'il pouvait craindre pour son roi; il ne dissimulait rien de ce qui était bon, mais lorsqu'il le voyait sur le point de faire mal, il le conseillait doucement, lui indiquait la voie juste, lui disait franchement la vérité,

האמת ויתן לו עצה כאשר בלבבו ובנפשו *והיו בו מדות טובות
הרבה מלבד אלה אשר לא אוכל לספר אותם   אמר לו מלך
העורבים באמת מצאתיך בעל מעשים ומצאתי בלעדיך בעלי מאמר
מן השרים אבל הם בלי מעשה וכן הם בעלי הדברים'   ויהי אחרי
כן אמר סנדבאר למלך ראה מה עשו העורבים בכוסים אע"פ שהם
חלשים כי יש בהם תוכחה² מוסר ובינה לכל חכם בעת יפחד
מאויבו וכי יש לו להזהר כמו נזהרו העורבים ואל יאמין אדם באויבו
לעולם אעפ"י שיראה לו כל אהבה כי אין לבו עמו וכי המרבה
חברים *ויאסוף | אתם וירבה בהם אהבה³ הם לו משגב לעתות
בצרה' *והעושה [טוב] עם חבריו כמו אמרו חכמים ימצא חיים
צדקה וכבוד בעולם הזה ובעולם הבא⁵

נשלם שער הכוסים והעורבים

1) Manque chez C. — 2) Lis. תוכחת; cf. *Prov.* VI, 23. — 3) Manque chez C. — 4) *Ps.* IX, 10. — 5) Manque chez C.

---

et lui donnait le conseil que son cœur et son âme lui inspiraient. Il avait plus de bonnes qualités que je ne saurais dire. — Le roi des corbeaux dit alors: Toi seul, je t'ai trouvé homme d'action; les autres chefs ne savent que faire des discours, mais ils ne savent pas agir. Ainsi sont les bavards.

Après cela Sendebar dit au roi: Voilà ce que les corbeaux, malgré leur faiblesse, ont fait aux hiboux! Ils peuvent servir d'enseignement instructif à tout sage quand il a un ennemi à redouter; il doit être sur ses gardes comme l'ont été les corbeaux; personne ne doit donner sa confiance à un adversaire quand même il en reçoit toutes sortes de preuves d'amitié, car le cœur n'y est pas. Puis celui qui s'entoure de beaucoup de compagnons auxquels il prodigue les marques de son affection, trouve chez eux un appui dans les temps de misère. Celui qui fait du bien à ses prochains, disent les sages, y trouve la vie, la justice et l'honneur dans ce monde et dans le monde à venir.

Fin de la porte des hiboux et des corbeaux.

[השער הששי]

וזה שער הקוף והלטאה.

אמר המלך לסנדבאר הפילוסוף כבר הבינותי דבריך מה
אמרת מאשר יאות לאיש שישמור בעת יבוא לו דבר מאויבו
ועתה הגד נא לי מה הוא יותר נקל הלדרוש טובה או לשמור אותה
אמר החכם אדוני המלך דע לך כי יותר נקל הוא לבקשה
ולמצא אותה מלשמור אותה כי יש אדם אשר יבקש הטוב
וימצאהו ולא ידע לשמור אותו עד יאבד מידו וישוב נכלם כמו

1) C. *testudine.* — Il ajoute : *Et est de eo qui affectat habere amicum,
quo habito nescit eum conservare donec amittat eum,* באשר יבקש אוהב וימצאהו. — 2) C. ajoute : *se,* עצמו. — 3) Manque
ולא ידע לשמור אותו עד יאבד מידו chez C.

[Chapitre VI.]

C'est le chapitre du singe et de la belette.

Le roi dit à Sendebar le philosophe : J'ai compris les
paroles que tu as dites, que l'homme doit se mettre sur ses
gardes lorsqu'un accident lui arrive par le fait de son ennemi.
Maintenant dis-moi ce qui est plus facile, de chercher à acquérir
un bien ou de le conserver. — Le sage répondit : Sache qu'il
est plus aisé de rechercher et de rencontrer un bien que de le garder. Tel fait des efforts pour acquérir un bien, mais, ne sachant
pas le garder, il le perd et devient honteux comme cela est

שבה הלטאה מן הקוף   אמר המלך ואיך היה   אמר הפילוסוף
כי מלך הקופים זקן *וידל מאד'   ויהי כאשר ברחו ימי בחורותיו
ותשש כחו קשר עליו עבד מאנשי ביתו וינרשהו ממלכותו וימלוך
תחתיו   [ו]הקוף בורח עד הגיע לחוף הים ובו אילנות טובים הרבה
של תאנים ויעל לאילן אחד של תאנים ויהי אוכל מפריו עד נפלה
תאנה אחת מידו במים   *והיתה על שפת הים חית המים ומשרץ
הים ויאמרו כי שמה הלטאה ויהי כראותה התאנה² לקחה אותה
ותאכל אותה   והיה הקוף ייטב בעיניו לשמוע קול התאנה במים
עד אשר היה משליך אותם אחת אחת וזה השרץ היה אוכל אותם
והוא לא היה חושב כי הקוף משליך התאנים   ויוצא זה השרץ את
ראשו בחוץ ויביט הקוף והקוף הביט אליו ויתמה זה מזה ורצו
שיתחברו זה עם זה ויכרתו ברית ויתנו אמונתם להיותם חברים

1) Manque chez C. — 2) C. *Vidit illam testudo, et.*

---

arrivé à la belette de la part du singe. — Le roi demanda:
Quelle est cette histoire?

Le philosophe répondit : Le roi des singes, dit-on, vieillit et
faiblit beaucoup. Sa jeunesse s'était enfuie, ses forces l'avaient
abandonné, lorsqu'un serviteur de ses familiers conspira contre
lui, le chassa de son royaume et monta sur son trône. Le singe
se sauva jusqu'à ce qu'il arrivât au bord de la mer où il y avait
un grand nombre d'excellents figuiers. Il monta sur un de ces
arbres, et pendant qu'il en mangeait les fruits, une figue tomba
dans l'eau. Au bord de la mer il y avait un animal marin, un
reptile qui, d'après ce qu'on dit, s'appelait belette. Dès qu'elle
vit la figue, elle la saisit et la mangea. Or, le singe s'amusant à
entendre le clapotement des figues dans l'eau les jetait les unes
après les autres, et ce reptile les avalait aussitôt sans songer
que c'était le singe qui les lançait. Mais le reptile, sortant la
tête de l'eau, aperçut le singe au même moment où celui-ci
l'aperçut de son côté. Ils se plurent l'un à l'autre et cherchèrent
à se lier entre eux; ils firent donc une alliance et engagèrent

וישבו יחדיו וישב עמו זה השרץ ימים רבים | וישכח לשוב לביתו
ולאשתו[1] ולא זכר אותה ולא נכסף אליה ויהי כראות אשתו כי
לא שב אישה אבלה ותדאג ותגד לחברתה

צורת הקוף באילן והשרץ במים

ותאמר לה חברתה אל תדאג כי [שמעתי כי[2]] בעלך הוא לחוף 5
הים עם קוף אחד ויתחבר אליו והם אוכלים ושותים יחד ויאהב
אותו מאד על כן לא בא אליך ועתה אל תזכר אותו אחרי אשר
שכח אותך ויקלה בעיניך כמו את נקלה בעיניו ואם תוכל לעשות
תחבולות לאשר הפריד בינך ובינו עד תאבד אותו בלאט כדי
שלא ידע בעלך הדבר עשי[3] ותעש כאשר צותה לה חברתה ולא 10

1) Manque chez C. — 2) C. *audivi enim quum.* — 3) C. ajoute : *Et ait eo : quomodo faciam hec. Cui illa dixit : Volo ne comedas nec bibas nisi parum et exponas te soli et ventis; postea adveniente tuo viro indicabo tibi consilium,* ותאמר האשה ואיך אעשה זאת ותאמר חברתה אל תאכלי ואל תשתי אלא מעט ושבי לשמש ולרוח ואחר כך אם יבא בעלך אתן לך עצה. 15

mutuellement leur foi de devenir amis. Ils demeurèrent ensemble et le reptile resta si longtemps avec le singe qu'il oublia sa maison et sa femme, sans y penser ni éprouver le désir de les revoir. Cependant la femme, voyant que son mari ne revenait point, devint triste, soucieuse, et parla de son chagrin à son amie. 20

Figure du singe sur l'arbre et du reptile dans l'eau.

Son amie lui dit : Ne t'inquiète pas, j'ai entendu dire que ton mari vit au bord de la mer avec un singe, avec lequel il s'est lié ; ils mangent et boivent ensemble, et ils s'aiment beaucoup. Voilà pourquoi ton mari n'est pas rentré. Aussi ne pense pas 25 plus à lui qu'il ne pense à toi et estime-le aussi peu qu'il t'estime. Si tu pouvais, par un artifice, faire périr secrètement et sans que ton mari le sache, celui qui t'a brouillée avec lui, tu ferais bien. — Comment ferai-je ? demanda la femme. — L'amie répondit : Mange et bois peu, expose-toi au vent et au 30 soleil, puis, lorsque ton mari sera revenu, je te donnerai mon conseil. La femme fit ce que son amie lui avait recommandé ;

היתה אוכלת ושותה אלא מעט מעט ותשב לרוח ולשמש עד אשר
צפד עורה על עצמה יבש היה כעץ ונשתנו פניה   ויהי אחרי כן
נכסף אליה בעלה ויבא אליה   ויהי כבואו ראה אותה חולה דלת
הגוף ורקת הבשר וישאלה בעד חליה ותראה לו אף וחימה ולא
דברה   ותען חברתה ותאמר לו כי זה החלי אשר קרה לה הוא
דבר גדול ויש לה רפואה אבל לא תוכל אתה עליה   אמר בעלה
ומה היא הרפואה אמרי לי אולי אמצאנה כי כבר תדע באמת כי
אם בקשה נפשי לא הייתי מונע אותה ממנה   אמרה כי זה החלי
אין לו רפואה כי אם לב הקוף שתאכל אותו ואילו היתה לה עתה
תתרפא מיד   ויהי כשמוע בעלה זה הדבר חשב בנפשו זה הדבר
נעצר ממני¹ לא אשיג לו אני ולא אוכל להביא לה לב קוף אלא
שאפתה לחברי הנאמן ואבגוד בו חלילה לי מהם' שאבוא בזה העון

1) Lis. 'מה = מארני; cf. *I Rois*, XXI, 3.

---

elle ne mangeait ni ne buvait que fort peu, elle s'exposait au vent et au soleil au point que sa peau se gerçait par dessus ses os et devenait dure comme du bois. Sa mine était entièrement changée. Lorsque, après cela, le mari éprouva le désir de revoir sa femme, il la trouva, à son arrivée, souffrante, amaigrie et exténuée. Quand il la questionna sur sa maladie, elle se montra très-irritée et ne répondit pas. Alors l'amie prit la parole et dit : La maladie dont elle est atteinte, est fort grave; il y a un remède, mais tu ne pourras pas te le procurer. — Quel remède? reprit le mari, dis-le toujours, peut-être le trouverai-je; elle sait bien que quand même elle demanderait ma vie, je ne la lui refuserais pas. — L'amie repliqua : Cette maladie n'a pas d'autre remède qu'un cœur de singe; si ta femme le mangeait, la guérison serait immédiate.

Lorsque le mari eut entendu cela, il réfléchit et se dit : Voilà une chose impossible; je ne puis obtenir ni lui apporter un cœur de singe, à moins que je ne trompe mon fidèle ami en le trahissant. Que Dieu me garde de commettre un tel péché! Ce-

וחשב' ואיך אוכל שלא אעשה זה הדבר פן תמות אשתי והאשה
הטובה לא יערכנה וזהב² כי היא³ על העולם הבא ועל העולם הזה
ואני ראוי שאציל אותה מיד שאול   ויקם וילך אל הקוף ויאמר
בנפשו איך אעשה הדבר הרע הזה שאהרוג לאוהבי לחברי הנאמן
5 והנעים בעבור אשה⁴   וילך והוא חשב בלבו ופעם היה הולך ופעם
היה עומד עד הגיע אליו   ויהי כראות 'אותו הקוף שמח ויצא
לקראתו ויאמר לו⁵ ומדוע בוששת לבוא * כבר נכספתי אליך⁶ ומה
היה הדבר אשר מנעך   אמר לו לא מנעני מלבוא אלא כי הייתי
מתבייש ממך שלא גמלתיך על כל [הטובה⁷] אשר עשית לי   כי
10 אע"פ שאתה נדיב ושוע יש לך שתראה פרי מעלליך ותקצור זרע
חסדיך וקשה הוא מאד עלי כי לא כבדתיך לעולם ולא עשיתי לך

1) Ms. ותשב. — 2) *Job*, XXVIII, 17. C. ajoute : *et argento ... nec
etiam margaritis*, וכסף ופנינים. — 3) C. ajoute : *est subsidium viro suo*, עזר
לאישה. — 4) C. *meam uxorem*, אשתי. — 5) C. ajoute : *unde venis*, מאין
באת; cf. *Juges*, V, 28. — 6) Manque chez C. — 7) C. *de tanto bono*.

pendant, pensait-il, comment pourrais-je ne pas le faire et laisser
périr ma femme! Une bonne femme vaut mieux que de l'or;
car elle est un appui pour son mari dans le monde à venir et
dans ce monde. Je dois donc la sauver de la mort.

Il se leva donc et se rendit auprès du singe, tout en se disant : Comment commettrais-je cette mauvaise action, comment
tuerais-je mon compagnon fidèle et agréable pour une femme?
Il continua son chemin, plongé dans ses méditations, en marchant tantôt et tantôt en s'arrêtant, jusqu'à ce qu'il fût arrivé
au terme de son voyage. Dès que le singe l'aperçut, il se réjouit, alla au devant de lui et lui dit : Pourquoi as-tu tant tardé
à revenir? Je désirais bien vivement te revoir. Qu'est-ce qui
t'a retenu? — Il répondit : Ce qui m'a empêché de venir plus tôt
c'est la honte que j'éprouvais de ne t'avoir encore récompensé
par rien de tout le bien que tu m'as fait; car quelque généreux, quelque libéral que tu puisses être, tu mérites de voir le
fruit de tes actions et de récolter les semences de ta bonté. Il
me pèse beaucoup de ne t'avoir fait jamais aucun honneur, de

לעולם דבר   אמר לו הקוף לא יש לך שתתבייש ממני ואל תזכר
לי בדבר הזה כי אינו אמת ולא אדרוש ממך כי. אם חבורתי עמך
ושעשועי לבי בך ואשר אשכח בך יגוני ואידי מן הצרות אשר באו
עלי כי¹ עזבתי מלכותי וגורשתי מבית תענוגי וממשפחתי ובני²
אמר שרץ המים כי יותר שיבקש האדם מחבריו אלא שיכירם
ויכירוהו ויראם את בית נכאתה³ ובניו | וממשפחתו ויאכל בלחמו
ואתה לעולם לא באת עמי ולא ראית ממני דבר והוא לי חרפה
אמר הקוף לא ירצה האיש מחברו אלא שיוציא לו את כל לבו
ויגלה לו כל אהבתו ויאהבהו *בכל נפשו⁴ וכל⁵ דבר מבלעדי זה
הוא הבל   *כי כבר נודע⁶ כי הסוסים והחמורים והשורים העת
שיאכלו בלילה⁷ יתחברו זה לזה והגנב הוא *הולך לבית חבריו⁸

1) C. *a die quo*, מן היום אשר. — 2) C. ajoute : *et consanguineis meis*, וקרובי. — 3) *II Rois*, XX, 13. — 4) C. *ut seipsum*, כנפשו. — 5) Ms. ובכל. — 6) Manque chez C. — 7) Manque chez C. — 8) C. *adheret illis*.

n'avoir jamais rien fait pour toi. — Le singe lui répondit: Tu as tort d'être honteux à cause de moi, tu ne devrais pas me rappeler ces choses-là qui ne sont pas vraies. Je ne te demande que ta société, qui fait mes délices et qui me fait oublier mon chagrin et les malheurs qui m'avaient accablé; car j'ai quitté mon royaume et j'ai été chassé loin de mon palais, de ma famille et de mes enfants. — Le reptile reprit : L'homme éprouve avant tout le besoin de bien connaître ses amis et de se faire connaître d'eux, de leur montrer les trésors de sa maison, ses enfants et sa famille, enfin de partager son pain avec eux. Eh bien, toi, tu n'es jamais venu avec moi, tu n'as rien vu de ce qui m'appartient, et cela est une honte pour moi. — Le singe répondit: L'homme veut que son ami lui mette son cœur à nu, qu'il lui montre toute son amitié, qu'il l'aime comme lui-même dans toutes les circonstances; tout le reste est vanité. Car tout le monde sait que les chevaux, les ânes et les bœufs se lient pour prendre le soir ensemble leur repas; puis le voleur entre bien la nuit dans la maison de son prochain, mais certes pas par

— 133 —

בלילה ולא לאהבתו כי אם לגנוב להם   אמר לו שרץ המים
צדקת כי לא ירצה האדם מחברו כי אם ידידותו ושישמר בריתו
לא למתן * ולא לשחד ולא לדברי שיקח ממנו   וכבר נאמר כי
כל מי ירצה דבר מאוהביו ורעיו אל יאיץ בשאלתו עליהם ואל
5 יפצר לבקש אותה כי העגל בעת ירצה לילך [אחרי] אמו יש
פעמים אשר תיגח אותו ויפול * וירע לו² ואני ראוי שאבקש אהבתך³
ושאגמול אותך במעשיך כדי יכלתי ולא זכרתי לך כל אשר זכרתי
אלא מפני שידעתי נדבותיך ונעם מדותיך   ואולם אני אוהב שתבוא
לביתי כי הוא מקום טוב רב האילנות * ורבׄ הענפים⁴ וטוב המגדים
10 וקרוב הוא ממך ועתה אחי * אם תראה שתעשה חסד [עמדי] ותטיב
אלי ותרכב⁵ על גבי ואעבור בך אליה עשה⁶   ויהי כשמוע הקוף
זכר המגדים והאילנות * והתאנים כלתה נפשו⁷ ותגבר תאותו עליו

1) Manque chez C. — 2) Manque chez C. — 3) C. te, אותך. —
4) Manque chez C. — 5) C. *volo ut ascendas,* ארצה שתרכב. — 6) Manque
chez C. — 7) Manque chez C.

amitié pour lui, mais pour lui dérober quelque chose. — Le reptile reprit: Tu as raison. Certes, on ne doit demander à son ami que son amitié et sa fidélité, mais ni dons, ni cadeaux, ni quoi que ce soit. On a déjà dit: Quand même on veut obtenir quelque chose de ses amis et connaissances, on ne doit pas demander en termes trop pressants, ni insister avec importunité. Lorsque le veau poursuit trop sa mère, il en est souvent heurté, tombe et se fait mal. Cependant je dois, en recherchant ton amitié, t'en récompenser selon mon pouvoir. Ce sont ta générosité et l'agrément de tes manières qui m'ont fait dire tout ce que je viens de rappeler, et j'aimerais avant tout que tu vinsses voir ma maison, qui n'est pas à une grande distance et qui est située dans un endroit charmant, rempli d'arbres touffus et portant d'excellents fruits. Si donc, mon frère, tu veux me faire une grâce et être bon pour moi, tu monteras sur mon dos, et je te ferai traverser l'eau, jusqu'à ma demeure.

Lorsque le singe eut entendu parler de fruits, d'arbres et de

עַד אֲשֶׁר שָׁמַע¹ | אָמַר לוֹ כֵּן אֲנִי עוֹשֶׂה הַדָּבָר הַזֶּה וְאֵלֵךְ עִמָּךְ וְעַתָּה
לֵךְ   וַיִּקָּחֵהוּ עַל גַּבּוֹ *וַיָּבֹא בַמַּיִם וַיִּשְׂחֶה וַיָּשׁוּט שָׁעָה גְדוֹלָה² וַיְהִי
הוּא בַּחֲצִי הַמַּיִם נִזְכַּר לְרֹב חַטָּאתוֹ אֲשֶׁר הָיָה רוֹצֶה לַעֲשׂוֹת לַקּוֹף
וַיַּעֲמֹד וַיַּחְשׁוֹב וַיֹּאמֶר בְּנַפְשׁוֹ כִּי זֶה הַדָּבָר אֲשֶׁר אַרְצֶה לַעֲשׂוֹת הוּא
עָוֹן גָּדוֹל וְאֶבְגּוֹד בּוֹ וְאֶקְשׁוֹר עָלָיו וְהוּא שָׂם נַפְשׁוֹ בְּיָדִי וִישִׂימֵנִי נֶאֱמָן
עָלֶיהָ וְהוּא חֲבֵרִי וְרֵעִי וְאָחִי וְכָל שֶׁכֵּן עַל דְּבַר אִשָּׁה כִּי הַנָּשִׁים אֵין
בָּהֶן אֱמוּנָה לְרוֹעַ בְּרִיתָם וְאַהֲבָתָם אֲשֶׁר לֹא תַעֲמוֹד   וּכְבָר נֶאֱמַר
כִּי הַזָּהָב יְנַסּוּהוּ [בָאֵשׁ³] וִיכִירוּהוּ בּוֹ וַאֲנָשִׁים בְּמַתָּן וּבְמִקָּח וְהַבְּהֵמוֹת
בְּמַשָּׂא כָּבֵד וְהַנָּשִׁים לֹא יוּכַל אָדָם לְנַסּוֹתָם בְּדָבָר וְלֹא יַכִּירֵם
לְעוֹלָם   וַיַּחְשׁוֹב בָּזֶה הַדָּבָר וְהוּא עוֹמֵד בַּמַּיִם לֹא יָשׁוּט

צוּרָתָם בַּמַּיִם

1) Manque chez C. Il faut lire על pour עד. — 2) C. *portabat ipsum testudo per aquam.* — 3) C. *igne.*

---

figues, sa gourmandise fut excitée, la passion prit le dessus et il l'écouta en lui disant: Eh bien, je veux bien le faire et venir avec toi; allons tout de suite. Le reptile prit le singe sur son dos, entra dans l'eau, nagea et rama pendant une bonne heure. Lorsqu'il fut au milieu de l'eau, il se rappela le grand crime qu'il allait commettre contre le singe; il s'arrêta en méditant et en se disant: Je veux faire là une bien mauvaise action, je vais trahir mon ami, conspirer contre lui qui m'a confié sa vie, qui m'en a fait le dépositaire, qui est mon compagnon et mon frère, et j'agirais ainsi pour une femme! Car on ne peut jamais avoir confiance dans les femmes; leurs promesses sont vaines et leur amour sans constance. On dit qu'on éprouve l'or par le feu, les hommes par les transactions commerciales, les bêtes de somme par les lourdes charges qu'on leur impose; mais personne ne saurait éprouver les femmes ni les connaître à fond. En se livrant à ces réflexions, le reptile s'était arrêté dans l'eau sans nager.

Figure de ces animaux dans l'eau.

ויהי כראות הקוף עמיתו וכי לא ישוט חשב¹ ואמר מי ידע אם
נהפך לי לב חברי לרע² כי אין דבר בעולם שיתהפך מהרה כמו
הלב וכבר נאמר כי אשר בלב החבר והאויב *והאב והבן³
והאשה כל אשר בלבבם יגלה בדבריהם ובמעשיהם ובמדותם
5 ובהליכתם כל הדברים האלה יעידון על אשר בלב   אמר לו
הקוף חברי למה לא תשוט היש דבר אשר תחשב ותדאג ממנו
אמר לו הדבר אשר אני דואג מפני שלא אוכל לכבדך כראוי לך
בעת אביאך לביתי מפני חולת אשתי ומכאובה   אמר הקוף כי
היגון והדאגה לא יסירון ממך דבר ולא יועילו לך   הרף | מאילו
10 הדברים ובקש לאשתך רפואה כי טוב לך מזה היגון אשר תשים
בלבך   אמר לו שרץ המים כי כבר בקשתי לה רפואה ואמרו לי

<small>1) C. ajoute : *illum forsitan aliquid malum cogitasse adversus se.* —
2) C. ajoute : וירצה להרע לי אם לא. —
3) C. *fratris, patris, matris,* והאח והאב והאם.</small>

Lorsque le singe s'aperçut que le reptile s'arrêtait et ne nageait plus, il réfléchit et dit : Qui sait si le cœur de mon compagnon n'est pas changé à mon égard? Car rien au monde n'est aussi changeant que le cœur. On a dit ainsi, qu'on reconnaît ce qui est renfermé dans le cœur d'un ami ou d'un ennemi, d'un père, d'un fils ou d'une femme par leurs paroles, par leurs actes, par leurs mœurs et leurs habitudes; toutes ces choses révèlent ce qui se trouve dans le cœur. Il adressa donc ces paroles au reptile : Ami, pourquoi ne nages-tu pas? Quelque chose te fait-il hésiter ou te donne-t-il des soucis? — Le reptile répondit : J'ai peur de ne pas pouvoir te recevoir dignement, parce que ma femme est malade et souffre beaucoup. — Le singe reprit : La tristesse et le chagrin ne te débarrasseront de rien et ne te seront d'aucun profit; laisse tout cela, et cherche plutôt un remède pour ta femme, cela vaut mieux que de te laisser aller à ces préoccupations. Le reptile lui dit : J'ai cherché un remède pour elle et on m'a dit qu'elle ne peut être guérie qu'en mangeant un cœur de singe.

לא תרפא אלא בלב הקוף שתאכל אותו   אמר הקוף בלבו ארורה תהיה התאוה והיצר כי כמה תלאות יוללו לאנשים[1] כבר הביאתני היום תאותי הגדולה לנפול בתוך המוקש ואין לי מפלט ומברח אלא התוחלת והתקוה והערימה[2] וכבר צדק אשר אמר כי כל הרוצה באשר נתנו לו ואל יבקש יותר ישב בשקט ובשלוה ובעלי התאוה אשר לא די להם באשר נתנו להם יבלו ימיהם ביגון ובעמל ופחד וצרה   וכבר אני צריך לשכלי ולהתיעץ איך להמלט מזה המוקש אשר נפלתי בו   אמר הקוף לשרץ המים חברי אחרי אשר רצית ממני למה לא הגדת אותו לי בהיותי על שפת הים ואלך לביתי ואקח לבי ואביאהו עמי והייתי נותן לך[3]   כי אמרו חכמים כי ראוי הוא שלא ימנע · מן הנזיר דבר שיבקש לוי' מפני

1) C. ajoute : *Plus et multum plus maledictus sit apotecarius ille qui eam sic docuit*, ויותר ארור יהיה מוכר הסמים אשר הורה על הרפואה הזאת. — 2) C. *nisi per argumenta et sollicitudinem*, והתחבולות. — 3) C. *uxori tue*, לאשתך. — 4) D'après C. משלשה דבר שיבקשו מן הנזיר.

Le singe se dit alors : Maudite soit la passion, car que de tribulations a-t-elle suscitées aux hommes! mais maudit surtout soit le droguiste qui a donné une telle ordonnance! Voici que ma gourmandise me fait tomber aujourd'hui dans un piège, d'où je ne serai sauvé que par la patience, la prudence et la ruse. Il avait bien raison celui qui a dit : Ceux qui sont contents de ce qu'ils ont, sans demander davantage, vivent tranquilles et heureux; mais ceux qui sont tourmentés par leurs passions, auxquels ne suffit pas ce que le sort leur avait accordé, passent leurs jours dans le chagrin, la peine, la peur et l'affliction. J'ai besoin de toute mon intelligence, afin de découvrir un moyen de me tirer de ce mauvais pas. Le singe dit donc au reptile : Ami, puisque tu le désirais, comment ne m'as-tu rien dit pendant que j'étais au bord de la mer? je serais rentré chez moi pour prendre mon cœur, l'emporter avec moi et te le donner. Les sages ont dit qu'il y a trois êtres auxquels il ne faut rien refuser : le dévot à cause de la récompense de Dieu, le roi à cause

הַשֵּׂכֶר אֲשֶׁר יְקַוֶּה מֵהָאֵל וְלֹא מִן הַמֶּלֶךְ [מִפְּנֵי גְבוּרָתוֹ'] וְלֹא מִן
הַנָּשִׁים כִּי הֵם חַיֵּי הָאִישׁ וְעֵזֶר לוֹ   אָמַר לוֹ שֶׁרֶץ הַמַּיִם וְאַיֵּה לִבְּךָ
אָמַר לוֹ הַקּוֹף עֲזַבְתִּיהוּ בְּבֵיתִי   אָמַר לוֹ וְלָמָּה עָשִׂיתָ הַדָּבָר
הַהוּא   אָמַר הַקּוֹף כִּי מִנְהָגֵנוּ הוּא שֶׁל עֲדַת הַקּוֹפִים * שֶׁלֹּא נֵלֵךְ
5 לְמָקוֹם בְּלִבֵּנוּ וּבְעֵת² שֶׁנֵּצֵא מִכָּתֵינוּ לִרְאוֹת אֶחָד מֵחַבְרֵינוּ נַעֲזוֹב
לִבֵּנוּ | בְּבֵיתֵנוּ³ כְּדֵי שֶׁלֹּא נְאַיֵּב לַאֲהוּבֵינוּ וְלֹא נִשְׂטוֹם אוֹתָם⁴ וְעַתָּה p. 121.
אִם תִּרְצֶה שֶׁנָּשׁוּב וְנִקָּחֵהוּ וּנְבִיאֵ[הוּ] עָשָׂה   וַיִּשְׂמַח שֶׁרֶץ הַמַּיִם לַדָּבָר
הַהוּא וַיֹּאמֶר כְּבָר הֵטַבְתָּ לִי וְתִמָּצֵא שְׁאֵלָתָהּ   וַיֵּשֶׁב עִמּוֹ מְהֵרָה
לְחוֹף הַיָּם וַיְמַהֵר הַקּוֹף וַיְדַלֵּג מֵעַל גַּבּוֹ עַל הָאִילָן וַיַּעֲזוֹב שֶׁרֶץ הַמַּיִם
10 בִּמְקוֹמוֹ   וַיְקַו אוֹתוֹ שָׁעָה גְדוֹלָה עַד אֲשֶׁר בּוֹשֵׁשׁ לָרֶדֶת⁵

1) C. *propter potentiam.* — 2) C. בְּעֵת כִּי. — 3) C. ajoute: *quum est odiosum et vindicativum,* כִּי הוּא קַנּוּא וְנוֹקֵם. — 4) C. ajoute: *et sic amovemus corda nostra et nostra viscera mundificamus ab omni odio a sociis nostris,* וְעַל כֵּן נַרְחִיק לִבֵּנוּ וּנְטַהֵר קִרְבֵּנוּ מִכָּל שִׂטְמָה לַחֲבֵירֵינוּ. — 5) C. *stabat symeus in arbore,* וְהוּא יוֹשֵׁב עַל הָאִילָן.

---

de sa puissance et les femmes qui sont la vie et le salut des hommes. — Mais où est donc ton cœur? demanda le reptile. — Le singe répondit: Je l'ai laissé à la maison. — Et pourquoi as-tu fait cela? reprit le reptile. — C'est notre habitude, répondit le singe, nous autres singes nous n'allons nulle part avec notre cœur, et toutes les fois que nous faisons une visite à l'un de nos camarades, nous laissons notre cœur chez nous. Nous avons un cœur haineux et vindicatif, nous craignons donc d'avoir des querelles avec nos amis et de les haïr; c'est pourquoi nous mettons nos cœurs de côté, et nous nous purifions de toute espèce de haine envers nos prochains. Maintenant, si tu le désires, nous reviendrons sur nos pas, nous irons le prendre et l'apporter. Le reptile en fut bien heureux et dit: Tu me fais un grand bien et ma femme trouvera donc ce dont elle a besoin. Elle ramena vite le singe au bord de la mer, et celui-ci s'empressa de sauter du dos du reptile sur l'arbre et de le laisser à sa place. Le reptile attendit une bonne heure, mais le singe tardait toujours de descendre.

צורת הקוף באילן והשרץ במים

ויהי כי בושש לרדת קרא אותו חברי רד מהרה וקח לכך
עמך ונלך   אמר לו הקוף אראה כי חשבתני כחמור אשר אמר
בעדו השועל כי לא היה לו אזנים ולא לב   אמר שרץ המים ואיך
היה   אמר הקוף כי אמרו כי ארי אחד יושב באחד האגמים ויצא
עליו שחין הרבה עד נחלש ונפל במשמניו רזון' ולא יכול לצוד
ציד   והיה עמו שועל והיתה מחיתו מאשר ישאר ממאכל הארי
ויכבד על השועל [חלי הארי²] מפני שאבדה מחיתו³ ויאמר לו
השועל אדון החיות *כבר נחלשת ודל בשרך ואין לאל ידך⁴
אמר לו הארי זה אשר תראה קרה לי מפני השחין הזה אשר לא
אמצא לו רפואה אלא לב ואזנים של חמור שאטהר [גופי במים
חיים⁵] ואוכל אותו⁶   אמר לו השועל נקל הוא הזה בעיני כי יש

1) *Isaïe*, X, 16. — 2) C. *egritudo leonis*. — 3) C. ajoute : *et portionem suam*, וארוחתו. — 4) C. *quare video te macilentum et proditum*. — 5) C. *loto meo copore bene in aqua fluente*. — 6) C. ajoute : *et tunc reficerer*, ואתרפא.

Figure du singe dans l'arbre et du reptile dans l'eau.

Le singe ne venant toujours pas, le reptile l'appela : Mon ami, descends vite et emporte ton cœur pour que nous nous en allions. — Le singe lui répondit : Tu parais croire que je ressemble à l'âne qui, au dire du renard, n'avait ni oreilles ni cœur. Le reptile demanda : Quelle est cette histoire ? — Le singe répondit :

Un lion demeurant dans une tanière fut atteint d'ulcères qui l'affaiblirent et l'amaigrirent beaucoup, au point qu'il ne put plus se procurer sa nourriture. Près de lui était un renard qui vivait de ce qui restait de la table du lion. Cet état de choses pesait beaucoup au renard qui n'avait plus de quoi vivre. Il dit donc au lion : Maître des animaux, tu deviens bien faible, tu maigris et tu perds tes forces. — Le lion répondit : Cela vient des ulcères qui ne peuvent être guéris que par le cœur et les oreilles d'un âne. Je devrais me purifier dans une eau courante et avaler ce remède. — Cela me paraît facile, dit le renard ; près d'ici il y a une source

בְּקָרוֹב מִמֶּנּוּ מַעְיָן וּבָא שָׁמָּה [בְּכָל יוֹם¹] כּוֹבֵס אֶחָד לְכַבֵּס בְּגָדִים
וְעִמּוֹ חֲמוֹר אָבִיא אוֹתוֹ אֵלֶיךָ וְתֹאכַל אֲשֶׁר תִּרְצֶה   אָמַר לוֹ הָאַרְיֵה
אִם אַתָּה תַעֲשֶׂה זֶה הַדָּבָר תַּעֲשֶׂה עִמִּי חֶסֶד גָּדוֹל *וְיִהְיֶה לְךָ מִמֶּנִּי
צְדָקָה²   וַיְמַהֵר הַשּׁוּעָל אֶל [הַמָּקוֹם אֲשֶׁר שָׁם³] הַחֲמוֹר וַיֹּאמֶר לוֹ
5 מַה לִּי אֶרְאֲךָ נֶחֱלָשׁ *וּמָלֵא שְׁחִין⁴   אָמַר לוֹ הַחֲמוֹר מִפְּנֵי רֹעַ
בְּעָלַי כִּי יְעַנֵּנִי וְיַרְעִיבֵנִי בַּטֶּנִי *וְיָשִׂים מַשָּׂאוֹת גְּדוֹלוֹת עָלַי וְיַטְרִיחַ
אוֹתִי   אָמַר לוֹ הַשּׁוּעָל וְאֵיךְ תִּרְצֶה לַעֲמוֹד עִמּוֹ   אָמַר לוֹ הַחֲמוֹר
וְאָנָה אֵלֵךְ בְּכָל מָקוֹם שֶׁאֵלֵךְ יִקָּחֵנִי בֶּן אָדָם וְיַעֲבִידֵנִי   אָמַר לוֹ
הַשּׁוּעָל הֲתִרְצֶה שֶׁתֵּלֵךְ עִמִּי לְמִרְעֶה טוֹב מְאֹד *בַּעֲשָׂבִים וּבַמַּיִם⁶
10 וְשָׁם אֲתוֹנוֹת טוֹבוֹת וְאֵין שָׁם מִרְעֵה⁷ שַׁאֲגַת אַרְיֵה וְקוֹל שָׁחַל⁸
וַיִּיטַב הַדָּבָר בְּעֵינֵי הַחֲמוֹר וַיֹּאמֶר לַשּׁוּעָל *אִלּוּ לֹא הָיִיתִי הוֹלֵךְ אֶלָּא
לְאַהֲבָתְךָ וְחֶבְרָתְךָ דַּי לָהּ בָּהּ וְתִיטַב בְּעֵינֵי כָּל צָרָה וְשֶׁאֶהְיֶה בְּנִיגוּן

1) C. *omni die*. — 2) Manque chez C. — 3) C. *ad locum ubi erat*. — 4) C. *et macer*, ודל בשר. — 5) Manque chez C. — 6) Manque chez C. — 7) Il faut lire במרעה. — 8) *Job*, IV, 10.

où un foulon vient chaque jour nettoyer des étoffes, accompagné d'un âne que je t'amènerai et dont tu mangeras ce que tu voudras. — Si tu faisais cela, reprit le lion, tu me rendrais un grand service et je t'en récompenserais bien. Le renard se rendit aussitôt auprès de l'âne et lui dit : Pourquoi es-tu si maigre et couvert de croûtes ? — C'est la méchanceté de mon maître, répondit l'âne ; il me tourmente, ne me donne pas assez à manger, me fait porter de lourdes charges et me harrasse de fatigues. — Pourquoi restes-tu avec lui ? demanda le renard. — Et où irais-je ? répondit l'âne. Partout où j'irai, il y aura toujours un homme qui me prendrait et me ferait travailler. — Si tu veux, reprit le renard, je te conduirai à un très bon pâturage où il y a de l'herbe, de l'eau, et surtout de belles ânesses. On n'y entend ni le rugissement du lion, ni la voix du chacal. La chose plut beaucoup à l'âne et il dit au renard : Si je ne m'en allais que par amitié pour toi et pour jouir de ta société, cela me suffirait et j'accepterais volontiers toute peine et tout chagrin

עמך כל ימי חיי· וילך עמו   ויהי כאשר הגיע לאריה² בא לחטוף
אותו ולא יכול לו כי לא היה בו כח וימלט ממנו החמור

צורת הארי והחמור נמלט ממנו

אמר לו השועל לארי אדון כל החיות מה זה אשר עשית ואני
אשבע לך כי אם עזבת אותו ברשותך כבר עניתני ויגעתני³ ואם
עשית זה מפני שלא יכולת עליו אוי נא לנו כי כבר אבדנו ⁴ותם
קצך ותשש כחך⁵·   ולא רצה האריה שיכיר השועל כי מפחד
עשה אותו· ויאמר בנפשו אם אני אומר לו · כי לא יכולתי עליו אקל
בעיניו ויבזה אותי ואם אני אומר ל⁵ אני רציתי לעזוב אותו יחשיבני
סכל   ויאמר לשועל אם תוכל שתביאהו לי פעם שניה אגיד לך
למה היה   ויאמר לו השועל כבר נסה אותי החמור וידע מעשי

1) C. *non solum tecum vado propter asinas, sed ex nimia dilectione quam habeo erga te. Et exsurgens.* — 2) C. ajoute : *gavisus est leo*, וישמח הארי. — 3) C. ajoute : *famis*, ברעב. — 4) C. *nec in nobis amplius erit potentia acquirendi vitulum.* — 5) Manque chez C.

pendant toute ma vie, afin de pouvoir vivre avec toi. L'âne alla donc avec le renard. Mais arrivé près du lion, celui-ci allait le saisir, mais la force lui manqua et l'âne s'échappa.

Figure du lion lorsque l'âne lui échappe.

Le renard dit alors au lion : Maître de tous les animaux, je te conjure de m'expliquer ce que tu viens de faire; si c'est de ton gré que tu as laissé échapper l'âne, tu m'as donné de la peine et de la fatigue pour rien; et si tu l'as fait parce que la force t'a manqué, malheur à nous, car nous sommes perdus; ta fin est proche et ta force anéantie. Mais le lion ne voulait pas avouer au renard qu'il avait agi par faiblesse; il se dit : Si je reconnais que je n'ai pas pu m'emparer de l'âne, il ne me respectera plus et il me méprisera; si je lui dis que je l'ai lâché de mon plein gré, il me prendra pour un sot. Il finit donc par dire au renard : Si tu peux m'amener une seconde fois cet âne, je te raconterai la cause pour laquelle j'ai agi ainsi. — Le renard lui dit : L'âne m'a éprouvé et il connaît ma manière d'agir;

ובכל זאת אני שׁב אליו ואעשה לו תחבולות כדי שאוכל עליו וילך
אליו   ויהי כראותו החמור מנגד אמר לו אוי לך ומה תרצה עוד
לעשות בי   אמר השועל לא ארצה בך אלא כל טוב ואולם הלכתי
עמך לאתונות אשר אמרתי ותראה אשר עשו לך מאהבה ומחשק
בחבורתך וחשבת אתה כי לדבר רע היו עושים ואילו קמת מעט
היית רואה מה שלא ראית מעולם מכבוד   והחמור לא ראה מימיו
אריה ולא ידע מה הוא וישב עם השועל כי נכסף לאשר אמר
לו מן האתונות   ויהי בקרבו לאריה חטף אותו וימיתהו ויאמר
לשועל שמר אותו בעוד שאלך וארחץ בשרי ⋆ואוכל לבו ואזניו¹

צורת הארי יהטוף החמור והשועל ישמרהו

ויהי כאשר הלך הארי לרחוץ בשרו אכל השועל לב החמור
ואזניו   ויהי בשוב הארי אמר לשועל ואיה לבו ואזניו   אמר לו

1) C. *iuxta informationem medici mei*, כמו שהורני הרופא שלי.

néanmoins je veux retourner auprès de lui et employer des artifices pour m'en emparer. Il se rendit donc auprès de lui, mais dès
que l'âne l'aperçut de loin, il lui dit: Malheur à toi, que veux-
tu encore tramer contre moi? — Je ne te veux que du bien,
répondit le renard. J'étais allé avec toi auprès des ânesses dont
je t'avais parlé, tu as vu avec quel amour ils t'ont traité, combien elles désiraient ta société, et tu as soupçonné qu'elles agissaient dans une mauvaise intention. Si tu avais patienté un
peu, tu te serais senti entouré d'honneurs comme tu n'en as
jamais vu. Or, l'âne n'avait jamais vu de lion et ne savait pas
comment il était fait. Il retourna donc avec le renard, excité
par ce qui lui avait été dit des ânesses. En s'approchant de
nouveau du lion, il fut saisi et tué. Le lion dit alors au renard:
Garde l'âne pour que j'aille me laver comme le médecin me l'a
ordonné, puis j'en mangerai le cœur et les oreilles.

Figure du lion saisissant l'âne et du renard qui le garde.

Pendant que le lion s'en alla pour faire son ablution, le renard mangea le cœur et les oreilles de l'âne. De retour, le lion

השועל הלא ידעת כי אילו היו לו אזנים במה ישמע ולב במה יבין
וישכיל לא שב אליך אחרי אשר נמלט ממך *ותעשה לו אשר
עשית' ואולם נשאתי לך זה המשל למען תדע כי אינני כמו
החמור ההוא ואתה הרמיתני במרמתך ובתחבולותיך ונמלטתי
5 ממך בעצתי ובשכלי וכבר נאמר כל דבר אשר ישחית אותו
הסכל לא יתקן אותו כי אם השכל² אמר לו שרץ המים צדקת
[בדבריך³] וכבר ידעתי כי בעל הצדק ימעיט בדברים וישלים
p. 124.
במעשה ויכיר כל אשר יחטא *וידע הדבר בטרם יעשהו' וירפא
מחץ סכלו בשכלו כאיש אשר יכשל [ויפול⁵] בארץ וישען עליה
10 ויקום
אמר סנדבאר החכם *זה המשל הוא לאיש אשר יבקש דבר
ובעת ימצאהו לא יזהר בו עד אשר יאבד מידו על כן יש לבעלי

1) Manque chez C. — 2) C. *sapiens*, המשכיל. — 3) C. *in sermone tuo*. — 4) Manque chez C. — 5) C. *et corruens*.

---

15 demanda au renard : Où sont donc le cœur et les oreilles? — Mais le renard répondit : Ne sais-tu pas que si cet âne avait eu des oreilles pour entendre et un cœur pour réfléchir et comprendre, il ne serait pas retourné auprès de toi, après qu'il s'était échappé de tes mains et qu'il avait subi tes traitements.
20 Je t'ai raconté cette parabole, pour que tu saches que je ne ressemble nullement à cet âne; toi aussi, tu as voulu me tromper par tes ruses et par tes artifices, mais je me suis sauvé par ma décision et mon intelligence. On a dit : Ce que le sot gâte, l'esprit doit le réparer. — Le reptile dit alors au singe : Tu as raison,
25 je sais depuis longtemps que le juste parle peu et agit beaucoup; il reconnaît toujours ses péchés et guérit par son intelligence les blessures de la sottise. Il ressemble à celui qui trébuche et tombe à terre; il s'appuie sur cette même terre pour se relever.
Sandabar le sage dit : Cette parabole s'applique à l'homme
30 qui cherche une chose et, après l'avoir trouvée, n'agit pas avec la prudence nécessaire et finit par la perdre. Les hommes in-

השכל שיביטו זה המעשה ושישמרו בדבר אשר הם מצטרכים
אליו בעת ימצאוהו׳ כי כל העושה זה המעשה לא ינחם על אשר
עשה וישמור שמא יפתה שכלו בדבר ותהיה לריק יגיעתו ולא
יוכל להשיב אשר אבד מידו

נשלם שער הקוף והלטאה   5

1) C. quod quicunque querit aliquid preciosi et invenit illud sollicite studeat
diligentiamque frequenter apponat ne per leves et viles occasiones rem utilem in-
ventam amittat. Non enim semper alicui conceditur post damnum acceptum me-
liora acquirere. Et super hoc ait rex Disles philosopho Sendebar: per fabulam
tuam intellexi quod decet viros sapientes considerare et animadvertere ut rem 10
sibi acquisitam conservare sciat et ad commodum seu profectum exponere cum
non solum reputatur sapiens qui multa scit congregare seu per scientiam laboremve
multa adipisci sed qui collecta acquisitaque reservare scit ea ac in rebus sue
persone utilibus exponere, כל מי שיבקש דבר יקר וימצאהו ראוי שיוהר בו ויתאמץ
תמיד פן יאבד הדבר הטוב והמועיל אשר מצא על נקלה כי אין לאדם שיקנה 15
לו תמיד דברים טובים מאילו אשר אבדם   ויהי אחרי כן אמר דבשלם המלך
לפילוסוף הבינותי זה המשל אשר אמרת כי יאות לאיש חכם שיביט ויראה בשכלו
למען ידע לשמור הדבר אשר קנה לתועלתו ולטובתו כי לא לבד יחשב משכיל
מי שיודע לאסוף ולקנות הרבה בחכמתו וביגיעתו כי אם מי שידע לשמור הדברים
אשר אסף וקנה ויעשה בהם לטובת נפשו.   20

telligents doivent donc réfléchir à ce qu'ils font, conserver la
chose dont ils ont besoin, lorsqu'ils l'ont rencontrée. Car en
agissant ainsi, ils ne se repentent pas de ce qu'ils ont fait et se
gardent bien de se laisser entraîner par leur intelligence à des
agissements qui rendraient vains leurs efforts et leur feraient 25
perdre sans retour ce qu'ils avaient difficilement gagné.

Fin du chapitre du singe et de la belette.

[השער השביעי]

וזה שער הנזיר [1]

אמר המלך לפילוסוף כבר הבינותי דבריך אשר אמרת לי
איך יאבד הדבר בעת לא ידע בעליו לשמור אותו   ועתה הגד נא
לי בעד[2] הממהר במעשיו ולא יביט הדבר במעשיו היטב ולא
יראה[3] האחרונות ושא לי עליו משל   אמר סנדבאר החכם כי כל
מי יקרה לו אשר אמרת ולא יראה האחרונות יכשל במעשיו וינחם
בדבריו בעת לא יועיל לו ויצא דברו לאשר יצא דבר הנזיר אשר

1) C. *Et est de eo qui celer est in suis negotiis; non respiciens finem et
quid ipsi eo evenit quod summe est animadvertendum.* והוא בעד הממהר
בעת. Ms. 2) — .במעשיו ולא יביט האחרונות ובמה שיקרה לו בו מן המאורעות
3) C. *ignarus seu cogitativus*, ולא יראה ולא יבין.

[Chapitre VII.]

Ceci est le chapitre du dévot.

Le roi dit au philosophe: J'ai compris ce que tu m'as raconté sur la manière dont les choses périssent lorsque les pro-
priétaires ne savent pas les conserver. Maintenant parle-moi
de l'homme qui se hâte dans ses actions, sans bien réfléchir et
sans prévoir les événements qui peuvent survenir; raconte-moi
là-dessus une parabole.

Sandabar le sage répondit: Tout homme à qui arrive ce que
tu viens de dire et qui ne prévoit pas les événements futurs,
ne réussit pas dans ce qu'il fait et s'en repent, lorsque le re-

הרג הכלב שהיה לו בלי עון ועל דבר אשר לא חקר עליו ולא
ידע שרשו

אמר המלך ואיך היה

אמר החכם אמרו כי היתה מדינה אחת *מאיי הים¹ והיו בה
אנשים טובים וישרים והיה בה² נזיר [טוב¹] ועובד אלהים והיתה
לו אשה עקרה   ותשב עמו ימים רבים עד אשר הרתה לקץ הימים
וישמח הנזיר מאד ויאמר לה התבשרי ושמחי כי עתה תלדי בן
זכר¹ יהיה לנו למשיב נפש⁴ ושעשועי לבנו *ואני אשים לו שם טוב⁵
ואסר אותו בהיטב ויגדל האל את שמי בו וישאיר לי זכר טוב
אחרי מותי   אמרה האשה אוי לך אל תדבר באשר לא ידעת
ובאשר אינך רשאי לאמר אותו ומאין תדע אם אלד או לא אלד
או מה אלד או בן או בת או אם יהיה הילוד או מה יהיה משפט

1) Manque chez C. — 2) C. *quorum unus*, בהם. — 3) C. *bonus*. — 4) *Ruth*,
IV, 15. — 5) Manque chez C.

pentir ne peut plus lui servir à rien. Son sort sera celui du
dévot qui tua son chien, sans que celui-ci eût commis une faute,
parce qu'il n'avait pas examiné l'affaire et n'en connaissait pas
le fond.

Le roi demanda: Quelle est cette histoire?

Le sage répondit: Dans une ville située dans les îles, habitaient des hommes bons et justes. Il y avait aussi parmi eux
un dévot, bon et voué au service de Dieu, qui avait une femme
stérile. Après de longues années, cette femme devint enceinte,
ce qui réjouit fort le dévot. Il dit à sa femme: Sois heureuse
et contente! car tu vas mettre au monde un fils qui fera notre
joie et les délices de nos cœurs. Je lui donnerai un nom de bon
augure et une excellente éducation. Dieu exaltera mon nom
par lui et fera durer mon bon souvenir après ma mort. — La
femme lui répondit: Hélas, ne dis donc pas ce que tu ne sais
pas et ce que tu ne dois pas dire. Comment sais-tu si je parviendrai au terme de ma grossesse, si je mettrai au monde un
fils ou une fille, si l'enfant vivra, quel sera le caractère et la

הנער ומעשהו' עזב הדבר ובטח לאל אשר יתן לך מתנתו כי
האיש המשכיל אין לו שידבר בדברים אשר לא ידע ואל ידון הוא
במעשי האל כי רבות מחשבות בלב איש ועצת ה' היא תקום² כי
כל מי ירצה לדבר מה שתדבר יקרה לו אשר קרה לנזיר³ אמר
לה ואיך היה   אמרה לו אשתו אמרו כי היה נזיר אחד אצל מלך
אחד והיה המלך נותן לו ארוחת תמיד בכל יום *עוגת רצפים⁴
וצפחת דבש והיה אוכל העוגה ויצפון הדבש בכלי אחד תלוי על
ראשו עד אשר נמלא⁵ הכלי   והיה הדבש ביוקר בימים ההם
ויהי יום אחד והוא שוכב על מטתו וישא עיניו לכלי הדבש ויזכור
היוקר אשר לדבש ויאמר בעת ימלא הכלי אמכור אותו בזהוב
ואקנה בו עשר כבשות ותלד כל אחת מהן⁶ ויהיו עשרים ואחר כך

1) *Juges*, XIII, 12. — 2) *Proverbes*, XIX, 21. — 3) C. ajoute : *super quem vas mellis effusum est,* אשר נשפך עליו כד הדבש. — 4) C. *provisionem de sua coquina.* Cf. *I Rois*, XIX, 6. — 5) Lis. ימלא. — 6) C. ajoute : *filios et filias,* בנים ובנות.

conduite de l'enfant. Laisse donc ces choses-là, et fie-toi en Dieu qui te donnera ce qu'il voudra t'accorder. L'homme intelligent ne parle pas des choses qu'il ignore ni ne préjuge les actes de Dieu. Car bien des projets naissent dans le cœur de l'homme, mais la décision de Dieu seul persiste. En effet, celui qui parle comme toi, subit le sort de ce dévot qui a renversé sur lui son pot de miel. — Le mari dit : Quelle est cette histoire ?

La femme répondit : Un dévot, dit-on, vivait auprès d'un roi qui lui accordait pour son entretien régulier un gâteau et une petite cruche de miel chaque jour. Il mangeait le gâteau et mettait le miel de côté dans un vase suspendu au-dessus de sa tête, jusqu'à ce qu'il fût rempli. Or, le miel était à cette époque très-cher ; et un jour, étendu sur son lit, il leva les yeux vers le vase de miel, il pensa à la cherté de cette matière et se dit : Le vase une fois rempli, je vendrai le miel pour une pièce d'or. Avec cela j'achèterai dix brebis dont chacune me donnera un petit, et il y en aura vingt. Après, le nombre en

אוסיף על בניהם' ולא ישלמו ארבעה שנים ויהיו ארבע מאות שה
ואקנה² פרה ושור' * עד אשר אקנה אדמה³ וילדו לי הפרות ויהיו לי
מהן [בנים⁴] ואקח הזכרים לחרוש בהם *ואזרע האדמה אשר אקנה
ואחרש בהם⁵ חוץ ממה שיהיו לי מן הנקבות החלב והצמר ולא ישלמו
p. 126.
חמש שנים אחרות עד יפרצו וירבו ויהיה לי מהן ומן | הזרע עושר⁶
גדול⁷ ואבנה בנין גדול וטוב⁸ ואקנה עבדים ושפחות⁹ ואקח אשה
יפה וטובה מבנות הנדיבים ובעת אשר אבוא אליה תהר ובעת ימלאו
ימיה ללדת ותלד לי בן טוב ונעים במזל טוב ושעת רצון ויהיה
מבורך ומצליח וישאיר לי שם טוב אחרי מותי *ואשים לו שם

1) C. ajoute: *et filiabus*, ועל בנותיהם. — 2) C. ajoute: *de quibuslibet quatuor ovibus*, מכל ארבעה כבשים. — 3) C. *et terram*, ואדמה. — 4) C. *in filiis*. — 5) Manque chez C. — 6) C. ajoute: *substantias*, ורכוש. — 7) C. ajoute: *et ero a cunctis reputatus dives et honestus*, וכלם יחשבוני עשיר ונדיב. — 8) C. ajoute: *pre omnibus vicinis meis et consanguineis*, יותר מכל שכני וקרובי. — 9) C. *ita quod omnes de meis divitiis loquentur; nonne erit illud iucundum cum omnes homines mihi reverentiam in omnibus locis exhibeant*, וכלם ידברו על רוב עשרי והלא ינעם לי אם האנשים כלם יכבדוני בכל מקום.

augmentera encore et avant quatre ans j'en aurai bien quatre cents. Je ferai alors l'acquisition d'une vache et d'un bœuf, voire même d'une terre. Les vaches mettront également bas des petits; je prendrai les mâles pour le labourage, j'ensemencerai la terre que j'aurai achetée et je la travaillerai; mais, en dehors de cela, les femelles me fourniront le lait et la laine. Cinq autres années n'auront pas encore touché à leur fin, que tout cela aura augmenté et pris de l'extension; je possèderai en animaux et en grains une grande fortune qui me permettra d'élever une construction plus grande et plus belle que celle de mes voisins et parents. Je me procurerai des serviteurs et des servantes, et j'épouserai une belle et jolie femme d'une famille noble. Bientôt elle sera enceinte et, arrivée au terme de sa grossesse, elle me donnera un fils beau et charmant, né sous une bonne étoile et à une heure propice; il sera béni et heureux; il me conservera une bonne réputation après ma mort;

נעים¹ ואיסרהו² ואם לא ישמע למוסר[ו] אכהו בזה המטה וישא
המטה להכות ויכה בכלי הדבש וישבר ונשפך הדבש על ראשו
ועל פניו   ואולם נשאתי לך זה המעשה שלא תדבר באשר לא
תדע   וכבר נאמר אל תתהלל ביום מחר כי לא תדע מה ילד
יום³   ויהי כשמוע הנזיר דבריה החל להחריש וויסר⁴   ויהי כי
מלאו ימיה ללדת ותלד לו ילד שעשועים ובן יקיר ונעים *וישמח
בו הנזיר שמחה גדולה⁵ ויהי כמלאת ימי טהרה אמרה שב אתה
עם בנך ואלך למרחץ ואטהר   וישב האב אצל ראשו מעט והנה
שליח המלך בא אחריו *ויסגור ביתו וילך אליו⁶   והנה בבית כלב

10   1) Manque chez C. — 2) C. ajoute : *dietim si mee recalcitraverit doctrine, ac mihi in omnibus erit obediens*, בכל יום אם ימאס במוסרי וישמעני
בכל דבר. — 3) *Prov.* XXVII, 2. — 4) C. *et correctus est.* Le texte
paraît plutôt devoir être lu : ויכשר. — 5) C. *quo ambo gavisi sunt.* —
6) Manque chez C.

---

15 je lui donnerai un nom de bon augure et je ferai son éducation.
Ah! s'il ne m'écoute pas, je le frapperai avec ce bâton. A ces
mots, il souleva le bâton comme s'il voulait frapper, et il atteignit le vase de miel qui se brisa et versa son contenu sur la
tête et la figure du dévot.

20   Je t'ai raconté cette histoire pour que tu ne parles pas de
choses que tu ne connais pas. Du reste, il y a longtemps qu'on
a dit : Ne te glorifie pas du lendemain, car tu ne sais pas quels
peuvent être les événements d'un jour.

Le dévot, ayant entendu ces paroles, se tut et il fut corrigé.
25 Lorsque la femme fut arrivée au terme, elle mit au monde
un enfant délicieux, un garçon chéri et charmant qui donna
une grande joie au dévot. Lorsque les jours de la purification
furent terminés, la femme dit à son mari : Reste avec ton fils,
je veux aller au bain me purifier. A peine le père fut-il assis
30 au chevet de l'enfant qu'un messager du roi vint l'appeler. Il
ferma sa maison et se rendit au palais. Dans la maison, il y
avait un chien qui vit sortir d'un trou un serpent qui allait

אחד ויצא מחוּר הבית נחש ותבוא לנשוך הנער ויהי כראות
הכלב אותו חטף אותו ויהרגנהו והתגולל [פיו¹)] בדם

צורת התינוק והכלב הרג הנחש

וישב הנזיר מבית המלך מהרה ויהי כאשר פתח הדלת יצא
אליו הכלב ויביט הנזיר אליו והנה פיו מתגולל בדם וחשב כי הרג
התינוק ויכהו במטה וימיתהו ולא הסתכל במעשיו   ויהי! אחרי כן
בא לבית וירא בנו חי והנחש נהרג וינחם וידאג וישתומם ויאמר מי
יתן ולא יולד זה הילד ולא הייתי הורג זה הכלב ואל אבגוד בו כי
אלו המעשים הם מעשי מי לא יודה [לו] על הטובה אשר יעשו לו
ויהי בשוב האשה לביתה ותראה הנחש נהרג והכלב שאלה
לבעלה ויגד לה ויאמר זה פרי כל העושה מעשיו מהר ולא יחשוב
הדברים כמו המה וכל העושה כמעשה הזה ינחם וידאג בעת לא
תועיל לו הדאגה ולא תצא מלבו התוגה

1) C. *os canis*.

---

mordre l'enfant. Le chien le saisit, le tua et se souilla ainsi la
gueule de sang.

Figure de l'enfant et du chien qui tue le serpent.

Le dévot revint vite du palais et en ouvrant la porte, le chien
sortit à sa rencontre. En voyant sa gueule souillée de sang, le
dévot pensa que le chien avait tué l'enfant, et l'abattit à coups
de bâton sans réfléchir à ce qu'il faisait. Mais dès qu'il fut entré
dans la chambre, il vit son fils vivant et le serpent mort; alors
il se repentit, et dans sa morne tristesse il dit: Plût à Dieu que
cet enfant ne fût pas né et que je n'eusse pas traîtreusement
tué ce chien; car j'ai agi comme un ingrat qui ne reconnaît pas
le bien qu'on lui a fait. Lorsque la femme rentra et qu'elle vit le
serpent et le chien tués, elle en demanda la cause à son mari qui
lui raconta ce qui s'était passé. Alors elle dit: Voilà la récompense
de ceux qui agissent précipitamment, sans regarder les choses
telles qu'elles sont. Après de pareilles actions on se repent et on
se chagrine sans aucun profit et sans que la douleur diminue.

ויהי אחרי כן ויאמר סנדבאר החכם למלך כי אנשי השכל
והבינה ישיגו במחשבותם ואשר יחקרו על הדבר אשר לא ישיגו
בעלי התאוה והממהרים במעשיהם ועל כן הוא ראוי לאיש נבון
שיביט בדברים האלה וישישמור ושיהיו מעשיו בטובה' ובנחת
ובלאט וימצא חפצו

נשלם שער הנזיר

1) Lisez : בשובה; cf. Isaïe, XXX, 15.

Après cela, Sandabar le sage dit au roi : Les hommes intelligents et avisés arrivent, grâce à leurs réflexions et à leurs recherches, où n'arrivent pas les gens passionnés qui agissent avec précipitation. L'homme prudent doit donc réfléchir, observer et agir lentement et doucement pour parvenir au but qu'il se propose.

Fin du chapitre du dévot.

[השער השמיני]

וזה שער החתול והעכבר[1]

אמר המלך אל החכם כבר שמעתי דבריך[2] על האדם הממהר
על מעשיו ומה יקרה לו באחרית דבריו   ועתה הגד נא לי בעד
האדם החלש בעת ילכד בין האויבים הרבים [*]ויאספו עליו[3] איך
יוכל לעשות שיעשה תחבולות להמלט מאויביו הרבים ו[']שיתחבר
לאחד מאויביו ויעשה ממנו חבר מפני שיצטרך אליו עד אשר ימלט
בחבורתו מן הצרה ויגבור בו על כל אויביו ויעשה דב'ר שלא ילכד

1) C. ajoute : *et est de inimico qui requerit pacem cum suo inimico propter necessitatem*, וזה באויב שישאל השלום מאויבו מפני שיצטרך אליו. — 2) C. ajoute : *que mihi retulisti*, אשר אמרת. — 3) Manque chez C. — 4) C. *aut*, או.

[Chapitre VIII.]

Ceci est le chapitre du chat et de la souris.

Le roi dit au sage : J'ai entendu ce que tu viens de dire de l'homme qui précipite ses actions et du sort qui doit l'atteindre à la fin. Dis-moi maintenant comment doit agir l'homme faible qui se voit pris entre plusieurs ennemis qui se sont réunis contre lui. Doit-il mettre en œuvre des ruses pour échapper à ses nombreux ennemis? Ou bien, doit-il se joindre à l'un de ses ennemis et s'en faire un ami, parce qu'il en a besoin, jusqu'au moment où cette société l'aura aidé à se débarrasser du danger et qu'il sera parvenu à vaincre tous ses ennemis de manière à ne pouvoir plus tomber entre leurs mains par suite du

בידם מפני עצת האויב אשר נהפך לו לאוהב ואיך יהיו תחבולותיו
אמר החכם כי לא בכל עת ישוב האויב אוהב ולא האוהב אויב[1]
[2] כי האויב בעת יראה מאויבו עזרה לו בצרות וכי | יעזרוהו אויביו p. 128.
* תשוב איבתם[3] לאהבה[4] והאוהב בעת יראה מאוהבו דבר שירע לו
5 תצא סוף אהבתם לאיבה * כמו שיהיו מעשיהם[5] ואולם[6] האיש
החכם אינו רשאי שיאמין באויבו ושישימהו נאמן על נפשו אלא יש
לו שיביט במעשיו ויעשה אשר יועיל לו * וידע מנהג אויבו ואיך
יהיה חברתו עמהם[7] כי כל מי לא יעשה הדבר הזה יכשל[8] ואולם
כל מי רואה באשר יועיל לו וידע איך יבקש שלום אויבו בעתו
10 וידע איך יהיה אויב למי היה אוהבו[9] בעת כי יעשה הדבר הזה

1) C. n'a pas la première négation, mais la seconde. — 2) Peut-être: יעורדו מאויביו. — 3) Ms. אויבם. — 4) C. porte mal à propos : *redditur eorum dilectio in inimicitiam.* — 5) Manque chez C. — 6) C. *et fortasse,* ואולי. — 7) Lisez : עמו. — 8) Manque chez C. — 9) Ms. אויבו; C. *qui amicus erat.*

conseil de cet ennemi transformé en ami? Enfin, quels seront les artifices qu'il emploiera?

Le sage répondit : L'ennemi ne peut pas toujours être changé en ami, ni l'ami en ennemi. Mais lorsque l'ennemi voit que celui qui lui est hostile peut le secourir dans ses peines, et lui porter assistance contre d'autres ennemis, son inimitié se transforme en amitié; l'ami, à son tour, qui s'aperçoit qu'il subit un tort de la part de celui qu'il avait aimé, finit par remplacer son affection par la haine. Tout dépend des actions de l'un et de l'autre. L'homme sage ne doit jamais avoir foi en son ennemi, ni lui confier sa personne, mais surveiller ses actions; il doit faire ce qui lui est utile à lui-même et chercher à connaître les habitudes de son adversaire et de quelle nature peuvent être les rapports avec lui. Car en n'agissant pas ainsi, on court risque de tomber. Mais celui qui a toujours en vue ce qui peut lui être utile, qui sait qu'en temps et lieu il faut rechercher la paix avec son ennemi, et que celui qui était un ami, peut se transformer en ennemi, saura tirer un grand pro-

יגיע ממנו לדבר גדול וימצא חפצו אשר בקש כמו עשו החתול
והעכבר אשר נמלטו מן הצרה בחבורתם זה לזה

אמר הַמֶּלֶךְ ואיך היה

אמר הפילוסוף אמרו כי אילן אחד היה על שפת ים בכר אחד
נרחב *ועומק גדול מאד והיה בשורש שלה זאבים וחיות הרבה
ובענפים קנים הרבה לעופות' והיה בשרשה חור אחד לחתול
ושמו כוירון' *וקרוב ממנו חור לעכבר ושמו רומי' והיה בכל
יום הצידים באים למקום ההוא לצוד החיות והעופות ויהי יום
אחד ויפרשו שם הצידים חבלים ויפול שם החתול *ויצא העכבר
ויביט ימין ושמאל עד אשר ראה' החתול בחבלים וישמח מאד על
אשר נפל ולא ידע אחריתו' ויביט אחריו עד ראה כלב אורב לו

1) Manque chez C. — 2) C. *penden*. L'arabe porte: *Feridoun* (פרידון). —
3) Manque chez C. — 4) C. *quod videns quidam mus nomine Rem exiens
more solito ad querandum sibi escam*, וירא עכבר אחד ושמו רים אשר יצא לבקש
לו אוכל כמנהגו כי נאחז. — 5) Ms. אחריתם. C. ajoute: *et quod sibi accidere
posset*, ומה יארע לו.

---

fit de cette conduite et atteindre le but qu'il s'était proposé.
Ainsi firent le chat et la souris qui, en se réunissant l'un à
l'autre, échappèrent au danger qu'ils couraient.

Le roi demanda: Quelle est cette histoire?

Le philosophe répondit: Il y avait dans une prairie fort
étendue et située au bord d'une mer, un arbre qui avait des
branches touffues, de manière que des loups et plusieurs animaux s'abritaient à son ombre. Les branches de l'arbre portaient beaucoup de nids pour les oiseaux. Près des racines
il y avait un trou pour un chat nommé Kaviroun, et à une
petite distance un autre trou habité par une souris nommée
Roumi. Tous les jours les chasseurs venaient à cet endroit
pour attraper des animaux et des oiseaux. Un jour les chasseurs ayant tendu leurs filets, le chat s'y laissa prendre. Au
même moment la souris sortit de son trou et, en regardant
à droite et à gauche, elle vit le chat dans le filet. Elle s'en
réjouit beaucoup, sans savoir ce qui lui arriverait; car, en re-

וישא עיניו לשמים וירא בעוף¹ אחד אשר רצה לקחתו וידע העכבר
כי אם ישוב הכלב יאכלהו ואם ילך ·החתול יאכלהו ואם ינום
מפניהם² העוף יקחהו · וירא כי סבבוהו צרות מכל צד ויאמר
בלבו זאת היא הצרה באה עלי ותלאות נקבצו לי ואין לי מציל כי
5. אם שכלי ותחבולותי ועתה אל אפחיד ואל ֹ ארגיז לבי מזאת הצרה
כי המשכיל לא יש לו שתתפחד³ ממנו עצתו ושלא יסור ממנו
שכלו ואולם שכל החכמים הוא שיושיעם בעת הצרה ·ויתן להם
עצה כדי שימלטו מאויביהם ואל תשיגהו התלאה והוא ראוי לו
שיחשב בלבו⁴ מה יעשה

10   צורת החתול ברשת והעוף באילן והכלב והעכבר

1) *In ramo arboris avem*, על ענף האילן עוף. — 2) Manque chez C.
— 3) Lis. : שתתפרד ; C. *recedere.* — 4) C. *nec debent stupescere*, ואין ראוי
להם שיפחד על.

---

gardant derrière elle, la souris vit un chien qui épiait sa dé-
15 marche. Elle leva alors ses yeux vers le ciel et aperçut un
oiseau qui cherchait à la prendre. Elle reconnut donc qu'en
reculant, elle serait mangée par le chien, qu'en avançant, elle
serait dévorée par le chat, et qu'en prenant la fuite, l'oiseau
l'attraperait. Entourée ainsi de dangers de toutes parts, la
20 souris se dit : Voici des peines et des tribulations qui sont
venues à la fois me surprendre et dont mon intelligence et mes
artifices peuvent seuls me sauver. Aussi je ne veux pas me
laisser envahir par la peur ni m'inquiéter outre mesure de ce
malheur. L'homme intelligent ne doit pas perdre le bon sens
25 sous l'influence de la crainte ; au contraire les sages trouvent
dans leur intelligence un moyen de salut pour le temps de
l'affliction ; ils y puisent les bons conseils afin d'échapper à
leurs ennemis et de ne pas succomber sous le poids du malheur. Il faut donc réfléchir ce qu'il y a à faire.

30   Figure du chat dans le filet, de l'oiseau dans l'arbre, du chien
et de la souris.

ויאמר בלבו אין לי עצה טובה אלא שאתחבר עם זה החתול
ואדרוש שלומו כי מצאתהו מן הצרה כאשר מצאני ואין מי יוכל
להצילו כי אם אני   ואולי החתול בעת ישמע ממני אשר אומר לו
מן הדברים הטובים והישרים והנאמנים' יבקש שלומי לטובתו
5 ואצילהו ואולם² אנצל גם אני   ויקרב אליו ויאמר לו היך אתה
עומד   אמרה לו אני בזאת הצרה אשר תראני בה   אמר לו
העכבר אינני משקר לך ולא מכזב ואומר לך באמת כי שנים רבים
וימים רבים יש שהייתי מקוה לזה היום ואך זה היום שקוינוהו
מצאנו ראינו³ ועתה כבד עלי צרה אשר הסירה מפני שמחתי אשר
10 הייתי שמח עליך   ואתה אין מי שיוכל להצילך מן הצרה הזאת
כי אם אנכי ועתה שמע מה אומר לך כי אינו כזב ולא שקר כי
הכלב והעוף אויבים לי ולך ואני נקל וצעיר ודל אם אשוב יקחני

1) C. ajoute : *credet in me*, בִּי יאמין. — 2) C. *forte*, ואולי. — 3) *Lam*. II, 16.

La souris se dit donc : Il ne me reste d'autre décision à prendre que de me lier avec ce chat et d'aller le saluer. Il éprouve le même malheur que moi et personne, excepté moi, ne peut le sauver. Peut-être le chat, en entendant les paroles bonnes, justes et sincères que je vais lui adresser, cherchera-t-il mon salut en vue de son propre bien. Je le sauverai et je serai sauvée à mon tour. Elle s'approcha donc du chat et lui dit : Comment te portes-tu? — Tu vois bien, répondit le chat, quel malheur me frappe. — La souris reprit : Je ne mens pas, ni ne veux t'en imposer, en t'avouant que depuis de longues années j'espérais voir ce jour, et ce jour que j'attendais, je l'ai rencontré, je l'ai vu. Maintenant le malheur qui pèse sur moi, a fait disparaître la joie que le tien me faisait éprouver. Cependant moi seul, je peux te retirer de ce malheur, donc écoute ce que j'aurai à te dire, car c'est l'exacte vérité. Le chien et l'oiseau sont mes ennemis et les tiens, mais moi, je suis petit et faible ; en reculant, je serai la proie du chien ; en m'en

הכלב ואם אלך יחטפני העוף ואם אקרב אליך תהרגני ואם אין
אתה רוצה להרגני אצילך ואגזור כל חבליך   ועתה בטח בדברי
כי כל מי (יבטח בדברי כי כל מי) לא יבטח באדם לא יבטח אדם
בו ואינו משכיל   ועתה קבל ממני זאת החברה ותן לי אמונתך
כדי שאבטח בך והסמך עלי ואל תסירני' וכמו | שאני רוצה חייך 5
בדי שאחיה כן הוא ראוי לך שתרצה חיי כדי שתחיה אתה   וכמו
כי האנשים לא ינצלו מן הים כי אם בספינות כן הספינות לא ינצלו
כי אם באנשים² כמו כן בחברתנו נוכל להמלט מזאת הצרה
ויהי כשמוע החתול דברי העכבר ידע כי נאמן לו וישמח מאד וייטב
לו ויבטח בו ויאמר לעכבר צדקת ואמת אמרת ועתה הבט הדבר 10
אשר יהיה בו שלום ביני ובינך ועשה אותו כי אני אשמור לך זה

1) C. *et non affligas me*. — 2) C. ajoute : *eas regentes*, אשר ינהגו אותן.

allant, je serai saisi par l'oiseau; et si j'approche de toi, tu me
tueras. Mais si tu ne veux pas me tuer, je te sauverai en cou-
pant toutes les mailles de ton filet. Aie donc confiance dans
mes paroles, car quiconque ne se fie à personne, personne ne
se fie à lui, et il n'est pas réputé comme sage. Accepte de
ma part cette association et engage ta foi pour que je puisse
te croire; toi, à ton tour, appuie-toi sur moi et ne m'abandonne
pas. De même que moi je désire ta vie pour que je vive, tu
dois désirer ma vie pour que tu puisses vivre. Comme les
hommes ne peuvent se sauver de la mer que par les vaisseaux,
les vaisseaux ne peuvent être préservés que par les hommes
qui les gouvernent. Ainsi, en nous associant, nous pourrons
échapper à ce danger.

Lorsque le chat eut entendu les paroles de la souris, il reconnut qu'elle était de bonne foi. Il en fut très heureux, s'en
réjouit et s'abandonna à elle. Il dit à la souris : Ce que tu as
dit est vrai et juste, mais considère bien à quelle condition
la paix peut s'établir entre nous et agis en conséquence. Pour
ma part, je te conserverai la grâce et la bonté que tu auras

החסד וזאת הטובה אשר תגמלני   אמר העכבר תן לי אמונתך ואקרב אליך ואעמד נגדך כי הכלב והעוף בעת יראו הדבר הזה יסירו תוחלתם ממנו וייאשו   ובעת אשר אדע כי הלכו ולא אירא מהם אגזור חבליך אני בשקט ובשלוה   ויתן אמונתו ויקריבהו אליו
5 ויהי כראות העוף והכלב כי החתול והעכבר התחברו יחד הלכו לדרכם   *ויקם העכבר לגזור החבלים בלאט מאד והיה מתרפה בנפשו   ויהי כראות החתול¹ אמר לו חברי מפני מה אתה מתרפה ותגור בלאט החבלים דע כי ראוי אתה למהר עזרתי כמו שאני מהרתי עזרתך והצילני   ואם תעשהו] מפני שתזכר לי האיבה אשר
10 ביני ובינך לא הוא ראוי לכמוך שתעשה הדבר ההוא וכי לא יש לך שתשים לי עוד השטמה בלבך   כי הצדיקים לא ישטמו איש בחברו *אבל הם אנשי החסד² ואם יעשה להם איש אלף³ עון

1) C. *Et accedens mus rodit funes suaviter donec evasit murilegus, et dum roderet negligenter.* — 2) Manque chez C. — 3) Manque chez C.

montrées à mon égard. — La souris dit : Aussitôt que tu m'auras engagé ta foi, je m'approcherai et je me placerai en face de toi, car dès que le chien et l'oiseau auront vu cela, ils désespéreront et perdront tout espoir de s'emparer de moi. Lorsque j'aurai remarqué qu'ils s'en seront allés et que je n'aurai plus rien à craindre de leur part, je couperai tranquillement tes filets. Le chat engagea sa foi et invita la souris à venir près de lui. L'oiseau et le chien, ayant vu que le chat et la souris s'étaient associés ensemble, s'en allèrent.

La souris se mit à couper les filets lentement et avec nonchalance. Le chat qui s'en aperçut lui dit : Mon amie, pourquoi es-tu si lente et coupes-tu les filets si doucement? Tu devrais être aussi empressée à me secourir et me sauver que je l'ai été pour toi. Si tu agis ainsi parce que tu te rappelles notre inimitié mutuelle, ce n'est pas digne de toi; tu ne dois plus conserver cette haine dans ton cœur. Les justes ne se haïssent pas entre eux, parce qu'ils sont enclins à la bonté, et si quelqu'un les offense mille fois, une bonne action suffit pour qu'ils

בצדקה אחת יסלקו אותם להם ויראו לו ההכרה' והאהבה כי אשר
לא | יודה על הטובה יגמלהו רע ואם ירצה לעשות רע סופו יהיה
לרע ולצרות

צורת העכבר ינזר החבלים מן החתול

5 ויאמר העכבר כי החברים הם שנים   הראשון אשר הוא נאמן
באהבתו והשני אשר היא אהבתו [בערמ²]ה כי בפיו שלום את רעהו
ידבר ובקרבו ישים ארבו³ ויצטרך האדם עכ"פ⁴ שיתחבר עמו וכל
אחד מהם יעשה הדבר לטוב נפשם   והחבר אשר הוא נאמן יש
לו שישים נפשו בצרות תחת חברו בכל אשר הוא ראוי לעשות
10 *ושיעשה לו דבר אשר ייטב לו ולא שירע לו   ואולם האוהב
אשר הוא בוגד יאוכב ואין⁵ אדם אשר לא ימאס אהבתו⁶   ואולם
הוא ראוי למשכיל שישמר נפשו כי כל מי יבקש שלום אויביו

1) C. *societatem*, החברה. — 2) C. *dolo et fraude* : le ms. a un blanc;
peut-être : בערמה ובמרמה. — 3) *Jér.* IX, 7. — 4) = על כל פנים. — 5) Peut-
15 être : באוהבו אין. — 6) Manque chez C.

---

pardonnent et montrent dorénavant de la reconnaissance et de
l'amitié. Car celui qui manque de gratitude mérite le mal qu'on
lui fait, et s'il veut faire du mal lui-même, il en résultera finalement des malheurs et des peines pour lui.

20   Figure de la souris lorsqu'elle coupe les filets du chat.

La souris reprit : Il y a deux sortes de camarades : le camarade qui offre son amitié de bonne foi et celui dont l'amitié
n'est que ruse et tromperie, qui parle paisiblement avec son
prochain et cache dans son cœur sa haine. L'homme doit en tout
25 cas s'associer à son camarade, mais chacun d'eux se préoc-
cupera de son propre bien. Cependant le camarade qui est de
bonne foi exposera sa vie pour son prochain dans toutes les
circonstances ; il cherchera à faire ce qui peut lui plaire et
évitera tout ce qui peut lui être désagréable. Mais l'amitié de
30 celui qui trahit son ami est méprisée par tout le monde, et c'est
pourquoi tout homme intelligent doit se tenir sur ses gardes.

ויבטח בו *ויעשה מעשיו' ולא ישמר נפשו *תהיה חברתו מוקש
לו² כמו העצמים אשר יאכלם כל³ מי ילך אחרי תאותו ואחר
שיאכלם לא תוכל האיצטומכה לטחון אותם ויעשה בו רע לנפשו
ועל כן אהיה כאיש בעולם חבר ולא אוהב ואין לאדם שיביט
לאיש [אשר לא] יועיל⁴ *ולא לחסד אשר עבר ואולם יש לו להביט 5
לטוב העתיד⁵   ואתה כבר השלמת חפצי והנני כמו כן אשלים
חפצך בלאט ואשמר פן יקראני ממך רעה אשר הצריכני לבקש
שלומך ותהיה לי או חברתך מכשול   וכל מעשה ראוי שיעשה
בעתו *ולכל זמן ועת לכל חפץ⁶ כי הדבר אשר לא יעשה בעתו
אין לו פרי ולא שרש   ואולם אני אגזור חבליך בלאט ואעזוב מהם 10

1) Manque chez C. — 2) Manque chez C. — 3) C. *erit quemadmodum si quis . . . . ossa comedat.* — 4) C. *hominem non proficientem sibi.* — 5) C. *Decet enim nunc me respicere bonum quod mihi fecisti*, ועתה ראוי לי שאביט הטובה אשר עשית לי. — 6) *Eccl.* III, 1; manque chez C.

Car tous ceux qui cherchent à vivre en paix avec leurs ennemis, 15
qui se fient à eux et se chargent de leurs affaires sans prendre
garde à leurs personnes, trouvent dans cette association un
piége dangereux. C'est comme celui qui se laisse aller à son
appétit pour manger des os; après les avoir mangés, l'estomac
ne pourra pas les digérer et il se sera nui à lui-même. Je veux 20
donc être autant que qui que ce soit ton camarade, mais pas
ton ami. Personne ne se préoccupe ni d'un homme qui ne peut
plus lui être utile, ni d'une bonne action qui est passée; mais
on doit se soucier d'un bien à venir. Toi, tu as fait ma volonté,
je veux donc également satisfaire ton désir, mais lentement et 25
avec prudence pour qu'il ne m'arrive pas de ta part le malheur qui m'a mise dans la nécessité de faire la paix avec toi,
et pour que ta société ne devienne pas pour moi la cause de
ma perte. Chaque action doit s'accomplir à propos, il y a un
temps pour tout et une époque fixée pour chaque chose. Ce qui 30
ne se fait pas à un moment favorable n'a ni fruit ni racine.
Je couperai donc tes filets, mais je laisserai une corde qui te

חבל אחד אאסר אותך בו כדי שלא תקחני ואולם אגור אותך[1]
בעת לא תוכל להשיגני! אם תמלט מן הרשת   ויהי בבקר והנה
הציד בא מרחוק ויהי כראותו החתול פחד מאד ויאמר לו העכבר
עתה הוא עת לנגזור חבליך   ולא הגיע הציד עד אשר כלה העכבר
החבל האחרון לנגזור אותו וימלט החתול ויעלה באילן ויתחבא
העכבר בחורו ויקח הציד חבליו וישב דך ונכלם

צורת העכבר והרשת והחתול באילן והציד הולך לדרכו

ויהי אחרי כן יצא העכבר מן החור ויראה החתול מרחוק *ולא
רצה לצאת[2]   ויאמר לו החתול חברי *ואיו היית[3] הלא תקרב אלי
אחרי אשר עשית בי כל אשר עשית וראוי הוא לך שתאכל מפרי
מעשיך קרב אלי ואל תירא   *כי כל המתחבר לאדם ולא יאמין
בו ראוי הוא שלא יאמין בו אדם[4] ואתה העלית משאל נפשי חייתני

1) Lisez : אותו לך; C. *tibi illam*. — 2) Manque chez C. — 3) Manque chez C. — 4) Manque chez C.

retiendra prisonnier pour que tu ne puisses pas m'attraper; je couperai cette corde à un moment où, sauvé des filets, tu ne pourras pas m'atteindre. — Le lendemain le chasseur arriva de loin, et le chat en le voyant eut bien peur. Alors la souris lui dit: Voici le moment de couper tes filets. Et avant que le chasseur ne fût arrivé, la souris acheva de ronger la dernière corde. Le chat se sauva sur un arbre, la souris se cacha dans son trou et le chasseur confus et honteux prit ses filets et s'en alla.

Figure de la souris, du filet, du chat dans l'arbre et du chasseur qui s'en va.

Quelque temps après, la souris, sur le point de sortir de son trou, aperçut de loin le chat et hésita. Mon amie, lui dit le chat, où étais-tu? Viens donc près de moi; après tout ce que tu as fait pour moi, il convient que tu goûtes le fruit de tes œuvres; approche donc et ne crains rien, car tout homme qui se lie à son prochain sans avoir confiance en lui ne mérite pas d'inspirer confiance à son tour. Mais toi, tu as fait monter mon

מורדי בור¹ ואני ראוי שתאכל ממני וממשפחתי כדי מפעלותיך
נשה אלי כי כל אשר לי לך הוא אל תירא   וישבע לו החתול על
הדבר ההוא כדי שיאמין בו העכבר ויבטח בו   ויענהו העכבר
ויאמר לו *כי כל :מי שלא ידע להתנהג עם חברו כמו הוא ראוי
לו בעת יהי לו אויב או עם חברו בעת יהי לו חבר ישים החבר 5
במדת האויב *וישפיל נפשו² תחת רגליו כמו העומד נגד הפיל
ויישן   ואולם שמו שם החבר³ חבר מפני הטוב אשר יקח ממנו ושמו
שם האויב אויב מפני הרע שיראו ממנו ואין בעולם אויב שלא *יהיה
איבתו כפלים⁴   ואולם יעשה האדם העצה לטובתו והאויב הוא ראוי
לכל איש שישמור ממנו והחכם יש פעמים אשר יאמין באויבו 10

1) *Psaumes*, XXX, 4. — 2) C. *Quicunque nescit cum suo inimico conversari sicut debet cum amico precipue quando talis prius fuit inimicus cuius ex necessitate tamen indiget ita quam suis caris debet humiliare suam animam, etc.* — 3) C. ajoute : *et de post suam considerare naturam : ille vivit amicus propter.* — 4) C. *in cuius inimicitie non sit mea dubitatio illa*, מן תהיה
איבתו יראתי הואת.

âme de l'enfer, tu m'as rendu la vie pour que je ne descende
pas dans la fosse. Tu dois être nourrie par moi et ma famille
selon le mérite de tes actions. Viens donc près de moi, car tout
ce que je possède est à toi. N'aie aucune peur. Le chat lui
prêtait encore serment pour affirmer ce qu'il avait dit et pour
rassurer davantage la souris. — Mais la souris reprit : Celui qui
ne sait pas se conduire comme il le devrait envers un camarade, au moment où il peut devenir son ennemi, ni envers
un camarade lorsqu'il agit envers lui en camarade, confond le
camarade avec l'ennemi, et finit par être écrasé comme celui
qui s'endort en se trouvant en face d'un éléphant. Un camarade mérite ce nom à cause du profit qu'on en tire, et on appelle
ennemi celui dont on craint la méchanceté. Il n'y a pas au
monde un ennemi dont l'inimitié ne puisse doubler. L'homme
ne doit donc consulter que ses intérêts et se mettre en garde
contre l'ennemi. Cependant quelquefois le sage se fie à son

מפני הטוב אשר יקוה ממנו ויעזוב האויב' וחברתו מפני הרע ויראו[2] ממנו   וזה לך האות כי הבהמות כך יעשו כי תראה כי הבן הולך אחרי אמו בעוד שיינק אותה ובעת שלא יינק אותה יפרד ממנה ויעזבה   וכן האיש החכם יבקש הטוב לנפשו מן האוהבים

p. 133.

והאויבים כי יש פעמים אשר תבוא לו טובה מן האיבה אשר בינו ובין אויבו או מן האהבה   והאוהב הנקדם אשר היא אהבתו ישנה בעת לא יועיל לאיש אהבתו ולא ימצא טובה ממנו אע"פ כן אינו רשאי לעזוב חברו הנקדם *אלא שיהיה בעיניו האויב אויב ויהיה החבר חבר[3] ויפחד מאויבו כי כל מי היה אויב ואחר כן שב אוהב על דבר טוב שיקוה בעת יסור הדבר תסור אהבתו וישוב לקדמות אויבו   כמו המים אשר יחממו אותם באש ובעת יפרידו בינו ובין האש ישוב

1) Lisez : האוהב : C. *amicum*. — 2) Lisez : אשר ייִרא. — 3) C. *sed debet apud se amicum reputare, et confidere debet in socio suo*, אבל ראוי שיחשבהו לאוהב ושיאמין בחברו.

---

ennemi parce qu'il peut en espérer un bien, et se sépare de son ami parce qu'il en redoute un mal. Voici les animaux qui peuvent servir de preuves : car on voit le petit suivre sa mère aussi longtemps qu'il la tète; mais aussitôt qu'il ne prend plus de lait, le petit se sépare de sa mère et l'abandonne. L'homme sage fait de même : il cherche ce qui lui fait du bien chez les amis et chez les ennemis; car souvent le bien lui vient de l'inimitié d'un adversaire, aussi bien que de l'amitié d'un ami. Cependant l'homme avisé ne doit pas négliger un ancien ami dont l'amitié remonte bien haut, quand même on ne saurait plus profiter de son amitié et n'en retirer aucun avantage. Il faut au contraire le conserver et se fier en sa société. Il faut, d'un autre côté, craindre un ancien ennemi; car l'ennemi qui est devenu ami à cause du bien qu'on espérait de lui, l'amitié de celui-là cesse avec la cause qui l'a fait naître, et il reviendra à son ancienne haine. Il ressemble à l'eau chauffée par le feu qui redevient froide aussitôt qu'on l'en retire. Toi, tu étais

כך כמו היה   ואתה לי יותר אויב מכל אויב שבעולם אבל מפני
הטוב' שהיה לכל אחד ממנו בחברו קרה לנו זה הדבר שנתחברנו
בינינו וכבר סר הפחד אשר היינו מפחדים ממנו ושבה האיבה
אשר היתה בינינו *ואחרי אשר מצאנו טובתנו אני ממך ואתה
5 ממני² אדע כי איבתך לי היום כמו שהיתה³ ביום ראשון   וכעת
אהיה אני מאכל ואתה אוכל אני חלש ואתה חזק איך יתכן שיהיה
בינינו חברה אלא אם תרצה לאכול אותי ועל כן איני מאמין בך
לעולם כי *הוא חלש מכל החלשים' כל מי ·יאמין באויבו ואחרי
כן⁵ ילכד בידו   *וכבר אמרו אנשי החכמה והשכל כי החלש בעת
10 לא יאמין באויבו ימלט ממנו ולא יפול בידו וכן האיש הגבור בעת
יבטח באויב אשר הוא חלש ויאמין בו וילכד ויכשל⁶   וכבר אמרו
החכמים ראוי הוא למשכיל שיתחבר לאויבו בעת יצטרך כל איש

1) C. ajoute: *et lucrum*, והריוח. — 2) Manque chez C. — 3) Ms. שהיית.
— 4) Manque chez C. — 5) C. *ultimo*, אחרי כן. — 6) Manque chez C.

---

mon plus grand ennemi dans le monde, mais pour le bien que
l'un de nous pouvait obtenir de l'autre, nous nous sommes ac-
cidentellement réunis ensemble. La crainte que nous avions
éprouvée ayant cessé, l'inimitié est revenue, après que nous
nous étions mutuellement rendu des services. Ta haine, je le
sais, est aujourd'hui ce qu'elle était le premier jour, et puisque
moi je suis la nourriture et toi le mangeur, moi le faible et toi le
fort, comment pourrait exister entre nous une liaison si ce n'est
parce que tu veux me manger? Aussi n'aurai-je jamais de la
confiance en toi; car celui-là est le plus faible de tous qui
s'abandonne à son ennemi et se laisse ainsi prendre par lui.
Les hommes sages et intelligents ont dit: Le faible qui se défie
de son ennemi, lui échappe et ne tombe pas entre ses mains;
de même le fort, quand il met sa confiance et sa foi dans un
ennemi, même faible, trébuche et devient sa proie. Les sages
ont dit également: L'homme intelligent doit faire alliance
avec son ennemi, lorsque l'un et l'autre y sont poussés par le

11*

מהם לחברו ושיתענה לפניו *בגלל טובתו' ויכנע לפניו וישליך
נפשו בידו ושיברח ממנו בעת יש לו לברוח ואל יבטח בו ויחשבהו
כמו שהיה בראשיתו   כי כל התלאות שיבואו לבני אדם הם
שיאמינו | איש בחברו והמשכיל הנבון² יאמין בו כל אדם והוא לא
יאמין לכל אדם *ולא ישמע מכל אדם ולא יבטח בו³ אבל יבקש 5
תחבולות לנפשו וראוי לכל אדם שיפחד מאויבו⁴   ועתה מה מאד
היא רחוקה האהבה ביני וביניך *כמו שהיא רחוקה האהבה אשר
ביניך⁵ ובין הצידים כי אע״פ שאני רחוק מחברתך אני אוהב לך
על אשר עשית לי יותר משהייתי לך מטרם זה היום ואתה כמו
כן ראוי שתראה לי זה הדבר   ויבא העכבר בחורו וילך החתול 10
לדרכו

ויהי אחרי כן אמר הפילוסוף למלך כי העכבר |אף על פי

1) Manque chez C. — 2) Ms. יבין. — 3) Manque chez C. — 4) Manque chez C. — 5) Manque chez C.

---

besoin; il doit se soumettre, s'humilier et exposer même sa vie
en vue de son bonheur; mais il doit l'éviter tant qu'il le peut,
ne jamais s'abandonner à lui et le considérer tel qu'il avait été
auparavant. Tous les malheurs qui accablent les hommes pro-
viennent de la confiance qu'ils s'accordent les uns aux autres.
L'homme intelligent et avisé s'arrange de manière à ce qu'il
inspire de la confiance à tout le monde, sans l'accorder à personne; il n'écoute personne, il ne s'abandonne à personne et
ne pense qu'aux moyens de sa propre conservation. Si tout le
monde doit redouter son ennemi, combien sommes-nous loin
d'éprouver de l'amitié l'un pour l'autre? Nous en sommes aussi
loin mutuellement que tu es loin des chasseurs. Cependant tout
en évitant ta société, je t'aime plus qu'avant ce jour à cause
du bien que tu m'as fait, et toi, tu dois éprouver le même sentiment pour moi. Là-dessus, la souris rentra dans son trou et
le chat retourna chez lui.

Après cela le philosophe dit au roi: La souris, bien que faible,

שהוא חלש בקש לו הדרך הטוב בהתחברו לאויבו והאמין בו אבל
פחד ממנו אחרי אשר הרחיק האויבים אשר¹] היו סביביו וימלט
הוא ואויבו מן הצרות

נשלם שער החתול והעכבר

1) C. *quamvis sit debilis quesivit tamen viam bonam sibi pro societate* 5
eius inimici et confidit in eo. Timuit autem ipsum quum inimicum expulit qui.

---

a choisi le bon moyen en s'associant à son ennemi; mais elle
a eu peur aussitôt que celui-ci avait éloigné d'elle les ennemis
qui l'avaient entourée. Ainsi l'un et l'autre ont échappé au
danger. 10

Fin du chapitre du chat et de la souris.

[השער התשיעי]

וזה שער המלך והעוף[1]

ויאמר המלך לפילוסוף כבר שמעתי המשל הזה [בעד] האיש המתחבר לאויבו ויעזרו זה מזה ויתחבר עמו עד נמלטו מן הצרה שמתירא ממנה ועתה שא לי משל אנשי השטמה ואשר הוא ראוי להם שישמרו זה מזה אמר הפילוסוף כי אנשי השכל והחכמה אין להם שיאמין איש באויבו ואע"פ שיראה להם כל אהבה ואחוה *אלא שישמרו[2] כמו עשה העוף עם בן המלך[3] אמר המלך ואיך היה

---

1) C. ajoute: *et est de sociis qui inimicantur ad invicem et quanto debeant se cavere ab invicem,* וזה בחברים אנשי השטמה וכמה הוא ראוי שישמרו זה מזה. — 2) Manque chez C. — 3) C. ajoute: *cuius filium orbaverat,* אשר המית את אפרוחו.

[Chapitre IX.]

Ceci est le chapitre du roi et de l'oiseau.

Le roi dit au philosophe : J'ai entendu cette parabole concernant l'homme qui s'associe à son ennemi de manière à ce que l'un et l'autre se portent mutuellement secours et qui conserve cette société jusqu'à ce que tous deux aient échappé au malheur qu'ils craignaient. Raconte-moi maintenant une parabole sur des personnes qui se haïssent et qui doivent se garder l'un de l'autre.

Le philosophe répondit : Les hommes prudents et sages ne doivent point se fier à un ennemi, quand même celui-ci leur montre tous les signes d'amitié et de fraternité ; ils doivent se tenir en garde contre lui, comme fit l'oiseau avec le fils du roi.

Le roi demanda : Quelle est cette histoire ?

אמר הפילוסוף אמרו כי מלך אחד בארץ הודו היה לו עוף ושמו פנזה ולמד אותו לדבר בטוב והיה מבין¹ והיה לו אפרוח לזה העוף ויצוה המלך *שיקח העוף והאפרוח וישימו אצל אשה בבית והיה² משרת הנשים אשר למלך ויצוה שתשמרם³ ויהי
5 | אחרי כן ילדה האשה⁴ בן ויתחבר האפרוח עם התינוק והיו משחקים שניהם *ואוכלים שניהם⁵ והיה פנזה הולך בכל יום להר אחד ויביא משם שתי פירות מן התמרים והיה נותן אחד לנער ואחד לאפרוח והיה זה הפרי מוסיף בכוחם וגדלו מהרה *ויראו למלך⁶ מראיהם⁷ ויוסיף לאהב פנזה והוסיף בעיניו חן ויהי יום אחד
10 ופנזה הולך בהרים להביא הפירות ויעל האפרוח בחיק הנער⁸ ויחר אף הנער ויקחהו וישליך אותו לארץ וימיתהו

1) C. ajoute : *sermone hominum*, בלשון אדם. — 2) Lis. והיתה. — 3) C. *cuidam puelle domus ut conservaret et nutriret eum diligenter.* — 4) C. *uxor regis*, אשת המלך. — 5) C. *et conversabantur tota die stantes et comedentes et sollicitantes simul.* — 6) Lis. וירא המלך; C. *cum vidisset rex.* — 7) C. *vigorem pueri* לשחק עמו כדרכו. — 8) C. ajoute : *ut cum eo luderet more solito*, כח הנער.

Le philosophe répondit : Un roi de l'Inde avait un oiseau qui se nommait Pinza, et il lui apprit à bien parler au point que l'oiseau comprenait le langage des hommes. Cet oiseau avait un petit. Le roi ordonna qu'on prît l'oiseau et son petit et qu'on les plaçât dans une maison auprès d'une femme qui était chargée de servir les femmes du roi. On devait veiller sur eux. Après cela l'épouse du roi mit au monde un fils et le poussin se lia avec cet enfant, de sorte qu'ils jouaient et mangeaient ensemble. Pinza allait chaque jour vers une montagne et en rapportait deux fruits de palmier dont il donnait l'un à l'enfant et l'autre au poussin. Ces fruits les fortifiaient, et ils grandirent vite. Le roi qui vit leur bonne mine en aima davantage Pinza et lui accorda plus de grâces que par le passé. Un jour que Pinza était allé vers les montagnes pour en rapporter les fruits, le petit oiseau monta sur le sein de l'enfant pour jouer avec lui, comme il en avait l'habitude; l'enfant irrité le prit, le jeta par terre et le tua.

צורת הנער והוא הורג האפרוח

וַיְהִי כאשר בא פנזה מן ההר וירא האפרוח שלו נהרג[1] ויתאבל
ויבכה וישתומם ויאמר ארורים הם כל המלכים כי אין בהם
אמונה ואין בהם ברית[2] ואוי למי נגע האל אותם בחברתם כי אין
להם חבר ולא רע ואינם אוהבים לאדם *ואינם מכבדים אותם[3]
אלא אם יקוו ממנו דבר שיתן להם *יקריבוהו לדבר הזה ויכבדוהו[4]
ובעת ימצאו[5] חפצם ממנו אין להם בו אהבה ולא ידידות *ולא
אחוה[6] ואולם מעשיהם ברשע ובמרמה *ובעול ובעון ובאון בפיו
את שלום אויבו ידבר ובקרבו ישים ארבו[7] ויהי אחרי כן אמר[8]
לא אעמוד ולא אשב עד שאנקום היום מן האכזר והעוכר אשר אין
לו ברית ולא אהבה הבוגד באחיו ואנשי קרבתו והאוכלים עמו

1) C. ajoute : *et prostratum in terram*, ושוכב על הארץ. — 2) C. *misericordie*, רחמים. — 3) Manque chez C. — 4) Manque chez C. — 5) Lis. מצאו. — 6) Manque chez C. — 7) Manque chez C. — Lis. : שלום את רעהו comme Jérémie, IX, 7. — 8) C. *cogitavit in se Pinse et dixit* : חשב פנזה בלבו ואמר.

Figure de l'enfant qui tue le petit oiseau.

Lorsque Pinza, de retour de la montagne, vit son petit tué, il s'affligea, pleura, se désola et dit : Maudits soient tous les rois, car ils n'ont ni foi ni loi! Malheur à celui que Dieu a frappé du fléau de leur société, car ils n'ont ni compagnons ni amis. Jamais ils n'aiment qui que ce soit; s'ils honorent quelqu'un, c'est qu'ils espèrent obtenir de lui quelque chose; alors ils l'approchent et l'honorent. Mais dès qu'ils ont obtenu l'objet de leur désir, ils n'ont plus pour lui ni amitié, ni tendresse, ni sentiment fraternel. Certes, toutes leurs actions ne sont inspirées que par la méchanceté, l'artifice, l'iniquité, l'injustice et l'impiété. Leur bouche semble rechercher le salut de leur prochain, tandis que dans leur cœur ils dressent des embûches. Puis il dit : Je n'aurai de repos et je ne me tiendrai tranquille que je ne me sois vengé aujourd'hui même de ce cruel, de ce méchant qui n'a ni foi ni amitié, qui trahit son frère, ses

ויקם ויעף על הנער ויוציא עיניו ברגליו ויעף ויעמוד במקום גבוה
ויוגד הדבר למלך וידאג דאגה גדולה וישתומם ויבקש תחבולות
כדי שיפתה לפנוה ויקחהו ויהרגהו

צורת פנוה ינקר עיני הנער

וירכב המלך על סוסו וילך אליו וישם מגמתו אל פניו¹ ויהי 5
בהגיעו אליו² ויקראהו בשמו ויאמר לו אתה נאמן בעיני ומחלתי
חטאתך שוב אלי³ וימאן העוף ויאמר לו אדוני המלך כי הבוגד
ילקח ברשעתו ובגדו *ובמדה שאדם מודד בה מודדין לו⁴ *אע"פ
שיתאחר הדבר אם יתמהמה חכה לו כי בא יבוא לא יאחר⁵ ואם
יתאחר בעולם הזה לא יתאחר בעולם הבא אבל האל פוקד עון 10
אבות על בנים ועל בני בנים⁶ ואולם אשר עשה לי בנך כבר

<small>1) Cf. *Hab.* I, 9. — 2) C. *vidit ipsum alonge et accessit ad ipsum*, ויו אותו מרחוק וינש אליו. — 3) C. ajoute: *ne timeas*, אל תירא. — 4) Mischnâh *Sôtâ*, ch. I, § 7. — 5) *Hab.* II, 3. — 6) *Exode*, XXXIV, 7.</small>

proches, ses commensaux. Puis, il se leva, vola sur l'enfant et lui arracha les yeux avec ses pattes; ensuite s'envolant, il s'arrêta sur un lieu élevé.

On informa le roi de ce qui venait de se passer, et il en conçut un vif chagrin. Dans son affliction, il chercha quelque artifice pour tromper Pinza, le prendre et le tuer.

Figure de Pinza arrachant les yeux à l'enfant.

Le roi, étant monté à cheval, partit pour aller trouver Pinza. Arrivé près de lui, il l'appela par son nom et lui dit : Tu es toujours fidèle à mes yeux et je t'ai pardonné ton péché. Reviens donc à moi. — L'oiseau s'y refusa et répondit : Seigneur et roi, le traître est pris dans son iniquité et dans sa perfidie. On se sert envers un homme de la même mesure dont il s'est servi envers les autres. Quand même le châtiment est différé, quand même il tarde, il faut l'attendre parce qu'il arrive certainement et ne reste pas en arrière; s'il n'arrive pas dans ce monde, il ne manque pas dans le monde futur. Mais Dieu punit l'iniquité des pères sur les enfants et les petits enfants.

פרעתי ממנו מהרה וכי בנך בגד בי ואמהר להשיב לאיש כפועלו¹
וכאשר עשה כן עשיתי לו

צורת המלך יקרא לפנזה והוא על ההר

אמר לו [המלך²] באמונה כי חטאנו על בנך וקשרנו עליך
וכבר לקחת נקמתך ממנו ואין לנו עליך עון ועתה שוב אלינו בוטח
³ומאמין בשלוה ובאמונה³   אמר פנזה לא אשוב אליך כי אנשי
לבב מנעו שלא יבא אדם במקום סכנה⁴ ויאמרו אל נא יפתה
לבך בדברי אויבך וחלק פיו אשר יכבדך ואל תבטח עליו ⁵כי חלקו
מחמאות פיו וקרב לבו⁵ כי לא תמצא לעולם במשטמה אמונה
שתהיה טובה אלא להשמר ממנה   וכבר נאמר ראוי הוא המשכיל 10

1) *Proverbes*, XXIV, 29. — 2) C. *rex*. — 3) Manque chez C. —
4) Préscription talmudique. — 5) *Psaumes*, LV, 22. Ce verset manque
chez C.

Pour l'acte de ton fils envers moi, je le lui ai promptement
rendu. Ton fils m'ayant trahi, je me suis empressé de rétribuer
l'homme selon ses œuvres; comme il a agi envers moi, j'ai agi
envers lui.

Figure du roi appelant Pinza qui est sur la montagne.

Il est vrai, dit le roi, que nous avons péché contre ton fils,
et que nous nous sommes ligués contre toi; mais déjà tu as tiré
vengeance de nous et nous n'avons plus à te demander raison
d'aucune iniquité. Reviens donc maintenant à nous avec confiance, dans une entière tranquillité et une parfaite assurance.
— Pinza répondit: Je ne reviendrai point auprès de toi, car
les sages ont défendu d'aller dans un lieu où il y a du danger.
Ils ont dit: Garde-toi de te laisser séduire par les paroles de
ton ennemi, par la douceur de sa bouche qui semble t'honorer;
ne te fie point à lui, car sa bouche est plus douce que la crème
et la guerre est dans son cœur. Jamais la haine n'inspirera la
confiance et le mieux qu'on ait à faire, c'est de se tenir en
garde contre elle. On a bien dit: L'homme intelligent doit con-

שיחשב *אבותיו חבריו ואחיו רעים ואישים¹ דודים והבנים זכרון
ויד ושם והבנות מסה ומריבה וקרוביו צאן² ויחשב שנפשו בינם
יחיד נפרד וככה אני היום נפרד יחיד והייתי³ צרתי ממך *ושמת
עלי הצרות והתלאות⁴ ולא ישאוהו אחר כי אני לבדי ועתה עליך
5 שלום כי הנני הולך לדרכי אמר לו המלך דע כי אילו לא היית
לוקחת נקמתך היה הדבר כמו אמרת ואולם אנחנו התחלנו לך
להרע וכבר נקמת ממנו ולמה תמנע להאמין בנו בוא אלי הלום
*ושוב אלי ואני לך כמו ידעתי⁵ ואעביר כל עוניך אמר פנזה כי
המשטמה היא תוגה גדולה ומכאוב גדול וכי הלשונות לא יצדיקו
10 באשר בלבבות והלב יעיד על הלב יותר מן הלשון ולבי אומר

1) Lis. והנשים. — 2) C. *reputare debet fratres et socios cius suos proximos viros vero fideles amicos filios autem potentiam et famam suam, mulierem litem et filiam suam quasi discordiam eius vero consanguineos aves famelicas.* — S: de Sacy propose de lire צאה pour צאן. — 3) Lis. והיתה. — S. de S. lit צרתי pour צרתי; mais C. *a te accepi hanc tribulationem.* — 4) C. et *prius honorasti me tanto honore.* — 5) Manque chez C.

sidérer ses père et mère comme des compagnons, ses frères comme des amis, les femmes comme un amusement, les fils comme un moyen de conserver sa mémoire, comme un monument pour continuer son nom, ses filles comme un sujet d'épreuves et de querelle et ses parents comme de l'ordure; tandis qu'il doit se regarder lui-même au milieu d'eux comme isolé et solitaire. C'est ainsi que je suis aujourd'hui solitaire et isolé : mes tribulations me sont venues de toi, tu m'as chargé d'angoisses et de peines que je porte seul. Adieu donc, car je m'en vais. — Le roi reprit : Sache que si tu n'avais pas tiré vengeance de nous, la chose serait effectivement comme tu le dis : mais c'est nous qui avons commencé à te faire du mal et toi tu as pris ta vengeance. Pourquoi te refuses-tu alors de te fier à nous? Viens ici auprès de moi et reviens, je serai pour toi tel que tu m'as connu, et je te pardonnerai toutes tes iniquités. — Pinza reprit : Certes, l'aversion est une grande peine et une grande douleur. Les langues ne sauront jamais exprimer complètement ce qui se trouve dans les cœurs; le

לי¹ כי לבך יחשב רע וכמו כן *אני ישנאה² אותך ואיך תאהב לעולם אותי ואני אשנאך וכבר ידעת כי לבי לא יעיד ללשונך *ולא לבך ללשוני³   אמר לו המלך הלא ידעת כי המשטמה והאיבה הן רבות בין כל בני אדם וכל מי ישכיל יאמין לשונאים⁴ אותו בעת יתן לו [אמונה⁵]   אמר פנזה הדבר הוא כמו אמרת ואנשי השכל *לא יש להם תחבולות וערמות⁶ ויזהר[ו] מהם [וידעו] כי האויב[ים] לא יוכלו להם לא בחיל ולא בכח כי אם בתחבולות ובעצה ובערמה עד אשר יצודו אותו⁷ כי יצודו הפיל אשר הוא גדול מכל החיות ויצוד אותו נער קטן בתחבולותיו   וכבר ידעו המשכילים כי האנשים יזבחו כל אשר ירצו מן הצאן ויאכלו בשרם

1) Le ms. répète les mots: וכי הלשונות לא יצדיקו. — 2) Lis. לבי ישנא; C. *cor meum odit.* — 3) Manque chez C. — 4) C. *inimico;* Ms. ללשונים. — 5) C. *quum ei fit fidelis.* — 6) C. *iuvant se consiliis et argumenti,* יעזרו לנפשם בת׳. Il faut en tout cas biffer לא. — 7) Lis. אותם. Les autres corrections sont faites d'après C.

cœur dépose de ce qui est dans le cœur plus exactement que la langue, et mon cœur me dit que le tien médite de mauvais projets contre moi, de même que mon cœur te haïra toujours. Comment pourrais-tu jamais m'aimer pendant que je te hais, et lorsque tu sais que mon cœur n'est pas plus d'accord avec ta langue que ton cœur avec la mienne? — Le roi répondit: Ne sais-tu pas que les haines et les aversions sont très fréquentes parmi les hommes; cependant celui qui est intelligent se fie à ceux qui le haïssent lorsqu'il leur a engagé sa foi. — Pinza dit: La chose est en effet comme tu le dis; cependant les hommes sages sont au courant des artifices et des finesses et cherchent à s'en garantir. Ils savent qu'il y a tel ennemi contre lequel on ne peut rien par la bravoure et la force, mais qu'on peut vaincre par les artifices, par un bon conseil et par la ruse jusqu'à se rendre maître de lui. Car on prend l'éléphant qui est plus grand que tous les animaux et dont néanmoins un petit enfant se rend maître par ses ruses. Les hommes sages savent qu'on égorge autant de brebis qu'on veut pour en

ואע"פ כן לא ידעו' הדבר ההוא לאחרים אלא יאמינו וישכחו אשר
יעשה בהם   כן הכלבים עזר לאנשים ובעת ישחטו אחד מהם
אע"פ כן לא יתפרדו האחרים ממנו   ואני לא ארצה שאהיה כמו
אחד מאלה שישכחו מלשמר נפשם אלא אשמר ממך כדי שאוכל
5 אמר המלך כי הנזיר² לא יעזוב חברו ולא יפריד חברו ואחיו
ואין האנשים מדה אחת כי יש אנשים שיש לאדם לשמור מהם על
כל פנים ואילו נתנו אמונתם ויש אנשים אשר יש לאדם שיבטח
בדבריהם כי דבריהם יורו על מעשיהם   אמר פנזה כי המשטמות
הם נוראות מאד ויש לאדם שיירא מהם בכל מקום שיהיו   ויותר
10 שיש לאדם לירא מן המשטמה [אשר בלבבות המלכים כי ירצו
להנקם ויראו כי הנקמה³] בדברים האלה הוא כבוד להם ותפארת

1) Lis. ירע; C. displicet. — 2) C. vir nobilis, הנדיב. — 3) C. que est in cordibus regum. volunt enim penitus vindicari et videtur eis quod vindicta.

---

manger la chair, et que cela n'inspire aucun chagrin aux autres
brebis qui n'en continuent pas moins à se fier aux hommes et
oublient le traitement qui les attend. De même les chiens prê-
tent assistance aux hommes, et lorsque les hommes en tuent
un, les autres chiens ne se séparent pas de l'homme. Eh bien,
moi, je ne veux pas ressembler à l'un de ces animaux qui
oublient leur propre conservation; je veux me tenir en garde
contre toi autant que je pourrai. — Le roi dit: L'homme généreux ne quitte pas son compagnon et ne se sépare point de
son camarade et de son frère. Tous les hommes ne doivent pas
être placés dans la même catégorie: il y en a dont il faut se
garder en toute circonstance, quand même ils auraient engagé
leur foi, mais il y en a d'autres à la parole desquels on peut se
fier, parce que leurs discours nous éclairent sur leurs actions.
— Pinza répliqua: Les haines sont terribles, et l'homme doit
les redouter partout et en quelques personnes qu'elles se
trouvent. Mais on doit surtout craindre la haine qui se trouve
dans le cœur des rois, car ils cherchent une vengeance com-
plète et la considèrent comme une gloire et un honneur pour

ולא יאות למשכיל שיפתה לבו בעת יראה השוטם שלו כי הוא
מחליק בדבריו כי המשטמה בלב בעת היא צפונה כמו האש
המכוסה באפר בעוד אין לו עצים וכן כי השוטם יבקש עלילות
דברים כמו תבקש האש לעצים ובעת ימצא השוטם סבה ידלק
כמו תדלק האש ולא יכבוה לא עושר ולא לשון רכה *ולא מאמר
ולא תחנונים' ולא הכנעות *ולא דבר אלא הנפשים² אע"פ שיש
אנשים שישטמו³ אותם אויביהם ויוכלו להשיב שטמתם בתחבולות
ובעצות אשר ידעו ואני חלש העצה חסר הדעת ואין בבינתי יכולת
להסיר אשר בנפשך לעולם ועל כן לא אאמין בך לעולם *אפילו
היינו חברים לא הייתי לעד מאמין' ולא אראה לי עצה כי אם
להפרד ממך *ועתה שלום עליך⁵ אמר המלך כבר ידעת כי לא
יוכל אדם [לעשות⁶] לחברו *לא רע ולא טוב אלא מה שירצה

1) C. *nec honestas*. — 2) Manque chez C. — Lis. הנפשות. — 3) Ms.
וישטמו. — 4) Manque chez C. — 5) C. *in eternum*, לעולם. — 6) C. *facere*.

---

eux. Il ne convient pas à un homme sage de se laisser séduire
quand il voit que son ennemi use envers lui de paroles mielleuses, parce que la haine qui est cachée dans le cœur est
comme le feu qui couve sous les cendres, quand il manque du
bois; l'ennemi cherche des prétextes comme le feu cherche
du bois, et dès qu'il en aura trouvé l'occasion, il s'enflamme-
ra comme le feu s'enflamme, et ce feu ne pourra être éteint
ni par la richesse, ni par un langage doux, ni par de vains
discours, ni par des supplications, ni par des humiliations, il
faut à l'ennemi la vie même. Bien qu'il y ait des hommes qui,
étant haïs de leurs ennemis, peuvent détourner leurs mauvais
projets à force de ruse et de sagesse, moi, je suis faible d'esprit,
je manque de science et mon intelligence n'est pas assez puis-
sante pour écarter les desseins que tu as dans l'âme. Je ne me
fierai donc jamais à toi, et fussions-nous compagnons, je ne
mettrai jamais ma confiance en toi. Je ne dois prendre d'autre
mesure que celle de me séparer de toi. Adieu donc. — Le roi
reprit: Tu sais qu'un homme ne peut faire ni bien ni mal à

הָאֵל יִ״שׁ¹ *וּמַה שֶּׁיַּעֲשֶׂה² וְאִם גָּזַר הָאֵל שֶׁתָּמוּת עַל יָדִי אֵין לְךָ מָנוֹס
וּמִבְרָח *וְלְיָדִי תָּבוֹא³ וְאִם לֹא גָזַר הָאֵל יִ״שׁ עָלֶיךָ לָמוּת עַל יָדִי
וַאֲנִי רוֹצֶה לְהָרְגְךָ וְאִלּוּ בָּאתָ לְיָדִי לֹא הָיִיתִי יָכוֹל עָלֶיךָ   וּכְמוֹ כֵן
אֵין בָּעוֹלָם אָדָם שֶׁיּוּכַל לִבְרֹא דָבָר וְכֵן לֹא יוּכַל לְהַאֲבִיד⁴ דָּבָר
וְאֵין לְךָ עָוֹן בַּאֲשֶׁר עָשִׂיתָ לִבְנִי וְאֵין⁵ לִבְנִי עָוֹן בַּאֲשֶׁר הָרַג אֶפְרוֹחֲךָ
*וְאוּלָם הַכֹּל מִן הַשָּׁמַיִם אֲבָל הָיִינוּ אֲנַחְנוּ סִבָּה לַאֲשֶׁר עָשָׂה הָאֵל⁶
אָמַר לוֹ פִּנְזָה כִּי גְזַר דִּין כֵּן הוּא כְּמוֹ אָמַרְתָּ אֲבָל הַדָּבָר הַהוּא
לֹא יִמְנַע לְנָבוֹן שֶׁיִּשָּׁמֵר מִן הַשּׁוֹטֵם *וְיִזָּהֵר מִמֶּנּוּ וְיִירָא אוֹתוֹ וְעַל
הָאָדָם שֶׁיִּשְׁמֹר נַפְשׁוֹ⁷ וְאַחַ״כ יַעֲשֶׂה הָאֵל חֶפְצוֹ   וְכִי אַתָּה תֵּדַע כִּי
אִלּוּ אִישׁ נִגְזַר עָלָיו שִׁימוּת בַּמַּיִם אֵין בָּעוֹלָם מִי יַצִּילֶנּוּ וְאִלּוּ בָּאוּ

1) = יתברך שמו. — 2) Manque chez C. — 3) Manque chez C. —
4) C. *agere*, לעשות. — 5) C. *sed*, אבל. — 6) Manque chez C. — 7) Manque
chez C.

---

son prochain, à moins que Dieu, dont le nom soit béni, ne le
veuille et ne le fasse lui-même. Si donc Dieu a décidé que tu
mourras de ma main, tu ne saurais trouver un asile, un refuge,
et tu tomberas entre mes mains; mais si Dieu, dont le nom soit
exalté, n'a point décrété que tu périsses de ma main et que
néanmoins j'aie la volonté de te tuer, quand même tu tomberais
en mon pouvoir; je ne pourrai rien contre toi. De même qu'il
n'y a point d'homme au monde qui puisse créer quelque chose,
il n'y en a point non plus qui puisse rien faire périr. Tu n'as commis aucune iniquité en ce que tu as fait à mon fils, et mon fils
n'en a commis davantage en tuant ton petit, car tout cela vient
du ciel et nous n'avons été que le moyen par lequel Dieu a
exécuté sa volonté. — Pinza répondit: Certes, le décret divin
est tel que tu viens de le dire, mais cela n'empêche point
l'homme prudent de se mettre en garde contre son ennemi, de
se garantir de lui et de le craindre. L'homme doit veiller à sa
conservation et Dieu, après cela, agit selon sa volonté. Tu sais
bien que, s'il est arrêté dans les décrets divins que l'homme
doit mourir dans les eaux, rien au monde ne peut le préserver.

החוזים | בכוכבים ויגידו לאיש הדבר היה שומר עצמו כל אשר
יוכל כי לא יאמר בלבו אחרי אשר נגזר עלי למות במים אלך
ואפיל עצמי שם כי יהיה שוטה אם יעשה הדבר הזה   ואמרו
חכמים כל המאבד עצמו אין לו חלק לא בעולם הזה ולא בעולם
הבא¹   ועל כן שם האל הנפש בגוף שישמור אותה האדם ואל
יאבד הפקדון אשר נתנו לו עד בא אשר לו המשפט ויתננה לו
ועל כן אני אע"פ שנגזר עלי למות על ידיך לא אלך לעולם ברצוני
ולא ברשותי ואני יודע כי אתה מדבר לי דברים בפיך אשר אינם
בנפשך *והדבר אשר קרה ביני ובינך כי בנך הרג אפרוחי ואני
הוצאתי עיניו מבנך ועתה אתה רוצה שתנקם בי ותפריד ביני ובין
נפשי² והנפש תמאן למות ותמאס המות והמשטמה לא תסור
לעולם   ואתם לא תרצו העוף כי אם לשלשה דברים או לאכול

1) Sur le suicide, voyez *Semâchôt*, chap. II, *initio*. — 2) Manque chez C.

Si cependant les astrologues viennent prédire cela à un homme, il prend toutes les précautions possibles pour sa conservation; il ne dira pas : Puisqu'il est arrêté que je dois périr dans les eaux, je vais aller m'y jeter, car il serait fou s'il en agissait ainsi. Les sages ont dit : Celui qui se détruit lui-même, n'aura aucune part en ce monde ni en l'autre. Dieu a mis l'âme dans le corps pour que l'homme veille sur elle, et qu'il ne laisse point périr le dépôt qu'on lui a confié, jusqu'à ce qu'il le rende à qui de droit. Ainsi quand même il serait décidé que je dois périr de ta main, je n'irai point te trouver de mon plein gré ni de ma propre volonté. Je sais que ta bouche me tient des discours qui ne sont point dans ton cœur. Ce qui s'est passé entre toi et moi, c'est que ton fils a tué mon petit et que moi j'ai arraché les yeux à ton fils; à présent tu veux te venger de moi et m'enlever mon âme; mais l'âme ne veut pas mourir, elle redoute la mort et ta haine ne cessera jamais. Vous autres hommes, vous ne voulez avoir les oiseaux que pour l'une de ces trois choses : pour les manger, ou pour vous amuser, ou pour les

או לצחק או להרג ואני לא תרצני לא לאכל ולא לשחק כי אם
להרגני בעד בנך וכל איש ירצה החיים וימאס המות והמשכיל
(לא¹) יוכל לעזב האדם² וישוב לעבודת אלהים מרב פחדו מן המות
או יעשה אותו כדי שיציל נפשו פעם אחת מן המות ולא ימות
5 פעמים רבות ו³שלא ימצאוהו תלאות רבות כי כל זה מות הוא
וכבר נאמר כי החכמה יגון והאולת⁴ יגון וקרבת האויב יגון [וקרבת
האוהב יגון⁵] והחלי יגון והזקנה יגון וראש היגון המות ולב יודע
מרת נפשו⁶ כי לא תדע אתה⁴/הצרה אשר תבואני אם אבוא לידך
ועתה אני יודע אשר בנפשך [לי⁷] מפני שאשר בנפשי לך ועל כן
10 אין לי טוב בחברתך כי אלו היינו חברים ונאמנים אם אזכור מעשיך
ואם תזכור מעשי אלא וישתנה העת לבותינו אמר המלך אין טוב

1) Biffer le mot. — 2) Lis. העולם; C. *mundum*. — 3) C. *aut*, או. —
4) C. *et tribulatio*, והצרה. — 5) C. *et accessus amicorum tristicia*. — 6) Prov.
XIV, 10. — 7) C. *erga me*.

tuer. Ce n'est point pour ton repas ni pour ton amusement que
tu désires m'avoir, mais bien pour me tuer à cause de ton fils.
Tout homme aime la vie et déteste la mort. L'homme sage se
retire de ce monde pour se consacrer au service de Dieu par
la crainte extrême de la mort, ou bien il le fait pour délivrer
son âme une fois de la mort et ne pas mourir plusieurs fois;
en d'autres termes : pour ne pas être exposé à une multitude
de peines qui sont autant de morts. On a dit que la sagesse
est une peine et que la sottise est une peine, que le voisinage
d'un ennemi est une peine et que le voisinage d'un ami est une
peine, que la maladie est une peine et que la vieillesse est une
peine; mais que la plus grande de toutes les peines est la mort.
Le cœur de chacun connaît sa propre amertume; tu ne sais
point quelle angoisse me saisira, si je tombe entre tes mains.
Moi, je connais ce que tu as dans ton âme à mon égard par ce
que je trouve dans mon âme par rapport à toi. Il n'y a donc
pour moi aucun avantage dans ta société. Quand même nous
serions des compagnons sincères, aussitôt que nous nous rappel-
lerions le mal que nous nous sommes fait l'un à l'autre, nos

בכל מי שאין בו יכולת¹ להסיר [מה²] בנפשו וירחיק האיבה ויקריב
האהבה על כן נתן לשכל המשכיל³ כדי שהעת ירצה להסיר מלבו⁴
יסור   אמר פנזה כי האיש אשר יש לו⁵ שחין בכף רגלו כל אשר
יוסיף ללכת עליו יוסיף מכאובו ואיש אשר יש לו חלי בעינו בעת
יכסהו הרוח⁶ יוסיף חלי על חליו   וכן איש אשר ישטמהו אויבו
כל אשר יקרב לאויבו יוסיף שחין⁷ לבו להפתח ויגדל כאבו
ותתחדש מעלתו⁸ וכן כל מי שלא ידע הדברים⁹ איך יבא בהם
ואיך יצא מהם ואין בו כח וילך להביא עצמו בדרך [רעה¹⁰] כבר
הרג נפשו   וכן אם לא יוכל לאכול לחם הרבה ויין הרבה והוא

1. C. *habere potentiam*; il faut: *non habere potentiam*. — 2) C. *quod est.*
— 3) Lis. השכל למשכיל. — 4) C. ajoute: *malum* הרע. — 5) C. *Inimicitia
similis est apostemati*; איבה ידמה למי שיש לו. — 6) C. ajoute: *aut alia re
nociva*; או דבר רע אחר. — 7) C. *vultus*; il faut: *ulcus*. — 8) Lis. מחלתו; C.
languor. — 9) C. également: *res*. Mais ne faudrait-il pas lire הדרכים?
— 10) C. *malam*.

---

cœurs changeraient au moment même de sentiment. — Le roi
dit: Il n'y a rien de bon dans tout homme qui ne possède pas le
pouvoir d'ôter ce qui est dans son âme, d'en éloigner la haine
et d'y faire rentrer l'amitié. C'est pour cela que l'intelligence
a été donnée à l'homme, afin que le mal qu'il veut éloigner de
son âme disparaisse aussitôt. — Pinza reprit: L'homme qui a
un ulcère à la plante du pied augmente sa douleur d'autant
plus qu'il marche davantage. Si un homme a les yeux malades
et qu'il les expose au vent ou à une autre chose nuisible, sa
maladie devient plus grave. Il en est de même d'un homme
qui est l'objet de la haine de son ennemi; plus il s'approche de
son ennemi, plus l'ulcère de son cœur s'agrandit, sa douleur augmente et sa maladie prend une nouvelle force. Il en est encore
ainsi de celui qui, sans savoir comment il doit entreprendre les
affaires ni comment il peut s'en tirer, parce qu'il manque de
force, s'engage dans une mauvaise voie; il se dirige vers sa
perte. Pareillement un homme qui ne peut pas manger beaucoup de pain et boire beaucoup de vin et qui cependant se

מטריח באכילתו על עצמו כבר רצה להאביד נפשו וכן האוכל
בעת יביא בפיו פת גדול יותר מאשר יוכל לבלוע הוא ראוי שיחנק
בו וימות וכל מי יפתה לבו בדבר חברו ולא ישמר הוא אויב
גדול לעצמו¹ ואין לאיש להביט *אשר יעשה האל ו²אשר יגזור
5 האל על האדם אלא יש לאדם שישמור ויתחזק במעשיו *ויתאמץ
ויזהר³ ואחרי⁴ כן יבוא הדבר לחלוף מה שהיה חושב הוא אין
עליו עון והמשכיל אין לו שישב [ב]מקום נורא והוא יכול לצאת
ממנו *ויש | מברח ומפלט⁵ ואני יש לי מקומות הרבה בעת שאלך
שם לא יחסר לי כל טוב בכל ימי כי מדות חמשה הם כל
10 העושה אותם ימצא חפצו ויגיע לרצונו והם עזר לו בעת הוא יחיד
ותדבר על לבו בארץ גרותו ותתן לו מחיתו ותעשה לו חברים

1) C. ajoute : *plus quam alii*, מהאחרים. — 2) Manque chez C. —
3) Manque chez C. — 4) Lis. ואם אחר. — 5) Manque chez C.

---

surcharge de nourriture, prépare volontairement sa mort. De
même encore celui qui, en mangeant, met dans sa bouche des
morceaux trop grands pour qu'il puisse les avaler, mérite d'en
être suffoqué et d'en mourir. Quiconque aussi se laisse séduire
par les paroles de son compagnon sans se tenir sur ses gardes
est un grand ennemi de lui-même. L'homme ne doit pas considérer ce que Dieu fait ou ce qu'il a décrété; il doit uniquement
veiller à sa conservation, agir avec énergie, déployer de la fermeté et prendre garde à lui-même. Si après cela les événements
viennent au rebours de ce qu'il s'était imaginé, il n'a aucun reproche à se faire. Jamais un homme sage ne se fixera dans un
lieu dangereux quand il peut s'en retirer et trouver ailleurs un
asile et un refuge. Pour moi, j'ai beaucoup d'endroits où je puis
aller et où aucun bien ne me manquera jamais. Il y a cinq vertus qui assurent à celui qui les pratique la possession de ce qu'il
désire et la réalisation de sa volonté; elles lui sont utiles lorsqu'il est seul et isolé, le consolent lorsqu'il se trouve dans un
pays étranger, lui procurent sa subsistance et lui gagnent des

ורעים והם שיהי נקי כפים ואל יעשה רע לאדם ושיהא בעל מוסר¹
ושירחיק מכל עברה ומכל שם רע ויהא נדיב בכל מעשיו ויהיו
מעשיו לשם שמים ובעת ישלמו במשכיל אלו המדות ותבוא עליו
צרה *ויירא מדבר² ילך לכל מקום שירצה ולא ידאג מבניו
5 ומבנותיו ומאשתו וממשפחתו³ כי האל ישלים במעשיו⁴ [ו]יותר מזה
והעושה⁵ הרע הוא אשר לא יפנקו ממנו ורעה מכל הנשים אשר
לא תשמע לבעליה בכל דבר מעשיו⁶ ורע מכל הבנים הסורר
המורה ורע מן החברים הרמאי ורע מן המלכים אשר ירצה להרוג
דם נקי ורע מכל הארצות ארץ אשר אין בה שלוה והשקט ואני
10 אין לי בך אמונה ולא אוכל לעולם לגשת אליך ויהי אחרי כן

1) C. *quod sit vir qui scit discernere bonum a malo*, ויודע להבחין בין
טוב לרע. — 2) Manque chez C. — 3) C. ajoute: *aut alique re mundi*, או
מכל דבר שבעולם — 4) Le reste du chapitre manque chez C. — 5) Lis.
והעשיר. — 6) Lis. מעשיה.

---

15 compagnons et des amis. Ces vertus consistent à avoir les mains
pures, à ne faire de mal à personne, à avoir de l'instruction, à
s'éloigner de tout péché et de tout ce qui donne de la mauvaise
réputation, à être généreux dans toutes ses actions; enfin à faire
tout en vue du ciel. Quand ces vertus se trouvent à l'état par-
20 fait dans un homme sage, même s'il est surpris par un malheur
et qu'il craint quelque événement, il peut se transporter partout où il voudra et il n'aura aucun souci à concevoir pour ses
fils, ses filles, sa femme et sa famille, parce que Dieu lui accor-
dera la récompense de ses actions, et davantage. Mais le mau-
25 vais riche est celui qui ne fait profiter personne de lui; la plus
mauvaise femme c'est celle qui n'obéit point à son mari dans
toutes ses affaires. Le plus méchant de tous les fils c'est celui
qui est indocile et rebelle. Le pire de tous les compagnons est
celui qui trompe. Le plus méchant d'entre les rois, c'est celui
30 qui veut répandre le sang innocent. Le plus mauvais de tous
les pays est celui où il n'y a ni tranquillité ni repos. Quant à
moi, je n'ai en toi aucune confiance et jamais je ne m'approcherai de toi. Après cela, Pinza salua le roi et s'envola.

ויברך למלך ויעף לדרכו   וזה הוא משל אנשי המשטמה ואיך ישמרו איש מאחיו

נשלם שער המלך והעוף

Voilà la parabole qui représente les gens animés par la haine et qui enseigne comment les hommes doivent se tenir en garde les uns contre les autres.

Fin du chapitre du roi et de l'oiseau.

[השער העשירי]

וזה שער שארדם המלך ובלאר השר שלו׳

אמר המלך לחכם כבר שמעתי דבריך באשר אמרת כי כל
מי יקצוף עליו אדוניו או יקצוף הוא על אדוניו איך הוא ראוי להם
שלא יאמינו זה לזה   שא לי משל עתה איזה דבר יש למלך 5
לעשותו בעת הצרה² כדי שישמור בו נפשו ומלכותו *ויכבד בו
נפשו במה יוכל המלך לעשותו ובאיזה מדה יעשהו הבנדבה או
באמץ הלב או בנדיבות המעשים או בארך אפים³   אמר לו

1) C. de Sedra rege, et est de eo qui prorogat iram suam ut vicia sua
10 *superet,* וזה בער המאריך אפו ומעביר על מדותיו. — 2) C. ajoute : *et tribu-*
lationis, והתלאות. — 3) Manque chez C.

[Chapitre X.]

Ceci est le chapitre du roi Ardum et de son ministre Bilâr.

Le roi dit au sage : J'ai entendu tes paroles et compris ton
15 avis, à savoir que lorsqu'un serviteur s'est attiré la colère de son
maître ou qu'il a été lui-même courroucé contre son maître, la
confiance mutuelle devient impossible. Maintenant raconte-moi
une parabole qui m'enseigne ce que le roi doit faire dans un
moment de détresse pour la conservation et l'honneur de sa
20 personne et de son empire, quelle voie le roi doit suivre et
quelle qualité il doit appliquer. Doit-il employer la bonté ou
l'énergie ou la générosité ou l'indulgence?

הפילוסוף כי אין בעולם במה יוכל המלך לשמר מלכותו * ויקיים
בו ממשלתו' ויכבד בו לנפשו כי אם בעת יהיה מעביר על מדותיו
ויאריך אפו בכל מעשיו   והנדיבות תשמור לזאת המדה ותעמיד
אותה ויעמוד לנדיבות שיהיה המלך מתיעץ עם אנשי השכל והחכמה
ושהם רגילים במעשיהם   וטוב מכל מדות האיש זאת המדה והיא
שיעביר על מדותיו² כל שכן למלכים בין כל אנשי העולם   ובעת
יתיעץ עם אנשי השכל והאמונה ויתנהל לאט במעשיו * ושיעידו על
הדבר ההוא בצדק וביושר ובנדיבות יצליח   ובעת לא יהיה הארם
מעביר על מדותיו ומשכיל וישאל עצה מחסר דעת אע"פ שיהיה
גבור לא יצליח במעשיו וינחם על כל אשר יעשה ויאבד עצמו
ויכשל וילכד   כי הדבר הנגזר מן האל הוא יהיה והגזור דין ראש
לכל הדברים והוא שליט בכל³ והחכם המתיעץ עם חכמיו יצא

1) Manque chez C. — 2) C. ajoute : *cum irascitur in aliquem et nolet cum statim offendere*, אם יקצוף על אדם ולא ירצה לענשו במהרה. — 3) Manque chez C.

Le philosophe lui répondit : Lorsque le roi veut conserver son empire, affermir son règne et prendre souci de son honneur, il doit avant tout pardonner facilement et faire preuve de patience dans toutes ses actions. Ces qualités sont soutenues et consolidées par la générosité qui, à son tour, trouve son appui dans l'habitude que le roi prendra de demander toujours conseil à des hommes intelligents, sages et expérimentés. L'indulgence est la meilleure de toutes les qualités pour tout homme, à plus forte raison pour le roi. Lorsque le roi délibère avec des hommes intelligents et sûrs, s'il ne précipite rien et que ses conseillers écoutent la voix de la justice, de la droiture et de la bonté, il prospèrera; mais lorsque l'homme ne sait pas pardonner ni se conduire sagement, s'il demande conseil à des gens qui manquent de raison, fût-il même très fort, il ne sera jamais heureux, il regrettera ce qu'il a fait, il se perdra, trébuchera et finira par être pris. Ce que Dieu a décidé arrivera, et le destin domine et gouverne toute chose; mais le sage qui

לטוב' גזר דינו   ובעת יהי המלך חכם ובעל עצתו נבון ונאמן
רוח על כל סוד ונותן עצה למלך בכל לבבו ובכל נפשו יצליח
המלך ההוא בכל מעשיו *ויגבר על כל אנשי מצוותו² ולא יסור
* מטוב ושלום³ כל ימיו וימצא כל חפצו ורצונו * ויאביד לאויבו
5 מן העולם ולא יגבה עליו אויבו ואע"פ שיהיה מלך עושה פעמים
דבר שירע לו וייטב לאויבו לא יכשל מפני עצת שריו ומיודעיו
ואשר ידעו להנהג במעשים ויגבר על אויבו וימצא רצונו ממנו⁴
בעת יהיה שומע עצת שריו ויעשה כמו שיאמרו ויעביר על מדותיו
בעת יטריחו עליו בדברים ויקבל הכל בסבר פנים יפות כמו עשה
10 ארדום מלך הדו *ובלאר השר שלו בהלבת⁵ אשת המלך
אמר המלך ואיך היה

1) C. *ad lucem,* לאור. — 2) Manque chez C. — 3) C. *pacem,* משלום. —
4) Manque chez C. — 5) C. *cum suo principe pro Halebat,* עם השר שלו על
דבר הלבת.

---

consulte d'autres sages fait tourner à son bien l'arrêt même du
destin. Lorsque le roi est sage lui-même et que son conseiller
est intelligent, sûr et prêt à servir son roi de tout son cœur et
de toute son âme, le roi réussira en tout, il l'emportera sur ses
adversaires; il aura un bonheur et une tranquillité constante
et il obtiendra l'accomplissement de tous ses désirs. Il exter-
minera ses ennemis qui ne sauront jamais le vaincre et quand
même le roi commettrait quelquefois des actions qui lui seraient
défavorables et avantageuses pour ses ennemis, le conseil de
ses ministres, de ses familiers et des hommes experts qui l'en-
tourent l'empêcheront de tomber. La victoire lui reviendra et
sa volonté l'emportera lorsqu'il écoute le conseil de ses ministres, fait ce qu'ils lui disent et lorsqu'il conserve sa patience
et sa bonne grâce quand même leurs paroles lui paraissent
inopportunes. Ainsi faisait Arḍoum, le roi de l'Inde, avec Bilâr
son ministre, à l'égard de Hallabat, la femme du roi.

Le roi demanda : Quelle est cette histoire?

אמר הפילוסוף אמרו כי [היה] מלך ממלכי הדו והיה שמו
ארדום והיתה לו ממשלה גדולה ומלכותו חזקה והיה לו שר ושמו
בלאר והיה סר אל משמעת המלך ונאמן בביתו והיה משכיל בכל
מעשיו והיה לו מתק דברים *ונעים מאמרים' ולשון רכה *וחכם
גדול² ויהי לילה אחת והמלך שוכב על מטתו ויחלם המלך
שמונה חלומות וייקץ ויהי אחרי כן וייׁשן ויחלם שנית החלום ההוא
והיה החלום אשר ראה והנה שני דגים אדומים עומדים לפניו
על זנבותם ושתי עופות מעופות המים עפו אחריו ונפלו בין שתי
ידיו והנה הנחש עבר בין רגלו השמאלית וראה והנה גופו מתגולל
בדם וראה כי היה רוחץ בשרו במים וראה כי היה עומד על הר
לבן וראה והנה על ראשו עמוד אש וראה עוף לבן ינקר ראשו

צורת המלך ישן על מטתו ודמות החלומות וכל אשר בם

1) Manque chez C. — 2) Manque chez C.

Le philosophe répondit : On raconte qu'un roi de l'Inde, nommé Ardoum, possédait un grand empire et un gouvernement fortement constitué. Il avait un ministre nommé Bilâr qui servait fidèlement le roi. Le ministre était un homme dévoué, sûr, intelligent, qui avait la parole douce, la conversation agréable, un langage délicat et une grande sagesse. Une nuit le roi, étant étendu sur son lit, eut huit songes. Il se réveilla, se rendormit et eut le même rêve. Voici ce qu'il vit : d'abord deux poissons rouges debout devant lui sur leurs queues; puis deux oiseaux aquatiques le poursuivant dans leur vol et tombant devant lui; ensuite, un serpent passant devant son pied gauche; il vit encore son corps souillé de sang; puis, il se lavait dans l'eau; il était debout sur une montagne blanche; une colonne de feu s'élevait au-dessus de sa tête; enfin un oiseau mordillait sa tête.

Figure du roi endormi sur son lit et l'image des songes et de tout ce qu'ils renfermaient.

ויהי בבקר ותפעם רוחו וישלח ויקרא לאנשי עיר אחת שהיו
בקיאים בפתרון חלומות ובתחלת מלכותו הרג מהם שנים עשר
אלף יוצא צבא   ויהי בבואם ספר להם ויצוה שיפתרו אותו
אמרו' פליאה גדולה הוא זה החלום וראית דבר אשר לא ראה
לעולם בו אדם *ולא שמענו בן אדם שראה כמוהו ולא הגיד לנו 5
איש כי הוא ראה כמוהו² ואם תרצה עתה נלך³ ונביט מה יהיה
פתרון המראה הגדול הזה ונשוב אליך אחרי שבעת ימים ונאסוף
ונגיד לך פתרונו *ואולי נוכל להרחיק|מעליך זאת הגזרה⁴   וירצה
המלך באשר עשו⁵ *ויאמר להם לכו ועשו אשר אמרתם⁶

10   צורת המלך והאנשים

*ויהי בצאתם מאתו נקבצו⁷ ויתיעצו ו[י]אמרו אתם ראיתם

1) C. ajoute : *prudenter*. — 2) Manque chez C. — 3) Ms. ולך. —
4) Manque chez C. — 5) Peut-être : דברו. — 6) C. *constituit eis terminum*.
— 7) C. *et hi viri convenerunt*, ויקבצו האנשים האלה.

---

15   Le matin il fut inquiet. Il fit donc venir les hommes d'une
ville, qui étaient experts dans l'interprétation des songes. Or,
au commencement de son règne le roi avait fait tuer de leurs
compatriotes douze mille hommes valides. Lorsque le roi, à leur
arrivée, leur eut raconté ses songes et demandé qu'ils les inter-
20 prétassent, ils dirent : Voilà une vision bien étonnante, et telle
que personne n'en a jamais eue; nous du moins nous n'avons
jamais entendu que quelqu'un ait eu un pareil songe, et on ne
nous a jamais raconté rien de semblable. Si tu le permets, nous
irons maintenant réfléchir sur l'explication de cette grande vi-
25 sion et, au bout de sept jours, nous reviendrons ensemble t'en
apporter l'interprétation. Peut-être pourrons-nous écarter de toi
le mauvais sort qui te menace. Le roi leur accorda ce qu'ils
avaient demandé et leur dit : Allez et faites ce que vous venez
de dire.

30   Figure du roi et des hommes.

En sortant de chez le roi, ces hommes se réunirent pour dé-
libérer; ils dirent : Vous vous rappelez ce que ce tyran nous

אשר עשה בנו זה האיש¹ ואשר הרג ממנו שנים עשר אלף *וכבר
הגיד לנו סוד² אשר נוכל להנקם ממנו וכבר מצאנו סבה תמצאו
בו רצונכם   ועתה לכו ונגדל הדבר בעינו ונפחידהו ממנו ונאמר
לו כי הוא דבר רע מאד עד כי מרוב הפחד אשר יפחד יעשה
אשר נצוה אותו   ובעת יעשה הדבר ההוא נאמר לו תתן לנו אהוביך
ואנשי בריתך ונהרגם כי לא יסור ממך זה הדם אשר ראית כי אם
תהרוג אהוביך   ואם יאמר מה הוא אשר תרצו נאמר לו נרצה המלכה
הולבת אשר היא נכבדת [אצלך³] מכל נשיך ונרצה בנה⁴ הבכור⁵
אשר תמליך תחתיך ונרצה בן אחיך אלופך⁶ ומיודעך ונרצה בלאר
השר⁷ שלך ובעל סודך ונרצה חרבך אשר לא נמצא כמוהו ונרצה
הפיל שלך הלבן אשר תרכב למלחמתך *ותוסיף עוד שני הפילים

1) C. *tyrannus*, האבור. — 2) C. *advenit nunc nobis tempus*, כבר הגיע לנו העת. — 3) C. *apud te*. — 4) C. *filius tuus*, בנך. — 5) C. *primogenitum*; ms. הבכור. — 6) C. *secretarum tuum*, סופרך; Cf. cependant *Ps.* LV, 14. — 7) C. *principem exercitus*, שר צבא.

a fait, et qu'il a fait mettre à mort douze mille des nôtres. Il vient de nous révéler un secret qui pourra servir notre vengeance; l'occasion s'est trouvée pour satisfaire vos désirs. Allons, exagérons cet événement à ses yeux, faisons-lui peur et disons-lui que ce songe est une chose bien mauvaise, au point que, dans la terreur dont il sera saisi, il exécute tout ce que nous lui ordonnerons. Nous lui parlerons donc ainsi : Livrenous ceux que tu aimes et qui sont étroitement liés avec toi, pour que nous les tuions; car de cette manière seulement disparaîtra le sang que tu as vu. Lorsqu'il nous demandera, ce que nous désirons, nous lui répondrons : Il nous faut la reine Hallabat, la plus honorée de toutes tes femmes; ils nous faut son fils aîné qui doit te succéder sur le trône; il nous faut le fils de ton frère, ton ami et ton conseiller; il nous faut Bilâr, ton ministre et ton confident; il nous faut ton épée qui n'a pas sa pareille; il nous faut ton éléphant blanc que tu montes pour aller en guerre; tu ajouteras encore tes deux grands éléphants,

הגדולים והסוס שלך¹ ותוסף עוד לנו כינארון החכם והחסיד באלה
הדברים נוכל להנקם ממנו ובעת יתן לנו כל זה נומר לו² כי זה
אשר תתן פדיון נפשך ובו תפדה³ אותך מן המות ואחר כן¹ נתפלל
בעדך ונמשה בדם ההוא צדך השמאלית ונזה עליך מים עד תיטהר
מכל עוונותיך אשר היו רשת לרגליך וכמעט האבידוך לולי רחמי
האל⁵ ואחר כן נמשח פניך בשמן⁶ ותקום ותלך אל ארמנותיך
הנחמד[ות] ותסיר ממך זאת הגזירה   ועתה אם תוחיל על זה ונמשח⁷
ותנעם נפשך לתת לנו אשר זכרנו לך לפדות בה נפשך תמלט
מזאת הצרה והגזורה⁸   ואם לא תרצה לעשות אשר זכרנו לך תבא
עליך צרה גדולה *ותבא עליך הוה לא תדע שחרה⁹ ויבואו לך
אחד משני דברים או תמות או תצא ממלכותיך   ואם ישמע אשר

1) Manque chez C. — 2) C. ajoute : *scias, domine rex*, דע אדוני המלך.
— 3) C. *redimemus*, נפדה. — 4) C. ajoute : *congregati omnes*, נקבץ כלנו. —
5) C. ajoute : *tibi hoc revelatum fuerit ut non perires*, גלו לך זאת ואל תאבד.
— 6) C. ajoute : *precioso*, טוב. — 7) Lis. ותשמח. — 8) C. *et vives*, ותחיה.
— 9) Manque chez C. ms. שהרה. Cf. *Is*. XLVII, 11.

ton cheval et enfin le sage et pieux Kinârôn. C'est ainsi que
nous pourrons tirer vengeance du roi, et lorsqu'il nous aura
accordé tout cela, nous·lui dirons : Ce que tu nous donnes est
la rançon de ta vie et tu te rachètes ainsi de la mort; nous
prierons ensuite pour toi, nous enduirons de sang ton côté
gauche, nous t'aspergerons avec de l'eau pour te purifier de
tous tes péchés, qui étaient comme un piége pour tes pieds et
qui, sans la miséricorde divine, t'auraient perdu à jamais.
Après cela nous oindrons ta figure avec de l'huile et tu pourras
te rendre dans tes châteaux délicieux, débarrassé du mauvais
sort qui te menaçait. Ainsi, si tu te soumets et si tu daignes
nous accorder comme rançon de ta vie ce que nous venons de
mentionner, tu échapperas à cette peine et à ce mauvais sort.
Mais si tu nous refuses, une grande affliction t'accablera, un
malheur sans remède te frappera, et il t'arrivera ou de mourir
ou d'être chassé de ton royaume. A la fin ils se dirent entre

שאלנו לו נוכל להאבידו מן העולם ויהי כאשר נועצו על זה
הדבר באו אל המלך ויאמרו לו חקרנו בספרינו והתיעצנו איך
יתכן למלך לעשות ויהיה הדבר לצבי ולכבוד¹ ועתה אם יראה
המלך לכל העומדים לפניו לצוות אותם שיצאו ונגיד מה ראינו בזה
5 הדבר יעשה ויקרא המלך הוציאו כל איש מעלי² *וישאר הוא
עמם³ ויגידו לו אשר נועצו ויהי כשמע הדבר ההוא אמר טוב מותי
מחיי⁴ אם אני אהרוג כל זה אשר הם שמחת לבי וחיי בשרי אני
מת על כל פנים וחיי מעטים ולא אחיה⁵ עד עולם על כן לא אעשה
זה הדבר לעולם כי המות ופירוד האוהבים אחד הוא בעיני אמרו
10 לו אל יכבד עליך נגיד לך כי לא דבריך נכוחים אחרי אשר תשים
בלעדיך יותר אהוב בעיניך מנפשך ועתה אדונינו השמר בנפשך

1) *Ibid.* IV, 2. — 2) *Gen.* XLV, 1. — 3) Manque chez C. — 4) *Jonas*,
IV, 3. — 5) C. *regnabo*, אמלך.

eux : Une fois que le roi nous aura accordé notre demande,
nous pourrons le perdre à son tour.

Après ces délibérations, ces hommes se rendirent auprès du
roi et lui dirent : Nous avons cherché dans nos livres et nous
avons réfléchi entre nous, comment le roi devra agir pour que
cette affaire tourne à sa gloire et à son honneur. Si le roi veut
bien ordonner à tous les assistants de sortir d'ici, nous lui dirons
ce qui, d'après notre avis, devra être fait. Le roi donna l'ordre
que tout le monde s'éloignât, et il resta seul avec ces hommes.
Ils lui annoncèrent ce qu'ils avaient décidé, mais le roi s'écria
aussitôt : Mieux vaut mourir que vivre, si je dois laisser
égorger tous ceux qui sont la joie de mon cœur et comme la
vie de ma chair. Il faut mourir dans tous les cas, la vie est
courte et ne dure pas toujours, je ne ferai donc pas ce que vous
dites. Car la mort et la séparation de ceux que j'aime est pour
moi la même chose. — Ces hommes reprirent : Qu'il ne te déplaise, si nous te déclarons qu'il n'est pas juste d'aimer autrui
plus que soi-même. Prends garde, notre seigneur, à ta per-

ובמלכותך ועשה אשר אמרנו לך ויהיה לך בו אחרית ותקוה[1]
ודי לך בנפשך ואל תחליפה בנפש בלעדיך כי אם ילכו כל אהוביך
תמצא אחרים ׀ ואם ילכו נשיך תמצא אחרות * אבל נפשך לא תמצא
חלף בעולם לה ואל תעזוב הדבר הגדול ועשה הקטן ותאביד נפשך
לכבוד אחרים   ודע כי האדם יאהב חיו לאהבת נפשו כי נפש
האדם לא הגיע בגוף האדם להיות בתוכו[2] אלא בתחבולות עצומות
ובעצות רבות יצאה לזה העולם וכן בעצות רבות נמלט[3]   ודע כי
חיי נפשך היא כמלכותך ולא הגעת למלכות אלא במלחמה גדולה
ובעמל ובעם * חדשים רבים ושנים עצומים[4] ועל כן לא הוא ראוי לך
שתאבד הכל ברגע אחד ויקל עליך כל אשר בעולם לנגד נפשך
ועתה תן לנו את שאילתנו כי הם פדיון נפשך והשמר בנפשך

1) *Jér.* XXIX, 11. — 2) Ms. כי אלא. — Il faut הגיעה et נמלטה. —
3) Manque chez C. — 4) C. *multis annis*.

sonne et à ton empire, fais ce que nous t'avons dit et l'avenir
et l'espérance t'appartiendront. Pense à ta vie et ne l'échange
pas contre la vie d'autrui. Lorsque tous tes amis s'en seront
allés, tu en trouveras d'autres; après avoir perdu tes femmes,
tu rencontreras d'autres femmes; mais dans le monde entier
tu ne trouveras pas de quoi suppléer à ta vie. Ne néglige pas
ce qui est important pour t'occuper de ce qui ne l'est point.
Ne détruis pas ta personne pour l'honneur des autres. Sache
que l'homme aime sa vie par amour de son âme; car il fallait
de grands artifices pour que l'âme de l'homme pénétrât dans
son corps, et si elle est entrée dans ce monde après de grandes
hésitations, elle en sort de même. Sache, que la vie de ton
âme est comme ton empire, que tu n'as pu conquérir qu'après
des guerres longues et avec beaucoup de peines et de souffrances que tu as dû supporter pendant bien des mois et bien
des années. Tu ne dois donc pas perdre tout dans un moment
et tu dois tout négliger lorsqu'il s'agit de ta vie. Accorde-nous
donc ce que nous t'avons demandé, car c'est la rançon de ta
vie. Prends garde à ta personne et à ton empire et ne prépare

וּבְמַלְכוּתְךָ וְאַל תִּשְׁחַת אַרְצְךָ וּמְדִינוֹתֶיךָ וְאַרְמְנוֹתֶיךָ וּמִשְׁכְּנוֹתֶיךָ וְכָל מַעֲשֶׂיךָ   וַיְהִי כִרְאוֹת הַמֶּלֶךְ כִּי הִטְרִיחוּ עָלָיו *וְלֹא הֱנִיחוּ אוֹתוֹ¹ בְּדָבָר גָּדַל כְּאֵבוֹ וַיָּקָם מִבֵּינָם אֶל אַרְמוֹנוֹ אֲשֶׁר הָיָה מִתְעַלֵּם בּוֹ² וַיִּפּוֹל שָׁם עַל פָּנָיו וַיֵּבְךְּ וַיִּתֵּן אֶת קוֹלוֹ וְהָיָה מִתְהַפֵּךְ עַל פָּנָיו וְעַל
5 חֲלָצָיו כְּמוֹ יִתְהַפֵּךְ הַדָּג בְּעֵת יוֹצִיאוּהוּ מִן הַמַּיִם³

צוּרַת הַמֶּלֶךְ וְהָאֲנָשִׁים יַגִּידוּ לוֹ פִּתְרוֹן הַחֲלוֹם

וַיֹּאמֶר בְּנַפְשׁוֹ אֵיךְ אֶעֱשֶׂה הָרָעָה הַגְּדוֹלָה הַזֹּאת⁴ וְעַת אֵינֶנִּי יוֹדֵעַ אֵיזֶה דָּבָר גָּדוֹל בְּעֵינַי וְקָשֶׁה עָלַי הֲלָתֵת⁵ נַפְשִׁי לָמוּת אוֹ לְהָמִית אוֹהֲבַי וּמְיֻדָּעַי   וַיֹּאמֶר עוֹד עַד כַּמָּה אֶהְיֶה בְּשַׁלְוָה וּבְמַלְכוּתִי⁶ לֹא
10 תַעֲמוֹד לְעוֹלָם וְעַל כֵּן אֲנִי רָאוּי שֶׁאֶחְשׁוֹב בַּמֶּה תִּהְיֶה שִׂמְחָתִי אִם אַהֲרוֹג הֲלָבַת אִשְׁתִּי וּבַמֶּה תַּעֲלוֹז לִבִּי אִם לֹא אֶרְאֶה לִבְנִי וּלְבֶן אָחִי

1) Manque chez C. — 2) C. *in quo solebat delectari.* — 3) C. ajoute: *qui ignorat quomodo ad illum venit,* ולא ידע איך בא אל המקום הזה. — 4) Gen. XXXIX, 9; ms. הרע הו' הגד'. — 5) Ms. הלבת; C. *tradere.* — 6) O. ובהשקט ומלכותי.

---

pas la ruine de ton pays, de tes villes, de tes châteaux, de tes résidences et de tous tes biens. Lorsque le roi vit qu'ils insistaient et qu'ils ne lui laissaient pas de repos, il fut saisi d'un profond chagrin. Il les congédia pour se rendre dans son château de plaisance, où il tomba à terre en pleurant et en sanglotant, et en se roulant sur sa face et ses côtes, comme le poisson lorsqu'on l'a retiré de l'eau.

Figure du roi auquel les hommes donnent l'interprétation de son songe.

Le roi se dit : Comment pourrais-je commettre ce grand forfait, lorsque je ne sais guère ce qui serait plus grave, plus dur pour moi, de mourir moi-même ou de livrer à la mort mes amis et connaissances? Il ajouta : Combien de temps vivrai-je tranquille et heureux? Quelle sera la durée de mon règne? Ne dois-je pas penser à ce que deviendra ma joie si je laisse tuer ma femme Hallabat? de quoi se réjouira encore mon cœur, si je ne vois plus mon fils ni le fils de mon frère qui fait mes délices?

הנחמד בעיני ואיך אוכל לעמוד ואיך תתקיים מלכותי בעת יאבד
בלאר השר' שלי ואיך אכבוש מלכותי בעת יאבד סוסי הנחמד
[ופילי הלבן²] ואיך לא אתבייש שיקראוני | מלך בעת יאבד ממני
כל אלה ואיך אחיה ולמה לי חיים אחריהם ⁴) והמלך נכאב ומשתומם
5 לבדו³) ובאיזה דבר אשמח ובמה אתחזק   ויהי אחרי כן ויודע
הדבר בעיר ותהום הקריה' והמלך נכאב ומשתומם לבדו

צורת המלך משתומם לבדו

ויהי כראות בלאר⁵ .אשר קרה למלך מיגון ותלאות אשר
סבבוהו חשב בלבו ובשכלו ויאמר לא הוא ראוי לי בזה היום
10 שאבוא אל המלך ולשאול אותו בעד הצרה והצוקה אשר מצאתהו
וילך אל הלבת ויאמר לה אדונינו * אומר לך כי⁶ מיום שהייתי עם

1) C. ajoute : *exercitus*, צבא. — 2) C. *et album elephantem*. — 3) Manque chez C., et à biffer. — 4) *I Rois*, I, 45. — 5) C. ajoute : *princeps exercitus*, השר צבא שלי. — 6) C. *scito domina mi*.

Comment pourrai-je me soutenir et comment pourra subsister mon empire si je perds Bilâr, mon ministre? Comment conserverai-je ma conquête si je ne possède plus mon magnifique cheval et mon éléphant blanc? Comment ne serai-je pas honteux d'être appelé roi après avoir perdu tous ces trésors? Comment et pourquoi vivrai-je lorsqu'ils ne seront plus? Où sera mon plaisir et où ma force?

Après cela la nouvelle se répandit dans la ville; les habitants en furent consternés, tandis que le roi restait seul, morne et plongé dans la tristesse.

Figure du roi seul et plongé dans sa tristesse.

Lorsque Bilâr vit le chagrin et la tristesse dont le roi était accablé, il réfléchit et se dit: Il ne convient pas que je me présente moi-même dans un tel jour devant le roi et que je lui demande quelle peine, quel malheur l'a frappé. Il se rendit donc auprès de Hallabat et lui dit: Notre maître t'a prevenue, que depuis que je vis avec le roi, il n'a jamais entrepris rien

המלך לא ידעתי כי יעשה לעולם דבר קטן או גדול עד' יתיעץ
עמי [והייתי²] בעל סודו³ בכל דבר ואראה למלך כי יסתיר עיני
ממני *[ב]וה הדבר ולא אדעהו⁵ והיה המלך מקדם בעת יקרה
לו *דבר קטן או גדול⁶ שמחה או יגון היה מתיעץ עמי וישאל
אותי מפני אשר ידע אהבתי לו וחמלתי עליו *ולא שם ביני וביניך
סתר ולא מליץ ולא ביני ובין נשיו⁷ ואראהו כי התיעץ עם אנשים
רעים *וינד להם חלומו⁸ והוא אשר הרג מהם שנים עשר אלף
וגלה להם סודו *ולא אדע למה זה⁹ ואדע כי עצה רעה יביאו
עליו וישטמו אותו¹⁰ עד יאבידו אותו ואותנו כל אנשי המלך
ועתה קומי ובואי אל המלך ושאלי לו את דברו כי אני *לא
אוכל¹¹ לבוא עליו ועל כן לכי את *ותראי מה יש לו¹² ותודיעני מה

1) C. ajoute : *quod mihi non revelaret, et consilium* etc., אשר לא ספר לי. — 2) Ainsi C. — 3) C. ajoute : *et consiliarius*, ועצתו. ולא התי'. — 4) C. *secretum suum*, סודו. — 5) Manque chez C. — 6) Manque chez C. — 7) Manque chez C. — 8) Manque chez C. — 9) C. *et somnium annunciasset*, וינד להם חלומו. — 10) C. *dederunt ei consilium ut ipsum seducerent suis mendaciis*, ויתנו לו עצה ויפתו אותו בשקריהם. — 11) C. *dubito*, אירא. — 12) C. *primum*, ראשונה.

de petit, ni de grand sans m'avoir demandé conseil comme à son confident. Aujourd'hui je vois que le roi m'évite pour une raison que je ne connais pas. Autrefois à chaque événement, grand ou petit, joyeux ou triste, il délibérait avec moi, il m'interrogeait parce qu'il connaissait mon amitié pour lui et mon attachement profond à sa personne. Aucun rideau, aucun intermédiaire n'était placé entre moi et toi, ni entre moi et ses femmes. Or je l'ai vu tenir conseil avec des gens mauvais, auxquels il a raconté un songe; cependant il avait fait tuer douze mille hommes de leurs compatriotes! Comment a-t-il pu leur confier son secret? Je suis convaincu que dans leur haine, ils l'ont mal conseillé pour le perdre ainsi que nous, les serviteurs du roi. Maintenant lève-toi et présente-toi devant le roi, demande-lui la cause de ses tourments, puisque moi, je ne puis pas me rendre auprès de lui. Va donc et vois ce qu'il

יאמר לך ואני אחשוב * כי כבר הסיתוהו וירפה' את שברו על נקלה'
ויכעיסוהו בשקריהם ובפחזוותם' כי מדת המלך בעת יכעס לא יביט
לאדם ולא ישאל בעבור דבר והוא בעיניו כקטון כגדול ואדע כי אם
יוכלו! להאביד אותו מן העולם יעשו מפני המשטמה אשר ישטמוהו
ואם יוכלו להרגנו יבקשו תחבולות במה יתגברו עליו' אמרה הלבת
לא אוכל לבוא אליו בעוד שהוא משתומם כי נפל דבר ביני וביננו
אמר בלאר הטריחי על עצמך בזה היום כי לא יוכל לבוא עליו'
כי אם את ופעמים רבות שמעתי אותו אומר בעת אשתומם ואני
דואג ותבא אלי הלבת יסור מלבי כל ינון וכל מחלה ועתה לכי
אליו ובואי עליו ודבר עמו דברים נעימים ואולי תשמחי לבו ויהי
כשמוע הלבת [הדברים האלה'] קמה ותבא אליו ותשב אצלו'

1) Lis. וירפאו. — 2) Cf. *Jérémie*, VI, 14. — 3) *Ibid.* XXIII, 32. —
4) Manque chez C.; ms. יהי נברו עליו. — 5) C. ajoute : *dum tristatur,* בעוד
הוא משתומם. — 6) C. hec verba. — 7) C. *ad caput ejus,* למראשותיו.

a, puis rapporte-moi ce qu'il t'aura dit. Je pense que ces gens
l'auront égaré, qu'ils auront indiqué pour sa blessure un remède
insignifiant, qu'ils l'auront découragé par leurs mensonges et
leurs extravagances. Car lorsque le roi est en peine, il ne regarde personne et ne demande rien; grands ou petits lui sont
indifférents. Je suis convaincu que, si ces hommes pouvaient
l'exterminer, ils le feraient, tant est grande la haine qu'ils lui
portent. S'ils étaient en état de le mettre à mort, ils cher-
cheraient des artifices pour se rendre maître de lui.

Hallabat répondit : Je ne puis pas me présenter devant le
roi tant qu'il est plongé dans sa tristesse; car nous avons eu
quelque chose ensemble. — Bilâr reprit : Fais un effort aujourd'hui! car toi-seul tu peux l'aborder. Bien souvent je lui ai
entendu dire : Lorsque je suis triste et soucieux, l'apparition
de Hallabat efface de mon cœur tout chagrin et tout malaise.
Va donc auprès de lui, aborde-le et adresse lui des paroles
douces; peut-être feras-tu rentrer la joie dans son cœur.

Hallabat ayant entendu ces paroles se leva, se rendit auprès
du roi et s'assit à ses côtés.

צורת הלבת באה על המלך

ותאמר לו מה לך' ומה אמרו לך האנשים החטאים האלה עד
אשר הכאיבוך בשקריהם ובפחזוותם ואם תרצה שתתאבל הגד לי
הדבר ואתאבל עמך ואם לא תרצה קומה ונשמח ונתעלם כי בעת
5 ישמח המלך אשמח בשמחתו ואם יתאבל אני ראויה להתאבל עמו
אמר המלך אל תו[ו]סיף יגון על יגוני ועל מכאובי ואל תשאלני
בעד יגוני אשר אני בו   אמרה לו הלבת ׳אחר אשר אני² בעיניך
בזאת המדה ˙* הלא הטוב מכל האנשים בעת תבא עליו צרה [ראוי]
שיתיעץ עם חכמיו ומיודעיו ואוהבו ואנשי עצתו עד ימלט בעצתם
10 מן התלאה הבאה עליו³   כי כל העושה עון גדול מאד יוכל בשכלו
ובעצתו אם יהיה חכם למחות עונו ולרפא אותו עד ישוב לקדמות

1) C. ajoute: *domine rex,* אדוני המלך. — 2) C. *numquid,* האני. — 3) C.
Ecce nemo in tanta tristicia et amaritudine stare debet qui non accipiat consolationem et gaudii refectionem a suo amico. Sum enim (ut spero) tua dilectissima amica accipe a me solamen ne in graviores incidas tribulationes.

Figure de Hallabat se rendant chez le roi.

Qu'as-tu, lui dit-elle, qu'est-ce que t'ont dit ces hommes coupables qui t'ont affligé par leurs mensonges et leurs extravagances? Si tu veux te chagriner, dis m'en la raison pour que je partage ton chagrin; mais si tu veux y renoncer, viens, livrons-nous au plaisir et à la joie. Lorsque le roi se réjouit, je suis heureuse de sa joie, s'il est triste, je dois m'attrister de sa tristesse. — Le roi répondit: N'augmente pas encore ma douleur et mon chagrin, en me demandant la cause de mon accablement. — Hallabat reprit: Suis-je si peu considérée par toi? Le meilleur de tous les hommes, lorsqu'un malheur vient le frapper, ne demande-t-il pas conseil à ses sages, à ses familiers, à ses amis et à ses hommes de confiance afin d'échapper ainsi à la mauvaise fortune qui le menace? Celui qui a commis le plus grand péché, peut par l'intelligence et la raison l'effacer et y porter un remède qui lui fait regagner sa tranquillité et

שמחתו ושלותו כמו היה וכמו כן אתה אדוני המלך לא הוא ראוי
לך שתתאבל ותכאיב לב אוהביך ותשמח לב שונאיך כי כל אשר
יעשה הדבר הזה לא יחשב משכיל ויאמר המלך כבר חמלתי
עליך ואין טוב לא לי ולא לך [כי] אודיעך [סבת כאבי¹] כי אני מת
ואתה ובנך וכל אוהבי² כי אנשי עיר פלונית קראתים לפתור החלום 5
לי וציוווני להרוג אותך ולבני ולכל רעי ואנשי בריתי ואיך אשמח
בעת לא אראך או איך אראה ואחיה אם אהרוג כל אשר ציוווני להרוג
ויש אדם בעולם ששמע זה ולא יתאבל ולא ישתומם ויהי כאשר
שמעה הדבר לא רצתה להראות כי היא דואגת על הדבר ההוא
ותאמר לו אל תתאבל עלי אדוני המלך נפשי פדיון נפשך ויתמיד 10
האל חייך ויאריך ימיך ויעמיד³ שלותך וכבר נתן לך האל נשים

1) C. *si annunciavero tibi causam mei doloris.* — 2) C. *et amici et socii tui*, ואוהביך וחביריך. — 3) Ms. ויאמיד.

son repos d'autrefois. Toi, mon seigneur et roi, tu ne dois pas davantage persévérer dans ton état de tristesse, qui fait le malheur de tes amis et la joie de tes ennemis; car quiconque agit ainsi, ne peut pas passer pour intelligent. — Le roi dit: J'avais pitié de toi et je pensais qu'il n'était bon ni pour moi ni pour toi de te faire connaître la cause de mon chagrin. Je dois mourir ainsi que toi, ton fils et tous mes amis. J'avais appelé les hommes de telle ou telle ville pour interpréter mon songe et ils m'ont ordonné de te livrer à la mort en même temps que mon fils, tous mes amis et alliés. Quel plaisir pourrais-je goûter, lorsque je ne te verrai plus? Comment pourrais-je vivre après avoir tué tous ceux qu'ils m'ont ordonné de tuer? Qui peut entendre une chose pareille sans être accablé d'une profonde tristesse?

Lorsque Hallabat eut entendu les paroles du roi, elle ne voulut pas en paraître affectée; elle dit: Mon seigneur et roi, ne te chagrine pas à cause de moi, je donne volontiers ma vie pour la tienne; puisse Dieu la faire durer et prolonger tes jours dans un calme parfait! Dieu t'a accordé un grand nombre

רבות וטובות ממני' ואולם אשאל מן המלך שאלה אחת מפני
אהבתי כי² שלא יאמין לעולם אחרי מותי באילו האנשים הרשעים
ואל יתיעץ עמהם ואל יהרוג לאדם עד יביט מעשיו עשר פעמים
פן ינחם כי לא יוכל להחיות לאיש אשר יהרגהו וכבר נאמר
5 במשלים³ אם תמצא פנינים נאים⁴ אל תשליכם עד תראה אותם
למי יכירהם ועתה אדוני המלך זכר נא כי אילו האנשים אשר
קראתם אינם אוהבים לך ואתה כבר הרגת מהם שנים אלף * חלוצי
צבא⁵ ואל תחשוב כי הם שכחו הדבר ולא הוא ראוי לך שתגיד
להם סודך או חלומותיך ואל תאמין להם דבר ואל תפן לעצת
10 הרשעים כי הם ישטמו אותך כדי שתהרוג חכמיך אשר הם עזר
לך על ממלכתך והאשה אשר יקרה בעיניך ובנך | אשר הוא חייך
וסוסך אשר הוא מצילך ומרכבך * והפיל אשר תלחם עליהם ותאמץ

1) C. ajoute : *Quare igitur contristatur rex,* ולמה יתאבל המלך. — 2) Lis. בו.
C. *erga ipsum.* — 3) Ms. במושלים; C. *in quadam parabolarum.* — 4) Ms. רעים
C. *pulcras.* Il ajoute : *et eas non noveris,* ולא תכירם. — 5) C. *virorum,* איש.

---

de femmes qui valent mieux que moi. Je n'adresserai au roi
qu'une prière que mon amitié pour lui m'inspire : que le roi,
après ma mort, n'ajoute jamais foi à ces hommes pervers, qu'il
ne leur demande jamais conseil et qu'il ne condamne personne à
la mort sans avoir examiné dix fois les faits, pour qu'il n'éprouve
pas du repentir; car il ne pourra rendre la vie à celui à qui
il l'aura ôtée. Le proverbe dit : Si tu trouves des perles, ne
les jette point avant de les avoir fait examiner par un con-
naisseur. Rappelle-toi, mon seigneur et maître, que ces gens
que tu as appelés ne sauraient t'aimer, toi qui as tué douze
mille hommes valides de leurs compatriotes. Ne pense pas
qu'ils aient oublié ce fait. Tu ne devais donc pas leur raconter
tes secrets ou tes songes, ni leur accorder ta confiance en rien.
N'aie donc aucun égard aux conseils de ces méchants qui, dans
leur haine, t'engagent à tuer tes sages qui sont un appui pour
toi et ton royaume, ta femme qui est chère à tes yeux, ton fils
qui est ta vie, ton cheval qui est ta monture favorite, ton élé-

בם ממלכתך¹ ואם תהרוג כל אלה ויסור מחמד עיניך והוד
מלכותך יגברו עליך ויקחו נקמתך מהם ויוציאוך מממלכותך וישוב
להם כמו שהיה מקדם והנה הוא כינארון החכם עודנו חי ולך
הגיד לו סודך והתיעץ עמו כי הוא יודע כל אלו הדברים ומה היה
ומה יהיה והוא *מהם אבל הוא² יותר חכם מכולם והוא חסיד
וצדיק אין אנו חושדים אותו בעיצה אשר יתן לך אם תרצה לך
אליו ושאל אותו על כל אשר ראית בחלומך אם הוא יאמר כמו
אמרו עשה ואם לא דע כי אתה מלך גדול בארצך תעשה מהם
חפצך ויהי כשמע המלך הדבר ההוא שמח ממנו וייטב בעיניו
* ויצוה לחבוש סוסו³ וירכב והלך אל כינארון החכם והוא היה אבל
וחפוי ראש⁴ ויהי בהגיע אליו ירד מעל סוסו וישתחוה לו אפים ארצה⁵

1) C. *et gladium cum quo pugnas contra inimicos tuos et cum eo sustines,* וחרבך אשר תלחם בו על אויביך ותאמץ בו. Dans notre texte il faudrait והפילים. — 2) Manque chez C. — 3) Manque chez C. — 4) *Ester,* VI, 13. — 5) Manque chez C.

phant par lequel tu combats tes ennemis et consolides ton empire. Lorsque tu les auras tués tous, tu auras fait disparaître ce qu'il y avait de plus précieux à tes yeux, ce qui avait fait l'ornement de ton royaume; puis, ces gens s'empareront de toi, se vengeront et te chasseront de cet empire qui leur reviendra comme autrefois. Le sage Kinârôn vit encore, va lui dire ton secret et lui demander conseil. Il sait tout, le passé et l'avenir; il est bien de leur secte, mais il est plus sage qu'eux tous; il est pieux et juste, et nous ne suspectons en rien la sincérité de l'avis qu'il te donnera. Va donc chez lui et demande-lui son opinion sur tout ce que tu as vu dans ton songe; s'il te donne le même ordre qu'eux, suis-le; si non, sache que tu es un roi puissant dans ton pays et que tu peux agir contre ces gens selon ta volonté. — Ces paroles réjouirent le roi et lui plurent. Il ordonna de seller son cheval qu'il monta pour se rendre auprès du sage Kinârôn. Le roi était dans une attitude humble et accablée. Arrivé auprès du sage, il descendit de cheval, et se prosterna devant lui à terre.

צורת המלך ישתחוה לכנארון

ויאמר לו כנארון מה הדבר אשר הביא המלך אלי ומדוע פניך
רעים *ואתה אינך חולה¹ ולא אראה על ראשך נזר מלכותך
אמר לו הייתי ישן לילה אחת על מטתי ואשמע *מן הארץ² שמונה
5 קולות ואקיץ ואישן שנית ואראה שמונה חלומות ואספר אותם
לחכמי עיר פלונית אחיך³ *ואני מאד אפחד שמא יקרה לי מהדבר
רע או שאמות במלחמה או שיוציאוני ממלכותי *ויגברו עלי⁴
אמר לו כנארון החכם אל תדאג אדוני כי לא *יבוא לך רע מכל
אשר אמרת ולא יוציאוך ממלכותך ולא⁵ יקרה לך דבר מן התלאות
10 והמצוקות כי הכל יתהפך לך לכבוד ולתפארת ויצא לך החלום
במהרה ותשמח השמונה חלומות אשר ראית *ותגיד אותם לי⁶
אני אומר לך פתרונם שני הדגים [האדומים⁷] אשר ראית עומדים

1) Manque chez C. — 2) C. *in somno.* — 3) C. ajoute : *malum annunciaverunt super ipsis,* והגידו לי רע על הדבר הזה. — 4) Manque chez C. —
5) Manque chez C. — 6) Manque chez C. — 7) C. *rubrei.*

Figure du roi se prosternant devant Kinârôn.

Kinârôn lui dit : Quelle cause amène le roi auprès de moi?
Pourquoi cette mine abattue, lorsque tu n'es pas malade? Pourquoi ne vois-je pas sur ta tête ta couronne royale? — Le roi
répondit : Une nuit je dormis étendu sur mon lit, lorsque j'entendis huit sons sortir de terre. Je me réveillai, me rendormis
et vis huit songes que j'ai racontés à tes frères, les sages de
telle et telle ville, et je redoute fort qu'il ne résulte de ces
rêves un malheur pour moi, soit que je meure dans un combat,
soit que mes ennemis me vainquent et me chassent de mon
royaume. — Le sage Kinârôn lui répondit : Ne prends aucun
souci, mon seigneur; car aucun malheur ne t'arrivera de tout
ce que tu m'as dit; on ne te chassera pas de ton empire, et tu
n'éprouveras aucune peine, aucune adversité. Tout tournera
à ton honneur et à ta gloire. Le rêve se réalisera bientôt et tes
visions contribueront à ta joie. En voici l'interprétation : Tu
as vu deux poissons rouges debout sur leur queue, c'est qu'un

על רגליהם' יביאו לך ממלך פלוני מנחה שתי כפות זהב² וכם
פנינים * ויגישו אותם בין שתי ידיך³   ושתי עופות המים אשר ראית
כי עפו אחריך ונפלו מבין ידיך. יבואו לך ממלך יון מי יעמד⁴ לפניך
בשני סוסים אין בעולם כמותם   והנחש אשר ראית עובר בין רגלך
השמאלית יבואו לך ממלך תרשיש מי יעמד לפניך בחרב שאין
בעולם כמוהו   ואשר ראית נפשך מתגולל בדם יביאו לך ממלך
שבא בגדי רקמה ובגדי משי למלכות   ואשר ראית שהיית רוחץ
גופך במים יביאו לך ממלך תובל⁵ בגדים לבנים מפשתן⁶ ואשר
היית עומד על הר לבן יביאו⁷ לך ממלך הרן⁸ מי יגיש לפניך פיל
לבן לא ישיגוהו הסוסים   ואשר ראית על ראשך לפיד אש יובל לך
ממלך קדר מי יעמד לפניך בכתר זהב על ראשך   והעוף הלבן
אשר ראית אשר ינקר ראשך בפיז לא⁹ אפתור | אותו לך היום ואינו

1) C. *caudis*, וגביהם. — 2) Manque chez C. — 3) Manque chez C. —
4) Ms. נעמד. — 5) C. *Thabor*, תבור. — 6) C. ajoute: *scilicet byssini*, רצוני
לומר מבוץ. — 7) Lis. יבוא. — 8) C. *Dathan*, דתן. — 9) Ms. אלא.

tel royaume t'offrira deux coupes d'or, remplies de perles. Les
deux oiseaux aquatiques qui t'ont poursuivi dans leur vol et
sont tombés à tes pieds, signifient que les ambassadeurs de la
Grèce t'amèneront deux chevaux incomparables. Le serpent
que tu as vu passer devant ton pied gauche indique que le roi
de Tarchich t'enverra une épée sans pareille. Tu t'es trouvé
souillé de sang, c'est que le roi de Saba t'enverra des étoffes
de brocart et de soie. Tu t'es lavé le corps avec de l'eau, c'est
que le royaume de Toubal te fera présent de vêtements blancs
en lin. Tu as paru te tenir debout sur une montagne blanche,
c'est que le roi de Haran te fera amener un éléphant blanc
plus rapide que les chevaux. La colonne de feu qui s'est
montrée au-dessus de ta tête, signifie qu'un messager du roi
de Kêdar placera une couronne d'or sur ta tête. Quant à
l'oiseau blanc que tu as vu te mordiller la tête, je ne te l'expliquerai pas aujourd'hui; ce n'est rien de mauvais que tu aies à

דבר רע ואל תירא ממנו אולם תתכעס בו מעט על אהוביך ואילו
המנחות יבואו לך מהיום עד שבעה ימים   ויהי כשמע המלך
הדבר ההוא השתחוה לרגלי כנארון החכם החסיד וישב לביתו
ויאמר כי אין בעולם חכם כמו כנארון החסיד ואני אביט לדבריו
אשר אמר   ויהי ביום השביעי וילבש המלך בבגדי מלכות וישב 5
בהיכלו על כסא מלכותו ויצו לגדוליו ולשריו וישבו לפניו ויתחילו
המלאכים לבוא עוד זה מדבר וזה בא' עד באו כלם² ויעמידו
המנחה לפניו   ויהי כראות המלך הפנינים והאבנים היקרים והזהב ³
גדלה שמחתו ויאמר בנפשו מאד חטאתי אשר ספרתי דברי לאנשי
בליעל 10

צורת המלך והמנחה לפניו.

ויאמר לא הבינותי ⁴דברי ו⁴מעשי אשר ספרתי להם חלומי *בעת

1) Job, I, 18. — 2) C. ajoute : *a primo usque ad ultimum,* מן הראשון
עד האחרון. — 3) C. *et iocalia auri.* — 4) Manque chez C.

---

craindre; tu éprouveras seulement un ressentiment passager
contre tes amis. Du reste, ces présents arriveront d'aujourd'hui
en sept jours.

Le roi, ayant entendu ces paroles, se prosterna aux pieds
du sage et pieux Kinârôn et rentra chez lui en disant : Dans
le monde entier il n'y a pas un sage comme le pieux Kinârôn,
j'attendrai donc les choses qu'il m'a annoncées. Le septième
jour le roi mit les vêtements royaux, s'assit dans son palais
sur le trône et ordonna aux grands et aux ministres de son
royaume de se tenir devant lui. Les ambassadeurs commen-
cèrent à arriver; à peine un messager eut-il parlé que l'autre
se présenta, jusqu'à ce que tous eussent placé leurs présents
devant le roi. Lorsque le roi vit les perles, les pierres pré-
cieuses et l'or, sa joie fut grande, et il se dit : J'ai eu bien tort
de raconter mes affaires à ces gens de rien.

Figure du roi et des présents.

Il ajouta : J'ai parlé et agi sans discernement, lorsque je leur

יצווני לעשות אשר צוו׳ ולולי חמלת המקום עלי ועצת הלבת אשתי
אבדתי מן העולם   ועל כן הוא ראוי לכל איש שישמע מאוהביו
ורעיו *וחבריו ומיודעיו² ויאמין בעצתם כי הלבת נתנה לי עצה
טובה ועשיתיה ויצאה לטוב ויעמיד³ האל כבודי לי ומלכותי בעצת
האוהבים והחברים [ו]נגלה לי בזה הדבר צדקת כנארון החסיד
ואמונת דבריו   ויהי אחרי כן קרא המלך לבנו ולבלאר השר שלו
והכותב ויאמר להם לא יתכן לנו שנביא זאת המנחה לאוצרותינו
אלא אחלק אותם ביניכם אתם אשר שמתם נפשכם תחת נפשי
למות ועל הלבת אשר נתנה לי עצה טובה ותעמיד בעצתה מלכותי
וממשלתי ואשר הפכה לשׁשון אבלי   ויאמר לו בלאר השר שלו
לא הוא ראוי לנו אנחנו עבדי המלך שנתמה באשר עשינו למלך
ומי הוא העבד אשר לא הוא ראוי לו שישים נפשו תחת נפש

1) Manque chez C. — 2) Manque chez C. — 3) Ms. ויאמיד.

communiquai mes songes et reçu leurs ordres; car sans la
miséricorde divine et le conseil de Hallabat, je courais à ma
perte. Tout homme doit donc écouter ses amis, ses familiers,
ses compagnons et ses intimes, et avoir confiance dans leurs
avis; car ma femme m'a suggéré une pensée excellente, que
j'ai suivie pour mon bonheur. Dieu a fortifié mon empire,
sauvegardé ma dignité par le conseil de ceux que j'aime et qui
sont attachés à ma personne. J'ai reconnu également dans cette
circonstance le mérite du pieux Kinârôn et la véracité de ses
paroles. Après cela, le roi fit appeler son fils, son ministre Bilâr
et le secrétaire, et leur dit: Il ne faut pas déposer ces présents
dans notre trésor. Je préfère les partager entre vous qui avez
exposé votre vie pour moi, et Hallabat qui, par son bon conseil,
a fortifié mon royaume et mon gouvernement, et a changé mon
deuil en allégresse. — Bilâr le ministre répondit: Il ne faut pas
que nous, les serviteurs du roi, nous exagérions la valeur
de ce que nous avons fait pour le roi. Quel serviteur ne don-
nerait pas sa vie pour celle de son maître? Quiconque ne con-

אדוניו¹ ואולם ואת המנחה אין אנו ראוים לקחת ממנו אבל בנך
הוא ראוי לקחת אשר תתן לו כטוב בעיניך   אמר המלך כבר
נתן לנו האל טוב גדול על כן אל תתבייש וקח חלקך ושמח בו
אמר בלאר יהיה אשר ירצה המלך להיות ואולם אם יראה
המלך שיתחיל הוא ויקח לעצמו מה שירצה יעשה   ויקח המלך 5
לעצמו הפיל הלבן² ונתן לבנו הסום האחד ונתן לקרובו הכותב
הסום האחר ושלח אל כנארון הבגדים הלבנים אשר הם בגדי מלכים
ויאמר כי [ה]עטרת והבגדים³ לא הוא ראוי אלא לנשים ויאמר
לבלאר השר שלו קח הנזר והבגדים⁴ ובוא אחרי אל בית הנשים
ויקרא המלך להלבת והפילגש שלה וישבו לפניו ויאמר המלך 10

1) C. ajoute : *Quicunque pro domino suo non consentit mori ac pro amicis et sociis, non est vir discretionis, et propter hoc ne admiretur dominus rex quod habeat servos se exponentes loco domini sui,* ובכל מי אשר לא ירצה למות תחת אדוניו ואוהביו וחביריו איננו בעל אמונה ועל כן לא יתמה אדוני המלך שיש לו עבד אשר ישים נפשו תחת נפש אדוניו. — 2) Manque chez C. — 3) et 4) C. 15 ajoute : *rubeas,* האדומים.

---

sent pas à mourir pour son maître, ses amis et ses compagnons, n'est pas un homme sûr, et c'est pourquoi mon seigneur et roi ne doit pas être étonné d'avoir un serviteur, prêt à donner sa vie pour celle de son maître. Nous ne devons donc rien prendre de ces présents, mais donnes-en à ton fils selon ton bon plaisir. — Le roi reprit : Après tant de biens que Dieu nous a accordés, tu ne dois pas hésiter à accepter avec plaisir ta part. — Bilâr dit : Qu'il soit fait selon la volonté du roi! Mais qu'il plaise au roi de choisir d'abord pour lui-même ce qu'il désire. Le roi prit pour sa personne l'éléphant blanc. Puis il donna à son fils un cheval et à son parent, le secrétaire, l'autre; il envoya à Kinârôn les vêtements blancs, de vrais vêtements royaux. Puis, il dit : La couronne et les étoffes rouges ne conviennent qu'aux femmes. Il ordonna donc à son ministre de les prendre et de le suivre dans l'appartement des femmes. Là, il fit appeler Hallabat et sa suivante qui se placèrent devant lui. Le roi dit ensuite à Bilâr : Présente à Hal-

אל בלאר שים הנזר והבגדים לפני הלבת ותקח מה תרצה *ויהי
כראות הלבת זה וזה הביטה אל בלאר | בקצת עינה שיאמר לה
איזה מהם תקח¹ ויקרץ בעיניו שתקח הבגדים   ויהי המלך נושא
ראשו ותפול עינו על [עיני²] בלאר וירא והנה הוא קורץ בעיניו
ויהי כראות הלבת כי המלך ראה בעת קרץ בלאר בעיניו עזבה
הבגדים אשר הראה לה בלאר ותשב לצד הבית ותקח הנזר שמא
יחשוב עליה המלך דבר רע

צורת המלך ובנו ובלאר והבותב והלבת ופילנשה והמנחה לפניהם

*ויעמוד בלאר אחרי כן ארבעים שנה³ כל פעם שיבא על המלך
יסכר קצת עינו ויקרץ בו *מן היום אשר קרץ בעינו להלבת⁴ שמא
יחשוב המלך כי הוא רוצה לעשות דבר רע *ולולי שכל הלבת

1) Manque chez C. — 2) C. *in oculum*. — 3) C. *et factum est post hoc*. — 4) C. *ac si hoc semper ex consuetudine faceret*, כמו איש אשר הוא רגיל לעשות כן תמיד.

---

labat la couronne et les étoffes, pour qu'elle fasse son choix. Après avoir regardé les deux objets, elle fit du coin de ses yeux signe à Bilâr pour que celui-ci lui indiquât ce qu'elle devait choisir. Il lui indiqua par un clignement qu'elle devait préférer les étoffes. Mais le roi leva la tête et aperçut Bilâr au moment où il clignait des yeux. Hallabat, voyant que le roi avait remarqué ce jeu, laissa les étoffes que Bilâr lui avait montrées et prit la couronne. Puis elle se rangea d'un côté de la chambre, craignant que le roi ne conçût quelque soupçon.

Figure du roi, de son fils, de Bilâr, du secrétaire, de Hallabat et de sa suivante, tandis que les présents sont placés devant eux.

Bilâr qui conserva encore son ministère pendant quarante ans, clignait de son œil toutes les fois qu'il se présentait devant le roi, depuis le jour où il avait fait des signes à Hallabat, de crainte d'être soupçonné par son maître; et certes, sans cette précaution de Hallabat et de Bilâr, ce dernier ne se serait pas

ושכל בלאר לא נמלטו מיד המלך[1]   והיה המלך תמיד לילה ילין
עם הלבת ולילה ילין עם פילגשה   ויהי בלילה אשר היה לו להיות
עם הלבת ותבא אל המלך והיא עשתה לו ארז[2] לאכילתו *והוא
הנקרא בלשון ערב רייז[3] ותבא אליו ובידה הקערה של זהב ובה
5 הארז ועל ראשה הנזר ותעמוד לפני המלך   ויהי כראות פילגשה
לבשה קנאה בעד הלבת ותקם ותלבש! *[4]בגדי מלכות[4] ותלך לנגד
המלך ויאיר הבית מהדרה והיתה בבגדיה כמו השמש בצאתו ממזרח
ויהי בראות המלך אותה חשק בה ויאמר אל הלבת באמת היית
סכלה בקחתך הנזר ועזבך הבגדים אשר אין באוצרותינו כמוהם
10 ויהי כשמוע הלבת כי היה מהלל פילגשה ומסכל עצתה[5] חרה אפה
ותלבש אף וחימה וכעס ותקח הקערה ותכה בה על ראש המלך
וימלאו פניו וזקנו וגופו   והיה הדבר ההוא אשר ראה בחלום מן

1) Manque chez C. — 2) C. *ferculum cum grano risi*. — 3) Manque chez C. — 4) C. *illas vestes candidas*, הבגדים הנאים האלה. — 5) Lis. עצמה.

---

sauvé de la main du roi. Or, le roi avait l'habitude de passer
une nuit avec Hallabat et une autre nuit avec la suivante.
Dans la nuit qu'il devait passer avec Hallabat, elle vint auprès
du roi, à qui elle avait préparé du riz pour son repas. Au moment où elle se présenta, la couronne sur la tête et à la main
le plat d'or qui contenait le riz, la suivante, qui la voyait, devint jalouse de Hallabat. Elle se leva, se couvrit de vêtements
magnifiques et se plaça vis-à-vis du roi. Son éclat illuminait
l'appartement et ses vêtements ressemblaient au soleil, lorsqu'il
se lève à l'orient. Lorsque le roi l'aperçut, il fut pris d'une
vive passion pour elle, et dit à Hallabat: Tu étais vraiment sotte
d'avoir préféré la couronne à ces étoffes qui n'ont pas leur pareil
dans nos trésors. Hallabat, entendant le roi exalter sa suivante
et la traiter elle-même de sotte, fut saisie de colère et dans sa
rage elle frappa le roi à la tête avec le plat, dont le contenu se
répandit sur sa figure, sa barbe et tout son corps. C'était-là l'oiseau blanc lui mordillant la tête, qu'il avait vu dans son rêve

העוף הלבן אשר היה מנקר ראשו כמו פתר לו ֿכנארון ויקרא
המלך אל בלאר ויאמר לו האינך רואה מה עשתה לי זאת האשה
ואיך בזתה אותי ואקל בעיניה לך מהרה והתז ראשה ואל תוסף
לדבר עמי עד תהרגנה

5 צורת הלבת והיא תכה בקערה על ראש המלך ותשפך אותה על פניו

ויצא בלאר עם הלבת מאת המלך ויאמר בנפשו לא אהרגנה
עד שתשוב חמת המלך כי היא אשה משכלת חכמה ונכבדת[1]
ואין לה דמיון בכל הנשים ולא יוכל המלך לעמוד רגע בלתה וכבר
הציל האל על ידה אנשים רבים מן המות ואנחנו מקוים טובתה
10 בכל יום עד מותנו   ואדע כי יוכיחני המלך מפני שמהרתי להרגנה
על כן לא אהרוג אותה עד אראה מה אומר המלך בעדה ואתפאר
בזה הדבר על כל העולם כי יוסר בה המלך ולא ימהר לעשות

1) C. ajoute : *inter omnes dominas regni*, בין כל שרות המלכות.

---

et auquel Kinârôn avait fait allusion. Le roi fit aussitôt appeler
15 Bilâr et lui dit : Ne vois-tu pas ce que cette femme m'a fait,
comment elle m'a maltraité et à quel point elle m'a manqué de
respect? Va vite lui couper la tête et ne m'adresse plus la parole avant de l'avoir livrée à la mort.

Figure de Hallabat lorsqu'elle frappe la tête du roi avec le
20 plat et en répand le contenu sur sa face.

Bilâr emmena Hallabat de chez le roi et se dit : Je ne la
tuerai pas avant que la colère du roi se soit apaisée; car c'est
une femme intelligente, sage et honorée. Aucune femme ne lui
ressemble et le roi ne pourra pas rester un instant sans elle.
25 Par son intermédiaire, Dieu a sauvé bien des gens de la mort
et nous espérons en sa bonté toujours jusqu'à notre fin. Certes,
le roi m'en voudrait de m'être trop pressé de la tuer. J'attendrai donc pour voir ce que le roi dira à son sujet, et je tirerai
gloire de cette conduite devant tout le monde. Car le roi se
30 corrigera par là et n'agira plus avec une telle précipitation.

דבר כמו זה' ואם הוא לא מזכירנה אלא יקצוף עליה אשלים דברו
ומצותו וילך בה אל ביתו ויפקוד עליה שני אנשים לשרת אותה
מסריסי המלך וצוה לכל אנשי ביתו לכבד אותה כמו יכבד עבד
אדוניו *ולעבוד אותה ולשמרה² עד יראה מה יצוה המלך ויוציא
5 חרבו וטבל אותו בדם כבש ויבא אל המלך אבל וחפוי ראש

צורת בלאר בא אל המלך וחרבו שלופה בידו

ויאמר לו עשיתי דבריך והרגתי הלבת ולא התמהמה המלך
אלא מעט *ושככה חמתו³ ויזכור יופי הלבת⁴ וירבה יגונו והיה מנחם
נפשו ומדבר על לבו ומתבייש לשאול מן בלאר אם עשה אשר
10 אמר לו ואם לא והיה מקוה טוב מפני שהיה יודע משכל בלאר כי
לא יהרוג אותה ויען בלאר בשכלו אל תשתומם אדוני המלך ואל

---

1) C. ajoute : *absque diligenti provisione*. — 2) Manque chez C. —
3) Manque chez C. — 4) C. ajoute : *suorumque morum et prudentiæ penituit
ipsum eum interfecisse,* ומדותיה ושכלה וינחם על אשר הרגה.

Mais, s'il ne parle plus d'elle, sans montrer son irritation contre elle, j'exécuterai l'ordre qu'il m'a donné. Il la conduisit donc chez lui, mit deux eunuques du roi à son service et ordonna aux gens de sa maison de l'entourer des honneurs que l'esclave doit à son maître, de la servir et de la garder. Il voulait ainsi voir ce que le roi lui ordonnerait. Puis il sortit son épée du fourreau et la trempa dans le sang d'un bélier. Il vint auprès du roi triste et abattu.

Figure de Bilâr se présentant devant le roi et portant à la main son épée tirée.

Il lui dit : J'ai fait selon tes paroles et j'ai tué Hallabat. La colère du roi ne tarda pas à s'apaiser; il se souvint alors de la beauté de Hallabat et son chagrin fut grand. Il éprouvait des regrets, se parlait à lui-même et était honteux de demander à Bilâr, s'il avait exécuté les ordres qui lui avaient été donnés, ou non. Il concevait bien quelques espérances que Bilâr dont il connaissait l'intelligence ne l'eût pas tuée. Le ministre dit sagement : Que mon seigneur et roi ne s'afflige ni ne s'attriste !

תתאבל כי הבכי לא ישיב האבדה והדאגה לא תועיל רק יענו הנפש
ויכאיבו הגוף   *אף כי אוהבי המלך ורעיו לא יחסר להם יגון ואנחה
ודאגה מפני שיראו למלך משתומם' וישמחו אויביו ויראו בו *וכל
מי ישמע הדבר הזה לא יחשבהו חכם ונבון'   ועל כן קוה אדוני
5 המלך ואל תתאבל על דבר אשר לא תוכל להשיבו לעולם ואם
ירצה המלך | אומר לו מעשה אחד אשר ידמה לאשר עשה הוא
אמר המלך הגד נא לי   אמר בלאר אמרו כי שני יונים זכר
ונקבה אספו מן הגרנות חטים ושעורים עד שנמלא הקן שלהם
ויאמר הזכר לנקבה אל נאכל מכל אשר אספנו דבר *אלא נבקש
10 על ההרים ועל הגבעות ובמדברות במה נחיה³ ובעת⁴ יבואו ימי
הצנה. ולא נמצאהו במדברות⁵ ⁶נשוב לאשר אספנו ונאכל אותו⁶

1) Manque chez C. — 2) Manque chez C. — 3) Manque chez C. —
4) C. *usque ad*, עד אשר. — 5) C. ajoute : *et areas*, ובנרנות. — 6) Manque
chez C.

---

15 Car les larmes ne ramènent pas la chose perdue et le chagrin
ne sert à rien qu'à tourmenter l'âme et à torturer le corps.
Les amis et les familiers du roi surtout ne manqueront pas
de douleur et de soucis, lorsqu'ils verront leur maître affligé,
tandis que ses ennemis seront heureux et se réjouiront. Lors-
20 qu'on entendra cela, le roi perdra sa réputation d'homme intelligent et sage. Mon seigneur et roi devrait donc se résigner et
ne pas s'abandonner à son deuil au sujet d'une perte irrépa-
rable. Si le roi veut, je lui raconterai une histoire qui ressemble
à la sienne. Le roi dit : Raconte-la moi.
25 Bilâr répondit : Deux colombes, un mâle et une femelle,
avaient rempli leur nid de froment et d'orge qu'ils avaient ra-
massés dans les greniers. Le mâle dit alors à la femelle; ne
mangeons rien de tout ce que nous avons ramassé, mais cher-
chons notre nourriture dans les montagnes, les collines et les
30 prairies jusqu'à ce que le froid arrive, où nous ne trouverons
rien dans les champs, et nous aurons alors recours à ce que
nous avons emmagasiné. La femelle répondit : Ce que tu dis

ותאמר לו הנקבה כן דברת וכן נעשה   והיו הבר והשעורים
לחים מפני הגשמים וימלאו הקן   *וילך הזכר למקום אחד ויבוֹשׁשׁ
שׁמה עד ימות החמה'   ויהי בימי הקיץ יבשו השעורים והבר ויחסר
מן הקן חציו²   ויהי בשוב הזכר³ וירא כי חסרו השעורים אמר
לנקבה הלא *כרתנו ברית שלא נאכל מאשר אספנו עד אשר יכלה
כל אשר בהרים ולמה אכלת ממנו'   ותאמר לא אכלתי ממנו אבל
חסרו מפני *חלוף הזמן ו⁴חום השמש ויובש הרוחות   ולא האמין
לה ויכה אותה בפיו עד הרגה   ויהי כי באו הגשמים שבו הבר
והשעורים לחים מפני המים וימלא הקן כמו היה   ויהי כראות
הזכר הדבר ההוא נחם ו⁵ידע *⁶כי חטא ב⁷אשר הרג לאשתו וישב
אל צדו ולא אכל ולא שתה עד מת

1) Manque chez C. — 2) Manque chez C. — 3) C. ajoute : *post multos dies*, לימים רבים. — 4) C. comme s'il y avait : צויתיך אשר לא תקחי מן הבר. — 5) Manque chez C. עד יבואו ימי הצנה ולא נמצאהו בהרים ובמדברות. — 6) Manque chez C. — 7) C. *quoniam dixerat sibi verum uxor sua et quia innocens ipsa fuerat et cepit dolere et contristari*, כי אמת דברה אשתו וכי היתה בלי עון ויחל להתאבל ולהשׁתומם.

---

est juste et nous agirons en conséquence. Or, le froment et l'orge, humides par suite de la pluie, remplissaient alors le nid; mais pendant l'été les grains séchèrent et une bonne moitié du nid devint vide. Le mâle, en revenant d'un voyage qui s'était prolongé jusqu'à l'époque des grandes chaleurs, crut s'apercevoir que l'orge avait diminué et dit à la femelle : Nous nous étions engagés formellement à ne rien manger de nos provisions, tant que la nourriture ne manquerait pas dans les montagnes; pourquoi en as-tu mangé? — La femelle répondit : Je n'en ai rien pris du tout, mais la diminution provient du changement de temps, de l'ardeur du soleil et de la sècheresse des vents. Le mâle n'en crut rien et tua sa femelle à coups de bec. Mais le temps des pluies revint, et, l'eau gonflant l'orge et le froment, le nid se remplit comme auparavant. En voyant cela, le mâle se repentit; il reconnut qu'il avait eu tort de tuer sa femme et se mit sur le côté sans manger ni boire jusqu'à ce qu'il mourût.

צורת הקן והגרגרים בו והזכר והנקבה מתים

p. 158.

וְעַל כֵּן כָּל מִי הוּא מַשְׂכִּיל וְנָבוֹן וְחָכָם לֹא הוּא רָאוּי שֶׁיְּמַהֵר
בְּמַעֲשָׂיו וְיִשְׁכַּח הָאַחֲרוֹנוֹת וְאַתָּה אֲדוֹנִי הַמֶּלֶךְ אַל תְּבַקֵּשׁ אֲשֶׁר לֹא
תִּמְצָא וּבַקֵּשׁ אֲשֶׁר אַתָּה בּוֹ הַיּוֹם בְּטֶרֶם יִמָּלֵט מִיָּדְךָ הַכֹּל וְאַל יִקְרֶה
לְךָ אֲשֶׁר קָרָה לְקוֹף וּבַעֲלֵי¹ עֲדָשִׁים   אָמַר הַמֶּלֶךְ וְאֵיךְ הָיָה   אָמַר 5
בִּלְאַר אָמְרוּ כִּי אִישׁ אֶחָד הָיָה לוֹ כְּלִי מָלֵא עֲדָשִׁים וְהָיָה הוֹלֵךְ מֵעִיר
לְעִיר וַיְהִי הוּא בַדֶּרֶךְ וַיָּבֹא בְּתוֹךְ אִילָנוֹת גְּבוֹהוֹת בַּדֶּרֶךְ וַיַּנַּח הַכְּלִי
בָּאָרֶץ וַיִּישָׁן *מִפְּנֵי שֶׁהָיָה עָיֵף² *וַיֵּרֶד קוֹף אֶחָד³ מִן הָאִילָנוֹת הָהֵם
וַיִּקַּח מִן הָעֲדָשִׁים מְלֹא כַפָּיו * וַיַּעַל לָאִילָן שֶׁיֹּאכְלֵם שָׁם⁴   וַיְהִי
הוּא עוֹלֶה וַיִּפֹּל גַּרְגֵּר אֶחָד מִיָּדוֹ⁵ וַיֵּרֶד לְבַקְּשׁוֹ וַיְהִי הוּא מַחֲזִיק 10
בְּעַנְפֵי הָאִילָן וַיִּמָּלֵט מִיָּדוֹ כָּל אֲשֶׁר הָיָה בְיָדוֹ מִן הָעֲדָשִׁים *הַכֹּל

1) C. de, עַל. — 2) Manque chez C. — 3) C. *cum autem vidisset symea quedam que erat in arbore vas lentium descendit,* ויהי כאשר ראה קוף אחד — 4) Manque chez C. — 5) C. ajoute: *et nolens illud amittere,* ולא רצה לאבדו. אשר היה באילנות את כלי העדשים וירד

Figure du nid rempli de grain et du mâle et de la femelle morts.

Un être intelligent, avisé et sage, ne doit donc pas précipiter ses actions, ni en oublier les conséquences. Mais toi, seigneur et roi, ne cherche pas ce que tu ne saurais trouver; occupe-toi de ce qui te reste aujourd'hui avant que le tout ne t'échappe. Autrement il t'arriverait ce qui est arrivé au singe avec le propriétaire de lentilles.

Le roi demanda: Quelle est cette histoire?

Bilâr répondit: Un homme possédait un vase plein de lentilles qu'il colportait d'une ville à l'autre. En chemin, arrivé dans un bouquet d'arbres très-élevés, il déposa son vase à terre et s'endormit parce qu'il était fatigué. Aussitôt un singe descendit de l'un de ces arbres et prit autant de lentilles que ses mains en pouvaient contenir. Mais en remontant pour les manger, il en laissa tomber un grain. Il redescendit pour le chercher, mais en se tenant aux branches, toutes les lentilles s'échappèrent de sa main, et le tout tomba à terre.

נפל¹ ואתה אדוני המלך יש לך · שש עשרה אלפים מן הנשים¹
*[לֹ]להתענג בהן³ תעזוב לשמח בהן ולהתעלס בהן ותבקש אשר לא
תמצא לעולם! ויהי כשמוע המלך הדבר ההוא האמין כי הרג הלבת

צורת האיש והאילנות והקוף

אמר המלך המפני עון אחד עשית אשר צויתיך ברגע אחד ולא 5
יכולת לעמוד מעט ולראות מה אתה עושה   אמר [בלאר⁴] כי דבר
המלך ודבר אשר לא יסור דברו הוא אחד   אמר המלך ומי הוא
זה   אמר בלאר הוא האלי אשר לא יסור דברו | (יהוא אחד⁵)
ולא תתחלף מצותו   אמר המלך גדל מאד כאבי ואבלי על אשר
הרגת הלבת   אמר בלאר שנים הם *חייבים שלא יגדל יגונם 10
ולא ששונם וטובתם בעולם הוא מעט וטובתם תוגה בעת יראו

1) C. *sic propter unam lenticulam dimisit et perdit totam quod abstulit,*
והפיל ואבד כל אשר לקח מפני עדשה אחת . — 2) C. *ultra centum mulieres,*
יותר ממאה נשים. — 3) Manque chez C. — 4) C. *iste rex,* המלך. —
5) Manque chez C. 15

Eh bien, seigneur et roi, tu as seize mille femmes avec lesquelles tu peux te distraire, et tu négliges de te réjouir et de t'amuser avec elles, pour chercher celle que tu ne retrouveras jamais. Lorsque le roi eut entendu ces paroles, il crut que Hallabat avait été tuée. 20

Figure de l'homme, des arbres et du singe.

Le roi dit: Comment as-tu pu, pour une seule offense, exécuter en un instant les ordres que je t'avais donnés? Ne pouvais-tu pas attendre un peu et réfléchir sur ce que tu allais faire? — Bilâr répondit: La parole d'un roi est comme la parole de celui 25 dont la parole est irrévocable. — Le roi demanda: Et qui est-ce? — Bilâr répondit: C'est Dieu dont la parole est irrévocable et qui ne revient pas sur un ordre donné. — Le roi reprit: Ma douleur et mon chagrin sont grands de ce que tu as tué Hallabat. — Bilâr dit: Deux n'ont forcément ni grand 30 chagrin ni grande allégresse, parce que leur bonheur dans le monde dure peu et se change en tristesse dès qu'ils aperçoivent

14*

הרע' חוטא אשר יאמר אין חשבון ביום המות ואין משפט ואין עינוי ואשר לא עשה חסד² לעולם   אמר המלך אילו הייתי רואה להלבת לא הייתי מתאבל על דבר בעולם   אמר בלאר שנים לא הוא ראוי שיתאבלו העושה חסד בכל יום ומוסיף עליו ואשר לא חטא לעולם   אמר המלך הלא אביט לעולם אל הלבת *יותר מאשר הבטתי³   אמר בלאר שנים לא יביטו לדבר העור והאיש אשר אין לו שכל וכמו כן לא יראה העור מאומה כן לא יראה הסכל ויכיר בין טובתו לרעתו וכבר נאמר הכסיל בחשך הולך⁴   אמר המלך אילו ראיתי הלבת גדלה שמחתי   אמר בלאר שנים יראו מי יש לו עינים וחכם   אמר המלך אילו הבטתי פני הלבת לא שבעתי מראות פניה לעולם   אמר בלאר שנים לא ישבעו אשר אין לו יגון אחר כי אם

1) Il faut peut-être lire : שינדל, et effacer תונה, qui semble être biffé dans le manuscrit. Il faudrait traduire : Deux méritent d'avoir le chagrin grand et pas de joie, ils ont peu de bonheur dans le monde, et ne sont heureux qu'en voyant le mal. C. porte : *Duo sunt quorum magna est tristicia in hoc mundo et pium* (lis. *parvum*) *gaudium*, שנים הם שינדל באבם בעולם הזה וששונם מעט. — 2) C. ajoute : *cum inope*, לעני. — 3) Manque chez C. — 4) Eccl. II, 14.

le mal : Le pécheur qui prétend qu'après la mort il n'y a ni responsabilité ni justice ni tourment, et l'homme dur qui n'a jamais fait la charité au pauvre. — Le roi dit : Si je voyais Hallabat, rien ne me causerait jamais de la tristesse. — Bilâr dit : Deux ne devraient pas s'attrister : Celui qui fait de jour en jour plus de bien, et celui qui ne pèche jamais. — Le roi dit : Je ne verrai donc plus Hallabat comme autrefois. — Bilâr dit : Deux ne voient rien : L'aveugle et l'homme sans raison; de même que l'aveugle n'aperçoit rien, de même le sot ne reconnaît ni ne distingue ce qui est pour son bien ou pour son mal. Aussi il est dit : Le sot marche dans les ténèbres. — Le roi dit : Ma joie serait grande, si je revoyais Hallabat. — Bilâr dit : Deux voient : Celui qui a des yeux et celui qui est sage. — Le roi dit : Si je pouvais contempler la figure de Hallabat, je ne m'en rassasierais jamais. — Bilâr dit : Deux ne se rassa-

לאסוף הון ואשר יתאוה לאכול אשר לא ימצא   אמר המלך אין
אני ראוי שאלך אחריך בכל דברי   אמר בלאר שנים אין אדם
ראוי שילך אחריהם אשר יאמר כי אין דין ואין משפט על כל
מעשה האדם ואשר לא יסור עינו מלהביט לאשר אין לו ואזנו
5 משמוע ותאותו מן הנשים אשר לבלתו ולבו מן הרע אשר ירצה
לעשות כי | תהיה אחריתו לרע   אמר המלך שבתי על הלבת
שומם   אמר בלאר שלשה דברים הם שוממים הנהר אשר אין בו
מים שומם והארץ אשר אין בה מלך והאשה אשר אין לה בעל
אמר המלך בטוב תיסר אותי זה היום   אמר בלאר שלשה יש
10 לאיש ליסר אותם העושה רע למלכו והאיש היודע המצות ולא יעשה
אותם והעושה חסדו ומעשיו¹ לאיש אשר לא ידע ערכם   אמר
המלך אבדת דין הלבת *על לא חמס² ולא הוצאת משפטה לאור

p. 160.

1) C. et beneficia. — 2) Manque chez C.; *Job*, XVI, 17.

sient pas : Celui qui n'a aucun autre souci que d'amasser du
bien, et celui qui désire manger ce qui ne se trouve pas. —
Le roi dit : Je ne devrais plus suivre tes avis. — Bilâr dit :
Deux sont indignes d'être suivis : Celui qui nie le jugement dernier et la justice pour les actions de l'homme; puis celui qui a
l'œil et l'oreille toujours tournés vers le bien qui ne lui appartient
pas, vers les femmes d'autrui pour lesquelles il se passionne, et
qui ne désire que faire du mal, car sa fin sera misérable. — Le
roi dit : La perte de Hallabat me désolera toujours. — Bilâr dit :
Il y a trois spectacles désolants : Un fleuve sans eau, un pays
sans roi et une femme sans mari. — Le roi dit : Tu me châties
bien aujourd'hui. — Bilâr dit : Trois méritent d'être châtiés :
Celui qui agit mal envers son roi, l'homme qui, connaissant les
lois, ne les exécute pas, et celui qui consacre son bien et ses
services à quelqu'un qui ne sait pas les apprécier. — Le roi
dit : Tu as laissé perdre à Hallabat sa cause sans qu'elle l'eût
mérité et tu n'as rien fait pour mettre son bon droit en lumière.

אמר בלאר שנים הם אשר יאבד דינם על לא חמם והם עשוקים
במעשיהם ולא יצא משפטם לאור אשר ילבש בגדי רקמה ורגליו
יחיפים והלוקח אשה נערה ואחר כן ילך ממנה ולא יראה והיא לא
תראהו   אמר המלך חייב אתה שיענוך על אשר עשית עיני גדול
אמר בלאר שלשה הם חייבים לענותם העושה רע למי לא חטא
לו והבא לשלחן הברו בלי שיקראהו והשואל מחבריו אשר אין
אתם ובעת כי יאמרו כי אין אתם לא יחדל מהם ויפצר עליהם
אמר המלך יש לך שתדום ותשקוט עד תסור חמתי   אמר בלאר
שלשה הם ראוים שידמו וישקטו הנחש ביד חובר חבר מחכם[1]
ואשר יצוד הדגים ואשר יחשוב מחשבות רבות וירצה לעשות
מעשים גדולים   אמר המלך מי יתן ואראה הלבת   אמר בלאר
שלשה יתאוו אשר לא ימצאו הרשע אשר ירצה שיהיה נמנה עם

[1]) *Ps.* LVIII, 6.

Bilâr dit : Il y a deux sortes de gens dont la cause est perdue sans qu'elles aient fait du mal, et dont le bon droit ne ressort pas bien qu'elles soient les victimes de l'oppression : C'est d'abord celui qui s'habille avec d'étoffes de brocart tandis qu'il a les pieds nus; puis celui qui prend pour femme une jeune fille et qui s'en sépare ensuite sans la revoir jamais. — Le roi dit: Tu as mérité le plus grand châtiment pour avoir agi comme tu l'as fait. — Bilâr dit : Trois doivent être châtiés : Celui qui fait du mal, lorsque personne ne lui en a fait; le parasite qui se met à la table de son prochain, sans avoir été invité, et le quémandeur qui demande à ses compagnons ce qu'ils ne possèdent pas et qui, malgré leurs affirmations qu'ils n'ont pas l'objet demandé, insiste et ne les lâche pas. — Le roi dit : Il te conviendrait de te taire et de rester tranquille jusqu'à ce que ma colère se soit apaisée. — Bilâr dit : Trois devraient se taire et rester tranquilles : Le serpent sous le pouvoir du charmeur expérimenté; le pêcheur qui veut prendre du poisson, et le penseur qui médite de grandes choses. — Le roi dit : Si je pouvais revoir Hallabat! — Bilâr répondit : Trois font des sou-

כת של צדיקים והשופך דמים ויתאוה שתהיה מעלתו במעלת עובד
אלהים והמעיד על האל ויבקש ממנו סליחה וכפרה ויבטח בו
אמר המלך מאוד אני נבזה בעיניך   אמר בלאר שלשה יבוו את
אדוניהם האדון אשר ירבה[1] דברים על עבדו בלא ענין והעבד אשר
הוא עשיר יותר מאדונו ומפנק מנער עבדו[2] ונבזה בעיניו   אמר
המלך מאוד התלת בי   אמר בלאר ארבעה יש להתל בהם
האומר ראיתי מלחמות גדולות והרגתי הרבה ושביתי הרבה ואין
בגופו אות ממכת המלחמה   והאומר כי הוא חכם ויודע דעת עליון
ועובד אלהים ונזיר וגופו שמן ובריא מאוד יותר מן הרשע הפריץ
ראוי הוא שיהתלו עליו כי[3] מי הוא עובד אלהים בשרו הוא דל
ומשמניו רזון לא יאכל כי אם מעט   והבתולה אשר תהתל באשה
בעולת בעל מפני שיבעליה כי מי יודע אם הבתולה ההיא תהיה אשה

1) C. *multiplicat;* ms. ירצה. — 2) *Prov.* XXIX, 21. — 3) Ms. בל; C. *enim.*

---

haits irréalisables : Le méchant qui voudrait s'affilier à la société des justes; l'homme sanguinaire qui voudrait être respecté comme un serviteur de Dieu, et le pécheur endurci qui demanderait à Dieu avec confiance le pardon et la rémission de ses méfaits. — Le roi dit : Je te parais donc bien méprisable! — Bilâr dit : Trois sortes de maîtres ne sont pas respectés : Le maître qui, sans raison, gronde beaucoup son serviteur; le maître qui est moins riche que son serviteur, et le maître qui traite son serviteur avec trop de douceur et se fait ainsi manquer d'égards. — Le roi dit : Tu t'es joué de moi. — Bilâr dit : Quatre méritent qu'on se rie d'eux : Le fanfaron qui prétend avoir assisté à de grandes batailles, avoir tué et fait prisonnier beaucoup de monde et qui ne porte à son corps aucune cicatrice; le viveur qui se fait passer pour sage, instruit, pieux et anachorète et qui est plus gras et plus dodu que le méchant et l'effronté; en effet, l'homme pieux est maigre et chétif parce qu'il mange peu. On se moque encore d'une jeune fille qui raille une femme mariée parce qu'elle cohabite avec un homme, tandis que per-

נואפת על כן יש לאיש שיהתל בה   והצועק על מה שעבר ויאמר
לאשר היה מי יתן ולא יהיה ולאשר לא יוכל להיות מי יתן ויהיה
* אמר המלך אראה אותך בלי שכל   אמר בלאר יש לאדם שיחשוב
בלי שכל לחרש אשר היא חנותו במקום גבוה ואם יפול כלי מכליו
5 לארץ ישנה לבקש אותו ובעוד יבקשהו הוא עושה מלאכה רבה[1]
אמר המלך לא עשית מלאכתך באמת כי הרגת להלבת   אמר
בלאר שלשה לא יעשו מלאכותיהם באמת אשר יאמץ דבריו ולא
ידבר אמת והממהר באכילה ויבושש במעשה ואשר לא ישקיט
חמתו בטרם יקצוף·   אמר המלך אילו עשית בצדק ובמשפט לא
10 הרגת להלבת   אמר בלאר ארבעה יעשו בצדק ובמשפט העבד
אשר יכין המאכל והוא יוציאהו[2] וישים יתרון לאדוניו על נפשו

1) Manque chez C. Lis. היה עושה. — 2) C. *et illum appetens*, יתאוהו.

---

sonne ne sait si cette jeune fille ne se livrera pas un jour à la débauche et ne deviendra ainsi un objet de dérision; puis l'homme
chagrin qui voudrait toujours que le passé n'eût pas existé et
qui en revanche souhaite ce qui ne sera jamais. — Le roi dit:
Tu manques vraiment de bon sens. — Bilâr dit: On doit refuser le bon sens à l'ouvrier qui établit son échoppe à un endroit élevé; car si un de ses outils tombe à terre il a de la
peine à le ramasser et, pendant le temps qu'il emploie à le
chercher, il aurait pu faire beaucoup d'ouvrage. — Le roi dit:
Tu n'as pas agi consciencieusement en tuant Hallabat. — Bilâr
dit: Trois n'agissent pas consciencieusement: Celui qui affirme
hardiment ses paroles sans dire la vérité; celui qui mange et
boit vite et travaille lentement, et celui qui n'apaise pas sa colère au lieu de la laisser s'enflammer. — Le roi dit: Si tu avais
agi selon les règles de la justice, tu n'aurais pas livré Hallabat
à la mort. — Bilâr dit: Quatre agissent selon les règles de la
justice: Le serviteur, chargé de préparer le repas de son
maître, qui, malgré son appétit, donne à son maître la préfé-
rence sur lui-même; l'homme qui se contente d'une femme

וְהָאִישׁ אֲשֶׁר יִסְתַּפֵּק בְּאִשָּׁה אַחַת וְלֹא יוֹסִיף וְהַמֶּלֶךְ הַשּׁוֹאֵל בְּמַעֲשָׂיו
לְאַנְשֵׁי עֲצָתוֹ וְהָאִישׁ הַמּוֹשֵׁךְ חֲמָתוֹ בְּחָזְקָה   אָמַר הַמֶּלֶךְ מְפַחֵד אֲנִי
מִמְּךָ   אָמַר בְּלָאר אַרְבָּעָה יִפְחֲדוּ מֵאֲשֶׁר לֹא רָאוּי לִפְחוֹד מִמֶּנּוּ
הַצִּפּוֹר הַצָּעִיר יַעֲמוֹד בְּאִילָן וְיִשָּׂא רַגְלוֹ אַחַת שֶׁמָּא יִפְּלוּ הַשָּׁמַיִם
5 עָלָיו וְיֹאמַר אִם יִפְּלוּ אַחֲזִיק אוֹתָם בְּרַגְלִי   וְהָעָגוּר אֲשֶׁר יַעֲמוֹד עַל
רֶגֶל אַחַת כִּי יִפְחַד שֶׁמָּא 'תִּטְבַּע הָאָרֶץ בּוֹ   וְהַתּוֹלֵעָה אֲשֶׁר חַיָּתָהּ
בָּאֲדָמָה לֹא תִּשְׂבַּע מִן הֶעָפָר וְתֹאכַל מִמֶּנּוּ מְעַט מְעַט כִּי תִּפְחַד
שֶׁלֹּא יֶחְסַר הֶעָפָר וְלֹא יִהְיֶה לוֹ מַה יֹּאכַל   וְהָעֲטַלֵּף אֲשֶׁר לֹא יִרְצֶה
לָעוּף בַּיּוֹם כִּי יַחְשׁוֹב כִּי אֵין בָּעוֹלָם עוֹף יָפֶה יוֹתֵר מִמֶּנּוּ וְיִפְחַד שֶׁמָּא
10 יְצוּדוּ אוֹתוֹ בְּנֵי אָדָם וִישִׂימוּהוּ בְּכִיתָם   וַיֹּאמֶר הַמֶּלֶךְ לֹא הוּא רָאוּי
לָנוּ שֶׁנִּתְחַבֵּר עִמָּךְ   אָמַר בְּלָאר שְׁמוֹנָה¹ לֹא יִתְחַבְּרוּ אִישׁ אֶת אָחִיו
הַיּוֹם וְהַלַּיְלָה הַצֶּדֶק וְהָרֶשַׁע הַחֹשֶׁךְ וְהָאוֹר² וְהַחַיִּים וְהַמָּוֶת   אָמַר

1) C. *Decem*, עשרה. — 2) C. ajoute : *bonum et malum*, והטוב והרע.

---

sans demander davantage; le roi qui interroge pour ses actions
ses conseillers; enfin, l'homme qui fait de grands efforts pour
calmer son ressentiment. — Le roi dit : Tu me fais peur. — Bilâr
dit : Quatre craignent ce qu'ils ne devraient pas craindre : Le
petit moineau qui se tient sur un arbre, ayant une de ses pattes
levée, comme s'il craignait que le ciel ne tombe sur lui et comme
s'il pouvait le retenir avec sa patte; la grue qui se maintient
sur une patte seulement, comme si, en posant ses deux pattes,
elle avait peur d'effondrer la terre sous son poids; le ver qui vit
de la terre et qui n'ose pas se rassasier, de crainte que la pous-
sière ne vienne à lui manquer et qu'il n'ait plus assez pour se
nourrir; enfin la chauve-souris qui ne veut pas voler pendant
le jour, parce que, dans sa prétention d'être le plus bel oiseau
du monde, elle a peur d'être prise et mise en cage. — Le roi
dit : Nous ne pouvons plus vivre ensemble. — Bilâr dit : Huit
ne peuvent vivre l'un avec l'autre : Le jour et la nuit; la
justice et l'iniquité; les ténèbres et la lumière; la vie et la
mort. — Le roi dit : Depuis longtemps j'éprouve de la haine

המלך כבר יש שטמה עליך *ואני שוטם אותך¹ על אשר הרגת
להלבת   אמר בלאר שמונה ישטמו זה לזה הזאב והכלב והחתול
והעכבר והנץ והיונה והעורב והכום   אמר המלך² תשחת² חכמתך
אחרי אשר הרגת להלבת   אמר בלאר ארבעה ישחיתו מעשיהם³
המשחית צדקות⁴ בחטאות ואדון אשר יכבד לעבדו והאב אשר לא   5
ישים יתרון על הבן [הטוב⁵] מבניו על הרע והמגלה סוד למסית
[ו]רכיל   אמר המלך אני הבאתי הצרה לנפשי   אמר בלאר שנים
יביאו הצרה לנפשם אשר ישא עקביו מן הארץ וילך על אצבעות
רגליו כי לא ידע אם יפול ויכשל בשוחה וישבר   והחלש המתהלל
והאומר לא אפחד לא מן המלחמה ולא מן המות ויחרף לחבריו⁶   10
ובעת יהיה במלחמה ויצר לו יברח ימין ושמאל ולא ידע מה יעשה
אמר המלך כי נדרתי נדר להרוג אותך   אמר בלאר ארבעה

1) C. *in corde meo*, בלבי. — 2) C. *dissipasti*, השחת. — 3) C. ajoute:
et scientiam, וחכמתם. — 4) C. *suas peractas justicias et bonas operationes*,
צדקותי ומעשיו הטובים. — 5) C. *bono*. — 6) Lis. לאויבו; C. *suum adversarium*.

---

pour toi et maintenant je te hais davantage parce que tu a tué
Hallabat. — Bilâr dit : Huit se haïssent entre eux : Le loup et
le chien, le chat et la souris, le faucon et la colombe, le corbeau et le hibou. — Le roi dit : Tu as gâté ta sagesse par ta
conduite envers Hallabat. — Bilâr dit : Quatre gâtent leurs
actions : L'homme qui gâte ses bonnes œuvres par des péchés,
le maître qui entoure d'honneur son serviteur, le père qui, parmi
ses enfants, ne préfère pas son fils bon au mauvais, et celui qui
confie ses secrets à un calomniateur et à un médisant. — Le roi
dit : Je me suis attiré mon malheur à moi-même. — Bilâr dit :
Deux sont les causes de leur propre malheur : L'homme qui sou-
lève ses talons pour marcher sur la pointe des pieds, car il peut
tomber, se précipiter dans une fosse et se casser un membre;
puis le lâche fanfaron qui prétend ne craindre ni la guerre ni
la mort et qui, après avoir insulté son ennemi, dès que la guerre
éclate, prend peur, s'enfuit à droite ou à gauche et ne sait plus
ce qu'il fait. — Le roi dit : Je fais vœu de te tuer. — Bilâr

הם ראוים שידור האיש נדר לבל יפריד אותם [ממנו¹] הסום הטוב אשר הוא מרכב (עליו) בעליו והשור אשר יחרוש היטב ואשה המשכלת אשר היא אוהבת לבעלה והעבד הנאמן העושה מעשיו בכל לבו ובכל נפשו והוא מפחד [תמיד²] מאדונו   אמר המלך ^{p. 164.}

5 לא אראה דמיון הלכת בכל העולם   אמר בלאר ארבעה אין להם דמיון האשה אשר טעמה טעם הבעלים הרבים לא תרצה באיש אחד והמלמד לכזב לא יצדק לעולם והאיש אשר מתיעץ בכל מעשיו [בנפשו³] *לא יוכל לבקש שלום אויביו מפני שלא ישחה להם נפשו⁴ והרשע האכזר לא יוכל להחליף מדותיו ולהיות תמים

10 אמר המלך לא בצדק תחשוב ולא בעון   אמר בלאר ארבעה אשר לא בצדק [יחשבו⁵] ולא בעון החולה אשר חזק עליו [חליו⁶] מאוד והעבד המפחד מאדוניו והמבקש תואנה על אויבו והפריץ

1) C. *a se.* — 2) C. *semper.* — 3) C. *a se ipso.* — 4) Manque chez C. — 5) C. *considerant.* — 6) C. *sua infirmitate.*

---

dit : Quatre méritent que l'homme fasse vœu de ne jamais les quitter : Le cheval docile que le maître est habitué à monter; le bœuf qui est bon pour le labourage; la femme sage qui aime son mari, et le serviteur fidèle qui craint toujours son maître et fait son travail consciencieusement. — Le roi dit : Je ne vois nulle part rien qui puisse être comparé à Hallabat. — Bilâr dit : Quatre sont incomparables : Une femme qui après avoir goûté de plusieurs maris ne peut pas se contenter d'un seul; le menteur endurci qui ne sait jamais dire la vérité; l'homme qui ne consulte jamais personne que lui-même; il ne peut se concilier ses adversaires parce qu'il manque de souplesse; enfin celui qui est méchant et cruel ne changera jamais son caractère pour devenir vertueux. — Le roi dit : Tu n'as égard ni à ce qui est juste ni à ce qui est injuste. — Bilâr dit : Quatre n'ont égard ni au juste ni à l'injuste : Le malade terrassé par sa maladie, l'esclave terrifié par son maître, l'homme qui cherche querelle à son ennemi pervers, méchant et cruel, enfin le vilain

הרשע העוכר' והנבוה אשר לא יירא ממי שהוא יקר ממנו   אמר
המלך כבר הכאבת לנפשי²   אמר בלאר שלשה יכאיבו נפשם
*הבא במלחמה ולא ישמור עד שיהרגו אותו   והמרבה לו עושר
ואין לו בן ולא בת ולא אח³ ולא קרוב ויתן אותו בנשך *ובתרבית
כי יש פעמים אשר ישטמוהו רואיו ויהרגוהו עליו⁴   והזקן מאוד ⁵
השוכב⁵ עם הנערה והיא נואפת וכל היום תתאוה מותו כדי שתקח
בחור *עד תהיה מותו. על ידה⁶   אמר המלך אין אנו ראוים שנאמין
בך | אמר בלאר ארבעה אינם ראוים שיאמין אדם בהם הנחש הרע
והזאבים והמלכים הרשעים והגוף אשר גזר עליו האל המות   אמר
המלך יש לנו להשמר ממך   אמר בלאר ארבעה יש להשמר מהם 10
הגנב והמכזב והשוטם והאכזר   אמר המלך די לך כי כבר בחנת
אותי ונסיתני   אמר בלאר בעשרה⁷ דברים יבחנו בני אדם הגבור

1) Manque chez C. — 2) Lis. לנפשך; C. *in anima tua*. — 3) C. a
tronqué ce passage: il porte: *qui incipit quod bene abesse potest ne carens*
15 *parole* etc. — 4) Manque chez C. — 5) C. והשוכב. — 6) Manque chez C.
— 7) C. *quatuor*; mais il compte dix.

qui ne craint pas ceux qui sont plus dignes qui lui. — Le roi dit:
Tu t'es fait bien du mal. — Bilâr dit: Trois se font du mal:
Le guerrier qui va à la mort sans prendre garde; le richard
20 qui n'a ni fils, ni filles, ni frères, ni parents et qui prête néanmoins à intérêt usuraire, sans penser que ses débiteurs, dans
leur haine, peuvent lui faire un mauvais coup; enfin le vieillard
qui couche avec une jeune fille qui se livre à la débauche et désire sa mort afin de pouvoir épouser un jeune homme, au point
25 qu'elle pourrait bien le tuer elle-même. — Le roi dit: Nous ne
devons plus avoir confiance en toi. — Bilâr dit: Quatre ne méritent pas de confiance: Le serpent plein de méchanceté, les
loups, les rois tyranniques et un corps que Dieu a condamné à
la mort. — Le roi dit: Nous devons nous garder de toi. —
30 Bilâr dit: Il faut se garder de quatre: Du voleur, du menteur,
du rancunier et du tyran. — Le roi dit: Tu m'as suffisamment sondé et mis à l'épreuve. — Bilâr dit: Les hommes sont

במלחמה [והשור בחרישה'] והעבד יבחן לאדונו באהבתו לכל איש
והמלך * בעת חרון אפו² יבחנו שכלו וחכמתו והסוחר יבחן במקחו
ובמתנתו וחברים יבחנו בעת יעברו על עון החברים והאוהב הנאמן
יבחנוהו בעתות הצרה³ ועובד אלהים יבחנוהו בצדקתו ובתפלתו
5 ואם יתמיד עצמו לעולם על ענוי נפשו⁴ והנדיב יבחנו⁵ במתנתו
* לכל עני ונדבתו⁶ לכל שואל והעני יבחנוהו בסורו מן החטא ויבקש
להם⁷ חקן מן הצדק ומן היושר   אמר המלך התוכל לדבר לפני
אחרי אשר תראה חמתי וחרוני . אמר בלאר שבעה לא יצאו לעולם
מחרון המלך כל איש אשר אין מעצור לרוחו ויחר אפו מהרה ואינו
10 מעביר על מדותיו וחכם שלא יעשה מעשים טובים וסכל מתנאה
ושופט לוקח שוחד וחכם אשר כילי בחכמתו ולא ילמדנה לאדם

1) C. *bos in aratro*; les mots complètent le nombre de dix. — 2) C. *in ejus ire prorogatione*, באריכות אפו. — 3) C. ajoute : *amicorum suorum*. — 4) C. *in maceratione sui corporis et persone sue afflictione*, על ענוי נופו. — 5) Lis. יבחן ou יבחנוהו. — 6) Manque chez C.; il a lu, en outre: במתנת ידו, *in sui* (l. *sue*) *manus largitate*. — 7) Lis. לו.

éprouvés par dix choses : Le héros par la guerre, le bœuf au labourage; le serviteur fidèle par son attachement; l'intelligence et la sagesse du roi au moment de sa colère; le négociant par ses transactions commerciales; les bons camarades par leur indulgence; l'ami fidèle au moment de malheur de ses amis; l'homme pieux par sa charité, sa prière et sa continuelle abstinence; l'homme généreux par ses dons envers les pauvres et ses libéralités envers les mendiants; enfin le pauvre est éprouvé en s'éloignant du péché et en ne demandant qu'avec mesure et discrétion ce qu'il lui faut pour vivre. — Le roi dit : Peux-tu encore parler devant moi, voyant ma colère? — Bilâr dit : Sept n'échappent pas à la colère du roi : Celui qui ne sait pas se contenir et s'enflamme vite; celui qui ne sait pas pardonner; l'homme d'esprit qui ne fait pas de bien; le sot qui est hautain; le juge qui se laisse corrompre; l'homme instruit qui est avare de sa science et ne l'enseigne à personne; enfin celui qui fait la

והעושה צדקה לשכר זה העולם   אמר המלך כבר העתקת עלי
ו[ו]הרעות לי ולנפשך   אמר בלאר שמונה¹ | יעשו רע להם ולאחרים
הכסיל המתחכם ירצה ללמד לאחרים והוא לא ידע והאדם *אשר
הוא חכם ואין לו שכל והמבקש² אשר לא ימצא והאכזר הרשע
5 והנפרד בעצתו לבדו ולא ישאל לחבריו והבא בעבודת המלכים
ואין לו לא בינה ולא שכל והמבקש החכמה אשר יריב בה עם מי
הוא יותר חכם ממנו ולא יאזין ממנו אשר למד לו והמתחבר למלך
ויעקבהו למלך ויהיה רמאי והגזבר אשר על אוצרות המלך בעת
יונה המלך³ ואשר הוא רע המדות ולא יאזין מוסר   ויהי אחרי כן
10 החריש בלאר מן המלך וידע כי המלך משתומם מאוד על הלבת
וכי נכסף אליה ויאמר בלבו אני חייב שאני *מונע למלך את אשר

<small>1) Il y a neuf ou dix. — 2) C. *tacens intellectu qui querit.* — 3) C. *regere et decipere;* il faut : *regem decipere.*</small>

---

charité en vue d'une récompense dans ce monde. — Le roi
15 dit : Par tes paroles arrogantes tu as fait du mal à moi et à toi.
— Bilâr dit : Huit font du mal à eux-mêmes et aux autres :
L'ignorant qui fait le savant et qui veut enseigner aux autres
ce qu'il ne sait pas lui-même; l'homme instruit qui manque de
bon sens, et cherche ce qu'on ne peut pas trouver; l'homme
20 cruel qui se laisse aller à sa méchanceté; celui qui ne demande
conseil qu'à lui-même sans s'adresser jamais à ses camarades;
celui qui prend service auprès des rois sans avoir ni intelligence
ni bon sens; celui qui n'étudie que pour disputer avec celui
qui est plus instruit que lui, sans prêter l'oreille aux enseigne-
25 ments de son maître; celui qui s'attache à un roi pour l'ex-
ploiter et le tromper; l'intendant chargé du trésor royal qui
trompe le roi; enfin, celui qui a le caractère mauvais et n'écoute
pas les rémontrances qu'on lui fait.

Après cela Bilâr ne dit plus rien au roi, il avait reconnu
30 que le roi, profondément affligé d'avoir perdu Hallabat, avait
un ardent désir de la revoir. Il se dit : J'ai tort de refuser au

יאהב אותה¹ האהבה הגדולה הזאת וישא חט[אי] בכל אשר העתקתי
עליו ועניתי אותו ונסיתיהו ולא קצף עלי²   ויען ויאמר אדוני המלך
האל יעמיד לך מלכותך וישלים כבודך כי אין בעולם כמוך ולא מי
ידמה לך ולא היו בכל אשר עברו ולא יהיה בכל אשר יהיו אשר
לא חרה אפו עלי *ולא מי ידמה לך בכל העולם ולא קצפת עלי³
ולא הריקות| עברתך עלי ואני בסכלותי ובחסרון דעתי ומפני שאני
צעיר ונבוה דברתי לך על כל אשר דברתי   ואולם אדוני המלך
לא סרה מעליך השכינה· והכבוד והם היו אשר הוסיפו בשכלך
ותהי מעביר על מדותיך בכל אשר שמעת ממני ולא תאמר שאינו
כהוגן   ואולם אתה *חלק מחמאות· רך⁶ הלשון תאהב השלום
והאמת והטוב *לכל האנשים⁷ ואם תבא עליך הוה מפני הפך
המזלות והכוכבים או ימצאך דבר רע ויאבד הונך וכל אשר לך

1) C. *teneo iam operari regi opus per quod me diligat*, עושה למלך מעשה. — 2) Ms. עליו. — 3) Manque chez C. — 4) C. *bonitas*; il faut: *majestas*. — 5) Manque chez C. — 6) Ms. רק. — 7) Manque chez C.

roi celle à laquelle il a conservé un amour aussi vif; puisque, malgré tout ce que je lui ai dit, malgré les épreuves terribles auxquelles je l'ai soumis, il ne s'est pas laissé aller à son courroux. Il reprit donc et dit : Seigneur et roi, puisse Dieu faire durer ta royauté et mettre le comble à ta gloire, car le monde ne possède pas ton pareil; aucun roi ni dans le temps passé ni à l'avenir ne saurait être comparé à toi qui ne t'es pas irrité contre moi, tandis que, dans ma sottise, dans mon ignorance et dans mon inexpérience, je t'ai adressé des paroles que je n'aurais pas dû prononcer. Aussi mon seigneur et roi, ta majesté et ta gloire ne t'ont pas abandonné, et ce sont elles qui ont agrandi ton intelligence et t'ont inspiré de l'indulgence pour tout ce que tu as entendu de moi. Aussi n'as-tu rien dit d'inconvenant, tu étais doux, affable, aimant la paix, la vérité et le bien pour tout le monde. Quand même les astres et les constellations enverraient une calamité sur ta tête, si un malheur te frappait, si tu perdais ta fortune et tout ce que tu possèdes,

אבל לא תדאג ולא תתאבל אלא תקבל הכל בסבר פנים יפות
תנחם על נפשך ותדבר על לבך להראות כי תרצה אשר יתן לך
המקום וכל מי לא הוא כמוך מן האנשים *ויתגאה ויגבה[1] תכניעהו
ותשפילהו ואם יהיו רשעים ובני בליעל תרחיק אותם ותשמידם
5 ובעת תעשה הדבר ההוא יסורו מן הדבר הרע אשר ֗היו עושים
*ויפחדו ותבא בלבם יראתך[2] ואולם אתה אדוני המלך לרוב
חסדך ומדותיך הטובים ככשת נפשך ולא שפכת חמתך עלי וקויתי[3]
לכל אשר שמעת ממני ואע"פ שהייתי נקלה ונבזה מודה אני לאל
בגללך אדוני המלך אשר [לא] צוית אותי[4] להרגני והנני בידך וכבר
10 עשיתי אשר עשיתי לאהבתי בך בכל לבבי ואם חטאתי בזה הדבר
יש לך כח ומלכות להאביד אותי על חטאתי ואלקה במעשי ויהי
כשמוע המלך[5] כי לא הרג להלבת שמח מאוד ויאמר אל בלאר אני

1) Manque chez C. — 2) Manque chez C. — 3) Ms. וקוייתי; C. *sustinuisti.* — 4) Ms. אותה. — 5) C. ajoute : *hoc, intellexit,* הדברים האלה הבין.

tu ne serais ni soucieux ni triste; mais tu accepterais tout avec un calme parfait, tu te consolerais toi-même et tu chercherais la tranquillité de ton cœur afin de montrer que tu te résignes au sort que Dieu te dispense. Les hommes qui ne te ressemblent pas et qui sont gonflés d'orgueil, tu les humilies et tu les abaisses. S'ils sont méchants et pervers, tu les écartes et tu les extermines. Et parce que tu en agis de la sorte, le vice qu'ils pratiquaient disparaît et la crainte et le respect de toi pénètre dans les cœurs. Seigneur et roi, grâce à ta grande charité et à tes belles qualités, tu t'es vaincu toi-même et tu n'as pas déversé ta colère sur moi; tu as supporté tout ce que tu as entendu de moi, quelque bas et méprisable que je fusse. Je remercie donc Dieu à cause de toi, mon seigneur et maître, de ce que tu n'as pas ordonné ma mort, bien que je fusse entre tes mains. Ce que j'ai fait, je l'ai fait par amitié pour toi et si j'ai eu tort, ta puissance royale te permet de me châtier et de me faire périr pour mon péché.

Le roi comprit que Bilâr n'avait pas tué Hallabat et éclata

אומר לך מה היה הדבר אשר מנעני שלא יחר אפי עליך מפני
שהייתי יודע אהבתך ועצתך הטובה ועבודתך אשר היא באמונה
והייתי מקוה מפני שהייתי יודע שבלבך¹ שלא הרגת להלבת אע"פ
שעותה וחטא לא עשתה הדבר ההוא לדבר רע ולא מאיבה ממנה.
לנו *ולא לבקש רעותינו² *ואולם עשתה אותו מפני הקנאה³ *והייתי 5
חוטא ראוי שאעביר עליה ושאשיא לחטאה ולא חרה אפי בך מפני
שעשיתי אני העון ואמרתי למה אהרוג אותו ואני צויתיה [ואני ראוי]
להודות אותך⁴ ועל כן מהר ותבא⁵ אותה ואראה אותה ויצא
בלאר מאת המלך שמח וטוב לב⁶ ויצוה להלבת שתתלבש בגדי
מלכות⁷ ותעש אשר צוה ויביאה אל המלך ויהי כראותה המלך 10

1) C. ajoute : *et prudentia*, ובינתך. — 2) Manque chez C. — 3) C. ajoute : *quam habuit ad concubinam*, אשר היתה לה על הפילנש. — 4) C. *et tu quidem mihi fecisti gratiam quam nemo unquam fecit et debeo te super hoc laudare*, ואתה עשית עמי הסד אשר לא עשה אדם מעולם ואני ראוי להודות אותך על זאת. — 5) Peut-être והבא. — 6) Ester, V, 9. — 7) C. ajoute : *et 15 veniret ante regem*, ותבוא לפני המלך.

---

de joie; il dit à Bilâr : Je veux te dire ce qui a empêché ma colère de s'enflammer contre toi, je connaissais ton amitié, la bonté de tes conseils, la fidélité de ton service et, convaincu de ton intelligence, j'espérais que tu n'aurais pas tué Hallabat. Car bien qu'elle eût mal agi et qu'elle m'eût manqué, elle ne l'a pas fait dans une mauvaise intention ni par inimitié contre moi, ni parce qu'elle désirait mon malheur. La jalousie seule l'a guidée, et pécheur moi-même, je dois lui pardonner et remettre son péché. Je ne me suis pas courroucé contre toi, parce que c'est moi qui ai eu tort. Je me suis dit : Pourquoi le tuerais-je tandis que moi j'avais donné l'ordre à l'égard de Hallabat? il faut au contraire te remercier. Aussi hâte-toi et amène-la pour que je la voie.

Bilâr sortit de chez le roi heureux et content, il recommanda à Hallabat de mettre les vêtements royaux, ce qu'elle fit. Puis il la conduisit auprès du roi. En la voyant, le roi éprouva une

^{p. 169.}
דברך | גדלה שמחתו ויאמר לה עשה כל אשר תתאוה כי לא אשיב
עד זה היום

צורת המלך ובלאר יביא אליו הלבת

אמרה הלבת האל יעמיד לעולם מלכותך כי לא היה לך להתנחם
על *אשר עשית לי זאת הנחמה¹ *וגם אמנם אילו לא זכרת לי
לעולם ולא התאוית לראות פני הייתי ראוי לעשותו² מפני העון
אשר עויתי לפניך   אבל בחמלתך עלי ובחסדך ובריתך³ [נעצבת
על⁴] אשר רצית להרגני   אמר המלך אל בלאר כבר עשית לי
דבר שאני ראוי להודות על חסדך כל ימי חיי וכבר ראיתי ממך
אשר לא ראה מלך מעבדו לעולם ולא עשית לי דבר לעולם שיהיה
גדול⁵ בעיני אחרי אשר לא הרגת להלבת ותחיה אותה אחרי אשר
הרגתיה אני *ותתן אותה היום לי⁶ ותשיביה אלי   ועל כן לא אצוך

1) Lis. הנקמה. C. *mortis mee*, מיתתי. — 2) Manque chez C. —
3) Manque chez C. — 4) C. *doluisti*. — 5) *Melius*, יותר טוב. — 6) Manque
chez C.

---

grande joie et lui dit : Fais tout ce que tu veux, car depuis ce
jour je ne te refuserai plus rien.

Figure du roi et de Bilâr qui lui amène Hallabat.

Hallabat dit : Que Dieu maintienne ton règne éternellement,
tu n'aurais pas dû te repentir de ce que tu as exercé cette
vengeance contre moi. Certes, si tu n'avais plus jamais pensé
à moi, si tu n'avais pas désiré me revoir, je l'aurais mérité
après la faute que j'ai commise; mais, dans ta miséricorde et
ta grâce, tu t'es chagriné d'avoir voulu me livrer à la mort. —
Le roi dit à Bilâr : L'action que tu viens de faire pour moi
mérite ma reconnaissance aussi longtemps que je vivrai; j'ai
vu de ta part ce que jamais roi n'a vu de la part de son serviteur; tu ne m'as jamais rien fait qui ait autant de valeur à mes
yeux que cette action d'avoir ressuscité Hallabat pour moi
après que je l'avais tuée. Aussi c'est toi qui me la donnes, qui
me la rends aujourd'hui. Dorénavant je ne te donnerai plus

לעולם דבר מן היום הזה והלאה ראה הפקדתיך היום הזה על הגוים
ועל הממלכות' והכל בידך ועשה אשר תרצה   אמר בלאר אני
עבדך ואולם שאלתי ממך בזה היום שלא תמהר לעשות דבר * קטן
או² גדול עד תחקר עליו ותראה האחרונות וכל שכן בדבר זאת³
5 האשה אשר לא ימצא [כמוה⁴] היום בכל הארץ בחן וביופי ובשכל
אמר המלך אמת דברת *וכבר אמרת כל דבריך⁵ עזוב עתה
אלה הדברים כי כבר שמת⁶ על לבי *דבר דברי⁷ כי לא אעשה   p., 170.
דבר לעולם קטון או גדול עד אשר אביט פעמים רבות בדבר
ויהי אחרי כן נתן המלך להלבת הבגדים הנאים *ויבוא המלך בחדרו⁸
10 שמח ובשקט⁹   ויהי אחרי כן נועצו המלך ובלאר שיאבידו כל
המשפחה מן האנשים אשר קרא לפתור החלום כי נועצו עצה רעה
וירצו להאביד המלך ועמו ומשפחתו וימיתום מיתה רעה ויאבידום

1) Cf. Jérémie I, 10. — 2) Manque chez C. — 3) Ms. זה. — 4) C. cuius similis. — 5) Manque chez C. — 6) Ms. שמתי. — 7) Manque chez C. et à effacer. — 8) C. permansit rex in suo regno, וישב המלך במלכותו. 15 — 9) C. ajoute : et dierum longitudine, ובאריכות ימים.

aucun ordre, je te confie mes peuples et mes royaumes, ils sont tous entre tes mains et tu agiras selon ta volonté. — Bilâr dit : Je suis ton serviteur, mais je te demande qu'à partir de ce jour tu n'agisses plus avec précipitation, avant d'avoir fait des recherches et examiné les conséquences, surtout lorsqu'il s'agit de cette femme qui, pour sa grâce, sa beauté et son esprit, n'a pas sa pareille dans le monde entier. — Le roi répondit : Tu dis la vérité, mais tout cela a été déjà dit et n'en parlons plus. Je me suis bien proposé que je ne ferai plus jamais rien de grand ou de petit sans y avoir regardé à plusieurs reprises.

Après cela le roi donna à Hallabat les beaux vêtements et rentra content et tranquille dans son appartement. Plus tard le roi et Bilâr décidèrent de perdre toute la race de ces hommes que le roi avait appelés afin d'interpréter son rêve; car ils avaient pris une mauvaise résolution et décidé la perte du roi, de son peuple et de sa famille. Ils moururent d'une mort

מִן הָעוֹלָם   וַיֵּשֶׁב הַמֶּלֶךְ בְּשַׁלְוָה וּבְהַשְׁקֵט וַיּוֹדֶה לָאֵל עַל זֶה הַחֶסֶד
אֲשֶׁר עָשָׂה לוֹ וַיּוֹדֶה לְכִנָּארוֹן הֶחָסִיד עַל חָכְמָתוֹ[1] כִּי בְחָכְמָתוֹ[2] נִצְּלוּ
הַמֶּלֶךְ וְאִשְׁתּוֹ וּבְנוֹ וַחֲבֵרָיו הַנֶּאֱמָנִים

צוּרַת הַהוֹרֵג יַהֲרוֹג פּוֹתְרֵי הַחֲלוֹמוֹת

נִשְׁלַם שַׁעַר הַמַּעֲבִיר עַל מִדּוֹתָיו

1) C. ajoute : *et intelligentia sua,* וּשְׂכְלוֹ. — 2) C. ajoute : *et consilio,* וּבַעֲצָתוֹ.

---

cruelle et furent exterminés du monde. Le roi continua à vivre heureux et tranquille, remerciant Dieu de la grâce qu'il lui avait faite et reconnaissant envers le pieux Kinârôn pour sa sagesse; puisque cette sagesse avait sauvé le roi, sa femme, son fils et ses fidèles compagnons.

Figure du bourreau mettant à mort les interprètes du songe.

Fin du chapitre de l'homme magnanime.

[שער אחד עשר]

וזה שער הצייד והלביאה[1]

אמר המלך לפילוסוף כבר הבינותי דבריך וזה המשל[2] הגד נא לי בעד העווב הרע אשר יעשה לבלתו מפני הרע אשר ימצאהו
5 ויתוכח ויוסר ברע אשר ימצאהו ולא יוסיף לעשות רע אמר הפילוסוף לא יעשה רע ולא יבקש דבר אשר ירע לבני אדם כי אם סכל וחסר דעת אשר לא יביט האחרונות מן העולם הזה ומן העולם הבא ויעשהו מפני שלא ידע הרע אשר ירע[3] לו מן הדבר

1) Ms. והלטאה. — C. ajoute: *et est de illo qui desinit a malo faciendo alteri propter malum quod sibi accidit*, וזה בעד העווב הרע אשר וגו׳. — 10
2) C. ajoute: *quod oporteat regem et dominos auctoritatem potentie facere tempore ire sue provocationis et quomodo debeat iram suam compescere*, כי יש
3) Peut-être: למלך ולארון שימשול ברוחו בעת יבער אפו ואיך ישקט חמתו. — יבא, ou יצא.

[Chapitre XI.]

Ceci est le chapitre du chasseur et de la lionne.

Le roi dit au philosophe: J'ai compris ce que tu as dit dans cette parabole; mais parle-moi maintenant de celui qui cesse de faire du mal à autrui à cause du mal qu'il éprouve lui-même, qui se corrige et s'amende par le malheur qui l'atteint et ne continue plus à faire le mal. — Le philosophe répondit: Celui-là seul agit mal et cherche à nuire aux hommes, qui est sot, sans intelligence et qui ne prévoit l'avenir ni dans ce monde ni dans l'autre monde. Il fait le mal parce qu'il ne connaît pas

ויש פעמים אשר יוסר הסכל ויזהר ברע אשר ימצאהו ולא יוסיף לעשות רע לבלתו   כי בעת יקרה לו דבר רע ידאג וישתומם ויכאיב לבו¹ וידע כי כן נכאבו אחרים על מעשיו אשר עשה להם כמו נכאב הוא מאשר עשה לו אחר ויפחד מלעשות רע על חבריו כי ידע מכאובם ויביט לאשר ייטב לו באחריתו   והמשל אשר שאלתני בעדו כמו² משל הצייד והלביאה

אמר המלך ואיך היה

אמר הפילוסוף אמרו כי לביאה אחת היו לה שני גורים במעונתיה ויצאה לבקש ציד ותעזבם במעונה   ויעבר לשם צייד ויקחם ויהרגם ויפשוט עורותם וישב בם לביתו

צורת הצייד יפשיט עורות גורי הלביאה

ויהי כאשר שבה הלביאה למעונתיה מצאה גוריה מנתחים

1) Manque chez C. — 2) Lis. הוא.

le dommage qui en résulte pour lui-même. Quelquefois le sot se corrige et se laisse avertir par le malheur qui le frappe et cesse de nuire à son prochain. Car lorsqu'un accident lui arrive, il devient soucieux, il se sent accablé, il éprouve des douleurs et reconnaît que ses actions ont affligé de la même manière les autres, comme il est affligé maintenant lui-même parce qu'il a souffert. Il craint alors d'être méchant envers ses semblables, car il connaît leur chagrin et se préoccupe de ce qui peut lui faire du bien à l'avenir. La parabole que tu m'as demandée à ce sujet est celle du chasseur et de la lionne.

Le roi demanda: Quelle est cette histoire?

Le philosophe répondit: On raconte qu'une lionne avait dans sa tanière deux lionceaux. Elle sortit pour chercher de la nourriture en les laissant dans sa demeure, lorsqu'un chasseur passa, les prit, les tua et enleva leur peau qu'il emporta chez lui.

Figure du chasseur ôtant la peau des lionceaux.

Lorsque la lionne, en rentrant dans sa tanière, trouva ses

ועורם מופשטים מעליהם   ויהי כראותה זה ויכבד הדבר עליה
ותתאבל ותבכה¹   *ויחר אפה ויגדל יגונה² ותתהפך על חלציה ועל
פניה   והיה קרוב ממנה אצל מעונה *אחד מן החיות ואין לו שם
בלשון הקדש³ והיה שכן לה   ויהי כאשר שמע קולה¹ *אמר לה
5 למה תבכי ולמה ירע לבבך ומה זאת הצרה הבאה עליך הגידי נא
לי ואשתומם עמך ואדבר על לבך   אמרה הלביאה גורי עבר עליהם
ציד ויהרגם | והפשיט עורם ויוליכם⁵   אמרה לו החיה אל תדאגי
ואל תבכי ·ואל תעשי כל זה⁶ ושפטי את עצמך במשפט ובצדק
ודע כי לא עשה לך [הצייד] כל הצרה הזאת אלא מפני הצרה
10 אשר עשית את לאחרים ועל כן הוחילי למעשה הצייד כמו הוחילו

1) C. ajoute : *amare*, בכי תמרורים. — 2) Manque chez C. — 3) C. *quidam vulpis*, שועל אחד. Dans le reste du chapitre, חיה est rendu tantôt par *vulpis*, tantôt par *lupus*. — 4) C. *ejus strepitum clamoris et lamentationem cordis ipsius, ibat ad eam querens ab ea*, קול בכיה והמית לבה וילך אצלה
15 וישאלה. — 5) C. *quare hoc faceret, cui leona suum casum exposuit*, למה תבכי ותספר לו הלביאה את אשר קרה לה. — 6) C. *nec te in huiusmodi strepitu suspiratum fatigare*.

---

lionceaux dépecés et dépouillés de leur peau, elle fut prise d'un profond chagrin. Dans son deuil elle versa des larmes amères, se mit en colère et son affliction grandit au point qu'elle se roulait sur ses côtes et sa face. Près d'elle habitait un animal qui n'a pas de nom en hébreu. En voisin, il entendit le rugissement de la lionne. Pourquoi pleures-tu? lui dit-il. Qu'est-ce qui t'afflige, quel est le malheur qui est venu te frapper? Dis-le moi pour que je puisse partager ta tristesse et te consoler.

La lionne répondit : Un chasseur a passé devant mes lionceaux, les a tués et dépouillés de leur peau qu'il a emportée. — L'animal reprit : Ne t'afflige pas ni ne pleure; juge-toi plutôt d'après le droit et la vérité. Sache que cette peine ne t'est arrivée de la part du chasseur, qu'à cause de la peine que tu as causée aux autres. Résigne-toi à l'égard de l'action du chasseur comme les autres ont dû se résigner à l'égard de tes

האחרים על מעשיך   וכבר נאמר במדה שאדם מודד בה מודדין לו¹ *ולכל מעשה תגמול ולכל אילן פרי²   אמרה הלביאה באר לי מה תאמר   אמר לה כמה ימי שני חייך   אמרה הלביאה מאה שנה   אמר לה במה תחיי או מה אכלת עד היום הזה · אמרה
5 הלביאה הייתי אוכלת בשר זאבים וחיות השדה והבהמות   אמרה החיה תדעי באמת כי כל החיות אשר אכלת כי היו להם אבות ואמות   אמרה כן   אמרה החיה הלא תדעי כי כן יצעקו הם על גוריהם ויאנחו ובכן תבכי את ותאנחי על גוריך ודעי כי לא באה עליך זאת הצרה מפני הצייד אלא מפני רוע לבך ואשר לא חשבת
10 על מעשיך ולא ראית האחרונות *וסכלותך בדברים³ ואשר לא ידעת כי יהפכו בראשך

צורת החיה והלביאה

1) Mischnâh *Sôta* I, 6. — 2) Manque chez C. — 3) Manque chez C.

---

actions. On a bien dit qu'on applique à l'homme la mesure
15 qu'il a appliquée à autrui. Tout acte a sa rétribution comme tout arbre porte son fruit. — Explique-moi ce que tu dis, reprit la lionne. — Quel âge as-tu? dit l'animal. — Cent ans, répondit la lionne. — De quoi as-tu vécu, dit l'autre, qu'est-ce que tu as mangé jusqu'à ce jour? — La lionne répondit: Je me nourris-
20 sais de la chair des animaux carnassiers, des bêtes du champ et d'autres. — Eh bien, dit l'animal, reconnais que tous les animaux que tu as mangés avaient des pères et des mères. — C'est vrai. — Sache alors qu'eux aussi ont crié et gémi sur leurs petits. Pleure donc également et gémis sur tes lionceaux;
25 mais sache que ce n'est pas le chasseur, mais la méchanceté de ton cœur qui t'a attiré cette peine. Tu n'as pas suffisamment réfléchi sur tes actions, tu n'as pas prévu l'avenir et ta sottise consiste en ce que tu n'as su que tout cela retombera sur ta tête.

30 Figure de l'animal et de la lionne.

ויהי כשמוע הלביאה ידעה כי כן הוא כמו אמר[ה החיה] וכי
זה הדבר אשר קרה לה מפני עונותיה אשר עשתה לאחרים וכי
מעשיה] היו ברשע ובאון ולא היו בצדק וביושר וינקם האל בה מרוע ⁿ·¹⁷³·
מעשיה ותעזוב החיות ותשוב מאכילת בשר החיות לאכילת הפירות
5 והמגדים ותשוב לעבודת אלהים   ויהי כאשר ראתה החיה מעשיה
וכי לא היתה אוכלת אלא מן הפירות אמר לה הייתי מחשב כי
הפירות אשר הם מעטים מפני השנה שהיתה שנת בצורת עד אשר
ראיתיך אוכלת אותם ואת אוכלת בשר ותעזוב לחם חקך וטרפך
אשר חלק לך האל ותשוב לאכול לחם זולתך ומחית בלעדך עד
10 אשר מעטו * ואדע כי מפני אכילתך חסרו לאילנות ועל כן אוי
לאילנות בך¹ ואוי למי היתה מחיתו מהם עד² הביא עליהם מי יגרע
לחם חקם   ויהי כשמוע הלביאה דבריה עזבה הפירות ותאכל חציר

1) C. *fructuum causa tui,* הפרות בשבילך. — 2) C. ajoute : *propter te
visitavit ea Deus inducens, etc.,* פקד עליהם האל בגללך והביא.

Après avoir entendu ce discours, la lionne en reconnut la
vérité, elle avoua que les péchés qu'elle avait commis envers
d'autres avaient causé son malheur, que ses actions avaient été
dirigées par la méchanceté et l'iniquité, et non pas par la justice
et la droiture, et que Dieu l'avait châtiée de sa mauvaise conduite. Elle laissa donc les animaux, cessa de manger leur chair
et se nourrit de fruits et de plantes; elle revint au service
de Dieu.

Lorsque l'animal vit la conduite de la lionne et qu'elle ne
se nourrissait que de fruits, il lui dit : J'avais cru que les fruits
étaient rares cette année à cause de la disette, mais je te vois,
toi carnivore, en manger; tu abandonnes la nourriture qui te
revient et que Dieu t'a donnée en partage, et tu dévores celle
des autres animaux au point que les fruits manquent. Je reconnais que les arbres ne suffisent plus depuis qu'ils doivent fournir à tes repas. Malheur donc à ces arbres et malheur à ceux
qui ont vécu d'eux jusqu'au moment où le sort leur a infligé une
créature qui les prive de leur pain quotidien. — Lorsque la

השדה. ואולם' אמרתי לך זה המשל כי יש פעמים אשר ישוב הסכל מרעתו לאנשים מפני הרע אשר יעשו לו האנשים כמו הלביאה אשר סרה מלאכל החיות מפני אשר קרה לה בגוריה ותשב לאכול חציר השדה. ויהי אחרי כן אמר הפילוסוף למלך כי² האנשים הם ראוים להביט זה המעשה כי כבר נאמר אשר לא תאהב לנפשך אל תאהב³ לאחרים כי אם לא תעשהו תעשה צדק ומשפט צדק תאות⁴ אלהים וְאנשים.

נשלם שער הצייד והלביאה

1) C. *post hec vero dixit philosophus regi*, ואחרי כן אמר הפילוסוף למלך. — 2) C. *et propter hoc*, ועל כן. — 3) C. *feceris*, תעש. — 4) Manque chez C.

---

lionne eut entendu ces paroles, elle abandonna les fruits et ne se nourrit que d'herbage.

Je t'ai raconté cette parabole parce que souvent le sot revient de sa méchanceté envers les hommes à la suite du mal qu'on lui a fait éprouver, de même que cette lionne a cessé de dévorer les animaux à cause de ce qui lui était arrivé avec ses lionceaux, et qu'elle a fini par se nourrir d'herbage.

Après cela le philosophe dit au roi : Les hommes devraient bien considérer cette histoire ; car on a dit : Ce que tu n'aimes pas pour toi-même, ne l'aime pas pour autrui. En réglant ainsi tes actions, tu feras ce qui est juste et charitable et la charité plaît à Dieu et aux hommes.

Fin du chapitre du chasseur et de la lionne.

[שער שנים עשר]

p. 174.

¹[וזה שער הנזיר והאורח]

אמר המלך לפילוסוף כבר שמעתי *זה המשל² ועתה אם תראה
שתאמר לי משל במי יעזב³ מעשיו אשר הוא ראוי להם ויעשה
מעשה⁴ אשר אינם ממנהגו⁵ ולא ממשפחתו⁶ עד ישכח מעשיו אשר
היה עושה

אמר הפילוסוף אמרו כי בארץ אחת היה נזיר ויחנה בביתו
אורה אחד ויביא *לפני בעל הבית ולפני האורח⁷ תמרים [טובים⁸]

1) C. ajoute : *et est de eo qui relinquit opera propria et facit que non debet*, וזה במי שיעוב וגו׳. — 2) Ms. המשלים. — 3) Ms. יעשה; C. *relinquens*. — 4) Lis. מעשים. — 5) Ms. מנהגו. — 6) C. *et usus*. — 7) Lis. בעל הבית. לפני האורה — 8) C. *bonis*.

[Chapitre XII.]

Ceci est le chapitre de l'homme dévot et de l'étranger.

Le roi dit au philosophe : J'ai écouté les paraboles, mais veux-tu maintenant me raconter une parabole concernant celui qui abandonne les actions qui lui conviennent et agit contre ses habitudes et celles de sa famille, au point qu'il oublie les actions qu'il avait faites jusque-là?

Le philosophe dit : On raconte que, dans un certain pays, vivait un dévot, dans la maison duquel s'établit un étranger. Le maître présenta à son hôte de bonnes dattes qu'ils man-

ויאכלם שניהם   אמר האורח לנזיר מה מתוק מדבש זה הפרי ומי
יתן והיה בארץ אשר אני שוכן בה תמרים ולולבים [כמו אלה[1]]
אע"פ שיש פירות [טובות[2]] אחרות וכל מי יש לו תאנים ואילנות[3]
אחרות יסתפק בהם ודי לו *ולא יצטרך לתמרים מפני שהם רעים
5 לגוף[4].   אמר הנזיר לא הוא משכיל *ולא מצליח[5] המבקש דבר
שאינו נמצא ותתאוה אותו נפשו *כי לא יוכל לעמוד בלי שאלתו[6]
עד אשר ישוב לו יגון ואנחה מפני שאינו מוצא אותו וירע לגופו[7]
ואתה תהיה מצליח אם תסתפק באשר נתנו לך [ותמאס] באשר
[לא] תמצא[8]   והיה הנזיר מדבר בלשון עברים וייטבו בעיני האורח
10 דבריו ורצה שילמוד אותו והיה ימים רבים מאיץ ללמד לשונו[9] בה
צורת הנזיר והאורה

1) C. *hujusmodi*. — 2) C. *bonus*. — 3) C. *et uvas et fructus*, וענבים
ופרות. — 4) Manque chez C. — 5) Manque chez C. — 6) C. *quod habere
non potest*. — 7) C. *cor suum*; lis. *corpus*. — 8) C. *abhorrere quod nequis
15 inquirere*. — 9) C. ajoute : *et assuefacer loqui illo sermone*, ולהתנהגו לדבר.

gèrent ensemble. Combien ces fruits sont doux! dit l'hôte. Ils
sont plus doux que le miel, et je voudrais que le pays que j'habite possédât des dattiers et des palmiers semblables, bien qu'il
s'y trouve d'autres fruits, et lorsqu'on a des figuiers et d'autres
20 arbres, on peut s'en contenter et en avoir assez, sans éprouver
le besoin des dattes, qui sont malsaines pour le corps. — Le
dévot répondit : Il n'est ni sage ni prudent celui qui recherche
une chose qu'il ne saurait trouver, et en conçoit un vif désir.
Car ne pouvant plus subsister sans avoir obtenu l'objet de sa
25 convoitise, il éprouve, lorsqu'il en est privé, un chagrin et une
anxiété qui nuisent à sa santé. Tu seras donc heureux, si tu
te contentes de ce qu'on t'a accordé, dédaignant ce que tu ne
saurais trouver.

Or le dévot parlait en hébreu et cet idiome plut tellement à
30 l'étranger qu'il désira l'apprendre. Il fit longtemps des efforts
pour se l'approprier et pour prendre l'habitude de le parler.

Figure du dévot et de l'étranger.

אמר לו *הסר מזה הלשון' דע כי ראוי לך כאשר עוזבת לשונך
ותבחר לשון בלתך שיקרה לך אשר קרה לעורב פעם אחת
אמר לו האורח ואיך היה   אמר הנזיר אמרו כי עורב אחד² ראה
יונה מתנהלת בלאט וייטב בעיניו הליכתה³ ויפצר שילמוד כמוה
5 ללכת | וענה נפשו ויעזוב הליכתו אשר היה הולך   ויהי כאשר נואש
ממנו וידע כי לא יוכל ללמוד רצה שישוב להליכתו הראשונה ולא
יוכל⁴   ואולם אמרתי לך *אלו המשלים⁵ כי אתה ראוי שתשכח⁶
לשונך בעת תעזוב לשונך ותבקש ללמוד לשון אחרת   וכבר נאמר
כי הוא סכל כל מבקש חכמה אשר אינה ראויה לו ואשר לא
10 התנהגו בו אבותיו
נשלם שער הנזיר והאורח

1) Manque chez C. — 2) C. ajoute: *habens transitum superbum et erectum*, אשר היה הולך בקומה וקופה. — 3) C. ajoute: *et displicuit sibi modus suus proprius qui tamen pulcer erat*, ויאמס בהליכתו אשר היתה יפה. — 4) C. ajoute: *remansit confusus*, וישב נכלם. — 5) Lis. זה המשל. — 6) Ms. שתשלח; C. *oblivisci*.

Enfin, dit le dévot, laisse ce langage et sache qu'en abandonnant ta propre langue et en lui préférant celle d'autrui, tu mériterais qu'il t'arrivât ce qui est arrivé une fois à un corbeau. — Qu'est-il arrivé? dit aussitôt l'étranger. — On raconte, répondit le dévot, qu'un corbeau, voyant une colombe se dandiner doucement, trouva cette démarche si bien à son goût, qu'il fit des efforts et se donna beaucoup de peine pour apprendre à marcher comme elle. Il abandonna sa marche habituelle. Mais lorsque le corbeau, au désespoir, reconnut qu'il ne pourrait jamais l'apprendre, et voulut revenir à sa première habitude, cela lui fut impossible.

Cette parabole doit t'enseigner qu'en abandonnant ta langue pour t'en approprier une autre, tu mérites d'oublier la tienne. Du reste, on a déjà dit que fou est celui qui recherche une science qui ne lui convient pas et dont ses ancêtres n'avaient point l'habitude.

Fin du chapitre de l'homme dévot et de l'étranger.

[שער שלשה עשר]

וזה שער האריה והשועל'

אמר המלך לפילוסוף כבר שמעתי זה המשל שא לי עתה
משל שיקרה בין המלכים ומשפחותם² וחבריהם אשר יקצפו על
איש [שיחשבו חוטא]³ ואחר כן מרצים בעדו⁴ ותשוב איבתם אהבה 5
אחרי אשר יקצפו עליו ויענוהו כולם⁵   ועתה שא עליו משל
אמר הפילוסוף כי המלך אילו לא ישוב ברצון על האיש אשר

1) C. ajoute : *et est de amore regum qui restituitur post inimicitias,* וזה
ויועציהם. — 2) C. *consules,* באהבת המלכים אשר תשוב על איש אחרי איבתם
10 — 3) C. *quem habet culpabilem.* — 4) C. ajoute : *et manifestatur eius inno-*
centia, מפני שנראה כי הוא נקי. — 5) Lis. במכותם; C. *postquam illum multis*
comprobaverit afflictionibus et flagellis examinaverit, אחרי אשר נסהו בתלאות
רבות ובחנהו במכותיו.

[Chapitre XIII.]

Ceci est le chapitre du lion et du renard.

Le roi dit au philosophe : J'ai écouté cette parabole; maintenant raconte m'en une autre sur ce qui se passe entre les rois,
leurs familles et leurs compagnons, lorsqu'ils s'irritent contre
l'un d'entre eux, qu'ils avaient considéré comme coupable, et
qu'ensuite, après un temps de colère, pendant lequel ils lui ont
infligé toutes sortes de tourments, ils lui pardonnent et changent
leur haine en amitié.

Le philosophe répondit : Quand le roi ne rend pas sa

יקצוף עליו ולא יחמול עליו ולא יחוס על עונו היה הדבר זה לרעת¹
מעשיו   ואולם הוא ראוי למלך שיביט על דבר כמו זה ואיך האדם
אשר יקצוף עליו אם היתה עבודתו באמונה והיה עוזר למלך והיה
אוהב אותו² בכל לבבו *והיה מאמין בו³ המלך והיה בוטח בעצתו
5 הוא ראוי למלך שישוב עליו ברצון וישא חטאו ואל יאבידהו   כי
המלך לא תצליח מלכותו אלא בהשרים והיועצים [הנאמנים⁴] ולא
יועילו השרים והיועצים אלא באהבה * ובחכמה הטובה⁵ ובאמונה
ולא תועיל לו האהבה וההכרה⁶ | והאמונה אלא בעת ימצאו העצה
p. 176.
והשכל   ומעשי מלכים *רבים ואשר יצטרכו מישרים ויועצים⁷
10 רבים הם *ואנשי האמונה והעצה והשכל⁸ מעטים   ואולם תכון
מלכות המלך בעת יהיה מכיר אוהביו באשר ירצו בו טוב ושידע

1) Ms. לדעת. — 2) אותם. — 3) Manque chez C. — 4) C. *fidelibus*. —
5) Manque chez C. — 6) Manque chez C. Faut-il lire : וההחברה? — 7) C.
et ardua, וקשים. — 8) C. comme s'il y avait : והעצה הישרה והצדק, *rectum
vero consilium et iusticia*.

bienveillance, sa miséricorde et son pardon à celui contre lequel il avait été irrité, c'est que ses procédés sont mauvais. Mais le roi doit être prudent dans une telle affaire, et voir comment est l'homme qui avait excité sa colère. Si cet homme l'a fidèlement servi, s'il a été d'un bon secours pour le roi, si, par son amour cordial, il lui avait inspiré assez de confiance, pour que le roi puisse s'abandonner à son conseil, le roi doit lui rendre ses bonnes grâces, lui remettre son péché et ne pas le faire périr. Car le gouvernement du roi ne peut réussir sans les ministres et les conseillers fidèles; ceux-ci ne se rendent utiles que lorsqu'ils sont guidés par l'amitié, le désintéressement et la sincérité, et ces sentiments, à leur tour, ne deviennent utiles que lorsqu'ils se rencontrent avec le bon sens et la raison. Les affaires des rois sont nombreuses et exigent beaucoup d'adresse et beaucoup de conseillers; mais les hommes de bonne foi, de bon sens et de raison sont rares. Or, le gouvernement du roi sera stable, lorsqu'il saura reconnaître ses amis qui lui veulent du bien, et distinguer la science, la raison

מה יש אצל כל איש מהם מהכמה ומשכל ומעצה ומה יש בהם
מדברים רעים ובעת יגלה לו כל זה *וידע מה יעשה[1] ישים על
כל מעשיו מי ידע כי הוא נאמן ובעל עצה ואשר יש בו ממדות
רעות לא ירע[2] למלך וישמר כדי שלא יונד לו בעדו דבר כי
5 יצטרך להקור ולענות נפשו שיצא לבקש עליו והוא ראוי על
המלך שיביט מעשיהם ויחקור על מפעלותם ולא יתעלם ממנו צדקת
הצדיק וחטאת החוטא והוא ראוי עוד עליו שישיב לצדיק פרי
צדקתו ואל יחמול על החוטא מהאבי]ד[ם כי אם לא יעשה הדבר
ההוא תקל בעיני הצדיק צדקתו אחרי אשר אין לו ממעשיו שכר
10 ויוסיף הרשע להשחית המעשה וכמו זה משל האריה [והשועל[3]]
אמר המלך ואיך היה

אמר הפילוסוף אמרו כי בארץ הודו היה אחד מן החיות ויהי

1) Manque chez C. — 2) C. *non velit sui notitiam*, לא ידע המלך. —
3) C. *et vulpis.*

---

15 et le bon sens que chacun possède, mais aussi les défauts qu'ils
ont. Une fois que tout cela lui sera connu et qu'il saura ce qu'il
a à faire, il mettra à la tête de toutes ses affaires ceux dont il
aura éprouvé la fidélité et le bon sens, et ceux qui ont de mauvaises qualités ne lui feront pas de tort. Il aura également soin
20 qu'on ne lui fasse pas de rapports qui nécessiteraient des recherches et lui causeraient des fatigues pour obtenir des informations. Il devra donc bien observer les actions de ses serviteurs, examiner leurs agissements, pour que ni la vertu du
juste ni les défauts du pécheur n'échappent à sa connaissance.
25 Il devra encore rendre au juste le fruit de sa vertu et n'avoir
aucune pitié du pécheur; car en n'agissant pas ainsi, il enlève-
rait à la vertu du juste sa valeur puisqu'elle ne lui rapporterait
aucun avantage et il encouragerait le méchant dans son action
pernicieuse. On peut citer comme exemple la parabole du lion
30 et du renard.

Le roi dit : Quelle est cette parabole ?

Le philosophe répondit : On raconte qu'il y avait dans l'Inde

— 241 —

לו שכל ומדע ועצה ובינה והיה בעל יושר והיה שוכן עם חבריו
וחיות השדה והשועלים¹ ולא עשה כמעשידם *ולא ירע כמו ירעו
ולא שפך דם | ולא אכל בשר² וירידו אותו החיות על זה הדבר
ותאמרנה לו למה לא תעשה מדותיך ומנהגיך אשר נבראת עליהם
ועתה לא תוכל אלא³ שתהיה כמונו ותתחבר אלינו ותעשה כמעשינו 5
אמר להם כי חברתי אתכם אין לי ממנו עון בעת לא אעשה עון
לנפשי   כי העונות לא הם מפני המקומות והחברים אלא מפני
הלבבות והמעשים⁴ ואולי יהיה בעל המקום הטוב יעשה מעשים
טובים ובעל המקום הרע יעשה מעשים רעים הלא יהיה כל ההורג
אדם חסיד בבית הכנסת⁵ בלי עון וההורג נפש במערכת המלחמה 10

_{p. 177.}

1) Manque chez C. — 2) Manque chez C. — 3) Manque chez C. —
4) C. *et corporum actionum*, ומעשי הגופות. Puis il ajoute : *Nam unus existens
in bono loco non semper agit bona opera, ita existens in malo loco non semper
male agit*, כי כל בעל המקום הטוב לא יעשה תמיד מעשים טובים ובעל המקום
הרע לא יעשה תמיד רע. — 5) Transposez : כב׳ הכ׳ חסיד. 15

un animal doué de raison, de connaissance, de bon sens et d'intelligence; cet animal avait aussi une conduite droite et demeurait avec ses camarades, les animaux et les renards, sans
agir comme eux, ni faire du mal comme ils en avaient l'habitude, il ne versait pas de sang ni ne mangeait de la viande. 20
Les animaux se disputaient avec lui pour cela, en lui disant :
Pourquoi ne suis-tu pas les habitudes et les usages de ta nature ?
Tu dois être comme nous, vivre dans notre société et agir
comme nous agissons. — Mais il leur répondit : En me joignant
à vous je ne commets pas de péché, tant que je ne fais pas de 25
mal moi-même; car les péchés ne dépendent pas des lieux et
des camarades, mais des sentiments et des actions. Tel vit dans
un bon milieu et ne fait pas toujours le bien, et tel autre se
trouve dans un mauvais milieu sans qu'il agisse toujours mal
pour cela. En effet, si celui qui occupe une place bonne accom- 30
plissait toujours de bonnes actions et si celui qui se tient à un
mauvais endroit devait faire le mal, celui qui tuerait un homme
dans une synagogue serait pieux et sans péché, et celui qui
tuerait une personne dans une bataille rangée passerait pour

חוטא ואולם התחברתי עמכם בגופי לא בלבי ובנפשי *ולא
במעשי' כי אני יודע פרי² המעשים מה הוא ותגמול הצדק והרשע³
ולא שמע מהם ויעמוד על מעשיו ימים רבים

צורתו וצורת החיות עמו

ויגיע הדבר⁴ לאריה אחד שהיה מלך על כל החיות אשר במקום
ההוא וייטב בעיניו אשר שמע מן הצדק והיושר והאמונה וישלח
אחריו ויבא אליו וידבר עמו ויחקור עליו וימצא כי אמת היה אשר
שמע בעדו וישמח בו⁵   ויהי לקץ הימים שלה המלך אחריו ויאמר
לו אומר לך כי ארץ מלכותי היא גדולה ואני מצטרך לגוברים
ופקידים להפקד עליה ואני שמעתי עליך כי אתה נבון ומשכיל
*חכם ובאת אלי⁶ ובעת חקרתי | עליך⁷ הוספתי לאהוב אותך ואני

---

1) Manque chez C. — 2) Ms. כרי. — 3) C. *bonorum operum merces.* —
4) C. *famam hujus vulpis,* דבר השעול הזה. — 5) C. ajoute : *et dilexit illum,*
ויאהבהו. — 6) Manque chez C. — 7) C. ajoute : *et verum inveniens rumo-*
rem, ואמצא כי אמת הדבר.

---

un pêcheur. Je suis donc avec vous de corps et pas de cœur,
de ma personne et non pas par mes actions. Je sais bien quel
est le fruit des actions et la rétribution de la vertu et du vice.
Cet animal n'écoutait donc pas ses camarades et il persévéra
longtemps dans sa manière d'agir.

Figure de l'animal et celle des autres animaux avec lui.

Cette histoire parvint à un lion qui était roi de tous les animaux de ces lieux. Tout ce qu'il entendit de la vertu, de la
droiture et de la fidélité de ce renard lui plut. Il le fit donc
venir, s'entretint avec lui, l'examina et trouva que tout ce qu'on
lui avait dit était vrai. Le roi en fut réjoui et, après quelque
temps, il le fit quérir et lui dit : Mon empire est grand et j'ai
besoin d'administrateurs et de chefs auxquels je puisse le confier; or, j'ai entendu dire que tu es intelligent, sage et instruit.
Et lorsque tu es venu me voir et que je t'ai examiné, mon
amitié pour toi s'est tellement accrue que je désire te confier de grandes affaires, t'élever à un haut rang et te placer

מפקיד אותך על *מעשים רבים¹ ואתן לך מעלה גדולה ואגדיל
את כסאך על כל שרי² אמר לו [אל יאמר כן³] אדוני המלך כי
המלכים יש להם שיבחרו אנשים שיתעסקו בעבודתם ובמעשיהם
אנשים חכמים ונבונים אנשים שלא ימאסו כל אשר יצוה המלך כי
5 המואם בדבר הזה לא יוכל מעשה⁴ טוב *ואני מאד אני מואם
עבודת המלך⁵ ואחרי אשר אני אמאם אותה לא אוכל לעשות
מעשה טוב ולא התנהגתי לעולם במעשה המלכים ואתה מלך
החיות ותמצא אלף כמוני⁶ ויש לך אחרים אשר בהם כח לעמוד
בהיכל המלך והם רגילים בעבודתך ואם תקחם תסתפק בהם יותר
10 ממני *ולא תצטרך אלי⁷ אמר לו הארי אל תוסף לדבר אלי עוד
בדבר הזה⁸ כי לא אעזבך עד אשר אם עשית את אשר דברתי
לך⁹ אמר לו [השועל] אדוני המלך לא יוכלו להתחבר למלך כי

1) C. *meis magnis negociis*, מעשי הגדולים. — 2) C. ajoute : *et rectores*, ופקידי. — 3) C. *nequaquam dicat hoc*. — 4) Peut-être לעשות. — 5) Manque chez C. — 6) C. *meliores me*, טובים ממני. — 7) C. *et noli me ad hoc indicare*. — 8) *Deut*. III, 26. — 9) *Gen*. XXVIII, 15.

au-dessus de tous mes ministres. — Le renard répondit: Que mon seigneur et roi ne parle pas ainsi! Les rois doivent choisir pour leurs services et leurs affaires des hommes sages et intelligents, des hommes qui ne reculent devant rien de ce qu'on leur ordonne; car celui qui recule dans ce cas n'agirait pas bien. Or, moi, je n'aime pas le service des rois et, ne l'aimant pas, je ne saurais rien faire de bon. En outre, je n'ai jamais été habitué à ce service et toi, roi des animaux, tu en trouveras mille qui me valent, et bien d'autres qui savent se tenir dans un palais royal et qui sont habitués au service. En les choisissant, tu en seras plus content que de moi, et tu n'auras pas besoin de ma personne. — Ne me parle pas ainsi, répondit le lion, car je ne te laisserai pas avant que tu n'aies consenti à ce dont je t'ai entretenu. — Seigneur et roi, reprit le renard, deux sortes d'hommes seules peuvent vivre dans la société des rois, et moi

אם שני אנשים ואין אנכי אחד מהם   האחד אכזר[1] לא יחמול על איש ימצא חפצו[2] באכזריותו ורשעותו לכן ייראוהו אנשים או אדם נקלה[3] לא יחמדנו[4] איש ולא יקנא לו   אבל כל אשר ירצה להתחבר עם המלכים איש עניו ובישן ולא יגלה פניו לכל אדם[5] לא יצליחו מעשיו ולא תתכן חברתו עמם   כי יאסף עליו [אוהב[6]] המלך ואויבו[7] האוהב יקנא לו על המעלה [וישוב לו: אויב והאויב אשר למלך הוא חומד לוה] האיש כמו כן יבקש לעשות רע ויוציא עליו דבה ובעת יאספו עליו אלו השנים יביא עצמו במות   אמר לו האריה אל תירא ממשטמת אנשי ומקנאתם[8] לך *ולא תפחד מהם[9] כי ארחק אותם ממך ולא יתערבו עמך ולא אתה עמהם כי כבד אכבדך מאד וכל אשר תאמר אלי אעשה[10]   אמר לו אדוני המלך

1) C. ajoute : *et presomptuosus*, וגא. — 2) C. ajoute : *in omnibus que cupit*, בכל אשר יתאוה. — 3) C. ajoute : *et despectus*, ונבזה. — 4) Ms. יחמצו. C. *nec ipsum reputant*. — 5) C. *nec intendit esse crudelis hominibus*. — 6) C. *amici*. — 7) Ms. ואוהבו. — 8) Ms. ובק׳. — 9) Manque chez C. — 10) Nomb. XXII, 17.

---

je n'en suis pas. Les uns sont violents, présomptueux, sans pitié, faisant leur volonté avec dureté et méchanceté, et se faisant craindre de tous le monde; les autres sont vils et bas, méprisés par tous, et ne sont enviés ni jalousés par personne. Mais un homme humble et modeste qui veut vivre dans la société des rois sans être insolent envers personne, ne saurait être heureux dans ses actions, ni se maintenir dans sa situation. Car les amis et les ennemis du roi se ligueront contre lui : les amis seront jaloux de lui à cause du rang qu'il occupe et deviendront ses ennemis; les ennemis du roi porteront également envie à cet homme et chercheront à lui faire du mal par les calomnies qu'ils répandront sur son compte. En butte aux ennemis de ces deux classes réunies, il se précipitera lui-même dans sa perte. — Le lion répondit : Ne crains ni la haine ni l'envie des méchants, ne redoute rien d'eux, car je les éloignerai de toi et ils ne seront jamais mêlés à ta société; je te tiendrai en grand honneur et ferai tout ce que tu me diras. —

אם ירצה המלך שיכבדני יעזבני באלו המדברות בשלוה והשקט
[כי] טוב הוא לי משיחמדו אותי [אנשי מלכותך¹] כי כל מי אין לו
יגון די לו מן המים ומן הלחם   כי ידעתי כי חבר המלך והמתחבר
אליו ימצא צרות ותלאות כל ימיו אשר לא ימצא אחר זולתו כי
5 החיים המעטים בשלוה טוב מאלף שנים בעמל וכעס   אמר לו
הארי כבר הבינותי דבריך אבל לא תירא מאומה מאשר תאמר
לי כי לא אוכל לעזוב אותך על כל פנים   אמר לו אדוני המלך
אחרי אשר ירצה המלך זה הדבר על כל פנים אני אבקש ממך
שתכרות לי ברית כי אם יגיע לך דבר גדול² ממני שלא תאמין
10 אותו עלי ואם³ ישטמו אותי חברי מכל מי הוא יותר שפל ממני
במעלה ויפחד ממני או ממי הוא יותר גדול ממני *וירצה להשמידני⁴

1) C. *hominum tui regni*. — 2) C. *mala*, רע. — 3) C. *sed me vocet
et responsionem meam ac veritatem rei semper audiat, quia scio quod*, אבל
יקראני וישמע תשובתי ואמיתות הדבר כי ידעתי כי. — 4) C. *invident me
15 propterea quod sum supra eos exaltatus et constitutus*, קנא בי מפני שגדלתני
ושמתני עליו.

Seigneur et roi, répliqua le renard, si le roi veut m'honorer,
qu'il me laisse tranquille et paisible dans ces lieux solitaires;
car cela vaut mieux pour moi que de devenir un objet d'envie
pour tes courtisans. Lorsqu'on n'a pas de chagrin, pain et eau 20
suffisent. Je sais qu'un compagnon de roi qui vit avec lui,
éprouve toujours des chagrins et de mésaventures comme personne n'en éprouve. Vivre peu de temps dans un calme parfait
vaut mieux que mille années de tourments et d'inquiétudes.
— Le lion répondit: J'ai bien compris ce que tu dis, mais tu 25
n'as rien à craindre de tout cela, et dans aucun cas, je ne
pourrai renoncer à toi. — Seigneur et roi, dit alors le renard,
puisque le roi le veut absolument, je lui demanderai la promesse formelle qu'il ne croira jamais aux rapports qui lui
seront faits contre moi, qu'ils viennent des camarades in- 30
férieurs en rang qui me redoutent, ou bien de mes supérieurs
qui désirent m'exterminer. Si cependant quelqu'un venait,

ואם יגיד לך מגיד בכל¹ לשונו או על לשון זולתו ויאמר אצלך דבר
שירצה בו להרגני² שלא תמהר עלי עד תחקור באשר יאמרו לך
עשר פעמים ואחר כך תעשה בי חפצך   ובעת תתן לי אמונתך
ואבטח עליך אעזור אותך בכל לבבי ובכל נפשי ולא אעשה לך   p. 180.
5 אונאה בעולם   אמר הארי אני אתן לך זה   ויפקידהו על אוצרותיו
וישם לו מעלה ידועה³ לבדו בין כל חבריו ולשאל ממנו עצה⁴
ולאהב אותו⁵   ויהי כל אשר בקש עליו⁶ הוסיף בו אהבה ויכבד
הדבר על אנשי המלך וחבריו ומשפחתו ומיודעיו וימאסוהו וישנאו
אותו *ולא יכלו דברו לשלום   ויקנאו בו⁷   ונועצו שיהפכו לב
10 המלך* ויביאו ביניהם איבה⁸ עד יהרגהו
צורת האריה והה̇יה

1) Lis. על. — 2) C. *reum facere*, להאשימני. — 3) Ms. ידוע; peut-être
גדולה. — 4) C. ajoute: *et intelligentiam.* — 5) C. ajoute: *prae aliis principi-
bus sue curie*, יותר מכל שריו האחרים. — 6) Lis. עצתו; C. *consilium.* —
15 7) Manque chez C. — Cf. *Gen.* XXXVII, 4. — 8) Manque chez C.

par lui-même ou comme l'ayant entendu d'autrui, te raconter
un fait qui devrait amener ma perte, ne précipite rien, mais
informe-toi dix fois de ce qu'on te dit et après cela seulement
agis avec moi selon ta volonté. Une fois que tu m'auras donné
20 ta promesse et que je pourrai avoir confiance en toi, je serai
avec toi de tout mon cœur et de toute mon âme et je ne te
tromperai jamais. — Je t'accorde cela, répondit le lion.

Le roi confia au renard ses trésors et lui assigna un rang
marqué entre tous ses compagnons; il lui demandait conseil,
25 l'aimait et plus le roi le consultait, plus il l'affectionnait. Cela
déplut aux gens du roi, à sa famille et à ses compagnons et
connaissances. On témoigna au renard du dédain et de la haine
et l'on ne put plus lui parler paisiblement. Dans leur envie, ils
délibérèrent comment ils tourneraient le cœur du roi et com-
30 ment on l'exciterait à l'inimitié au point de perdre le renard.

Figure du lion et du renard.

ויהי כאשר נועצו בערמתם הלכו יום אחד לבית המלך וימצאו
בשר למאכל המלך אשר בחר בו המלך למאכל *מבשר כל
החיות ויצוה שישמרוהו ויתנוהו במקום שימור' ויקומו הם ויגנבוהו
וישלחו אותו אל בית השועל ויחביאוהו שם והוא לא ידע דבר
5 מזה ויהי בבקר² צוה האריה להביא לו הבשר ויבקשו הבשר ולא
מצאוהו ויחר אפו *ויבקשהו³ ולא היה לשם ביום ההוא [ה]שועל
והיו שם חבריו אשר נועצו לב יחדו [להאבידו'] ויהי כראותם
כי האריה הרבה לשאול אותם *ויחר אפו⁵ הביטו זה לזה ויען
האחד ויאמר כאילו הוא מדבר בכל לבו ובכל נפשו ראוי הוא לנו
10 שנגיד למלך אשר הוגד לנו מאשר ייטב לו או ירע לו אע"פ שיש
אנשים שיכבד עליהם ויקשה בעינם כי הוגד לי כי הפקיד⁶ *הוליך

1) Manque chez C. — 2) Ms. הבקר. — 3) Manque chez C. — 4) C.
perdere vulpem. — Cf. *Ps.* LXXXIII, 6. — 5) Manque chez C. — 6) C.
השועל.

Après avoir cherché une ruse, ils se rendirent un jour au palais du roi; ils y trouvèrent la viande pour la table royale que le lion avait choisie d'entre les viandes de tous les animaux pour son repas. Il avait ordonné de la garder et de la déposer à une place réservée. Les conspirateurs se mirent à la voler et à la transporter dans la maison du renard, où ils la cachèrent sans que le renard le sût. Le lendemain, le lion voulut faire venir la viande; mais malgré toutes les recherches on ne la trouva point. La colère du lion s'enflamma pendant la perquisition. Le renard n'était pas venu ce jour-là au palais, mais ses compagnons qui s'étaient ligués ensemble pour le perdre, s'y trouvèrent. En voyant le lion insister beaucoup pour les interroger et fortement courroucé, ils se regardèrent entre eux et l'un d'eux se mit à dire comme s'il parlait de tout cœur et de toute âme : Il nous convient de rapporter au roi ce qu'on a raconté, que cela lui plaise ou déplaise et quelque rude et difficile que ce récit puisse paraître à certaines personnes; car on m'a assuré que l'intendant a porté la viande

הבשר¹ לביתו   אמר אחר² אחשוב אני כי לא יעשה הוא זה הדבר
כי אינו מן המעשים הדם (האלה) אבל חקרו על הדבר כי | אין בעולם
מי יכיר כל הלבות ולא כל המעשים³   אמר אחר⁴ באמונה כי אין
אדם יודע המחשבות ואולם אם תחקרו על זה הדבר ותמצאוהו
5 אמת נדע כי כל אשר אמרו לנו בעד הפקיד⁵ אמת הוא   אמר
אחר לא הוא ראוי לאדם שיסיתהו לבו מפני אשר ידע הוא מנפשו
מן הרמאות כי הרמאות לא ימלט בעליה.   אמר אחר ואיך ימלט
מי שיונה למלך ואיך יפלא הדבר ההוא ומרמת החברים⁶ לא
תתעלם   אמר אחר הגיד לי המגיד נאמן בעד הפקיד דבר גדול
10 ולא האמנתי אותו עד שמעתי דבריכם עתה   אמר אחר לא תתעלם⁷
ממני רשעו ורוע מעשיו מן היום אשר ראיתיו וכבר אמרתי פעמים

1) C. *rapuerit carnes et apportarent,* גנב הבשר והוליכו. — 2) Ms. אחד;
C. *alius;* ainsi dans tout ce récit. — 3) C. *naturas.* — 4) Ms. אחד; C.
alius. — 5) C. השועל. — 6) C. *sociorum regum,* חברי המלכים. — 7) Lis.
15 התעלם; C. *latuit.*

chez lui. — Je pense, dit un autre, qu'il n'aura pas fait cela;
ce n'est pas sa manière d'agir; mais, il faut prendre des informations, car personne ne connaît tous les cœurs ni toutes les
actions. — En vérité, reprit un autre, personne ne saurait
20 scruter les pensées; mais si l'on cherche bien et qu'on trouve
que le rapport est vrai, nous saurons que tout ce qu'on nous a
dit sur l'intendant, est également vrai. — L'homme, dit un
autre encore, ne devrait pas céder aux séductions de son cœur,
sachant par son expérience qu'aucune ruse ne sauve celui qui
25 l'emploie. — Et comment, dit un autre, échapperait celui qui
trompe le roi! Comment un tel fait resterait-il ignoré! Les
ruses des compagnons des rois ne se cachent pas. — C'était
un homme de confiance, reprit un autre, qui m'avait narré
des choses graves sur l'intendant; mais, avant de vous avoir
30 entendus maintenant, je n'en ai rien cru. — Oh! ajouta un autre,
je ne me suis pas mépris sur sa méchanceté et ses mauvaises
actions depuis le jour où je l'ai vu pour la première fois, et

לפני פלוני כי זה רמאי אשר ישב כעובד אלהים לא יחיה אלא
לרעה גדולה¹ ועון עצום² אמר [אחר] הלא זה החסיד והישר אשר
היה אומר לנו כי כל המתנהג במעשי המלכים הוא נגע גדול וצרה
גדולה ואיך עשה הוא זאת ההונאה באמת הוא פליאה אמר אחר
אם ימצא אמת זה הדבר אין עליו עון כי אם ההונאה לבדה ואולם
כל העושה הונאה כבר כחש בחסד אשר עשו לו *והמכחש בחסד
אין רשע כמותו³ אמר אחר אתם בעלי צדק אנשי אמת ולא אוכל
להכזיב דבריכם ואילו ישלח המלך לביתו עד יחקרו אותו יגלה
האמת או הכזב אמר אחר אם לא הלכו לביתו לחפשו ישלחו
לביתו מהרה כי בכל מקום ישים מרגלים ואפחד שמא יגידו לו
הדבר⁴ | אמר אחר אני יודע כי אילו חפשו ביתו וימצאוהו וידע

1) C. *proximi malo,* לרעת חברו. — 2) C. ajoute : *quemadmodum sui generis omnes vulpes faciunt,* כאשר יעשו כל השועלים מזה המין. — 3) Manque chez C. — 4) C. ajoute : *argumenta queret quibus se excusabit,* ויבקש תחבולות לזכותו.

---

bien des fois, j'ai prédit devant tel et tel, que cet imposteur qui se fait passer pour un serviteur de Dieu, ne vit que pour le grand malheur des autres. — N'est-ce pas, continuait un autre, ce dévot, ce juste qui avait prétendu que c'était une grande plaie, un grand malheur d'être obligé de s'occuper des affaires du roi? Et ce serait lui qui aurait commis cette fraude! Vraiment, c'est impossible! — Si le fait, dit un autre, est reconnu vrai, il n'aura pas seulement commis le péché de cette fraude. Mais celui qui trompe reconnaît mal les bontés dont il a été l'objet, et il n'y a pire que l'ingrat. — Vous êtes, dit un autre, des hommes justes qui aimez la vérité et je ne puis pas démentir vos paroles; si le roi envoyait faire une perquisition dans la maison du renard, on reconnaîtrait où est la vérité et où est le mensonge. — Si, reprit un autre, on n'est pas encore allé fouiller sa demeure, il faut le faire bientôt; car il a des espions postés partout et je craindrais bien qu'on ne le prévînt. — Je suis convaincu, dit encore un autre, que si le renard apprenait qu'après avoir fouillé sa maison on y a trouvé

הוא הדבר היה מפתה למלך בחלק ובמתק דבריו עד ישיב[1] לו
האמת כזב והכזב אמת   ולא סרו מלדבר כדברים האלה עד
האמין בהם המלך ויצוה להם שיביאו הפקיד שלו[2] ויביאוהו   אמר
המלך תנה את המנה אשר נתתי לך[3] מן הבשר ואיה הוא   אמר
נתתיו לשומר המאכל על מנת שיביאהו לך לעת האוכל   ויקראו 5
בעל האוכל והוא היה מן האנשים אשר נועצו על הפקיד   ויאמר
לא נתן לי מאומה   וישלח הארי איש נאמן לבקש הבשר לביתו
וימצאו הבשר בביתו ויביאוהו אל הארי   והיה באנשים ההם אשר
דברו עם המלך ואב אחד לא דבר שם מטוב עד רע היה רואה כי
היה בעל צדק ויושר וכי היה מן האנשים אשר לא ידברו אלא 10
באמת   ויאמר הזאב ההוא אחרי אשר נגלה למלך *העון הזה
והאונאה הזאת אינו ראוי שימחל לו ואם ימחל לו לא ישוב [חוטא[5]]

1) Ms. ישיו. — 2) C. ajoute : *conscito coram rege*, לפני המלך. —
3) I Sam. IV, 23. — 4) Manque chez C. — 5) C. *peccator*.

la viande, il saurait encore séduire le roi par ses paroles polies
et mielleuses, au point de lui faire prendre la vérité pour le
mensonge et le mensonge pour la vérité.

Ils ne cessèrent de parler ainsi jusqu'à ce que le roi en fût ému
et il ordonna d'amener devant lui l'intendant, ce qui fut fait.
Rends, dit le roi, le morceau de viande que je t'ai remis; où est-
il? — Je l'ai donné, répondit le renard, au gardien des comes-
tibles, pour qu'à l'heure du repas il te l'apporte. On appela le
gardien qui faisait partie des hommes qui s'étaient ligués
contre l'intendant; il dit : On ne m'a rien donné. Le lion envoya aussitôt un homme sûr à la maison du renard pour chercher la viande, qui fut aussitôt découverte et apportée au lion.
Parmi ceux qui s'étaient entretenus avec le roi, il y avait un
loup qui n'avait encore parlé ni en bien ni en mal; il passait
pour être juste et droit et pour ne dire jamais que la vérité.
Il prit donc la parole et dit : Puisque ce péché et cette fraude
sont prouvés au roi, il ne doit pas les laisser impunis; s'il les
pardonne, aucun pécheur ne se repentira; personne ne voudra

מחטאתו ולא יגלו עוד אל המלך רשעת הרשע אחרי אשר לא *
יקצוף עליו¹ ויצוה האריה שיקחו הפקיד וישימוהו בבית הסוהר
[ויהי כן²] ויאמר אחד מרואי פני המלך אני תמה מחכמת המלך
ומשכלו בכל הדברים ואיך נתעלם ממנו רשעת הרשע הזה ולא
הכיר מעשיו אמר אחר יש לך עוד לתמוה כי לא אראה למלך
יחקור הרע³ אחרי אשר נגלה לו ממנו מה שנגלה וישלח המלך
אל הפקיד⁴ לראות ולשאול אותו מה יהיו עלילותיו ותאנתו וישב
אליו המלאך ויחליף $^{p.\,183.}$ למלך הדברים כדי שיגלה שקרו ויחר אף
הארי על זה הדבר ויצוה שיוציאוהו אותו וימיתוהו ויגיע הדבר
לאם הארי *ותדע כי האריה מהר לקצוף⁵ עליו ולא חקר⁵ ותשלח 10
לאשר הוליכוהו להרגו שיעזבוהו עד שתבא אל האריה *ויעשו כן⁶

1) C. *non curat punire peccatores*, לא יענש החוטאים. — 2) C. *et ita factum est*. — 3) C. *super ipso*, עליו. — 4) C. *ut exterminaretur*; lis. *examinaretur*. — 5) C. *que inquisivit factum*, אשר חקרה על הדבר. — 6) C. *at illi ejus mandatum observarunt*.

plus révéler au roi les fautes des méchants, si le roi, après s'être mis en colère, ne châtiait pas le pécheur. Le roi ordonna donc de saisir le renard et de le mettre en prison. Un courtisan dit aussitôt : Je m'étonne que la sagesse et l'esprit du roi, si pénétrants en toutes choses, aient pu être en défaut sur les vices de ce méchant et méconnaître ses actions. — Ce qui est encore bien plus étonnant, dit un autre, c'est que le roi ne fasse pas des recherches ultérieures après les découvertes qu'il vient de faire. Le roi envoya auprès de l'intendant quelqu'un pour le voir et lui demander, s'il n'avait pas des excuses et des défenses à produire. Le messager revint et changea, auprès du roi, les paroles du renard, de manière à en faire ressortir davantage la fausseté. Là-dessus, le lion se mit de nouveau en colère et ordonna d'extraire le renard de prison et de le mettre à mort.

La nouvelle parvint à la mère du lion qui savait que le lion s'était irrité trop vite contre le renard et n'avait pas pris des informations suffisantes. Elle envoya l'ordre à ceux qui devaient le conduire à la mort, de suspendre l'exécution jusqu'à

ותבא אל בנה ותאמר לו בני באיזה עון צוית להרג הפקיד ויגד
לה הדבר   ותאמר למה זאת מהרת להרגו בני והלא תדע כי
המשכיל הממהר בדבריו ינחם ויכשל   ואילו יעשה המשכיל מעשיו
לאט לא ינחם והממהר בדבריו יארה פרי דאנה בעת ינחם על אשר
עשה   ועל כן אין בעולם מי יצטרך לחקור על הדברים ואל ימהר
לעשות דבר עד יחקור אלף פעמים [כמו המלך¹]   כי האשה תתקים
ותעמוד בבעלה והבן באביו והתלמיד ברבו והחיל בשר הצבא
ועובד אלהים במצות והעם במלכים והמלכים בצדק ובירא״ה ובמעשים
הטובים ואל ימהר במעשיו   וראש חכמת האנשים והמלכים היא
שיכירו לאנשים ולשים אותם במעלותם ושלא ישמע מכל אשר
יאמר איש על חברו * כי הכל הוא כזב² ושיביא אהבה וחבה ביניהם

1) C. *siculi rex*. — 2) Manque chez C.

---

ce qu'elle eût vu le lion. Ils le firent. La mère du lion se rendit alors auprès de son fils et lui dit : Pour quel péché, mon fils, as-tu ordonné de tuer le renard? Puis, le lion lui ayant raconté l'affaire, elle continua : Pourquoi étais-tu si pressé d'ordonner sa mort? Ne sais-tu pas que l'homme intelligent qui précipite les choses trébuche et se repent; en agissant doucement, il s'épargne cette peine; celui qui va trop vite ne recueille d'autre fruit que le souci au moment où il regrette ce qu'il a fait. Personne n'a besoin comme le roi d'instruire les affaires et de ne rien hâter avant d'avoir fait mille recherches. Une femme se soutient par son mari; un fils par son père; un disciple par son maître; une armée par son général; un homme pieux par les commandements qu'il remplit; le peuple par les rois, et les rois par la justice, la crainte de Dieu, les bonnes actions et par une lenteur prudente. La première sagesse pour les rois consiste dans la connaissance des hommes qu'ils doivent placer selon leur rang sans écouter tous les mensonges que chacun dit contre son voisin. Ils doivent faire entrer de l'amitié et de la bienveillance dans leurs rapports, car les hommes se jalousent

כי הם מקנאים זה לזה במעלה *כי אם ימצא איש על אחיו עלילה
יבקש להפילו בשוחה' ועתה אין לך להאמין בכל דבר ולא הוא
ראוי למלך אשר רצה בעד הפקיד ושמוהו בביתו מיום הכיר אותו
עד היום ולא ראה בו אלא מדה טובה ואמונה ותומה לא הוא ראוי
לו שיקצוף עליו כל כך כי יצא דבר המלכות על כל השרים²
אשר ראו כל הכבוד אשר עשית לו ואחרי כן קצפת עליו בעד
חתיכת בשר³ ומי ידע אם אנשי הרשע והאנשים בני בליעל
הסיתוך והשיאוך ויכלו לך אנשי שלומך⁴ וקנאתם בו ואשר ישטמוהו
וירצו להנקם לו כי המלך בעת יפקיד לאדם על *עבודתו ולא
יחקור על אשר יעשה לו⁵ ינחם ותבא לו צרה גדולה אבל יש לו
לחקור על הדברים⁶ ואל יעזוב אותם למראה עיניו ושמע אזניו כי

1) C. *et alter querit alterum.* Les mots qui finissent les pages ne sont pas complétés par la fin de la proposition, à la page suivante. — 2) Cf. *Ester*, I, 17. — 3) C. ajoute : *et efficeris vilis et inconstans.* — 4) *Jérémie*, XXXVIII, 22. — 5) C. *domum suam et non inquirit de eo, si in aliquo fuerit accusatus.* — 6) C. *veritatem,* האמת.

mutuellement pour le rang qu'ils occupent, et chacun cherche un prétexte pour faire tomber son frère dans une fosse. Il ne faut donc rien croire de tout cela, et le roi qui a accordé ses faveurs à l'intendant et l'a placé à la tête de sa maison depuis qu'il l'a connu jusqu'à ce jour, qui n'a vu en lui que bonnes qualités, fidelité et droiture, ne doit pas ensuite s'irriter à ce point contre lui. Tous les ministres qui ont vu les honneurs que tu lui as rendus et la colère dont tu l'as ensuite enveloppé pour un morceau de viande, perdront leur respect pour toi. Qui sait si les gens pervers et les hommes méchants poussés par leur jalousie ne t'ont pas égaré, séduit et vaincu, tout en se faisant passer pour des amis; si, dans leur haine contre le renard, ils n'ont pas voulu s'en venger. Car lorsque le roi charge quelqu'un de son service sans avoir examiné l'avantage qu'il peut en tirer, il finit par éprouver des regrets et de grands embarras; il doit donc scruter les choses, ne point les abandonner aux apparences et aux ouï-dire, ce qui lui attirerait de grands

יבא לו ממנו רע גדול   וכמה דברים לא ידעו עד יחקרו אותם היטב *ויבקשו עליהם' כמו היין אשר יש לך,להביט ולבקש טעמו ואל תבטח למראה עינך *אשר תראה כי הוא יפה² כי יש פעמים אשר יהיה עינו צח כעין הבדולח וטעמו רע מאד   *וכמו האיש אשר יקרה לו בעינו חלי ויראה בין שתי עיניו כדמות שערה ובעת יביט בשכלו ידע כי אילו היתה שערה היה רואה אותה כל אדם כמו יראנה הוא³   או כמו הזבוב אשר תראה בלילה כאילו היה אש⁴ *ובעת יראנה אדם משכיל ידע כי אינו אש⁵ בעת יקחנה מידו⁶ *ולא ימצא בה חמימות כאש⁷   ואתה בני ראוי לך שתביט בדבר הפקיד בחכמתך ובשכלך ותאמר איך היה עושה הדבר והוא לא יאכל בשר ואשר נתתי לו מעלה גדולה ולא בקש אותה ממני

1) Manque chez C. — 2) Manque chez C. — 3) C. *et sic habens crinem in oculo estimat fore integrum pilum,* כמו מי שיש לו שערה בעינו ויחשוב כי היא מלאה שערות. — 4) C. *magnam,* גדול. — 5) Manque chez C. — 6) Ms. מידו. — 7) C. *parva et quasi nihil est et in ea nullum videt colorem* (lis. *calorem*), קטן ובלא דבר ולא יראה בו חמימות.

---

malheurs. Combien de choses ne sont bien connues qu'après un examen attentif et des recherches sérieuses! Ainsi le vin, dont le goût doit être éprouvé et examiné sans qu'on se fie à la simple vue; le vin peut avoir quelquefois la couleur claire comme l'ambre et être néanmoins de fort mauvais goût. Il arrive qu'un homme souffre d'une affection de l'œil et croit apercevoir entre ses yeux la forme d'un cheveu; mais, après réflexion, il reconnaît que s'il y avait en effet un cheveu tout le monde le remarquerait aussi bien que lui. Le ver luisant ressemble pendant la nuit au feu, mais l'homme intelligent, en le regardant, sait aussitôt qu'il n'en est rien et, en le prenant dans sa main, il n'éprouve aucune chaleur. Toi, mon fils, tu dois donc peser l'affaire de cet intendant dans ta sagesse et ton intelligence; tu dois te dire: Comment aurait-il fait ce dont on l'accuse, lui qui ne mange pas de viande, et à qui j'ai confié une place élevée sans qu'il me l'eût demandé? Comment après avoir été malgré lui

אלא אני שמתיו בעל כרחו ואפקידהו על אוצרי ועל מאכלי ואיך
ילך ׀ לדבר¹ שנתתי לו מידי לידו ויגנבהו ואני צויתיהו שישמרהו
ויוליך אותו בסתר לביתו ואחרי כן יאמר² כי לא לקחו   ועל כן
חקר על דבריו בטוב ושאל ובקש   ויש לך לדעת כי מיום שנברא
5 העולם הסכלים מקנאים לחכמים והרשעים לצדיקים והנבלים
לנדיבים ויבקשו להאבידם   ותדע כי הפקיד מיום שראיתו ידעת
אותו חסיד וצדיק³ ואילו המלך יחקור על הדבר יודע לו כי שונאי
הפקיד נועצו זאת העצה ויוליכו הבשר לביתו בסתר כי הראה אשר
יש ברגליה חתיכת בשר ירוצו אחריה העופות וירצו להרגה עליה
10 וכן האנשים יבקשו להאביד לטוב להם⁴   וכן שונאי הפקיד ואויביו
לא הביטו אשר ירע לך והביטו אשר ייטיבו לנפשם ועל כן בקש
אתה באשר יועילך ואל תדאג מן הרע אשר יבא להם   כי ראוי

1) C. *tentaret cor suum furari*, יפתהו לבו לקחת דבר. — 2) Ms. אמר.
— 3) C. ajoute: *carentem omnis fraude*, בלי ערמה. — 4) Lis. מהם.

mis à la tête de mes trésors et de mes provisions de bouche, serait-il allé voler un objet que je lui ai donné de la main à la main, que je lui ai ordonné de mettre en bonne garde, pour l'emporter en cachette chez lui et soutenir ensuite qu'il ne l'a pas pris? Cherche donc bien, interroge et prends des informations! Sache que depuis que le monde existe, les sots jalousent et persécutent les sages, les méchants les justes, les gens vils les hommes généreux. Sache aussi que depuis le jour où tu as vu le renard, tu l'as reconnu pieux et honnête et, si le roi allait au fond de l'affaire, il apprendrait que les ennemis de l'intendant se sont ligués contre lui, et ont porté la viande en cachette dans sa maison. De même que le vautour, tenant dans ses serres un morceau de viande, est poursuivi par les autres oiseaux qui cherchent à le tuer pour le lui enlever, de même les hommes désirent perdre celui qui vaut mieux qu'eux; et les ennemis et les adversaires du renard aussi ne considèrent pas ce qui peut te faire du tort, mais ne voient que leur propre bien. Occupe-toi donc de ce qui te profite sans te soucier du mal qui

הוא לכל איש * שלא יהיו בעיניו צרות ומצוקות ותלאות אלא שני
דברים המתפרד מאנשי־החכמה ובעת יבגוד בחברו ושני דברים
טובים והוא שיתפרד מאנשי הרשע ושיברח מן סכלות האכזרים
וכבר היה הפקיד קרוב ממך וסר אל משמעתך ונכבד בביתך
5 ולא הונה אותך מעולם והיה סובל על כל צרה שתבא עליו מפני
הטוב אשר יבוא לך ולא הסתיר לעולם ממך סודו * ולא היה דואג
מן הרע אשר יבא לו בעת יבא לך טוב² וכל מי הוא כמוהו יש
לכל אדם שיאמין בו ואל יאמין כל דבר רע שיאמרו בעדו| ויהי
בעוד אם האריה מדברת כדברים האלה לאריה עד אשר בא אחד³
10 מאשר נועצו⁴ על הפקיד ויאמר למלך איך היה כל דבר ויהי
כאשר ידעה אם האריה * כי האריה נגלה לו כי הפקיד נקי כפים
ובר לבב מן הדבר אשר הוציאו עליו⁵ אמרה אם הארי אחרי

1) C. *se cavere ab his duobus*, שישמור נפשו משני. — 2) Manque
chez C. — 3) C. *mustela una*, לטאה אחת. — 4) C. *stulti*, lis. *consulti*. —
15 5) C. *hoc*.

---

peut en résulter pour eux. L'homme ne doit pas regarder comme
un malheur, comme une catastrophe que deux choses : la séparation des hommes sages et l'iniquité contre un ami; deux
choses au contraire sont bonnes : la séparation des méchants
20 et l'éloignement de la sottise des hommes cruels. L'intendant
a vécu près de toi; il s'est soumis à tes ordres; il était honoré
dans ton palais; il ne t'a jamais trompé; il a supporté toutes
les peines pour le bien qui pouvait en résulter pour toi, sans
jamais t'épargner son conseil; il ne s'est pas préoccupé du mal
25 qu'il pouvait éprouver, dès que toi tu pouvais ressentir du bonheur. Dans un tel homme il faut avoir confiance, sans croire
aux calomnies qu'on répand sur son compte.

La mère du lion parlait encore de la sorte, lorsqu'une belette
qui était parmi les conspirateurs arriva et exposa au roi comment
30 toute l'affaire s'était passée. Dès que la mère du lion eut appris
que l'innocence de l'intendant était prouvée, elle dit : Maintenant

אשר נגלה לך יושר מעשה הפקיד *ונקיון כפיו' ואשר שטמו אויביו
אנשים מחיליך במרמתם אתה ראוי שתכרית כל אשר הוציא עליו
זאת הדבה ונקית מעון אשר שמו עליך והנשארים ישמעו וייראו
ולא יוסיפו להגיד לך דבר שתנחם ותשתומם עליו * כי בחברתם
5 נועצו זאת העצה' כי העשבים וחציר השדה בעת יעשה ממנה אגודה
יוכלו לעשות ְממנו חבל יאסרו בו גמל   ועתה השב הפקיד על
מקומו אשר היה בו ויסור [אל] משמעתך ויהיה בעל עצתך כמו
היה ובעל סודך   ואל תאמר בנפשך כבר הרעותי לו וכבר נהפך
לי לאויב ולא אאמין בו כי לא כל דבר רע יש לאדם לפחד ממנו
10 ולא תכרת התקוה ממנו שיוכל לשוב טובי   ואולם המכיר עצמו
ומכיר מעשיו ומשים כל דבר במקומו הוא חכם ומשכיל   כי יש
באנשים שתמצא בהם מי הוא ראוי שישוב אהוב אחרי אשר היה

1) Manque chez O: — 2) C. ac nunquam contra te et fideles tuos consilium intelligent, — ולהתיעץ עליך ועל אנשי בריתך. — 3) C. amicum, אוהב.

que la droiture des actions de l'intendant et son innocence t'ont
été révélées et que tu connais la haine avec laquelle les hommes
de ton armée l'ont persécuté, tu dois exterminer tous ceux qui
ont répandu cette calomnie afin d'être exempt du péché qu'on
a voulu te faire commettre; les autres entendront et craindront,
et dorénavant ils ne te rapporteront plus des paroles qui te
causeraient du regret et de la tristesse. Ils avaient pris leur décision en s'unissant, comme les brins d'herbe formés en faisceau
peuvent produire une corde avec laquelle on peut attacher un
chameau. Maintenant rétablis l'intendant dans la place qu'il
avait occupée, il sera comme auparavant à tes ordres; il sera ton
conseiller et ton confident. Ne pense pas qu'après le mal que tu lui
as fait il se soit changé en adversaire et ne mérite plus ta confiance. L'homme ne doit pas redouter tout le mal qui peut arriver; ne bannis donc pas l'espérance, qu'il puisse redevenir
ton ami. Quiconque se connaît lui-même et ses actions et met
chaque chose à sa place est sage et intelligent. Il y a des
hommes qu'on peut aimer après qu'ils ont été adversaires, de

אויב ומי הוא ראוי שישוב אויב אחרי אשר היה אהוב' ויש אנשים
אשר אין ראוי לאדם שיאמין בהם על כל פנים ואלה הם המכחש
בחסד אשר עשו לו והבוגד והמואס בטוב והאכזרי [ו²]אשר ׀ לא
יאמין בעולם הבא ואשר יאמר כי לא יתן חשבון על כל מעשיו
ואשר אין מעצר לרוחו *והוא קצר אפים ובעל תאוה³ ואשר בעת
יקצוף לא ירחם ולא יחמול הידוע ברשע וברמאות ובאונאה ובמרמה
ושאינו כובש יצרו * מן הזנות ומן השחוק⁴ והמרבה לשתות יין ואשר
לא יחשוב טוב על אדם בעולם ואשר הוא עז פנים וקשה מצח
והוא ראוי להתחבר עם הטוב וזה הוא הפקיד ו⁵המודה על הטובה
ולא יפר ברית ויאהב הצדק וישנא הרשע ויאהב השלום והרחמים
ולא ישטום ויעבור על עון חברו והמעמיד אהבתו עם חבריו

1) C. ajoute : *cognita causa inimicitie inter eos,* אחרי אשר נודעה סבת
האיבה ביניהם. — 2) C. *et.* — 3) Manque chez C. — 4) C. *a concupiscentia
a ludo et a luxuria*; le ms. porte : הזבוב pour הזנות. — 5) C. *fidelis tuus
socius,* חברך הנאמן.

---

même qu'il y en a qu'il faut considérer comme ennemis après
qu'on les a aimés. D'autres encore ne méritent absolument aucune confiance, ce sont les ingrats, les traîtres, ceux qui mé-
prisent le bien, les gens au cœur dur, ceux qui ne croient pas
à l'autre monde, ceux qui soutiennent que l'homme ne rendra
jamais compte de ses actions, celui qui ne sait pas se modérer,
qui manque de patience et suit ses passions, celui qui au moment de sa colère ne connaît ni pitié ni miséricorde, celui qui
se distingue par son injustice, sa fausseté, ses perfidies et ses
ruses, celui qui ne dompte pas son penchant pour la luxure et
le jeu, celui qui est adonné aux boissons, celui qui ne pense du
bien de personne, enfin qui est dévergondé et effronté. Il faut
au contraire s'attacher à l'homme de bien tel que ton familier
le renard; il est reconnaissant, fidèle à l'alliance qu'il a con-
tractée; il aime la justice et hait l'iniquité; il aime la paix et
la miséricorde; il est sans rancune et pardonne le péché de
son compagnon; il conserve son amitié envers ses camarades
et reste toujours modeste.

ושיאמינו' ביישן   אמר הארי כמה² נסיתי הפקיד ומצאתי בו מדות
טובות ואני ראוי להשיב אותו [על כנו³] ולהקריב אותו אלי   ויהי
אחרי כן שלח הארי״ אחרי הפקיד ויביאוהו ויתודה לו המלך עונו
ויגד לו כל אשר אמרו בעדו   ויאמר אליו הנני משיבך על מעלתך
5 אשר היית נאמן עליו מקדם ועד היום

צורת הארי״ ואמו

אמר הפקיד לארי״ כי *חברת החבר אשר היא מעלה גדולה
חברו בעיניו ממעלת נפשו⁴ וילך אחרי תאות חברך⁵ באשר ירצה
והוא עקוב הלב יוכל האדם למצוא אותו מהרה   ואולם החבר
10 הנאמן אשר ידבר באשר ייטב לחברו ויאמר אשר ידע ויעזוב אשר
לא ידע ובעת ינידו לו דבר רע בעד חברו יעביר עונו לא יוכל

1) C. *et existit*. — 2) Peut-être כבר. — 3) C. *in suum pristinum statum*.
— 4) Ce passage est corrompu. C. ne l'a pas; voy. p. 260, note 2. Nous
supposons : החבר אשר איננה מעלת חברו גדולה בעיניו ממעלת נפשו. —
5) Lis. חברו.

Le lion répondit : A combien de preuves j'avais soumis l'intendant! et cependant je lui ai toujours trouvé de bonnes qualités; il faut donc que je le rétablisse dans sa place et que je le rapproche de ma personne.

Après cela le lion fit venir le renard, lui avoua son tort et lui raconta tout ce qu'on avait dit sur son compte. Puis il lui dit : Je te rends la dignité que tu avais et que tu as remplie fidèlement jusqu'à ce jour.

Figure du lion et de sa mère.

L'intendant dit au lion : Un compagnon qui a moins d'égards pour la dignité de son camarade que pour sa propre dignité, qui se soumet volontiers et en tout aux désirs de son ami, tandis que son cœur est corrompu, l'homme peut le trouver facilement. Mais on ne rencontre pas partout un compagnon fidèle qui dans ses paroles cherche le bien de son camarade, lui dit ce qu'il sait, et tait ce qu'il ne sait pas, et qui pardonne le mal qu'on lui

האדם למצוא בכל מקום ועל כן אל ידאג המלך על אשר עשה
לו ואל יחשב כי איני מאמין בו ובוטח עליו כמו הייתי מקדם
ואע"פ שהמלכים אינם ראוים שיאמינו באשר יקצפו עליו בלי עון
ובכל מי עשה לו רע בדברים[1] אחרים ולא במי יבזה הכבוד אשר
5 יעשו לו ועל כן לא יעשו לו כבוד אלא כמו שהוא ראוי לעשות לו
ולא בחמוס אשר חמסו אותו והוא נקי ולא מחלו לו אין לאדם
שיאמין באלה לעולם כי לא כל אויב המלך יוכל להשיבו אוהבו
ואני היום למלך כאילו הייתי לו אויב ואע"פ שלבי שלם עמו יש
לו שיחשבני כאויב אחרי אשר לא ידע מה יש בנפשי[2] והוא לא
10 ראוי שיאמין בי והוא ראוי שיאמר לו ישטמני הפקיד והשב ישיב
לי כל הרע אשר גמלתי אותו ואע"פ שאני יודע כי אויבי מבקשי

1) Peut-être : בדברי. — 2) Tout le discours du renard jusqu'à cet
endroit est remplacé chez C. par ces mots : *Credat dominus rex verbis
meis ac operibus, nec timeat me fore immemorem doli ab ipso iam mihi facti,*
15 *unde non decet* etc.

aurait rapporté sur le compte de ce camarade. Le roi ne doit
donc pas se préoccuper de ce qu'il m'a fait, ni penser que je
n'aie plus foi en lui comme auparavant, ou que ma confiance
soit altérée. Cependant les rois ne doivent pas se fier à celui
20 contre lequel ils se sont mis en colère sans cause, ni à celui à
qui ils ont fait du mal sur des rapports d'autrui, ni à celui qui
dédaigne l'honneur qu'ils lui ont fait et à qui ils ne devraient
pour cette raison conférer que l'honneur qu'il convient de lui
témoigner, ni à celui qui a subi leur violence et qui malgré son
25 innocence n'a pas obtenu leur pardon. Sur ces hommes-là on
ne peut jamais compter. Le roi ne peut pas changer chacun
de ses adversaires en ami. Malgré la sincérité de mon cœur,
je dois passer aujourd'hui aux yeux du roi comme son ennemi
et il doit me considérer comme tel puisqu'il ne connaît pas le
30 fond de mon âme et ne peut pas avoir confiance en moi. Le roi
doit se dire : L'intendant me haïra et me rendra tout le mal
que je lui ai fait. Je sais, en outre, que mes ennemis qui cher-

רעתי לא יחרישו ממך עד יביאו ביני ובינך איבה כי יאמרו אחרי
אשר לא יכלנו לעשות רע לפקיד *נעשה לו תחבולות¹ כדי שלא
יחשב המלך כי דברינו היו כזבים וי²בקשו עוד תחבולות וערמות
ואע״פ שאילו יהיה המלך בר לבב אלי לא הייתי מאמין בו כי הייתי
5 אומר מי ידע שיפתו לב המלך באמרם אליו כל היום *ואם לב
המלך מאמין בי כמו מיום אשר הכרנו גם אני אשוב לו כמו הייתי³
ויאמר לו הארי כבר נסיתיך והכרתיך ואני אשים אותך במעלת
הישרים והתמימים בעיני כי האיש החסיד ימחלו לו אלף עון בצדקה
אחת   וכבר ידעתי כי תסתיר זה הדבר אשר קרה ביני ובינך
10 ותמחול אותו לי מפני החסד שעשיתי לך אשר תזכיר אותו ויהיה
p. 189.
כל אחד ממנו לחברו מהיום והלאה יותר נאמן | ויותר אוהב משהיה

1) Manque chez C. — 2) Manque chez C. — 3) Manque chez C.

chent mon malheur ne te laisseront pas tranquille jusqu'à ce
qu'ils aient amené une nouvelle cause d'inimitié entre nous;
ils diront : Puisque nous ne sommes pas parvenus à faire du
mal au renard une première fois, préparons-lui des pièges pour
que le roi ne pense pas que nous avons menti. Ils chercheront ainsi de nouvelles ruses et quand même le cœur du roi
serait sincère à mon égard, ma confiance ne serait pas entière,
car je me dirais : Qui sait si leurs discours continuels ne fini-
ront par le séduire! Cependant si le cœur du roi veut encore
se fier à moi comme le jour où nous nous sommes vus pour
la première fois, je redeviendrai aussi pour lui tel que j'ai été
alors.

Le lion répondit : Je t'ai éprouvé et reconnu, je te place au
rang des justes qui sont sans tache à mes yeux. On pardonne
à l'homme pieux mille péchés pour un seul acte de vertu; je
sais donc que tu oublieras ce qui s'est passé entre nous et que
tu me le pardonneras pour la grâce que je t'ai faite et que tu te
rappelleras. Chacun de nous sera dorénavant envers l'autre
encore plus dévoué et plus affectueux que par le passé. L'in-

וישב הפקיד אל מעלתו אשר היה בה * ויעש לו המלך כל הטוב אשר רצה' זה הוא משל אהבת המלכים אשר תשוב אחר האיבה

נשלם שער הארי והזאב

1) C. *et dilexit ipsum rex pre aliis ejus familiaribus,* ויאהב אותו המלך יותר מכל חבריו.

---

tendant reprit son ancien rang et le roi lui fit tout le bien désirable.

Ceci est la parabole de l'amitié des rois lorsqu'elle revient après la haine.

Fin du chapitre du lion et du renard.

[שער ארבעה עשר]

וזה שער הצורף והנחש והוא במעשה הצדקה והחסד

אמר המלך לסנדבאר כבר הבינותי דבריך אשר אמרת
ואולם הגד נא לי בעד המלך מי הוא ראוי שיעשה לו המלך חסד
ומי הוא ראוי שיאמין בו המלך   ושא לי משל במורה על החסד
ואשר לא יגמול על מעשה החסד לבעליו וינגמלהו רע   אמר סנדבאר
החכם [רע'] אדוני המלך כי מדות היצורים אינם אחדים אבל הם
מתחלפים ואין בכל אשר ברא האל מכל הולך על ארבע או על
שני רגלים או יעוף בכנפים נכבד מן האדם² וששימור הברית יותר

1) C. *scito*. — 2) C. ajoute: *sed reperitur in hominibus justus et peccator et quanquam reperitur in brutis beneficiorum recognitor,* אבל ימצא באדם צדיק וחוטא ואע"פ שימצא בין החיות מי שיודה על החסד.

[Chapitre XIV.]

Ceci est le chapitre de l'orfèvre et du serpent, qui traite des
œuvres de charité et de bienfaisance.

Le roi dit à Sandebar: J'ai compris ce que tu viens de dire, mais parle-moi maintenant de celui qui mérite que le roi le traite avec charité et lui donne sa confiance. Raconte-moi une parabole de l'homme reconnaissant et de l'homme qui, loin de reconnaître les œuvres de charité, rend le mal pour le bien.

Sandebar le sage répondit: Sache, seigneur et roi, que les caractères des créatures ne sont pas les mêmes, mais diffèrent beaucoup. Aucun être quadrupède, bipède ou oiseau n'occupe dans la création un rang plus élevé que l'homme; mais l'homme

מן האדם   והמלכים הם ראוים שיעשו החסד במקום שיש להם
לעשותו ושיעשוהו למי יודה לו אותו להם   *ואל יעשוהו לאדם
רע אשר לא יכיר מעשה החסד¹ ואל יעשוהו לאדם אלא עד יחקרו
עליו [ו]על מעשיו ודרכיו ואם ישמור הברית או יפר²   ואל יביטו
למשפחותם ולמעלותם * שיעשוהו בהם בעת לא יראו [מהם] מעשה
החסד³ ואל יבזו העניים והאביונים   ואל ימנעו החסד מן האיש
הרחוק בעת יהיה ראוי לעשות לו ובעת יודה עליו *ויהיה מכיר
אותו⁴ ויהיה תמים ונאמן ונכון ויכיר השכל הטוב והדבר הטוב
ובעת יודעו לו אלו המדות בו *ויאמינו בו מפני אלו המדות⁵ הוא
ראוי לאדם לעשות לו חסד   ואנשי השכל יש להם שינסו האנשים
ויבחנו אותם ויעשו להם [צדקה⁶] כמו שיראו מהם   כי הרופא הטוב

p. 190.

1) Manque chez C. — 2) C. ajoute : *et gratiam recognoscunt*, ואם יכיר
מעשה החסד. — 3) Manque chez C. — 4) Manque chez C. —. 5) Manque
chez C. — 6) C. *iusticiam*.

---

est tantôt juste, tantôt pécheur, et, ce qui plus est, on trouve
parmi les animaux plus de gratitude et plus de fidélité à la foi
donnée que chez l'homme. Les rois doivent placer le bien qu'ils
font là où il convient de le faire; ils doivent l'accomplir envers
celui qui leur en est reconnaissant, et non pas envers le méchant qui ne le reconnaîtra pas. Ils ne doivent l'accomplir qu'envers celui dont ils ont examiné les actes et les mœurs, de façon
à savoir s'il est de bonne ou de mauvaise foi. Ils ne doivent considérer ni famille ni rang, de manière à faire le bien à ceux qui ne
sont pas charitables eux-mêmes. Ils ne doivent pas dédaigner
les pauvres et les indigents. L'étranger ne doit pas se voir refuser un bienfait quand il en est digne, s'il est reconnaissant,
intègre, fidèle, si c'est un homme sûr, sensé et de bonne parole.
Dès que ces qualités sont incontestables et reconnues dans un
homme, il convient aux rois de lui faire du bien. Les hommes
raisonnables éprouvent et examinent leurs semblables et agissent
envers eux comme ils les voient agir eux-mêmes. Un bon méde-

לא ירפא החולים מפני שיביט אותם לבד אלא יביט למים אשר
ישתינו' ולחום הנתחים ולכה האיברים ותהיה רפואתם לו כדי²
שיראו ממנו *והוא ראוי על החסיד כי בעת³ ימצא מן היצורים
נקלים ונבזים והם מודים על החסד וישמרו הברית הוא ראוי שיעשה
5 להם חסד בכל כחו או מן האנשים או מן הבהמות *אע״פ שהם
נקלים יש להם שייטיב להם⁴ כי לא ידע אם יצטרך אליהם ברב
הימים וינמלו לו   והמשכיל יש פעמים אשר ישמור מכל האנשים
ולא יאמין באחד מהם   *וכבר נאמר לא הוא ראוי לאדם שיבוזה מן
היצורים לא קטון ולא גדול או מן הבהמות ואולם הוא ראוי שיעשה
10 להם כדי שיראה מהם⁵ וכבר אמרו חכמים על זה משל
אמר המלך׀ ואיך היה
^{p. 191}
אמר סנדבאר איש אחד נזיר היה הולך בדרך עד ראה שוחה

1) C. ajoute : *et considerando pulsum*, ולדפק. — 2) Peut-être : לפי. —
3) C. ובעת. — 4) Manque chez C. — 5) Manque chez C.

---

15 cin ne guérit pas les malades après les avoir seulement regardés, mais il voit leur urine, examine leur pouls, la chaleur des extrémités, la vigueur des membres et prescrit le remède d'après ce qu'il a reconnu. L'homme pieux, lorsqu'il rencontre des créatures humbles et méprisées, mais reconnaissantes et fidè-
20 les, doit leur faire du bien de tout son pouvoir. Qu'il s'agisse des hommes ou des animaux, il doit être bon envers eux, sans égard à leur rang inférieur; car il ne sait pas si un jour il n'aura pas besoin d'eux et s'ils ne lui rendront pas son bienfait. Quiconque est intelligent se garde même quelquefois de tout
25 le monde et n'ajoute foi à personne. On a dit que l'homme ne doit mépriser aucune créature, ni aucun animal ni grand ni petit; mais au contraire il convient qu'il agisse envers eux d'après ce qu'il les voit faire. Du reste, les sages nous ont raconté à ce sujet une parabole.
30 Le roi dit : Qu'est-ce?
Sandebar repondit : Un homme dévot en se promenant vit

כרו אותה הצייידים לצוד בה החיות ולקחת עורותם   ויביט בקצה
השוחה והנה איש נופל שמה והיה האיש צורף וקוף ונחש ואפעה
שם ולא הרגו לאיש   ויאמר הנזיר עתה בא העת אשר אעשה
צדקה גדולה לעולם שאציל זה האיש ממתלעות אויביו   ויקח חבל
וישליכהו אליו וידלה הקוף בו עצמו מפני שהיה קל ויוציאהו
וישליכהו שנית וידלה עצמו האפעה ויצא   וישליכהו שלישית וילפת
הנחש בו ויצא   והודו לו על אשר עשה להם ויאמרו אל תוציא
זה האדם כי אין בארץ יותר מכחש החסד מבן אדם קל וחומר מזה
ויאמר לו הקוף כי מעוני אצל כך וכך ויאמר האפעה וגם אני
שוכן באגמים אשר שם ויאמר הנחש וגם אני בנהר אשר שם ואם
תבא שם באורך הימים ותעבור מעלינו * ותצטרך אלינו¹ תבא שמה

1) Manque chez C.

---

une fosse que les chasseurs avaient creusée pour attraper les
animaux et prendre leur peau. En regardant au fond de la
fosse, il aperçut un homme, c'était un orfèvre, qui y était
tombé et, à ses côtés, un singe, un serpent et une vipère qui
ne lui avaient fait aucun mal. Le dévot se dit: Voici le moment
de faire un grand acte de charité, je peux sauver cet homme
des griffes de ses ennemis. Il prit donc une corde et la lui
lança. Mais aussitôt le singe qui était léger s'y suspendit et
fut retiré. Le dévot jeta la corde pour la seconde fois, mais
c'est la vipère qui s'y suspendit et sortit. Lancée pour la troisième fois, le serpent s'y entortilla et sortit également. Les
animaux, en remerciant le dévot de ce qu'il leur avait fait, lui
dirent: Ne retire pas cet homme, car la terre n'a pas d'être
plus ingrat que l'homme et surtout celui-ci. Le singe ajouta:
Je demeure à tel ou tel endroit. La vipère dit: Moi aussi je
demeure dans les marais du même pays. Et moi, finit le serpent, j'habite le fleuve qui y coule. Si tu y arrives dans le
cours des temps, si tu passes près de nous et que tu aies besoin de nous, viens nous trouver et nous te récompenserons de

וננמול *בעד אותך¹ ואחר כן התפרדו   ויהי אחרי כן השליך החבל
לצורף ולא הביט לאשר אמרו לו החיות ויוציאהו והודה לו על
אשר עשה לו *וישתחוה לו² ויאמר לו אתה כבר עשית לי החסד
ואני ראוי שאשמור לך זה הברית ואם יגזור האל שתעבור על
5 ‖ המדינה אשר זכרו לך אלו החיות כי שם אני שוכן ותשאל בעדי
ותבא אלי ואנמול לך על אשר עשית לי   ויהי אחרי כן הלך כל
אחד מהם לדרכו

צורת הצורף והנחש והקוף והאפעה והנזיר יוציא אותם

ויהי לקצה הימים בא למדינה ההוא הנזיר ויפגש הקוף וישתחוה
10 לו ויאמר אין בידי מאומה מה אתן לך ואולם המתן לי מעט עד
אביא לך מה יש בידי   ולא התמהמה הנזיר אלא מעט וישב הקוף
בפירות טובות וישם לפניו ויאכל ממנו כל אשר רצה   וילך משם

1) Lis. אותך בעד חסדך; C. *tibi super bono quod nobi contulisti.* —
2) Manque chez C.

---

tes bienfaits. Puis, ils se séparèrent. Après cela, le dévot, sans 15
faire attention à ce que les animaux lui avaient dit, jeta la
corde à l'orfèvre et le retira. Celui-ci le remercia de son action,
se prosterna et lui dit: Puisque tu m'as fait ce bien, je dois te
conserver ma fidélité, et si Dieu veut que tu passes devant la
ville que ces animaux t'ont mentionnée et que j'habite égale- 20
ment, tu demanderas après moi, tu viendras me voir et je te
récompenserai de ce que tu m'as fait. Après cela chacun prit
son chemin.

Figure de l'orfèvre, du serpent, du singe et de la vipère lorsque
l'homme dévot les retire.   25

Quelque temps après, le dévot arriva dans cette ville et rencontra le singe qui se prosterna et lui dit: Je n'ai rien à te
donner, mais attends un peu pour que je t'offre ce que je puis
me procurer. Le dévot attendait un peu et le singe revint avec
de beaux fruits qu'il lui présenta. Le dévot en mangea à son 30

— 268 —

וימצא האפעה וישתחוה לו כמו כן ויאמר לו כי חסדך גדול עלי
* והצלת נפשי משאול תחתיות' ועל כן אל תסור עד אשוב אליך
וילך אל בית המלך ויהרג את בתו ויקח נזמה² וחליתה ויבא לו
ולא הגיד לו דבר   ויאמר הנזיר בנפשו אלו הבהמות עשו לי חסד
5 אילו הגעתי לצורף יעשה לי יותר ואם אין לו מה יתן לי *ויעשה לי
זה החלי³   ויהי אחרי כן בא למדינה ויבא לבית הצורף ויכבדהו
ויביאהו לביתו

צורת הנזיר והצורף

ויהי כראות הצורף החלי הכירהו' ויאמר לו אל תסור מזה עד
10 בואי אליך   וילך לבית המלך ויודיעהו הדבר ויאמר לו כי האיש
אשר הרג בתך ולקח חליתה הנו בידי ואסרתיהו | בביתי עד תצוה
p. 193.

1) Manque chez C. — Cf. *Ps.* LXXXVI, 13. — 2) C. *coronam,* נזרה; mais cf. *Osée* II, 15. — 3) C. *mihi de huiusmodi iocalibus consulet.* — 4) C. ajoute : *quod fuit filie regis.*

15 appétit et s'en alla. Il trouva la vipère qui se prosterna également et lui dit : Ta charité pour moi a été grande, tu m'as sauvé de l'enfer; ne quitte donc pas ces lieux avant que je ne sois de retour. Elle se rendit au palais du roi, tua la princesse et prit les anneaux et la parure, qu'elle apporta au dévot sans
20 rien lui dire. Le dévot se dit alors : Ces animaux ont été bien bons pour moi, lorsque j'arriverai chez l'orfèvre, il fera encore davantage. Et, s'il n'a rien à me donner il m'arrangera cette parure.

Entré en ville, le dévot se rendit à la maison de l'orfèvre qui
25 l'accueillit avec honneur et le fit entrer chez lui.

Figure du dévot et de l'orfèvre.

A peine l'orfèvre eut-il regardé la parure, qu'il la reconnut et engagea le dévot à ne pas quitter la maison avant son retour. Puis, il se rendit au palais, informa le roi et lui dit : L'homme
30 qui a tué ta fille et enlevé sa parure est entre mes mains, je l'ai retenu dans ma maison pour que tu ordonnes ce que tu

מה תרצה　　וישלח המלך אחריו ויקחהו ויהי כראותו¹ החלי הכירהו
ויקחהו ממנו ויצוה שיענוהו² ויוליכוהו וישוטו בו על כל המדינה
ואחרי כן יתלוהו　　ויוליכו אותו במדינה

<small>צורת הנזיר ישוטו בו והוא על החמור</small>

ויהי כאשר עשו זה הדבר היה הולך ובוכה ונושא קולו ואומר 5
אילו שמעתי מן החיות באשר צווני לא מצאני זאת התלאה　　וישמע
הנחש דברו ויצא מחורו ויהי כראות אשר קרה לו נעצב ויבקש
תחבולות כדי להצילו וימהר אל בן המלך וישוך אותו　　וישלח
המלך בעד החרטומים והרופאים ועשו לו לחש והשקוהו מרפואתם
ולא יועיל לו כלום ויביטו בכוכבים ויעשו לו תחבולות עד אשר 10
דבר [הנער³] כי לא היה יכול לדבר ויאמר לא ארפא עד יבא הנזיר
אשר צוית להרגו בלי עון וימשוך ידו על בשרי　　ויהי כשמע המלך

<small>1) C. et ostenderet coronam regi. — 2) C. ipsum flagellari. — 3) C. puer.</small>

---

veux. Le roi envoya chercher le dévot et dès qu'il eut vu la
parure, il la reconnut et l'enleva. Puis, il ordonna de frapper le 15
dévot, de le conduire par toute la ville et de le pendre ensuite.
Le dévot fut donc traîné à travers la ville.

<small>Figure du dévot assis sur un âne et conduit par la ville.</small>

Pendant qu'on agissait ainsi envers lui, le dévot versait des
larmes en criant : Si j'avais écouté les recommandations des 20
animaux je n'aurais pas éprouvé cette mésaventure. Le serpent
l'entendit et sortit de son trou. En voyant ce qui était arrivé
au dévot, il fut affligé et chercha les moyens de le sauver. Il se
rendit en hâte auprès du prince et le mordit. Le roi fit chercher
les devins et les médecins; on lui fit un charme et lui donna à 25
boire des remèdes, mais rien n'y fit. Ils examinèrent les astres et
cherchèrent des artifices. Enfin le prince parla, — car il avait
perdu la parole, — et il dit : Je ne guérirai que lorsque le dévot
que tu as ordonné de mettre à mort sans qu'il ait commis aucun
méfait sera venu et aura passé sa main sur ma chair. Le roi, ayant 30

הדבר ההוא שלח אחרי הנזיר ויאמר לו מה היה דברך ויגד לו
הנזיר אשר עשה לצורף ולחיות ואשר אמרו לו החיות' ומפני מה
בא למדינה   ויהי אחרי כן וישא עיניו לשמים ויתפלל אל ה' ויאמר
ה' צבאות אתה תדע כי אני נקי כפים ובר לבב * וזה המעשה² רפא
נא לבן המלך *אל נא רפא נא לו³ וירפא אלהים את הנער ויסיר 5
לו כאבו⁴ ויכבד המלך לנזיר ויתן לו ארוחה ומשאת וישלחהו⁵
ויצוה שיתלו הצורף   וזה הוא שער הנזיר⁶ העושה חסד למי לא
יכירהו
צורת הנזיר וצורת הצורף תלוי

10 נשלם שער הנזיר והצורף

    1) C. ajoute : *homini non benefacere,* שלא יעשה טוב לאדם. — 2) Manque chez C. — 3) Manque chez C. — Cf. *Nomb.* XII, 13. — 4) C. ajoute : *et videns hoc rex,* ויהי כראות המלך הדבר. — 5) *Jér.* XL, 5. — 6) Manque chez C.

---

15 entendu cela, fit chercher le dévot et lui dit : Quelle était ton
affaire? Le dévot lui raconta comment il avait agi envers l'orfèvre et les animaux, ce que ce dernier lui avait dit, et, pourquoi il était venu en ville. Puis, il leva les yeux vers le ciel,
pria et dit : Eternel Sebaoth, tu sais que je suis innocent et que
20 mon cœur est pur de cette action ; guéris donc le prince, oh
Dieu, guéris le donc! Dieu rendit la santé au jeune homme et
fit disparaître ses douleurs. Là-dessus, le roi honora le dévot,
lui donna de l'argent pour sa route et des cadeaux et le renvoya en paix. Il ordonna en même temps de pendre l'orfèvre.
25   Ceci est le chapitre de l'homme dévot qui fait la charité à
quelqu'un qui n'en est pas reconnaissant.

Figure du dévot et de l'orfèvre pendu.

Fin du chapitre du dévot et de l'orfèvre.

[שער חמשה עשר]

וזה שער בן המלך וחבריו[1]

אמר המלך לסנדבאר כבר הבינותי [דבריך[2]] אשר אמרת למי
הוא ראוי שיעשה אדם חסדו   אמור לי עתה בעד האיש הכסיל
ובעל המעלה הגדולה * ובעד המשכיל[3] ובעד[4] המיגע נפשו ומענה
אותה ואיך[5] הם כל מעשה האדם נגזרים על פי האל ואחר כן יעשו
בארץ   כי כל המעשים הם בגזרת עירין ובמאמר קדישין[6]   אמר
סנדבאר * כמו שהאדם המשכיל לא יהיה שלם כי אם בחכמה כמו

---

1) C. ajoute: *et est de divina sententia quam nemo potest effugere,* וזה בגזר
דין אשר לא יוכל אדם להמלט ממנו. — 2) C. *verba tua*. — 3) Manque chez
C. — 4) Probablement à biffer. — 5) Lis. איך. — 6) Manque chez C.

[Chapitre XV.]

Ceci est le chapitre du fils du roi et de ses compagnons, où il s'agit des
décrets de Dieu auxquels personne ne saurait échapper.

Le roi dit à Sandebar : J'ai compris ce que tu viens de dire
au sujet de celui qui mérite les bienfaits de son prochain.
Parle-moi maintenant de l'homme sans esprit qui occupe néanmoins un rang élevé, et de l'homme intelligent qui se donne
beaucoup de peine et qui fait de grands efforts inutilement, comment tous leurs actes et tout ce qu'ils font sur la terre dépendent des décrets de Dieu ; puisque tous les actes sont déter-
minés par la décision des anges et les arrêts des saints.
Sandebar répondit : De même que celui qui est doué de rai-

כן החכם לא יהיה שלם עד יהיה משכיל והשכל והיופי והחכמה
לא יועילו לאיש ולא יצליחו אלא מה שנגזר מן השמים הוא יביאהו[1]
כמו קרה לבן המלך עם חברים שלו

אמר המלך ואיך היה

אמר סנדבאר החכם אמרו כי ארבעה אנשים נתחברו אחד היה
בן המלך והשני בן תגר | וסוחר והשלישי בן נדיב והוא היה יפה
מראה מאד והרביעי היה שייר הולך דרכים *ולא היתה מחיתו
אלא מהליכת דרכים[2]   ויתחברו כולם והיו עניים ולא היה בידם
כי אם הבגדים ללבוש

צורת ארבעתם

ויהי הם הולכים [בדרך[3]] ויאמר בן המלך כל הדברים הם

1) C. *sicuti vis non probatur nisi per mulierem sic sapiens non est qualis sufficientes misi per intellectum et intellectus principaliter a deo per exercitium datur homini,* כמו שהאיש לא יבחן כי אם באשה כמו כן החכם לא יהיה שלם אלא בשכל והשכל לא ינתן מן האל לאדם כי אם במעשה. — 2) Manque chez C. — 3) C. *per viam.*

___

son, n'est parfait qu'en acquérant de la science, de même le savant n'est parfait qu'autant qu'il a du bon sens. Puis, le bon sens, la beauté et la science ne sont utiles ni avantageux sans l'aide des décrets de Dieu. Cette vérité peut être reconnue par l'histoire du fils du roi et de ses compagnons.

Le roi demanda : Quelle est cette histoire.

Sandebar le sage répondit : On raconte que quatre hommes voyageaient ensemble. Le premier était le fils d'un roi; le second, le fils d'un commerçant; le troisième, un fils de famille qui était fort beau; le quatrième, un colporteur qui était toujours en route et ne tirait son entretien que des voyages qu'il faisait. Tous réunis étaient pauvres et ne possédaient que les vêtements qu'ils avaient sur le corps.

Figure de ces quatre hommes.

Pendant qu'ils allaient ainsi en avant, le fils du roi dit : Tout

נגורים על פי האל   אמר בן הסוחר טוב השכל מכל דבר   אמר
בן הנדיב טוב היופי מכל דבר   אמר השייר *אשר היה הולך
בדרכים' כי המתחזק במעשיו ויהיה מהיר במלאכתו טוב מכל
אשר תאמרו   וילכו אצל מדינה אחת ויהי בהגיעם קרוב ממנה
ישבו במקום אחד ויאמרו לאיש השייר *אשר היה מלאכתו ללכת
בדרכים² לך אתה *בתחבולותיך³ כי אתה מהיר במעשיך ובקש
לנו מה נאכל היום   וילך ויבא למדינה וישאל איזה מעשה איזה
מלאכה היא אשר אם יעשינה אדם מבוקר ועד ערב ירויח בה
מה ישביע לארבעה אנשים   אמרו כי אין דבר טוב מלחטוב⁴
עצים *ויהי מקום העצים רחוק מן המדינה פרסה אחת⁵   וילך
שמה ויקח משאו על גבו *וימכור אותו בשקל כסף ויקנה⁶ כל
מה שנצרך לחבריו   ויכתוב על שער המדינה כי המתאמץ

1) Manque chez C. — 2) Manque chez C. — 3) Manque chez C. — 4) C. *apportare.* — 5) Manque chez C. — 6) Manque chez C.

est décrété par Dieu. Le fils du marchand remarqua : Le bon sens vaut mieux que toutes choses. Le fils de famille fit observer : Rien n'égale la beauté. Le colporteur qui avait l'habitude d'être toujours en route dit : Un travail persévérant et une prompte exécution valent mieux que tout ce que vous dites. Ils arrivèrent auprès d'une ville. Une fois assis, non loin de la porte, ils s'adressèrent au colporteur et lui dirent : Puisque tu es si prompt dans ce que tu fais, va et cherche-nous par ton art de quoi nous nourrir aujourd'hui. Le colporteur entra en ville et demanda : Par quel art ou métier un homme, en travaillant depuis le matin jusqu'au soir, peut-il gagner de quoi rassasier quatre individus? On lui répondit que rien n'etait aussi bon que le métier du bûcheron. Or, la forêt était à une parasange de distance de la ville. Il s'y rendit, prit une charge de bois sur le dos et la vendit pour un sicle d'argent. Puis, il acheta tout ce dont ses compagnons pouvaient avoir besoin et écrivit sur la porte de la ville : Quiconque à de la persévérance et de la promptitude dans son travail peut gagner dans un jour un sicle

והמהיר במלאכתו ׀ הגיע מחירו ביום אחד שקל כסף׃ ויבא להם ויאכלו׳

צורת האיש יוליך העצים על גבו

ויהי בבוקר ויאמרו לבן הנדיב לך אתה ובקש ביפייך מה נאכל
5 היום ויחשוב בן הנדיב בנפשו ויאמר הן אני לא אדע לעשות
מלאכה ולא אוכל היום לשוב לחברי ריקם וירצה להפרד מהם
וישען לאילן אחד ⁕ אצל שער המדינה² והיה מחשב בלבו ומתעצב
ותעבור עליו אשה מגדולי המדינה ותראה ליפיו ותצא לבה ויהי
בהגיעה לביתה שלחה שפחתה אחריו ותביאהו השפחה ותעש לו
10 האשה משתה וישב עמה כל היום ויהי עת הערב נתנה לו חמש
מאות שקל כסף׃³ ויכתוב על שער המדינה שהיופי הרויח יום אחד
חמש מאות שקל כסף⁴ וישב לחבריו⁵

1) C. ajoute : *et potu*, וישתו. — 2) Manque chez C. — 3) C. ajoute :
licenciavit eum, ותשלחהו. — 4) Manque chez C. — 5) C. ajoute : *fovens
15 ipsos per totam diem*, וישמחם כל היום.

---

d'argent. Il se rendit ensuite auprès de ses compagnons et ils
mangèrent.

Figure de l'homme portant du bois sur son dos.

Le lendemain ils dirent au fils de famille : Va et cherche avec
20 ta beauté de quoi nous nourrir aujourd'hui. Le fils de famille
réfléchit et se dit : Moi je ne m'entends à aucun ouvrage et cependant je ne puis pas retourner auprès de mes camarades sans
leur rien apporter. Il voulait donc se séparer d'eux et, plongé
dans ses tristes pensées, il s'appuyait contre un arbre près de
25 la porte de la ville, lorsqu'une femme passa devant lui. Lorsqu'elle vit sa beauté, elle en fut éprise. Aussi, à peine rentrée
chez elle, elle le fit chercher par sa servante qui l'amena dans
la maison. La femme fit préparer un grand repas et il passa
la journée avec elle jusqu'au soir où elle lui fit cadeau de cinq
30 cents sicles d'argent. Il écrivit sur la porte de la ville : Avec la
beauté on gagne dans un jour cinq cents sicles d'argent. Puis,
il revint auprès de ses camarades.

צורת בן הנדיב והאשה.

ויהי בבוקר אמרו לבן הסוחר לך אתה בשכלך ובקש לנו מה
נאכל היום   וילך וישב והיה קרוב משם הים *ויצא שמה כי לא
היה יודע מה יעשה עד ראה אניה באה עליו   ויצאו אנשים לקנות
5 מה שיש בה¹ ויסחרו עם בעל הספינה ולא רצה המחיר אשר רצו
לתת לו ויאמרו איש לאחיו בואו ונלך זה היום עד מחר שינחם על
אשר לא סחר עמנו וילכו לדרכם   וימהר | בן הסוחר ויקנה כל
אשר בה מאה. אלף² דינרין *ויגיע הדבר לסוחרים וישובו וירויחו
אותו חמשת אלפים דינרין ויקח אותם מהם ויאמר לבעל הספינה
10 שיקח מחירו מהם   ויבוא אל שער המדינה ויכתוב שם כי שכל

1) C. *ubi conventicula mercatorum erat et multarum navium, et vidit
ibidem negociatores,* ויאספו שמה הסוחרים ואניות רבות וירא את התגרים. — 2) C.
Quinque millibus, חמשת אלפים.

Figure du fils de famille et de la femme.

Le troisième jour, on dit au fils du marchand : C'est ton tour
d'aller et de chercher avec ton intelligence de quoi nous nourrir
aujourd'hui. La ville était près de la mer, il alla donc et s'assit,
ne sachant pas encore ce qu'il ferait, lorsqu'il vit un bâtiment
approcher. Des commerçants de la ville venaient pour acheter
ce que le vaisseau contenait, mais ils marchandaient avec le patron et refusaient de lui donner son prix. Ils se dirent alors les
uns aux autres : Allons-nous en aujourd'hui, demain, le patron
se repentira de n'avoir pas terminé l'affaire avec nous. Dès
qu'ils furent partis, le fils du marchand acheta vite tout le contenu du vaisseau pour cent mille pièces d'or. Les négociants de
la ville, avertis de ce qui s'était passé, revinrent et offrirent un
bénéfice de cinq mille pièces d'or que le fils du marchand accepta
en disant au patron de se faire payer par les négociants de la
ville. Arrivé à la porte, il y inscrivit : Avec de l'intelligence
on peut arriver en un jour à un profit de cinq mille pièces

יום אחד הגיע חמשת אלפים דינרין ויקנה לחבריו לחם' וישב
אליהם

צורת הספינה ורב החובל והסוחר

ויהי בבקר אמרו לבן המלך לך אתה ובקש מה נאכל היום²
וילך עד הגיע לשער המדינה *וישב על הריעים אשר אצל
השער³ והיה יושב ומשתומם והיה סבה מאת האלהים וימת מלך
המדינה ביום ההוא ולא עזב לו בן ולא אח ולא משפחה ויהי כאשר
הוציאו את המלך לקבור עברו על זה הבחור והוא יושב ויראוהו
כי לא קם ולא זע ולא מתאבל על מות המלך⁴ וישאלהו איש מי
אתה ומי הביאך הלום·ולמה לא התאבלת על מות המלך⁵ ויחריש

1) C. *altera vero die veniebant mercatores, videntes se esse preventos emerunt a juvene pro decem millibus aureis et sic recessit iste juvenis et venit ad socios suos, scripsitque: cum circumspecta prudentia lucratus sit unus una die quinque millia florenorum,* ויהי ממחרת ויבואו הסוחרים ויראו כי הקדימם אדם אחד ויקנו את הסחורה בעשרת אלפים דינרין וישב אל חבריו ויכתב שם איש אחד בשכלו הרויח ביום אחד חמשת אלפים דינרין. — 2) C. ajoute : *quod de predestinatione divina loculus es et tu in eam confidis,* כי דברת בנזר הדין ותאמין בו. — 3) Manque chez C. — 4) C. ajoute : *de quo mirabatur populus,* ויתמה העם על זה. — 5) C. *causam quare.*

d'or. Il acheta la nourriture pour ses compagnons et revint auprès d'eux.

Figure du vaisseau, du patron et des marchands.

Le matin du quatrième jour, on dit au fils du roi : Va et apporte-nous de quoi nous nourrir aujourd'hui. Celui-ci s'en alla jusqu'à la porte de la ville, où il s'assit sur les ordures qui s'y trouvaient. Il était là triste et morne, lorsque, par un décret de Dieu, il arriva ce qui suit : Le roi de la ville était mort en ce jour, ne laissant ni fils ni frère ni aucun autre membre de sa famille. Or, en emportant le roi pour l'enterrer, on passa devant ce jeune homme qui restait assis sans se lever ni se mouvoir et sans donner aucun signe de deuil pour la mort du roi. Alors, un de ceux qui faisaient partie du convoi lui demanda : Qui es-tu? Qu'est-ce qui t'amène ici? Pourquoi n'es-tu pas en deuil pour la

ולא ענה אותו דבר *וירא כי לא השיבהו דבר קלל אותו' ויגרשהו
מן המקום ההוא   ויהי בשובם מלקבור המלך עבר האיש אשר
קללו² אותו ראה אותו עומד שם ויאמר לו הלא צויתיך שלא תשוב
למקום הזה ויקחהו וישליכהו לבית הסהר   ויהי כאשר נאספו
5 להמליך עליהם מלך קם | האיש אשר שם לאיש³ לבית הסהר
ויאמר להם בעד בן המלך וכל אשר קרה לו עמו *ויאמר אני
מפחד שמא יהיה מרגל לאויבנו אם תרצו שלחו אחריו והמיתוהו⁴
וישלחו אחריו וישאלוהו מי הוא ומה משפטו ומה הביאהו אל ארצם
אמר להם אני פלוני בן פלוני המלך הגדול וימת אבי ויגבר אחי
10 על הממלכה ויגרשני ויבקש להאבידני ואברח ממנו שמא יהרגני
עד באתי אל ארצכם   ויהי כשמעם זה הדבר והיו שם אנשים שהיו
מכירים לאביו קמו עליו וימליכוהו ויאמרו יחי המלך   והיה מנהגם

1) Manque chez C. — 2) C. *expulsit*, גרש. — 3) C. *filium regis*, לבן
המלך. — 4) Manque chez C.

mort du roi? Le jeune homme se tut et ne répondit pas.
L'autre lui dit des injures et le chassa de sa place. En revenant de l'enterrement, l'homme qui l'avait insulté le vit encore au même endroit. Ne t'ai-je pas ordonné, lui dit-il, de ne pas revenir ici? Il le fit saisir et jeter en prison. A la réunion qui fut tenue aussitôt pour élire un nouveau roi, le même homme qui avait fait mettre en prison le fils du roi, raconta ce qui lui était arrivé et dit : Je crains bien que ce jeune homme ne soit un espion de nos ennemis; si vous êtes d'accord, faites le venir et mettez-le à mort. On le fit donc chercher et on l'interrogea sur sa personne, sur sa famille et sur ce qui l'avait amené dans ce pays. Le prince répondit : Je suis un tel, le fils d'un tel qui était un roi puissant. A sa mort, mon frère s'empara du gouvernement; il me chassa et voulut me faire périr. Dans cette crainte je me suis enfui et suis ainsi venu dans votre pays. Après avoir entendu cela, plusieurs habitants qui avaient connu son père, se pressèrent auprès de lui et lui confièrent le gouvernement en criant : Vive le roi!

כי בעת ימליכו מלך ישוטטו בו על כל המדינה ויעשו כן וישוטטו בו
ויהי בהגיעו לשער המדינה ראה אשר כתבו חבריו בשער
ויעמוד ויצוה כתבו כי האומץ והיופי והשכל¹ הוא נגזר מן השמים
*והכל על פי גזר דין . ויתמהו האנשים בדבר ההוא מן המעלה אשר
נתן לו האל² ויהי בשובו להיכל המלכות *ישב על המטה³ וישלח
אחרי חבריו *ויבואו לו ויאסוף אנשיו ושוטריו⁴ ויקם לדבר להם⁵

צורת בן המלך על המטה ומדבר לעם

ויודה לאל ויזכור שמו על כל הטובה אשר עשה לו *ויאמר
אבל חברי כבר ידעו והאמינו כי כל אשר נתן להם האל מן הטוב
הוא בגזרת עירין ובמאמר קדישין! ואולם אני כבר נתן לי האל אשר
לא היה לי לא בחיל ולא בכח ולא במהירות ולא בשכל ולא הייתי

1) C. *et quicquid boni homini advenit*, וכל הטוב אשר יקרה לאדם. —
2) Manque chez C. — 3) Manque chez C. — 4) Manque chez C. — 5) C.
ajoute: *quod sibi acciderat*, על אשר קרה לו.

Ils avaient l'habitude dans cette contrée, à l'avènement
d'un nouveau roi, de lui faire traverser toute la ville, ce qui
fut fait. Arrivé à la porte, le roi vit ce que ses compagnons
avaient écrit, il s'arrêta et ordonna d'écrire: La persévérance,
la beauté et l'intelligence sont l'effet d'une décision du ciel et
tout se fait par le décret de Dieu. Les hommes qui l'accom-
pagnaient admirèrent ces paroles et le haut rang que Dieu lui
avait accordé. Entré dans le palais, il se mit sur le trône, fit
chercher ses compagnons, puis, il réunit ses gens et ses fonction-
naires et leur raconta ce qui lui était arrivé.

Figure du prince assis sur le trône et parlant au peuple.

Il remercia Dieu de tout le bien qu'il lui avait fait; puis
il ajouta: Oui, mes compagnons l'ont déjà reconnu et sont con-
vaincus que tout le bien que Dieu leur a accordé, leur est
arrivé par le décret des anges et les décisions des saints.
Certes, ce que Dieu m'a donné, je ne le dois ni à ma personne,
ni à ma vaillance, ni à ma force, ni à mon aptitude, ni à mon

מקוה בעת אשר גרשני אחי כי אעלה לעולם לזאת המעלה ויביאני
הגזר דין אשר נגזר עלי עד הנה ולהיות גר עד אשר מלכתי על
דבר אשר גזר האל להיות וכבר הייתי מסתפק במעט אשר נתן לי
האל   ויקם איש אחד שהיה בהם ויאמר אדוני המלך כי הקב"ה
נתן לך שכל וחכמה ויצאו מחשבותינו בך לטוב ויצאה תקותנו 5
לטוב   וידענו אשר זכרת כי כן הוא כי יותר מצליח האנשים האיש
אשר נתן לו האל כמו נתן לך וכבר הראונו האל חפצנו אחרי אשר
המליכך האל עלינו ויצוך עלינו ועל כן יש לנו לתת שבח לבורא
שעשה לנו כבוד בך   ויקם אחר ויאמר אדוני המלך יש לנו להודות
לאל על אשר המליכך עלינו וכי כל הדברים הם נגזרים מן השמים 10
ואומר לך כי הייתי בנערותי משמש לאיש אחד מבני הנדיבים
ויהי כאשר גדלתי ראיתי שאעזוב העולם ותענוגיו ואקום ואפרד ממנו

---

intelligence. Je ne pouvais guère espérer, au moment où mon
frère m'a expulsé, de monter jamais à un tel degré de puissance.
Mais Dieu l'avait ainsi décidé : il a voulu que je fusse d'abord 15
étranger dans ce pays, et il a décrété ensuite que je montasse sur
le trône après avoir été content du peu qu'il m'avait donné.

Alors un homme de la réunion se leva et dit : Seigneur et roi,
Dieu t'a donné intelligence et sagesse, et c'est ainsi que nos
pensées ont tourné à notre bien et que nos espérances se sont 20
réalisées. Nous savons que tout ce que tu as dit est vrai, et que
le plus heureux des hommes est celui à qui Dieu a accordé
les dons dont il t'a gratifié. Tous nos vœux sont remplis,
puisque le tout-puissant t'a fait régner sur nous et t'a placé à
notre tête. Nous devons donc glorifier le créateur qui nous a 25
fait un tel honneur par toi. — Un autre se leva à son tour et dit:
Seigneur et roi, certes, nous devons remercier Dieu de t'avoir
placé comme roi sur nous; il est également certain que toute
chose est décidée dans le ciel. Je te dirai, que dans ma jeunesse
j'étais au service d'un homme d'une noble extraction; mais 30
l'expérience acquise par l'âge, me décida à quitter le monde et

והיה בידי משכרי שני דינרין ואראה שאתן צדקה האחד והאחד
במחיתי ואומר אין בעולם שכר כמו שאקנה נפש נאסר ואפדהו
ואלך לשוק ואמצא ציד ובידו שני יונים וארצה לקנותם ולא רצה
לקחת ממני שקל מאחד מהם ואומר מי ידע אם הם זכר ונקבה
5 ואפרידם ואעשה עון ואקח אותם בשני שקלים ואומר אם אשליכם
בארץ נושבת יקחום בני אדם והם לא יוכלו לעוף מפני החולש
אשר יש להם   ואלך בהם אל כר נרחב והיה רחוק מבני אדם
ואשלחם ויעופו ויעמדו על אילן אחד ואשוב לדרכי ואשמע האחד
אומר לחברו כבר הצילנו זה מצרה גדולה ואנחנו ראוים שנגמל
10 אותו במעשיו ויאמרו כבר עשית לנו חסד ואנחנו ראוים שנכיר לך
זה המעשה ודע כי בשרש האילן יש מטמון לך וחפור שמה וקחהו

p. 200.

ses jouissances. Au moment de m'en détacher, il me resta de mon salaire deux pièces d'or; il me plut d'en donner une pour une bonne œuvre et de conserver l'autre pour mon entretien. Je pensais que rien au monde n'était aussi méritoire que de racheter une créature emprisonnée. Je me rendis donc au marché et j'y rencontrai un chasseur qui avait deux colombes. Je voulus en acheter un, mais il refusa d'accepter de moi une pièce pour un seul des deux oiseaux. Je me disais aussitôt : Peut-être sont-ce un mâle et une femelle et en les séparant je commettrais un péché. Je les achetai donc pour mes deux pièces d'or et je me dis : Si je les lâche dans un terrain habité, on les attraperait; car leur faiblesse les empêche de voler. Je les portai donc dans un vaste champ écarté, où je leur donnai la liberté. Ils prirent leur vol et se placèrent sur un arbre pendant que je m'en retournai. J'entendis alors l'une des deux colombes dire à sa voisine : Cet homme nous a sauvées d'une grande peine et il convient que nous le récompensions de sa belle action. Puis elles s'adressèrent à moi : Tu nous as fait du bien et il convient que nous en soyons reconnaissantes. Sache qu'au pied de cet arbre il y a un trésor. Va, fais un trou et prends-le. Je me rendis auprès de l'arbre et après avoir creusé

ואלך לאילן וחפרתי מעט ואמצאהו   וקראתי לאל שיציל אותם ואומר הואיל ונחבאתם בזאת ותעופו בין השמים ובין הארץ איך נפלתם בזה המוקש אשר הצלתי אתכם ממנו   ויאמרו לי אדם משכיל הלא ידעת כי לא לקלים המרוץ ולא לגבורים המלחמה[1]
5 ובעת הגזרה תסגרו[2] העינים ולא יוכל אדם להמלט אשר נגזר עליו[3]

ויהי אחרי כן אמר סנדבאר למלך יש לאדם משכיל ולחכמים ולנבונים שידעו כי הדברים כולם הם על פי האל נגזרים ולא יוכל אדם להביא לנפשו טוב ולא להרחיק ממנו רע והכל מאת האל והאל יעשה בהם מה ירצה וישלים אשר יחפץ ועל כן יש לאדם
10 שיבטח עליו ותאמין נפשו בזה הדבר כי הוא אמת

נשלם שער בן המלך וחבריו

1) *Eccl.* IX, 12. — 2) Lis. תסגרנה. — 3) Depuis p. 278, l. 8, manque chez C.

---

un peu, je trouvai le trésor. J'invoquai Dieu pour leur conservation et leur dis : Puisque vous savez si bien vous cacher et voler entre le ciel et la terre, comment êtes-vous tombées dans ce piège d'où je vous ai tirées? — Elles me répondirent: Homme intelligent! Ne sais-tu pas que les plus légers ne réussissent pas toujours à la course ni les plus vaillants à la guerre. Lorsque le destin le veut, les yeux sont fermés et personne ne peut échapper à ce qui était décidé sur son compte.

Après cela Sandebar dit au roi : Les hommes intelligents, sages et avisés devraient savoir que toute chose est décidée par Dieu; que personne ne peut se procurer du bien ni écarter le mal, puisque tout vient de Dieu qui fait ce qu'il veut et accomplit dans l'homme ce qu'il désire. L'homme doit donc avoir confiance en Dieu et se convaincre que là est la vérité.

Fin du chapitre du fils du roi et de ses compagnons.

[שער ששה עשר]

וזה שער העופות¹

אמר המלך לסנדבאר הפילוסוף כבר הבינותי דבריך ואשר
אמרת מן גזר דין ואין אדם שימלט ממנו שא לי עתה משל
בשותפים המתחברים בעת יונו איש את עמיתו ויהיה האחר² עקוב
הלב ומתאוה לגזול אותו³ ולעשות לו רע אמר סנדבאר אמרו כי
היה במקום אחד לחוף הים *אפיק מים יאספו בו נחלים רבים
יצמח שם קנה וסוף והיה הדגה הרבה מאד⁴ והיה המקום רחוק

1) C. ajoute : *et est de sociis et proximis qui se invicem decipiunt*, וזה
בשותפים וגו'. — 2) Lis. האחד; C. *alter ipsorum*. — 3) Lis. את חברו; C.
socium. — 4) Manque chez C.

[Chapitre XVI.]

Ceci est le chapitre des oiseaux.

Le roi dit à Sandebar le philosophe : J'ai compris les paroles
que tu m'as dites sur la destinée, à laquelle personne ne saurait
échapper ; maintenant raconte moi une parabole des associés
réunis ensemble et dont l'un a le cœur corrompu et cherche à
tromper son prochain, à le voler et à lui faire du mal.

Sandebar répondit : On raconte qu'à un certain endroit,
situé au bord de la mer, il y avait une grande pièce d'eau, où
se réunissaient plusieurs ruisseaux. Les roseaux et les joncs y
abondaient et le poisson y foisonnait. La place était loin des

מן הצייָדים במקום לא עבר בה איש ולא ישב אדם שם¹ והיו
העופות אשר יאספו וישבו בקנים אשר בימים רחוקים משם מאד
ולא היו באים שמה לבקש ציד *כי היתה מעונתם בים והיו
מסתפקים בהם² ויהי לקץ ימים והנה עוף אחד ויקראוהו בלשון
*ערב עלמס³ ולא מצאתי לו שם בלשון הקדש⁴ וידע זה העוף זה 5
המקום⁵ ויהי כאשר ראהו כי לא יבא שמה לא איש ולא עוף ולא
בהמה רצה שישכון שם *ושיקנן שם ואשתו וכל אשר לו⁶ ויאמר
בלבו *כי אם אני אשיב שמה קני ואשתי אל זה המקום⁷ אסתפק⁸
בציד אשר יש לי ממנו ויהיה לי זה המקום ירושה ולורעי אחרי
*ולא יהיה לאיש מבוא ולא מקום | ולא עלה ולא מרמה.⁹ 10

צורת העוף יגיד לאשתו בער המקום ההוא

1) *Jér.* II, 6. — 2) Manque chez C. — 3) C. *hebraïce dicitur holgos*,
confusion de ערב et עבר; mais le nom de l'oiseau doit être lu עלנום,
علجوم. — 4) Manque chez C. — 5) C. ajoute: *bonitatem*, כי טוב. — 6) C.
reducere ibidem suam familiam, להוליך שם את משפחתו. — 7) Manque chez 15
C. — 8) *Cum familia mea*, אני ומשפחתי. — 9) Manque chez C.

pêcheurs, personne n'y passait, ni s'y établissait. Les oiseaux
qui se rassemblent et demeurent dans des nids près des mers,
en étaient également fort éloignés et n'y venaient jamais y
chercher leur nourriture, car ils demeuraient près des mers et 20
y trouvaient de quoi se suffire. Or, il y avait un jour un oiseau
appelé en arabe 'aldjoum (canard sauvage) pour lequel je n'ai
pas trouvé un nom dans la langue sacrée. Cet oiseau fit connaissance avec cet endroit. En voyant que ni homme ni oiseau
ni bête ne venait jamais s'y établir, il voulut y bâtir son nid 25
pour lui, sa femelle et pour tous les siens. Il se dit: Si j'y porte
mon nid et ma femelle, j'aurai assez de nourriture de ce que je
puis en retirer et cette place deviendra ma propriété et celle de
ma postérité. Personne ne pourra y venir, ni s'y établir, ni me
chercher querelle ou noise. 30

Figure de l'oiseau en parlant à sa femelle de cet endroit.

והיתה אשתו שוכנת עמו בזה הקן ושתה אפרוחיה וביציה והיו
הביצים קרובים להפתח והיה לה חבר מן העוף * יקראוה בלשון
ערב מרזם[1] והיתה אוהבת אותו ונכבד בעיניה ולא ייטב לה לא
אכילה ולא שתיה ולא מחיה בעולם אלא עמו   ויהי כי הגיד לה
[בעלה[2]] הדבר אשר ירצה לעשות היה קשה בעיניה * שתפרד מן
העוף[3] ורצתה שתגיד לו סודו *ואל תסתיר ממנו דבר[4] כדי שתלך
* להגיד לו ואולי ישב עמה במקום ההוא[5]   ותאמר לזכר כבר
הגיע העת שיצאו האפרוחים וכבר הגידו לי דבר רפואה שיהיה בו
ארוכה לאפרוחים * בעוד שיהיו צעירים[6] וישליו מפגע רע ואני
ארצה לבקש אותו ואוליכהו למקום אשר נשב שמה   אמר הזכר
ומה הוא   אמרה הנקבה דג מן הדגים אשר באי הים במקום כך

1) C. *que dicebatur Mosan.* Ar. مرز. Rabbin. מרזומא. — 2) C. ajoute:
ejus maritus, אישה. — 3) Manque chez C. — 4) C. *et querens argumenta*,
ותבקש תחבולות. — 5) C. *de licentia mariti eius … ad illam avem suam
amicam et secum de hoc tractare negocio*, ברשות בעלה אל העוף הברה ותדבר
עמו על הדבר הזה. — 6) C. *qua valebunt valde plumare et crescere*.

La femelle qui habitait avec lui dans le nid et qui y avait
placé ses poussins et ses œufs sur le point de s'ouvrir, avait
pour ami un oiseau, appelé en arabe *mourzoum* (héron) qu'elle
aimait et estimait beaucoup, au point que sans lui elle ne
goûtait ne manger ni boire ni aucune nourriture. Lorsque son
mari lui eut communiqué son projet, elle trouva dur de se séparer de cet oiseau. Elle voulait donc rapporter au héron son
secret et rien ne lui cacher. En cherchant les moyens comment elle pourrait lui parler et le décider à venir s'établir avec
elle au même endroit, elle dit au mâle : Voici le moment où les
poussins vont sortir des œufs et on m'a indiqué un remède qui
sera salutaire pour les poussins tant qu'ils seront petits et les
préservera de tout mauvais accident; j'ai donc l'intention d'aller
le chercher et de l'apporter à l'endroit où nous nous établirons.
— Quel est ce remède? dit le mâle. — C'est un poisson, répondit la femelle, qu'on rencontre à tel ou tel endroit dans les

וכך ולא ידע המקום ההוא אלא אני לבדי' ושב אתה על הביצים
במקומי עד אלך למקום ההוא ואקח משם דג או שנים ואשוב אליך
ואוליך אותו² למקום אשר נשב שם   אמר הזכר לא הוא ראוי
למשכיל שיחקור על כל אשר אמרו הרופאים כי יש פעמים אשר
5 יאמרו [לבקש³] דברים אשר לא ימצא איש ולא יוכל עליהם אלא
יביא נפשו בסכנה ובצרה גדולה עד | יכשל וכבר שמענו בעד זה
המקום אשר אמרת כי הוא מקום סכנה ומקום רע   וכבר נאמר
ברפואות⁴ כי חלב הארי וסם המות אשר בנחשים השרפים יעשו
מהם רפואות⁵ ולא הוא ראוי למשכיל שישים עצמו בסכנה ויבקש
10 האריות בכפרים ובהרים והנחשים בחוריהם   ועל כן שובי מזה
הדבר אשר תרצי לעשות והוליכי עמי זה הקן אשר אנו מביצים⁶
אל המקום אשר אמרנו כי יש שם דָגִים הרבה והוא מקום לא יעבור

1) C. ajoute : *et ille qui me docuit*. — 2) Mieux : ונוליך אותם; C. *deinde feramus illos*. — 3) C. *procurare*. — 4) C. *in libris medicine*, בספרי רפואות. — 5) C. ajoute : *certe et optime*, אמיתיות וטובות מאד. — 6) Lis. עם הביצים; 15 C. *cum ovis*. Peut-être : מרביצים.

îles de la mer et que moi seul connais exactement. Mets-toi à ma place sur les œufs pour que je m'y rende et prenne un ou deux poissons; puis je reviendrai et nous les apporterons dans notre nouvel établissement. — Le mâle reprit : Lorsqu'on est intelligent on ne s'occupe pas de tout ce que disent les médecins; car souvent, ils indiquent des choses que personne ne sait trouver et qu'on n'obtient qu'en s'exposant à des dangers et à de grandes peines dans lesquels on peut périr. Nous avons entendu parler de cet endroit et on nous a dit qu'il était dangereux et mauvais. Ainsi il est dit dans les livres de médecine, que la graisse du lion et le poison du serpent ardent offrent des remèdes, mais un être intelligent ne s'exposera pas au danger de chercher les lions dans leurs tanières et leurs montagnes ou les serpents dans leurs trous. Abandonne donc ce projet et apporte avec moi les nids et les œufs à la place dont nous avons parlé; elle est riche en poissons, et elle n'est traversée par aucun être vivant en de-

בו חי כי אם אנחנו ודעי כי כל המאזין מן הרופאים לבקש הרפואה
ולהביא נפשו במות יקרה לו אשר קרה לקוף אמרה הנקבה ואיך
היה אמר הזכר אמרו כי באיי הים[1] במקום אחד היה שם קוף
והיה שוכן במקום טוב בין האילנות ועצי פירות[2] וישב שם ימים
רבים ויהי אחרי כן יצא עליו גרב ויעש לו רע גדול *ויגיע ממנו
עד שערי מות[3] ולא יכול לבקש מחיתו ויעבור עליו קוף אחד
ויראהו ויאמר לו מה לי אשר אראה אותך בזה החולש ומפני מה
תשש כחך *ונפל משמנך רזון[4] אמר הקוף לא אדע סבה לזה
כי אם הדבר אשר גזר עלי האל ואין נצול מאשר נגזר עליו אמר
לו הקוף האחר אני יודע קוף אחד שקרה לו זה החלי אשר קרה
לך ולא מצא רפואה עד הביאו ראש נחש שחור ויאכלהו וירפא
*ואם תוכל אתה למצוא אותו תתרפא מיד[5] אמר הקוף ומאין

p. 204.

1) Manque chez C. — 2) C. ajoute : *et aqua*, ומים. — 3) Manque chez C. — 4) Manque chez C. Cf. *Isaïe*, X, 16. — 5) Manque chez C.

hors de nous. Apprends que celui qui prête l'oreille aux médecins pour chercher des remèdes en s'exposant à la mort, subit le sort qui a atteint le singe.

Qu'était ce? dit aussitôt la femelle.

Le mâle répondit : Dans les îles de la mer, un singe habitait un endroit excellent au milieu des arbres fruitiers. Il y était depuis longtemps lorsqu'il fut atteint de la lèpre qui lui fit bien mal et le conduisit jusqu'aux portes de la mort, car il ne pouvait plus chercher ce qu'il lui fallait pour vivre. Alors un autre singe qui passait par là et qui le vit, lui dit : Pourquoi te vois-je si faible, qu'est-ce qui a absorbé ta force? Comment, toi, si gras autrefois, es-tu réduit à une telle maigreur? — Je ne connais, répondit le singe malade, d'autre raison que le destin de Dieu, auquel personne n'échappe. — Mais l'autre singe dit aussitôt : Je connaissais un singe atteint de la même maladie que toi et qui n'a pu guérir qu'en mangeant la tête d'un serpent noir qu'on lui avait apporté. Si donc tu peux trouver une telle tête, tu seras immédiatement rétabli. — Mais com-

לי זה אשר אמרת ואני לא אוכל לבקש מחייתי וסר כחי מלבקש
טרפי *מאילו האילנות הקרובים ממני¹ עד אשר יעשו לי צדקה
החיות והזאבים ולולא הדבר ההוא ואגוע ברעב ובצמא ובחלי
אמר הקוף האחר ראיתי אני במקום אחד כך וכך בן אדם² אצל
חור תנין שחור ואחשוב כי הרג³ אותו ואני הולך אל פתחי החור
וארא⁴ אם הוא מת ואקח מן⁵ ראשו ואביאהו לך   אמר הקוף החולה
אם תעשה לי הדבר אולי תחיה נפשי על ידך ויהיה לך שכר טוב
מן האל   וילך הקוף עד הגיע לחור התנין וירא בארץ הליכת בן
אדם⁶ ויחשוב כי האיש⁷ הרג התנין ויבוא בתוכו ומצא התנין חי
ויחטפהו התנין ויאכלהו
צורת התנין יאכל הקוף

1) Manque chez C. — 2) C. *multos viros*, אנשים רבים. — 3) C. *eos interfecisse*, הרגו. — 4) Ms. פתי. — 5) Manque chez C. — 6) C. *hominum*, בני אדם. — 7) C. *ab aliquo homine*, איש אחד.

---

ment, dit le singe, me procurerai-je ce que tu me dis? Je ne puis pas même chercher ma nourriture et je suis trop faible pour prendre ma pitance de ces arbres qui sont près de moi; je suis réduit à l'aumône que me font les animaux et les loups, autrement je serais déjà mort de faim, de soif et de maladie. — L'autre singe répliqua : J'ai aperçu à tel et tel endroit un homme qui se tenait près du trou d'un serpent noir et je pense bien qu'il l'aura tué. Je veux donc aller à l'orifice de ce trou et voir si le serpent est mort; dans ce cas je prendrai une partie de sa tête et je te l'apporterai. — Si tu fais cela, répondit le singe malade, tu me sauveras peut-être la vie et Dieu te récompensera.

Le singe s'en alla jusqu'à ce qu'il arrivât au trou du serpent; il reconnut à terre les vestiges d'un homme et crut que cet homme avait tué le serpent; mais en entrant dans la caverne, il trouva le serpent vivant qui le saisit et le dévora.

Figure du serpent dévorant le singe.

ואולם נשאתי לך זה המשל למען תדעי כי לא הוא ראוי למשכיל
שיביא נפשו בסכנה[1] ואע"פ שהיה מצטרך ויבא במקום נורא
אמרה הנקבה הבינותי דבריך ולא אוכל אלא שאלך שם על כל
פנים כי *יש שלום במקום ההוא ו[2]אין שם דבר שאירא ממנו ויהיה
p. 205.
5 בו תקוה ועקב לאפרוחינו וימלטו מן | הפגעים ומן הצרות

צורת העוף ידבר עם אשתו

אמר לה הזכר אחרי אשר היא עצתך ללכת שם על כל פנים
אל תגיד את דברינו זה לנברא העולם[3] כי החכמים אמרו ראש
על כל הטובה השכל וראש השכל חתימת הסוד · וכבוד אלהים
10 הסתר דבר[4] ויהי אחרי כן הלכה הנקבה עד הגיעה לעוף[5] *והיה
רחוק ממנה[6] ותגד לה[7] אשר רצתה לעשות[8] היא ואישה למקום

1) C. ajoute : *et terribilibus negociis*, ובדברים נוראים. — 2) Manque
chez C. — 3) Lis. בעולם. — 4) Manque chez C. Prov. XXV, 2. — 5) C.
ajoute : *amica sua*, חברה. — 6) Manque chez C. — 7) C. ajoute : *secretum*
15 *mariti sui*, את סוד אישה. — 8) C. *transferre se*, לילך.

Je t'ai rapporté cette parabole pour que tu saches qu'un
être intelligent ne doit pas s'exposer à un danger, ni se rendre
à un endroit terrible quand même il en aurait besoin. — La
femelle reprit : J'ai compris tes paroles, mais il faut absolu-
20 ment que je m'en aille à cet endroit, qui est paisible et tranquille, et où il n'y a rien à redouter ; il y a au contraire l'espérance pour l'avenir de nos poussins qui, par ma démarche,
échapperont à tout accident et à toute peine.

Figure de l'oiseau s'entretenant avec sa femelle.

25 Le mâle lui dit : Puisque tu es décidée à t'en aller dans tous
les cas, ne fais connaître notre projet à aucune créature ; car les
sages ont dit : Le premier bien est la raison et la raison com-
mande avant tout de cacher le secret.

Après cela, la femelle se mit en route, jusqu'à ce qu'elle
30 arrivât auprès du héron qui demeurait assez loin. Elle lui
raconta ce qu'elle et son mari étaient sur le point de faire et

אשר אמר ואשר יש שם *מן הדגים וקני הים והמחסה אשר שם'
ואין *פגע ואין מקרה לחוסים בצללו² ותאמר לו אם תוכל שתלך
עמנו ברצון בעלי עשה³ והיה כי תלך עמנו והיה הטוב ההוא אשר
ייטיב האל לנו והטבנו לך⁴ וירצה העוף זה הדבר כדי שיתחבר
עם הנקבה ויאמר לה ולמה יהיה ברצון בעלך היש לו *הוא במקום⁵ 5
יותר ממנו⁶ ממני⁷ אבל המקום מותר לכל מי שירצה לבא שם
יבא ואולם הנני הולך שמה כי הוא מקום טוב כמו אמרת ואחצוב
שם קני ואם ירצה בעלך להוציאני משם אומר לו כי אינו מקומו
ולא היא ירושה בידו מאבותיו ולא הוא ראוי לשבת שם יותר ממני
אמרה הנקבה כבר ידעתי כי כן הוא כמו אמרת ואולם אקרא 10

1) C. *aquarum, piscium et herbarum affluescentia,* מים ודגים ועשבים
לרוב. — 2) C. *ibi strepitus animalium nec timor hominum,* שם קול החיות
ויראת אנשים. — 3) C. ajoute : *licet enim bonorum multorum sit abundantia,
sine te tamen sunt mihi nulla,* כי אע"פ שיש שם דברים טובים לרוב בלתך
באין נחשבו לי. — 4) *Nomb.* X, 32. — 5) Lis. במקום ההוא. — 6) Peut-
être : ממשל. — 7) C. ajoute : *vel quicunque alius,* או אחר.

l'entretint de l'endroit que son mari lui avait indiqué, des poissons et des roseaux qui y abondaient, de l'abri qu'il offrait contre toute aventure ou accident et lui dit ensuite : Tâche de pouvoir nous accompagner avec l'agrément de mon mari ; car quelque abondants qu'y soient les biens, ils ne me vaudraient rien sans toi ; en allant avec nous tu jouiras des avantages que Dieu nous accorde. — Le héron fut content de se joindre à la femelle en lui observant : Qu'ai-je besoin de l'agrément de ton mari ? A-t-il plus de droit à cet endroit que moi ? Cet emplacement est libre et on peut s'y établir à volonté. Je m'y rendrai donc, puisque l'endroit est bon, d'après ce que tu dis ; j'y bâtirai mon nid et si ton mari veut m'en expulser, je lui dirai que cette place ne lui appartient pas, qu'il n'en a pas hérité de ses ancêtres et qu'il n'a pas plus de droit d'y demeurer que moi. — La femelle répondit : Je sais bien qu'il en est ainsi ; mais je suis venue t'appeler pour que nous puissions

אותך שתהיה בינינו חברה ואהבה ואם תלך בלי רשות בעלי יביא
ביני ובינך איבה *ותשוב שמחתנו תוגה¹   אמר העוף אמת דברת²
* אבל מה תהיה ! העצה אשר אעשה עד יתן לי בעלך רשות לישב
שמה   אמרה הנקבה לך אליו ותאמר לו כאילו אינך יודע אם
5 ירצה לישב שמה ואמר לו אני הלכתי למקום כך וכך והוא מקום
טוב ואין מי ידע אותו וארצה לישב שמה התלך עמי שם כי שם
לא³ ציד הרבה ורגי הים קרובים⁴   ואני יודע כי הוא יאמר לך
אז כי הוא חשב בו מקדם שתחשוב בו אתה ובעת יאמר לך זה
הדבר אמר לו אם כן איפו אתה ראוי לשבת בו יותר ממני   וארצה
10 ממך שתתן לי רשות ואהיה שכינך שם *ואשכון עמך ואחצוב קני
לצדך⁵ כי לעולם לא תראה ממני דבר רע אלא אהיה לך חבר
ודיע   ויעש העוף כן וילך אל בעלה ותלך הנקבה אל אחד האגמים
כי נדרתי לאישי שלא ‎1) C. cum promisi viro meo nemine illud dicere,
הוה ‎אדבר לנברא בעולם מהדבר. — C. ajoute : et in vobis confido bene. —
15 3) Biffez ce mot. — 4) Lis. רבים; C. multa. — 5) Manque chez C.

continuer entre nous nos relations d'amitié. Or, si tu vas sans
la permission de mon mari, il fera régner la haine entre nous
et notre joie se changera en tristesse. — Tu dis vrai, mais
comment faire pour que ton mari m'autorise à m'y établir. —
20 Va chez lui, dit la femelle, et parle lui comme si tu ne savais
pas qu'il a choisi cette demeure. Dis-lui : Je suis allé à tel ou
tel endroit qui est excellent et que personne ne connaît. Je
veux y demeurer, veux-tu venir avec moi? On y trouve beaucoup d'aliments et beaucoup de poissons de mer. Il te répondra,
25 j'en suis sûre, qu'il a avant toi songé à cet emplacement. Mais
lorsqu'il t'aura dit cela, tu lui répondras, qu'en ce cas il avait
certes plutôt le droit d'y demeurer que toi. Tu ajouteras : Permets moi seulement d'être ton voisin, de demeurer avec toi, de
bâtir mon nid à tes côtés ; car jamais tu ne verras de ma part
30 aucun mal, et je serai pour toi un bon et fidèle compagnon.
Le héron fit ainsi et alla auprès du mari, tandis que la femelle se rendit à un lac où elle prit deux poissons. Puis elle dit

ותצוד שם שני דגים ותאמר לבעלה זה הוא אשר זכרתי לך ותמצא
העוף עם בעלה

צורת העוף ואשתו הביאה הדגים והעוף האחר מדבר עמו

ויען הזכר לאשר שאל ממנו העוף ויאמר טוב הדבר אשר דברת
לעשות¹   ותרא הנקבה כי לא היתה רוצה שישב עמהם כדי שלא
יחשוד אותה בעלה ויבין כי מאתה היה הדבר ותאמר לבעלה לא
בחרנו למקום ההוא אלא מפני שאין שם עוף ואם אתה תביא לשם
זה העוף אפחד שמא יבואו שם עמו אחרים עד שנכרת משה   אמר
לה בעלה הבינותי דבריך ² ואני בזה העוף בוטח ואוהב אותו ומאמין
בו²   כי יהיה | עזר וחברה וכח על בלעדנו   כי אני מפחד שמא יבואו
עופות אחרים ויקלקלו אותנו וירגזונו³ ועל כן נקח זה ויהיה לנו עזר

1) *Deut.* I, 14. — C. ajoute: *et interrogavit maritus mulierem an ei
placeret, respondit mulier,* וישאל הזכר את הנקבה התרצה הדבר הזה ותען הנקבה.
— 2) C. *tamen confido in hac ave et dilige ipsam,* ואע״פי כן בטח בזה העוף
ואהוב אותו. — 3) C. *iniuriasque multas inferendo nostris pullis,* ויֵרעו לאפרוחינו.

à son mari: Voici ce dont je t'ai parlé. Elle rencontra le héron
auprès de son mari.

Figure de l'oiseau lorsque sa femme apportant les poissons et l'autre
oiseau s'entretiennent avec lui.

Le mâle accorda ce que le héron lui demandait et dit: Ce
que tu me proposes, sera fait. La femelle, pour ne pas être
soupçonnée par son mari d'avoir tramé cette intrigue, simulait
d'être mécontente que le héron s'établisse avec eux. Elle dit
donc à son mari: Nous n'avons choisi cet endroit que parce
qu'il ne s'y trouve pas d'autre oiseau; si tu laisses y venir
celui-là, je crains bien qu'il n'y arrive avec lui encore d'autres
oiseaux et à la fin nous serons exclus. — Je comprends bien,
répondit le mari, mais j'ai confiance en cet oiseau, je l'aime et
je suis certain qu'il sera pour nous un secours, une compagnie
et une force contre les autres, car je crains bien que des
oiseaux ne viennent nous troubler. Prenons donc cet oiseau

כי אין לנו שנבטח בכחנו וכי¹ אנחנו חזקים יותר מן העופות   כי
יש פעמים שיגברו החלשים על החזקים כמו גברו החתולים על
הזאב² ויהרגוהו מפני שהיה 'מבקש רעתם   אמרה הנקבה ואיך
היה   אמר הזכר אמרו *כי היה לחוף הים מקום והיו בו זאבים³
ויצא יום אחד לבקש צידי *שיהיה לו יתרון על חבריו⁵ וילך אל ההר
ושם חיות רבות ולא היה לחיות מוצא מן ההר ההוא *אלא בדרך
אחד ובמוצא אחד⁶

צורת ההר 'והחיות בו וצורת הזאב

ויהי בעודם יושבים בהר *ואוכלים מאשר בו מעשבים ומפירות

1) C. licet, ... ש אע"פי. — 2) Ms. הזאבים. — 3) C. quod pristinis temporibus fuit magna congregatio luporum, et hec erat circa littus maris in quodam deserto et inepto loco hominibus, inter quos lupus erat unus magis annosus quam alii et inde magis presumptuosus in omnibus rebus quam socii sui et pre aliis voluit honorari et vereri, כי בימים הראשונים היתה עדת זאבים גדולה אצל חוף הים בארץ ציה וצלמות והיה בין הזאבים זאב אחד יותר זקן מהאחרים ויותר מתנאה בכל הדברים מחבריו וירצה שיכבדוהו ויראוהו יותר מהם C. — 4) C. ajoute : *quid delicati*, מטעמים. — 5) Manque chez C. — Ms. חברו. — 6) Manque chez C.

qui nous aidera; car il ne faut pas trop nous fier à notre force, bien que nous soyons supérieurs aux autres oiseaux. Bien souvent les faibles ont vaincu les forts, comme les chats l'ont emporté sur les loups, qu'ils ont tués pour échapper au malheur qui les menaçait.

La femelle demanda : Comment est cette histoire?

Le mâle répondit : On raconte que sur le bord de la mer il y avait un endroit où se trouvaient beaucoup de loups. Parmi eux, se distinguait un loup par son âge avancé et sa fierté. Un jour, ce loup, pour avoir un avantage sur ses camarades, sortit pour chercher du gibier délicat. Il vint près d'une montagne où vivaient beaucoup d'animaux. La montagne n'offrit aux animaux qu'une seule route et une seule sortie.

Figure de la montagne habitée par les animaux et figure du loup.

Les animaux étaient assis tranquilles dans la montagne, se nourrissant des herbages et des fruits qui y poussaient. Il y avait

האילן ויקננו שמה חפיץ וחיות השדה' והיה בהר נוה לחתולים
אשר היו שוכנים בין החיות ההם והיה עליהם מלך מהם * והיו
יחידים בהר ההוא² ויהי כאשר בא הזאב וירא בהר ההוא החיות
וכי אין להם מוצא ומברח *ידע כי שם יהיה לו ציד הרבה ומחיה
טובה³ וישכון בהר ההוא ימים רבים והיה בכל יום אוכל מן החיות 5
וירע לחתולים מאד *ויחר להם⁴ ויתיעצו לעשות דבר כדי
שיניחו נפשם ממנו   והיה בהם שלשה בעלי שכל ובינה ותחבולות
והיה המלך אדוניהם מתיעץ בהם ויאספם להתיעץ עמם
צורת המלך ישאל שלשה חתולים

p. 208.
|ויאמר המלך לראשון מה העצה אשר נעשה לזה הזאב כי 10
כבר הצר לנו * במחיתנו ויגבר עלינו⁵   אמר החתול אין לנו עצה

1) C. *pacifice et quiete*, בשלום ובשלוה. — Peut-être faut-il lire קפוו,
pour חפיץ. — 2) Manque chez C. — 3) Manque chez C. — 4) C. *qui omnes
ad suum regem congregati*, ויאספו כלם אצל מלכם. — 5) C. *et dissipavit et
lesit plures de populo nostro*, מאוד והרג והכה רבים מעמנו. 15

---

là également une demeure spéciale pour les chats qui habitaient
parmi ces animaux et qui s'étaient donné un des leurs pour roi.
Ils vivaient à part dans cette montagne. Lorsque le loup y arriva
et y vit les animaux, il reconnut aussitôt qu'ils ne trouveraient
aucun moyen de sortir de cet endroit et de s'enfuir, et était cer- 20
tain d'y rencontrer toujours beaucoup de gibier et une bonne
nourriture. Il resta donc longtemps dans cette montagne et dévo-
rait chaque jour quelques-uns de ces animaux. Ceci déplut fort
aux chats qui, dans leur tristesse, délibérèrent sur ce qu'ils pourraient faire pour retrouver leur sécurité. Il y avait parmi eux 25
trois chats, doués de raison, d'intelligence et d'astuce. Le roi,
leur maître, suivait d'ordinaire leur conseil; il les réunit donc
pour entendre leurs propositions.

Figure du roi interrogeant les trois chats.

Le roi dit d'abord au premier : Qu'est-ce que nous allons faire 30
contre ce loup qui nous enlève notre nourriture et devient trop
fort pour nous? — Le chat répondit : Nous ne pouvons que

אלא שנקוה לאל כי לא נוכל להלחם בו   אמר המלך לשני ומה
היא עצתך אתה   אמר עצתי שנברח מזה החור ונבקש אחר אולי
נמצא כמוהו במרעה טוב ונוה נעים כי ברעה גדולה אנחנו ומה
אנחנו יושבים פה עד מתנו'   אמר המלך לשלישי מה היא עצתך
אתה   אמר אדוני המלך עצתי שנשב במקומנו אשר היינו בו ואל
נברח ונעזוב מעונותינו ואולם איעצך עצה אם תעשינה אתה וחיילך²
אחשוב כי נגבר *בעזרת האל³ על אויבינו ונשוב לקדמותנו   אמר
המלך ומה היא העצה   אמר אראה שנביט לזאב ובעת יצוד ציד
חיה ויוליכהו לאכול אותו ילדי המלך ואני ורבים אחרים מן החתולים
הגבורים והחזקים ונלך כאילו אנחנו מבקשים הנשאר מצידו ובעת
יאמין בנו אקפוץ אני ואוציא עיניו ואחר כן לא ידע מה יעשה *כי

1) *II Rois,* VII, 3. — 2) Manque chez C. — 3) Manque chez C. —
4) C. *exsurgentes*, יקום.

mettre notre espérance en Dieu, car nous sommes impuissants à lui faire la guerre. Le roi s'adressa au second chat: Et qu'est-ce que tu proposes? Ce chat répondit: Je suis d'avis de nous enfuir de cette caverne et d'en chercher une autre. Peut-être trouverons-nous ailleurs un pâturage aussi bon et une habitation aussi agréable. Nous sommes dans un grand malheur et nous ne pouvons pas rester ici jusqu'à ce que nous mourions. Le roi demanda alors au troisième chat: Quel conseil nous donnes-tu? Seigneur et roi, répondit celui-ci, je pense que nous devons rester où nous sommes; nous ne devons ni abandonner notre demeure ni fuir; mais je veux te donner un conseil; si tu le suis avec ton armée, nous triompherons avec l'aide de Dieu de nos ennemis et reviendrons à notre ancien état. — Quel est ce conseil? demanda le roi. — Nous allons observer le loup, au moment où il attrapera un gibier et l'emportera pour le dévorer. Le roi, moi et plusieurs autres chats grands et forts nous irons comme si nous voulions lui demander les restes de son repas. Lorsqu'il aura pris confiance en nous, je m'élancerai sur lui et lui arracherai les yeux. Devenu aveugle, il ne saura plus se conduire

אשיבהו עור¹ ואחר כן יקפוץ כל אחד ממנו ויעשה מה יוכל *עד
יעזבהו מת² ואם ימות אחד ממנו או שנים לא נכבד³ עלינו כי נניח
אוי נפשנו מכל צרה ויעשו כן   ויהי כאשר צד הזאב צידו ויוליכהו
למקום גבוה בסלעים ויאסוף מלך החתולים עם | חיליו וילכו אחריו
ויהי בהגיע לסלע קפץ החתול יועץ המלך ויוציא עיניו ויבוא   5
המלך ויגזור [וזנבו¹] בשניו ויקפצו כל אחד מהם עליו ויכוהו עד
הרגוהו

צורת הזאב יהרגוהו החתולים

ואולם נשאתי לך זה המשל שתדעי כי לא די לנו בחזקתנו אם
לא יהיה לנו חברי¹ ועל כן נרצה העוף שיתחבר אלינו   ותרצה   10
הנקבה אשר אמר ותשמח באשר ראתה מבעלה   ויקם הזכר
והנקבה וזה העוף אל המקום ההוא ויחצבו שם קנם ויחצוב העוף

1) Manque chez C₃ — 2) Manque chez C. Peut-être : נעובהו. — 3) Lis.
יכבד. — 4) C. *eius caudam*. — 5) C. ajoute : *potenti et legali*, חזק ונאמן.

---

et chaque chat s'élancera à son tour sur lui et le maltraitera jus- 15
qu'à ce qu'il soit mort. Si l'un ou l'autre de nous laisse sa vie
dans cette attaque nous ne devons pas nous en plaindre, puisque
nous aurons ainsi obtenu notre sécurité. Les chats suivirent ce
conseil. Lorsque le loup eut pris son gibier et qu'il l'eut apporté
à une hauteur dans les rochers, le roi des chats réunit les chats 20
qui formaient son armée, et le suivit. Arrivé au rocher, le chat
conseiller du roi, s'élança sur lui et l'aveugla. Puis vint le roi,
qui lui coupa la queue de ses dents et chaque chat s'élança à
son tour sur lui et le frappa jusqu'à le loup fût tué.

Figure du loup tué par les chats.   25

Je t'ai raconté cette parabole pour que tu reconnaisses que
notre force ne nous suffit pas, si nous restons sans allié. Permet-
tons donc à cet oiseau de se joindre à nous. La femelle donna
son consentement et se rangea avec plaisir à l'avis de son mari.

Le mâle, la femelle et cet oiseau se transportèrent donc à cet 30

קנו קרוב מהם והיה לכולם מקום רחב ידים ויהי שם להם דגים[1]
הרבה ויסתפקו באשר היה להם ויתחברו שניהם ויתנו אמונתם זה
לזה   והיתה החברה והאהבה בין הנקבה והעוף יותר מאהבת
הזכר עם העוף   ויהי אחרי כן וייבש הנהר האחד מן הנהרים ההם
וימעטו הדגים ממנו   ויחשוב העוף חבר הנקבה בלבו ויאמר אע"פ
שגדול ברית החברים והוא ראוי לאיש שישמור אותו יותר הוא
ראוי שישמור נפשו   וכבר נאמר כי כל מי ישמור[2] הברית לנפשו
לא ישמרהו לחברו וכל מי לא יראה הנולד * בטרם יפול תבואהו
שואה[3] ולא ידע ובעת ירצה להנצל לא יוכל   ואלו שני העופות
אשר הם לי חברים * בזה היאור[4] כבר הרעו לי כי אין לי מה אוכל
בכן | ועוד יוציאוני מן המקום הזה וכבר התחברתי בזה המקום ולא

1) C. *aquarum herbarum et piscium*, מים ורנים ועשבים. — 2) C. *rumprit*, יפר, ou לא ישמור. — 3) C. *incidet in foveam*, יפול בשוחה; mais cf. Ps. XXXV, 8. — 4) Manque chez C.

---

endroit, les premiers ils bâtirent leur nid, et le héron se fit le sien à proximité. Tous y avaient largement de la place ; le poisson y était abondant et on possédait tout ce dont on pouvait avoir besoin. Des deux côtés on se réunit, on se promit mutuellement de la fidélité, mais il régnait une amitié plus intime entre la femelle et le héron qu'entre le mâle et cet oiseau.

Après quelque temps un de ces fleuves tarit et les poissons diminuèrent. L'ami de la femelle réfléchit et se dit : Certes l'alliance entre les compagnons a son mérite, mais personne ne doit y tenir plus qu'à la conservation de sa propre vie. On a dit qu'on ne prend pas garde à l'alliance avec son compagnon lorsqu'on veut observer ce qu'on doit à soi-même. Celui qui ne prévoit pas l'avenir est surpris par le malheur sans qu'il s'en aperçoive, et reste impuissant lorsqu'il veut se sauver. Ces deux oiseaux qui partagent avec moi cette pièce d'eau me font du tort, car la nourriture me manque dans mon nid et, à la fin, ils m'obligeront de quitter cet endroit. Cependant je me suis attaché à cette

אוכל להפרד ממנו   ואין לי טוב אלא שאהרוג אותם ואמצא מנוחה
מהם ואשאר אני לבדי בזה המקום בלי אויב ובלי שני ואתחיל
להרוג הזכר ואחר כן אבקש תחבולות לאשה כי היא רכת לבב
ותבטח בי ואולי אוכל להרוג אותו על ידיה ובעת תהרגנהו אוכל אני
5 להרוג אותה   ויהי אחרי כן בא העוף אל הנקבה והוא אבל ומשתומם

צורתם

אמרה לו הנקבה מפני מה אתה משתומם   אמר לה לא
השתוממתי אלא מקורות הזמן ותהפוכותיו   · הראית לעולם איש
אשר נמלט מתלאות הזמן בנפשו ובמשפחתו או הראית לעולם
10 איש אשר עמד לו טוב הזמן עד אשר יעמוד לנו¹   אמרה לו הנקבה
אראה כי קרה לך דבר שתשתומם ממנו   אמר העוף כן הוא ולא
הוא אלא בעדך ואם את תשמעי ממני ומעצתי אחשוב כי תוכלי

1) Manque chez C.-Mais on y lit : *sed Mosan avis non cessavit tristare*,
אבל העוף לא סר מהשתומם.

---

contrée et ne puis guère m'en séparer. Le mieux est donc que je 15
les tue et, après m'en être débarrassé, je resterai seul ici sans
ennemi et sans camarade. Je commencerai donc par tuer le
mâle, puis-je chercherai un piège pour la femelle qui a le cœur
doux et confiant. Peut-être pourrai-je même faire tuer le mâle
par elle et au même moment la tuer à son tour. Après cela, le 20
héron vint auprès de la femelle ayant l'air morne et triste.

Leur figure.

La femelle lui dit : Pourquoi es-tu triste? — Je ne suis triste,
répondit l'oiseau, qu'à cause des accidents et des vicissitudes
du temps. As-tu jamais vu personne échapper aux accidents du 25
temps, ou bien la fortune est-elle jamais restée fidèle à qui que
ce soit pour que nous puissions espérer qu'elle sera plus constante pour nous? — La femelle répondit : Il t'est donc arrivé
quelque chose qui te chagrine? — Oui, dit l'oiseau, surtout pour
toi ; si tu veux écouter mon conseil, je pense qu'avec mon in- 30

להמלט מזאת הצרה הבאה עליך   אמרה הנקבה ומה הדבר
אמר העוף אע"פ שאנחנו נכרים בבריאתנו אנחנו אחים באהבתנו
שהיא טובה לנו משנהיה קרובים   וכי יש קרובים שישנאו איש
את אחיו ויעשו איש לאחיו דבר שהוא קשה מן הברזל ורע מסם
המות כי כבר נאמר מי אין לו אח אין לו אויב ומי אין לו קרוב
אין לו חומד   ואני ארצה לצוותך אותך בדבר | שייטב לך ואע"פ
שהוא דבר גדול ולא תוכלי *ואחטא אשר אומר אותו לך ואע"פ
כי בזכרי יש צרה גדולה¹ אבל הוא נקלה הדבר בעיני בעת אחשוב
אשר קרה לי מן הדבר ההוא   ועל כן שמעי בת וראי והטי אזנך²
ועשי אשר אומר לך³   אמרה הנקבה כבר אמרת לי דבר אשר
הרגותני והפחדתני בזכרו ולא אדע מה הוא עד אשר חשבתי כי
בגלל מותי אתה אומר אבל תקל מיתתי בעיני לנגד אהבתך   אמור

1) C. *attemptare cum tibi dixero,* לעשותו אם אומר לך. — 2) *Ps.* XLV,
11. — 3) C. ajoute : *nec queras a me quare, donec illud perfeceris,* ואל
תשאלני למה עד אשר עשית הדבר.

---

telligence je pourrai te sauver d'un malheur qui te menace.
Qu'y a-t-il? demanda la femelle. — L'oiseau répondit : Nous
sommes des étrangers par notre nature, mais fraternellement
unis par notre amitié qui pour nous vaut mieux que parenté. Il
y a des parents qui se haïssent entre eux et qui se font mutuellement des choses plus dures que le fer et plus mauvaises que
le poison mortel. On a dit : Qui n'a pas de frère n'a pas d'ennemi et qui n'a pas de parents n'a pas de jaloux. Je voudrais
donc te recommander quelque chose qui tournerait à ton bien,
mais qui est difficile et peut-être au-dessus de tes forces. J'ai
peut-être tort de te le dire et en le prononçant, je prépare un
grand malheur ; cependant tout cela pèse peu à mes yeux lorsque
je réfléchis mûrement. Écoute donc, ma fille, vois, prête-moi ton
oreille et fais ce que je te dirai. — Tes paroles, dit la femelle,
m'inquiètent et me font peur sans que je sache encore de quoi
il s'agit. Mais je pense que tu parles de ma mort, et la mort
même me paraîtrait peu de chose, comparée à ton amitié. Dis-

שאלתך כי כבר נאמר כי כל מי שלא יתן נפשו בעד חברו אשר
הוא טוב מן המשפחה והאחים הוא בעיני האל [רע¹] מן החוטאים
והפושעים   אמר העוף איעצך עצה שתהרגי בעלך ותניחי נפשך
ממנו כי אם תהרגהו יהיה לך ישועה גדולה ולי עמך   ואל תשאלני
5 למה עד אשר תעשי הדבר כי לולא אשר הוא דבר טוב מאד לא
הייתי נותן לך ואת העצה כי אילו השלמת הדבר הייתי אומר לך
הדבר   ואל תדאגי עליו ואל תתאבלי² כי אני אבקש לך עוף
במקום³ בעלך *ויהיה לך בעל⁴ ויהיה לנו חבר בזה המקום וישמרך⁵
והאהבה ביני ובינך עומדת   ודעי כי אם לא תשמעי דברי ולא
10 תעשי עצתי יקרה לך אשר קרה לעכבר אשר לא שמע לעצה⁶
אשר נתנו לו   אמרה הנקבה ואיך היה   אמר העוף אמרו כי

1) C. peior. — 2) C. ajoute : *super marito tuo*, על בעלך. — 3) C. meliorem, טוב מ. — 4) Manque chez C. — 5) C. ajoute : *et diliget te*, ויאהבך. — 6) C. ajoute : *utili*, מועלת.

---

moi ce que tu demandes; car, celui qui ne se sacrifie pas pour son ami qui vaut mieux que la famille et les frères, est pire qu'un pécheur et un malfaiteur devant Dieu. — Eh bien, reprit l'oiseau, je te conseille de tuer ton mari et de te donner ainsi de la sécurité, car sa mort sera salutaire pour toi et pour moi en même temps. Ne me demande pas pourquoi avant d'avoir exécuté mon ordre; car si ce n'était pas une chose fort bonne pour nous, je ne t'aurais pas donné ce conseil. Une fois que l'affaire sera terminée, je t'expliquerai la cause. N'aie pas de souci et ne te chagrine pas, je te chercherai un oiseau qui te remplacera ton mari, qui vivra dans notre société, qui veillera sur toi et qui ne troublera en rien l'amitié qui existe entre nous. Sache seulement qu'en ne m'écoutant pas et en ne suivant pas mon conseil, il t'arrivera ce qui est arrivé à la souris qui n'a pas voulu entendre le conseil qu'on lui a donné.

La femelle demanda : Quelle est cette histoire ?

Le héron répondit : On raconte que dans un tel ou tel pays,

* בארץ כך וכך היה איש אחד והיה שוכן בעליה' והיו העכברים משחיתים ומאבדים כל אשר בה   ויקח האיש מן החיות אשר הוא דומה לכלב *ויאסרהו בעליתו שישחית אלו העכברים וישמידם מן העליה²   והיה בעכברים עכבר גדול והיה חזק מכולם   ויהי
5 בראותו אשר עשה בעל הבית ידע כי לא יוכל לעמוד בזה הבית כי זאת הבהמה תהרגנהו   ויקרא לה העכבר ויאמר לה אני יודע כי בעל הבית לא הביאך בזה הבית כי אם להרגני וארצה להתחבר עמך מפני אשר אני יודע ערמתך ואשכון על צדך   אמרה לו החיה כבר הבינותי דבריך ואני מאמין אותך ונותן לך ברית *ואתחבר
10 עמך³ אבל לא אתן לך מנפשי דבר אשר לא אוכל   כי בעל הבית שם אותי שומר על ביתו שלא יבואהו רע לא ממך ולא מחבריך ולא אבגוד בו   ועל כן בקש לך מנוח אשר ייטב לך וצא

1) C. *fuisse in quodam loco solitario promptuarium*, במקום נעוב היתה. — 2) C. *et inimicabatur muribus ut eos de domo exterminaret*,
15 ושונא העכברים שישמידם מביתו תיבה אחת. — 3) Manque chez C.

---

il y avait un homme qui habitait un grenier où les souris gâtaient et abîmaient tout. L'homme prit donc un animal semblable à un chien qu'il enferma dans son grenier pour qu'il exterminât ces souris. Or, il y avait parmi elles une grande souris qui
20 était plus forte que toutes les autres. En voyant ce que le maître de la maison avait fait, elle reconnut qu'elle ne pourrait plus se maintenir dans cette maison contre cet animal. La souris l'appela donc et lui dit : Je sais bien que le maître de la maison ne t'a amené ici que pour me tuer; unissons-nous, car je connais
25 ta finesse et je pourrai vivre tranquille à côté de toi. L'animal répondit : Je comprends ce que tu dis, je veux bien te mettre en sécurité et m'engage à vivre amicalement avec toi. Mais je ne pourrai rien t'accorder de ce qui ne m'appartient pas. Le maître m'a confié la garde de sa maison pour qu'il ne lui arrive
30 aucun mal, ni de ta part, ni de la part de tes camarades et je ne le trahirai pas. Cherche-toi un asile qui te plaise et échange cet

מן המקום הזה למקום אחר ואם אתה לא תעשה זה הדבר אין עלי
עון ולא חמס כי לא אוכל לבגוד באדוני באשר צוני   אמר העכבר
אני התחלתי לפיים ממך זה הדבר ולהכנע אליך בעד זאת השאלה
ולא הוא ראוי לך שתשיבני ריקם   אמרה החיה *אשר הניח האיש
לשמור הבית¹ ראוי הוא עלי לבקש שלומך ואהבתך אבל איך אוכל
לעשות זה הדבר והעכברים חבריך ישחיתו כל אשר לאדוני ואם
אני אבגוד בו ולא אהרוג אתכם יהרגני   ואני אזהירך שתשמר ממני
וצא מן המקום הזה ואתן לך שלשה ימים זמן לבקש לנפשך מקום
שמור שתשכון בו ואחר כן אתחבר עמך   אמר לה העכבר מאד
יקשה עלי לעזוב מקומי ולא אצא מכאן ואשמור ממך בכל כחי
ויהי ביום השני יצא העכבר ממעונו לבקש מה יאכל ותראהו זאת
החיה ולא התנודדה לו ולא קמה אליו כדי שתשלים הברית ותשלים

1) Manque chez C.

---

endroit contre un autre. Si tu ne le fais pas, je n'aurai ni péché
ni violence à me reprocher, car je ne dois pas désobéir aux
ordres de mon maître. — J'ai commencé, reprit la souris, à te sol-
liciter doucement et à t'adresser avec humilité cette demande,
tu ne devrais donc pas m'opposer un refus. — L'animal que
l'homme avait laissé à la garde de sa maison dit : Je veux bien
rechercher ton salut et ton amitié; mais comment pourrais-je
permettre que les souris, tes camarades, détruisent tout ce qui
appartient à mon maître? Si je lui manque et ne vous tue pas, il
me tuera. Je vous avertis donc de prendre garde : sors d'ici, je
t'accorde trois jours de répit pour que tu puisses te chercher un
endroit bien gardé pour ta demeure, et après cela je veux entretenir de bonnes relations avec toi. — Il sera bien dur pour moi,
reprit la souris, de quitter cet endroit, aussi je ne sortirai pas
d'ici et je me garderai de toi de toutes mes forces.

Le lendemain la souris sortit de sa demeure pour chercher la
nourriture et l'animal la vit sans bouger ni l'attaquer afin de
remplir son engagement et de lui laisser les trois jours pleins.

שלשה ימים   ויהי כראות העכבר זה הדבר נפתה לבו בראותו
כי לא תעשה לו החיה דבר רע ויאמין בה *והיה יוצא ובא ויהשוב
כי החיה לא תעשה לו רע¹   ויהי כאשר השלים שלשה ימים יצא
העכבר כמו שהיה יוצא מקדם והיתה החיה נחבאת *אחרי השמלה²
ותשמע רגלי העכבר ותקפוץ ותקחהו ותהרגהו

צורת החיה והעליה והעכבר נהרג

ואולם נשאתי לך זה המשל למען תדעי כי לא הוא ראוי
למשכיל שיכזיב עצת אוהבו *בעת יתנה לו בלבו ובנפשו⁴ ולא
ימאם מוסר המוכיח *ואל׀יקוץ בתוכחתו⁴   כי כבר נאמר כי דבר
היועץ ואע״פ שהוא קשה כמו הרפואה אשר היא מרה ותרפא הגוף
מן החלי   ועל כן אל נא תפתי⁵ ותעזבי לבעלך חי כי רע גדול
יבוא ל.ך ממנו ואילו תהרגי אותו הייתי נותן לך בעל טוב ממנו

1) C. *et nullatenus ipsum amplius timebat et cepit cum eo conversari*, ולא באיזה מקום. — 2) C. *in quodam loco domus*, ירא ממנה עוד ויחל לדבר עמה מן הבית. — 3) Manque chez C. — 4) Manque chez C. — Cf. *Prov.* III, 11. — 5) C. *meum nequaquam refutes consilium nec decipiaris tuo corde*, המאס עצתי ואל יפתה לבך.

Lorsque la souris vit cela, elle chercha à se persuader que l'animal ne lui ferait pas de mal; elle allait et venait pleine de confiance et croyant n'avoir rien à redouter. Mais lorsque, au bout des trois jours, la souris sortit comme auparavant, l'animal caché derrière un drap, entendit les pattes de la souris, sauta sur elle, la saisit et la tua.

Figure de l'animal, du grenier et de la souris tuée.

Je t'ai raconté cette parabole pour que tu saches qu'un être intelligent ne doit pas se soustraire au conseil qu'un ami lui donne de tout son cœur et de toute son âme, qu'il ne doit ni rejeter son avertissement ni dédaigner ses bonnes paroles. Il est dit, que la parole du conseiller est quelque fois dure comme un remède qui est amer mais guérit le corps. C'est pourquoi tu ne dois pas te tromper toi-même et laisser ton mari en vie, car il te causerait un grand malheur. Si tu le tues, je te donnerai un mari meilleur que lui.

ויהי כשמוע הנקבה דבר העוף פחדה מאשר הביא בלבה ותתאוה
אשר אמר לה לקחת בעל חדש   אמרה לו הנקבה הבינותי דבריך
ואין אני חושד אותך בכל אשר אמרת לי ואדע כי עצתך מלבך
ומנפשך תתן אותה לי   והאות על אהבתך לי כי לבי כמו כן אוהב
אותך ואני יודעת כי לא יעצת לי כי אם עצה טובה   ואילו היה
לך בזאת העצה טוב ולא לי אלא והייתי עושה אותה כדי שאשלים
רצונך   אבל איך אוכל להרוג בעלי ואין לי כח להרגו²   אמר
העוף אני יודע כי במקום כך וכך יאור ושם דגים ויבאו ציידים ובעת
יצודו הדגה הגדולה יקחו עץ ויעשוהו חד משני הפאות ויביאוהו
מראש הדגה עד זנבה ויותר תוכלי את להוליך * (את) אותם³ ממני
קחי מהם אחד והוליכי אותה למקום אשר יאכל בעלך ובעת

1) Manque chez C. — 2) C. ajoute : *Ait ad eam Mosan : indicabo tibi modum quo valebis hoc facere. Ait illa die*, אמר העוף אני אורה לך במה תוכל. — 3) C. *de huiusmodi piscibus*, אחר מאלה. לעשות זאת אמרה הנקבה אמור הדגים.

La femelle ayant entendu les paroles de l'oiseau, fut anxieuse de ces suggestions et en même temps désireuse d'épouser le nouveau mari dont on lui avait parlé. Elle dit donc au héron : Je comprends tes paroles et je n'ai aucun soupçon sur ce que tu viens de me dire. Je sais que ton conseil vient de ton cœur et de ton âme et je reconnais ton amitié par le sentiment que mon cœur m'inspire envers toi. Je suis convaincue que ton conseil doit être bon et quand même il ne devait en résulter du bien que pour toi, je le suivrais encore pour accomplir ta volonté. Mais comment pourrai-je tuer mon mari? je n'en ai pas la force. — Le héron répondit : Je sais qu'à tel ou tel endroit il y a un lac poissonneux où se rendent les pêcheurs pour prendre le grand poisson, ils prennent un morceau de bois qu'ils taillent en pointe aux deux extrémités et qu'ils introduisent dans le poisson depuis la tête jusqu'à la queue. Tu peux mieux que moi apporter ici un de ces poissons. Prends-en un et place le à l'endroit où ton mari mange; en l'avalant, le poisson s'arrêtera, à cause du

יבלענה תעמוד בגרונו מפני העץ ויחנק וימות   ותעש הנקבה כאשר
צותה אותו העוף *עד אשר הגיע לציידים ותמצא הדגים¹ ותקח
אחד² ותשליכהו אצל בעלה ויבלענה וימות

<small>p. 215.</small>
| צורת הנקבה תשליך הדג וצורת בעלה יבלענו ויבא העץ בגרונו ומת

וישאר העוף עם הנקבה ימים רבים והיה העוף מראה לה אהבה
גדולה ויכבדה   ויהי אחרי כן הזכירה הנקבה לזה העוף בעד הבעל³
ויעף העוף עד אשר הגיע לנהר אחד וירא שועל אחד ויקראהו ויאמר
לו *תרצה אבשר בדבר אשר תאהב   אמר השועל [ומה הדבר
הזה]   אמר¹ יש לי עוף אחד *והוא אויבי⁵ שמן מאד וארצה שאפתהו
עד אביאהו אליך *לזה הסלע⁶ וארוב אתה תחת הסלע *ובעת יבא
תדלג עליו ותהרגנהו⁷ ותאכול אותו   ויעש השועל כן ויעלה אל

1) Manque chez C. — 2) C. ajoute: *de piscibus illis cum ligno*, מן
העץ עם הדגים. — 3) C. *quod sibi promiserat Mosam sibi dare novellum et
juvenem maritum; petiit ei ut sibi procuraret*, אשר אמר בשנים והרך החדש
לה העוף ותשאל ממנו כי יתנהו לה. — 4) Manque chez C. — 5) Manque chez
C. — 6) Manque chez C. — 7) Manque chez C.

bois, dans son gosier et ton mari mourra étranglé. La femelle
fit selon les ordres du héron; arrivée près des pêcheurs, elle
trouva les poissons dont elle prit un qu'elle jeta devant son mari
qui l'avala et mourut.

<small>Figure de la femelle jetant le poisson et celle de son mari qui en l'avalant s'enfonce le bois dans le gosier et meurt.</small>

Le héron resta seul avec la femelle longtemps, il lui témoigna
une grande amitié et l'entoura d'honneurs. Plus tard la femelle
rappela à l'oiseau le nouveau mari dont il lui avait parlé. Il prit
son vol jusqu'à ce qu'il arriva à un fleuve où il aperçut un renard.
Il l'appela et lui dit: Veux-tu que je t'annonce quelque chose
que tu aimes? — Certainement, répondit le renard. — Eh bien,
reprit le héron, je connais un oiseau très gras qui est mon ennemi. Je veux le persuader à venir près de toi sur ce rocher.
Mets-toi en embuscade et lorsqu'il arrivera, tu sauteras sur lui;
tu le tueras et le dévoreras. Le renard en fit ainsi; il monta sur

הסלע ויארוב שם   וישב העוף אל הנקבה ויאמר אליה מצאתי חבר
במקום כך וכך והגדתי לו *יפיך ו'שכלך ומוסרך *ואהבה אשר ביני
וביניך והגדתי לו המקום אשר אנחנו יושבים בו וישאל לי שאוליך
אותך אל הסלע שיראה יפיך ושכלך² לכי ונלך אליו   ותאמר
הנקבה עשה מה תרצה   ותלך עמו עד הגיע לסלע *ויאמר לה
העוף לכי קוי אותו כי הנה קל מהרה יבוא   ותמהר הנקבה אל
הסלע מתאותה לבעלה³ ויצא השועל מן המארב | ויחטוף אותה
ויהרגנה

צורת השועל יהרג לנקבה

נשלם שער העופות   10

1) Manque chez C. — 2) C. *placet sibi te ducere uxorem*, והוא רוצה
לקח אותך לאשה. — 3) Manque chez C.

---

le rocher et s'y cacha. Le héron retourna auprès de la femelle
et lui dit : J'ai rencontré un camarade à un tel ou tel endroit et
je lui ai parlé de ta beauté, de ton intelligence, de ta bonne tenue 15
et de l'amitié qui règne entre nous. Je lui ai indiqué aussi l'endroit où nous sommes établis. Alors il m'a demandé de te conduire au rocher, pour qu'il puisse voir ta beauté et reconnaître
ton intelligence. Eh bien, allons chez lui. — La femelle répondit:
Je ferai comme tu voudras. Elle l'accompagna donc jusqu'au 20
rocher. Là le héron lui dit : Va, attends, car mon ami viendra tout
de suite. La femelle désirant voir son nouveau mari se hâta d'arriver au rocher. Le renard sortit de sa cachette, la saisit et la tua.

Figure du renard tuant la femelle.

Fin du chapitre des oiseaux.   25

[שער שבעה עשר]

זה שער היונה והשועל והוא׳ הנותן עצה לבלתו ולא יתננה לנפשו

אמר המלך לסנדבאר כבר הבינותי דבריך [2] ועתה שא לי משל באיש אשר יראה העצה לבלתו ולא יתננה לנפשו   אמר סנדבאר אמרו כי יונה [3] המליטה בחצצון תמר והיה יושבת בצלצלי תמר [3] ולא היתה יכולה מן הארץ להעלות עשבים בקן שלה כי אם בעמל ובעינוי הרבה [4] מפני אורך האילן וגבהו [4]   ובעת תמליט [5] תשב עליהם ובעת יצאו אפרוחיה [5] יבוא עליה שועל [6] למועד ידוע [6] והיה

1) C. *de homine*, באדם. — 2) C. ajoute : *super his que dixisti,* אשר אמרת. — 3) C. *quedam habens nidum in excelsa arbore,* אחת קננה באילן גבוה. — 4) Manque chez C. — 5) Manque chez C. — 6) Manque chez C.

[Chapitre XVII.]

Ceci est le chapitre de la colombe et du renard, où il s'agit de celui qui donne un conseil à autrui et n'en donne pas à lui-même.

Le roi dit à Sandebar : J'ai compris tes paroles, maintenant dis-moi une parabole sur un homme qui conseille autrui et ne s'occupe pas de sa propre personne.

Sandebar répondit : On raconte qu'une colombe couvait dans une forêt de dattiers, sous un épais ombrage. L'arbre où elle se trouvait était si long et si haut qu'elle ne pouvait qu'avec peine et grands efforts remonter les herbages de la terre jusque dans son nid. Toutes les fois que cette colombe était assise sur ses œufs et que les poussins en devaient sortir, un re-

עומד אצל האילן ויקראה ויפחידה עד אשר תשליך לו אפרוחיה
מאהבתה בחיים * ותפדה נפשה בנפש אפרוחיה¹ ויהי היא יושבת
יום אחד והיו לה שני אפרוחים עד בא אליה צפור אחד ויעמוד על
ענף אחד ויהי כראותו היונה נכאבת ומשתוממת אמר לה מה
לך חולה ונכאבת אמרה לו היונה כי שועל אחד לקח כל אשר 5
לי והוא בא אלי תמיד ויקח ילדי ויעמוד בשרש האילן ויקראני
ויפחידני עד אשר אשליך אליו האפרוחים שלי אמר לה הצפור²
בעת יבא לך ויאמר לך דבר אמור לו *לא אשליך לך כלום³ עשה
מה תרצה ועלה אלי כי בעת תיגע ותעלה אני אוכל אותם ואעוף
וילך הצפור *וישב על שפת נהר⁴ ויבא השועל *למועד אשר 10
אמרה לו היונה⁵ ויקראה ויאמר לה ותענהו אשר אמר לה הצפור

1) Manque chez C. — 2) C. *quod videns quidam passer stans contra eam in ramo arboris accessit ad columbam dicens,* ויהי כראות ואת צפור אחד. — 3) Manque chez C. והיה עומד נגדה על ענף האילן ויבא אצל היונה ויאמר לה. — 4) C. *in viam suam,* לדרכו. — 5) Manque chez C.

nard venait au moment fixe, se tenant auprès de l'arbre, l'appelait et lui faisait tellement peur qu'elle lui jetait ses poussins, parce qu'elle aimait la vie et donnait ainsi ses poussins en rançon de sa propre personne. Un jour, elle était ainsi assise avec deux poussins, lorsqu'un moineau, établi sur une branche du dattier, vint la visiter. En voyant la colombe morne et triste, il lui dit: Pourquoi as-tu l'air malade et chagrin? — La colombe répondit: Un renard me prend tout ce qui m'appartient; il vient toujours m'enlever mes petits, il s'arrête au pied de l'arbre, m'appelle et me fait peur jusqu'à ce que je lui jette mes poussins. — Le moineau reprit: Lorsqu'il reviendra et te parlera, dis-lui: Je ne te jetterai rien du tout, fais ce que tu voudras. Monte, si tu peux, car pendant que tu te fatigueras à l'ascension, je mangerai mes petits et je m'envolerai. Le moineau s'en alla et se mit au bord d'un fleuve, tandis que le renard vint au moment indiqué et l'appela. Mais la colombe répondit à ses paroles ce que le moineau lui avait dit. Le renard lui demanda alors: Dis-moi

ויאמר לה השועל הגידי לי מי למד לך זאת העצה ואעזוב ילדיך
ותאמר לו הצפור אשר על שפת הנהר למד לאותי   *וילך
השועל¹ עד הגיע לצפור *וימצאהו על שפת הנהר והוא עומד²
אמר לו השועל בעת תכה אותך הרוח *על ימינך³ אנה תשים
ראשך אמר לו תחת שמאלי   *אמר לה השועל ובעת תכה הרוח
משמאלך אנה תשים ראשך אמר הצפור [תחת ימיני⁴   אמר השועל
ובעת תכה הרוח מפניך אנה תשים ראשך אמר הצפור⁵] אחרי
אמר השועל ובעת תכת לך הרוח מכל צד אנה תשים אותו אמר
הצפור תחת כנפי   אמר לו השועל ואיך תוכל לעשות זה לשום
ראשך תחת כנפיך אחשוב שאין אתה אומר אמת   *אמר לו הצפור
אמת הוא   אמר השועל אשריכם אתם קהל העופות|יתברך האל
אשר שם לכם יתרון על כל מי שבעולם כי תוכלו לעוף בין השמים

1) C. *et relicta columba ivit vulpes*, ויעוב השועל את היונה וילך. —
2) Manque chez C. — 3) Manque chez C. et doit être ajouté. — 4) Manque
chez C. et doit être ajouté. — 5) Complété d'après C.

---

qui t'a donné ce conseil et je te laisserai tes petits. La colombe répondit : C'est le moineau qui est au bord du fleuve.

Le renard se rendit aussitôt auprès du moineau et le rencontra debout au bord du fleuve. Le renard lui dit : Lorsque le vent te frappe sur le côté droit où mets-tu ta tête? — Sous mon côté gauche, répondit le moineau. — Et lorsque, reprit le renard, le vent souffle du côté gauche, où places-tu ta tête? — A droite, répondit le moineau. — Et si le vent vient de face, où places-tu ta tête? — Par derrière. — Mais lorsque le vent vient de tous côtés, où la mets-tu? — Sous mes ailes, dit le moineau. — Ah! reprit aussitôt le renard, comment peux-tu faire cela et placer ta tête sous tes ailes? Je pense que tu ne dis pas la vérité. — Et cependant c'est vrai, dit le moineau. — Vous êtes bien heureux, repliqua le renard, vous autres oiseaux! Loué soit Dieu, qui vous a accordé cet avantage sur tout ce qui vit dans le monde. Vous pouvez, dans une heure, traverser au vol, entre

ובין הארץ בשעה אחת מה שאין אנו יכולים לעשות בשנה אחת
ותגיעו לאשר לא נוכל ותביאו ראשיכם תחת כנפיכם אשריכם
במעשיכם לכן הראיני נא היאך תעשה¹ ויביא הצפור ראשו תחת
כנפיו² ויחטוף השועל * ויקפוץ עליו ויקחהו וישבר אותו אמר לו
5 אתה אויב לנפשך אשר תתן אותה העצה ליונה³ ולא נתת אותה
לנפשך ויהי אחרי כן הרגו ויאכלהו

צורת היונה בקנה וצורת השועל יהרג לצפור

הנה ספר מלא מוסר בו יוסר קורא ניבו

1) C. *et si hoc scis facere similem tibi non vidi*, ואם תוכל לעשות זאת
10 להראות. — 2) C. ajoute : *volens ei hoc ostendere*, לא ראיתי מימי אשר ידמה לך
ויאמר לו. — 3) C. *dicens scivisti columba prestare consilium*, לו איך יעשה
ידעת לתת עצה ליונה.

---

le ciel et la terre, plus d'espace que nous ne pouvons dans une
année; vous pouvez arriver à des hauteurs que nous ne saurions
atteindre; vous placez vos têtes sous vos ailes; vous êtes heu- 15
reux dans ce que vous faites. Montre-moi donc comment vous
faites cela. Le moineau glissa sa tête sous ses ailes et aussitôt
le renard s'élança, se jeta sur lui, le saisit et le brisa. Il lui dit:
Tu as été ton propre ennemi en donnant ce conseil à la colombe;
tu aurais dû te le donner à toi-même. Après cela il le tua et le 20
dévora.

Figure de la colombe dans son nid et celle du renard tuant le moineau.

Voici un livre plein de morale, qui corrigera celui qui en lira
le contenu.

תחלת
ספר כלילה ודמנה

נעתק מלשון ערב לשפת עבר

על ידי

ר' יעקב בן אלעזר

LE COMMENCEMENT

DU

LIVRE DE KELÎLÂH ET DIMNÂH

TRADUIT DE L'ARABE EN HÉBREU

PAR

R. JACOB BEN ELAZAR.

חִידָה וּמְשַׁל הָרִיחוּ	סֵפֶר כְּלִילָה וְדִמְנָה
פְּאֵר מְשָׁלָיו בְּלָקְחוֹ	אַךְ יַעֲקֹב הִנְקִידְהוּ[1]
רִפָּה לִנְסָחוֹ מְוִיחוּ[3]	הוּא בֵּאֲרוֹ וּפֵרְשׁוֹ[2]
מָחוֹל לְקֹדֶשׁ נְסָחוֹ	בִּלְשׁוֹן עֲרָב נִהֲיָה אַךְ
מִנְעַתְּרוֹת נִיב הָרִיחוּ	מֵסִיג אֲמָרִים צָרְפוּ
יָאִיר בְּשֶׁמֶשׁ בָּזְרְחוֹ	פָּתַח דְּבָרָיו לְמֵבִין
שֶׁמֶן מְרוּקָּח מְשָׁחוֹ	כִּי שָׂם בְּרֹאשׁוֹ פְּאֵר וּבְ...
רִיחוּ[4] נְפוּגוֹת בְּרִיחוֹ	בְּשֵׁם מְשָׁלָיו יִחְיֶה
נֵזֶר חֲמוּדוֹ בְּמִצְחוֹ[6]	וַיְּקַדְּשֵׁהוּ וְשֵׁם צִיץ[5]
כָּל עוֹד בְּשַׂחַק יְרֵחוֹ[8]	הוּא בֶּן יַלְדָּתִיו יְחִי עַד[7]

1) Pour הִנְקִהוּ. — 2) Ms. ajoute לא, qui n'entre ni dans le vers, ni dans le sens. — 3) *Job*, XII, 21. — 4) Peut-être רוּחוֹת. — 5) Ms. עץ. Correction de A. Geiger, *Jüdische Zeitschrift*, XI, p. 232. — 6) Ms. במוחו; Geiger, *ibid*. — 7) Ms. ילדתי ויחי עוד. — 8) Le mètre est du *moudjtats*: *moustafiloun faïlâtoun*.

בֶּן אֶלְעָזָר לִלְשׁוֹן עִבְרִים	זֶה סִפְרִי[1] הֶעְתִּיקוּ יַעֲקֹב
הוֹדוֹ מַחְמַדַּת מוּסָרִים	הֶחֱבִירוּהוּ קֶדֶם חַכְמֵי
חוּקִים צַדִּיקִים וִישָׁרִים	וַיְקִיְּמוּדוּ לָהֶם בַּמָּקוֹם
חוֹזִים וּנְבִיאִים מְזַהִירִים	הוּא תוֹרָתָם כִּי אֵין לָהֶם
וְדֹגֵי הַיָּם עִם עֵיט הָרִים	וּדְבָרָיו עַל פִּי הַחַיּוֹת
אַךְ לִשְׂחוֹק נֶחְשַׁב לִנְעָרִים	לְשֵׂכֶל טוֹב הוּא לִזְקֵנִים
וּבְעֵת יִגְדַּל עָרוּם יֵעָרִים	יִקְרָא הַנַּעַר בּוֹ לִשְׂחוֹק
בֵּין לְדֵעָה לֵב נִמְהָרִים	יִקְחוּ מִנְהוּ שֵׂכֶל עַד י....
סֵפֶר גְּזָרְתָם סְפִירִים	פְּאֵרוֹתָיו מַחֲמָת[2] אִמְרֵי
הֵם כָּל מִשְׁלֵיהֶם נִזְכָּרִים	וּלְטוֹב אִם שְׁנִיתִי מִלַּי....
אוֹת בָּאוֹת מִלִּין נֶעְתָּרִים	מַעְתִּיק מִלְּשׁוֹן אֶל לָשׁוֹן
לְהַעְתִּיקוּ מִלִּין נֶהְדָּרִים[3]	עַל כֵּן מַעְתִּיק סֵפֶר יִבְחַר

1) Ms. הספר. — 2) Pour מחמאת; cf. *Job*, XXIX, 6. — 3) Le mesure est de deux hémistiches à huit syllabes.

נְבָא אָבִי שַׂר בִּנְבָנַשְׁתִּי יוֹם קָר   א[ו] בנבנשתי כי כמפעליו שמו
הוּא טוֹב וּבְשַׂר טוֹב וְטוֹבִים מַעֲשָׂיו   אין טוב אשר לא בנבנשתי שלמו
עַל כֵּן גְּבִיר גֶּבֶר בְּמִשְׂרָתוֹ וְאֵל   שדי עלי כל שר ונגיד קדמו

נאום יעקב בן אלעזר שאלני שר וטפסר בנדיבות לבו. איש אשר רוח אלהים
5 בקרבו. חכם אשר התביט נפשו. השם בקרבו את רוח קדשו. רבי בנבנשתי הרופא
הטפסר. אדון החכמה והמוסר. בן כבוד שרש התבונה. וגזע האמונה. רבי חייא בן
לדיאן. יצא משרש האמונה חטר ונצר. יורש עצר. חטר משרה. מקל התפארה. נדיב
בכפו מבועי מים. מקום נהרים יאורים רחבי ידים. כי נדבתו רבתה עד מאד וגדלה.
ורחבה ונסבה למעלה למעלה. בראהו בוראו בנפש רחבה מופעת. וימלא אותו
10 אלהים בחכמה ובתבונה לדעת. ובנדבת לבו בקש ממני להעתיק ספר כלילה
ודמנה מלשון ערב אל לשון הקדש בשפה צחה. ומבחר שיחה. והנני אחל לעשות
שאלתו. ולתת את בקשתו. ונטיתי לבי אל חפצו. אולי אמצא מטרה לחצו. לעת
מצא. ואשען בעשותו חפציו על עזרת הבורא. אלהי כל הארץ יקרא. והנני אומר
נודה לאלהינו הנראה בטהורי הלבבות. ובנקיי הרעיונים והמחשבות. האל אשר לא
15 יחזיקוהו עינים. ולא ישינוהו ידים. ולא יריחוהו אפים. ולא יבינוהו חך ולא יקחוהו
אזנים. עושה ארץ בכחו מכין תבל בחכמתו. ובתבונתו. נטה שמים ויתן השמים
לבני אלים. להיותם שם מורים לו ומהללים. והחיים לעד והגדיל כבודם. והארץ
נתן לבני אדם. יהללוהו מלאכיו במרומים. וישבחוהו בארץ עבדיו התמימים. וילמד
את האדם דעת קדושים. להיותם מעריצים לו ומקדישים. ויתן להם להיותם בו
20 דבקים. חקים ומשפטים צדיקים. והשמים וכל אשר בם. ויושבי הארץ ברובם. כולם
יתנו לו כבוד. ויעידו כי לו לבדו הנצח וההוד. הגבורה והתפארת והגדולה. ומרומם
על כל ברכה ותהלה.

נאום יעקב בן אלעזר ויהי כאשר ראו חכמי הודו הקדמונים. ונבוני האומים
הראשונים. כי הלכו חשבים. והיו בארץ נבוכים. כי לא היה להם להורותם נביאים.
25 ולא ללמדם חוזים ורואים. וכי אין להם חק נמרץ. ואין חזון נפרץ. ולבות חכמי הודו
בכל חכמה מהרב הוחדו. ויאמרו איש אל רעהו והם נעצבים. על מה אנחנו יושבים.

1) *Juges*, I, 18. — 2) *Jér*. XLVIII, 17. — 3) Symbole de la générosité. — 4) *Is.* XXXIII, 21.
— 5) *Ez.* XLI, 7. — 6) Ms. ajouté רוח. — 7) *Ex.* XXXV, 31. Lis. ובדעת. — 8) *Ps.* XXXII, 6.
— 9) *Is.* LIV, 5. — 10) *Jér.* X, 12. — 11) *Ps.* CXV, 16. — 12) *Deut.* IV, 8. — 13) *Néh.* IX, 5.
— 14) *I Sam.* III, 1. — 15) Cf. *Ez.* XXI, 14. — 16) Cf. *II Rois*, VII, 3.

וירוצו אל לבותם. ברחוב חכמתם. והשליכו מחשבותם. בחוצות תבונתם. למצוא לאפלתם אורה. ולעקלקלותם דרך ישרה. ויראו השמים ואת העבים. ואת השמש ואת הירח ואת הכוכבים. ויביטו לגדולת תבל ולפלאיה. והארץ וכל צאצאיה. וכי לא יחסר כל יושב בה מרעהו. ויתמהו האנשים איש אל רעהו. ויאמרו מי ברא כל אלה ומי הכינו. ומי העמיד איש איש על כנו. מי יראנו את בורא השמים. מי יודיענו דעת רוקע הארץ על המים. ומי יתן יבא לנו אחד מִמַלְאָכָיו. ויורינו מדרכיו. ויהי כאשר ראו. כי למצא הפתח לאוי. ויתאוו וישתוממו וכמעט אבדו אבוד. ויתעצבו האנשים ויחר להם מאד. ויאמרו הבה נעשה לנו ספר ממשלים נבחרים. ובכל מיני מוסרים. ויהיה לנו ולכל העדה. לתורה ולתעודה. ויעשו זה הספר. נותן אמרי שפר. ויקראו שמו כלילה ודמנה. מחובר בעניני מוסר ובינה.

ויאמר יעקב בן אלעזר. העתקתי הספר הזה מלשון ערב. ושניתי קצת דבריו בעבור יערב. כי לא יתכן ולא יאות. להעתיק ספר מלשון אל לשון אות באות. כי המלה תשחת בצאתה מלשונה. וירד הדרה והמונה. ובמקומות נרעתי מדבריהם. ובמקומות הוספתי מהם. ושמתיו בכל עניניו. דבר דבור על אפניו. וכל המעתיק ולא יתארהו בהוציאו אותו מלשונו. הספר ההוא ידל הודו ויחשך עינו. ויבוש מקורו ויחרב מעינו. על כן כל המעתיק ספר מלשון אל לשון יש לו לפארו. ויעמיד הדרו. ולא יחל דברו.

דע כי חכמי הודו שמו משלי הספר הזה חקותם ותורותם. למשפחותם לבית אבותם. ויחבירוהו על פי אדם ובהמה. ועוף ורמש. לדעת את כל אשר בארץ. ויאמרו לכל קורא בו כי יפלא ממך דבר מרעתך ושכלך. שאל נא בהמות ותורך. עוף השמים ויגד לך. ודרוש מחית השדה איש איש באיים וציים. או שיח לארץ ותירך. וספרו לך דני הים. כי אמרו ילמד אותו הנער. בלא דאנה ובלא צער. כי תורתו לשחוק וללעג יחשבנה. ועל לבו יכתבנה. גם כי יזקן לא יסור ממנה. וכאשר יגדל יודע לו סודו. ונגלה יסודו. על כן יקחוהו החכמים למוסר לחידות ולמשלים. ויקחוהו למוסר וללעג התעלולים. והבינו לדבר בכל אלה המשלים והתחבולות. לשון מדברת גדולות. ויצוו על כל קורא בו. להכין ואל הספר הזה לבבו. לאמר שים חדותי בין עיניך. במבחר כל מאויך. ופן יסורו מלבבך כל ימי חייך. פן תהיה כמו איש הולך במדבר ישימון. וימצא בדרך מטמון. ויאמר בלבו לא אוכל לבדי לשאת את כל הזהב הזה למעוני. כי כבד הוא ממני. וישבר סבלים נחפוזים. אנשים ריקים ופוחזים. ויאמר להם הוליכו הזהב הזה לביתי. אל מקום פלוני אלמוני תחנותי. ויקחו בתרמית לבם איש משאו. ויברחו בו. וישימו איש איש במחבואו.

צורת בעל המטמון והנושאים אותו

וישב האיש אל ביתו למצא זהב המטמון. ולא מצא כי אם מצוקה ושממון. ואיך יגע לחפור המטמון. ועל יד בליעל יטשנו. עמל הכסיל תיגענו. על כן כל המשכיל

1) Gen. XLIII, 33. — 2) Mich. IV, 2. — 3) Cf. Gen. XIX, 11. — 4) Gen. XXXIV, 7. — 5) Is. VIII, 20. — 6) Ib. XLIX, 21. — 7) Is. V, 15. — 8) Prov. XXV, 14. — 9) Osée, XIII, 15. — 10) Nomb. XXX, 3. — 11) Silvestre de Sacy, chap. III, p. 45. — 12) Nomb. I, 2. — 13) II Sam. XIV, 20. — 14) Job, XII, 7. — 15) Ib. 8. — 16) Prov. XXII, 6. — 17) Ps. XII, 4. — 18) Deut. IV, 9. — 19) S. d. S. p. 46, l. 13. — 20) Jos. IX, 4. — 21) Eccl. X, 15.

לכתוב בלבו כל מה שילמוד ויבין בעניניו. ויחקור בעד מעניו. ויעשה אותם ואו
יתערן בכל מעדניו. ואם לא ישים לבו יגע. ולמועילו לא נגע.

ויהיה¹ כמו התלמיד ששאל מחכם שילמדהו לדבר צחות. למען לא יכרו דבריו
לפניו שוחות. ויכתוב לו מגלה. אשר צפוני צחות מגלה. ובדיו ירקרק אותה יפה.
5 אולי ירפאהו מסכלותו ולא נרפא. ויקרא המגלה ועל לבו חקקה. אבל לא הבין
דרכה ולא השלים חוקה. על כי אבד שכלו. ולא דעת ולא תבונה לו². ויהי היום וילך
אל בית המדרש. אשר שם כל סתום פורש. כי אמר הנה גדלה משפחתי ונכבד
אלפי. אפתחה במשל פי³. ואם הם נבונים ורבו חכמיהם. לא נופל אנכי מהם⁴. ובדברו
בנאוה בלי שפלות. תחלת דברי פיהו סכלות⁵. ואמרו אליו קראת את המגלה. מדוע
10 תבשל בצחות מלה. ויאמר להם המגלה קראתי. ואיך כשלתי ובמלה חטאתי. ויאמר
לו כל קריאה אשר לא הבינותה. ולבך אליה לא הבינותה. לשוא יגעת. ולשקר
שמרת. מה יועילך אשר קראתה. ואתה לא מצאתה. וכל הלומד דבר עליו לקראו
בשבתו ובלכתו. עד ינגרדו בחרמו ויאספהו במכמרתו⁶. ובעת צרכו אותו יועיל.
על כן ישמח ויגיל⁷.

15 צורת בעל המגלה הירקרקת והגבונים הסדברים בחכמות

על כן כל לומד חכמה ועל פה ינידה. להבין אותה ולסעדה⁸. אוי חכמתם יועילו.
בעשותם כפי התבונה אשר השכילו⁹. ואם הבין חכמת חכמים ודבריהם. ויראה ולא
יעשה בהם. היה כהתבונה ממרא. ובדברי חכמים סורר ומורה. ויוסיפו לאמור. יאות
לכל איש משכיל. שלא ירבו בעניניו החכמות אשר למד. ולו רבו כחול אשר לא
20 ימר. יען אשר החכמה הלבבות תלטש. כלטוש השמן הטוב אפלת האש¹⁰. והיא
תשא ראש היושב בצלליה. והחכמה תחיה בעליה¹¹. וכל יודע מדע ולא ישמענו.
ועל יד פונה יטשנו. ובכל מפעליו לא יפעלנו. המדע ההוא לא יועילנו. ומצרתו לא
יושיענו. אבל יהיה¹² כמו האיש שבא גנב אל ביתו. והוא ישן על מטהו. וישמע קול
צעריו ויקץ משנתו. ויפקח עיניו ויראנו. ולא זע ממנו¹³. כי אמר אשקטה ואראה מה
25 אחריתו. ואחרי כן אתפשנו ונמכר בגנבתו¹⁴. ויחיל הגנב עד בוש. ולא עזב לו שמלה
ולא לבוש ללבוש. ויעט שלל הבית ויגלום. ויצא משם ויבא בשלום. ובכל זאת
נפלה על הבעל הבית תרדמה. וקרעים תלביש נומה¹⁵. ובהקיצו משנתו ויחרד חרדה
חרוד. ויצעק צעקה גדולה ומרה עד מאד¹⁶. וינער בלבו לאמור. למה לא תועילך
תבונתך. שחת חכמתך על יפעתך¹⁷. והנך ברעתך. הלא ידעת אם לא שמעת¹⁸. כי לא
30 תצליח החכמה כי אם במפעלים. והחכמה בלי מפעל בעליה תכלים. כי חוקה לא
השלים¹⁹. והבא בדרך חתתחתים. או מקום אשר אריות שם נחיתים²⁰. והוא יודע
ומתנקש בנפשו. דמו בראשו²¹.

---

1) S. d. S. p. 47, l. 12. — 2) *Is.* XLIV, 19. — 3) *Ps.* LXXVIII, 2. — 4) Cf. *Job*, XII, 3. —
5) *Eccl.* X, 13. — 6) *Hab.* I, 15. — 7) *Ib.* — 8) *Is.* IX, 6. — 9) Incorrect. — 10) „Car les sciences
donnent au cœur l'éclat, que donne l'huile bonne au feu qui menace de s'éteindre." C.
quemadmodum revelat sol (השמש) *obscuritatem ignis*. Mais Gay. „asi bien como el olio que
alumbra la tiniebla." — 11) *Eccl.* VII, 12. — 12) S. d. S. p. 48, l. 8. — 13) *Est.* V, 9. —
14) *Ex.* XXII, 2. — 15) *Prov.* XXIII, 21. — 16) *Gen.* XXVII, 34. — 17) *Ez.* XXVIII, 17. —
18) *Is.* XL, 28. — 19) Cf. *Job*, XXIII, 14. — 20) Cf. *II Rois*, VI, 9. — 21) *Jos.* II, 19.

צורת הגנב נמלט בגנבתו ובעל הבית במטתו

כי החכמה עץ והמפעל פריו‧ והאדם צורה והשכל יפיו‧ ועשות הטוב והישר
צבי עדיו‧ והסכלות עץ ירקב אשר פתאום יבל‧ ושדמות לא עשה אכל[1]‧ על כן
הצורפים את הדברים במצרף הדעים[2]‧ ויכירו בין הטובים מהם ובין הרעים‧ וימיתם
היצר הרע אשר בקרבם‧ וילכו אחרי שרירות לבם‧ כאשר גדלה על שבלם תאותם[3]‧
5 השחיתו עלילותם‧ ולא זרו מתאותם‧ והכזיבו חכמתם‧ וכחשו בתבונתם‧ ומדעתם
העלימו עיניהם‧ למען בושת פניהם‧ ויהיה[4] כמו האיש החולה‧ אשר יכיר המטעמים
אשר בם רפואות‧ והמטעמים אשר נמצאו בם תלואות‧ ויהי בוחר המטעמים אשר
יוסיפו לו בחליו‧ ומאס המטעמים אשר בם רפואתו וצריו‧ ונחשב שכלו סכלות‧
וחזקתו עצלות‧ וגאותו שפלות‧ ונדבתו נבלות‧ כמו[5] איש פקח‧ היה מושך איש עור
10 משתוחח‧ ונפלו שניהם נבעתים‧ באחת הפחתים‧ החטא הוא על הפקח נחשב‧ כי
מנפול בשחת לא שב‧ כי עיניו לא פקח‧ לראות את הפח‧ ובעתוהו בלהות[6]‧ ועיניו
החלו כהות‧ ואין לו על העור יתרה‧ כחשכה כאורה[7]‧

צורת העור והמושך אותו

15 ועל כל איש משכיל ליסר את נפשו בתחלה‧ ולהבר לבבו מכל סיג ותהלה‧
ולא ישים לבו להועיל לאחרים בחכמתו‧ ויתהלך הוא במשובתו‧ וכלו שב במרוצתו[7]‧
ואל יהיה כמו עין המים‧ אשר ישתה מימיו אדם ובהמה ועוף השמים‧ והעין ההיא
לא תועיל נפשה‧ ואולי יחסרו מימיה עד יבשה‧ ואחר התבונן לטוב ולישר לבו‧
והתבררו מכל סיג אשר בו‧ ייסר אחרים‧ והוכח בדברים[8]‧ ובשלשה דברים האדם
20 בתבל יכון‧ בחכמה ובעושר ובגמילות חסדים באלה יכון‧ וארץ ישכון‧ ולא יאות
לחכם שיכה לחי חברו בתאוניו‧ אשר הם בקרבו צפונים‧ והחכם ההוא יצוה חסד
לגמול‧ והוא על דל לא יחמול‧ ויזהיר את העם מעשות כל רע‧ והוא מעשותו לא
נמנע‧ יאהב החסידים ולא יעשה כמעשיהם‧ וישנא את הרשעים והוא מהם‧ והיה עת
משפט יודע‧ ומוסר היה פורע[9]‧ ד‧ הוא חכם פשעו בכבד‧ ואחריתו עדי תאבד‧ כי הוא כמו
25 איש עור אשר יחרף איש מנוקר עין ימינו‧ ושכח שחרף את ערונו[10]‧ וגם לא לחכם
להטיב לנפשו‧ בכל דבר אשר יארע לחברו בעצמו וברכושו‧ פן יקריהו אשר קרהו[11]
לאיש אחד עם הסוחר עמיתו‧ אשר היה לו שומשמין בביתו‧ והיה כל חלק כל אחד
מהם לבד‧ בד בכבד‧ ויתנכל לגנוב שומשמין הסוחר חברו‧ ויכסהו ברדיד להיות
אות להכירו‧ ויגד הדבר לשכנו לעזור לו‧ על הגנבה אשר נכלו‧ ויאמר לו אם יהיה
30 [לי] בשומשמין שגננוב כחלקך‧ אני אעזרך ואחזיקך‧ והסוחר ראה חלקו מכוסה
בשמלה‧ חשב כי כסה באהבה ובחמלה‧ מפני העפר ומשלח בהמות‧ ולא ידע כי
כסהו בתוך ובמרמות‧ ויסר השמלה מעל שומשמניו‧ כי אמר אעשה גם אני חסד
עמו ועם קנייניו‧ ואחרי כן בא המתנכל הוא ושכנו לילה‧ וירא על שומשמניו
השמלה‧ ראה כי השומשמין לסוחר חברו‧ ויגנבהו ויתן הציו לשכנו למחירו

---

1) Hab. III, 17. — 2) Cf. Job, XXXVII, 16. — 3) S. d. S. p. 49, l. 7.— 4) Ib. l. 12. —
5) Job, XVIII, 11. — 6) Ps. CXXXIX, 12. — 7) Jér. VIII, 6. — 8) II Rois, XIX, 4. —
9) Cf. Prov. XIII, 18. — 10) Mot inintelligible; il faut lire : עורונו „sa cécité". C. propria
macula. — 11) S. d. S. n'a pas cette histoire; mais elle se lit chez C. et Gay.

צורת הסוחר עם עמיתו והשובשבין בעוסים בשמלה

ויהי ממחרת ויבא אל הבית אשר שם שומשמין הוא והאחר . וירא שומשמניו הוא
המגונב ואשר נתן חציו לאיש האחר . ויצעק צעקה גדולה ויאמר הנה על הסוחר
הייתי מתנכל ומתאנה . ויקם בי בחשי בפני יענו[1] . על כן על כל אדם לשים לבקשתו
5 קצה . להיות חק ומשפט לכל הדבר אשר ירצה . כי ימצא חקו . ישמח בחלקו .
וגדולות ממנו אל יבקש . פן יהיה לו למוקש . וכי ירוץ האיש אל יוסף להריצו . פן
יכשל ברוצו . ולא יבא עד מרום קצו[2] . ואם לא ישים קץ לחפציו . ולא ישים מטרה
לחציו . ילאה בקשתו אשר אין לו קץ וסוף . ולא יגע לדבר אשר יכסוף . כי קדמונים
לא מצאוהו . ואחרונים לא יראוהו ולא יבואוהו . וגם לא ייאש את לבו למצוא חפצו .
10 אם החפץ לא יתכן למצא . וגם בנפשו מחרתו מכובד מיומו . להריח בעוד יומם ראי
מומו . כי כל אשר תמעט בתבל תאותו . תמעט צרתו ותרב רוחתו . ותוסיף שמחתו .
ובהתפרדו מעל תבל תמעט אנחתו . ותיטיב אחריתו . אע"פ שנודע כי בשנים דברים
יגדל האיש בעבוד צורו . וברבות עשרו . אבל נמשלה תבל אל האש אשר תאכל עץ
מאכל יושלך בה . ותבלע . והיא כמות לא תשבע . כן כל בוצעי בצע ועושי רשעה .
15 לא ידעו שבעה[3] . גם לא יתעצב איש בכל עת יחסר . כי לא ירעיבנו נותן לחם לכל
בשר[4] . ויהיה מזונו ממקומו לא יקונו . ובעמלו ילונו[5] . ויהיה[6] כמו האיש הרש אשר חסרה
מחיתו . וכמעט אבדה תקותו . ואוהביו לא רחמוהו . חדלו קרוביו ומיודעיו שכחוהו .
ויהי כי קם לילה והנה גנב לבדו . משוטט לנגוב כל הבא לידו . ויאמר בלבו מה
הגנב מבקש לילה . ובכיתי אין לחם ואין שמלה[7] . ויבקש הגנב והנה כד כמעט קמח
20 ללחמו . והריק אותו בשמלה על שכמו . ויגער בו האיש הרש ותגדל צעקתו . והבריח
הגנב במרירותו . ושכב בשמלתו .

צורת הגנב מריק מריק הכד מן הקמח בשמלה ובעל הבית ומקלו בידו

ולא יאות לבל חכם להשען על זה המשל . פן יורש ויבשל . אבל עליו לבקש
מחיתו . ולדרוש מאכלת בני ביתו . ולא יקנא במי שהומן בלי יגיעה העשרו . ובלי
25 כח ובלי בינה על חבריו השירו[8] . כי המוצאים לנפשם מנוח . לא בחיל ולא בכח[9] .
לא ישיתו לב להם פן ילבטו . כי מעטו . אחד עשיר בין אלפים דלים ומאות . וראש
אחד על רבוא ראשים ומאות . על כן דרשו מחיתכם ואל תתראו . מאשר תמצאו .
אבל ירוץ להיות מחיתו במרגועה . וינוס מאשר יהיה בו רב יגיעה . ואל יהיה במחיתו
מסתער[10] . אבל יהי תמיד לבקשה עד . ואם לא יעשיר לא יפעם לבו . אם ה' לא יבנה
30 בית שוא עמלו בוניו בו[11] . ויש איש מתחזק להעשיר והנה ריש . כי לא בכח יגבר איש[12] .
על כן החכם להעשיר אל יתענה . ואם התענה פעם אל ישנה[13] . ואל[14] יפתה לבו כיונה
פותה[14] אשר תקונן בקניה . ובני אדם יקחו מקנה בניה . ושחטום לעיניה . ולא נמנעה
על זאת בקנה לקונן . ולהגות שם ולרנן . ובורא הבל שם קץ לכל דבר לא יסור

---

1) Job, XVI, 8. — 2) Cf. Is. XXXVII, 24. — 3) Ib. LVI, 11. — 4) Ps. CXXXVI, 25. —
5) Cf. Eccl. VIII, 15. — 6) S. d. S. p. 51, l. 3. — 7) Is. III, 6. — 8) Cf. Osée, VIII, 4.
— 9) Zach. IV, 6. — 10) Cf. Dan. XI, 40. — 11) Ps. CXXVII, 1. — 12) I Sam. II, 9. —
13) S. d. S. p. 52, l. 6. — 14) Osée, VII, 11.

מנהו . חק עולם לא יעברנהו¹ . והעובר על החק כי החק משתנע . ורע ירוע² . עליו אין
להוסיף וממנו אין לגרוע³ . וכל העמל ביומו למחיתו יהיה חיתו לטוב לו . ואם עמל
ליומו לבדו מה יתרון האדם בכל עמלו⁴ . ובשלושה דברים יתכן ליושב תבל לעמול
בדברי חלדו ודברי מחיתו ולישר דברו בינו ובין אנשי זמנו . וכל מי שיש לו ארבעה
5 דברים . יכסל ולעולם לא יערים . עושה בעצלות דבריו . ורפה ידים להתנקם בבוא
לידיו צריו . ומאמין לכל דבר . ומכזיב כל חכם נבר . ויתכן לחכם שלא יאמין בתחלה
לעצתו . ולא יצדיק כל אדם ואם נודעה לו צדקתו . ואם חטא אל יסתולל בחטאו .
כי הוא יניאו . ואם נעלם דבר ממנו . לא יתחזק בו עד אשר יחקרנו . ולא יהיה כמו
איש אשר תועה בדרכו כל אשר הרבה הליכיו . הוסיף טעות מדרכיו . גם אל יהיה
10 כמו האיש אשר מעינו חולה . ויתגרד עד אשר תבהה ותכלה . ויאות לחכם אשר
יאהב את רעהו כנפשו . ובואת יפיק רצון מקדושו .

ויאמר המחבר הספר הזה . יתכן לקורא בו שיחל לקרא בזה השער אשר קדמתי .
וישים לבו לכל אשר אלפתי ולמדתי והחכמתי . כי השער הזה הוספתיו על שערי זה
הספר . ומלאתיו אמרי שפר . והעתקתי הספר הזה מלשון פרס אל לשון ערב .
15 והוספתי עליו זה השער . למען תדעון כי לערביים . דברים נכוחים וצחים וערבים .

---

1) Jér. V, 22. — 2) Prov. XI, 15. — 3) Eccl. III, 14. — 4) Ib. I, 3; lisez לאדם.

תחלת ספר כלילה ודמנה . אשר העתק מלשון פרס בראשונה .

שער ברזויה רופא פרס תבונתם:[1]

אמרו כי (היה) בזמן מלכי קדם בימי אנושירואן כסרו בן קובאר המלך היה איש
חכם ושמו ברזויה . והיה האיש ההוא ראש לכל רופאי הממלכה . ומוצא חן בעיני כל
ראשי המלוכה . הרודים בעם העושים במלאכה[2] . ונקבצו. עם חכמתו ברפואות . חכמות
אחרות תעלומות נפלאות . ויהי היום ויוגד לברזויה כי בארץ הודו הרים גבוהים
ורמים . יצמיחו דשא ועצי בשמים וסמים . עם כל ראשי בשמים[3] . אם נקבצו . ושחקו
אותם ונמצו . והשקו את המת אשר ממות לא השלם . ואכל וחי לעולם[4] . ויבקש מן
המלך פרדים וסוסים . ועושר ונכסים . ולכתוב אל מלכי הודו לתת לתת כל צרכו .
ויעזרוהו להצליח דרכו . וימהר המלך לתת את שאלתו . ולעשות את בקשתו[5] .

צורת ברזויה רוכב והולך אל הודו

וילך ברזויה אל מלכי הודו וימצא חן וחסד בעיניהם . וכל אשר שאלו עיניו לא
אצל מהם[6] . ויאמר להם אשאלה מכם שאשוטט בהרים . ובגבעות . בעמקים ובבקעות .
אשר שם עצי הבשמים . ועשבות הסמים . אשר ספרו חכמיכם בספריהם . ואני אאמין
בדבריהם . אשר בם רפואות לחולים הנצמתים . ובהם כח להחיות המתים . ויתנו לו
נברים ונערים . להורות לפניו הגבעות וההרים . וילך אל ההרים וימצא שם הבשמים
והנרדים והכפרים . ולקטם ושחקם . ואל המת השקם . ולא זע ולא קם[7] .

צורת ברזויה ונעריו מלקטים הבשמים והסמים בהר

ובוש ונכלם ברזויה מספריהם ותמה . ובשרו מספריהם כמה . וימת לבו בקרבו[8] .
ונשמה לא נשארה בו[9] . וילך אל חכמי הודו ואל נבוניהם . ויאמר להם אני קראתי
ספרי חכמיכם . וכתבי נבונכיכם . אשר ספרו נפלאות עריכם . והגידו כי המתים יחיו
מעצי בשמי הריכם . ואני על חכמתכם נשענתי . ובדבריכם האמנתי . אך המה כזבו או
אנכי לא בנתי . ואיך נמצא עולתה בלשוני . לפני אנושירואן המלך אדוני . ואיך אשא פני
אליו . ואל סגניו וגדוליו . ויאמרו אליו . אל יפול לב אדם עליו[10] . אנחנו כמוך תמהנו .
עד אשר השנו ולא התמהמהנו[11] . וחלינו את פני חכמינו . והתנפלנו לפני נבונינו . ויפרשו

---

1) Peut-être : שרש תבונתם. — 2) *I Rois*, V, 30. — 3) *Cant.* IV, 14. — 4) *Gen.* III, 22.
— 5) Cf. *Est.* V, 8. — 6) Cf. *Eccl.* II, 10. — 7) Cf. *Est.* V, 9. — 8) *I Sam.* XXV, 37. —
9) *Dan.* X, 17. — 10) *I Sam.* XVII, 32. — 11) Cf. *Ps.* CXIX, 60.

לנו חידותם. ובארו לפנינו סתומי תבונתם. ויאמרו כי ההרים המה החכמים ועשבי
הסמים חכמתם. והמתים הם הכסילים והחיותם הוא הערותם משנת סכלותם.
והרפואות שיחיו את המתים. הם הספרים אשר בם כתובים. מוסר וחכמות מפרשות.
ירפאו בהם הנפשות. אשר מחלי הכסלות נאנשות. ויעורר כל פתי מתנומת פתיותו.
כאיש אשר יעור משינתו[1]. וישתחו ברויה ויתן תודה. למגידי החידה. ויבקש מהם
הספרים. אשר יבינו לבות נמהרים. וימצאם בלשון[2] הודו כתובים. ובפלס שפתם
מפלסים. ויעתיקם מלשונם אל לשון הפרסים. וישב אל המלך אנושירואן אדוניו.
וייטבו מעניו וענייניו בעיניו. ומהיום ההוא אהב אנושירואן את החכמים. וכבד את
הנבונים. ויבן להם נכבדי דירות. ונבחרי בירות. ללמד בהם העם חכמות ותעודות.
וחקים ותורות חמודות. ויצו אל ברוויה מהרי[3] החכם הגדול לקבץ כל הספרים ההם
מאת כל אורח ומאת כל הולך. להביא אל גנזי המלך. ומאותם הספרים חברו זה
הספר הנקרא כלילה ודמנה. והיה ראשית שעריו של ברוויה וכל אשר ספר
מאודותיו. עד אשר רבו חכמותיו ותעודותיו. וראה גבורות בעין לבו. ותבא יראתו
בקרבו. כי העתיק מספרי הודו. ושאל בעמקי התבונות שאלות למלך אחד ממלכי
הודו. ושמו דלסם ולפקידו. אשר שמו סנדבאר. וכאשר נגלה תבונתו על כל
הנבונים. היה איש גדול לפני אדוניו ונשוא פנים. ויצו על ברוויה להשיב תשובות
על שאלותיו. ולענות על בקשותיו. ושימשיל לו על כל שאליו משל. למען יבין
אותם כל לב נמהר ונכשל. נחבר זה הספר מאותם המשלים והענינים. ויתן לנפשו
מעדנים. ומשך חכמה מפנינים[5]. ויתן מערני הספר הזה ושפר אמריו. לו ולזרעו
ולכל הבא אחריו.

ואלה שעריו:

שער האריה והשור. והוא משל שני חברים אשר נרגנים יגרו מדון ביניהם. ויפריד בין שניהם.

שער הקור תרמית דמנה וכחשו. ושוב עמלו בראשו.

שער היונה העונקה. והוא משל החברים. ידידים ונאמנים.

שער העורבים עם כוס חרבות. והוא משל הבוגדים. במזרעים והפושעים המורדים.

שער השרץ הנקרא בלשון ערב נילם והקוף. והוא משל רפיון יד האיש אשר לבו יאבד בשלחתו את איש חרמו מידו.

שער הנוזר עם החיה הנקראה בלשון ערב אבן ערס. והוא משל איש אץ בדבריו לא ישאל מחשבתו ולא ישיב אל לבו.

שער החתול והעכבר. והוא משל להנצל איש מן הצר בהתנברו. ולא יפן לבו ולא ינתק אוורו.

שער המלך והצפור פנוה[6]. והוא משל להשמר מן הצרות. זמן התלאות והקורות.

---

1) Zach. IV, 1. — 2) Ms. אנשי. — 3) Ms. שנתם. — 4) Buzurdjmihr (بزرجمهر). C'est le nom du ministre d'Anouschirwân, célèbre par sa sagesse. L'erreur paraît provenir du traducteur, qui a confondu رز avec رو, et mit רו à la place de רז. — 5) Job, XXVIII, 18. — 6) Ms. פונה.

שער המלך עם בלאר השליט. והוא משל הענוה והעושה דבריו בלאט. ולא
יהיה ממהר והוא נזהר מפח נמלט.
שער החיה הנקראה בלשון ערב סעהר והלביאה. והוא משל אשר יוסר בנפשו.
ונמלט מפח יקושו.
5 שער הנזיר עם האבסניא. והוא משל העושה דבר שלא יאות לו.
שער האריה עם החיה הנקראה בלשון ערב אבן אוי. והוא משל שוב הידידים
לידידותם. אחרי איבתם.
שער הצורף עם הנזיר. והוא משל הודות על הטובה. או כחש בה כמשובה.
שער בן המלך עם חבריו. והוא משל האומרים. כי כל הדברים נחתכים על כל
10 שפל ורם. ואין משיבם ואין מפירם.
אלה תולדות ברוויה[1]. ויאמר ברויה ראש לכל רופאי פרס. הבונה מחכמת
הרפואה כל אשר נהרס. והוא אשר העתיק מספרי הורו זה הספר. ותקן אותו בלשון
פרס באמרי שפר. כי אבי היה מנוי המקאתלה[2] ומאצילי. ממשפחת המלך וגדוליו.
ואמי מבנות הזמומה. אשה חכמה. וראשית יד י"י הטובה עליי. וחסדו אשר הטה אלי[3].
15 כי הייתי נכבד בעיני אבי ואמי. ויעשו חסד גדול עמי. ויזמוני ללמוד ספרי רפואות.
ונגליתי מהם גדולות ונפלאות. או להורי הודיתי. ולעפר רגלם השתחויתי. וברעת
הרפואות שמחתי. ולמלמדי הודית ושבחתי[4]. ולא היה סוד רפואות אשר לא ידעתי.
ושרשי יסודם אשר בלבי לא נטעתי. וחכמות הרבה אספתי. זולתם אסמתי והגדלתי והוספתי[5].
עד שהייתי בן שבע שנים. והייתי בדעת הרפואות כחכם בן שמונים. וכאשר ידעתי
20 כי היתה לי דעתי שלמה לרפא חולים. אם עשירים ואם דלים. ואמרתי בלבי
ארבעה פועלים טובים על כל אדם לדרוש. אבחר דרכם ואשב בראש. אשר בם
העשר והתענוגות והשם היוצא ושכר העולם הבא. ומצאתי דעת הרפואות בפי כל
חכמים וכל המשכילים מאושר. ודרכו לפני כל עם ולשון דרך ישר. ומצאתי בספר
הרפואות כי בחיר הרופאים אשר ירפא רב וצעיר. בלא כסף ובלא מחיר[6]. וביום
25 השכימו ממחרתו. ימצא שכרו אתו ופעולתו[7]. על כן רפאתי גדול וקטון במפעלי
ובדברי. והיה שברי. ולא נכספתי מהחולים ברפאי אותם מחלייהם. כסף וזהב אשר
עמהם. ואלו רפאתים במחיר. היית כסוחר. אשר מכר אבן יקרה באבן בוזיה. ונשאר
דל ונפשו לא חיה[8]. ומצאתי בספרי הרפואות כי הרופאים ירפאו החולים בשכר
העולם הבא. כי שכרם מהאל רבה. וגם כאשר לבבם לנדיבות ישאו. לא ירעבו ולא
30 יצמאו[9]. ואולי בנדיבותם ויושר מפעליהם. ישאו על כתף עירים חיליהם[9]. ויהיו כמו
האיש הזורע אשר חפצו שתצמיח ארמתו חטים נבחרים. בלי חוח וסירים. ותצמח
עם החטה. מיני עשבות בשדות. בהם רפואות חמודות.

צורת החורש והזורע בצמד הבקר

ולא ראיתי חולה שחשבתי שיהיה מחליו או יחשך כאבו[10]. שלא הרביתי לו
35 רפואות ודברתי על לבבו. ואם לא יכלתי למצא צרי לכובד חליו. נדבתי לו בטוב
אמרי. והרביתי עמו דברי. והזהרתיו מכל משמר. והועלתיו במפעל ובמאמר. ולא

1) S. d. S. p. 61. — 2) Neh. II, 8. — 3) Cf. Ezra, VII, 28. — 4) Eccl. II, 9. — 5) Is. LV, 1. — 6) Cf. ib. XL, 10. — 7) Ps. XXII, 30. — 8) Is. XLIX, 10. — 9) Ib. XXX, 6. — 10) Cf. Job, XVI, 6.

היה בכל זאת בכסף ובזהב רצוני·כי אם להפיק רצון קוני·ובאה נערתי בלבבי
וכהיתי באון מחשבי·¹ באמרם להיות כמו הרופאים שירפאו במהירים·והאוצרים
אוצרות חשך ומטמוני נסתרים·² האומרים לחולים בכל עת יחלו ויתחלחלו·³ הבו
שכרי ואם לא חדלו·⁴ ואמר ללבבי המעציבי·⁵ וליצרי אשר היה מריבי· אם את
5 החולים לא ארפא ולא אסעדם סעוד· מה אוחיל לי״י· עוד·⁶ אני אקח רצון קוני
בעשותי את אשר יאהב·והם יקחו את הזהב·⁷ אקח כבוד ויקחו קלון·אקח עשר
והם יקחו ריש·אקח עושר עומד·והם יקחו כלי אובד·אקח יקר ויקחו בוז·אקח
הדר ויקחו מום·אקח יש ויקחו הבל·אקח שמחה ויקחו אבל·אקח חיים ויקחו
צלמות·יכינו לנפשם למחרתם רעב וללבבם מורך·ואבין בר ולחם ומזון וצידה
10 לדרך·ואוסיף לאמר

נפשי נפשי פקחי עיניך·ופתחי אזניך·והברי⁸ רעיוניך·ופני⁹ לבבך·ולטשי
מחשבך·ולהבדיל בין מועילך ובין צורריך רוצי·אולי תוכלי הועיל אולי תעריצי·
נפשי שימי לב כי כל אוהב הון·לא יאמר הון¹⁰·ויגע בקבצו·וייעף למצוא
קצת הפצו·ואם התנכל בעשרו לא ילינו·בחצי ימיו יעזבנו¹¹·לחונן דלים יקבצנו
15 כי בהפרדו מעל תבל כל יניעתו נפוצה·ויעוב בגדו אצלה וינס ויצא החוצה¹²·
ובמותו לפי רוב זהבו·יכבד עליו מכאובו·ותרבה אנחתו·ותגדל אנקתו·

נפשי זכרה את נעימות החצר הגדולה ואת מנותיה·ואת תמרוקיה·אשר על
אחריה ואתיקיה¹³·ואל תזכרי נאצות החצר הקטנה ומשובותיה·הריסותיה וחרבותיה·
והודעת את כל תועבותיה¹⁴·

20 נפשי נפשי ולא תבלמי ממשובת העצלים·ותעות הכסילים·באהבתם בית
בקיעים¹⁵·וחצר נגעים·ונוה פצעים·ומקום עוונות ופשעים·ומאסם בית שעשועים·
צפון בו לענוי ארץ והצנועים·כל הון יקר ונעים·ובמותו מכל יעמל מאומה לא
ידבק בידו¹⁶·כי לא במותו יקח הכל לא ירד אחריו כבודו¹⁷·

נפשי נפשי שובה מואת הסכלות·ואל תאכלי לחם עצלות·ושבעי ממעט
25 ושכלך על תאותך ישלט·ובחלקך גילי ושמחי·כי בשת עלומיך תשכחי¹⁸·ואל
תאחרי היום להביא צידת מחרתך·להחיות את נפשך ולכלכל את שיבתך¹⁹·ודעי
כי גוף האדם רפה ומתאנה·נגוע מוכה אלהים ומעונה²⁰·כלו סלון וסרבי²¹·מלא
ערב רב·וארבעה יסודים בו יקהלו·איש ברעהו יתהלו²²·כי יסוד כל אחד בהפך
רעהו·על כן כל יסוד יחבול חברו וישחיתהו·ונלחמו איש באחיו ואיש ברעהו²³·על
30 כן איננו עומד·ואחריתו עדי אובד²⁴·וישוב כצלם אשר נתחיו יתפרקו·ואחרי בן
יחובר ואיש ברעהו ידבקו²⁵·והדביקון את המרבק ואחד מרעהו לא יחלט·ויחזקו
במסמרים לא ימוט²⁶·ואם הסיר המסמרים יתפרקו הנתחים אחד מאחד·ולא נשארו
שנים יחד·וינתקו עד ליאש·כאשר ינתק פתיל הנערת בהריחו האש²⁷·

---

1) Cf. *Jér.* IV, 14. — 2) *Is.* XLV, 3. — 3) Cf. *Est.* IV, 4. — 4) *Zach.* XI, 12. — 5) Pour le suffixe du participe comp. *Ps.* IX, 14. — 6) *II Rois*, VI, 33. — 7) *Ex.* XXVIII, 5. — 8) Cf. *Is.* LII, 11. — 9) Cf. *ib.* LVII, 14. — 10) Cf. *Prov.* XXX, 15. — 11) *Jér.* XVII, 11. — 12) *Gen.* XLIX, 12. — 13) Cf. *Ez.* XLI, 16. — 14) *Ib.* XXII, 2. — 15) Cf. *Am.* VI, 11. — 16) Cf. *Deut.* XIII, 18. — 17) *Ps.* XLIX, 18. — 18) *Jér.* LIV, 4. — 19) *Ruth*, IV, 15. — 20) *Is.* LIII, 4. — 21) Cf. *Ez.* II, 6. — 22) *Jér.* IX, 4. — 23) *Is.* XIX, 2. — 24) *Nomb.* XXIV, 20. — 25) Peut-être באחיהו, *Job*, XLI, 9. — 26) *Is.* XLI, 7. — 27) *Jug.* XVI, 9.

צורת הצלם המרכב והמנותח

נפשי נפשי אל תשמחי בנפול אויבך. ואל תראני לדאגת אוהב. כי אחרית השמחה
באוהבים אנחה וצוקה. והתהדר באלופים בכי ואנחה. והתפאר במיודעים יגון ואבל.
את כלם ישא רוח יקח הבל[1] ומתהדר בנדולים כמו האיש שקנה מלקחים. לקחת
5 בהם נחלים מתנור וכירים[2]. להציל מנחלי אש ידיו. ומלהבותיו. וכידודיו[3]. ובהיותם
חדשים שש בהם ושמח. ובכלותם ונשברו התאבל עליהם ונאנח.

צורת המלקחים

נפשי נפשי אל תיגעי לקרוביך. ומיודעיך ומאהביך. לינע נפשך. בקבצך רכושך.
לתתך לכל יבוא. וישתו בני נכר תירושך אשר יגעת בו[4]. ותהיה בקטרת סמים
10 שישרפו נחלים סמיה. ותאכל אש בשמיה. וירחו אחרים ריחה. ותשרף באש רוחה.

צורת המקטר

נפשי נפשי בכסף וזהב אל תתנשאי. ואל תתהללי כי כבוד תמצאי. כי העשיר
לא יראה צעירת הגדילו וקלון הוקירו[5]. עד אשר יטשנו ויפרד ממנו. ויהיה כמו שער
הראש אשר בהיותו בראש ירהצהו ויכבדהו בעליו. ויעביר כל המום אשר עליו.
15 וישקק את שערו. אחר התגלחהו את נזרו[6]. ולרפוא חולים תחש הלוכי. ומיתרי רחמיך
עליהם תאריכי[7]. והרחיבי לבך להם. ואל תרחיבי פה עליהם[8]. לאמר כי על הרופאים
לקנות מיני עשב ודשאים. וסמים ובשמים ומיני יבול. לתת רפואה ולשום חתול.
ואל יכירום הסכלים. ולא יכבדום האוילים. ואלו איש יסיר מנעצב עצבו. וינים
מכאוב כאבו. איש נגע לבבו. עד אשר יטיב אחריתו מראשיתו. האיש ההוא ייטיב
20 יומו ממחרתו. וי"י ישיב לאיש צדקתו ואמונתו[9]. כל זאת אם היה מטיב לאיש אחר
אף כי הרופא אשר הוא חולים ונוגעים בלא מחיר רפאם. לא ידע מספרם כי אם אשר
בראם. כי מי"י יקוה פעלו[10]. מלוה י"י חונן דל וגמולו ישלם לו[11]. כי השיבם לשלומם.
ועל רגליהם הקימם. ומבור שחת הרימם. עד אשר שבו לתענוגיהם. וליין משתיהם.
ולטעמיהם. ושבו לימי עלומיהם. ולמערניהם. ומטעמיהם ומנעמיהם מקוה חמלת
25 שובן מעוני. ונשען על י"י.

נפשי נפשי אל ירחק ממך מחרתך. ותשעני על יומך. כי מחרתך הוא הקיצך.
והיום הזה הוא חלומך. אל תמכרי הקיץ בחלום. ואל תבחרי חלי על שלום. ואל
תאמרי רחק ממני יום אחר ומי יראנו. ועמוק עמוק מי ימצאנו[12]. ותמכרי הרב במוער.
כי עושה זאת מרעת נבער. כמו[13] הסוחר שהיה לו פלפלים מלא ביתו. ויאמר
30 בסכלותו. אם מכרתיו במשקל אתמהמה על משקלו. וימכרהו בלא משקל בסכלו.
וישחת את סחורתו. ויחבל את רכולתו. במכרו סאים מאתים. במחיר סאתים.
להחיש את תאותו הסכלה אשר תחפיר ותביש. המאמין לא יחיש[14]. והיה כמו הסכל
אשר מבר נעים בקשה מחרתו ויומו. והפור יפי יפעתו בשערורית מומו. ויבחר בלי
חרם מיד. מכלי פן נוער.

---

1) Is. LVII, 13. — 2) Cf. Lév. XI, 35. — 3) Job, XLI, 11. — 4) Is. LXII, 8. — 5) „Le riche ne voit pas l'infériorité de ce qui le grandit, ni l'ignominie de ce qui le fait honorer." — 6) Nomb. VI, 19. — 7) Cf. Is. LIV, 2. — 8) Cf. ib. LVII, 4. — 9) I Sam. XXVI, 23. — 10) Job, VII, 2. — 11) Prov. XIX, 17. — 12) Eccl. VII, 24. — 13) S. d. S, 64, 2. Au lieu de poivre, l'arabe donne le bois de santal, C. la soierie, et Gay. l'or et l'argent. — 14) Is. XXVIII, 16.

נפשי נפשי עטי מעיל תבונה. והתאזרי אוזר אמונה. ורחקי מעושק ונלוז. תדרכי
נפשי עוֹ¹. ויהי כאשר את נפשי חנכתי. ודבר בבואת הארכתי. ומלים אליה ערכתי.
את כל דברי הבינה. ותוכחתי האמינה. ותשב לרפא את כל הבא לידה. בשכר
העולם הבא בית מועדה. ומטה מוסדה². ומרפא החולים לא משתי. ולבא אל ביתם
5 לראותם חשתי. על בן חן וכבוד לעיני המלכים והנגידים פנשתי. ואעש לכולם
כחפץ נפשם. טרם לכתי אל הודו ואחרי שובי משם. ויהי אחרי כן לטשתי רעיוני.
ופקחתי עיני. והנה כל רופא משכיל ירפא מחליו את החולה. ואחרי כן יחלה פעם
אחר פעם עד אשר יכלה. ואין מחלה. אשר ירפא כי אם בתשובה³. בערב היא באה
ובבקר היא שבה⁴. ואם תמעד רגל החולה מעוד. לא יוכל להרפא עוד⁵. ואומר אלך
10 לבקש רפואה אשר אוכליה תנחילם כולם. השקט ובטח עד עולם⁶. ואשוטט בחוצות
התבונה והמזומה. ונתתי לבי לדרוש ולתור בחכמה⁷. עד אשר ראיתי כל המעשה
העולם הבא הוא אשר עליו לא עלה. כל נגע וכל מחלה⁷. וכל העושה. אותו ישעו
יצמיח. וכל אשר יעשה יצליח⁹. ולעולם לא יחלה. לא ידאג ולא יאלה. וחיתו באור
תראה¹⁰. והן אם התענה בתבל ונשא עול נוים. להשיב נפשו מני שחת לאור באור
15 החיים¹¹. ואלך לחקור צורת העמים. ולדרוש תוכן האומים. ולא אשקוט עד אחזה
איזה יכשר הזה או זה¹². ומצאתי תורות כל עם מתורות עם אחר שונות. בעניינים
ובלשונות. ועם ועם מהללים תורותיהם. ומשבחים דתיהם. אם בצדקתם. ואם
בשקריהם ובפחזוותם¹³. אשר למרום אבותם. יהלך כל גוי בדרך אשר לבו אליה
ימשכו. זה אומר בכה וזה אומר בכה¹⁴. כל עם ועם מהם מתחזק בדתו. איש כפי
20 עבודתו¹⁵. ומהם אומרים אבותינו הנחילונו תורתם ושמרנו דתה. וירשנו אותה. ולא
ידענו בחסרון הדעה. הטובה היא אם רעה¹⁶. ומהם אשר בסוג לב אל תורתם נשו.
ובגדי חנופה עליהם לבשו. עברו ונענשו¹⁷. ומהם אשר יחזיקו בדתם. לבקש בה
מחיתם. ולרדוף בה מערנם. ולא יחשבו עוונם. הפוך רשעים ואינם¹⁸. ואין בהם כי
אם מהלל תורתו. ומתפאר בדתו. ומתהלך במשבותיו. אין אלהים כל מזמותיו¹⁹.
25 וכולם אומרים כי ישרים דרכינו. והמה דרכם לא יתכנו²⁰. וכולם על כולם קושרים
ומורדים. ועם את עם שוסים ושודדים. וזה את לחי זה יכה בחרפת דתם. על כן
רבה מנוי אל גוי שנאתם. ותבער בם אש איבתם. וירבו ויעלו להבות מלחמותם.
ואומר אין לי כי אם אשאל מחכמי כל עם ולשון ומשונאיהם. משפט אלהיהם. ואעלה
תשובתם על לבבי. ואצרוף מחשבי. ואשאלם לאמור הבינוני סוד תורתכם. והוריעוני
30 מי אלהיכם. ומה משמרתכם. ויבחנו דבריכם האמת אתכם²¹. ויענוני נוי נוי כלבבי.
ועם ועם ככתבו. ולא מצאתי כי אם איש דתו מהלל. ודת בלתו מקלל. ואדע כי
כולם כפי תאותם כל שיחם. אשר הולכים אחר רוחם²². ולא מצאתי בם מפתי ועד
מעריב²³. דובר צדק מגיד מישרים²⁴. ובשמעי דבריהם הרחקתים. כי לא הצדקתים.
כי כל ימי לא האמנתי. לדברים אשר לא בחנתי. ולא הייתי כמו האיש המפותה.

---

1) *Jug.* V, 21. — 2) *Is.* XXX, 32. — 3) „Sans qu'il y ait récidive." — 4) *Est.* II, 14.
— 5) *Jér.* XIX, 11. — 6) *Is.* XXXII, 17. — 7) *Eccl.* I, 13. — 8) *II Chr.* VI, 28. — 9) *Ps.*
I, 3. — 10) *Job*, XXXIII, 28. — 11) *Ib.* 30. — 12) *Eccl.* XI, 6. — 13) *Jér.* XXIII, 32. —
14) Cf. *I Rois*, XXII, 20. — 15) *Nomb.* VII, 5. — 16) *Ib.* XIII, 19. — 17) *Prov.* XXII, 3. —
18) *Ib.* XII, 7. — 19) *Ps.* X, 4. — 20) Cf. *Ez.* XVIII, 25. — 21) *Gen.* XLII, 16. — 22) *Ez.*
XIII, 3. — 23) Cf. *Prov.* XIX, 25. — 24) *Is.* XLV, 19.

אמרו¹ כי גנב על־הגן עלה. הוא וחבריו לילה. ויקץ בעל הבית וישמעהו בעלותו.
והעיר את רעיתו. ודבר הגנב הודיע. ותחבולותיו השמיע. לאמר הנני כישן ותעירני.
ובקול רם בעד עשרי תחקרני. לאמר מאין עשרת. ואיה מטמוני והבך אשר חפרת.
וכי אמאן להודיעך אלציני. ובקול גדול תאציני. ותעש כן ויאמר לה. שמעי מאין
5 עשרתי. ועל כל עשרי עם גברתי. על כן אכלי משמנים². ולבשי שני עם עדנים³.
ואל תשאלי בעד זאת הדבר ושמע השומע את השמועה. והגיח עליו את הרעה⁴.
ותאמר לו מי בלילה שומענו. ומי רואנו ומי יודענו. ויאמר לה גנב עמים הייתי.
ומגנבתי. גדל עשרי ורב חילי. אך עשרתי מצאתי און לי⁵. ותאמר לו ואתה בין
הגדולים גדול מאד ונחשב. ואיך היית גנב. ויאמר כי מצאתי ערמה בגנבתי. ותחבולות
10 בתרמיתי. על כן ננבתי נסתרה⁶. משכני ואחי. ונעלמה מעיני כל חי⁷. ואמרה אנה
חכמתך הודיעני. וערמתך השמיעני. ויאמר גנב הייתי אני וחברי עולים. על גנות
העשירים והגדולים. ואבא בעד החלון אשר אפתח. בהיות הירח צח. והייתי חובק
אור הלבנה הבא בעד החלון ויורד בו כיורד בסלם. באמרי שבע פעמים סלם סלם⁸.
ואקח כל שלל הבית חליפות שמלות וכסף וזהב ופנינים. ואין יודע ואין מקיץ כי
15 כלם ישנים⁹. ואחרי כן אומר סלם סלם שבע פעמים ואחבק הלבנה בעלותי. ואשוב
אל חברי ואוליכם בשלום אל ביתי. כשמוע הגנבים. אשר היו על הגג נצבים. כי אור
הלבנה יוריד הגנב ויעלנו. והאנשים ינחשו וימהרו ויחלמו הממנו¹⁰. ויקם האחד ויחבק
אור הלבנה שמח. ויאמר שבע פעמים סלם ויפול ויפשע¹¹. ויקרב¹² אליו בעל הבית.
ויכהו ויודע אותו בקוצים ובשמיר ובשית¹³. ויחטבהו בשוטים. כחבוט חטים¹⁴. ויאמר
20 מי אתה אשר אש בחיק תחתה¹⁵. ויאמר אני המאמין שמי המפותה. והפתי מאמין לכל
דבר¹⁶ אם כזב אם אמת. בלי אות ומופת.

צורת הבית והחלון והבעל הבית מכה את הגנב

וכאשר נשמרתי מהאמין דבר עד אבחנו. פן יביאני אל דבר שאפחד ממנו. אין
לי טוב כי אם האמין בדת אבותי. ובתורת מולדותי. ותגער נפשי בי לאמר הלא
25 דתך על כל דת תמשול ותרדה. בדת מדי ופרס די לא תעדי¹⁷. איה איפו פיך אשר
תאמר פתי יאמין לכל דבר. ואם אבותיך ללכוד אנשים פרשו מכמרתם. לתפוש
תמימים כרו שוחתם. ולירות לישרי לב דרכי קשתם¹⁸. ולבשת פניהם עברו מפלצתם.
אל תלך בדרך אתם¹⁹. ואם היא דת אבותיך וקדמוניך. ותורת ראשוניך. אשר היו
לפניך²⁰. ולמה לא תפתח עיניך. ותשים אל לבך ותלטוש רעיוניך. ותחקר בעד כל
30 אשר בקרבה. ותגד לך את לבה²¹. אם ישרה דבק בה. ואם עותה הכויבה. ואל תהיה
כמו האיש הקוסם וחרפוהו על קסמו. ויען ויאמר מצאתי אבי קוסם ולמדתי מדעתו
ומטעמו. וגם אל תהיה כמו האיש אשר היה אוכל בחפזה. ויהי לכל רואיו לחרפה
ולבוזה. ויאמר אין לכם אותי להבלים. כי כן היו אבותי אוכלים. ותהי תשובתו
מוספת על כלימתו. ואוסיף לחקור על חק כל עם וענינו. חק עם ועם כלשונו²².

---

1) S. d. S. p. 64, l. 6. — 2) Cf. *Néh.* VIII, 10. — 3) *II Sam.* I, 24. — 4) *Ib.* XV, 14. — 5) *Is.* XXIX, 15. — 6) *Osée*, XII, 9. — 7) *Job*, XXVIII, 21. — 8) C. également *sulem*, ce qui signifie „échelle"; l'arabe شولم n'a pas de sens. — 9) *I Sam.* XXVI, 12. — 10) *I Rois*, XX, 33. — 11) *II Sam.* IV, 4. — 12) Ms. ויקב. — 13) Cf. *Jug.* VIII, 16. — 14) Cf. *ib.* VI, 11. — 15) *Prov.* VI, 27. — 16) Cf. *ib.* XIV, 15. — 17) *Dan.* VI, 9. — 18) *Ps.* XI, 2. — 19) *Prov.* I, 15. — 20) *Deut.* IV, 32. — 21) Cf. *Jug.* XVI, 18. — 22) *Est.* I, 22.

ואומר בלבי הנה בחקרי כל חק בוגד ונאמן. יעבר הזמן. והלא שנות האדם שמונים
או שבעים. מעט ורעים'. ובעבור הזמן אפחד מבכור מר מות² אשר מנעורי הפחידני.
פן יבא והכני³. אין לי כי אם לרפא החולים. ולא אקח מאומה מרכושם⁴. טוב לי עוד
אני שם⁵. ואל אהיה כמו⁶ האיש אשר ענב אשת איש ותענבו. ותכרה בבית מהלך אשר
5 יבא אליה בו. ותשם אל פי המהלך אבן לאות⁷. להכירו העונב בבאו לראות. ויהי
היום בהיותו עליה מתרפק. והנה בעל הבית הדלת דופק. ותאמר אל העונב לך
אל פי המהלך אשר האבן שם מושמה. מהר המלט שמה⁸. וירץ העונב אל מקום
האבן והנה איננה. כי הסירוה מתחתינה. וישב אליה ונפשו בחשקן נצרבה. ויאמר
האבן איננה. ואני אנה אני בא⁹. ותגער בו ותתרפהו ותאמר השמתי האבן כי אם לאות.
10 גם פן ירבו נוך להכות. כי תחרפהו. וסכלותו תאיץ להדפהו. עד אשר בא בעלה
ויהרגהו. ויוציאהו מן הבית. לשמיר ושית¹¹. וכאשר יראתי בחקור רעיוני את התורות
שלהם. יבלו ימי עד התמהמהם. ויבחרו רעיוני להלוך בדרך אשר בחרו טהורות
הנפשים. ולא הלך כפעם בפעם לקראת נחשים¹¹. ונשמרתי מן הגאות ומחמת האף
ומן הגנבת ומן התרמית. ומן הזנות ומדבר שקר ומכל רע אשר דתו להמית¹². ונזהרתי
15 מהצר את האדם. ומשנאתו ומבא ברם. וכבדתי הורי ורעי. ונחמתי על חטאת נעורי
ופשעי¹³. ומצאתי התורה הזאת חמודה. נקיה מדאנה וחרדה. ויראת שלטון לא
תציקנה. ופריק חיות בל יעלנה¹⁵. וראיתי המואס בכל אלה החכים הצדיקים כמו¹⁶
האיש אשר יש לו אבן יקרה. וישבר חרש לנקבה ולהוסיף על יפיה ולהיותה הדורה.
ויבא אל בית החרש וירא שם עונב. ויאמר לחרש השמיעני אותו כי לשמעו אתאב.
20 ויען החרש בעונב בקול ערב. מהבקר עד הערב. וכבא השמש בקש שכרו¹⁷. ויחשוב
הסוחר כי [אבנו] נקובה. וימהר לתת מחירו. ויבקש האבן ויאמר לא נקבתיה כי
אתה כלאתני¹⁸. עשיתי בכל אשר צויתני¹⁹. ויתן לו מאה שקלים והאבן בלי נקובה.
כי בעננו נשארה עזובה.

<small>צורת הסוחר והחרש והעונב בידו והאבן</small>

25 או עצם לבי מעמל ארץ נושבת עיניו. וישת אל המדבר פניו²⁰. ושם הבינותי כי
הצדק יכין לעולם הבא מנוחה. והחסד ינחיל שם הנחה. כאשר יבינו האבות לילד
תכונת חיתו. וחקת צורתו. וראיתי החסיד כי נחה עליו השכינה. ותשכון על נפשו
שלוה וחנינה. ובהכנעו השכינה נשאתהו. ובשבעו ממעט רוח נדיבה סמכתהו²¹. ושמח
בחלקו ועושר. ומאס בהבלי תבל ואושר²². והרחיק התאוה וכשר. והתאחר כמדבר
30 ולא חסר דבר. ושכח סכלות תבל וקורותיה. ונמלט מדאנותיה ותלאותיה. והשליך
גא אחר גוו. ויוצא לאור זיוו. והתברר רוחו. בשפכו לפני יוצרו שיחו²³. וישלם שכלו.
ויחסר כסלו. ובעין לבו יראה ברכת אחריתו. אבל התבוננתי כי דרך

<small>1) Gen. XLVII, 9. — 2) Job, XVIII, 13. — 3) Gen. XXXII, 12. — 4) Cf. ib. XIV, 23. — 5) II Sam. XIV, 32. — 6) S. d. S. p. 66, l. 11. — 7) Une pierre, indiquant l'entrée du conduit souterrain, ne se trouve ni chez C., ni en arabe, ni chez Gay.; ceux-ci placent le conduit près d'un puits. — 8) Cf. Cant. VIII, 5. — 9) Gen. XIX, 22. — 10) Ib. XXXVII, 30. — 11) Is. VII, 23. — 12) Nomb. XXIV, 1. — 13) Est. IV, 11. — 14) Ps. XXV, 7. — 15) Is. XXXV, 9. — 16) S. d. S. p. 68, l. 9. — 17) Cf. Deut. XXIV, 15. — 18) I Sam. XXV, 33. — 19) Deut. XXVI, 14. — 20) Ib. XXIV, 1. — 21) Is. LIX, 16. — 22) „Il est content de son lot, et il est riche, — il dédaigne les futilités du monde, et il est heureux." Le second poual seul est biblique. — 23) Ps. CII, 1.</small>

החסיד ישרה. וראיתי כי מחיתו חסרה. אכל ואין לשבעה. שתה ואין לשכרה¹. לחם
בשאון. ומים במשורה ושממון². ואומר הלא ישלם צדקי. כי אם בנרוע לחם חקי³.
ולמה תהיה נפשי רעבה⁴. ולמי אני עמל ומחסר את נפשי מכל טובה⁵. אף כי תקצר
רוחי. ויכלה כחי. ולא אוכל לעשות החסדים. אשר הייתי עושה לפנים. לעניים
5 ולאביונים. ואירא שיקרני⁶ כמקרה הכלב אשר עבר הנהר וְבפיו צלע. בעוד הצלע
לא בלע. וירא צל הצלע במים. ויבא אחריה ותפל הצלע מבין השנים. ויאמר הכלב
לא אחת ולא שתים⁷. ואירא מדרך דרכי החסיד יראה גדולה. כי יראתי פן תהי נפשי
עמלה. ואחרי כן התבוננתי כי אחרית שמחת תבל אבל. וכל עשרה הבל. וכי תבל
כמו' מי המלח. אשר יוסיף השותה לשתותו יוסיף צמאה. ויוספו מעיו שואה ומשואה.
10 וכעצם⁸ בפי הכלב וירח בו ריח בשר. ובבקשו הבשר נשברו שניו ועמל לא חסר.
וכמו⁹ הראה אשר תקח נתח בשר ומיני העוף הרדיפוה. כל רודפיה השיגוה¹⁰. עד כי
מאד יגעה. ומן הנתח אשר בפיה לא שבעה. או כמו¹¹ כד הדבש אשר בשפתיו דבש
נראה. ובעמקה ראש ותלאה¹². או כמו¹³ החולמים חלומות. אשר ינעימו התנומות.
והקיצו וחסרו כל נעימו. וכאשר נאמר והיה כאשר יחלום הרעב והנה אוכל והקיץ
15 וריקה נפשו וכאשר יחלום הצמא והנה שותה והקיץ והנה עיף ונפשו שוקקה¹⁴. או כמו¹⁵
הברק. אשר במהרה ינוס וירחק. ונשאר מיחלו באפלה. באישון לילה. או כמו תולעת
השני כל אשר תוסיף על נפשה ארוג. ובארגה נפשה תהרוג. ולא משתי מהביט
באלה הדברים ואמוד ואשקול. ואפנה ימין ושמאל¹⁶. והייתי כמו¹⁷ שקרי שופט סדם
אשר בשמעו ריב האחד לבדו [יזכהו]. ובשמעו ריב האחר לבדו יזכהו. עד אשר לבי
20 להבין דברי תבל הכינותי. וכל דקדוקי סבותיה הבינותי. ואחרי אמרי אסור מדרך
החסידים כי הוא צר. אמרתי ומה המצר הזה אשר יקצר. לעמת צאתי לדרך נעימה
ארוכה וטובה. אל ארץ טובה ורחבה¹⁸. אוי נאנחה נפשי על נעימות תבל ותענוגיה.
ועל כל מגדיה ומטעמותיה. ואנגר¹⁹ בה ואומר ומה תאנחי על ארץ אשר יומר²⁰ דבשה.
ונושן חדשה. ארץ צרה ומצוקה. ארץ בכי ואנקה. בוקה ומבוקה ומבולקה²¹. ארץ
25 שממה. ארץ שמה ומשמה. ארץ רעב וצמאה. ארץ איבה ושנאה. ארץ אשר סוף הורה
בזה²². ארץ אשר ינום טובה בחפוה. ארץ אשר כבודה נהפך לקלונה. וירד הדרה
והמונה²³. ארץ שאון. ארץ קלון. ארץ בזיון. ארץ כליון. ארץ עצבון. ארץ רקבון. ארץ
צעקה. ארץ זעקה. ארץ פוקה. ארץ חושך וצלמות. יאכל בדיו בכור מות²⁴. ארץ ציה
ושאיה. ארץ תאניה ואניה. ארץ אשר ראשיתה קנה²⁵. ואחריתה מרה כלענה²⁶. ארץ נגע
30 ארץ יקרה את כל יושביה איד ופגע. ארץ יגיעה. ארץ צואה. ארץ רבו מכאוביה. ארץ

---

1) Agg. I, 6. — 2) Ez. IV, 16. — 3) Prov. XXX, 8. — 4) Eccl. IV, 8. — 5) S. d. S.
p. 69, l. ult. — 6) II Rois, VI, 10. — 7) S. d. S. p. 70, l. 6. — 8) Ib. l. 7. — 9) Ib. l. 9.
Ar. الكلب; ainsi traduisent Saadia et Ibn Djanâh le mot, Lév. XI, 14. — 10) Lam. I, 3.
— 11) S. d. S. 70, l. 11. — 12) Ib. III, 5. — 13) S. d. S. 70, l. 12. — 14) Is. XXIX, 8. —
C. n'a pas le verset. — 15) Les comparaisons, tirées de l'éclair et du ver à soie, manquent
chez S. d. S., mais se lisent chez C. et Gay. — 16) Cf. Gen. XXIV, 49. — 17) S. d. S.
p. 71, l. 1. Les mots : „Schakri, le juge de Sodom", sont du traducteur; Schakri, „le menteur"
est l'un des quatre juges de Sodom, nommés Sanhedrin, fol. 119. Gay. come un alcalde de
Marne. C'est évidemment, de la part du traducteur espagnol, une allusion maligne à un
juge mal famé de son temps. — 18) Ez. III, 8. — 19) Toute l'allocution à la terre, jusqu'à
p. 328, l. 6, est de Jacob ben Elazar. — 20) Is. XXIV, 9. — 21) Nah. II, 11. — 22) Is.
V, 15. — 23) Job, XVIII, 13. — 24) Peut-être : מתוקה בקנה. — 25) Prov. V, 4.

אוכלת יושביה'· ארץ טמאה· ארץ חטאה· ארץ עוונים· ארץ תאונים· ארץ פשעים·
ארץ רשעים· ארץ מרעים· וחרדו לרעעים'· ארץ נגעים· ארץ פצעים· ארץ אובדה· ארץ
חרדה· ארץ אנחה· ארץ צוחה· ארץ תאות· ארץ דאנות· ארץ תוגה· ארץ פונה· ארץ
נמונה· ארץ שננה· ארץ חמס· ארץ משלח ומרמס'· ארץ כלימות· ארץ מהומות· ארץ
5 בלהות· ארץ תלאובות'· ארץ בצרות· ארץ אפלה· ארץ גולה· ארץ בלהה· ארץ שקר·
ארץ אשר לקורותיה אין חקר· ואלו יאמר אל איש שיחיה מאה שנה· בא בדאנה
וברגזה ובמגינה'· ובמקצה השנים המאה ימות ואחרי מותו יחיה· ויאמר לו פעם אחרת
תרצה לחיות מאה שנים אחרות· במצוקות וצרות· ובמלאת הימים האלה' לא תקוה
ולא תירא כל רע· ותהיה לעולם בשמחה· השקט ובטחה· היה· על אותו האיש
10 לבחור נשוא חרפת ימים אחדים· וחי לעולם בהשקט ובטחה עם שאר החסידים.
ומצאתי בספרי הרפואות כי מי האיש כהשתתפכם ברחם יתערבו במי האשה
ודמיה· ויגרשו מימי' שניהם במעיה ותרחף על פני רוח תנינה· ותקפיאם כגבינה'·
ואז יתילדו בילדים· בשר ועצמות וגידים· ואם יהיה הילד זכר יהיה פניו לאחרי
אמו· ואם היא נקבה· יהיו פניה לנגד בטן אמה· וידיו על פניו· וזקנו בין ברכיו· והוא
15 במקום צר· דומה· לכים כאלו הוא עקוד וצרור בצרור· ועליו צנאת הבטן· ושררו
קשור בשרר אמו· ומאתו תבא מחיתו· עד יום צאתו· ימץ ממטעמי אמו וממשתיה·
והוא במקום צר מקום חשך ואפלה· ובעת ישלח יוצרו רוח להניעו ולהחזיקו עד
צאתו ויצא ראשו תחלה· ובצאתו כלו תעבור עליו רוח תכאיבהו בין צירים וחבלים'
בין חלי מעים בין בכי בין זעקה בין רום בין זלות' בין שום חתול" בין רוך בשמן" בין
20 כבם בגדים בין ישן בין נשוא בחיק· אלה קוראותיו· ולא זכרתי חצי תלאותיו· בהיותו
יונק· ואחרי הגמלו יתענה בלמדו תורה ומצוה'· וחידה ואחוה· ומוסר· וחכמה· ודעת
ומזמה"· ובין כך וכך חבלים וצירים למינים· וחליים רעים ונאמנים'· ואחרי כן יבקש
מחיה· בארץ ציה· ובמכר ובקנות· ירבה עונות· וקנינו מחמס ומפשע· למען בצע
בצע"· ולהבות באנרוף רשע"· יבצע ולא ישבע· ועל פת לחם יפשע· לענה בלחמו
25 ומי ראש במימיו· ויבלו בבשת ימיו· וירבה שבועות· וישפך דמעות· יתחנן ויבכה·
והוא לא יזכה· ומראש ועד אחרית· החזיק בתרמית· ובין כך ובין כך זרים יתבלוהו·
ושמועות יבהלוהו· ונהפכו האוהבים לאויבים· והקרובים· עקרבים· ואחים· פחים· גם
יצודנו אש שורף· ומטר סוחף"· ומשלח צרעה· וחיה רעה· חמת תנינים· וראש פתנים"·
אריה מרוחף· שרף מעופף"· גם יציקוהו קור· וחם· וחסר ועירם" וזוקנה ושיבה·
30 ורעה רבה· כהות עינים· בכבדות אונים· ושפלות ידים"· ובטול חך ומלקחים"· ואין ריח
אפים· ונפול שנים· ופיק ברכים"· וחלחלת מתנים"· והלוך שחוה· ואין כח"· ואלו לא
יקרה לאדם אחד מאלה כי אם יום המות· ולכתו אל ארץ חשך וצלמות· והתפרדו
מעל אחיו וקרוביו· והתנודדו ממיודעיו ואוהביו· ויעזוב ילדיו· וישכחוהו עבדיו·

---

1) *Nomb.* XIII, 32. — 2) *Ez.* XXVI, 13. — 3) Cf. *Is.* VII, 25. — 4) *Osée*, XIII, 5. —
5) *Lam.* III, 65. — 6) *Est.* I, 5. — 7) Cf. *Is.* LVII, 20. — 8) Cf. *Job*, X, 10. — 9) *Is.*
XIII, 8. — 10) Cf. *Ps.* XII, 9. — 11) *Ez.* XXX, 21. — 12) Cf. *Is.* I, 6. Peut-être רבוך. —
13) D'ici jusqu'à ואביט, p. 329, l. 27, c'est une composition originale. — 14) *Prov.* I, 5. —
15) *Deut.* XXVIII, 59. — 16) *Ez.* XXII, 27. — 17) *Is.* LVIII, 4. — 18) *Prov.* XXVIII, 3. —
19) Cf. *Deut.* XXXII, 33. — 20) *Is.* XXX, 6. — 21) Cf. *Deut.* XXVIII, 38; ms. עדום. —
22) *Eccl.* X, 18. — 23) Cf. *Ps.* XXII, 16. — 24) *Nah.* II, 11. — 25) Cf. *ib.* — 26) Cf. *Is.*
LX, 14.

— 329 —

ומאומה מכל נכסיו לא יוריד היה בוחר כל החלאים והצרות. והתלאות והקורות.
אשר למעלה אשרות. וישא עול כל שבי וגלות. ויחיה ולא ימות. אף כי תבל חסד
חסיד מחסדת¹. והדר נאדר² מאבדת. ואלו מלך חכם ונבון ורב פעלים. חומל על
כל עמלים. מעניק דלים. מנחם אבלים. יועץ וחכם חרשים³. טוב עם יי ועם אנשים.
5 דורש טוב לעמו⁴. וסבל בלם על שכמו. אוהב החכמה ובעליה. שונא כסילות וכסיליה.
והאיש נכבד. רואה את הנולד. מאבד המסים והחומסים. ושרי מסים⁵. צנוע וענו.
ולנלולים לא נשא עיניו. רחוק משטמה וקנאה. ומן שטנה ושנאה. מאור חיל על
צרים. ואמיץ לבו בנבורים⁶. ינן על עדתו ועל כל סביביו. וילחם סביב בכל אויביו⁷.
אבל תבל במקרה מעול והומם תקרנו⁸. ויעבר והנה איננו⁹. יערב עומד והשכים אובד.
10 יערב יש נחמד לכל עין. והשכים והנו הבל ואין. האבד טובת אשר יועיל. ותעמיד אשר
לא יציל ולא יועיל. ועמדה השטנה. ואבדה האמונה. והחכמה בורחת. וצרעת השכלות
פורחת¹⁰. ופשתה המספחת¹¹. והסתימה עין הצדק סתומה. ועין החמם שתומה.
ונפן החסד הובישה¹². ונפן החמם השרישה. והאמת מאנשי רשע הסתירה פניה. ומהם
העלימה עיניה. ויהי החסד בעיני החנפים נבוה. ובני בליעל אמרו מה יושיענו זה¹³.
15 ואתמה עליהם כי בסכלות הזקינו. ולא ידעו ולא יבינו¹⁴. כי אם החסיד בעולם הזה
יועם¹⁵. בעולם הבא יתערן וינעם. כי הוא עולם כאור. הולך ואור¹⁶. עולם נגה וזהר.
ואליו כל חסיד ינהר. עולם עליון. עולם חויון. עולם נקיון. עולם הגחה. עולם
מנוחה. עולם רוחה. עולם השקט ובטחה. עולם אשר יקרו מאד מאד לא נחקר.
עולם אורה ושמחה וששון ויקר¹⁷. עולם לצדיק משען ומספר. וצדקתו עומדת לער¹⁸.
20 עולם הדוה ושלוה. עולם אחרית ותקוה¹⁹. עולם אחוזת תמים ונבר. עולם אשר אין
שם מחסור כל דבר²⁰. עולם שכינה. עולם חנינה. שם כל חסיד רע מכל רע השלם. כי
שם צוה יי את הברכה חיים עד העולם²¹. שם צדיק רשן ורענן²². כי שכן עליו הענן²³.
שם לץ יתעורר. ושם כל דבר יתברר. ונקי על חנף יתעורר²⁴. שם יבושו רועי רוח
ועורי ריק. שם פחדו פחד כי אלהים בדור צדיק²⁵. ולא יועיל כח אברים. כי שם
25 ננעל מגן גבורים²⁶. ושם רשעים ירמסו כטיט חוצן. אין חשך ואין צלמות להסתר שם
פועלי און²⁷. ויראו צדיקים וישמחו²⁸. בי²⁹ בטחו. חסן ויקר יקחו³⁰.

ואביט דברי תבל בעין לבבי. ואתבונן [על] האדם אשר בא בראות מחשבי. וארא כי
אין בכל נברא. אשר תחת השמים צורה. כיפעת צורת האדם והדרו וכהודו. להלל
מאד מכף רגליו ועד קרקדו³⁰. ויטוש בינתו וחכמתו יבלע. וכל אויל יתגלע³¹. ואין אדם
30 אשר לא ידע בחר בטוב ומאס ברע³². אבל כלו רץ במשובתו³³. ואין נחם על רעתו³⁴.
ואדע כי תאותו הסיתתהו. ובמעט דבש השיאתהו. כי תאותו היא ראותו. ובעבור
ענג רגע יאבד תענוגים ונעימים. אשר לא יכלו לנצח נצחים ולעולמי עולמים. ואו

---

1) „Qui insulte à la bonté du pieux"; cf. Prov. XXV, 10.— 2) Peut-être: נהדר. — 3) Is. III, 3.
— 4) Est. X, 3. — 5) Ex. I, 11. — 6) Am. II, 16. — 7) I Sam. XIV, 47. — 8) Ps. LXXI, 4;
lis. וחוסף. — 9) Ib. XXXVII, 36. — 10) Cf. Lév. XIII, 42. — 11) Ib. 8. — 12) Cf. Joël, I, 12.
— 13) I Sam. X, 27. — 14) Is. XLIV, 18. — 15) Lam. IV, 1. — 16) Prov. IV, 18. — 17) Est.
VIII, 16. — 18) Ps. CXII, 3. — 19) Jér. XXIX, 11. — 20) Cf. Jug. XIX, 19. — 21) Ps.
CXXXIII, 3. — 22) Cf. ib. XCII, 15. — 23) Ex. XL, 35. — 24) Job, XVII, 8. — 25) Ps. XVI, 5.
— 26) II Sam. I, 21. — 27) Job, XXXIV, 22. — 28) Ib. XXII, 19. — 29) Ez. XXII, 25. —
30) II Sam. XIV, 25. — 31) Prov. XX, 3. — 32) Cf. Is. VII, 15. — 33) Inversion de Jér.
VIII, 6. — 34) Ib.

יקצר כל איש אשר זרע. אם טוב ואם רע'. איש כפי אשר קדמה ידו. ושבתם וראיתם
בין עובד אלהים לאשר לא עבדו². והנני ממשיל בין אדם ותבל בשנותו במעט דבשה.
ובהאמינו בהתולי לחשה. אל איש' אשר אריה רדפו. ואל בור בשדה הדפו. ועל
שפתו שני ענפים. והעמיד על שניהם רגליו. והנה ארבעה נחשים נצבים עליו. ויפן
5 וירא בעמק הבור תנין פוער פיו לבלעו. ויירא מאד ואין בו כח לטועו ולנסעו. ויפן
וירא והנה שני עכברים. משחיתים הענפים וכורתים אותם ועוברים. האחד לבן
והאחד שחור. וישאר נבעת אין בו כח ללכת לפנים ולאחור. ויהי שומם ומשתאה.
עד אשר יראה. הימלט מצרתו. או ינצל מרעתו. והנה לצדו דבורים במעט דבש
וטעמהו. ומועילו השביחוהו. וישכח כי נחשים ארבעה לעומתו. ויבקשו המיתו.
10 ויאמר ברוויה המשלתי הבור אל תבל אשר היא מלאה תנוות ותלאות וזועות
וצרות רבות ורעות'. ואימות ופחדים. ושבע נדודים⁵. והמשלתי הארבעה נחשים אל
הארבעה היסודות אשר באדם נטושים. אשר בהתגבר אחד מהם. להשחיתו יחיש.
וכצפעוני יפריש⁶. והמשלתי שתי הענפים אל החיים. והמשלתי שני העכברים
השחור והלבן אל הלילה ואל היום. אשר לקצר חיי אנוש עשוים. והמשלתי התנין
15 אל המות. ופיהו הפעור זה גיא צלמות. והמשלתי הדבש הזה הנקלה והנבזה. אשר
הוא שמע אזן וריח אף וטעם חך ומראה עינים. ומישוש ידים. אלה הם שוטני האדם
אשר מ̇וֹעילו הסיגוהו. ומלדרוש דעת יוצרו ימנעוהו. ולהכינו צידתו. למחרתו.
ויאמר ברוויה עבוד יוצרי בחרתי ימי חלדי. ולדרוש ולדעת דעות לי. ויש̇ר חסידים
במעגלי'. וזה יהיה. חלקי מכל עמלי⁸. ולהוניע נפשי בחצר הקטנה. למצא מנוחות
20 בחצר הגדולה. והתנחמתי על פשעי תמול. והיום חסד לגמול. ושבתי מארץ הדו
אל ארצי. אחרי אשר מצאתי חפצי. וספרים הרבה כתבתי. והספר הזה העתקתי.

---

1) *Jér.* XLII, 6. — 2) *Mal.* III, 18. — 3) S. d. S. p. 75, l. 13. Le lion y est remplacé par un éléphant. C. a bien le lion, mais il avait trouvé en hébreu ארבע חיות, qu'il traduit par *quatuor animalia*; mais חיות provenait d'une confusion avec حيات „serpents". —
4) *Ps.* LXXI, 20. — 5) Cf. *Job,* VII, 4. — 6) *Prov.* XXIII, 32. — 7) *Ib.* IV, 11. — 8) Cf. *Eccl.* II, 10.

[שער האריה והשור]

[והוא משל שני חברים אשר נרגנים יגרו מדון ביניהם . ויפרידו בין שניהם .]

ויאמר¹ דיסלם מלך הדו אל סאנדבאר שהיה דוד חכמות מארץ הדו . משל
משלים בין שני ידידים טהורי לב נאמנים . שהפרידו בין שניהם בכזביהם מסיתים
5 ונרגנים . ויען דוד חכמות ויאמר כן משפט כל שני ידידים . המכזיבים והמסיתים יהיו
ביניהם מפרידים . ויהיו כמו האריה והשור . ויאמר המלך איכה היה הדבר :
ויאמר דוד חכמות סוחר עשיר היה בארץ רסתבאר ולו שלשה בנים . וכאשר גדלו
הנערים . החלו עושר אביהם לפזר ולהחרים . ולא למדו מלאכה . להיות להם לצרכם
ערוכה . וינער בהם אביהם² . וכהה בם על רע מעשיהם . ויאמר האיש בחרבכם
10 ובקשתכם שביתם . מה המעשה הזה אשר עשיתם . הלא ידעתי³ כי כל יושבי תבל
מאנשי הדעה . יבקש שלשה דברים ולא ישיגם כי אם בארבעה . מחיה ומעלת הגדולים
וצידה ליום אחרון אלה הם השלשה . והארבעה אשר בם ישיגו את השלשה . קנות
עושר . בתם לבב וביֹשר . והשני לשמרו לתקן בו מחיתו . והשלישי להכין צידו היום
ליום מחרתו . והרביעי להפיק רצון יוצרו ורצון אנשי ביתו ואנשי עירו . ואם כל אלה
15 לא עשה לא ימצא חפצו . ולשוא יהיה יגיעו ורוצו . כי אם לא קנה רכוש למאכלת
לביתו . תרע לו מחיתו . ואם קנה רכוש ולא יכלכל דבריו במשפט⁴ מהרה יאברנו .
כמו חי כמו חרון יסערנו⁵ . וגם אם בסחורה ובתחבולות לא יסערנו . עבור שאינו⁶
מכלותו לא ימנענו . כי הפוך אשר לא יקחו ממנו כי אם מעט כשחק מאזנים . לבחול
העינים . הפך ומוצאיו יבלו גם העינים תכלינה . כי ההרים ימושו והגבעות תמוטנה⁷ .
20 ואם רכש רכוש ובלבלו במשפט ותקנו . ובמקומות רצון אל לא נתנו . נחשב כאחד
הדלים והרשים . נבזה וחדל אישים⁸ . ויתנודד ממונו על אפו . וזהבו וכספו . ויאבד כל
קנינו . בדברים שלא כרצונו . כמו⁹ כיור אשר תמיד יבאו בו מים ובהמלאו ישתפכו .
אל אשר שם לא נמשכו . ואם לא ימצאו המים מוצא הביור ההוא יקרע . וילכו המים
אל מקום אשר לא יעבד בו ולא יזרע¹⁰ . וכאשר יוכיח הסוחר את בניו נוכחו . ומוסר
25 אביהם לקחו . וילך האח הגדול בסחורה אל ארץ ניור¹¹ ויהיו הדרכים והחוצות . מלאים
טיט ובצות . ועמו עגלה ישאוהו שני שורים שם האחד שנזבה . ושם השני בנדכה .

---

1) S. d. S. p. 78. — 2) Cf. *Gen.* XXXVII, 10. — 3) *Ib.* XLIV, 15. — 4) *Ps.* CXII, 5. —
5) *Ib.* LVIII, 10. — 6) Ajoutez : מוציא כי אם מעט. — 7) *Is.* LIV, 10. — 8) *Ib.* LIII, 3. —
9) S. d. S. p. 79, l. 10. — 10) *Deut.* XXI, 4. — 11) Arabe : ميون ; Gay. Mayon ; C. Mathor.

ויטבע שנזבה בטיט. ומכביד עליו עבטיט¹. ויתקבצו אליו רגלים. ויוציאוהו בחבלים. ויפקד הסוחר עם סחורתו. והנער רץ לקראתו. ויאמר מת שנזבה ברוב חילו. כחש לוי. ושנזבה מעמק אל עמק סבב. עד אשר מצא כר נרחב. ויהי מתען בכר ואכל עשב. ולא עבר בו לא ענל ולא כשב. להיות ממנו מה שנגור עליו. כי אין מברח
5 לאיש מפני הדבר שנגזר עליו. כמו² האיש שהיה מקושש קש. והנה זאב אליו חש. ויראהו ויירא ולא נשארה נשמה בו³. ופחד ורהב לבבו⁵. ויברח עד שהגיע אל הקריה על נהר. ובו נשר נשבר. ויבא בנשר רבו שבריו. והואב אחריו. ויאמר בלבו הנשר שבור והנהר עמק ואין אני שוחה. אין לי טוב כי אפול אל הנהר אם אחיה אם אמחה. ויעש כן ואנשי הקריה ראוהו. וירוצו ויוציאוהו. ומצאוהו כי בשל כחו.
10 ובמעט תצא רוחו. ויספר להם כל צרתו. וכל המוצאות אותו⁴. הוא מספר לאנשי הקריה. ותפול עליו נדר דהויה⁷. ושנזבה מתען בכך פעם רועה ופעם רוקד ופעם בועט ופעם ער ופעם ישן. ואכל ושבע ודשן⁸. עד אשר במערנים נפשו נאה. והוא לא ידע כי נוגעת אליו הרעה. ואריה אחד היה אצל הבר מלך על כל החיות. ועמו גדודים ציים ואיים שועלים וריות. והאריה ההוא גבה לב וגאה. וכשמע קול שנזבה
15 נהפך לבו שפל ונכאה. והשתנו פניו פתאם. כי לא שמע כמו זה הקול מתמול שלשם. וישאר סר וזעף. ורפה מתנים וייעף. ויאמרו לו עבדיו ויועציו. ושריו ושלישיו הקרובים והמיודעים. מדוע פני אדוננו רעים. וכאשר היה לבבו נדכה ונשבר. לא ענה אותם דבר. ושם נקראו שני בני איים. אשר בהם כח לעמוד לפני האריים. שם האחד כלילה ושם השני דמנה. יודעי דעת ומדע ובינה. אבל דמנה
20 היה גבה לב חכם להרע. ויאמר דמנה לכלילה. אחי הלא תראה האריה דואג ואנוש. ממקומו לא ימוש. ולא ישוט לטרוף טרפה. אין זאת כי אם לבו רגז ונפשו עיפה. ויען כלילה ויאמר אחי אחי מי הביאך בנסתרות המלכים לעמוד. הרחוקות ממך מאד. הרחק מחשבות רעות מלבך. פן יהיו למוקש בקרבך⁹. ושים נפשך מדברי המלכים רחוקה. ולא תהיה זאת לך לפוקה¹⁰. הנה אנחנו בשער מלכנו יושבים
25 ונשבע לחם ונהיה טובים¹¹. ולא אנחנו ממשפחות. האחשתרנים והפחות. לדבר בדברי מלכותם. ולעמוד במועצותם. וכל מתהלך בגדולות ובנפלאות ממנו¹². תקוה לבסיל ממנו¹³. ודע כי דובר או פועל דבר אשר לא יתכן לו. יקרהו כמקרה הקוף בסכלו.
ויאמר דמנה איכה היה הדבר. ויאמר כלילה¹⁴ אמרו כי קוף ראה חרש מגורר קורה. והוא עלה ובידו המגרה. יגורר אמה. וישים יתד שמה. ויחשבהו הקוף פרש
30 רוכב סוס. וכאשר הלך המגורר לצרכו. לעשות דרכו. עלה הקוף וישב על הקורה. והסיר יתד אחר יתד עד מקום המגרה. ויבא במקום היתר מבושיו. ויפל בפח יקושיו. ויבא המגורר. ולהכותו התעורר. עד אשר פור התפורר¹⁵. ויאמר דמנה שמעתי הידעתך. והבנתי מליצתך. ולא כל מבקש קרבת מלכים. ועבודת נסיכים. ולא כל אשר מעלה רמה יתאב. למלא נפשו כי ירעב¹⁶. כי בטן כל תם במעט פת תמלא או במעט
35 בשר. ובטן רשעים תחסר¹⁷. אבל יבקשו נדיבים מעלה לשמח בה אוהביהם. ולהכאות

---

1) *Hab.* II, 6. — 2) *I Rois*, XIII, 18. — 3) S. d. S. p. 80, l. 9. — 4) *Dan.* X, 17. — 5) Cf. *Is.* LX, 5. — 6) Cf. *Jos.* II, 23. — 7) *Ps.* LXII, 4. — 8) *Deut.* XXXI, 20. — 9) *Ex.* XXXIV, 12. — 10) *I Sam.* XXV, 31. — 11) *Jér.* XLIV, 17. — 12) Cf. *Ps.* CXXXV, 1. — 13) *Prov.* XXVI, 12. — 14) S. d. S. p. 82, l. 9. — 15) Cf. *Is.* XXIV, 19. — 16) *Prov.* VI, 30. — 17) *Ib.* XIII, 25.

לבות' אויביהם. ובזוי עם ישמח במעט. ולא ידאג אם נע אם מט. הלא תראה כי
בהשליך איש עצם לכלבו. ישמח שמחה גדולה בו. וניע לו זנבו. וירקוד סביבו.
והאריה אשר יטרוף הארנבת ולא השביע רעבו. ויבקש לטרוף פראים כי יחם
לבבו'. ונשיא עם כל אשר יגדל כבודו. ויצא לו שם בהודו. וכביר מצאה ידו'. להוסיף
5 על כבודו רך. ולהעלות מעלתו אך. ויבקע רכסי ערבות'. נכבדי נתיבות. דמה
לכום חרבות. וידרוש קסמים ושאל באובות. כל זאת להשיג נתיבות. ולפזר נדבות.
לכן בווי עם אשר יתרצה מעגל בפרשו. ומן התור בראשו. ומן הכרם בבאושו'. ולא
יבדיל בין עשרו לרישו. וכן חולו לקדשו. יטנף לבושו. ועלה באושו'. ולא נכר
ישנו מן חדשו. על כן המלך לנגידו. והגניד לפקידו. והנדיב לנדיבו. והאוהב לאהובו.
10 וכן הנבוה לבזיונו. והנקלה לנקלונו. את כל עורב למינו'. והכואב למכאובו. והדוה
בנדתה'. והזב בזובו. והכלב יניע זנבו עד אשר ישלך פת שערוריה לו. והפיל בעז
נפשו אם לו יוזרה בלילו. לא יביט אליו ולא יאכלו. עד אשר יתבורר ויתערה. אשר
יזרה ברחת ובמזרה'. ואשר מחיתו בכבוד הוא גומל נפשו ונפש אהובו. ומיודעיו
וקרוביו. והוא יהיה לראש והוא ישא הוד ואם יאריך ימים במעדני נגידים. יהיו בעיניו
15 כימים אחרים. ואם הציק מחיתו. תמעט שמחתו. ותרבה אנחתו. ולא יועיל לאוהביו.
ולא יציק לאיביו. כי רבו מהרסיו ומחריביו. ואם יקצרו שניו'. ירבו בעיניו. כי הנקרא
עני המאריך בעני ימותיו. ובשברון מתנים ובמרירות שנותיו. ונחשב מי לא יעמול
כי אם לבטנו למלא רעבונה. בהמה ורמש וחיתו ארץ למינה''. ויאמר כלילה שמעתי
דבריך. והבנתי אמריך. ושוב אל לבבך. והשב מחשבתך. כי על פי ברכת כל איש
20 תעלה מעלתו. איש איש כברכתו''. ועל פי מאירתו תרד המחשבה ותופר. ישפילנה
עד ארץ יורידנה עד עפר. ודע כי כבד היא עלות אל המשרה. ורדת ממנה קל
ממנה. אף כי מעלתנו טובה כפי מולדתנו ומולדות אבותינו. יושבים בצל רחמי
אלהינו. בשער מלכנו. ורב שלומנו. ורבתה טובתנו. ביד יוצרנו הטובה עלינו. וכל
אך להעשיר. טובו יחסיר. והוא מחשב להרע. ומוסר פורע''. ובל המוסיף גורע''. ודע
25 כי יוצר הכל ברא נבראיו על מבחר תבונת חקים. ומשפטים צדיקים. ולא יוכל
איש לקחת כי אם מנת כוסו וחבלו''. ואין בו יכלת לעמוד כי אם על גורלו'' אשר
נתן לו. איש על מחנהו ואיש על דגלו''. ואיש על מעלתו. הבכור בבכורתו. והצעיר
בצעירתו''. ולא יעלו על מעלת גדולים וחזקים. אנשים ריקים. כי לא ינוח שבט
הרשע על גורל הצדיקים''. ולא ישינו העבים לשחקים'. ולא ירוצו סוסים כברקים.
30 ואתה אחי איש בינה ודעה. למה תתגרה ברעה'. כי לא ישב איש איש כי אם על
כסאו. איש איש על עבודתו ועל משאו''. ומה לך לשנות דרכך מאד. אל תתהדר
לפני מלך ובמקום גדולים אל תעמד''. ויאמר רמנהרב לך כי לא ישיבוני מעצתי נביא
או חוזה. אל תוסף דבר אלי עוד בדבר הזה''. ואם אוכל להוסיף על מעלתי ולא

---

1) Cf. Ez. XIII, 22. — 2) Deut. XIX, 6. — 3) Job, XXXI, 25. — 4) Cf. Ps. XXXI, 21.
— 5) „Le misérable se contente, en ayant du veau les excréments, du tourtereau la tête, de
la vigne les lambruches". — 6) Joël, II, 20. — 7) Levit. XI, 15. — 8) Cf. ib. XV, 33. —
9) Is. XXX, 24. — 10) Ms. שיניו יטצא. — 11) Gen. I, 19. — 12) Ib. XLIX, 28. — 13) Cf. Prov.
XIII, 18. — 14) Sentence rabbinique. — 15) Cf. Ps. XVI, 5. — 16) Nomb. I, 52. — 17) Gen.
XLIII, 33. — 18) Ps. CXXV, 3. — 19) II Rois, XIV, 10. — 20) Nomb. IV, 49. — 21) Prov.
XXV, 6. — 22) Deut. III, 26.

אוסיף על גדולתי · אתי תלין משוגתי¹ · ויאמר כלילה עודך מסתולל בחשבך² · יעצת
בשת לנפשך³ · ועד מתי תענוג תבל ולא ימצאך · דבש מצאת אכול דייך⁴ · ועתה הנידה
לי משטמת מחשבותיך · ושטנת תחבולותיך⁵ · ויאמר דמנה אבוא אל המלך ואראה
מראיו · ומוצאיו ומובאיו⁵ · וארוץ לפתותו ולנגוב לבבו · עד יגיד לי מכאובו כי הוא
5 בלי דעת ומליצה · מחשיך עצה⁶ · כי התרפה וסר כחו · אין מעצר לרוחו⁷ · על כן אלך
אליו ואתחנן לפניו · למען אמצא חן בעיניו · ואחליק אליו לשוני · לאמר יחי המלך
אדוני · אולי בהחליקי אליו · ובהפילי תחנתי · תרב גדולתי · ויאמר כלילה במה תדע
כי האריה כמו ספרת · ובדאגה כאשר דברת · ויאמר דמנה בעצה טובה · ובמחשב
רוח נדיבה · כי כל איש יועץ ומשכיל · יכיר אם ישמח רעהו ואם יחיל · ויחשף
10 סתריו · אשר יצפון בחדרי חדריו¹⁰ · בהביטו אל מראהו · ומשפטו ומעשהו · ולהתייפות
צביו¹¹ · ולהתנצל עדיו · ויאמר כלילה במה יהיה לך מן האריה שלוה וחדוה¹² · ואחרית
ותקוה · ואתה לא היית משרת מלכים · ולא עמדת לפני הנסיכים · ולא תדע להתהלך
סביבו · ולא תליק רצון לבבו¹³ · ויאמר דמנה האיש הנבון הולך אל משאו הכבד ·
וידו אוחזת בו ואותו סועד · ולא המשא כבד לאיש כח · ולא הדבר קשה לאיש רוח ·
15 כי אדם אינו מוביל כי אם מובל · והכל תלוי במזל¹⁴ · ויאמר כלילה כי המלך לא
יכבד הגבור בגבורתו כי אם בעל לשון¹⁵ · וכל הקרב הקרב¹⁶ · וכבר אמרו חכמים
בפקיד המלך ובאשה לא יהיה נכבד אצלם · כי אם הקרב אליהם כל ימי חלדם ·
כעץ גפן אשר נאחזו ענפיו ועליו · באלה עבותה¹⁷ · הקרובה אליו · ומה תעשה עם
האריה אם לא יקריבך · או אם לא ידבר על לבך · ויאמר דמנה דע כי השרים
20 אשר עם המלך והסגנים · לא היו עמו לפנים · אבל התהלכו בנפש חפצה שמורה
וערוכה · בתבונה ובכל מלאכה · עד כי עלתה אצלם מעלתם · ומצאו נגדם האוחם¹⁸ ·
חלף עבודתם¹⁹ · וכל משכים ומעריב אל שעריהם · וישא עולם עם עול נעריהם ·
בנשא עולם ובשקר על דלתותם וספם²⁰ · יפיקו רצון המלכים ויתענגו בוהם ובכספם ·
ויאמר כלילה הנה אל המלך נקרבת · ובין גדוליו ישבת · היעלך אל המעלה אשר
25 יאבת · ויאמר דמנה אם המלך אליו יקריבני · ובין שריו יושיבני · אבין יצרו · ואחקר
בעד סודו וסתרו · וארדוף בדרכיו · ואתהלך אחר הליכיו · ואעשה כל חפצו · במועיל
נפשו ובמועיל ארצו · ואעשה כל מאמרו כאשר בלבבו ובנפשו · לקצר קצירו ולחרוש
חרישו · ובכל כחי אפתח שערי מנוחותיו · ובכל יכלתי אסגור שערי מגורותיו · ונלחמתי
את מלחמותיו · ובזאת אני בוטח כי ירצני בכל קנייניו · ויגדל כסאי מכסאות שריו
30 וסרניו · אף כי בערמתי · ובתחבולות בינתי · שאשיב האמת שקר והשקר אמת · וכי
הרנו את המת²¹ · כמו המחוקק הנבון שיחוקק על הקיר צלמים · ונראו קצות מהם
יוצאים · ואחרים בו באים ·

---

1) *Job.* XIX, 4. — 2) Cf. *Ex.* IX, 17. — 3) Cf. *Hab.* II, 10. — 4) *Prov.* XXV, 15. —
5) *Ez.* XLIII, 11. — 6) *Job,* XXXVIII, 2. — 7) *Prov.* XXV, 28. — 8) *Ps.* XXXVI, 3. — 9) *Ib.*
LXXI, 21. — 10) Néohébraïsme : „dans les chambres les plus reculées". — 11) „Son ornement".
— 12) Cf. *Ez.* XXXIII, 6. — 13) „Tu ne saurais interpréter, etc." — 14) Sentence rabbinique :
„Tout dépend de la chance". — 15) Ms. 'הב' הל — 16) *Nomb.* XVII, 18. — 17) *Ez.* VI, 13. —
18) Cf. *Ps.* XXXVIII, 10. — 19) *Nomb.* XVIII, 21. — 20) Cf. *Prov.* VIII, 34. — „En se
soumettant à leur joug et en veillant à leurs portes et à leurs souils, etc." — 21) Cet
exemple du mensonge ne se lit pas dans les autres rédactions. Il rappelle Talmud *Sanhedrin,*
96b : עמא קטילא קטלת וגו', „tu tues un peuple tué, etc."

צורת הטחוקק בקיר

וכי יראה חכמתי. ועצמות בינתי. על פי יהרס ועל פי יבנה. ואנכי אהיה לו למשנהי. ויאמר כלילהי אחי אחי כבר הוכחתיך ולא שמעת לתוכחתי. ולא אבית לעצתי. ולא הטית אזנך למוסר חכמים. ועתה לך ואיעצך מה יעשה לך הארי

5 באחרית הימים'. אמרו שלושה דברים לא יעשה אותם כי אם משוגע. ולא ימלט מהם כי אם לרע. ופעמים הנבון והמשכיל והמבין בכל מרע. והוא רועה מלכים ומעמיד אשה על סודו ושותה מי ראש לנסותם אם ימיתון. וחכמים המשילו קרבת המלך אל הר גבוה תלולי. אשר עץ פרי טוב בו שתול. והוא מעונות אריות ומרבץ כל חיות רעות. יעלו שם ביניעה. וישבו שם לתמותה רעה. ויאמר דמנה דבריך

10 הבנתי. ולהם האמנתי. אבל מי שלא יבא במשעול המצרים. לא ימצא חדרי עשר והון יקרים. וכל העוכר למצא חפציו דרכים ארוכים'. ולעשותם בין מצוקות ומחשכים. לפני מלכים כל יתיצב'. ושלשה דברים לא יוכל אדם לעשותם כי אם ברוח נדיבה. ונפש רחבה. עבודת מלכים. ומחורת ימים. והלחם בקמים. אמרו חכמים כי בשני מקומות יאות לנדיב לשבת. במקום מלכים או במקום חסידים כמו הפיל אשר

15 הדרו היותו במדבר או היותו מרכב למלכים. ויאמר כלילה אחי אחי יוצרך. יעשה לך כל צרכך. והצליח את דרכך'. ואחרי כן בא דמנה אל המלך אשר היה לראותו מתאוה. כורע ומשתחוה. וכה אמר בבאו יחי אדוננו מלכנו. דבש לשוננו. וצוף לחכנו. וישאל האריה את עבדיו ושריו. מי זה אשר יערבו לי דבריו. ויאמרו הוא פלוני בן פלוני. ממשפחת פלוני. ויאמר האריה היה אביהו. אני ידעתיהו.

20 וישאל לשלומו. והקריבו אליו ועל כל השרים הקדימו'. ויאמר לו האמן ובי האמין'. כי כסאך אכין. ובאשר תלך אלך. ובאשר תלין אלין'. ויקם דמנה ויקוד ויכרע על ברכיוי לפניו. כי מצא חן בעיניו. ויאמר היתי תמיד יושב בשער המלך וחוקר על טובתו. וצופה לרעת מבקשי רעתו. להועיל למלך בנפשי ובעצתי. כי להועילני המלך תקותי. ואולי יש דבר גדול אשר אותו ימלא. איש רש ונקלהי. ויש קצר קומה.

25 ארוך עצה וחכמה. וישי עץ בווי משלך במשפחים. יצלח לקניון שנים. או לנקר אזנים. כשמוע האריה דברי דמנה. ידע כי הוא מלא חכמה ובינה. וישמח ויאמר כבר מצאנו מרפא לנגע לבבנו. זה ינחמנו ממעשנו ומעצבון ידינוי.

צורת האריה ודמנה

ויאמר לגדוליו כל איש לב ודעת וחכמה. תמאן חכמתו להיותו כי אם במעלה

30 רמה. כמו נחלת האש אשר תשימה בתנור ובכירים. והלהבה תעלה עד לשמים. וכאשר ידע דמנה כי בעיני המלך דבריו ישרו. וכל אמריו נגדו כשרו. ויאמר יאות לכל עבדי המלך שיודיעו למלך כל דעתם וכל אשר יועילנו. אם טוב ואם רע לא יכחדו ממנו. כי לא העלם המלך אל מעלתם. כי אם בהגלות לו לבוחם ואהבתם. כמו הזרע הנורע בהיותו תחת מגרפותיוי. ולא ידע איש טובותיו. עד צאתו ונהיתה

---

1) *I Sam.* XXIII, 17. — 2) S. d. S. p. 86, l. 10. — 3) Cf. *Nomb.* XXIV, 14. — 4) *Ez.* XVII, 22. — 5) Gay.: *quien non anda las luengas careras.* — 6) Cf. *Prov.* XXII, 29. — 7) *Gen.* XXIV, 40. — 8) Cf. *Is.* VII, 9. — 9) *Ruth*, I, 16. — 10) *II Rois*, I, 13. — 11) *I Sam.* XVIII, 23. — 12) S. d. S. p. 88, l. 2; cf. Guidi, n° 13. — 13) *Gen.* V, 29. — 14) Cf. *Joël* I, 17.

לו קומה. על פני האדמה. ועתה אם על המלך טובי ישים איש על מעלתו. על פי
טוב עצתו ואהבתו. כי אמרו² שנים לא יתכן לאדם לשום דבר כי אם על כנו. וגם
לא אימרנו מן המקום הראוי להיות מכונו. כמו האנשים והחליה כי המשים חלית
הראש על רגליו וחלית רגליו על ראשו. האיש ההוא בכסלו כבשו. ויתחפש לבושו³.
5 ובענין ההוא כל רב פעלים הרם יהרס. כסף צרוף מצופה על חרש. ולא על החליה
הקלון. ולא על הכסף הצרוף הבזיון. כי משנה חוק העדי הקלון עליו עלתה. וכל
הבזיון על המצפה. וכן הנברים אל יושם המטיב במעלת המריע והמריע במעלת
המטיב כי כל העושה ואת נאמר עליו הוי האומרים לרע טוב ולטוב רע׳⁴. וגם אמרו
אל תתרע לכסיל תועה בכסלו. אשר לא ידע בין ימינו לשמאלו⁵. ועל המלכים
10 לדרוש חכמת חכמיהם. ולחקר גבורת גדודיהם. ומן הדיינים יבוקש תורות וחקים.
ומן היודעים ישאלו דין ודת משפטים צדיקים. ועוד אמרו כי בדברי⁶ הרבים יתרון
לקציחה על קציחה. כמו הנלחם על הנלחם והמעט על המעט והרב על הרב
והחכם על החכם⁷. וכי ירבו עבדי המלך ולא ימנעו סבות קלונו. ולא גלו על עונו.
ואין חולה מהם ונגולה אזני⁸. המלך ההוא ילבט. וברב חילו לא ימלט⁹. וכי יצא עמם
15 למלחמה לבם ולב אחיהם ימסו. והנשארים הרה נסו¹⁰. אבל נושע בעוורים בלא לב
ולב אם מעטו. כי ארחותיו לא יעבטו¹¹. ועתה ירא המלך איש נבון וחכם¹² ועל כל
אשר לו ישיתהו. וילוה עליו וישרתהו¹². ועל המלך לנשאו ולגדלו. וגמולו ישלם לו¹³
וידעו כל עבדיו כי כל דבריו. להעלות המלך כסאו על כל שריו.   ויאמר דמנה אל
יקרב המלך איש אשר היה אבי קרוב. ואל ירחיק אשר היה אביו רחוק. אבל יקריב
20 נבון יודע משפט וחק. ואל יורד ואל יעלה על כסאו אויל. ואיך ימות החכם עם
הכסיל¹⁴. ואל יחליף נבון וחכם בכסיל פן ינחם בחליפתו. כי שוא תהיה תמורתו¹⁵.
ואל יבוה המלך נבון אשר ירד מכסאו. אבל עליו לגדלו ולנשאו. כמו החלל אשר
יפשיטו את עורו בשחיתות. ויעשו ממנו יתרים לקשתות. ויורה בם המלך לאויביו.
ויצחק בם עם אוהביו. ואין לאיש יותר קרוב מעצמו. ויתרפא ברפואות אשר תובלנה
25 מרחוק על שמו. והעבכבר יקרב אליו ואם ידע לו. יגרשהו וירחיקהו מגבולו. ואם
חלה הגץ שלו המלך יקח העכבר בידו. כי מרפא הוא לחלי הגץ ולא ידוי¹⁶. וייטיבו
דבריו בעיני המלך ויוסף לאהבתו. ויאהב קרבתו. ויאמר לכל הנצבים עליו לא
יאות למלך כי אם לכבד כל איש אמונים. אשר כל דבריו נבונים. ואם שכח פעם
אחת להטות חסד אליו. ישלם לו כל נמוליו. וכל אשר יבחר בו יקריב אליו¹⁷. ודע
30 כי בני אדם שנים האחד סוג לב. והאחר בר לב. ואשר הוא סוג לב נמשל לצפעוני
אשר אם ירמסהו איש. ולא ידע ולא יפריש. ואל יוסף פעם אחרת לרמסו ואל יאמן

---

1) *Est.* V, 4. — 2) Jusqu'à l. 11 (ועוד), ne se lit que chez Guidi, n° 14; puis C. et Gay. — 3) Cf. *Job*, XXX, 18. — 4) *Is.* V, 20. — 5) *Jonas*, IV, 11. — 6) „Parmi plusieurs, les uns ont l'avantage sur les autres; il en est ainsi entre deux guerriers, entre deux petites ou deux grandes quantités, entre deux sages." — 7) Cf. *I Sam.* XXII, 8. — 8) *Ps.* XXXIII, 17. — 9) *Gen.* XIV, 10. — 10) Cf. *Joël*, II, 7. — 11) *Gen.* XLI, 33. — 12) Cf. *Nomb.* XVIII, 2. — 13) *Prov.* XIX, 17. — 14) *Eccl.* II, 16. — 15) *Job*, XV, 31. — 16) Du *piel* de ידה : „et il ne la jette pas". Les variantes sont nombreuses dans ce discours de Dimnah. La comparaison, prise de la souris et du faucon, manque chez S. d. S., mais elle se lit chez Guidi, n° 15, chez C. et Gay. Aucun ne parle de la souris, comme remède de la maladie du faucon. — 17) *Nomb.* XVI, 5.

בו. כי שבע תועבות בלבו'. ואשר היא בר לב. הוא כרפואה ששמה בלשון ערב סנדל והוא קר. והוא לאנשי החרחור' טוב ויקר. ואם לחצו אותו בין שני אבנים ויניעוהו מאד. ער יחם ויצר לבעל ההרחור ובלבבו יקד יקוד'. ויהי היום וישב דמנה עם האריה יחידים. ואין עמם מן השרים ולא מן העבדים. ויאמר מדוע המלך משתאה מהריש'.
5 יושב תחתיו וממקומו לא ימיש. ויהי הוא טרם כלה לדבר'. והנה שנגבה. בקול נער. וירעש האריה. ויהי עומד מרעיד ורוחו תועה. ויאמר הקול הזה הוא אשר הושיבני והחרידני. ומטרף טרף מנעני. כי שמעתי קול גדול ולא שמעתיו לפנין'. ולא ידעתי אם ים הוא אם תנין'. ואשתומם על הקול בכל עת אשמענו. על כן מפניו אבהל אתבונן ואפחד ממנו'. כי הקול כפי כח בעליו וכגדל גויתו כי כאיש גבורתו. ואם
10 הוא גדל כח כפי מחשבי. הוא יהיה מחריבי. על כן ארחיק נדודי'[10] לתור מושבי'.
ויאמר דמנה אין על המלך שיפחד וימאס לבבו כמים'. להשמעות אזנים[10]. ואל תהי כצפרים אשר יפחידם צל הענף. ורודף אותם קול עלה נדף. ואמרו[11] כי היה שועל רעב מתהלך בשדה והנה אלה עבתה[12] רעננה נעימה. שפלת קומה. ואצל שרשה [מחול] תחת צלליה. וכרחף הרוח יכה במחול ענפיה ועליה. וישמע ממנו קול גדול.
15 כשמוע השועל הקול הלך וירא מחול תחת עבה. ויאמר מזוני אם מעט ואם הרבה. והנה כד מלאה מן הבית ועד הקיצון. חמאת בקר וחלב צאן[13]. וימהר ויבקע את המחול והנה הוא מלא בהו. מאפס ותהו[14]. ויאמר יש נבה קומה במגדל שפל. אמרתי טוב ממנו הנפל[15]. יש קול יוצא מנויה גדולה. והיא דלה וריקה. בוקה ומבוקה ומבולקה. ואולי בעל הקול אשר יפחידך. הוא ישקיטך ויכבדך. ואם על המלך
20 טוב אלכה ואראנו. ובתחבולותי אל בית המלך אביאנו. כי כזאת וכזאת יוכלו לעשות חכמים. ואם לא אביאנו אליך והגנתיו לפניך וחטאתי לך כל הימים'. ויאמר המלך טוב דברת. לך עשה כאשר אמרת. ויאמר דמנה שב באהליך. אל נא תמוש מזה עד באי אליך'. וילך דמנה עד מקום שנגבה. וינחם[16] האריה ויאמר נסכלתי. כי לשלח דמנה הואלתי. ולי[17] הרעותיו אליו מבין חבריו. ויחשבני לו בצריו[18]. או אולי חקן נגרע[19].
25 והתעוררתי כי מצאו רע[20] או רצח. ובאחד השערים פרץ פרץ. ועתה ברח מן הארץ. או גדלתי כסאות חבריו על כסאו. וישטמני בקנאו. או דמה להצר פקיד. או להצר נגיד. והתבושש ונכלם בנכלו. כאשר לא יכול לו[21]. וכאשר להיטיב לו מאנתי. מדוע לשלחו האמנתי. עתה יועצני עלי הוא. ובעל הקול אשר ממנו חרדתי. ונאספו עלי והכוני ונשמרתי אני וביתי[22]. ויהי הוא מדבר אל לבו ברגזה ובדאבה. וישא עיניו וירא
30 והנה דמנה בא[23]. ויבט והנה אין עמו בלתו. ולא עמד איש אתו[24]. אוי בלבו שמח. ולא נחם על אשר דמנה שלח. ויבא דמנה ויאמר יתבשר אדוני המלך כי אין לבעל הקול לא דעת ולא מח. ולא רוח ולא כח. והוא שר נדל קומה. רחוק מדעת ומחכמה. ואין לו דעת לשאול דבר או להשיב. להרע. להטיב[25]. אני ישבתי

---

1) *Prov.* XXVI, 25. — 2) „Aux fiévreux." — 3) *Gen.* XXIV, 21. — 4) *Ib.* 15. — 5) לפנים. — 6) Cf. *Job*, VII, 12. — 7) *Ib.* XXIII, 15. — 8) *Ps.* LV, 8. — 9) Cf. *Is.* LVIII, 8. — 10) *Ez.* XXIV, 26. — 11) S. d. S. p. 90, l. 8. — 12) *Ez.* VI, 3. — 13) *Deut.* XXXII, 14. — 14) *Is.* XL, 17. — 15) *Eccl.* VI, 3. — 16) *Gen.* XLIII, 9. — 17) *Jug.* VI, 18. — 18) S. d. S. p. 91, l. 5. — 19) Lis. אולי. — 20) *Job*, XIX, 11. — 21) Cf. *Ez.* XVI, 27. — 22) *Job*, XXXI, 29. — 23) *Gen.* XXXII, 26. — 24) *Ib.* XXXIV, 30. — 25) Cf. *ib.* XXXIII, 1. — 26) *Ib.* XLV, 1. — 27) *Lév.* V, 4.

אצלו· והתבוננתי בכסלו· והדפתיו ממצבו· וישבתי על מושבו· ועמדתי על עמדו· ואין לאל ידו·

ויען האריה ויאמר¹ אל תסיתך עצת המלכים· ואל תשיאך ענות הנסכים· כי משובת פתיים יכסו בענותם· ושלות כסילים יחביאו בתמתם²· כי חק רוח סערה לעקב הרחמים· ולעקר ארזים ואלנים נבוהים ורמים· וכן הגבורים ילחמו בגבורים אחרים·

ויאמר דמנה אל יבהילך קול השור הנבוה· ואל תשת אל לבך³ הדבר הזה· ואם על המלך טוב אני אשיאנו· ובעול המלך⁴ אביאנו· ויבא בברית המלך וישלם· ועבדו לעולם· · ויאמר המלך מהרה להביאו· אולי תוכל להשיאו· ואל משמעתי להקיפו⁵· כי לא נסב עד באו פה⁶· וילך דמנה אל שנובה וידבר אתו בלי פחד מבלי הרכדהו⁷·

כאשר ידבר איש אל רעהו⁸· ויאמר האריה שלחני אליך בחפוה· בחימה· וברנזה· מדוע לבא אל מקומי בושטת⁹· ולא נכלמת מפני ולא בשת¹⁰· ולא נתת לי כבוד· רדה אלי ואל תעמד· אם הבאת בעול האריה צוארך¹¹· ואם לא יסור מעליך ויהי ערך¹²· ויאמר שנובה ומי הוא זה אשר שלחך אלי· ויכבד עולו עלי· ויאמר דמנה הוא מלך על כל החיות· אשר בחרבות ובציות· ובהרים ובנאיות· ושאנתו כל בהמות יער¹³ תבהיל· אשר אם עבר ורמס וטרף ואין מציל¹⁴· הלא שמעת משל המקרא · אריה שאג מי לא יירא¹⁵· ויען שנובה· ויאמר ככר פחדתי משמעו וכמעט יצאה נשמתי· ומה עני ומה הטאתי¹⁶· ואולי השחל יצודני¹⁷· ומדוע נפשי לאריה סגרת· ואם יש בי עון המיתני אתה· ומדוע תניאני· ועד האריה למה זה תביאני· וישבע לו דמנה ויכרת לו ברית כי לא יפול ארצה משערתו¹⁸· ויבאו שניהם אל האריה· וישאל לו לשלומו·

ויעלהו על מקומו· ויאמר לו איך באת אל אלה היערים· אל מעונות אריות והררי נמרים¹⁹· ויספר לו שנובה כל אשר קרהו · וירא האריה כי דברי שנובה ערבים· כדברי הנדיבים· ויאמר לו אני אכבדך בכל לבבי ובכל מאורי· שבה אתי כי אשר יבקש נפשך יבקש נפשי²⁰· כי משמרת אתה עמדי²¹· · ויאמר שנובה השתחויתי בי כבדתני· אמצא חן בעיניך אדוני כי נהמתני²²· ויקריבהו האריה אל משמעתו· ויתן כסאו מעל כל השרים אשר אתו²³· ולא היה יום אשר לא הוסיף על כבורו· וכל יש לו נתן בידו²⁴· ויהי²⁵ כאשר ראה דמנה כי המלך קרבהו· ומבל יועציו אהבהו· וכי אליו יגיד את כל לבבו ויגלה סודו²⁶· וכי נתן עליו הודו· וכי עמו היה משתיו ושמחתו· ושבתו וקימתו· ותבער כמו אש קנאתו²⁷· וילך אל כלילה אחיו ויספר לו כי נשחת בשנובה מקומו· ויבכה לקשה יומו²⁸· ויען כלילה ויאמר אהה כסאך הורדת¸ונדריך נתצת· כן משפטך אשר הרצת³⁰· ונפלת בפה יוקשך· יעצת בשת לנפשך³¹· על כן קרך את אשר קרה לנויר· ויאמר דמנה איכה היה הדבר· ויאמר כלילה אמרו³² כי נויר הלבישהו המלך חליפות

---

1) S. d. S. p. 92, l. 6. — 2) Cf. Prov. I, 32. — 3) Mieux vaudrait : לבך אל. — 4) Ex. XXI, 6. — 5) „Le circonvenir". — 6) I Sam. XVI, 11. — 7) „sans chercher à l'adoucir (?)". — 8) Ex. XXXIII, 11. — 9) Ms. בושטתי. — 10) Cf. Jér. XXXI, 19, et passim; ms. השבושת(!). — 11) Gen. XLV, 9. — 12) Le conséquent manque; voy. Gen. IV, 7. Cf. Caspari, Arab. Gramm. (1876), § 550. — 13) I Sam. XXVIII, 16. — L'ellipse est comme Ex. XXXII, 32.— 14) Ms. בהכה יעל. Cf. Mich. V, 7. — 15) Ib. — 16) Am. III, 8. — 17) I Sam. XX, 1. — 18) Job, X, 16. — 19) Cf. I Rois, I, 52. — 20) Cf. Cant. IV, 8. — 21) Il faut תבקש. — 22) I Sam. XXII, 23. — 23) Ruth, II, 13. — 24) Est. III, 1. — 25) Gen. XXXIX, 4. — 26) S. d. S. p. 93, l. 10. — 27) Cf. Am. III, 7. — 28) Cf. Ps. LXXIX, 5. — 29) Cf. Job, XXX, 25. — 30) I Rois, XX, 40. Peut-être faut-il lire אתה; pour אשר. — 31) Cf. Hab. II, 10. — 32) S. d. S. p. 94, l. 2.

בנדים. והעטהו חמודות רדידים. וירא אותם נגב ויתנכל לנגבם. ויאמר לנזיר אשרתך ואשמעה תכחותיך. ואלכה באורחותיך. ויהי לנזיר משרת ויתהלך לפניו. עד אשר גנב הבנדים והציל עיניו[1].

צורת הנזיר וגונב הבגדים

5 וילך אחריו לבקשו. אולי ימצא הגנב או לבושו. ויחן במדינה ושמה סוראב[2] ויהי שם בדרך וימצא שני יעלים[3] מתנגחים בקרנים. עד שפך דם[4] עליהם ושועל אחד ילק דמי[5] השנים. וימיתוהו כי נלחץ בין הקרנים. והנזיר רואה. ובמות השועל משחאה.

צורת הנזיר והיעלים מתנגחים והשועל [מת] בקרניהם

ואחרי כן הלך לבקש אבדתו ויחן בבית אשר שם אשה רבה נאפופים. טובת
10 חן בעלת כשפים. ולה נערה לנערים תשברה. ומוזנים תקח מחירה. והנערה אוהבת בחור אחד ולא תחפוץ בבלתו. לשכב אצלו להיות אתו[6]. ותצר לגברתה כי נכרת שברה. ונשבת מחירה. ויהי בליל חנות הנזיר בביתה. ותתנכל אל הנערה להשחית ענבתה[7]. ותשק יין[8] לנערה ולענגבתה שניהם. ותרדמה נפלה עליהם. ותבא האשה בקנה מלא מי רוש. לפתחת[9] באחריו[10] ולהמית את העוגב תחרוש. ותשם ראש הקנה
15 באחרי האיש וראש הקנה בפיה הפיחה. ותצא רוח מאחריו ומי ראש בחכה השליכה. ותמת האשה בנכליה. ונהפכה תרמיתה עליה. ובכל זאת הנזיר רואה. ובדבריהם משתאה.

צורת הנזיר והאשה הנוסחת באחרי האיש השוכב עם הנערה

וישכם בבקר אל קריה אחרת וחרש עצים ראה אותו. ויביאהו לביתו. ויאמר
20 אל אשתו. כבדי הלילה הנזיר הזה. כי במוהו כמו נביא וחוזה. והנני הולך לשתות עם חברי. ואחר בוא השמש אשוב אל חצרי. ולאשתו היה עוגב ויהי המחבר ביניהם. והמלאך בין שניהם. אשת נלב שכנתה. ותבחר להיות חברתה. ותאמר לה לכי הביאי עוגבי בחוק. כי אין האיש בביתו הלך בדרך מרחוק[11]. ותעש כן ויבא העוגב וישב כפתח ביתה. כי היה שונה. באהבתה[12]. ויבא אישה ובראותו. עוגבה בא אל אשתו.
25 [ויגער.] בועף ובכעם ובסער. מה המשוגע הזה יושב. לונות אתך הוא חושב. ויך אותה איבה ושנאה. כי עבר עליו רוח קנאה[13]. ולעמוד הבית אסר אותה. ויוסף להכותה. ותבוא אשת הגלב ותרא כי היא אסורה. ותאמר עד מתי ישב עוגבך פתח השערה[14]. ותען ותאמר עשי עמי חסד ונתקי מוסרותי. ואסרי נפשך תחתי. ותעש כן ותלך אל עוגבה. ויתעלל בה. ויקץ בעלה ויקרא לה ולא ענתה. ויקרא לה פעמים רבות ולא
30 ענתהו. כי אמרה יכיר קולי. ונודע לו מעלי. ויקם אליה ויכרת אפה. וישימהו בכפה. ויאמר לה הוליכהו למנחה לעוגבך. והוא יוסיף עוד לאהבך. ותשב האחרת מנוחה. ותרא כי נכרת אף רעותה. ותנתק מוסרותיה. ותאסר נפשה תחתיה. ותרם קולה בתחנונים. אל אדוני האדונים. הבט את אשר עשה לי בעלי. ראה עניי ועמלי[15]. והשב

---
1) „Et il se déroba à ses yeux"; cf. II Sam. XX, 6. — 2) Gay. seul a le nom de la ville, qu'il appelle *Mayat*. — 3) بوعلين. — 4) Cf. Soph. I, 17. — 5) Cf. *I Rois*, XXI, 19. — 6) Cf. *Gen.* XXXIX, 10. — 7) Cf. *Ez.* XXIII, 11. — 8) Ms. ותשת. — 9) *Ib.* XXII, 20. — 10) C. *nates;* duel néo-hébraïque. Gay. „por las narices"; l'amant éternue. La gravure chez C. présente les choses comme chez Gay. — 11) *Prov.* VII, 19. — 12) Cf. *ib.* IV, 19. — 13) *Nomb.* V, 14. — 14) *Ib.* XXII, 25. — 15) *Ps.* XXV, 18.

אפי לי והראה נסים לטהר פעלי. ואחרי כן אמרה אל בעלה. קום ראה את הנסים
האל. מה פעל אל¹. אשר השיב אפי שלם למקומו. והסיר מאפי מומו. ויאמר לה מה
את מטפת. האשה המנאפת. ויקם אליה וירא והנה אפה שלם בלי מחלה. כאשר
בתחלה. ויתחנן אליה. ויפל בין רגליה. ויאמר עתה ידעתי כי את נקיה. ואין ברוחך
רמיה². אם און פעלתי לא אוסיף³. כי אף כל אשה אשר לא תשטה ולא תחניף. אם
יברת ועוד יחליף⁴. ובכל זאת הנזיר רואה. ועל דבריהם משתאה. ותלך אשת הנגלב
לביתה. דואנת מכל הקורות אותה. מעצבת וכואבת בחילה. על האף אשר נכרת
לה. ואומרת מה אומר לבעלי ולמשפחתי. ומה אשיב על תוכחתי¹. ואחר כן הקיץ
בעלה ויאמר לה. תני לי כל כלי מלאכתי. כי אל בית הגדולים לכתי. ותתן לו
את התער לבדו. ויאמר לה הלא אמרתי לך תני לי את כל הכלים. ואלכה אל
בית הגדולים. ותתן לו את התער לבדו. ותעש כן פעמים רבות וישליך אחריה
התער בחימה גדולה. באישון לילה. ואפלה⁵. ותצעק צעקה גדולה. ותאמר אפי
ויתקבצו אליה שכיניה וכל קרוביה. עם משפחתה וכל אוהביה. ויקריבו אל השופט
בעלה. על האף אשר כרת לה. ויצו השופט להכותו. ולהכאיבו ולהענותו. ויען
הנזיר ויאמר לשופט אל תמהר על עבדיך. רב לך הרף ידיך⁶. כי לא הנגב ננבני
ולא השועל הרגנהו היעלים. ולא הבוצעת הרגה הראש. ולא אשת הנגלב החרש כרת
אפה. אבל אנחנו סבבנו את כל אלה. ואנחנו רצחנו והכינו. נחנו פשענו ומרינו⁷. וינגד
לו את כל הדברים אשר ראה. והקורות אשר בהם נכאו⁸.

צורת השופט והנזיר וקצוצת האף ובעלה ושכיניהם

ויאמר דמנה שמעתי חידותיך. אשר הם אותות על תבונתיך. הן אם קלותי. ואם
סבותי. וכבר ידעתי כי היו נעימותי כחלום. ועתה הבה לי עצה ודבר הלום⁹.
ויאמר כלילה מה איעצך הן אתה יעצת להיות משמים¹⁰. ושחת דבריך הנעימים.
ועתה הודיעני מחשבך. וכל אשר בלבבך. ויאמר דמנה לא ארצה להוסיף על
כבודי כבוד. מי יתן כשהיה תמול שלשום יעמוד. ולהשיב כבודי אל מרוצתי.
ולהעמידו כשהיה כל תאותי. כי שלשה דברים יאות לאדם לעשותם. לשום
לבבו¹¹ לכל הטוב ולכל הרע אשר עברו עליו. ולדבקן בסבת הטוב ולשמרו מסבת
הרע אשר לא ישוב אליו. ויתחנן אל ידידו להשיבו אל אהבתו. ולהעמיד לו ידידותו.
ולנוסו מכל מכמר. ולנצר נפשו מכל משמר¹². ולבקש בכל מאודו תקות מועילו.
וינום מנוסת חרבי¹³ מפני סבת מכשילי. והנני מבקש מועילי. אשר אקוה בו להשיב
כבודי לי. ואין לי טוב כי אם לכרות לשנובה שוחה ופחת. עד רדתו אל שחת¹⁴.
ובמותו יעלה המלך כסאי מעלה מעלה. כאשר בתחלה. ואולי ירוח לי באידו ובנפלי.
ורוח לאריה וטוב לו¹⁵. כי היות השור עמו. חרפה היא לו ומומו. [ויאמר כלילה] אין
לאריה בשנובה מום ולא הוד. ולא קלון ולא כבוד. ויאמר [דמנה] כי המלך¹⁶ בפקודה
ובסכסוך ובתאוה. ובחטר גאוה. ובסכלות ובזמן. והפקודה הוא בהפקד שלישי המלך

1) *Nomb.* XXIII, 23. — 2) Cf. *Ps.* XXXII, 2. — 3) *Job*, XIV, 7. — 4) *Hab.* II, 1. —
5) *Prov.* VII, 9. — 6) *II Sam.* XXIV, 16. — 7) *Lam.* III, 42. — 8) Ms. נבאו. — 9) Cf. *Job*,
XL, 4. — 10) *Ez.* III, 15. — 11) Ms. בלבו. Peut-être faut-il לשות, pour לשום. — 12) Cf.
Prov. IV, 23. — 13) *Levit.* XXVI, 36. — 14) Cf. *Ps.* XXX, 10. — 15) Cf. *I Sam.* XVI, 23. —
16) Il manque : השבר בלבותו בששה דברים, ce qu'expriment toutes les rédactions.

וגבוריו. ובהברו' יועציו ושריו. וסכסוך הוא התעורר מלחמות עד היות ארצו
נבוכה. ונלחמו איש באחיו ואיש ברעהו עיר בעיר וממלכה עם ממלכה². עד נפש כל
העם תקצר³. וליוצא ולבא אין שלום מן הצר. והתאוה היא לכל פשע ראש. וזנות יין
ותירוש⁴. וציד חיה. ושחוק בקוביא. והדומה לזאת. וחטר נאה⁵ הוא לחרף ולנרף
5 כל אדם פשע. ולהכות באגרוף רשע⁶. והסכלות הוא להתחזק במקום התרפות⁷
והמשנה דרכו. ומשים דבר בהפכו. ובהם נאמר הוי האומרים לרע טוב ולטוב רע⁸.
והזמן הוא בעצר שמים ודבר וחסרון הפרות. והאריה אוהב את שנזבה אהבה רבה.
והיא תוליד להוציא דבה.

ויאמר כלילה הנה לשנזבה עצה וגבורה. ונפש האריה בנפשו קשורה⁹. ולו עבדים
10 אוהבים וידידים. והודיע עמו בעיניו. לא תוכל לו כי נפל תפל לפניו¹⁰. ויאמר דמנה
לא כן כמה יקחו שלל ומלקוח. לא בחיל ולא בכח. וחיל מעט יגבר רבוא. ושד
על מבצר יבוא¹¹. הלא שמעת כי העורב המית את הצפעוני בתחבולותיו וחכמתו.
משכלו ותבונתו. ויאמר כלילה איכה היה הדבר. ויאמר דמנה אמרו¹² כי עורב
שת באלה גדולה קנו. והיה הצפעוני שכנו. והעורב יפריח אפרוחיו. והצפעוני אוכל
15 אותם הוא ואחיו. ויחר לעורב על בניו. ויפלו פניו. ולעורב רע מבני איים¹³. ויאמר לו
קצתי בחיי ושנאתי את החיים¹⁴. אספר לך יגוני. כזאת וכזאת עשה לי הצפעוני. ועתה
אצפה בנפל עליו תרדמה. אנקר עיניו ואקח ממנו נקמה. ויעבר עלי מה¹⁵. ויאמר לו
בוש תבוש מעצתך. ואספת נפשך ונפש ביתך¹⁶. ואל תהיה כמו אחד העוף עם
הסרטן אשר הרג נפשו. והעוף ההוא הנקרא בלשון ערב עלנום. והוא ברמות חסידה
20 ומחיתו מן הדגים¹⁷. ויאמר העורב איכה היה הדבר.

צורת העורב ובן איה

ויאמר בן האיה היה¹⁸. קן אותו העוף על שפת הנחל בין עצים רעננים. ומים רבים
ודגים שמנים. ויזקן העלנום ולא יכל לצוד. וממקומו לא ינוד. ויאמר אעשה בתרמיתי.
מרמה לסבב מחיתי. וישב סר וזעף¹⁹. ונדהם ודמעו רועף. ויראהו סרטן מרחוק.
25 ויראהו כי אין בו יכלת לצוד בחוק. ויקרב אליו וישאל לשלומו. על מה. וזעפו וזעמו.
ויאמר לו ולמה לא ידעו פני. ולא תרדנה דמעה עיני. ואתה ידעת כי מחיתי מן
הדגים. ויעברו תמול ציירים ועל דגי הנחל הזה שואנים. והמה אומרים נצור דני
נחלים אחרים ונחלים. ואחרי כן נצוד כל דגי הנחל הזה קטנים עם גדולים. ואני ידעתי
כי בתומם לצוד דגי נהרותם. יבואו ויצודו כל דגי הנחל הזה עד אחריתם. ולא ימושו
30 עד כלותם אותם. ובכלותם כלותי. ובמותם מותי. כי מהם מחיתי²⁰. וימהר הסרטן
להודיע לדגים דבר הציירים. להיותם עתידים²¹. ויבואו כל דגי הנחל והבצה. ויבקשו

---

1) Je lis: ובהברת; „quand il manque .... et quand les conseillers ... font défaut." —
2) Is. XIX, 2. — 3) Cf. Nomb. XXI, 5. — 4) Osée, IV, 11. — 5) Prov. XIV, 3. Le verbe
נדף avec deux régimes, comme Ez. XX, 27. — 6) Is. LVIII, 4. — 7) „persister, où il faudrait céder." — 8) Ib. V, 20. — 9) Cf. Gen. XLIV, 30. — 10) Ez. VI, 13. — 11) Am. V, 9.—
12) S. d. S. p. 100, l. 4. — 13) C. quemdam sociorum suorum. Voy. p. 332, l. 18. — 14) Gen.
XXVII, 46, et Eccl. II, 17. — 15) Job, XIII, 13. — 16) Jug. XVIII, 25. — 17) Voy. ci-
dessus, p. 283, l. 5. C. cuidam avi; Gay. „la garza" — 18) S. d. S. p. 100, l. 13. —
19) I Rois, XXI, 4. — 20) Cf. Jér. XIV, 17. — 21) Cf. Est. III, 14.

ממנו¹. עצה. ויאמרו כי המשכיל ביום עצבו וכאבו. יבקש עצה מאויבו. אבל אם
האויב יועץ ובעצתו שוה. ויהיה לו בשלות המבקשים עצתו מקוה. ועתה מחכם כמוך
יבוקש עצה נברה. ומפיו יבקשו תורה². ויאמר להם הלעמד לפני חכמים ומכמורים.
אוי לנו מי יצילנו מן הציידים הארורים. ואין בנו עמהם לעצור כח. ואין מקום
5 לברוח. אבל ידעתי בארם נהרים. פלנים יבלי מים³. ואם טוב בעיניכם. שם אוליככם.
ואין שם חרמים ולא מניע מניד. ושכבתם ואין מחריד⁴. ויענו כל הדנים ויאמרו מהרה
הוליכנו. אל מקום שלומנו. פן יבואו הציידים להחרימנו. ונסבו עלינו. והבריתו
שמינו⁵. ויאמר אמת אומר לכם. לא אוכל לבדי שאת אתכם⁶. אשאכם יום על
נבי שנים שנים. אל ארץ נהלי מים⁷. עד נשאי כלכם. לכל מספרכם. ויאמרו נכבדת
10 ובעינינו יקרת⁸. טוב הדבר אשר דברת. ויהי נושא מהם שנים בכל יום. ואוכל אותם
באחד מקום. ויהי היום ויאמר הסרטן אולי תוליבני אל מקום המנוחה והנחלה⁹.
וישאהו עד מקום אשר אכל את הדגים. וירא את עצמותם שבורים ונמונים. וידע כי
רימה להמיתו במקום אשר שם השינו. ויאמר בלבי הלך להרגך השכם להרגו¹⁰.
ויתרוץ בצוארו שניו ויחנקהו ויפרפרהו. ואחז בערפו ויפצפצהו. ויצמיתהו. וירמסהו
15 וימיתהו.

צורת הסרטן יחנק העלנום

וישב הסרטן אל עדת הדגים וינד להם את תרמיתו. וכי חנקהו וימיתו. ונשאתי
לך את המשל הזה בעבור תדע כי יש תחבולות צוררות. ותונות רבות מעוררות¹¹.
ועתה קח לך קשר נקשר בחוט השני. ותנקם מצפעוני. ואל תקח הקשור כי אם
20 לעיני בעליו¹². כי יהם לבבו עליו. ויחשבו עליו כי חוט השני בשר חי חשבתו. על
כן מהרת לקחתו. וירדפו אחריו. וסבבוך מכל עבריך. ואתה תעוף לאט לאט.
ותלך לפניהם מעט מעט. עד בואך אל המאורה. ושם תנקם מהרה. ויעש כן ויבא
אל בית כלה ויקח קשור מקשוריה¹³. לעיני נעריתיה ונעריה. וירוצו הנערים אחריו.
והקיפוהו מכל עבריו. הם לרדוף. והוא לעוף. הם אחריו והוא לפניהם עד באו אצל
25 המאורה וישלך הקשור לעיניהם. וירוצו הנערים לקחת אותו. וירא הצפעוני במאורתו.
וירגמוהו באבנים לעיניו. ויקח נקם מבניו. על כן איש גבורה בלי עצה טובה. נבורתו
לאין נחשבה. ונבורתו בלי עצה ישחיתנה. קנה רצוץ לא ישבר ופשתה כהה לא
יכבנה¹⁴. ולא גבור פתי אויבו רועץ. כי בתחבולות תעשה לך מלחמה. ותשועה ברב
יועץ¹⁵. ויאמר כלילה בן הוא אבל שנובה בעל תבונה ועצה. ודעת ומליצה. ולנגע
30 אוהביו רפא ירפא. ומניחו על אויביו לא ירפה. ויאמר דמנה כי שנובה כמו שאמרת
רב פעלים. כאחד הגדולים. אבל הוא אוהבי. ומאמין בי. אולי בתרמיתי ארמהו.
ובשוחה עמוקה ארמהו. כאשר עשה הארנבת לאריה. ויאמר כלילה איכה היה
הדבר.

---

1) C'est-à-dire בן העלנום. — 2) Cf. Mal. II, 7. — 3) Is. XXX, 25. — 4) Lév. XXVI, 6. —
5) Jos. VII, 9. — 6) Deut. I, 9. — 7) Ib. VIII, 7. — 8) Cf. Is. XXXIV, 4. — 9) Cf. Deut. XII, 9.
— 10) Sanhedrin 72ᵃ. On y lit: הבא. — 11) „Qu'il y a des artifices qui deviennent funestes,
et causent de grands embarras." Ce qui suit, est plus court que la rédaction de S. d. S.
p. 102, l. 11 et suiv. C. et Gay. abrègent également. Tous parlent d'un joyau; mais le fil
rouge qui doit expliquer le vol, „parce que le corbeau l'aurait pris pour de la viande crue",
ne se trouve qu'ici. — 12) Deut. XIX, 6. — 13) Cf. Jér. II, 32. — 14) Is. XLII, 3. —
15) Prov. XXIV, 6.

אמר דמנה. אמרו¹. כי אריה היה בארץ דשא ועשב ונהר. ארץ נחלי מים עינות
ותהומות יוצאים בבקעה ובהר². רבת חיות ובהמות ומריאים. ופראים עמדו על שפאים³.
ויהיו בעשבות ההרים מתענגים. אוכלים ושותים וחוננים. וכל זה איננו שוה להם⁴. כי
האריה בחזקה. ובפרך ירדה בהם. ויתקבצו ויבאו אל האריה [ויאמרו] לו אתה לא
5 תוכל לצוד ממנו חיה. כי אם ביניעה ובצדיה. ועתה נתן לך בכל יום חיה ותשבע
ולא תינע. ונניח גם אנחנו ולא ננוע⁵. אבל השבע שלא תשחית לנו ולא תרע. ויאמר
האריה אני אשבע. והקים להם בריתו והקימו גם הם בריתם. ויהי היום ויפל
ארוחתו על הארנבת. ותהי נאנחה וכואבת. ותאמר לאחיה ולאחיותיה. שואלת אנכי
מכם שאלה. ואולי בי מן האריה תהיה לכם גאולה. ויאמרו מה שאלתך וינתן לך ומה
10 בקשתך ותעש⁶. ותאמר אלך אל האריה לאט לאט. עד יעבר עת אבול האריה מעט
מעט. ואחרי כן אעשה בערמתי. אולי תועילני ותועילכם עצתי. ויאמרו לבי כי
פעמים רבות הגבור יקוץ. במעט קש או מוץ⁷. ותלך הארנבת. פעם לכת פעם שבת.
עד אשר האריה התאנף. והיה כי רעב והתקצף⁸. ויקם ממעונו. בחמתו ובחרונו. מצפה
כל מה⁹. ועל בל גבעה רמה¹⁰. עד אשר עלה אל גבעה נשאה¹¹. וירא והנה ארנבת באה.
15 ויאמר לה אנה אחרת. ומדוע לא מהרת. ואנה עדת החיות. וקהל הדיות. ותאמר
שלחוני אליך בארנבת ערתי¹². ויהי בדרך והנה אריה לקראתי. ויקח הארנבת ויאמר
החרישי ושמרי ראשך. ומלטי את נפשך. ואמר לו מנחה היא למלך שלוחה¹³. כי
עלינו לתת לו בכל יום ארוחה. ויאמר לי האות המנחה. ולי תכון הארוחה. ולי כל
המקום הזה ובל מרעהו. וכל אשר אתה רואה לי הוא¹⁴. והארנבת תלך עמדי. ואיש
20 לא יצילנה מידי¹⁵. ויאמר לו הראני אותו ותבחן אמריך. למה אמיתך¹⁶. והוליכהו
למקום מים נקיים. באר מים חיים. ותאמר זה נוה האריה ובו מעונתו. ועתה שאני
בחיקך מפני אימתו. ותאמר לו הבט לבאר ותראהו והארנבת עמו. ולא יפחד ממך ולא
ימוש ממקומו. ויבט צלו במים וצל ארנבתו. ויתמרמר אליו ותשבר מפרקתו¹⁷. ותושע
הארנבת את כל החיות ואת אחיותיה. בחכמתה ובתחבולותיה. ויהיו כל ימיהם
25 רועים למעדנים. דשנים ורעננים. אוכלים ממתקים ושותים משמנים. ושקטים ושאננים.

צורת האריה והארנבת וצלם בבור

ויאמר כלילה אם תוכל על שנובה להצמיתו. ומבית המלך להשביתו. מהרה
והאבידהו¹⁸. וממעלתו הורידהו. כי קצה במעלתו נפשותינו. ומיום הבאותו אל המלך
ירד מראשותינו¹⁹. רק השמר לך ושמור נפשך מאד²⁰. פן במלך אל²¹ תמרד. ובנעימותיו
30 תבגד. ואל תעש למלך רע. ודע כי לא תקצר כי אם אשר תזרע. ואל תקרב
לחבלו. אם חרה יהרה לו²².

---

1) S. d. S. p. 103, l. 12. — 2) *Deut.* VIII, 7. — 3) *Jér.* XIV, 6. — 4) Cf. *Est.* V, 13. — 5) Cf. *Gen.*
XLII, 19. — 6) *Est.* VII, 2. — 7) „Souvent un peu de paille ou de balle suffit pour briser un
héros." יקוץ paraît être le *nifal* inusité de קצץ, avec l'imparfait en *ô*. La sentence manque
dans les autres rédactions. — 8) *Is.* VIII, 21. — 9) Faut-il lire על כל במה ? — 10) *Ez.* VI, 13.
— 11) *Is.* XXX, 25. — 12) „Avec un (autre) lièvre de ma communauté." — 13) *I Rois*, I, 12.
— 14) Cf. *Gen.* XXXII, 19. — 15) *Ib.* XXXI, 43. — 16) *Osée*, II, 12. — 17) *I Sam.* XIX, 17.
— 18) *Dan.* VIII, 7, et *I Sam.* IV, 18. Entre les deux phrases, il manque ויפול אל תוך
הבאר. — 19) Ms. והחביבי. — 20) Cf. *Jér.* XIII, 8. — 21) *Deut.* IV, 9. — 22) Biffez ce mot. —
23) *I Sam.* XX, 7.

ואחרי כן נמנע דמנה לבוא אל המלך לחזותו. ותכל נפש האריה לראותו. ויהי היום ויבא אל האריה בעינים דולפים. ופנים זועפים.

צורת האריה ודמנה

כראותו את דמנה. שב נדכה והלום'. ויאמר לו השלום'. ויאמר דמנה אלהים ישמיד צריך'. לו יהי כדבריך'. אדוני המלך אל תרבה עתה מליך. דבר סתר לי אליך'. ויאמר דבר ואל תשמע קולך'. ושומע אין לך'. ויאמר דמנה אם אגיד היום סתורי דברים. יאבד לב המלך והשרים'. ואני מפחד כי המלך לא יאמין לי ולא ישמע לקולי. אבל עלי לדבר עם אנשי שלומי בלט. ובמתקוממיך אתקוטט'. ולדרוש ולחקור על אוהביך וקרואיך. ועל אויביך ועל שונאיך. וירא להגיד אל המלך הדבר אשר אצפן בין צלעותי'. ואמרתי לא אזכרנו והיה בלבי כאש בוערת עצור בעצמותי'. ויאמר האריה כבר נודע לי כי האמונה כאחית תחבקך. דבר כי חפצתי צדקך'. ויאמר דמנה הנד הנגד לעבדך. כי שנובה לצנינים בצדך'. ויקבץ כל ראשי הנדוד הרחוק והקרוב. לובח שור ומריא וצאן לרוב'. ויבאו ממקומם. קרואים הולכים לתמם. ויהי אחרי אכלם ואחרי שתותם. דבר עם כל אחד ואחד למחלקותם. ויאמר ידוע תדעו כי האריה נשחת מחשבו. וינע לבבו'. ותפעם רוחו'. ולא נודע כבודו'. ואין לאל ידו. ואדע בשמעי דבריו היום. כי שור ננח הוא מתמול שלשום'. ואתה אדוני המלך כבדתו וקרבתו. וכמעט על כסאך שמתו. ומי יודע לעת בואת למלכות הגעת'. ואתה אדוני המלך לא ידעת'. ועתה התאור חיל ולבך הבר. כי עליך הדבר. כי חק המלך החכם עם שלישו שהוא אוהבו. שלא יעלה למרד מצבו. לבלתי רום לבבו'. ואתה ידעת כי כל שור ננח ירבו חלליו. ולא ישמרנו בעליו'. ועתה ידך מעליו אל תקל'. והשור יסקל'. פקח עיניך ופתח אזניך. להשמיד את מוניך. ואם תוסיף להתהלך עמו בזאת המחשבה. עוד לו אך המלוכה'. ודע כי האנשים הם שלושה. שנים מהירים ואחד עצל'. והמהיר אחד יתחזק בלא להבהל. ולא להתעות. כי תקראנה אותו צרות רבות ורעות. אבל יבקש דרכים להצלתו. ולהציל לו מרעתו'. והמהיר השני טוב ממנו כי ישמר מכל משמר. טרם נפלו במכמר. וגזהר מכל מגור מועד. איזהו הכם הרואה את הנולד'. אשר יראה מרחוק את הפח. ומידו ברח יברח. ונשמר מן החלי טרם חלותו. ומן האד טרם הנותו. והעצל הוא איש אשר יסבל ברעתו. מתרפה במלאכתו'. ומחסהו בכזב שוה. כל היום התאוה תאוה'. ולבבו מקול עלה ידם. והיה לו למרמס. ושלשתם כמו שלשת הדנים. ויאמר האריה איכה היה הדבר. ויאמר דמנה אמרו'. כי אנם מים עמוקים. היו בו שלשה דנים. האחד מהיר. והאחד ערום. והאחד עצל. ויהי ביום עברו על האנם שני ציידים. ולצוד באנם היו למהרתם נועדים. בראות [זאת] הדג המהיר לצאת ממבוא האנם אל הנחל מהר. וישב במעמקי הנהר. וישב דג הערום במקומו. עד באו שני הציידים איש

---

1) *I Sam.* XIV, 16; voy. Ibn Djanâh, *Lexique*, col. 175. — 2) *Gen.* XXX, 34. — 3) *Jug.* III, 19. — 4) *Ib.* XVIII, 25. — 5) *II Sam.* XV, 3. — 6) *Jér.* IV, 9. — 7) Cf. *Ps.* CXXXIX, 21. — 8) Pour בלבי; ce n'est pas biblique, — 9) *Jér.* XX, 9. — 10) *Job*, XXXIII, 26. — 11) Cf. *Nomb.* XXXIII, 55. — 12) *I Rois*, I, 19. — 13) *Is.* VII, 8. — 14) *Gen.* XLI, 8. — 15) Cf. *Is.* XVII, 4. — 16) *Ez.* XXI, 29. — 17) Cf. *Est.* IV. 14. — 18) *I Rois*, I, 18. — 19) *Deut.* XVII, 20. — 20) *Ex.* XXI, 36. — 21) *Ib.* vers. 29. — 22) *I Sam.* XVIII, 8. — 23) *Jon.* IV, 6. — 24) Talmud *Tâmîd*, 32ᵃ. — 25) *Prov.* XVIII, 9. — 26) *ib.* XXI, 26. — 27) S. d. S. p. 107, l. 10.

בחרמו · ויסגרו את מבוא המים · כי היו מי אפסים · ויאמר הערום איך לא נשמרתי מן
הסער הזה ומן הועם · חטאתי הפעם · הן ראיתי במור מות בלי לעיני · ולא הועילתני ערמתי
כי הבהילוני רעיוני · ועתה איה תבונתי · ותחבולות ערמתי · ויעש נפשו כמת וישחה
סתום עינים · כאשר ינוד הקנה במים · ויחשבוהו מת ויקחוהו · ולשפת הנהר הוציאוהו

5 ויניחוהו · אזי קם ומהר · לנפל במעמקי הנהר · ותהי לו בערמתו תשועה · אבל ביניעה ·
והרג העצל הולך ושב עד נפלו בחרם המורה · בעצלתים ימך המקרה · ואתה אדוני
המלך האכילהו לענה וראש · בטרם ישקך באחרית מי-רוש · ויאמר האריה הבינותי
חידותיך · ולא הבינותי אל אחותי · אבל לא עלה · על לבי · כי שנובה אחרי הטיבי
לו ירב בי · וזאת לא יעלה ברעה · הישלם תחת טובה רעה · ויאמר דמנה לולי

10 הטיבך · לא היה אויבך · כי לא עזבת מעלה אשר לא הבאותו אליה · ולא ממשלה ·
אשר לא המשלתו עליה · ונתת לו נשק להלחם בך · בקשתך ובחרבך · ותשימהו
באוכלי פתחנך · לתת חרב בידו להרגך · כי אם תשקיט נבל יחרידך · ואם תעלהו
יורידך · אם תכבדהו ינבלך · ואם תבינהו יחבלך · וכל מה שתוסיף לו מעלה גדולה ·
יעלה עליך מעלה מעלה · והנבל לא ישרת המלך כי אם לעניותו ורישו · ואם יעשיר

15 ישוב לורעו ולשרשו · והוא · כונב הכלב אשר בהיותו אסור יישר · וכי ינתק יעותו ·
כאילו נקשר · ודע אדוני המלך כי כל אשר לא ישמע לדברי אוהב ואל מצותו · לא
יועילנו טוב עצתו · ותצר לו משובתו · ויהיה כמו החולה אשר ימאס דברי הרופא
ורפואתו · ויאהב הבלי תאותו · ומבחר הרעים אשר לא יחליק · ומבחר המעשים אשר
תטיב אחריתם · ומבחר השם אשר יעידון לו הישרים · ומבחר המלכים אשר לא

20 ישרתוהו רשעים · ומבחר העשירים אשר לא אץ להעשיר · ומבחר הידידים אשר לא
ידין את חברו · ומבחר כל אשר יעשה ענוה · ואמרו אילו שכב איש על מפרש
שכולם נחשים · וצפעונים מפרישים · לא באה בעיניו שנה · כן מפני רע רע לא ינום
ליראתו משממה ושטנה · ויאמר האריה דבריך מאד העתרת · ואיבתך לשנובה לא
הסתרת · ולו היה שנובה כדבריך אויבי · אין בו יכלת להלחם בי · הנה הוא אוכל

25 עשב ואיך יוכל לי · והוא מאכלי · אף כי לא יוסיף על רצוני ולא ינרע · ולא מצאתי
בו מאומה רע · ולא אמצא להרע לו מקום בלבבי · ולבגד בו לא עלה במחשבי ·
אחרי אשר כברתיו · והגדלתיו והעשרתיו · ולרע לקחתיו · ולמען בחרתיו · ולראשי
הגדוד הללתיו · ואיך אשוב לנגדפו · ולהרע לו ולחרפו · ואיך נפשי אכזיב · חי נפשך
את דבריך לא אשמע ולא אקשיב · ויאמר דמנה אל תאמר כי הוא לך למאכל · כי

30 הוא יפתה וגם יוכל · כי שנובה לא יוכל לך בנפשו · כי אם בנכלו ובכחשו · הקהילו
אליך · גדודיך והילך · ואמרו כי בא לך · הילך יום אחד ולא ידעת יצרו · אל תאמן
במאמרו · ואל תשען בדברו · והשמר פן יקרך אשר קרה אל הפרעוש · ויאמר האריה
איכה היה הדבר · ויאמר דמנה אמרו · כי כנם ישב במטת נשיא ימים רבים ויהי
בגדילי השמלה נפשו טומן · והיה דשן ושמן · ויהי כל ימיו בשמחה ובמשתה · בשר

35 גבורים יאכל ודם נשיאי הארץ ישתה · כי היה הולך בלט · ויאכל מבשרו

---
1) *Ex.* IX, 25. — 2) *I Rois*, XIV, 15. — 3) *Eccl.* X, 18. — 4) Cf. *Job*, XIII, 17. Peut-être faut-il את. — 5) Cf. *Ex.* V, 21. — 6) „Si tu l'affermis, il te perdra" — 7) *Deut.* XXVIII, 43. — 8) S. d. S. p. 109, l. 1. — 9) Gay. „como era corva é tuerta" — 10) Gay. „si algun homo ficieso cama sobra las colebras ó viboras". — 11) Ajoutez ואני אוכל בשר. — 12) Ms. deux fois לך. — 13) S. d. S. p. 110, l. 10. — 14) Cf. *Ez.* XXXIX, 18.

ושותה מדמו מעט מעט. עד אשר בא הילך לואת הפרעוש. וישקהו מי רוש. כי
אמר לו הכנם לין פה הלילה. לדם מתוק ולחמדתי שמלה. ובהיות הנשיא בתחלת
נומו. הציקהו הפרעוש לשתות מדמו. ויקם הנשיא ויצא אל שפחתו. ותנער שמלתו.
ויברח הפרעוש. וימצא הכנם רען כברוש[2]. ויכהו וישימהו ממושך וממורט[3].
והפרעוש נמלט.

צורת הגערה המגערת והפרעוש והכנם והאיש שוכב במטתו

ונשאתי לך המשל הזה כי כל סוג לב מעשות רע לא יחדל. ואם היה עני
ודל. כי יעיר עליך נדודיך וחיליך. ואם אתה לא תראנו ולא[4] תחמל על נפשך.
חמול על עבדיך. ועל אנשיך. אז התעוררה נפש האריה אל דברי דמנה. ויאמר
האריה הבה עצה על התנכלו. ומה לעשות לו. ויאמר דמנה. בעל השן החולה
יוציאה. והאכילה הכבדה יקיאה. והצר הצורר יומת. כי לא יסור מצרור כי אם
ינצמת. ויאמר האריה אני דואג על שנזובה ותמצאני אשמה. להרנו בערמה[5]. עד
אשאל[הו][6] על מה יריבני[6]. ויחרד דמנה חרדה. ויאמר באה הקפדה[7]. או יבחן את שנזובה
בבור עצתו. וענתה בו צדקתו[8]. ועתה תגלה רעתי. ואתי תלין משוגתי[9]. ואני אנה
אוליך את חרפתי. ואחרי כן התאמץ להתעולל על שנזובה בתרמיתו. ויבקש המיתו[10].
ויאמר לאריה התניד סודך לבונך מכוסה. לא טוב הדבר אשר אתה עושה[11]. דע כי
אם תגיד לו מעלו. ונלחם בך ויקהיל עליך קהלו. ויעיר חילו איש על דגלו. ויפקוד
גדודיו. וצבאו ופקודיו. ואם לא נלחם בך. כי לא יועידך. יבקש תחבולות להכחידך.
יעורר על כל סביבותיך. אנשי מצותך[12]. ונשא כל אשר בביתך[13]. ואם להגיד עונו
חדלת. הוא ימות. ואתה את נפשך הצלת. ויען האריה ויאמר המלך בלי לחקר לא
יתכן. ולא נבון לעשות כן. כי על המלך הנבון לחקר על רשע ונבר. וכבוד מלכים
חקור דבר[14]. אך כי אינני יודע דעת שלמה. כי על שנזובה עון ואשמה. ואם הרעות
לו לא ידעתי על מה. ואתנקש בנפשי אלו המיתיו בלי חקור חקר. או עשיתי בנפשי
שקר. ויאמר דמנה עורה והקיץ מן נומך. השיאוך ויכלו לך אנשי שלומיך[15]. ועתה
תן לבך אל מאמרי. היקרך דברי[16]. הבט פני שנזובה בבואו אליך בפנים נועמים. כאשר
יתגנב העם הנכלמים[17]. והוא מבוהל כאלו מחשב לרצח. או עמך להתגנח. ויאמר
האריה אם יהיו דבריך בצדק ובמישור. סכל יסקל השור[19]. וידע דמנה כי בדבריו את
האריה הסית. והודו נהפך עליו למשחית[20]. ויאמר דמנה אלך גם אל שנזובה אל יבולו.
אולי יפותה ונוכלה לו[21]. אבל במאמר האריה תהי הליכתי. ולא ישית לב למרמתי.
ואמר לו אלך אל שנזובה לנגוב לבבו. ולדעת מחשבו. ויעש כן ויבא אל שנזובה
בעין בוכה. וברוח נמוכה. ויחרד שנזובה לקראתו. באהבתו אותו. ויאמר השלום.
ויאמר דמנה מה לך ולשלום. ומתי יהיו אנשי חסד שלמים. ואיזה זמן שלו בו
תמימים. ומי שפקד עליו רע מעלליו. ישב ברד וידם כי נטל עליו[22]. ומי זה נבר ולא
נחשל. ומי זה ירוק ולא יבשל. ומי זה גדל באיבו. ולא [בא] יום אידו[23]. ומי זה שאל

---

1) Peut-être : ולחמת Gay. „caliente". — 2) Cf. Osee, XIV, 9. — 3) Is. XVIII, 2. —
4) Ms. אל. — 5) Ex. XXI, 14. — 6) Job, X, 2. Ms. א. — 7) Cf. Ez. VII, 25. — 8) Cf.
Gen. XXX. 33. — 9) Job, XIX, 4. — 10) Ex. IV, 26. — 11) Ib. XVIII, 17. — 12) Is.
XLI, 12. — 13) II Rois, XX. 17. — 14) Ez. III, 19 ; Iis. הוא בעונו — 15) Prov. XXV, 2. —
16) Jér. XXXVIII, 22. — 17) Nomb. XI, 23. — 18) II Sam. XIX, 4. — 19) Ex. XXI, 28. —
20) Cf. Dan. X, 8. — 21) Jér. XX, 10. — 22) Lam. III, 28. — 23) Cf. Prov. VI, 15.

— 347 —

מנדיב' ולא נכלם. ומי זה. רעה רשעים וישלם. ומי זה שנה בזה ולא נשחת. ומי זה רעה אריה ולא נחת. ומי בכל אשר שרתו מלכים. ולא היו באחריתם נבוכים. ומי ישכב לוהטים'. יהיו ימיו מעטים

ויאמר שנובה הנה שאונך העמידני מרעיד. ורב עצמותי הפחיד'. ותוכחתך
5 הצמיתתני. תעה לבבי פלצות בעתתני'. הגידה לי אשמתי'. מה פשעי ומה חטאתי'.
ועל מה מר מר תצרח'. ועל מה אתה נאנח'. האם האריה חסר טרפו'. ויחר עלי אפו'.
ויאמר דמנה אתה מיום ידעתיך'. את העבודה אשר עבדתיך'. אני מיום ראו עיני
עיניך. ברית ביני וביניך. על כן לא אמתיק עליך סוד'. נעל דמך לא אעמד. דע כי
האריה אשר היו עמו תענוניך. מתנחם לך להרגך'. ובכל מי שהוא האריה אדוניו. היו
10 לחרפה לשכניו'. כי אמר אל עבדיו כי שנובה ישר בעיני עבי צוארו. ומשמן בשרו.
על כן אשתהו. ומעורו אפשיטהו. ותראה' בשרו. לבן ואדמדם. ואכלתם בשר
ושתיתם את הדם'. וכשמעי העצה להגיד לך מהרתי. חשתי ולא התמהתי'.   כשמע
שנובה את דברי דמנה. ויאמר אהה מי איש שלומי. אשר בטחתי בו אוכל לחמי'.
וישב נדהם ומשתומם. כי עליו האריה לאויב יקומם. ויאמר אל דמנה מה עשיתי אל
15 האריה. ואל עבדיו. ומה חובי'. כי בעור בגדו בי'. אין זאת כי אם נרגנים הסיתו'. את
האריה יקושי. חנם חפרו לנפשי'. או בוגד הפך' לי לאיבה אהבתי. וישחת בשחיתותיו
עצתו. ויקרהו כאשר קרה אל העוף שנקרא בלשון ערב בטה'. אשר ראתה אור
כוכב במים ולדג חשבתהו. ותלך לצוד ולא מצאתהו.

צורת השחק והלבנה והטים והעש ובטה וצורת לבנה והדג

20 ותשב ממחרת ותרא צורת הדג במצולה. ותלך לצור אותו כאשר בתחלה.
עד אשר עזבתהו. כי לא מצאתהו. ותאמר מחשבות הבל חשבתי. אך לשקר שמרתי'.
כן חשבו עלי מהשבות און בוגדים ברהבם. וקסם ואליל בתרמית לבם'. ויאמן האריה
דברי נרגן אשר כזב בפיו יקר. הרו והגו מלב דברי שקר'. עצמו מצמיתי אויבי [שקר'].
תאלמנה שפתי שקר'. ואתמה על האריה אשר לא הייתי עמו שובב. אבל התהלכתי
25 לפניו באמת וביושר לבב. ועתה יאריב לי במסתריו'. ויחשבני לו כצריו'. ואילו
בחטאי מלפניו נגרשתי. החרשתי. ואבן לא לבדני במעלי. חף אנכי ולא עון לי''.
ובהמצא העון ימצא כפרו'. בכסף המעוה ובעשרו. ואם עונו לא ימצא. במה יתרצה.
ואין איש נשמר את רעהו מכל משמר'. ואין תירוש אשר עמד טעמו בו וריחו לא
נמר''. וחק משביל עם רעו. לעביר על פשעו'. ואם הפשע עבר על נבוליו. ונתן פדיון
30 נפשו בכל אשר יושת עליו''. ואם האריה יחשב לי פשע בלי מחשבה. על כל פשעים
תכסה אהבה''. כי פיהו לא המריתי'. ויום אנוש לא התאויתי''. ואם יום עליו קצפי''
וזעפי. זמותי בל יעבר פי''. ואם דבר אלי בזעמו. דברתי'' לאט עמו. וידעתי כי כל

1) Arabe: من اللئام; Gay. „á los vilas"; C. stulto. Peut-être faut-il מנבל. — 2) Ps. LVII, 5. — 3) Job, IV, 14. — 4) Is. XXI, 4. — 5) Gen. XXXI, 36. — 6) Cf. Soph. I, 14. — 7) Cf. Gen. XXX, 26. — 8) Ib. XXVII, 42. — 9) Ps. LXXXIX, 42. — 10) Cf. Ez. XXXIX, 17. — 11) Ps. CXIX. 60. — 12) Ib. XLI, 10. — 13) Jér. V, 11. — 14) Ms. הציתו. — 15) Ps. XXXV, 7. — 16) Ms. חסר. — 17) البطة. — S. d. S. p. 115, l. 7. — 18) I Sam. XXV, 21. — 19) Jér. XIV, 14; lis. ותרבית. — 20) Is. LIX, 13. — 21) Ps. LXIX, 5. — 22) Ib. XXXI, 19. — 23) Cf. ib. X, 9. — 24) Job, XIX, 11. — 25) Ib. XXXIII, 9. — 26) Cf. Jér. XLVIII, 11. — 27) Ex. XXI, 30. — 28) Prov. X, 12. — 29) Jér. XVII, 16. — 30) Ms. עלי קצפי. — 31) Ps. XVII, 3. — 32) Ms. דבר.

מבקש חלקות רעו בעצתו. ומן הרופאים בחלותו. ומן השופטים בהשפטו. לא ימיש
מחטאו. כי השחית עצה והוסיף מחלה. ובמשפט נמצא עולה. או אולי קצף עלי
בחק המלכים. אשר יקצפו על אשר [אין] לקצוף. וירוצו ויכספו לאשר אין לכסוף.
אבל אף על פי כי חק האריה שמות ושאוני. יכסוף לטרוף. על כן אמרו השונחה
בשבלת מים דמו בראשו. וטובל אצבעו בשמן המלך מתנקש בנפשו. ואולי הודו
אשר נתן עלי. וחסדו אשר הטה אלי. סבה להזכיר עוני. ולהקריב אסוני. כמו אלה
עבתה ויפה. פוריה וענפה. ויהי לה יפיה ורב פריה. סבה לענפיה לכל עובר
לכרות. וכרת הזולזלים במזמרות. וישם פרוחיה לבז. ואת הנטישות הסיר התיו.
וכמו התאום הזכר מן התכיים אשר אם ירדפו צייד. יעף בכבד זנבו ונלכד. והיה
לו ככר זנבו לאידו ולצרתו. עשר שמור לבעליו לרעתו.

צורת הסוס והשאום והאלה

וכמו הסוס המאון. אשר אם רוכב עליו יאיצהו. המת ימיתהו. או גם יש נכבד
אשר עדת מרעים הקיפוהו. ולקחת נפשו הרדיפוהו. והבתירוהו רשעים. כי יחמדוהו.
עד אשר יכחידוהו. כי אנשי דמים. הרבה מאד מן התמימים. או אולי תלאות תבל
והקורות. אשר הם על הברואים נגזרות. ואין מי יוכל לרחותם. או רגע להרחיק
אותם. כי אם יודע בל נעלם וכל רז. המבלינ שד על עז. אשר אין חקר לגדולתו
ולגדלו. מציל עני מחזק ממנו ועני ואביון מגוזלו. והוא יכשיל האריה וידיחו. וסר
ממנו רוחו. והוא יעביד לאיש הפיל ויכבוש. וירכב עליו וכמעט בו יחרוש. והוא
ישלח את האפעה והנחש להסיר חמתה. והוא רבת בנים ישכל. משיב חכמים אחור
ודעתם יסכל. ומשיב מהיר לעצל. וגבור לחלש ולא יוכל להנצל. וגם רבות פעמים.
יריעב חכמים. כזאת וכזאת יעשה בורא הכל. אשר כל יכל. אשר לפניו עז וחדוה
והוד והדר. מלכותיה מלכות עלם ושולטניה עם דר ודר. והוא משיב ומציל.
ודי הוה צבא הוה מרים ודי הוה צבא הוה משפיל. ויאמר דמנה כבר הרבית
אמריך. ולמה תדבר עוד דבריך. אין האריה מחשב מאומה מכל מחשבותיך. כי לא
מחשבותיו מחשבותיך. לא יחשב כי אם לבגד. ובכל רע לפשע ולמרד. ומחשבותיו
בכל יאות לכבד. להשמיד להרג ולאבד. והתחברותו מתוקה בראשונה. ואחריתה
מרה כלענה. ויאמר שנובה כן דברת. כי המתקתי בראשונה דבש בחבורתי. ואני
יראתי שאטעם באחרונה מרורות לענתו. ומה לי לחבורת האריה לולי צרתי ושברי.
כי אני אוכל עשב והוא אוכל בשרי. אוי לי לתאוה. ולבצע. אשר שניהם סבת כל
נגע וכל פצע. ושניהם הוגיעוני. ולצרה הזאת הגיעוני. הבוני פצעוני. והייתי כמו
הדבורה ההונה. על פרח העשב הנקרא בלשון ערב נילופר. ותנעם באכול צצתו
ועליה. עד אשר נסגרה כבא השמש עליה. כי חק צצתו להסגר כבוא השמש.
ולהפתח מן המסגר אשר נסגרה בו אמש.

צורת הדבורים והגילופר

1) Ez. XXXVI, 3. — 2) Ps. XVII, 12. — 3) Is. XVIII, 5. — 4) Ib. — 5) Eccl. V, 12.
— 6) Cf. Ps. XXII, 17. — 7) Cf. Hab. I, 4. — 8) Amos, V, 9. — 9) Ps. XXXV, 10. —
10) Is. XLIV, 25. — 11) Dan. III, 33. — 12) Ib. VI, 28. — 13) Ib. V, 19. — 14) Ms.
نيلوفر (ובל. — 15) Prov. V, 4. — 16) Cant. V, 7. — 17) S. d. S. p. 118, l. 4. — 18)
„nénuphar".

— 349 —

ומי לא ישבע כדי מחיתו. יחמס כנפן בסרו וישלך כוית נצתו¹. ויהיה כמי' הזבוב אשר לא ישבע מן הפרות ומן הגצנים. ויבצע במים אשר באזני הפיל חונים. או הפיל ישהיתהו. ויכהו וימיתהו². ומי שיעץ עצה טובה למי לא יורנו. כמי³ שישליך כספו בבצות. ועוד לא יועילנו. או כמי שיספר באזני חרשים. או כמי שישאל רפואה מאנשים⁴.
5 ויאמר דמנה עזב כל אלה הדברים ושמר ראשך. והמלט על נפשך.
ויאמר שנזבה ואיך אשמר ראשי. והאריה מבקש נפשי. ואילו האריה יחפץ בטובתי. ולא היה מבקש רעתי. המקנאים יסיתוהו בי. וספר כתב איש ריבי⁵. כי עדת מרעים יפרידו בין שני רעים. ויפרו אחותם. בשקריהם ובכזובתם. כאשר עשה הואב ובן איה והערב⁶. ויאמר דמנה איכה היה הדבר. ויאמר שנובה אמרו⁷ כי אריה היה ביער
10 אצל הדרך ולו שלשה רעים זאב וערב ובן איה. הם יושבים במסתרים. ויעברו אנשים סוחרים⁸. ויתעה להם נמל ויבא עד האריה וחבריו. וישאלהו האריה בעד כל דבריו. ויאמר אני אעזרך ואני אועילך⁹. מה תאמר נפשך ואעשה לך. ויאמר הגמל אני באתי אל הודך. ויאמר האריה אני אהיה לך לעזרה. שבה אתי אל תירא¹⁰. וישב הגמל עמו. ולרע נאמן הקימו. ויהי היום ויצא האריה לצוד מחיתו. והנה
15 פיל אחד לקראתו. ותעל המלחמה בכח ידיהם. וינצו שניהם בשדה ואין מפריד ביניהם. עד שפך דם עליהם¹¹. וימחצהו הפיל ויבצעהו בצע. ויכהו בשניו הכה ופצע¹². וימלט האריה מידו ננוע מכה ומענה. נגש והוא נענה¹³. וילך הפיל שלו אל מעונתו. והאריה נדחף אל ביתו¹⁴. ולא היה לו לצוד כח. ולא קמה בו עוד רוח¹⁵. וישאר האריה ורעיו. שפלים ונדכאים. רעבים גם צמאים. והארי נדהם כי אמר הנני נבוה
20 ורוה. האחיה מחלי זה¹⁶.

צורת האריה והפיל

והא טרפנו נגרע גרע. האם תמנו לגוע¹⁷. ומפני הרעב אין לנפשותינו מרגוע. אחרי תתי לכם בשר בערב ולחם בבקר לשבע¹⁸. ויאמרו לו מה נעשה לך. אין לאל ידינו לעברך. האלהים מצא עון עבדיך¹⁹. ויאמר האריה אין בידי כי אם להלחכם במלי.
25 ברוכים אתם כי המלחתם עלי. ועתה שוטטו לצודד טרפי וטרפכם. ומצאו מרגוע לנפשבם²⁰. ויצאו מעמו עצובי לבבות. ויאמרו לכו ונחשבה על הגמל מחשבות. ויאמרו איש אל אחיו מה לנו ולגמל ולכל עשבותיו. כי לא מהשבותינו מהשבותיו. ולא עצתנו עצתו. ולנו אין שוה להחיותו. לכו ונועץ אל המלך מפלתו. פן יבולע למלך ולכל העם אשר אתו²¹. ויאמר בן איה המלך לא ישהט את הגמל ולא ימיתו.
30 ולא יפר בריתו אתו. ויאמר הערב אל תאמרו לא ימיתו ולא יהיתנו²². אני אפתנו וילך²³ אל האריה.

צורת האריה והערב ובן איה

ויאמר להם האריה המצאתם לרעבוננו פדיום. אל פשטתם היום²⁴. ויאמר הערב לא תמוש לעולם עצה. מאנשי המליצה. אם על המלך טוב נכרית ממשמעתנו²⁵.

1) *Job*, XV, 33. — 2) S. d. S. p. 118, l. 8. — 3) Ms. כמו. — 4) Lis. מאנושים. — 5) *Job*, XXXI, 35. — 6) S. d. S. p. 119, l. 5. — 7) Cf. *Gen.* XXXVI, 28. — 8) *I Sam.* XXII, 23. — 9) *I Rois*, XVIII, 28. — 10) Cf. *I Rois*, XX, 37. — 11) Cf. *Ia.* LIII, 5 et 7. — 12) *Est.* VI, 12. — 13) *Jos.* II, 11. — 14) *II Rois*, VIII, 8. — 15) *Nomb.* XVII, 28. — 16) Cf. *Ex.* XVI, 8. — 17) *Gen.* XLIV, 16. — 18) *Jér.* VI, 16. — 19) *II Sam.* XVII, 16. — 20) Cf. *Hab.* II, 17. — 21) Lis. וילכו. — 22) *I Sam.* XXVII, 10. — 23) „Nous exclurons de notre domesticité".

הפתיות והסכלות. ונחיה ולא נמות'. אדוני המלך הגמל הזה אין מעצר לרוחו'. ולמלך
אין שוה להניחו'. ועתה סעדנו ממשמעתך אל הנבלה'. תנה לנו בשר ונאכלה'.
ויחר אף האריה' הלהפר ברית ושבועה לבזות. אעשה הרעה הגדולה הזאת'. ויאמר
האריה הלא ידעתם את בריתנו אשר כרתנו עמו. מה בצע כי נהרג את אחינו וכסינו
את דמו'. ואיך לא תשמרו אחותכם. ולא תזכרו ידידותכם. אבדה האמונה ונכרתה
מפיכם'. ויאמר העורב כן דברת אדוני המלך אבל באחד יפדה איש אנשי ביתו.
ובאנשי ביתו יפדה את משפחתו. ובמשפחתו יפדה לארץ אנשי מולדתו. ובאנשי
משפחתו יפדה המלך את אשר מחיתו אתו. ואתה תראה הצרה הבאה עלינו.
וחסרון מאכלנו. אני אנקך מאלתנו. והיינו נקיים משבועתנו'. וישמע האריה את
מענהו. וישר הדבר בעיניו' ויברכהו'. וילך העורב לחבריו ויאמרו לו מה עשיח וינד
אליהם כל אשר קרהו'. ויאמר להם נוער לפני האריה. שלשתנו'. ונספר חסר
מבלתנו. ויתנדב כל אחד אל המלך בנפשו. ויחיב לו את ראשו'. ונודה למלך
על הטיבו עלינו. ועל נטותו חסדו אלינו. ואנחנו אם יכלנו על טרף הביאונוהו. או
על מאכל המלך השיבונוהו. ולא נשאר לנו להתנדב בנדיבותנו. בלתי אם נויתנו'.
ויאמר כל איש ממנו לאריה. יקום המלך ויאכלנו ואל יבאב. למלא נפשו כי ירעב'.
ויסעד בי לבבו ויקימו. ולא ימות לשחת ולא יחסר לחמו'. ויעשו כן ויבאו ארבעתם
אל האריה.

צורת הגמל ובן איה וזאב והעורב

ויען העורב יחי המלך אתה חלית ובפצעיך' התענית. ובחליך חלינו. ובהתענותך
התענינו. ועתה הנה נויתנו לפניך. עשה לנו ככל הטוב בעיניך. כי עד היום הזה
טובות רבות לנו קדמת. ולבד לכלכלנו שמת. ומעודך ממנו לא התעלמת. והאכלתנו
הרב. לחם ובשר בבקר ולחם ובשר בערב. ועתה אדוני אכל בשרי. ועצמי ועורי.
ורעב יום ינשך'. אולי יחיה את נפשך'. ויענו הזאב ובן איה לאמר החרש מה תתנדב
בדבר לא יועיל ולא יושיע. כי גויתך את הארי לא תשביע. ויאמרו" לו בנערה וחרי.
אין הקומק משביע הארי'. ויאמר הזאב יאכלני המלך וגויתי תשביעו. ותרפה פצעו
וננעו. ויאמר העורב ובן איה החרש. ומי האיש שיחפץ שיאחוזהו. צירים וחבלים
וכאב. יאכל בשר הזאב. ויאמר בן האיה אבל יאכלני המלך ובבשרי יהיה נסעד לבבו.
ויהי נחת לו בו. וישב [הגמל] כי כדברו כדבריהם. ישיבוהו חבריו כהשיבם אל
חבריהם. ונמלט גם הוא כהמלטם. כחקותם וכמשפטם. ויאמר אדוני המלך בבשרי
תאכל אתה ורעיך כנפשך שבעך". וגויתי שמנה. ועתה אכלני נא. ויאמרו לו חבריו
טוב דברת. ומכלנו התבוררת. ובנפשך התנדבת. כי כלך מתקת וערבת. ויקם האריה
אליו. וארב לו וקם עליו". ויהי אותו צמת. והכהו ומת. ויתקבצו אליו ויאכלוהו.
ואכלוהו ויכלוהו". ויבנד האריה בגמל. גם הוא כחציר ימל" על אשר לא חמל".

---

1) Gen. XLII, 2. — 2) Prov. XXV, 28. — 3) Cf. Est. III, 3. — 4) Ajoutez : וסור avant ממשמעתך, et traduisez : „soutiens-nous et cesse tes rapports avec cette charogne!" — 5) Nomb. XI, 13. — 6) Les paroles du lion commencent ici. — 7) Gen. XXXIX, 9. — 8) Ib. XXXVII, 26. — 9) Jér. VII, 28. — 10) Cf. Jos. II, 20. — 11) I Sam. XVIII, 20. — 12) Est. IV, 7. — 13) Ajoutez : עמנו הגמל. — 14) Cf. Dan. I, 10. — 15) Gen. XLVII, 18. — 16) Prov. VI, 30. — 17) Is. LI, 14. Ms. ואל. — 18) Ms. וצעיך. — 19) „Il te fera oublier." — 20) Depuis ce mot jusqu'à הארי est à placer l. 28 après בו. — 21) Talmud b. Berâchôt, fol. 3b. — 22) Deut. XXIII, 25. — 23) Ib. XIX, 11. — 24) Jér. X, 25. — 25) Cf. Ps. XXXVI, 2. — 26) II Sam. XII, 6.

צורת האריה אוכל הגמל והזאב ובן איה והעורב

ונשאתי לך את המשל הוה בעבור האריה ורעיו וקרוביו ומיודעיו. הלא תראה
כי המים רבים נמקים. והאבנים קשים וחזקים. וברב דלוף הבית ימך המקרה
בעצלתים. אבנים שחקו מים'. אשר לו המלך לבדו יחפץ להחיותני. ועבדיו ייעצוהו
5 להצמיתני. עצתו תופר ועצתם תקום להמיתני. ואמרו כי השלטון הטוב התמשל
לנשרים. אשר סביבותם פגרים'. ויאמר דמנה מה תעשה. ובצל מי תחסה.
ויאמר שנזבה אין לי כי אם להלחם בו וננחתו. אולי אוכל נכה בו ונרשתיו'. כי לא
להתרפות ביום צרה'. ולא להתפשט ביום קרה'. ואין עם מנגת לב מנוחה. ואין עם
שאגת אריה הנחה. ומי יודע ימם כמים לבו. אולי אוכל נכה בו'. ויאמר דמנה לא
10 לאדם לאור' נפשו למלחמה. עד שיעשה תחבולות הערמה. וישים המלחמה אחר
כל תחבולותיו. ואחר כן ילחם מלחמותיו. ואמרו אל תבוא לצר ואויב ולו באנשים.
נבוה וחדל אישים'. כי אולי יעשה בערמה. אשר לא יעשה גבור במלחמה. אף כי
האריה יחסר שאננים. אשר כנבה ארוים ובנהו והסן הוא כאלונים'. וכל בוזה אויבו
יקרהו כמקרה נשיא הים עם עוף השמים. ויאמר שנזבה ומה קרהו.
15 ויאמר דמנה אמרו" כי עוף מעופף על המים נקרא בלשון ערב טיטונה" היה מקנן
הוא ואשתו בחוף הים ותאמר לאישה בקש מקום לקננו. ולשמר בו ביצינו ובנינו. ויאמר
אליה ואיוה מקום טוב ממקומנו. ולשמר בנינו ולשלומנו. והעשב והמים ממנו קרובים.
ואנחנו בצל עצים וערבים. ותאמר לו פתי הלא תדע. כי בשוא נגלי הים שבלת
מים תשטפנו". ושאון הים כסף ירדפנו'. וישאו קנינו. וביצינו ובנינו. ויאמר אליה לא
20 יוכל הנשיא ביומו" לבא לימי. ומי זה נשיא אשר יעמד לפני. ותאמר מה תתהולל במלי
שוא לחבר. כדבר אחד הפתאים תדבר. הלא תתבושש ולא תכלם. שים ידך אלי"
פיך והאלם. האתה תוכל לנגלי הים הנאונים. המים הזידונים". אמת אמרו כי אין צר
יצר לאויבו עד הכחישו. כחצר פתי לנפשו. הלא ידעת כי נץ יצורך. וצל נשר יחידך.
וביציך כל רגל תזורם. ובניך כל רוח תעשרם". זבור בעוף מנך". ואל תבין קלונך.
25 ומדוע בזוי מולדתך שכחת. ועתה על מי בטחת. ומי לא ישמע לקול אוהבו. יקרהו
מה שקרה לשרץ מים. ויאמר לה איכה היה הדבר.

צורת הזכר והנקבה בן הטיטונה

ותאמר לו אמרו" כי עין מים היו בה שני צפרים נקרא בלשון ערב בטה ושרץ
המים נקרא בלשון ערב סלחפאה". וכל אחד מהם יאהב חברו כנפשו. ושואל את
30 שלומו ודורשו. ויהי אחר כן בהעצר השמים". ויחסרו מן העין מים. ויאמרו שני
הצפרים. נעוב המקום הזה ונתור מקומות אחרים. ויבכו את הסלחפאה ויחבקוהו.
ויפלו. על צואריו וישקוהו. ותאמר להם התעובו לצמא אחיתכם. ואתם תלכו

---

1) Cf. Eccl. X, 18. — 2) Job, XIV, 19. — 3) G. n° 26. — 4) Cf. Nomb. XXII, 6. —
5) Cf. Prov. XXIV, 10. — 6) Cf. Prov. XXV, 20. — 7) Nomb. XXII, 6. — 8) Ms. לאסור
— 9) Is. LIII, 3. — 10) Amos, II, 9. Gay. „Cuanto mas el leon, que es tan temido é
tan fuerte." Traduisez : „Le lion manque de douceur." — 11) S. d. S. p. 124, l. 10. —
12) طبطوى „goëland." — 13) Cf. Ps. LXXXIX, 10 et LXIX, 3. — 14) Lis. מימו; „le prince
peut-il de sa mer etc." — 15) Lis. עלי; cf. Jug. XVIII, 19. — 16) Ps. CXXIV, 5. — 17) Cf.
Job, XXXIX, 14—15. — 18) Peut-être מינך „pense à un oiseau de ton espèce." — 19) S.
d. S. p. 125, l. 5. — 20) سلحفاة „tortue". — 21) II Chr. VI, 26.

לדרככם· הלא תבכו על יבשת מים לצרתי· ומן המים למחיתי· ועתה שאוני עמכם·
והוליכוני אל מקומכם· ויאמרו לא נוליכך כי אם בסנהך פיך בעופפנו· ואל תשיבי
דבר אל צופנו· ותאמר אנכי אעשה כדבריכם· אמצא חן בעיניכם· ויאמרו לה חרוק
שניך בחצי המוט· ואל תפתחי פיך פן המוט' מוט· ויקח האחד בקצהו והאחר
5 בקצהו ויעופפו השמים· וישאוהו במוט בשנים'· וקראום העם והם אומרים· ראו
הסלחפה בין שני צפרים· ותשמע הסלחפה ותאמר זאת על אפכם'· וכאשר פתחה
פיה בדברה· נפלה· על הארץ לאידה ולשברה·

צורת שתי צפרים נושאים במוט את הסלחפאה

ויאמר הטיטונה לאשתו הבינותי משלך· ושמעתי קולך· אל תיראי הים ואל
10 תפני אליו· ואל תפחדי ממנו ומשאון גליו· ותלד האשה את ביציה ויצאו ילדיה·
במלאת מועדיה· כשמע הים אמרתו· רצה לידע נבורתו· ואיך' יוכל להשמר מן הים
משאונו· ומהמיתו ומן גאונו· וידי בהמלא הים· וכנשוא נהרות דכים'· הטביע את בניו
בקרבו· ותבא הטיטונה אל קנה זאין בניו בו· ותאמר לו אשתו מדוע לא שמעת
מוסרי· הלא זה דברי· זה פרי פתיות פתאים אשר רגע תשמידם· כי משובת פתיים
15 תהרגם ושלות כסילים האבדם'· ויאמר לה אישה עתה תראה מה אעשה לים
ולמלחו· באצי' להבותו ולהדיחו· ויאסף אליו כל בעל כנפים· כל צפור כנף אשר
תעוף בשמים'· ויספר להם את כל אשר קרהו'· ואשר דבר להם'' ואשר ענהו· ויאמרו
לו המעט היותך בזוי· וממקומך גולה· ואתה איש רש ונקלה''· ואל מי הרבית חיליך''·
ותגה בנהרותיך· ותדלה מים ברגליך''· זה הים נדול''· ונורא מאד ומי יכילנו''· ומי
20 יוכל לדין עם שתקוף ממנו''· ויאמר הטיטונה חזקו עלי אמריכם· והעתרתם עלי
דבריכם''· והמה כצירים וחבלים· עד אנה תגיון נפשי ותדכאונני במלים''· ותוסיפו
כאב על חלי· זה עשר פעמים תכלימוני לא תבושו תהכרו לי''· לכו [אל]
העוניה מלכת כל בעל כנף למיני''· והיא תשבית שאון הים וגאונו·

צורת העזניה בשחק ומיני העוף

25 וילכו ויזעקו בקול נדול אל העוניה· ותדבר אליהם מן העליה· ותאמר מדוע
נקבצו כל בעל כנף ועל מה· צועקים אלי מן האדמה''· ויאמרו אנחנו על הים
מלינים· אשר יכנו בקנים· אם על בנים· ואתה אמר אל הים המאוזל''· והשיב את
הגזלה אשר גזלי'· ואם מאן ימאן בעקשות לבו· צא נא והלחם בו· '' וישמע נשיא הים
כי נקבצו אליו להיה''· ויחל מאד מהעוניה· וילך אל הטיטונה ויתחנן אליו· וישב לו
30 גזולו'· ונשאתי לך המשל הזה כי הלחמך עם האריה מוקש· אם'' לא ישמע לקול

---

1) „Pour ma peine," à moi qui ne peux pas, comme vous, m'en aller facilement. Les autres rédactions sont plus explicites. — 2) *Nomb.* XIII, 23. — 3) C. *malo vestro velle*, "à votre barbe". C'est la traduction de على انفكم; voy. Dozy, *s. v.* — 4) Ms. ואיו. — 5) Cf. *Ps.* XCIII, 3. — 6) *Prov.* I, 32. — 7) באוצי "en me pressant". — 8) *Deut.* IV, 17. — 9) Cf. *Est.* VI, 13. — 10) Peut-être : לים "à la mer." — 11) *I Sam.* XVIII, 23. — 12) *Ez.* XXVIII, 5. — 13) *Ib.* XXXII, 12. — 14) *Ps.* CIV, 25. — 15) *Joël*, II, 11; ms. יוכלנו. — 16) *Eccl.* VI, 10. Lis. שהתקף. — 17) *Ez.* XXXV, 13. — 18) *Job*, XIX, 2. — 19) *Ib.* 3. — 20) Dans C. et d. S. ce conseil est donné par les autres oiseaux. — 21) Cf. *Gen.* I, 21. — 22) *Ib.* IV, 10. — 23) *Ez.* XXVII, 19; „qui marche toujours". — 24) *Lév.* V, 23. — 25) *Jug.* IX, 38. — 26) *II Sam.* XXIII, 11. — 27) Mieux : ומי.

מאהבו עקש·   ויאמר שנגובה הבינותי משלך· הנה שמעתי לקולך· כי אהיה עם
האריה כתמול שלשום· והנני נותן לו את בריתי שלום·¹ עד אשר יגיד לי את כל
לבבו²· היש לבבו ישר כאשר היה עם לבבי או יש בקרבו מחבוא· בפיו שלום את
רעהו ידבר ובקרבו ישים ארבו³·   ויהר לדמנה מאד עצתו· כי ירא התגלות ערותו·
5 ויאמר בלבו אם לא יראה האריה האותות אשר אמרתי· ברגע נגזרתי·ויאמר לשנגובה
אם תראה האותות אשר ספרתי· תדע כי אמת דברתי·   ויאמר שנגובה במה אכיר
האותות·   ויאמר דמנה בבואך אל האריה ישנה פניו· ויציב אזניו· ויקרץ בעיניו·ויניע
זנבו· וירעד לבבו. ויפתח פיהו· וניע ידיו ויוציא לשונו· וירעד זקנו·   ויאמר שנגובה אם
ראיתי אלה האותות· אבין כי כרה לי שחיתות· ויום להשחיתני· וזמם להמיתני·
10 ויהי כאשר כלה דמנה לשלח בין האריה· והשור מדנים· כחקות הנרגנים·וילך אל
אחיו כלילה ויאמר כבר טמנתי שני פחים· להפיל בין² שני אחים· פח לבגוד ולפשוע·
פח למות ולנוע· וכריתי שתי שוחות· שוחה לדאבה⁷· ושוחה להפר האחוה· ושטחתי
שתי חרמים· אחד להפריד· ואחד להשמיד⁸·   ויאמר כלילה נחש עקב ישוף⁹· ונרגן
יפריד אלוף¹·   ובני רשף ינביהו עוף¹·   ויאמר דמנה לכה נא אתי· אל זבחי אשר זבחתי·
15 ואל טבחתי אשר טבחתי¹⁰·   הם על¹¹ שער האריה· ושנובה בא ויבט פני האריה· וירא
בו כל האותות אשר אמר דמנה· וכסה פניו חשך וצלמות· ויאמר אכן סר מר המות¹²·
רועה אנשים כזבים· כרועה זאבים·   רועה אריה לא יחסר פצעים· כשוחה ביאור אשר
פתאם יבלעוהו צפרדעים¹³· כן אריה· לבו רגז· שבן צפעוני¹⁴ חיל אחז·· משרתי מלכים
נבוכים·   מתהלכים עם סירים סבוכים·   ויכר גם האריה בפני השור האותות אשר אמר
20 דמנה ויאמר זה· הוא אשר מתקה לי אהבתו מנפת ומצוף· אל תאמינו ברע אל תבטחו
באלוף¹⁵· זה אשר לבי בחבלי אהבתו ימשוך¹⁶· כל אח עקב יעקב·וכל רע רכיל
יהלך¹⁷· אלה הם אשר תדד אהבתם כחזיון חלום¹⁸· הנושכים בשניהם וקראו שלום¹⁹·
ויקם האריה ברעדה· ויקם גם השור בחפזה·זה מנגח· וזה מנתח· זה ישאג וזה
יגעה·זה ישבר וזה יצעה· זה יחרק שניו· וזה ילטוש עיניו · וזה ירד רירו· וזה סמר
25 בשרו·זה יהדוף· וזה ידוף· וזה ישרק· וזה יאנק· זה מחנק· וזה מפרק· זה יבתק· וזה
מנתק· זה בקרניו·וזה בצפרניו²·   ויכרע השור עיף ויגע עזוב ונגלמוד· באשר כרע שם
נפל שדוד²¹· ויתת השור ממושך ומורט²²· עשוק ורצוץ²² במשפט.
            צורת האריה אוכל את השור
וירא האריה כי מת השור התאבל ונחם· וישובו פניו שחורים כפחם· ויזעק ויאמר
30 אהה אחי השור· אשר הלכת עמי בשלום ובמישור· חומדיך השיאוני· ומקנאיך
הקניאוני· ואנשי רכילות בך הסיתוני· וממוציא דבה שמעתי· על כן בגדתי בך
ופשעתי· והתעוני בכוכם· וקסם ואליל ותרמית לבמי²³· כי קרבו כתנור לבם בארבם²·
וכל עבדיו איש איש מרחוק יעמוד· ואין דובר אותו דבר כי ראו כי נדל הכאב מאד²⁶·

1) *Nomb.* XXV, 12.— 2) Cf. *Jug.* XVI, 17.— 3) *Jér.* IX, 7.— 4) Lis. בם.— 5) Ms. לדאוה.— 6) Les paroles de Dimnah sont de l'auteur hébreu. — 7) Cf. *Gen.* III, 15. — 8) *Prov.* XVI, 28. — 9) *Job*, V, 7. — 10) *I Sam.* XXV, 11. — 11) Ms. עם. — 12) *I Sam.* XV, 32. — 13) Gay. „los crocodillos". — 14) Gay. „quien mora con la culebra". Cette dernière comparaison se lit aussi chez C. Voir sur tout ce morceau G. n° 29. — 15) *Mich.* VII, 5. — 16) Cf. *Osée*, XI, 4. — 17) *Jér.* IX, 3. — 18) Cf. *Job*, XX, 8. — 19) *Mich.* III, 5. — 20) Depuis l. 23 (הז) composition de Jacob b. Elazar. — 21) *Jug.* V, 27. — 22) *Is.* XVIII, 2. — 23) *Deut.* XXVIII, 33. — 24) *Jér.* XIV, 14. — 25) *Osée*, VII, 6. — 26) *Job*, II, 13. L'auteur préfère אותו, qui est plus rare.

כראות כלילה כי נחם האריה על המיתו השור אמר אל דמנה אוי לך כי מעלת במלכך וברעך מעל · צא צא איש הדמים ואיש הבליעל¹ · בצעך השליכך בין מצולה עד טבעך · כי אין עיניך ולבך כי אם על בצעך · כמה הוכחתיך ולא שמעת · כמה יסרתיך ומוסר פרעת · וכבר נפלת בפח מחשבך · אני ידעתי את זרונך ואת רוע לבבך² · ומה בינך ובין אשר רוחו נדבה³ · כי ימצא איש אויבו ושלחו בדרך טובה⁴ · עד 5 אשר רוחו⁴ יוצאת · או יומו יבא ומת⁵ · או אולי מצאוהו⁶ במקום אשר שם לא ידעו · והאלהים אנה לידו⁷ · ואתה בנדה · ועל דם רעך עמדת⁸ · ודבר שקר לשונך למדת⁹ · ומחול [וימים] כבדת¹⁰ · ונקלות לא נכבדת¹¹ · ועל רעך עול הכבדת · התאוננת · ועשות טוב מאנת · פשעת ולא נאמנת · וסור מני חשך לא האמנת¹² · ולהולך רכיל נכחנת · ויושב עמך לבטח מננת¹³ · ולהפריד אלוף נרננת · ופה יוקשים טמנת · ובועם [כוננת] חצים 10 על יתר¹⁴ · ארור מכה רעהו בסתר¹⁵ · אל תדמה בנפשך להמלט¹⁶ על נפשך · כאשר עשית כן יעשה לך¹⁷ · גמולך ישוב בראשך¹⁸ · ואל יחשב המתנכל להנצל בנכלו · במדה שאדם מודד בה מודדין לו¹⁹ · דאגתי וכשל כחי · להיותך אחי · כי יראתי פן ימצאני עון והמת המלך וחרונו · אוי לרשע ואוי לשכנו²⁰ · בכזאת ובזאת אתה נמסר · ואלה צפנת בלבבך ידעתי כי זאת עמך²¹ · הלא ידעת כי עשות מלחמה מהרה · עצה נבערה²² · ומן המשל 15 הקדמוני היה לך להזהר · אל תצא לריב מהר²³ · כי במות השור השקית את מלכך סף רעל²⁴ · יועץ בליעל · ובמה עוף מלחמה יעיר · ובמה חלש ילכד עיר · ורב יעבד צעיר²⁵ · ובמה מלך סביב²⁶ עיר בתקפו ובנבורתו · ומצא איש מסכן וחכם ומלט הוא את העיר בחכמתו²⁷ · ואתה תטיב לדבר וברע²⁸ לעשות · ומלך להחליק ולא לנסות²⁹ · ומה מועיל בדבר בלי מפעל · ובתבונה בלי ענוה ובעושר בלי חסד · והתהלל במתן 20 ולא ימלאהו · ובחיים בלי השקט ושלוה ובטחה · כי ראית המכות והנשבר כבווי כל כלי · איש מכאובות וידוע חלי³⁰ · הנחשבים כמתים באשמנים³¹ · העניים והאביונים · ואיש תאר בלי חכמה · עיר פרוצה אין חומה³² · והחי אשר הוא כמת הירא ממלך ונושים ומצר אשר ילטוש חרבו · גם כל ימיו מכאובים וכעם ענינו גם בלילה לא שכב לבו³³ · ונבוה מכלם בין נבלים · אשר ממשפחותיו תחתים · כי ננזר מארץ החיים³⁴ · 25 ואתה החילות דבר לא יכלהו כי אם משכיל · ונבור משכיל³⁵ · כמו החולה אשר אם נשחת אחד³⁶ יסורות אשר בקרבו · לא ירפאהו כי אם רופא אשר יהי' ער לבבו לתבונה אשר (אין¹⁷) רוח אלהים בו · וידע כי המוסר ירדחה מן הערום תעות שכרונו · ויוסיף לחסור לבעל חסרונו³⁸ · כמו שהיום בהיר לכל יש לו עינים · מאדם עד בהמה עד

---

1) *II Sam.* XVI, 7. — 2) *I Sam.* XVII, 28. — 3) *Ib.* XXIV, 20. — 4) Ms. ברוחו. — 5) *Ib.* XXVI, 10. — 6) Je préfèrerais : ימצאהו אסן. — 7) *Ex.* XXI, 13. — 8) Cf. *Lév.* XIX, 16. — 9) Cf. *Jér.* IX, 4. — 10) Cf. *Job*, VI, 3; „ta charge est plus lourde que le (poids du) sable de la mer". — 11) „tu t'es rendu méprisable, mais tu n'as pas gagné de l'honneur". — 12) Cf. *Job*, XV, 22 et 30. — 13) „tu as livré celui qui demeurait avec toi en sécurité". — 14) *Ps.* XI, 2. — 15) *Deut.* XXVIII, 24. — 16) Cf. *Est.* IV, 13. — 17) Cf. *Lév.* XXIV, 19. — 18) *Obad.* I, 15. — 19) m. *Sôtâ*, I, 7. — 20) *Succâh*, 56 b. — 21) *Job*, X, 13. — 22) *Is.* XIX, 11. — 23) *Prov.* XXV, 8. — 24) *Zach.* XII, 2. — 25) *Gen.* XXV, 23. — 26) Lis. יסובב. — 27) *Eccl.* IX, 15. — 28) Lis. ותרע. — 29) „On peut flatter un roi, mais il ne faut pas le tenter".— 30) *Is.* LIII, 3. — 31) Cf. *Ib.* LIX, 10. — 32) *Prov.* XXV, 28. — 33) *Eccl.* II, 23. — 34) *Is.* LIII, 8. — 35) *Jér.* L, 9. — 36) Peut-être : אחד ד', „l'une des quatre humeurs cardinales". — 37) Mot à biffer. — 38) „L'instruction écarte de l'homme avisé l'égarement de son ivresse; la défaillance augmente dans celui qui en manque". Voy. G. XVI, l. ult.

רמש ועד עוף השמים' . והעטלפים לא ידעו אור בבל בעל כנפים . ובלילה ימששו
בצהרים' . ואיש עצה אם מצא מעלה, לא תשיאהו. אם תעלה עליו רוח מושלי לא
תסיתהו . כמו ההר הגדול אשר מרוח גדולה לא ירעש. ומרוח סערה לא יתגעש. והסבל
במעט רוחות יתגבר . ובאפס יד ישבר' . ומלך חסיד יתענו בו עבדיו אשר הם יועצים
5 מרעים . מושל מקשיב על דבר שקר כל משרתיו רשעים' . כמו נחל אשר מימיו
מתוקים וישרצו בו צפרדעים' . כל השוחים בו יהו מבולעים . והדרת מלך להיות
יועציו נדיבים בלי דבר מום . ונדיב נדיבות יעץ והוא על נדיבות יקום' . ואתה חפצת
שלא יקרב אל האריה בלתך . ואל יתן הודו על זולתך . והמלך בגדוליו . והים
בגליו . ושלושה דברים לא יתכנו . רועה חברים בלב ולב . ואהבת נשים . בדברים
10 קשים . והועיל לאיש נפשו בהצר אחרים . הלא ייסרך מוסר האיש לצפור . אל תיסר
מי שלא יוסר . ואל תישר מי שלא יישר . ואל תלמד מי שלא יבין דבר . פן יקרך
אשר קרה לעדת הקופים . ויאמר דמנה איכה היה הדבר .

ויאמר כלילה אמרו' כי עדת הקופים היו בהר אחד ויראו בליל קרה תולעה
אשר מראה כמראה אש . ויחשבוה לאש . ויחטבו עצים ויערכו עליה . וכל אחד ואחד
15 נופח בפיו ובידיו מיחלים לנחליה . והם אצל אלה . על סעיפיה צפור גדולה . ויאמר
להם אל תינעו נפשותיכם . כי אשר תפחו אינו כמחשבותיכם . ולא ענוה הקופים ולא
הקשיבוה . ודבר לא השיבוה . ותרד אליהם להוכיחם . והמה הולכים אחר רוחם' .
ויעבור איש ויאמר לצפור אל תישר מי שלא יישר . ואל תיסר מי שלא יוסר . ואל
תלמד מי שלא יבין דבר . והאבן אשר לא תחצב . אל תשחית חרבך בה פן תעצב
20 . ועץ יבש מעות לא יובל לתקנו' . וחרש לא תפתח אזנו.

צורת הקופים נוסחים בתולעה והצפור על האלה

ולא האזינה הצפור למצות האיש . ויהי כמחריש" . ואתה כצפור אשר לא שמעת
למוכיחך . על רוע עצתך ונהמת באחריתך" . כי חלקת אמריך הדחתך . ותבונתך לא
הוכחתך . וגאותך היא תניאך . זדון לבך השיאך" . אני יודע שאהריתך תהא כאחרית
25 המרמה עם הפתי . ויאמר דמנה איכה היה הדבר.

צורת כלילה ודמנה

ויאמר כלילה אמרו" כי התחברו שנים סוחרים אחד מרמה ואחד פתי . הם
בדרכם מתנהלים . וימצאו כיס באלף שקלים . ויהפכו לשוט אל המדינה . ויבקש
המרמה תואנה" . ויאמר הפתי הבה נקחה איש חבלו . בכספנו במשקלו . ויאמר
30 המרמה לא נכון לעשות כן אבל לכה ונקחה ממנו כל [אחד] לכל צרכינו . והשאר
נטמינהו שנינו . ונשוב ונקחהו כאשר ייטב בעינינו . ויטמנוהו תחת אלה גדולה . ויבאו
אל המדינה בגילה . וישב המרמה ויקח הממון בתרמיתו . ויבא אל ביתו . ויהי
היום ויאמר הפתי לכה נחלוק כספנו . ונוציאהו לטרפינו . וילכו אל המקום אשר שם
טמנוהו . ויבקשוהו ולא מצאוהו" . וישם המרמה ידיו בראשו וימרוט שערו ויגער בפתי

---

1) Gen. VII, 23. — 2) Job, V, 14. — 3) Cf. Eccl. X, 4. — 4) Dan. VIII, 25. —
5) Prov. XXIX, 12. — 6) „des crocodiles". — 7) Is. XXXII, 8. — 8) S. d. S. p. 128, l. 8.
— 9) Ez. XIII, 3. — 10) Eccl. I, 15. — 11) I Sam. X, 27. — 12) Prov. IV, 11. — 13) Obad.
I, 3. — 14) S. d. S. p. 129, l. 7. — 15) Cf. Jug. XV, 4. — 16) Cf. I Sam. X, 21.

ויצעק אל תאמינו ברע פן תדחו. ועל כל אח אל תבטחו¹. איך² לקחת את והבי. ותגנוב את לבבי. ובכל זאת הפתי ישבע לו לאמר לא לקחתי. ועולה לא השכנתי באהלי. חף אנכי ²ולא עון לי⁴. נלכה אל השופטים וישפטו בינינו. ויוכיחו בין שנינו⁵. וילכו אל השופט אשר היה במדינתם. ויספרו לו כל המוצאות אותם⁶. ויאמר השופט אל המרמה לולי העדים. אני ישלטו הזדים. איה עדיך כי הפתי לקח הכסף. ואוסף שללו אוסף⁶. ויאמר המרמה האלה היא עדתי. כי אשר הפתי אבדתי⁷. וידפיסהו השופט ויאמר בואו למחר אצל האלה שניכם. ויבחנו דבריכם¹⁰. ויבא המרמה אל אביו וינד לו כי אמרתי אל השופט כי האלה היא עדתי כי הפתי לקח הכסף. ועתה אבי בא הלילה בלב האלה. וכי ישאל השופט מחר לאלה. מי לקח הכסף תעננו מלב האלה. הפתי לקח אותו. והוליכיהו לביתו. ובזאת תהיה לנו תקוה בכסף. ואם לא אשיב את הכסף. ותגלה רעתי¹¹. ותודע לכל תרמיתי. ויאמר אביו בני יש תרמית אשר בעליה תמיתו והשמר לך פן תהיה כעוף הנקרא בלשון ערב עלנוס. ויאמר בנו איכה היה הדבר. ויאמר אביו אמרו¹³ כי עלנוס היה קנו אצל מאורת צפעוני ויהי הצפעוני אובל את בניו. ולא יכול העלנוס לברוח מפניו. כי ישר מקום קנו בעיניו. וירא דאנה. וישאג שאגה. וישמע דאנתו סרטן אחד וישאלהו ויספר לו ינוניו ומות בניו. ויאמר לו יכבד עלי מהצך. ועתה לך איעצך¹³. דע כי בן איה אויב לצפעוני לכה נא צודה דנים רבים. ושמם לכל הדרך אחד אחד מוסבים. מנוה בן האיה עד מאורתו. ויאכלם בן האיה אחד אחד ואז תראה במותו. ויעש כן ויבא בן האיה. ויאכל דג דג עד באו אל מאורת הצפעוני ויראהו. ויכהו וימיתהו. ואח"כ שב בן האיה בכל הדרך למצא דנים צופות עיניו. עד בואו אל מקום העלנום ויאבל אותו ובניו.

צורת בן האיה טהנק העלנום והצפעוני כרות הראש

ונשאתי לך המשל הזה. כי יש מרמה תסבב מהומה. ולא תחיה כל נשמה¹⁴. ויאמר לאביו למה תפחד מאיש מלאי נקלה בסלויו¹⁵. אל יפול לב אדם עליו¹⁶. ומה. אב לא יעזור לבנינו. ולא יחמול על בנו. וידבר לו תחנונים. וירחמהו כרחם אב על בנים¹⁷. ויתעהו בחלקת אמריו. להפילו במכמוריו. וילך ויתחבא לילה. בשוחה היתה בלב האלה. וישכב השופט והפתי והמרמה והדיינים. בחורים וגם זקנים. וישאל השופט לאלה לאמר הגידה לי מי לקח הכסף ומי גנבו. ויען הזקן מן לב האלה זה הפתי לקחו בסוג לבבו. כשמוע השופט והדיינים מענהו. ויתמהו האנשים איש אל רעהו¹⁸. ויקיפו האלה בכל מאדם. והנה אין שם קול אדם. ויאמר השופט חטבו עצים. ויחטבו עצים וקוצים. ויציתו באש את האלה.

צורת השופט והפתי והמרמה והאלה והזקן בתוכה

וכאשר הגיע אל אב הזקן עשן הבערה¹⁹. ויזעק זעקה גדולה ומרה²⁰. ויוציאוהו

---

1) *Jér.* IX, 3; ms. ואל. — 2) Ms. אין. — 3) *Gen.* XXXI, 26. — 4) Cf. *Job*, XI, 14. — 5) *Ib.* XXXIII, 9. — 6) *Gen.* XXXI, 37. — 7) *Jos.* II, 23. — 8) Cf. *Is.* XXXIII, 4. — 9) Peut-être : אשם הפתי באבדתי. Ou bien : „le bonheur du simple fait ma perte". — 10) *Gen.* XLII, 16. — 11) Cf. *Prov.* XXVI, 26. — 12) Cette histoire manque chez S. d. S., mais se lit G. n° 30, C. et Gay. — 13) *Nomb.* XXIV, 16. — 14) *Deut.* XX, 16. — 15) Cf. *Is.* XXXVIII, 8. — 16) *I Sam.* XVII, 32. — 17) *Ps.* CIII, 13. — 18) *Gen.* XLIII, 33. — 19) Ms. הנבערה. — 20) *Est.* IV, 1.

ויכוהו וימיתוהו. ובמיני בלהות בעתדוהו'. ונשאתי לך המשל הזה כי יש מרמה חשים
בעליה למהומה. ובאחריתו ימות ברעב ובצמא. ואתה דמנה בך נמצאו עקשות
שונים. ועלות נרגנים. ועלילות רעים ונאמנים. כי בשתי פנים ובשתי לשונות מילים
תחבר. ובלב ולב תדבר². ואני מפחד עליך שתקצור קוצים וזרע. ותבצור באושים
5 נטע. וידעו מתנכלים יתנכלו. כי פרי מעלליהם יאכלו'. כי המלך המבורך הוא
אשר לא יבא' כמוך בביתו. ולא ישחית במשחיתים מלכותו. ותעמוד ידידות
הידידים. כל אשר לא יבא כמוך ביניהם מזידים. כי כמוך באפעה אשר יגורו מן
מי רוש משניה. ושפתיך הטופנה⁵ לענת מעניה⁶. ובזה יראתי מרוש שניך. ומרמות
לשונך. ומקרבתך לי. ומשבתך למולי. ואמרו חכמים הרחק אנשי דמים. ואם היו
10 לך קרובים. ביען כי הם כנחשים מכאיבים. אשר תשים ידך לרחם עליהם. ועל
צפעוניהם. והם נושכים בשיניהם. ואמרו חכמים תתחבר אל המשכיל הנדיב. ואל
תתחבר עם מי שאין נדבה עמו כי נפשך יאדיב. כי אם היה יועץ טובה. ויצרו רחוק
מכל תועבה. ואל תעזוב חברת נדיב ואם חסרה חכמתו יועילך בנדיבותו. ותועילהו
להרבות תבונתו. ונום מפני הנבל הסכל. כי הועיל לא יוכל. ואני יאות לי לנוס
15 מפניך. ובריח מנגד עיניך. כי בגדת במלכך אשר נשאך. ועל שריו הגדיל כסאך.
ואתה כמו הסוחר אשר אמר כי ארץ אשר יאכלו עבבריה⁷ מן הברזל מאה ליטרין
אל תנכר עליה כי ניציה יחמפו פילין⁸. ויאמר דמנה איכה היה הדבר.

ויאמר כלילה. אמרו⁸ כי בארץ מראותה היה סוחר ויהי לו מאה ליטרין ברזל. ויהי לארץ
לצרכו אזול. והפקיד הברזל אצל איש אחד היה דודו. ובשובו מן דרכו בקש הברזל
20 מן האיש אשר אצלו הפקידו. והאיש ההוא מכר הברזל ומאומה ממחירו אין בידו. ויאמר
לו שמתי הברזל בפאת ביתי. ויאכלוהו העכברים ובמעט יאכלו אותי. ויאמר הסוחר
כמה שמעתי כי אין העכברים אוכלים הברזל מקדמוני. עד אשר באתי ותראינה עיני'.
ועתה אל תשם לבך אל הברזל ואל אלה הדברים. כאשר נמלטת מידי העכברים.
בשמוע האיש דברי הסוחר שמח. ויחשוב כי. דבר הברזל נשכח. ולמכחש הברזל
25 בן קטן. ויהי לו הסוחר לשטן. ויגנביהו ויחביאהו בחדרו. והנה אביו שאל בעבורו.
ויאמר הראיתה בני ויאמר ראיתי נץ חוטף נער אחד קטן בנפיו. ושמע אותו בכנפיו⁹.
ולא ידעתי אם בנך. ואם נינך. ויזעק זעקה ויאמר לכל אוהבי. ולכל אשר סביביו.
הראיתם נץ יחטוף הנערים. ויען הסוחר ויאמר ארץ אשר מאה ליטרין ברזל יאכלו
בה העכברים. נציה היו בה נעריה חוטפים¹⁰. שנהבים וקופים. ויאמר אני אכלתי
30 הברזל והביאותי בבטני. ועתה אשיב הברזל והשב את בני. וישב לו ברזלו. וישב
גם זה את בנו.

צורת שני אנשים והנער

ונשאתי לך המשל הזה בעבור תדע כי בגדת במלבך אשר הטיב לך. וכמעט
על כסאו הושיבך. בהתימך שדור תושד כבלותך לבנור יבנרו בך¹¹. ואין לידידות
35 מקום בלבך¹². כי רעתך תגרשנו מקרבך. ואין רעה. בהטיב למי שלא יירא. וביסר

---

1) Cf. *Job*, XVIII. 11. — 2) *Ps.* XII, 3. — 3) *Is.* III, 10. — 4) Peut-être: יבא. —
5) Ms. תשופו; cf. *Cant.* IV, 4. — 6) Cf. *Jér.* IX, 14. — 7) S. d. S. p. 132, l. 10. — 8) *I Rois*,
X, 7. — 9) *Levit.* I, 17. — 10) Lis. בה הוטפים נעריה; plus haut, l. 17, C. a *pueros*, pour
סילין. — 11) *Is.* XXXIII, 1.; on y lit: כנלותך. Voir *Menâhêm*, s. v. נל. — 12) Ms. בלתך.

למי שלא יקח מוסר. וכבר נואשתי מהטיבך לבך. ומהביגך יצרך. כי אילו נמשחה בדבש האלה המרה. לא ימוש ממנה מרורה בחום או בקרה. ואני ירא מחברתך. ומפחד מקרבתך. כי חברת הנדיבים תנחיל רוח נדיבה. וקרבת מזידים שוכבים תוריש זדון ומשובה. כמו הרוח אשר תעבור על באוש כל אשר תבאש תוליך באושו לאפי העם. וכי תעבור על הבשמים הטובים תוליך טוב ריחם ותהיה לכל רוח 5 נפעם[1]. ואני ידעתי כי יכבד עליך דברי. על בן תפרע מוסרי. כי הסכלים יכבד עליהם דברי חכמיהם. ועל הנבלים דברי נכבדיהם. ועל העקשים דברי מישריהם.

עד הנה דברי כלילה ודמנה.

ויהי כאשר כלה האריה להמית את שנזבה ניחם על מיתתו. ועל הפרו עמו את בריתו. ויאמר מות שנזבה השימני. וכואב ושומם שמני. כי היה בדברו מרפא 10 לנפשים. יועץ וחכם חרשים[2]. ואולי לא היה בן מות כי מקנאיו הצמיתוהו. ומשנאיו המיתוהו. שנזבה שנזבה הרעו לך קמיך. השיאוך יכלו לך אנשי שלומך[3]. ויהי שומם ודואג. ושואף ושואג. ויפן אליו דמנה ויבן כי ניחם. ולבו בקרבו על מות שנזבה חם.

צורת האריה ודמנה[4]

ויבא אל האריה ויאמר תודה לאשר עשה עמך תשועה. יהיו בשנזבה אויביך 15 והמבקשים אל אדוני רעה[5]. ויאמר האריה על המיתי את שנזבה נחמתי. ספקתי על ירך בושתי וגם נכלמתי[6]. כי שנזבה המומת על פי נרגנים. היה איש גדול לפני אדוניו ונשוא פנים. ויאמר דמנה אל המלך כן יאמר אל תרחם אשר ממנו תירא. ואל תחום על אשר פיך אשר מרה. כי יש מלך ערום ישנא אחד מעבדיו וירחיקו. ואחרי כן יקריבהו על אפו על ידאה כי ישלים חקו ויחזיקו בדקו[7]. כצרי אשר הוא מחובר[8] 20 מאפעה מחיות רעות ומנחשים. ויאבלו אותו כי בו מרפא לחולים ולאנשים. וגם יש למלך אוהב ויקריבהו ואחרי כן יקטלו. כי יצר לו. וכמו איש אשר ישבינו נחש באצבעו ויבריתהו. מיראתו שיפשה בכל בשרו וימיתהו. כשמוע האריה דברו וכובו. האמין בו ואליו קרבו.

ואחר כן אמר המלך לדוד חכמות הנקרא בלשונם פילוסוף כבר ראיתי מעשה 25 דמנה עם האריה והשור וכל התבל העשוי. והוא בזוי ושסוי[9]. ואשר. סכסך בין שני אחים. וטמן לשיניהם חרמים ופחים. וירגל בכל אחד מהם לחברו. עד הביאו אל השור קברו. והוציא האריה מטובו וישרו. ובכל זאת תוכחות לאנשי חכמה. ומוסרים למתי מליצה ומזמה. להרחיק כל אנשי דמים ומרמה[10]. ההולכים בבלימה. ולהזהר מסבוי הנרגנים. ולהשמר מתהפוכות שונים. הממיתים בלי חרב וכידון. 30 כי אם בכזב וריב [ו]מדון. ובנאמני ארץ[11]. יפרצו פרק. אשר פיהם דבר שוא[12]. ולשונם תהלך בארץ[13]. ואיש באחיהו[14] יבנודו ויפשעו. פרצו ורמים בדמים נגעו[15]. קבר פתוח גרונם[16]. אשר שננו כחרב לשונם[17].

עד הנה דברי האריה והשור ודמנה. ליהודים תהיה אורה ושמחה ורנה.

---

1) Comme s'il y avait ותפעם; „et le parfum sera répandu de tous côtés". — 2) Is. III, 3. — 3) Obad. I, 7. — 4) Ces mots se lisent aussi C. et Gay. — 5) I Sam. XXV, 26. — 6) Jér. XXXI, 19. — 7) Cf. Job, XXIII, 14, et Ez. XXVIII, 9. — 8) „Comme le thériaque qui est composé, etc." — 9) Is. XLII, 22. On y lit : בזוז. — 10) Ps. LV, 24. — 11) Ps. CXLIV, 8. — 12) Ib. LXXIII, 9. — 13) Job, XLI, 9. — 14) Osée, IV, 2. — 15) Ps. V, 10. — 16) Ib. LXIV, 4.

שער חקור בעד דברי דמנה

צורת המלך ודוד חכמות

ויאמר¹ המלך לדוד החכמות כבר בינתי משליך על הגרנן המשחית· אשר יוכל
להפר בין אחים ברית· המסיר מביניהם אהבה· ומשים תחתיהם איבה· ועתה הגידה
לי מענה דמנה ותרמיתו· בעת צוה האריה להמיתו· ויאמר דוד החכמות אמרו כי
5 האריה אחרי המיתו את שנזובה· נחם על מהרו להמיתו בלי חקור ובלי מחשבה·
ויזכור את ידידותו· ויאנח על פרידותו· ויאסוף אליו אלף ידידים· ורבוא עבדים·
להיות אחד מהם בשנזובה ידידו ועבדו· ולא מצא עזר כנגדו²· ויסר אליו נמר אחד
אל משמעתו נכסף³· וישימהו משומרי הסף· ויצא לילה לבקש אש⁴ אנה ואנה· עד
בואו אל בית בלילה ורמנה· וישמע כלילה מחרף דמנה על בגדו אשר בגד ועל
10 פשעו אשר פשע ועל מחשבתו היתרה· ועצתו הנבערה· אשר סבב מות שנזובה בלי
חטאה· כי אם בשנאה וקנאה· וכל חושב מחשבת רעה תהפך עליו· ולא ימלט רשע
את בעליו⁵· ואני ידעתי כי התחתים⁶ יהיו בכל הליכיך· ולא תצליח דרכיך· כי דם נקי
שפכת· ובדרך חטאים הלכת· ולא יחתר מגיד לאריה רעתך· וגולה את אונו ערותך·
15 אם אורה אם גר· ואם הלך· וכל דבר לא יכחד מן המלך· ויאמר דמנה לבלילה כי
הבצע והאיבה· והקנאה והשנאה· ישימון האיש לשואה ומשואה· ועתה כבר נפל דבר
ממני ורפואה אין בו· ולא אוכל להשיבו· ולמה תכה לחיי בחטאתי· ותוכיח חרפתי·
ומה תגרפיני וראש עלי תנוד· כי פשעי אני אדע וחטאתי נגדי תמיד⁷· וכבר שהותי
ונעותי⁷· אנכי פשעתי אנכי העויתי· ולמה תעניני עוות⁸· ועתה יש לי מקוה על זאת·
20 כשמוע הנמר את דבריהם· ועל הרננם באהליהם⁹· וירץ אל אם האריה ויאמר
לה עמדתי הלילה אצל כלילה ורמנה· וכזאת וכזאת יספרו· הקשבתי ואשמע לא כן
ידברו· ועל מות שנזובה בחילה יסלדו¹⁰· וחטאתם כסדום הגירו לא כחדו¹¹· ותשכם
אם האריה בבקר ותרץ אל בנה ותרא אותו סר וועף ורפה ידים· ועפעפיו יזלו מים¹²·
ותאמר כי הדאנה והיגון לא יועילו· ומבל צרה לא יצילו· אבל יחליאו את הגוף

1) S. d. S. p. 135. — 2) Gen. II, 20. — 3) Gay. „un tizon". — 4) Eccl. VIII, 8. —
5) Ms. התחים. — 6) Ps. LI, 5. — 7) Cf. Ps. XXXVIII, 7. — 8) Cf. Prov. XVIII, 23. —
9) Cf. Ps. CVI, 25, Ms. הגרנן. — 10) Cf. Job, VI, 10. — 11) Is. III, 9. Ms. ולא. — 12) Cf.
Jér. IX, 18.

— 360 —

ואור הפנים יפילו· הודיעני למה תשתוחח· ועל מה אתה נאנח· אם נאנה מראנה סתר תדאג הגירה לנו· ונדאג עמך כולנו· ואם תדאג על מות שנוזבה אתה ידעת וכולנו יודעים כי חנם המיתו· ועל פי נרגן הרנתו· וברית איש שלומך חללת· וגמול רע אותו גמלת· הרנע ולא המלט[1]· ודמנה הרע הסיתך בו· ולבכור מות הסגירו· ועל
5 ידי חרבך היגירו[2]· כי דמנה הוא בווי כל החיות ולכולם נראה קלונו· חץ שחוט לשונו· ואיך לקולו שמעת· וחרבך מרם לא מנעת· והמיתו לא איחרת· וכסאו לארץ מגרת[3]· ולא השבות לבבו אל לבבך ואל דעתך· ולא הזכות לו רעיוניך ומחשבתך· והיה לך לייסרו בדברים בקול רם או בלחשך· ואל המיתו אל תשא נפשך· אבל· עמד שטן להרגנו על צידך· כי מה עשה ומה מצאת בעבדך· הגידה נא
10 לי איך היה לבבך עם לבו· בטרם תפגע בו· אם מצאת לו בלבך רע· הוא היה אות כי כולו חנף ומרע[4]· ואם מצאת לבך ישר אל לבו· הוא היה אות כי היה לך נאמן ומום אין בו· כי לא ישנא איש את עמיתו[5]· עד אשר ימצא בלבו שנאתו· ויאמר האריה הלא שנוזבה אשר היה אתי זה ימים או זה שנים· ומצאתיו איש אמונים· והתעננתי על אהבתו כי נעמה· ולא מצאתי בו מאומה· ואחר כן בנדתי בו בגוד· הנה הסכלתי
15 ואשגה הרבה מאד·   ויקם האריה על רגליו· כאשר ידע כי לא חטא שנוזבה אליו· ויתחנן לאמו במיליו· כי נכמרו רחמיו עליו[6]· ויאמר לאמו אנה אמי· הגידי נא לי מי הגיד לך מתרמית דמנה [מי]·

צורת האריה ואמו

ותאמר לו אמי לגלות סוד הופקד אצלי· הלילה לי· הלא ידעת אם לא
20 שמעת המשל· ריבך ריב וסוד אחר אל תגל[7]·   ויאמר האריה אל תאמרי [כן] אבל לא יתכן להסתיר האמת· כי לא יקח[8] נקמת המת· כי הוא מצוה לכל היודע עדות להגידה· ולפני הדיינים אל יחידתה· להוציא לאור משפט חבירו ודינו· והוא עד או ראה או ידע אם לא יגיד ונשא עונו[9]· וכל יודע דיני נפשות אל יחשבם סוד· כי על דם רעהו יעמוד· ועתה אנה אמי· הגידה נא לי מי הגיד לך תרמית דמנה מי·   ותאמר
25 לו אמי דע כי נלוות סוד· המם ושוד· ועתה בני שמע בקולי· וקום הרוג את דמנה האוילי· וימין ושמאל ממצותי אל תט· ולא יהיה בך חטא[10]· ונקום נקמת שנוזבה ושמע מני· ועלי קללתך בני[11]· ואל תאחר להרגהו· כי בן מות הוא[12]· ואם תהרגיהו תצלח ויכונן מחשבותיך· כי כל הימים אשר דמנה חי על האדמה לא תכון אתה ומלכותיך[13]· כי המגיד לי דבר דמנה יתחלחל מאד על המת· והוא כאיש אמת[14]·   ויקם האריה
30 ויקבוץ את כל גדודיו· וכל שריו ועבדיו· ושוטריו ושופטיו מימינו ומשמאלו· והשגל אמו יושבת אצלו[15]·

צורת האריה ואמו וגדודיו ורבנה

ויאמר דמנה אל האריה מדוע פני אדוני המלך רעים·   ותאמר אם האריה בעבור שהרנת את שנוזבה הדוד והנעים· ולא לקח ממך עד היום נקמה· ואתה חי על
35 האדמה·   ויאמר דמנה אמת אמרו הקדמונים· והזקנים הראשונים· כי כל עבד אשר יעבוד את אדוניו בכל לב ובכל נפש· לא יראה לעולם חפש· ולא יגמול על עשות

---

1) Lam. III, 43. — 2) Cf. Jér. XVIII, 21. — 3) Cf. ib. IX, 8. — 4) Ps. LXXXIX, 45. — 5) Is. IX, 16. — 6) I Rois, III, 26. — 7) Prov. XXV, 9. — 8) Lis. יקם: voy. Nomb. XXXI, 2. — 9) Lév. V, 1. — 10) Deut. XXIII, 23. — 11) Gen. XXVII, 13. — 12) I Sam. XX, 31. — 13) Ib. — 14) Néh. VII, 2. — 15) Ib. II, 6.

— 361 —

הטוב והישר חסדים. כי אם אשר יש לו רום ותחת עבדים'. אבל האדם יש אשר
יגמול על הרעה טובה. ויש אשר יגמול על הטובה רעה ואיבה. ולא יאות לאדם
לגמול חסדים יותר מן המלך אדוני. אשר לעבדו בכל לב תמיד היה רצוני. ולזאת
יבחרו החסידים והנזירים. לשכון במדבר ובעירים ובישימות ובהרים. ומחברת בני
5 אדם ינורו. ותחילות י"י יבשרו'. ועם נפלאות בוראם התאחדו. ודבר אין להם עם
אדם. ואם אני הודעתי את אדוני המלך היועץ עליו רעות ורגנות. בתם לבבי ובנקיון
כפי עשיתי זאת'. ולא הרגנהו עד שראה דעתו בעין האותות. ונודעו לו מועצותיו
הנשחתות. אדוני המלך עוד בשכלך חקור. ונטע נעימך אל תעקור. כי האש בלב
האבן והברזל צפונה. והיא מוצאת בערמה ובתבונה. והאיש הערום בחקרו הדבר
10 הנעלם ממנו נודעו לו תעלומותיו. ונגלו אליו סתומותיו. כמו דבר אשר יבאש כמו
הטיט היון וביצתו. אשר אם ירמסו אותו וירכו תבוסתו. ועלה באשו ותעל צחנתו'.
ואילו כזבתי הייתי בורח ואתחבא מפני מענים וצועים. לבא בנקרות הצורים ובסעפי
הסלעים'. ולא הייתי יושב בשער המלך ובמנוחיו'. לשקוד על דלתותיו'. יום יום
לשמור מזוזות פתחיו'..... אדוני המלך או מי אשר יראה ודרשה. לתת חופשה'. ואמרו
15 הזקנים כל מי אשר לא ישמור נפשו. לא יצלח לבלתו להיות שומר לראשו. וכבר נודע
מכל אשר אמרת. כי בקנאה ובשנאה ובמכלות דברת. ועל רוע לבב יעידון דבריך.
ואל תתן את פיך לחטיא את בשרך'. וכמוך לא יאות להיות. עם הבהמות. אף כי
תשב עם המלך וחבריו. ועם שומרי הסף ושועריו. ותאמר אם האריה הלא תכלם
להיות דברך [והראשון]. להרחיב פה ולהאריך לשון. ואתה נרגן ובוגד ותחבר על
20 נרגנים חידות ומשלים. ותלעג ואין מכלים". ויאמר לה דמנה מדוע תביטי בעין אחת
ובאוזן אחת תשמעי ולא תבונני הדבר. אם עקש אם נבר. ותלכי אחרי שרירות לבך
ותאוותך. חכמתך ודעתך היא סובבתך". ואין זאת כי אם אדי. את צדקי נגרך לרשע
שוה". נגד דרכי בנוית נתיבותי עדה". ואין מרבר כי אם כתאותו. ואין איש נחם על
רעתו. ואין אשר בפיהו נבונה. אין קורא בצדק ואין נשפט באמונה". וכל עבדי המלך
25 אשר בשער המלך דוברים בתאותו. ואין מפחדים מועם המלך ומנערתו. כי ידעו
כי לא ינער בם בענונותו. ותאמר אם האריה הביטו אל הבונד הזה והמכזב והפושע.
אשר לא יבלם ולא יכנע. אבל יכחש בנו ובקדושו. על צדקן נפשו. ויאמר לה דמנה
כי האנשים אשר זכרת חמשה. גבר לובש שמלת אשה. ואשה עליה כלי גבר". ומגלה
סודו ולא יקברו כקבר. וההלך אשר ישים נפשו בבית בעל הבית כאדון. והמדבר
30 לפני מלך בלי ישאלו לו בריב ומדון. ותאמר אם האריה הלא תדע רוע מעלליך.
הלא תראה רעות" דבריך. ועקשות מעלולתיך. ולא תדע כי בכום אשר השקית

---

1) Le bien n'est récompensé que par celui „qui a des serviteurs en haut et en bas", c'est-à-dire, par Dieu. — 2) Is. LX, 6. — 3) Gen. XX, 5. — 4) Joël, II, 20. — 5) Is. II, 21. — 6) Cf. Ps. CXIV, 7. — 7) Cf. Prov. VIII, 34. — Ici manquent la suite du discours de Dimnâh, l'histoire de la femme et du peintre, l'observation d'un membre de l'assistance, et le commencement de la réponse que lui donne Dimnâh. Voy. S. d. S. p. 138 et suiv.; Gay. p. 36, col. a; C. e 6b jusqu'à f 1a; Mais aussi G. p. 40. Dans le manuscrit les mots סתחיו et אדוני se trouvent sur la même ligne, ce qui prouve, qu'il manquait déjà un feuillet dans le manuscrit sur lequel notre copie a été faite. — 8) Cf. Lév. XIX, 20. — 9) Eccl. V, 5. — 10) Job, XI, 3. — 11) Is. XLVII, 10. — 12) „ma mauvaise chance t'a fait mettre au même rang, etc." — 13) Lam. III, 9. — 14) Is. LIX, 4. — 15) Cf. Deut. XXII, 5. — 16) Ms. עדות.

תשוקה. ואתה תנקה לא תנקה¹. ולא יותן לך חנינה². והיית למשל ולשנינה³. יען אשר
כזבת. ולשפוך [דם] סבכת. ויאמר דמנה⁴ לו הוא משקר כי אם משקר יעצתי להשמיד
אויביו. ולא יודה ליועציו אבל יוסיף מכאוב על מכאוביו. ולבבו לדברי הטה. בלי
פשע ובלי חטא חטא. ותאמר אם האריה הידעת כי אם כפי תרמיתך ואשמיך. את
מי הגדת מילין ונשמת מי יצאה ממך⁵. התחשוב להמלט בהתוליך. ולהנצל בתרמית   5
הבליך. ויאמר דמנה המלך יודע כי אם כזבתי לא דברתי כל אלה הדברים. לפני
המלך והשרים. ואני בוטח במלך כי לא יבוה ענותי⁶. וענתה בי צדקתי⁷. ותקצוף אם
האריה על בנה. יען אשר לא נער בדמנה. ולכל דבריו לא ענה. ותאמר בלבה אולי
כזבו עליו. והוא נקי כפים⁸ ובר במעלליו. כי האומר כדבריו לפני המלך ושריו. ואין
איש יכזיבהו. ועל בשת שקריו לא ישיבהו. נחשב נאמן בכל מפעליו. לכל הנצבים   10
עליו⁹. כי המחריש על דברי אשר לו הריב ועל מעניו. כמו המודה לו על אמונת
ענייניו. ואמרו הקדמונים כי המחריש מודה¹⁰. והעונה יצדק פעמים ופעמים הוא בורה.
ואחר כן יצאה בחמה. על כי לא מהר לעשות בו נקמה. כראות האריה ויצו על דמנה
לאסרו. וישימו עול ברזל על צוארו¹¹. ויצו לכל עבדיו ולשמרו ויניחוהו במשמר¹².

צורת דמנה אסור בבית הסוהר   15

ותאמר אם האריה אל בנה הגד הוגד לי כי¹³ הפושע והבונד הזה צרות רבות
ובהלות ושמועות ומעשים קלים ובוויים. אשר לא נבראו בכל הארץ ובכל הגוים¹⁴.
אשר יצור השׁקר בצורת האמונה. והסכלות בצורת התבונה. ועתה אם לא הדחתו
ידיתך. ובחלק שפתיו ירפה מזיחך¹⁵. ויאמר לה האריה החרישי ממני. עד אשר אשאל
ואדרוש ואחקור. ואח"כ אשלים או אעבור¹⁶. ואיך נפשו לקחת אהי צודה¹⁷. והוא ערום   20
מכל חית השדה¹⁸. על כן אחקור לא אמהר המיתו. ולתאות משנאיו לא אחיש
להשחיתו. הגידי לי מי הגיד לך תרמיתו. כי העם חומרים איש את עמיתו. ותאמר
אם האריה כי המגיד לי הוא צדיק ונאמן רעך הנמר. אשר מדבר שקר ירחק
וישמר. ויאמר האריה עתה תראי באמונה. אשר אעשה לדמנה.

ויונד לכלילה כי דמנה המלך לכדו. ובבית הסוהר הפקירו. וירץ אליו אל בית הסוהר   25
מתחבא מפני הנרגנים. ומסתתר מפני השונים¹⁹. ויראהו בעולו. וישא בבכי קולו. ויאמר
אחי אחי תוכחתי לא תועילך. ומוסרי לא תצילך. התזכור כל אשר הוכחתיך. ותוכחתי
ברוע יצרך שכחת. ומצותי זנחת. ולא שמעת לקול מוריך בודונך. ולמלמדך לא
הטית אזנך. ובחרת בעצתך. והנך ברעתך. אמרו הזקנים כי הפתלתול ימות מהפתלתלו.
ובראשו ישוב עמלו. וכבר נפלת בשיחה כרית. ונלכדת ברשת זרים²⁰. אוי לך ואוי   30
לחכמתך. ואוי למרעך ותבונתך. וישא קולו בקינה. צר לי עליך אחי²¹ דמנה.

---

1) Cf. *Jér.* XLIX, 12. — 2) Cf. *ib.* XVI, 13. — 3) *Deut.* XXVIII, 37. — 4) Parmi les rédactions variées de ce dialogue je n'ai trouvé aucune trace de l. 2 à 6 (הבליך). Je lis לא p. לו, et ליועצי p. ליועציו. „Le roi ne serait trahi que dans le cas où, après que je lui ai conseillé d'exterminer ses ennemis, au lieu d'être reconnaissant envers son conseiller, il augmentait ses souffrances; mais il a fait attention à mes paroles, etc." — 5) *Job*, XXVI, 4. — 6) Cf. *Ps.* XXII, 25. — 7) *Gen.* XXX, 33. — 8) Ms. כף. — 9) *Ib.* XLV, 1. — 10) C'est la maxime talmudique : שתיקה כהודאה דמיא (*Jebâmôt*, 87b). — 11) Cf. *Deut.* XXVIII, 48. — 12) *Lév.* XXIV, 12. — 13) Lis. על. — 14) *Ex.* XXXIV, 10. — 15) Cf. *Job*, XII, 21. — 16) „puis je poursuivrai, ou pardonnerai". — 17) Cf. *I Sam.* XXIV, 11. — 18) *Gen.* III, 1. — 19) *Prov.* XXIV, 21. — 20) Cf. *Ps.* CXIX, 85. — 21) *II Sam.* I, 26.

צורת כלילה ודמנה בבית הסהר

ויאמר לו דמנה אחי אחי כמה הוכחתני ולא נוכחתי. וכמה יסרתני ומוסר לא
לקחתי. וידעתי כי לא אמלט מן הנגזר עלי ומה שכתוב עלי בספר. על כן אמאס
ונחמתי על עפר ואפר¹. ולא נפלאתי בכל מה שתראה כי אם לבצעי הנתעב והנגאלה.
5 וכן ארחות כל בוצע בצע נפשו בעליו יקח². ומה בידי מאומה כי יצרי³ הרע. כי כלו
חנף ומרע⁴. יצר בוצע ובוגר בכל אח ורע. מחשב לדרע. ומה תועיל החכמה לפושע.
והתבונה לבוצע. כי הוא כמו החולה אשר ידע מאכל רע אשר יציקו ויאכלנו.
ובמלאת ספקו יצר לו כל יד עמל תבואימו⁵. ולא אדע⁶ היום על נפשי כי אם עליך
שיתגוללו ויתנפלו אליך⁷. עד שתודיעם סודי. ותסבב את ארי. ויאמר כלילה כבר
10 הדבר הזה חשבתי. ומן התנפלם עלי נעצבתי. ועתה הנני יוצא מאתך. ושמע בקולי
לאשר אני מצוה אותך. כבואם אליך. הודה להם רוע פעליך. ושתחושב⁸ בעולם
הזה על כל חובה. טוב לך משמתחושב בעולם הבא. כי מוסר בעולם הזה רגע.
ותוכחתו עת ופגע⁹. ומוסר העולם הבא לפושעים הרבה. כי תולעתם לא תמות ואשם
לא תכבה¹⁰. ויאמר דמנה שמעתי דבריך. וקבלתי אמריך. ועתה אחי לך ואנכי אשב
15 בתגתי. אולי י״י אתי¹¹. וישב כלילה עני ובואב ומפחד שימות בשגגה. בדם אחיו דמנה.
ותגדל עד מאד דאגתו. והצא רוחו עם צעקתו. ויפול מת ארצה מלא קומתו¹².

צורת כלילה נופל מת

ובבית הסוהר נקרא¹³ זאב אסור שומע דבריהם. ומקשיב אל כל אמריהם. ויהי
מחריש.   ותבא אם הארית אל בנה ותאמר לו זכור את אשר יעדתני. בדבר הבוער
20 הזה יחלתני. ואשר אמרת לשרים. שימהרו במשפט דמנה ואל יהו מאחרים. ולא
ידעתי שכר טוב מהצמיתו. וחסד גדול יותר מהמיתו. ואמרו הקדמונים כי העוזר
לרשע והמשאיר לו שארית. חבר הוא לאיש משחית¹⁴. ויצו האריה את הנמר ואת
השופט שישפטו באמונה. משפט דמנה. וישאלו וידרשו ויבינו. ויחקרו היטב ואחר
ידינו. ויכתבו את כל מעניהם. ואת כל דבריהם לעיניהם. ויקראו לפני המלך
25 ספריהם. ויקבוץ¹⁵ כל הסגנים והגדולים. ושרי החיילים. ויאמר להם שמעו דבר המלך
כי הוא מיום המיתו את שנזבה מתאבל ודואג. ומשתומם ושואג. על אשר קטלו.
והוא לא חטא לו. כי אם בתרמית דמנה החנף והמרע. ובשרירות לבו הרע. ובבצעו
ובקנאתו. ובודונו וברעתו. ומי בכם יודע כאשר יעידהו. ומבין זדון לבו יגידהו. כי
המלך לא ימית איש כי אם במשפט וצדק. ולא ימהר לשפוך דם כי אם אחר דרוש
30 ובדוק בדק¹⁶. ולא ילך אחר תאות המקנאים. ולא ישפוט לרצון המשנאים. ויאמר.
השופט הביטו אל דברי הנמר והנאמן והלבו אחריו. ואל יסתיר איש מכם צפוני
דמנה ומסתריו. כי רעת מרעים לא תעבור בלבד על אלמנות ויתומים. כי על כל
השרים ועל כל העמים¹⁷. ובהכרת בוגדים יכרת מכל לב יגון ומגינה. נחה שקטה כל

---

1) *Job*, XLII, 6. — 2) *Prov.* I, 19. — 3) Ms. בצרי. — 4) *Is.* IX, 16. — 5) *Job*, XX, 22.
— 6) Lis. אירא. — 7) Cf. *Gen.* XLIII, 18; עליך pour עליך. — 8) Passif du sens qu'a le
piël, *II Rois*, XII, 16. — 9) *Eccl.* IX, 11. — 10) *Is*, LXIV, 24. — 11) *Jos.* XIV, 24. — 12) Cf.
I Sam. XXVIII, 20. — 13) „so trouva par hasard". — 14) *Prov.* XXVIII, 24. — 15) Peut-
être : ויקבצו le (léopard et le juge) réunirent"; au mot ואשר, il faut sous-entendre הנמר,
puisque le juge ne parle qu'après le léopard (ci-dessous, l. 29). Les rédactions ne sont pas
d'accord quant aux juges de Dimnâh. — 16) Sens inconnu dans la Bible, mais très-répandu
dans le néo-hébraïsme. — 17) *Est*, I, 16.

הארץ פצחו רנה'. ובקר צדיקים כל יושבי ארץ יגילו וישמחו. ירונו יושבי סלע מראש הרים יצוחו². וכן יאות להתאבל בקום רשעים ולשמוח ביקר אנשי אמונה. בטוב צדיקים תעלוז קריה. ובאבוד רשעים רנה³. ואל ימעט מעט משפט בעיניכם. כי הוא חייבם. ואל תשפכו דם נקי. כי הארץ אשר שפכו תקיא⁴. ואל תשמעו לקול מכזבים ונרגנים. ואל יעמדו לפני הדיינים. והנקמו מכל אשר שקר יעידון. והנשארים ישמעו ויראו ולא יזידון⁵. וסער גדול על המלך ועל העם (להחיותם) בהחיותם. כי על מי לא עברה רעתם⁶. על כן העידו ברמנה. עדות נאמנה. וכאשר שמעו כל העם דברי השופט והנבר⁷. והחרישו ולא ענו אותם דבר⁸. ויאמר דמנה מה לכם מחרישים. ואיש אל אחיו מתלחשים. יגיד כל איש מכם כחשי וכזבי. הנני ענו בי⁹. כי אילו הייתי בוגד או פושע או רוצח. הייתי בהחרישכם שש ושמח. ודעו כי לכל דבר תשובה. ולכל מצר רחבה. וכל מעיד מה שלא ידע. והמגיד מה שלא שמע. יקריהו כמקרה הרופא הפתי. ויאמרו השופט והנגמר איכה היה הדבר.

ויאמר דמנה אמרו¹⁰ כי היה בארץ סנד רופא חכם וימת ויקחו ספריו. וילמדו מקצת חכמתו ומוסריו. ויבא אליהם איש מתפאר כי הוא רופא והוא פתי מן הרופאים. ולא ידע לרפא מאומה מן התחלואים. ולמלך אותה מדינה בת הרה. ותאחז צרה במכבירה¹¹. ויהי רופא חכם והוא עור¹² קרוב ממדינתה. וילכו אליו ויספרו לו צרתה. ויאמר יקחו לה הצרי פלוני ותתרפא¹³. וישובו אל המלך ויספרו לו דברי הרופא. ויבאו אל האיש המתפאר. כי הוא רופא מהיר. והוא פתי וזיד יהיר. ויבקש ברפואות הרופא המת. וימצא צרור מלא רוש אשר כל אוכליו ימית ויצמת. ויפתחיהו ויחבר אליו רפואות אחרות. אשר לא ידע מועילות הן אם מצירות. ויאמר למלך הנה רפואה נעלה. תועיל לכל מחלה. ויחשב המלך כי הוא רופא חכם ויתן לו כסף שקלים מאתים. וכסות עינים. וישק את הרפואה בתו. ותמת פתאום בתמרוריה. כי נהפכו עליה ציריה¹⁴. ויצו המלך להשקות את הרופא מרפואתו. וימת גם הוא מפרי פתיותו. ותצא בכהלה נשמתו.

צורת הרופא [ו]השקותו רפואתו וצורת המתה

ונשאתי לכם המשל הזה למען אשר לא תעידו כי אם אשר ידעתם. ולא תגידו כי אם אשר שמעתם. ולא יחשבו עדי שקר כי ינצלו. כי פרי מעלליהם יאכלו¹⁵. ואני הנני בידכם. נקי מדבתכם. אך יראו את י״י. ואל תשמעו אל דברי שוטני. ויען ויאמר שר האופים שמעוני שרי החיילים. ושאר העם קטנים וגדולים. כי הזקנים הקדמונים. לא עזבו לזכור כל האותות אשר בישרים ובשונים. ובבוגד ובפושע הזה האותות אשר על תרמיתו מעידות. ואת כל תועבותיו מגידות. ויאמר לו השופט הודיעני אותניו. המעידות על כל תועבתיו. ויאמר כי חכמי קדם אמרו כי הבוגד והפושע כי כל אשר עינו השמאלית קטנה. ורועדת. ואשר אפו פונה אל הימין. ואשר בין שתי גבותיו שערות יוצאות ובגבותיו שלש שערות גדולות. ואשר ינוד ראשו ויביט אחריו. ואשר תרעם נויתו. וכל¹⁶ האותות האלה או קצתם הוא נרגן והוא רכיל ובוגד ומורד ועד שקר ופושע. ומחשב להרע.

1) *Is.* XIV, 7. — 2) *Ib.* XLII, 11. — 3) *Prov.* XI, 10, où il y a תעלץ. — 4) Cf. *Lev.* XX, 22. — 5) *Deut.* XIX, 20. — 6) Cf. *Nah.* III, 19. — 7) Qualificatif du נכר, mot qui a été choisi pour la rime. — 8) Cf. *Is.* XXXVI, 21. — 9) *I Sam.* XII, 3. — 10) S. d. S. p. 146, l. 9. — 11) *Jér.* IV, 31; Ms. צרה. — 12) La cécité l'empêche de se rendre auprès de la malade. — 13) Ms. ויתרפא. — 14) *I Sam.* IV, 19. — 15) *Is.* III, 10. — 16) Ajoutez : בו אשר.

צורת השופט והגאמן ושרי החיילים

ויאמר דמנה אות קצת הדברים לאות על קצתם. ומשפטי הצדק עומרים
לעמתם. ואמרו כל עובדי אל ונכבדיו. משפטי י"י אמת צדקו יחדיו. ואתם הקשבתם
אל כובי שר האופים והתוליו הבינותם. כי לא נשקלו הן אתם כולכם הזיתם. ולמה
5 זה הבל תהבלו. ועתה הטו חסדכם עלי. הטו אזנכם ולכו אלי. כי יחשב שר
האופים. כי כל דבריו בכור האמונה נצרפים. ואינם אצל כל משכיל כי אם כמוץ
נדפים. עיפים ורדפים. ואלו היה כל מעשה החסידים. או מעשה אנשים הוידים.
על פי האותות אשר בהם. וכפי התו אשר בניהם. לא היה שכר לצריק על צדקתו.
ולא יחושב לרשע על רשעתו. כי האותות לא יעובו הטובים כי אם רעותם. ולא
10 לצריק יהיה שכר צדקותם. ולא הרשע יהיה נלכד בשחיתותם. ולא יועיל לצריק
טובו. ולא יצר לרשע סוג לבבו. ואני יגעתי באותות אשר בנבי. ולהטיב ולהרע דרכי
בה אין בי. ואני בר מכל הכוזבים אשר דברו עלי. לפרוש רשת מעגלי. וכבר נודע
לכל בסילותך. וננלה אל כל העם פתיותך. ודברת אשר תכנת. ואמרת אשר בו
לא נאמנת. ואתה כמו החורש אשר יסר את אשתו בדברים. לאמר קשטי עצמך
15 ואחר קשטי אחרים. ושימי על ערותך חרפה. ואל תכה לחי אחר בחרפה. ויאמר
שר האופים איכה היה הדבר. ויאמר דמנה אמרו כי עבר נדוד על מדינה ושמה
מרואת ושללו שלילה ובזזו בזה. וירד נאון עווה. ויחלקו השוללים במוצאם מנוח
את השבי ואת המלקוח. ויהי בשבי חורש אחר ושתי נשיו ערומים. מרוממים לחטוב
עצים. ותמצא האחת קרעים בהליכתה. ותכס בהם ערותה. ותאמר האחרת לבעלה
20 בקנאה ובשטמה. ראה זאת הזונה ערומה. ויאמר לה בעלה אוי לך איך תראי נפשך
ערומה מופשטת. ותכה לחי אשר כסתה ערותה ולקושש עצים משוטטת. ואני
אתמה על כי תעיז פניך. ובכל מום אשר בך תעלים עיניך. הלא ידעת כי לך גויה
שמה ושערוריה. ולך פנים. מכל פנים משונים. ולך פה. כל הכוזבים עליו על פה י"י.
באלו על מיט היון שרשו. ועלה באשו. ואביך נבל ופרחח. תאכלוהו אש לא נופח.
25 ולא אתמה עליך כי אם על המלך אשר מגויתיך לא יגרע. יכל מום רע. ואיך תעבור
לפניו. ואיך מצאת הן בעיניו. ואנכי הסתרתי עד היום מומך מן המלך וגדודיו. ומשריו
ועבדיו. אך עתה אגלה את נבלותך ומומך לרע גמולך. ואני לא חטאתי לך. כי
הראיתני איבתך. והרחקת ממני קרבתך. ודברת עלי כוזבים והתולים. וכן יאות לך
ולכל הנבלים. כי אין לבא אל בית המלך לא ברסים ולא נלבים. אף כי אתה רע
30 מבולם ומכל סלונים וסרבים.

צורת השופט והגאמן ודכנה והחיילים

והנני מספר לך מקצת כל מום אשר בך. כי תבלול בעיניך. ונגדך יום קרוב
מפני החשך. וגרב וילפת ומרוח אשך. וקלוט ושרוע. גגוע וצרוע. ומעוך וכתות.

---

1) *Ps.* XIX, 10. 2) *Job*, XXVII, 12. — 3) Cf. *Is.* I, 25. — 4) *Jug.* VIII, 4. — 5) Lis.: בנבותיהם. — 6) *Lam.* IV, 20. — 7) C. *multum laborassem auferre*. — 8) Cf. *Ps.* CXL, 6. — 9) Voy. Schuhl, *Sentences*, n° 1227. — 10) Ici commence la version du ms. de Paris; voy. ci-dessus, p. 1. — S. d. S. p. 148, l. 14. — 11) *Ez.* XXX, 6. — 12) *Nomb.* XXXI, 12. — 13) Cf. *Jér.* V, 30. — 14) „qui sait dire par cœur." — 15) *Joël*, II, 20. — 16) *Job*, XX, 26. — 17) „ni tanneurs, ni barbiers". — 18) *Lév.* XXI, 20. — 19) Cf. *ib.* XXII, 23.

פצוע דכא ושפכה כרות[1]. ובראשך נתק וגנעים בפחדיך. ושהין ואבעבועות בזרועיך וידיך. תתגרד כל היום ותאכיל את המלך מטעמות. שארות המות. ויתר לשר האופים דבריו כי בכל הממלכה עליו קמה. ויבא החרדה ויבך שמה[2]. ויאמר לו דמנה יאות לך לבכות. כי ידע המלך כל מומך יצוה עליך לענות ולהכות. וכראות שר האופים כי כתב הגמר כל הדברים האלה על ספר. ויכס שק וישב על האפר[3]. כשמוע האריה כל מומו. הרחיקו מעמו. ולא אכל עוד מלחמו. ויאמר דמנה הוא מתנקם עלי. לרוע מילו. כי [זה] אחרית כל אשר ירע לחבירו בשקרו ובפחזותו. או בכל תרמיתו. או בתשומת יד או בגזל או בעושק את עמיתו[4]. שר האופים נגמלני רע תחת אשר הסתרתי ערותו. משיב רעה תחת טובה לא תמיש רעה מביתו[5]. וכל אשר יפר ברית. יהי אחריתו להכרית. אמת אמר האומר במשלו. פי כסיל מחתה לו[6]. ויצו האריה ויוליכו את דמנה לבית כלאו. עד יחקרו חטאו.

צורת דמנה בבית הסוהר

ולכלילה רע ושמו רוזבה וילך אל בית הכלא. ויגד לדמנה כי מת כלילה. ויבך דמנה כל היום ההוא וכל הלילה. ויאמר רוי לי רוי לי[7] איך ישאר עלי רעי. מה אעשה לרעי[8]. אמת אמר האומר כי בבא אד לאיש ממקום אחר. ויקוץ בו וכמעט נכחד. יתעוררו עליו צרות אחרות להתגרות עמו. ויבאו איש ממקומו[9]. ביגונות אשר קראני. ובתלאות אשר מצאוני. ובצרות אשר רדפוני. וברעות אשר אפפוני. כל זאת אשר עשה כחשי. כבודי מעלי הפשיט ויסר עטרת ראשי[10]. אבל שלם לי אלהים תחת כלילה רע דורש שלומי. ברוך י"י אשר לא עזב חסדו ואמתו מעמי[11]. ואחר כן אמר לרוזבה אחי אחי כבר ידעתי כי אתה לי אח נאמן. ואלוף רחמן. כאשר היה לי כלילה או טוב ממנו. וכל אשר לכלילה לך אתננו. ועתה לך לבית כלילה והביאה לי כל הכלים וכל הבגדים אשר בו. וילך ויבא לו הכל ולפניו הקריבו.

צורת רוזבה ודמנה והבגדים

ויאמר דמנה מת בלילה ידידי וידידך. הנה כל אשר לו בידך. ועתה לך אל האריה. ואל אמו אל המקום אשר שם יתחברו. ושמעת הדברים אשר ידברו. וישכם רוזבה בבקר אל האריה ואמו ויבא גם הנמר והשופט. ויתנו לו הספרים ויעתיקום הספרים. ויאמר[12] להביא דמנה אל השופטים ואל הסגנים. ולכתוב את דבריהם לפני הדיינים. ורוזבה יצא מעם האריה ואם האריה באה. כי לשמוע דברי הסופרים נקראה. ויקראו הספרים לפניה. ותשא אל האריה עיניה. ותאמר לו אינך יודע מה יועיל ומה יצר. ומי לך אוהב ומי לך צר. אל יפתוך דברי הבונד ואל תשמע אליו. לא תחמול ולא תכסה עליו[13]. כי אם תחייהו ישחית לב כל עבדיך. וחבל את מעשה ידיך[14]. ולא ישאיר לך קצין ולא שר צבא. ואין יוצא ואין בא[15]. וילך רוזבה אל דמנה

---

1) Cf. *Deut.* XXIII, 2. — 2) *Gen.* XLIII, 30. — 3) *Jonas*, III, 6. — 4) Cf. *Lév.* V, 21. — 5) *Prov.* XVII, 13. — 6) *Ib.* XVIII, 7. — 7) *Is.* XXIV, 16. — 8) „Me reste-t-il mon ami? et que ferai-je pour (calmer) mon trouble?" — 9) *Job*, II, 11. — 10) *Ib.* XIX, 9. — 11) Cf. *Gen.* XXIV, 27. — 12) Le sujet manque. Peut-être : „L'ordre fut donné." — 13) *Deut.* XIII, 9. — 14) *Eccl.* V, 5. — 15) *Jos.* VI, 1.

ויגד לו כל הדברים. ואת הכתוב בספרים. וישלח השופט והנגמר ושרי החיילים והגבורים. להביא את דמנה. לדין והוכח בדברים¹.

צורת דמנה והחיילים

ויאמר לו שר הצבא כבר נודעו לי שקריך וכזביך. וזדונך ורוע לבבך². אבל צוה
5 המלך שלא תמות כי אם על פי עדים נאמנים. ועל דעת שופטים והזקנים. ברוב
חמלתו. וצדקתו ואמונתו. וכבר נודע מכל בגדת ופשעת. כי בן מות אתה³. כי בוגד
אתה בכל חבריך. וברוב כשפיך בעצמת חבריך⁴. ויאמר דמנת. אין בדבריך לא
חמלה ולא חנינה. ואין בפיך נכונה. הלא צוה המלך. שופטיו ושוטריו להחזיק כל
בדק. ושפטו את העם משפט צדק⁵. ואתה הולך אחר רוחך. ושמת תאותך נכחך⁶.
10 וכל לבך להשחיתני. וכל יצרך להמיתני. וכן יאות לך כי הפושע אין בלבו כי אם
להרע ולהעיק. כי רשע מכתיר את הצדיק⁷. ויאמר השופט מצוה על כל שר ונדיב
לחום על כל שונא נזל בעולה⁸. לתת לו לחם ושמלה׳. ולשלם לרשע כרשעתו.
ולעשה הרע כרעתו. אזי יוסיף הישר יושר על ישרו. וישוב המרד והקושר מקשרו.
וטוב לך שתשולם ברגע קטון בארץ. משתשולם מהר עד לעולם בכלה ובקרץ.
15 על כן הודה עוניך. ותן נא כבוד לקניך⁹. והמודה עונו בעולם הזה נסלח. להציל
נפשו מני שחת וחיתו מעבור בשלח¹⁰. ולמה זה תבחש בבל נתעב ונאלח. והוא לא
תצלח¹¹. ואיך קולך בתוכחת תשא. בנוי אשר צרקה עשה¹². ויאמר דמנה אדוני השופט
דברת כפי חכמתך. בצדק וחי נפשך⁰ חייך. כי הצדיק אשר לא ימבור
מחרתו ביומו. לא יחליף תומו במומו. אשר לא יפתוהו עולם כולה. ושנאן גולה.(?)
20 ודבש מר. וריח נמר. ושנים משונים. וחיים מעונים. ואני בר בבל מפעלי. חף אנכי
ולא עון לי¹³. ואיך אעיד עלי ואעמום על נבי. אשר לא צויתי ולא עלה על לבי¹⁴.
ואיך אשקור לנפשי ואפשע. אין אדם משים עצמו רשע¹⁵. וחלילה לבל איש לענות
שקר בעמיתו¹⁶. אף כי יענה שקר בנפשו ובניותו. האעיד על נפשי מעשים אשר לא
עשיתי. לא אוכל ללכת באלה כי לא נסיתי¹⁷. אדוני השופט דבר אדם אל יטך.
25 למען תזכה בשפטך¹⁸. ואל תשפטוני בעדות דבר השפתים. להשמעות אזנים¹⁹. פן
יקרכם אשר קרה למדבר בלי דעת. כי לשמועה נשמעה. ויאמר שר הצבא והשופט
איכה היה הדבר.

ויאמר דמנה אמרו²⁰ כי היה בארץ מרואת איש ולו אשה יפה ונאמנת. ולו עבד
צייד אוהב לשכב אתה והיא ממאנת. ויבקש עליה דברים שקרים. ושם לה עלילות
30 דברים²¹. ויהי היום ויצא לצוד ויקרה לו קן ושם שני בני שממית²². ויעש להם קן
בביתו וילמדם לדבר דבר תרמית. למד האחד לדבר ראיתי השוער שוכב עם
גברתי. וילמד האחר לדבר אני לא אומר מום במקום שבתי. וילמדם אלו הדברים
בלשון הבלבים. כמעשה איש תכבים²³. ולא היו אנשי המדינה יודעים הלשון

---

1) Cf. II Rois, XIX, 4. — 2) Cf. I Sam. XVII, 28. — 3) Is. XLVII, 9; ms. ועצמות. —
4) Deut. XVI, 18. — 5) Hab. I, 4. — 6) Is. LXI, 8. — 7) Deut. X. 18. — 8) Cf. Jos. VII, 19.
9) Job, XXXIII, 18. — 10) Nomb. XIV, 41. — 11) Is. LVIII, 2. — 12) Cf. Prov. VIII, 8. —
13) Job, XXXIII, 9. — 14) Cf. Jér. VII, 31. — 15) Maxime talmudique, Sanhedrin, 9 b et
passim. — 16) Cf. Lév. XIX, 11. — 17) I Sam. XVII. 39. — 18) Ps. LI, 6. — 19) Ez. XXIV, 26.
— 20) Ci-dessus, p. 13. S. d. S. p. 155, l. 6. — 21) Deut. XXII, 14. — 22) L'auteur a choisi
ce nom, parce qu'on dit de cet animal qu'il habite „les palais des rois"; Prov. XXX, 28. —
23) Ib. XIXX, 13.

ההוא. ויהי היום הביאום לפני אדוניו. ויערב קולם בעיניו. אבל לא ידע פשר
הדברים. אשר הם דוברים. ויצו את אשתו בקול רם. לעבדם ולשמרם. ויבאו
אליו אנשים עוברים דרכים. מבינים לשון הבלכים. ויעש להם משתה ויאכלו וישתו[1]
ויהי אחרי אכלם ואחרי שתותם. ויבא להם שני בני השממית לשמוע אמרתה. ויהי
כשמעם דבריהם. נכלמו מבושת עיניהם. ויאמרו אל הבעל בית התדע מה שיאמרו 5
והחרפה שידברו. ויאמר להם לא אבל יערב לי קולם. ולא אבין משלם. ויאמרו אל
יכבד דברינו נגדך. כי האחד יאמר בלשון בלכים כי אשתו שוכבת עם עבדך[2].
והאחר אומר אני איני אומר מאומה. ויקרא בעל הבית אל הצייד ויעמוד נגדו. ויאמר
מה אדוני מדבר אל עבדני. ויאמר לו הגד נא לפני. מה הקול הזה באזני[3]. ויאמר
העבד אני אעיד כעדותם. לולא יראתך הייתי מגלה תזנותם. ויצו בעל האשה 10
להמיתה. על ענבתה ותזנותה. וישלח אליו מלאכים לאמר שאל לאנשים הבלכים
לנסות בני השממית. וידעו כי הדברים לבדם למדם העבד בתרמית. וננדע לך דבר
בני השממית הידעו לדבר בלתי אלה הדברים. והנה אינם יודעים דברים
אחרים. ותאמר האשה עבדך הצייד בקש לכבשיני ולא קבלתי. ונפשי משאול
הצלתי[4]. על כן עשה זאת התרמית. ללמד שני אלה הדברים את בני השממית. 15
ויביאו את העבד ותאמר לו האשה האתה ראיתני. בתועבה אשר בה הביתני. ויאמר
אני. אוי דלג הנני. ונקר עיניו. בפיו ובצפרניו. ותאמר האשה לקח אלקים ממך
נקמתי. והראה את אישי צדקתי. כי נאלחת ונתעבת. והוות עלי חשבת[5].

צורת הנץ בנקר עיני הצייד והאשה ובעלה ההולך וחברו ושני בני השממית במוט

ונשאתי לך המשל הזה למען תדעו כי כל העושה כמעשה העבד הצייד. לא 20
ינקה יד ליד[6]. ויכתוב השופט כל אשר דבר ואשר דברו לו. ויביאו הספרים אל
המלך אל אהלו. והשיבו את דמנה אל בית הסוהר בכבלו. עד יחקרו מעלו. ויהי
כן דמנה שבעת ימים ושבעה לילות. מדבר בערמה ובתהבולות. וכחש פשעיו וכסה.
על חטאתו אשר עשה. ותקרא אם האריה. בספרים. כל דבריו. ותבא אל המלך
בחדריו. ותאמר לו קום הרוג הפושע הזה כי הוא מתעך. עוד כמה פעמים אני 25
משביעך. ותקרא לנמר והעיר אשר שמע ולא הוסיף דבר ולא נרע. ותשלח ויוציאו
הזאב הכלוא. והעיד גם הוא אשר שמע מפי דמנה וכלילה בבית הכלוא. כשמוע
האריה עדותם. האמין להם ולאמרותם. וישאג שאנה ברנזה ובראאגה. ויאמר לדמנה
היה לי יועץ מנאמני ומגבונם. והסיתיני בו לבלעו חנם[7]. דמנה שמך. ועל פני דומן
אשפוך דמך. כאשר שכלה נשים לשונך. תשכל מנשים אמך[8]. וישלוף חרבו אחד 30
מעבדיו. ואל הדומן הגישו. ויכרות בה ראשו[9]. ויאמר זאת סבב עליך כחשך. דמך
בראשך. ויאמרו כל העם כאשר ראוהו מתגולל בדמו ומתנאל. זה חלק אדם מאלקים
ונחלת אמרו מאל[10]. וזה אמר כן משפטו ודינו. אם תמתיק בפיו רעה יכחידנה תחת
לשונו[11]. וזה יענה לו בקללות. יכרת י"י כל שפתי חלקות. לשון מדברת גדולות[12].
וזה מתלחש בלחשו. שומר פיו ולשונו שומר מצרת נפשו[13]. 35

---

1) Gen. XXVI. 30. — 2) Jos. V, 14. — 3) Cf. I Sam. XV, 14. — 4) Cf. Ps. LXXXVI, 13
— 5) Cf. ci-dessus, p. 15, l. 7. — 6) Cf. Ps. LII, 4. — 7) Cf. Prov. XI, 21. — 8) Job,
II, 3. — 9) I Sam. XV, 33. — 10) Il faut intervertir les deux vers. — 11) Job. XX, 29. —
12) Ib. 12. — 13) Ps. XII, 4. — 14) Prov. XXI, 23.

צורת דמנה נהרג וההורג אותו

ויאמר דוד חכמות למלך יאות לאנשי התבונה. העושים מעשיהם באמונה.
שישמרו לנפשותם שלא יבקשו מועילם. ממקום שיצר לאדם בעולם. אם במרמה
אם באיבה. ואם בעקבה. כי איש תרמית. יהא אחריתו להכרית. אחת דתו להמית.
וישוב בראשו עמלו[2]. ואם יתמהמה חכה לו[3].

נשלם שער הקוף דברי דמנה

צורת המלך ודוד הכמות

1) Est. IV, 11. — 2) Cf. Ps. VII, 17. — 3) Hab. II, 3.

שער היונה הענוקה

ויאמר המלך לדוד חכמות כבר הבינותי משליך מן הידידים. אשר נרננים ביניהם מפרידים. ועתה הגד נא לי תחלת התחברות הידידים הנאמנים. אשר לא יוכלו להפר אהבתם נרננים. ויאמר דוד חכמות כי המשכיל והנבון לא ישמע דברי נרגן על אוהבו. ולא ימירנו בכל כספו וזהבו. כי׳ הנאמנים והידידים. הם האדונים והעבדים. והם הכסף והזהב והנכסים. והם הרכב והסוסים. ואיש לאחיו שומר לראשו׳. ונתן פדיון נפשו. על כן לא ישמעו איש על׳ אחיו בתומם והצניעם. שפת לשון ורבת עם. והם כמו היונה הענוקה והצבי והעורב והעכבר [ושרץ המים] הנקרא בלשון ערב סלחפאה. ויאמר המלך איכה היה הדבר.

ויאמר דוד חכמות אמרו כי בארץ רסתבאד מדינה ושמה מרואת ובאחת בנותיה אלה נעמה. שפלת קומה. בצילה ישבו מלכים. ואצלה יפרשו הציידים הסבכים. ובלב האלה קן לעורב ושמו חבאה׳. ויהי היום והוא עומד על הפאירה. וירא והנה צייד בא רע מראה ושערור צורה. ומקלו בידו ועל כתפו יתרים ושבכה. ויפרשה לעומת האלה על הבריכה. ויחרד העורב ובשרו סמר. ומהצייד נשמר. כי אמר לא בא הצייד כי אם למוקשי. ולקחת נפשי. או לצוד זולתי. מן העוף החונים לעומתי. ויאמר אעמוד על סעיף אחד. עד אראה מה יהיה לצייד. ויזרה הצייד על הסבכה חטין על הפתחים. ויארוב תחת אחד השיחים. והנה יונה שמה ענוקה והיא מלכת כל היונים ועמה יונים רבות. סביב הסבכה מסבות. עד אשר נהו על הסבכה והיו בה נלכדות. ותהי כל יונה מהן מתנודדת לעברה. לקרוע הסבכה ולשברה. ותאמר להם הענוקה יהי לב בל אחת מכן לעזור אל רעותה. אולי נשא השבכה אל מקום אשר בו נקרע אותה.

צורת הצייד והיונים ברשת והעורב על האלה

ותעשינה כן ותשאינה הסבכה על כתיפן. כי היה בלב אחד התעופפן. והצייד רודף אחריהן. עד אשר לא ראה את פניהם ולא אחוריהן. וישב נכלם ויפלו פניו. כי נסתרו מעיניו. ותאמר להן הענוקה הנה פה חור עכבר אוהב לי. והוא יוצא מן הרשת הזאת רגליכן ורגלי. ומוסרותינו יפתח. וגלותינו ישלח. והעורב הולך אחריהן.

---

1) Ci-dessus, p. 18. — S. d. S. p. 160. — 2) „Des amis fidèles sont à la fois maîtres et serviteurs, il valent fortune et luxe". — C'est une addition du traducteur. — 3) Cf. *I Sam.* XXVIII, 2. — 4) Ms. אל. — 5) Gay. „Goba"; c'est la transcription de جباة et de حباة. Ce nom ne se lit pas dans nos rédactions arabes.

לדעה מה יעשה להן‎¹. ותפולנה על השבכה במדבר‎. אצל חור העכבר‎. ותקרא
העונקה בשמו‎. ויבירה וירץ אליה ממקומו‎. ויאמר לה מי הביאך ברשת הזאת‎. אשר
בה את ורעיותיך נאחזות‎.   ותאמר לו מה תדבר כה‎. כי לא לאדם דרכו‎². ולמה
עמדת ותתבונן בנו‎. כי מי‎³ היית׳ה לנו‎. ומה תתמה עלינו‎. הלא השמש והירח יחשכו‎.
5 והרנים מלב ימים בחכה וברשת נמשכו‎. ועוף השמים בפח נלכדו‎. ורגלי קלים
ימערו‎. ויש עצל יצלח‎. ויש מהיר כעשן נמלח‎⁴. וביום איד יכשל הסוס‎. ואמיץ לבבו
בגבורים ינוס‎⁵. כי השמים לעשות יפלא‎. והגלגל נלה יגלה‎. ובורא הכל פעם יגלה
מסך נבראיו ופעם יכסה‎. י״י הוא הטוב בעיניו יעשה‎⁶. והאדם מה לו לעזר ולא להועיל‎.
אשר אין בידו להימין ולהשמאיל‎. והבל כל מחשבו‎. ואין אפס‎⁹ כל אשר יעלה
10 בלבבו‎. כי עושיהו יקימנו‎. וקוניהו יפירנו‎. וכל מעשיו ביד עושהו‎. וכל קנינו ביד
קונהו‎. כי כל עשרו וכל כבודו‎. י״י לא יעזבנו בידו‎¹⁰. והמלכים תשבר מלכותם‎.
וירדו מעל כסאותם‎. אל יתגברו ואל יתהללו‎. כי בחציר מהרה ימלו‎¹¹. ורמי הקומה
גדועים והגבוהים ישפלו‎¹². אף כי עתה בעל כנפים‎. אשר יעוף בשמים‎. כי יגביהו
עוף ואל לב השמים גבהותם‎. פח יקוש על כל ידרתם‎. אשר אם ללחם נדדו‎. ונוקשו
15 ונלכדו‎¹³. ואני בנפלי ברשת ראיתי את הבר‎. ולא ראיתי את המכבר‎. וראיתי השבר‎.
ולא ראיתי הדבר‎. ואתה אהובי למה זה תוכיחני‎. וברשת זו טמנו לי‎¹⁴ תניחני‎.
וישבע העכבר כאשר התאנף‎. כי חנם מזורה הרשת בעיני כל בעל כנף‎¹⁵. ואתה
אחותי החרישי כי הרשת בשיני אבתק‎¹⁶. ומוסרותיך אנתק‎.

צורת היונים ברשת והעכבר

20 ויחל לנתק יתרי רגלי העונקה‎. בעבור היות נפשו בה דבוקה‎. ותשבע העונקה
לאמר לא תחל לנתק כי אם מיתרי רעיותי בראשונה‎. ואח״כ תנתק מיתרי באחרונה‎.
כי אירא שתנתקיני ותעצל לנתק רעיותי‎. וחלילה לי מעזוב ברשת אחותי‎.   וינתק
יתרי רגלי רעיותיה‎. וינתק גם יתרי מרגלותיה‎. ויאמר לה ראי שלחתי מבור אסיריך‎¹⁷.
נתקתי מוסרותיך‎. וישלחם העכבר מאתו‎¹⁸. ורעיותיה על חסדו ואמיתו‎. וכאשר ראה
25 העורב כי הציל את היונים‎. וכי הוא אוהב אמונים‎. ויאמר בלבו אולי יקרני כמקרה
העונקה‎. ואם לא יהיה לי אוהב להצילני אפול בשוחה עמוקה‎. וילך אל העכבר
לדרוש אהבתו‎. ולבקש אחותו‎. ויאמר לו ראיתי אמונת אהבתך‎. וחזיתי צדקת
אחותך‎. ואשר הצלת היונים היקושים‎. מפח יוקשים‎. על כן באתי אליך‎. להיות
עבדך‎. ומדרך רגלך‎. ויאמר לו העכבר אין ביני ובינך ידידות‎. כי אם קשר ומרדות‎.
30 ועל החכם המשכיל לבקש לו דבר שיתכן להיות‎. ואל יבקש מה שלא יתכן להיות‎.
ואל תהי כמי שירצה להריץ אניות ביבשה‎. ולהוליך עגלות בים ברוח קשה‎. ואיך
תהיה ביני ובינך אהבה‎. ואני מאכל ואתה אוכל‎. ואני נאמן ואתה נוכל‎.   ויאמר לו
העורב השב אל לבך‎. והבט בעין שכלך‎. כי אם אכלתיך לא ישביעני מאכלך‎. ולי
הועיל בחייך באהבתך לי‎. שתצילני מרשת פרושה ליד מעגלי‎. ואני בוטח בחסדך‎.
35 שלא תשיביני ריקם מנגדך‎. אעפ״י שאם תחביא חסדך‎. ותצפין מהרוח נרדך‎. אתה

<hr>

1) Cf. *Ex.* II, 4. — 2) *Jér.* X, 23. — 3) Ms. כי; cf. *I Rois*, II, 15. — 4) Cf. *Is.* LI, 6.
— 5) *Amos*, II, 16. — 6) Cf. *Juges*, XIII, 19. — 7) „Le ciel prépare en secret les faits que
la sphère dévoile". — 8) *I Sam.* III, 18. — 9) Cf. *Is.* XLV, 14. — 10) *Ps.* XXXVII, 33. —
11) *Ib.* XXXVI, 2. — 12) *Is.* X, 33. — 13) *Ib.* VIII, 15. — 14) Cf. *Ps.* XXXI, 5. — 15) *Prov.*
I, 17. — 16) *Ez.* XVI, 40. — 17) Cf. *Zach.* IX, 11. — 18) Ajoutez: ותודה לו העונקה.

כמור דרור. אשר יתן ריחו בעד הצרור. ויאמר לו העכבר דע כי האיבה על שני
דרכים איבת מלחמה בין שני חזקים. כהלחם נפילים בין בני ענקים. וכאיבת האריה
עם הפיל אשר פעם הארי ינבר. ופעם לפני הפיל יכנע ונשבר. ואיבת חזק עם דל.
כאיבתי עם החתול אשר יאכלני ותמיד עלי ינדל. וכאיבת הנץ עם הצפרים. אשר
5 אותם ישמיד ויחרים. וכאיבה אשר ביני ובינך. ובין בני ובין בניך. וכל איבה אשר
מלפנים שכולה. רפואות תעלה אין לה׳. ואני בהשלימך אתי לא אאמין. על כן אם
תשמאיל איימין. כן המים החמים ועל האש הם נהרים. וכבו את האש כאשר יכבה
המים הקרים. והרועה את אויבו. כמו המשים אפעה נגד לבו. לא ידע מתי אוהבו.
והמשלים את אויביו. בהרפה יכו להיוו. ולא יאמן בחייו.

10 צורת העורב והעכבר בטאורתו

ויאמר העורב כבר הבינותי אמרתיך. והתבוננתי תבונתיך. אבל לא יכון לבינתך
להרחיק אהבתינו. ולא לקרוח אש איבתינו. כי אתה ידעת כי האהבה בין הנבונים
טובה היא מהון עתק׳. ולא במהרה תנתק. והיא ככלי הזהב אשר לא ישבר מהרה. ואם
נשבר ממנו מאומה ירפא באגורה׳. ואהבת הכסילים קשה להבנות. ורכה להשתנות.
15 ונדיב יאהב את הנדיב בפנשו אותו פעם אחת. והנבל לא יכבד אדם כי אם אשר
ממנו יפהד ויחת. ואתה נכבד. ואני לך נעבד. לא אמוש משעריך. להיות כאחד
מנעריך. ועד אמצא חן בעיניך מפה לא אקומה. ולא אטעם לחם או כל מאומה.

ויאמר העכבר הנה נשאתי פניך. ומהרתי לעשות רצוניך. ונמנעתי עד כה מאהבך.
[אשר] לא יעלו דברים על לבך. ותאמר עת תבגור בי מצאתי כבר עכבר מחשיך עצה׳.
20 ויחפש בלבו תבונה. ולא מצא. ואני המיתיו. ובערמתו ראיתיו׳. ואחרי כן יצא מחורו.
ויעמוד פתח שערו. ויאמר לו העורב למה לא תצא אלי ולא תשיב אל שכלך.
ותחשבני לאויב לך׳. העוד לי בלבך איבה. אחרי כרתנו ברית אהבה. או הממני
תירא. ואני אנוס לך לעזרתי׳. ויאמר העכבר כי האהבה על שני דרכים אהבת כפרות׳
האוהב את אוהבו בנפשו. ולהצילו מפח יוקשו. ואהבת דוד את דודו. במנחתו ובמתת
25 ידו. ומרבית הנאהבים ידמו אל הסוחרים. לא יתנו שקל כי אם אשר יקוו מהם מאה
שערים. כמו הצייד אשר יורה מעט חטים לעוף השמים. למען יקוה מהם על
אשר זרה אלף פעמים. על כן האוהב המתנדב בנפשו טוב מן המתנדב ברכושו.
ואני האמנתי בנדבת לבך. ובפזרך זהבך. ואולם לא נמנעתי מצאתי אליך. כי [אם]
מיראתי העורבים אשר לא ידעוני. כי אמרתי פן יהטפוני ויבלעוני. ויאמר העורב
30 כי חק האוהב הנאמן שיאהב אוהב את אוהבו. ושיאיב את אויבו׳. ואם היה לי ריע
שלא יאהבך ארהיקהו. ובשחת אקבריהו. כי נטע ההדס אם יעלה בתוכו שית
יעקריהו. ואחר כן יצא העכבר אל העורב ויקבלו. ויחבק לו וינשק לו׳. ויברכו איש
את אחיו לאל עילום׳. וישאלו איש לרעהו לשלום׳. ויספרו איש לאחיו מוצאותם.
ואת כל הקורות אותם׳.

1) Cf. Jér. XXX, 13. — 2) Ajoutez: את ישך „quand il mordra son ami". — 3) Prov.
VIII, 18. — 4) „Pour une petite monnaie d'argent". — 5) Job, XXXVIII, 2. — 6) Peut-être:
רמיתיו. — 7) Cf. Job, XXXIII, 10. — 8) Cf. Is. X, 3. — 9) Nom abstrait formé de כפר
„rançon". — 10) Cf. Ex. XXIII, 22. — 11) Gen. XXIX, 13. — 12) Pour עולם; II Chron.
XXXIII, 7. Le verbe est construit avec ל, comme Gen. XIV, 19 et passim. — 13) Ex.
XVIII, 7. — 14) Gen. XLII, 29.

צורת העורב והעכבר יוצא ממאורתו

ויאמר העורב אל העכבר אראה מקומך זה קרוב מדרך העורבים. אני יראתי
פן יפגעו בך עוברים. ואני יודע מקום רחוק מכל מחפיר ומבאיש¹. לא עבר פה איש².
מקום רב עצים ורב דגים ורב מים. מקום נהרים יאורים רחבי ידים³. ולי שם אהובה
5 מן השרץ אשר שמו בלשון ערב סלחפאה⁴. אילו הלכנו שם נהיה בהנחה. ובהשקט
ובבטחה. ויאמר העכבר דבר סתר לי אליך⁵ אוהבי העורב. לא אנידנו לך עד הגיעננ
אל מקום הערב. ויאחז העורב בזנב העכבר. ויעף בו עד באו אל המדבר. ושם עין
מים תרמוש בה הסלחפאה אהובתו. ותרא הסלחפאה את העכבר ותפחד ממנו
וסמר בשרה⁵. ותתחבא בעמקי העין אל מקורה. וינח העורב את העכבר בהמלה.
10 ויחן על אלה אצל העין הגדולה. ויקרא לסלחפאה בשמה ותצא כי הכירה קולו.
ותשתחו לרגלו.

צורת העורב נושא את העכבר והסלחפאה בנהר והאלה על שפת הנהר

ויספר לה העורב כל הדבר. מתחילת דבר היונה ועד סוף העכבר. ותתמה
הסלחפאה על שכל תבונתו. ותקרב אליו ותבדיהו והרבתה ארוחתו. ותשאל לו
15 לשלום. ותאמר שמחתי בבואך הלום. ויאמר העורב אל העכבר הדברים אשר
אמרת לי לפני בואינו. ספרם נא אלינו. ויאמר העכבר⁶ הייתי במדינה שמה מראות⁷
בבית איש מבני הנזירים. ואין לנזיר אשה לגרש העכברים. ולסתום להם החורים⁸.
והיו בני המדינה מביאים לנזיר במקומו. לחם וממעמים דבר יום ביומו. והיה אוכל
הנזיר מכל והנשאר ישים בסל. והייתי מדלג עליו בצאתו ולא אשאיר בו מאכל.
20 כי הייתי אוכל מכל לשבעי. והנשאר אחלק על העכברים אשר בבית מרועי. ולא
אשאיר בסל מאומה. מכל אשר בו. ואחר כן אתחבא במחבא. וכל אשר יתלה הנזיר
הסל וירימיהו רומה. אדלג עליו ולא אשאיר בו מאומה. ויהי היום ויבא הלך לנזיר
וישבו לאכל לחם לעת הערב. וביד הנזיר שבט ולהכות כף אל כף ירב. ויהי
בכלותם לאכל ויאמר הנזיר להלך ספרה נא לי דברי הארצות אשר ראית. ואת כל
25 הגדולות אשר חזית. ויהי ההלך מספר דבריו. והנזיר יכה כף אל כף ויבט אחריו.
ויחר להלך ויאמר הלא תדע. כי אדבר ולא תשמע. ולמה בזיתני. ומדוע הקילותני.
ויאמר הנזיר אל יחר אפך בי. ואניד לך את מכאובי. ויאמר יש בבית עכבר.
ולא יעזוב לי לא לחם ולא בר. ויאמר ההלך אחד או רבים. ויאמר הנזיר עכברים
רבים ידעו מעקרבים. ובם עכבר אחד קל. הוא מדלג על הסל. ויאמר ההלך
30 אתה כמו האיש אשר מכרה אשתו השומשמים המנוקה. באשר איננו מנוקה⁹. ויאמר
הנזיר איכה היה הדבר.

צורת הנזיר וההלך והעכבר בסל

ויאמר ההלך¹⁰ באתי לבית איש במדינה פלונית. ואכל אני ובעל הבית. ואחר
פרשו ערשי. ואלין על מפרישי. וילך גם בעל הבית לשכב עם אשתו. וידבר עם
35 האשה. וגם האשה אתו. והוא אומר מחר אעשה משתה לאוהבי. על אף מריבי¹¹. ותאמר

---

1) Lis. ומביש; cf. Prov. XIX, 27. — 2) Cf. Jér. II, 6. Lis. בו. — 3) Is. XXXIII, 21. —
4) Juges, III, 19. — 5) Cf. Ps. CXIX, 120. — 6) Ci-dessus, p. 93. — S. d. S. p. 167, l. 4. —
7) Arabe : ماذاورت; cf. Benfey, I, 317. Mais voy. ci-dessus, p. 1, l. 3 et p. 370, l. 10.
— 8) Cette raison, pour laquelle le dévot est représenté comme célibataire, appartient au
traducteur. — 9) Il faudrait: המנוקים ב' אינם מנוקים, comme p. 374, l. 21. — 10) Ci-dessus, p. 35.
— S. d. S. p. 168, l. 6. — 11) „à la barbe de mes adversaires"; voy. ci-dessus, p. 354, note 4.

אשתו ואיך תמלל זאת המלה. ובביתי אין לחם ושמלה¹. כה תעשה כל הימים. עד
אשר חסרנו והיינו למשל בעמים. ויאמר לה האיש תנחמי עד² אשר נאכיל ונשקה.
כי כל קובץ על יד ולא יגמול חסד לא ינקה. ותהי אחריתו כאחרית הדוב. ותאמר
האשה איכה היה הדבר.

צורת האיש ואשתו וההלך יאון דבריהם

ויאמר אישה יצא איש צייד בחיציו ובקשתו. להביא ציד לבניו ולאשתו. הוא
יצא מן העיר ולא הרחיק. והנה צבי אחד ויוריהו והחצי³ באזניו הדביק. ויהי הוא
שב לביתי⁴. והנה חזיר לקראתי. וישלך הצבי מידו. ויורה את החזיר ויכחידו. ויכהו
גם החזיר בשנו. וימת ויפול הקשת מיד שמאלו והחץ מיד ימינו. ויעבור דוב עליהם.
וירא את הצייד ואת החזיר מתים שניהם. ויאמר בלבו רב מאכלי. מצאתי און לי⁵.
אבל ארים פנדיהם אשר הם שמנים. ויהיו לרבים ימים מטמונים. ואוכל עתה יתר
הקשת אשר הוא רזה. והיה טרפי היום הזה. ויקרב אל הקשת ויכרת יתרה בשנו.
ויפתח קנה עץ ויך בגרונו. וימת ביד בצעו. ועל מיעוט שובעו.

צורת היורה והצבי והקשת וההזיר והדוב

ונשאתי לך המשל הזה למען תדעי כי הבוצע. כל ימיו יהי עוף וינע. וכל קובץ על
יד. לא ינקה יד ליד. ותאמר האשה כן דברת הנה מעט אורו ומעט שומשמין. אעשה
מהם לך ולאנשים אשר הקרא מטעמין. ויאכלו בם ששה אנשים או שבעה. אכול
לשבעה. ותנקה השומשמין ותשטח לשמש לייבשו. וישב אישה לשמרו שלא יאכלוהו
עוף או כלב ולא ימושו⁶. ויהי האיש עושה הנה והנה⁷ ויבא כלב ויאכל מהם. ובשבעו
השתין עליהם. ותרא האשה כי טנפם ותלך אל השוקים. ותמבור השומשמין
המנוקים. בעד שאינם מנוקים. ונשאתי לך המשל הזה כי לא ידלנ העכבר יותר
מחביריו. ויהיו בצלו כל עכבריו. כי אם לסבה. אולי יש בקנו הון רב ועבדה רבה⁸.
ועתה תנה לי כשיל. וכהו בו אבשיל. ויהי כשמעי דבריו נסתי מקני. ואתחבא בקן
שביעי. ובקן היה אלף זהובים. יפים וטובים. הייתי כל ימי אותם שוטח. והיה לבבי
שמח. וישא לו הנזיר הבשיל ויחפר ההלך עד יסוד הארמון. וימצא בקני המטמון.
ויאמר ההלך באלה הזהובים היה כח העכבר. ובמטמון הזה על אחיו גבר. כי בעושר
יגבר אדם והעושר אשר ישריש. כי לא בכח ינבר איש⁹. ולא ידלנ עוד יותר מחביריו.
ולא יכבדו אותו עוד ולא יעמדו אל מאמריו.¹⁰ מנדיבים ומאצילים. אף כי שאול¹¹ בני
בליעל ונבלים. ומצאתי כל שובע נפש ורצות במעט¹². ולאשר צד לו עיר מקלט.
ואין משביל כמבלבל דבריו במשפט¹³. ואין יחש כאור פנים. ואין עושר כשמח כי אם
במתת אדוני האדונים. וטוב כל אשר תקנה. אשר לא יוח ולא ישנה. ויתרון השכל
ידוע סוד¹⁴ מה שהיה ויהיה. ועל זה האדם יחיה. וישלא יבקש איש עמל יגענו¹⁵. ולא
יהלך בגדולות ובנפלאות ממנו¹⁶. ואשר בשלתי¹⁷ בעמלי. ינעתי ולא הונח לי¹⁸. ואמר

---

1) *Is.* III, 6. — 2) Lis. הנחני על. — 3) Cf. *I Sam.* XX, 36. — 4) Ms. בביתו. — 5) *Osée,*
XII, 9. Ms. הון. — 6) Il faudrait : לייבש, יאכלו, לשטרם, et ימושו. — 7) *I Rois,* XX, 40.
— 8) *Gen.* XXVI, 14. — 9) *I Sam.* II, 9. — 10) Ici manque tout ce qui se lit ci-dessus,
depuis p. 39, l. 6, jusqu'à p. 45, l. 8, et se retrouve dans les autres rédactions. — 11) Lis.
אנשי. — 12) Lis. כי שובע נפשו רצות במעט, „que la vraie abondance consiste à se contenter
de peu". — 13) *Ps.* CXII, 5. — 14) Peut-être : יסוד. — 15) Cf. *Eccl.* X, 15. — 16) Cf. *Ps.*
CXXXI, 9. — 17) Peut-être : עמלתי. — 18) Cf. *Lam.* V, 5.

אין לי טוב כי אם המלט אמלט. אל המדבר עם שאר החיות. להרים ולגיאיות.
ואשמח בחלקי. ואשבע בלעדי ריקי'. ותהי לי היונה הענוקה אוהבת ונצרת. והעורב
הזה לי למשמרת. והוא הגיד לי האהבה אשר בינו ובינך. והביאני לראות פניך
ושנאתי השממון. ואלו ישבתי בהיכל מלך וארמון. כי בכל מעדני תבל אין לי טוב
5 כי אם שבת עם האוהבים אצילים. אספר להם הידות ויספרו לי משלים. ואין תוגה
מכל תוגות תבל גדולה מהפקדם. ואין דאגה מרה כהפרדם. וידעתי כי לא יתכן
לאדם שיבקש יותר מריו. אשר יציל בו נפשו מצרתו והליו. ואלו יותן לו תבל וכל
המונה. לא יועיל בה ולא יתערן בכל מעדנה. ולא על כל ארץ יחבוש'. יותר מאשר
נתן לו לחם לאכול ובגד ללבוש'. ואין לצדיק ממנה ולבוצע ולנוכל. כי אם הלחם
10 אשר הוא אוכלי. ובאתי אליך עם העורב. ואני לך אוהב ערב. ויהי כאשר כלה
לדבר העכבר. השיבתהו הסלחפאה בלשון רכה. ואמרת מרבר. כאילו בחמאה ודבש
יוסך. ותאמר לו שמעתי יושר דבריך. וקושט אמריך. ועתה החזק באמונתך ואל
תרף. ופנה על כל עבר עורך'. כי ראיתיך נדהם על מעדניך הראשונים. ודואג על
תענוניך הקדמונים. ונעצב על גרותך. ונאנח על כבוד ביתך. ועתה יראו פעליך.
15 לשרת מיליך. וימשלו מעשיך. לנועם אמריך. והרחק עצבך. והסר כעם מלבך'. כי
לא ישר בדבר כי אם במפעל. ולא תשלם הרגל כי אם במנעל. והחולה היודע
במה רפואתו. אם לא יתרפא בה תאריך מחלתו. ועתה עשה בשכלך וביושרך.
ואל תדאג על אבוד עושרך. כי הנכבד מאין עושר יכבדוהו. ומאין הון יעבדוהו.
כאריה אשר לא יטרוף כי אם בגבורתו. ולא ייראוהו כי אם לשאנתו. ולאשר עבר
20 לא תצרח. אל תאנוק עליו ואל תאנח. ואם עשית כל אלה לא תשכב למעציבה'.
בהם תבואתך טובה'. והטוב יבקשך כבקש המים המורד. והעיט על הפגרים ירד'.
ויתרון החכם בהיותו מהיר בכל מעשיו. וחסרון הכסיל היותו עצל עד ירדו כל 10
נכסיו. והחכמה רחוקה מן הכסילים. כרחוק הגבורה מן הזקנים הדלים החולים.
אל תחטא לאמר הנה לנתי" כנטע שורק. והשבמתי כעור ורק. כי העושר ושאר
25 נעימות תבל יבלו. וכל מעדניה כרגע יבלו. כגלגל ימהר להנשא ולהשפל. וכאור
יריחהו האופל. ואמרו חכמים שלשה" אין להם מעמד צל עננים. ואהבת שונים.
והתעלם מן הנשים באהבים". והלל למכזבים. והעושר המרובה. ידעך כאש ובפשתן
יכבה". ולא יתכן למשכיל לשמוח ברוב עשרו. ולדאן למעט יקרו. והעושר אשר
יתכן לשמוח בו. שכלו ומעשיו הטובים ותום בלבבו. והעושר ההוא לא יראה שוד
30 מלכים. ולא חמת נסיכים. כי אם אשר יקרם איש בעולמו מצדקו ותומו. אלקים
בעולם הבא לא יאחר לשלמו. ויתכן לאיש לעשות ביומו אשר ימצא למחרתו.
להבין במעשים טובים צידתו". והשם ישיב לאיש צדקתו" ואת אמונתו. והּ[מ]צטמיד
בזולת הצידה הזאת תחסר צידתו מבלי שבעתו. ודע כי המות פתאום הוא ואחר

---

1) Lis. בבלעי רוקי; cf. *Job*, VII, 19. — 2) „retenir". — 3) *Gen.* XXVIII, 20. — 4) *Ib.* XXIX, 6. — 5) „tourne le dos à tout ce qui est passé." Mieux vaudrait אל כל אשר. — 6) *Eccl.* XI, 10. — 7) Cf. *Is.* L, 11. — 8) *Job*, XXII, 21. — 9) Cf. *Gen.* XV, 11. — 10) Lis. ירד מכל. — 11) Ms. לכתי. — 12) Lis. הבשה; toutes les rédactions donnent cinq choses inconstantes, mais ils n'en indiquent pas le nombre. Voy. ci-dessus, p. 49, l. 6. — 13) Ms. עצים. — 14) Cf. *Prov.* VII, 18. Lis. עף. — 15) Cf. *Is.* XLIII, 17. — 16) Ms. צורתו. — 17) Cf. *Job*, XXXIII, 26.

לא יסגּ · למסת נקיים ילעג' · ואין לו מועד מועד · ובבאו רגל כל גבור תמעד · ואתה
תוכחתי תכיר · ואין אני כמזהיר אלא כמזכיר² · ואתה אחינו בשרינו³ · נכבדינו ויקירינו.
משושינו משוּשׁיךָ · כסוסינו כסוסיך⁴ · וכאשר שמע העורב דבר הסלחפאה אל העכבר
כי לאטה דבר עמו⁵ · ואמרה לו בעמי בעמו · שמח מאד ויאמר לה ברוכה את אשר
5 נחמתנוּ⁶ ברוך לשון · הטבת הסדך האחרון עם הראשון⁶ · ולא יאות לקרא הסיר כי אם
לאשר נפשו נקייה · ואין ברוחו רמייה⁷ · ואשר בלשונו נעימי מילים · לנחם אבלים ·
ואשר יישמה העם וישמחו בו · ונתן לחם מברכתו וטובו · והנדיב כי יכשל לא
יקימוהו כי אם נדיבים ואצילים · והפיל כי יפול לא ירימוהו כי אם הפילים · ואל יחר
בעיני המשכיל אשר ינע ברוב דישו · אשר הערה למות נפשו⁸ · כי למנוחה יכתב
10 יגיעו · ולא תשכח מפי זרעו⁹ · כי הוא מוכר כלה בעומד · וקונה נשאר באובר¹⁰ · והנדיב
אשר הוא מגמול הסד לא יחדל · כי נתן מלחמו לדל · ולא לבוצע הנחה · ולא לשמח
בחלקו אנחה.
ויהי הוא מדבר עם הסלחפאה האהובה · והנה צבי אחד בא · ומרוב פחדו סמר
שערו · וכאב עליו בשרו¹¹ · ורעמו פניו¹² · ונבהלו רעיוניו · ותדלג הסלחפאה במים ·
15 והעורב עף בשמים · והעכבר התחבא בין החורנים¹³ · וישת הצבי מעט מים ואח"כ
עמד מרעיד · ויעף העורב וירא והנה אין מחריד · ויקרא לסלחפאה ולעכבר ויאמר
להם צאו כי שלום לכם ואין דבר.

צורת הצבי והעורב באלה והעכבר בהוּרוֹ והסלחפאה בנהר

ותצא הסלחפאה ותרא את הצבי מביט אל המים ולא היה מהם מנמא · ותאמר
20 לו קרב ושתה אם אתה צמא · כי אין פה מצורר · כי אם אותך מעורר · ויקרב הצבי
אל הסלחפאה · וידברו שניהם והעורב צופה · ותאמר לצבי מאין תבא · ויאמר הצבי
הייתי הולך במדבר הזה והנה עדת כפירים · אוֹתי מכתירים · וירדפוני · ומהר אל
גבעה הריפוני · וראיתי היום איש זקן ציידֹ · ונסתי לפניו ואין לי מעמד · ותאמר
הסלחפאה אל תירא ואל תרעד · כי אין בזה ממי תפחד · ועתה נכרות אתך בריתנו ·
25 להעמיד אהבתינו · והנה פה מים ומרעה · ואין מרעיד ואין צועה · וייטב לב הצבי
בחברתם · באהבתו אותם · ושם נפגן סורדה¹⁴ · היו יושבים בצילה מתחת · יחידון הידות ·
ומשלים ותעודות · ויזכרו הקורות אשר קראם · והמוצאות אשר מצאם · ויהי היום
ויתחברו תחת הגפן העורב והעכבר והסלחפאה שלשתם · והצבי איננו אתם · ויחילו
עד בוש¹⁵ והנה הצבי לא בא וידאגו לו ויאמרו אולי צדוהו · והלך בשם¹⁶ ולכד[ו]הו.
30 ויעף העורב וירא את הצבי נלכד בשבכה · וירד אליו ויאמר מי הביאך בואת
המרוכה · ואתה נחשב מן הנבונים · ולא הטבת אחור ולא פנים · ויאמר לו הצבי איש
לא ינצל מן הכתוב עליו · ולא ימלט עושר את בעליו · ואלו קרא את כל הכתוב
עליו היה נזהר · מהיות כמר וכנמהר¹⁷ · עודינו מדבר עמו והסלחפאה באה לדרוש
שלומו · ויאמר הצבי אחותי למה באת · ואל המדבר הזה יצאת · כי אם כלה העכבר

---

1) *Job*, IX, 23. — 2) Ms. כמשכיר. — 3) Cf. *Gen.* XXXVII, 27. — 4) Cf. *I Rois*, XXII, 4. —
5) Cf. *Job*, XV, 11. — 6) *Ruth*, III, 10, où il y a בן pour עם. — 7) *Ps.* XXXII, 2. — 8) *Is.*
LIII, 12. — 9) Cf. *Deut.* XXI, 13; Ms. מני. — 10) Cf. ci-dessus, 51, 7; „il vend le périssable
pour acquérir le solide, et il achète ce qui dure en donnant ce qui est passager". —
11) Cf. *Job*, XIV, 22. — 12) Cf. *Ez.* XXVII, 35. — 13) Proprement, nom d'une ville de Moab.
— 14) *Ez.* XVII, 6. — 15) *Juges*, III. 25. — 16) Mot inintelligible. — 17) Cf. *Hab.* I, 6.

לכרות חבלי. ואחר כן יבא הצייד אלי. העורב יעוף. והעכבר יתחבא בין החורונים.
ואף אני אנום על צורי היעילים. ואת תלכדי. ובין ידי הצייד תאבדי. ותאמר
הסלחפאה לא נחשב איש שכל הנבדל בהתפרד האהובים. והתנודד הקרובים
הערבים. כי תנחומי המנחמים. עזרה רבה לנדהמים. והמדבר על לבם. כאלו
5 רפאם ממכאובם ומעצבם. וכראות הנדהם את אוהביו. נרפאו מכאוביו. כי יספר
להם דאנותיו. ואיך קראוהו קורותיו. ואלו לא הועילוהו כי אם בראות לו פניהם.
בראותו אותם ינום. ובחידותיהם. ובהפקד רע מרעו. יפקד רעו. ולא נחשב
אוהב הבא לראות רעהו בשלותו. אבל האוהב הבא לראות את רעהו בעת צרתו.
הם המדברים' והצייד בא.² וינס העכבר ונחבא. והעורב עף. והצבי נמלט. והצייד
10 בסלחפאה בעט. ויאסריה בחבלים. וישם עליה בגדים וכלים. ויחר להם ועל
האסורה התאבלו. וחרדו ונבהלו. ויאמר העכבר אנחנו נסים מפני הדאגה ומצאנו
מכאוב. כאשר ינום איש מפני הארי ומצאו הדוב.³ ואני אומר עלי על הפקד
הסלחפאה בחברת הרעים. כל ימי עני רעים.⁴ אוי לזמן אשר הפריד ביני וביו
מקומי. ובין רעי ובין בני עמי. ובין הסלחפאה אשר נפלאה לי אהבתה.⁵ והכאיבני
15 פרידתה. ולא היתה לי אהבתה לנמולה. כי אם לחמלה. והחמלה היא טובה
מאהבת האדם את בנו העובד אותו. אשר לא תמוש עד יום מותו. אוי לנו הזה
אשר יקראוהו קורות. וימצאוהו תלאות. ולא ימוש מרעה עד יום התמותה. קוה
לשלום ואין טוב לעת מרפא והנה בעתה⁶. לא יעמוד איש בעונו. כי ישנה עברונו⁷.
כאשר⁸ לא ימוש העולה והיורד. והשוקט והחרד. וכיורד עולה. וכשקט חולה. וכעובר
20 אורח. וכוזרח. וכצל בורח⁹. וזה הדבר יזכריני אוהבי. ויחדש עלי מכאובי. כמו הפצוע
אשר תקרב רפואתו. ואחרי כן תתחדש מכתו. ויכאב הפצע פעמים. כאב המכה
וכאב הפצע¹⁰ ויהיה הכאב כפלים. ויאמרו העורב והצבי לעכבר אבלנו ואבלך
לאחותינו לא יועילו. ודברינו ודבריך לסלחפאה לא יצילו. ועתה רע וראה. לך
תחבולה. באשר תהיה נצלה. ואמרו כי הגבור יבחן בעתות הצרה. ובעת הלחמו.
25 ונאמן יבחן במשא ומתן על פי אמתתו יצא שמו. והאוהבים האחים. והמיודעים
הקרובים בעת הריש והצרות יבחנו. ואז יעקשו או יתקנו. ויאמר העורב והעכבר
אל הצבי רוץ לפני הצייד רצוא ושוב. עד ללכוד אותך יחשוב.

צורת הצייד והצבי והעורב והעכבר והסלחפאה

ויעש כן הצבי וירץ לפני הצייד מעט מעט. והצייד הולך אחריו בלאט בלאט.
30 ויבא העורב והעכבר אל הסלחפאה ויכרתו חבליה. ויקרעו הבגדים וישברו הכלים
אשר עליה. ויריצוה ויצילוה. ועד הגפן הסורחת הובילוה. וישובו לראות מה עשה
הצבי עם הצייד. כי אמרו אולי נלכד. ויבט הצייד אחריו והנה נמלטה הסלחפאה

---

1) *Ex.* VI, 27. — 2) Il faut ajouter : ויכרת העכבר את חבלי הצבי; cf. ci-dessus, p. 55, l. 1. — 3) *Amos*, V, 19, où il y a ופגעו. — 4) *Prov.* XV, 15. — 5) Cf. *II Sam.* I, 26. — 6) *Jér.* VIII, 15. — 7) „L'homme ne reste pas au même péché, mais il change de transgression" (עברון pour עברה). — 8) Ms. באש. — 9) Exemples de l'instabilité : on monte ou descend, on est calme ou inquiet, on passe ou cherche un gîte, le soleil se lève et disparaît comme une ombre. Tout ce morceau est de Jacob ben Elazar. Peut-être a-t-il pensé, pour היורד והיעולה, à الطالع والوارد de l'horoscope. — 10) L'effet du bistouri.

ונקרעו בגדיו ונשברו כליו. והעורב והעכבר מלעגים עליו. וירץ הצבי עד אליהם.
ויצהק עליו עמהם. ויאמר הצייד אין זה כי אם מקום מכשפים ושדים. ילעיגו
לציידים. ומפני שדים וציים. ואוחים ואיים. המקום הזה ישם. שעירים ירקדו שם[1].
ויהרד חרדה. וינס בפחד ובהפזה. וישובו העורב והצבי והעכבר אל הסלחפאה
אחותם. ותרב תחת הגפן שמחתם. והתחדשה אהבתם ואחותם.

ויאמר המלך לדוד חכמות כבר הבינותי תחבולות קטני העוף והשרץ והחיות
ונבויהם ותגמולם הטוב כי איש לאחיו ירוץ בעת צרתו. להצילו מרעתו. ומי יתן
והיו בני אדם ישרי לב כמוהם. להיות נאמנים לריעיהם. אז יהיו צדיקים. ורצון
קוניהם מפיקים. ואז יהי שלום ביניהם. ורעה לא תבא אליהם.

נשלם שער היונה הענוקה

1) Cf. *Is.* XIII, 21.

שער העוף הנקרא בלשון ערב כוס והעורבים[1]

והוא שער המרמה והעוקבה

ויאמר המלך לדוד חכמות כבר הבינותי דבר הידידים הנאהבים הנכבדים·
טהורי לב· והעריבים· ועתה הגידה לי דבר האויב· הישוב אוהב· אם יתכן לבטוח
באהבתו· אחרי שנאתו· ועל ידידותו· אחרי איבתו· ותודיעני דבר האיבה ועניינה·
5 וצרתה ושאונה· ואיך יתכן למלכים· להשלים בונדים· אשר הות בקרבם[2]· דוברי
שלום עם רעיהם ורעה בלבם· ואשר ישאו קולם בתחנונים· ובקרבם תאונים[3]· ויאמר
דוד חכמות לא יאות לבטוח עליו· ולא להאמין בשקר מיליו· ואם החליק על רעהו
לגנוב לבו ודעתו· לא יחליק· כי אם לרמותו ולעקבו· כי יחנן קולו אל תאמן בו[4]·
10 כי שבע תועבות בלבו[5]· ואם האמין יקריהו כמו שקרה לעורבים עם כוס חרבות·
ויאמר המלך איכה היה הדבר

צורת המלך ודוד חכמות

ויאמר דוד חכמות אמרו[6] כי אצל מדינה פלונית אלה עבותה רבת ענפים·
ארוכת שעיפים· ותתן צמרתה אל בין עבותים[6]· ויהיו מקננים אלף עורב בסעיפותיה
15 ועורב אחד מלך עליהם· ואצלה הר גבוה היו מקננים בו אלף כוס ומלך אחד
עליהם· כוס אחד מגדוליהם·

צורת העורבים באלה ועדת הכוס בהר

ויבא מלך הכוס לילה הוא ועבדיו· וכל חייליו וגדודיו· ויבו בעורבים מכה
נדולה ויבאו בכל מושבותם· ויבוזו אותם· כי איבת כוס חרבות לעורבים כאיבת
20 גואל הדם לרוצח· איבת עולם לא תשכח· וישכם מלך העורבים בבקר ויקבוץ את
כל העורבים· ויהיו לפניו כאיש אחד נצבים· ויאמר להם פתחו עיניכם ופקחו
אזניכם· לרעה הגדולה הבאה עליכם· אשר לא באה כמוה מהיות גוי אליכם· ומבום
חרבות אשר ממנו גברו· שימו לבבכם עליה עוצו ודברו· אם תחפצו בנפשכם שלום·
הבו לכם דבר עצה הלום· התחזקו והיו לאנשים[7] עורבים· פן תעבדו לאויבים· כי
25 השבמנו באלה הזאת אשר היא לכל רואיה צבי· אשר לחרב לחרב ואשר לשבי
לשבי[8]· וכמה מכם שבורי כנפים· ומנוקרי עינים· וחלחלה בכל מתנים[9]· וכל ברכים

---

1) Ci-dessus, p. 60. — S. d. S. p. 180. — 2) Cf. *Ps.* V, 10. — 3) *Ez.* XXIV, 12. —
4) *Prov.* XXVI, 25. — 5) Ci-dessus, p. 61. — S. d. S. p. 180, l. 6. — 6) Cf. *Ez.* XXXI, 10.
— 7) 1 *Sam.* IV, 9. — 8) Cf. *Jér.* XLIII, 11. — 9) *Nah.* II, 11.

תלבנה מים'. וכמה מכם נמרטים. ולעיני אבותם נשחטים. ומי יודע ישובו עלינו ופרצו בנו עוד פרץ. והכריתו את שמינו מן הארץ². ויהיו למלך חמשה יועצים גברים ברוב עצתם. מורעים בחכמתם. ויאמר לאחד דבר ואולי נמצא בפיך מרחב לצחצינו. ומרפא למחצינו. כי בא קיצנו'. ויאמר זאת העצה יעצוה קדמונינו. אשר
5 היו לפנינו. כי אין לנו להלחם בכום חרבות כח. אין לנו טוב כי אם לברוח. כי מי יעמוד לפני כה הזרוע. האם תמנו לגוע⁴. הלא טוב נוסינו מפני כום הרבות. ממותינו בערבות. ברמחים ובחרבות⁵. ויאמר המלך קראו לרעהו. ונשמעה מה בפיו גם הוא.
ויאמר היועץ השני לא טובה העצה אשר יעץ רעינו. לנום ולעזוב בתינו ומרגועינו. ולהכנע לאויב בתחילה צוקה. להיותינו לשמה ולשרקה⁶. אבל קום לך לקבץ
10 חיליך. וכל עבדיך. הגלוים עליך. ועתדה כליך. ונשמור מלוחמנו חומותינו ורחובותינו. פן ילחכו את כל סביבותינו⁷. ונהיה כולנו להלחם בם נכונים. בקשת דרוכה וחצים שנונים. ושים עלינו נחלק חושים⁸. ויבא מורך בלבו אולי נוכל נכה בו⁹. ואם נחשלנו¹⁰ והיינו¹¹ חלשים. וינברו עלינו האנשים. כאשר כבר נלחמנו אנחנו ונדודינו. ואין לאל ידינו. ואז¹² ננום ונעזוב בתינו. ונשינו טפינו ובהמתינו¹³.
15 ויאמר המלך לשלישי ההיטיבו שני רעיך עצתם. ויאמר יעצו כפי תבונתם. כי אמרתי נשים צופים. חזקים ולא רפים. ונשים מארבים. מנבורי העורבים. ונעמיד המשמרות. בין הקירות והגדרות. עד אשר לפנינו יהרדו. ומעוז לבבנו יפחדו. או אולי יקבלו ממנו מנחה. ושוחד או ארוחה. ונפדה נפשינו. בהוננו ורכושינו¹³. נתן בנשינו וטפינו. וסוספינו. זהבינו וכספינו. כי על המלכים. בהיותם נבוכים. בהאספם אל ערי
20 המבצר. וליוצא ולבא אין שלום מן הצר. שיפדו בניהם ונשיהם ונפשם. במקניהם וקנינים ורכושם. ולעשות עצתי אל תאחר. ועשותה היום טוב מעשותה מחר. ויאמר אל הרביעי הנשלים קמינו. ונשב בתוך עמינו. ויאמר מוב להשלים את הצר. משבתנו במצר. להלחם בעד נפשותינו ובעד עמינו. טוב מהוריד ממעלת אבותינו. ומשררת הורינו. ומדוע יכנעו אצילים. לנבלים. ונדיבים. לכלבים. או אולי ימאנו
25 להשלימנו. כי אם לשפוך דמינו. ואמרו חכמים הקרב לפניך אויבך אך במשפט. תקח ממנו צרכך בלאט. אל תקריביהו קרבת קרובים. ואל תחשבהו באוהבים. פן יגנבו לבבך להשיאך. ולדעת את מוצאך ומובאך¹⁴. תמשיל הדבר הזה לקורה מוקעה לעין השמש אשר אם השיתה מעט נוסף צילה. ואם הוספת ננרע צילה. והאויב לא ישבע ממנו כי אם ברב. כי לא במעט אלינו יקרב. ואין עצה לדרוש שלומו. כי אם
30 להלחם בו. ואל נדרוש שלומו אולי ננבר וכו נשלט. כי אין להשם מעצור להושיע אם ברב אם במעט¹⁵. ויאמר המלך להמישי הנשלים את הצר או נלחם או נברה.
ויאמר איך נלחם עם מי שנודע לנו חזקתו. ונגלתה לפנינו נבורתו. והחלש אשר ילחם בנבור. עצמו ישבור. עד רדתו אל אבני בור¹⁶. ותמיד אנחנו מכום חרבות מפחדים. ומנבורתם חתים וחרדים. והמשכיל לא יאמין באויבו¹⁷ ואם רחק ביתו¹⁸.

1) *Ez.* VII, 17. — 2) *Jos.* VII, 9. — 3) *Lam.* IV, 18. — 4) *Nomb.* XVII, 28. — 5) Cf. *I Rois*, XVIII, 28. — 6) *Jér.* XXV, 9. — 7) Cf. *Nomb.* XXII, 4. — 8) *Ib.* XXXII, 17. — 9) *Ib.* XXII, 16. — 10) Ms. נחלשני. — 11) Ms. ואיך. — 12) Cf. *Nomb.* XX, 14. — 13) Ms. ורכשים. — 14) *II Sam.* III, 25. — 15) *I Sam.* XIV, 6. — 16) Cf. *Is.* XIV, 19. — 17) Ms. יאמץ בארבו. — 18) „Quand même la maison de l'ennemi est loin".

[ו]לא ישכון בטח ואם כסתה¹ גבורתו. ואם ידל² יהיה נזהר מתרמיתו. והמלך המשכיל
לא יערוך את אויבו מלחמה. עד אשר לא יעזוב מתחבולותיו מאומה. אם בהון אם
בשוחד ואם בכהמה. ואם (מות) ואם בעושר רב³. והמות במלחמה ובקרב⁴. והחלש
אשר ילחם את הפיל. יבוש ואור פניו יחיל.

צורת מלך העורבים ויועציו המשה

ויאמר המלך מה לעשות לצרתינו. הבה עצה לאסוף את חרפתנו. ויאמר לו
אדוני המלך אלקים נתן לך חכמה. ועצה וגבורה למלחמה. ואתה מבקש עצה
מיועציך. ואנחנו לא נחדל מעשות חפציך. ואענך בקצת שאלותיך⁵. ולא ידע הדבר
זולתך⁶. וכאשר לא חפצתי במלחמה. שלא יחרים הצר כל נשמה. כן לא אחפוץ⁷
10 בהכביד הצר עלינו. ולא במשלט עלינו. כי המשכיל יבחר מר המות ויהיה נכבד. מן
החיים ויהיה בווי ושמי ונעבד. ואל תאחר לעשות כדברינו עצה. פן נהיה בעיר פרוצה.
כי ראש חלחלת מתנים. ופיק ברכים⁸. העצלות והשפלות ידים⁹. והדבר שאמרתי
שיהיה סוד ביני וביניך. בסתר אשימנו לפניך. במקום שלא יגלה איש בו מסתורי.
ושמה¹⁰ אשמיעך את דברי. כי¹¹ לא נגלה סוד כי אם מן החמשה מבעל העצה ומיועציו.
15 [ומן] המלאך לכל יועציו. וממקשיב הסוד. ומן המביט עקבי הסוד במחשב ובדמות⁹.
וכל נאמן על סוד ישיג וינבר על אויבו. ויצא עד מקום קצו¹⁰. וכל המלך הנדהם ואם
היה איש עצה. ובעל המליצה. בהועצו את יועציו וראשי חילו. ידבר וירוח לו¹¹. כי
בהועץ עמם תוסיף עצתו הור. תן לחכם ויחכם עוד¹¹. כאשר תוסיף האש נוגה להבים.
בשמנים ובחלבים. ועל היועץ להשיב את הנוע מחטאתו. ואם חטא בעצתו. עד
20 אשר יתבנו דרכיו¹². וירחק בחמאה הליכיו¹³. ואם לא יהיה כן היועץ. יהי אויבו מרעץ¹⁴
אותו ורועץ. כי יהיה המלך מכסה סודו עמו. ותהיה יראתו על עבדיו ועמו. ויטמן
דבריו בחבו¹⁵. ולא ידע איש מה בלבו. אז חסדו אל המטיב יטה. ולא ישלם החוטא.
ויאמר המלך לכל עבדיו מה לכם להקשיב מילי. הוציאו כל איש מעלי¹⁶. ויצאו כל
אנשי משמעתו. ולא עמד איש אתו. ויאמר לעורב הגד הסוד אשר להגידו יחלתנו.
25 ראה כי אין איש אתנו. ואין פה איש ישמענו. מי רואינו ומי יודעינו¹⁷.

צורת המלך ויועציו

ויאמר העורב אודיעך ראשית האיבה אשר בינינו ובין כום חרבות. כי דבר עורב
עליהם דברי ריבות. ויאמר מלך העורבים איכה היה הדבר. ויאמר העורב אמרו¹⁸
כי מלך כל העוף מת ויתקבצו קהלות העוף אשר בכל פלך ופלך. למשוח עליהם
30 מלך¹⁹. ויאותו להמליך את כום חרבות עליהם. הם להמליכם. והנה העורב עף ויבא

---

1) Lis. נשתה; cf. *Jér.* LI, 30. — 2) „Quand même l'ennemi est faible". — 3) Peut-
être : מות במתה עושר רב. — 4) Ms. כי לא יחפוץ. — 5) Cf. *Nah.* II, 11. — 6) Cf. *Eccl.* X, 18.
— 7) Cette énumération ne se lit ni chez S. ni chez C.; mais elle se trouve chez Gay. :
„La poridat non es descobierta sinon por cinco personas : ó por el señor, ó por los que le
consejan, ó por los mandaderos, ó por los que la oyen, ó por los que veen lo que se
fará". Pour que notre texte réponde à celui de Gay., il faut lire ומיועציו ומן. — Gay. a, en
outre, la condition de „quatre oreilles et deux langues" (cf. ci-dessus, p. 72, l. 2), qui
manque ici. — 8) „Par sa réflexion et son imagination". Peut-être ces deux mots sont-ils
à placer avant עקבי. — 9) Peut-être : קצבי. — 10) Cf. *Job*, XXXII, 20. — 11) *Prov.* IX, 3.
— 12) Peut-être : טרעיש. — 13) Cf. *Ez.* XVIII, 25. — 14) Cf. *Job*, XXIX, 5. — 15) Cf. *ib.*
XXXI, 33. — 16) *Gen.* XLV, 1. — 17) *Is.* XXIX, 15. — 18) Ci-dessus, p. 72. — S. d. S. p. 184,
l. 9. — 19) *Jug.* IX, 8.

בתוכם. ויאמרו לו הנמליך כום חרבות עלינו. ויאמר העורב המבלי אין בעוף פקח כי הבאתם עור אלינו. והנה התוכיים והיונים והנשרים. והדאה והרחמה ושאר עיני הרים. ימותו כולם ברמחים ובחרבות. לא היו הנשארים ממליכים עליהם כום חרבות. הנה הכם והאור על עיניו קדר[3]. לא תואר לו ולא הדר[4]. הן אתם ידעתם אדוני. ורוע לבבו ועורונו. וחסרון דעתו ויתרון כסלו. אף כי הלבבות יכאיב קולו. 5 הגיוני יצמית. וקולו ימית. יומם בכליון עיניו יושב במארב. ובלילה יהי כנגב. ומרוע נסכלתם. להמית נפשכם נכלתם. אמת אמר האומר לעם שונים. מלך עז פנים[5]. כי יעצתי שלא תמליכוהו. וקחו בידו כי עור הוא ואל מקומו משכוהו. ושמעו לעצתי. והאזינו לאמרתי. כאשר עשתה הארנבת אשר אמרה כי הירח מלכה. ותשמע לעצתו והצליח דרכה. 10

צורת קהילות העוף והעורב יצוה אותם

ויאמרו נדודי העוף איכה היה הדבר. ויאמר העורב אמרו[6] כי בארץ הפילים. נעצרו העבים להזיל עליהם נוזלים. ויבושו היאורים. וחרבו הנהרים. ויחסרו המים הלוך וחסור[7]. והאוניחו נהרות דלליו חרבו יאורי מצורי[8]. וילונו הפילים על מלכם. כי בצמא דבק לשונם אל חכם[9]. וישלח מלכם מלאכים. לבקש מים בכל הנתיבות 15 והדרכים. והגבעות והעמקים. ובכל מקום אשר שם היו נהרות ואפיקים. וישובו המלאכים אחר יום או יומים. כי אמרו לא מצאנו מים[10]. הנה עין מים במקום פלוני ושמה ירח. רבת מים ועץ סביבה צומח. וילך אל העין מלך הפילים וצבאם. לשבור הפילים צמאם. והארץ אשר שם העין רבת ארנבת ויבאו הפילים וירמסום. ומאין רצונם יביסום. ומרביתם ברגלים נרמסו. והנשארים אל הוריהם נסו[11]. ויתקבצו וילינו למלכתם. 20 ויאמרו לה מהרי להושיענו מן הצרה אשר מצאתנו. פן תדבקינו הרעה ומתנו[12]. ותאמר המלכה התקבצו כלכם ויאמר איש איש עצתו. איש כפי תבונתו. ויען אחד אשר חכמתו נודעה. ותבונתו נשמעה. ושמו פירוז. ויאמר אם על המלכה טוב שלחיני אל הפילים. ושלחי עמי נאמן לשמוע ממני נחמדי מילים. ותאמר המלכה דבריך נגדי נאמנים. ואמריך נבוחים ונבונים. לך אל הפילים ודבר על לשוני כאשר תשיג לשונך. ועשה 25 עמהם כרצונך. ועליך לדבר עמם בלט. וברוך לשון ואל בם תבעט. כי המלאך אין עליו לדבר קשות ואל השלוח אליו קולו אל ירם. ולשון רכה תשבור גרם[13]. ויכניע הלב ברוך לשונו. ויקשיהו ברברו קשות בשאונו.

צורת הארנבת מדברת עם הברותיה

וילך פירוז אל הפילים. להתוכח עמם במשלים. והירח בליל תומו יאיר. 30 וכשמש זוהיר. ולדבר אל הפילים מיהר. ויעל על ראש ההר[14]. כי ירא לגשת אליהם. כי אמר ירמסוהו ברגליהם. ויקרא בקול גדול אל מלך הפילים. ויאמר הירח שלחני אליך ואין על המלאך חטא ואם האריך לשונו. בכל אשר צוהו מלכו או קציני.

צורת הפיל שותה במעין והארנבת על ראש ההר

---

1) Lis. עוֹפִי, ou plutôt עוֹף; cf. *Ps.* L, 11. — 2) Cf. *Mich.* III, 6. — 3) *Is.* LIII, 2. — 4) Ms. הניתו. — 5) *Dan.* VIII, 23. — 6) Ci-dessus, p. 74. — S. d. S. p. 185, l. 5. — 7) Cf. *Gen.* VIII, 3—5. — 8) *Is.* XIX, 6. — 9) *Lam.* IV, 4. — 10) *Gen.* XXVI, 32. — 11) *Gen.* XIV, 10. — 12) Cf. *Ib.* XIX, 19. — 13) *Prov.* XXV, 15. — 14) Cf. *Ex.* XIX, 20.

ויאמר מלך הפילים אשר בי שלחך. דבר ושמע שיחך. ויאמר לו כה אמר
הירח כי היודע נבורתו על הדלים. ונשאו לבו להתגרות עם הגבורים הגדולים.
היתה גבורתו לטורח עליו. ולמשא על מפעליו. ואני ידעתי עצמת גבורתך על
הבהמה. ונשאך לבך לעשות עמי מלחמה. בבואך אל העין אשר נקרא שמי עליה.
5 אשר מימי קדם כל בהמה. וכל חיה לא בא אליה. והנה בעין ותדלה אותה [אתה]
והפילים. מים קרים נוזלים. והנה שלחתי מלאכי להשיבך מורונך. ולהשפילך
מגאונך. ואם הוספת אל העין להכלים. נקיתי הפעם מהפילים. ואם לא תאמין כי
הירח שלחני לך מהרה אל העין בכל גבורותיך. ואני אבא אחריך¹. ויתמה מלך
הפילים על דברי הארנבת. אשר על ראש ההר נצבת. וירץ אל העין וירא בה אור
10 הלבנה. וצורת הירח במים נכונה. ותאמר הארנבת השתחוה לירח ונשק כפות
רגליו. והתחנן לו וסגוד אליו. ויבא הפיל לשתות וינרשו המים משפתו. ויחשוב
כי הירח ירעד ועליו עלתה חמתו.

צורת הפיל שותה בעין והלבנה והארנבת בהר

ויאמר מלך הפילים מה למלך ירעד. הלהרגיני נוער. הלשתות מעט מים' יקצוף
15 ועליו יכבד. ותאמר הארנבת כן קצף. ועליך התאנף. וישתחו מלך הפילים ויאמר
לאור הירח אל יחר עליגו אדוני. ושא נא את עוני. וחלילה לי עוד את ארוני
להקציף. אם און פעלתי לא אוסיף. וישבע לו שלא ישוב עוד אל עין המים. עד
נתך מים עליהם מן השמים³. ויאמר הערוב ועוד מצאו בבום חרבות. תאגות רבות
ותועבות. כי הוא מונה ומתאנה. וכל און לבום חרבות יאונה. ואין רע ונבוה במלכים.
20 כי אם אשר הוא מוכה ומעונה⁴ ואיש תככים. ואשר ישימו שופטו. יכשל מאד בהלבטו.
ויקראוהו מה שקרה לחיה הנקרא בלשון ערב צפרד⁵. והארנבת כהשפטו לפני החתול
הצר. ויאמר קהל העוף איכה היה הדבר. ויאמר הערוב⁶ היה אחד מן הצפרדים
שבני. וחורו אצל האלה אשר היה שם קיני⁷. ויארכו הימים. ואנחנו שלימים. ולמקצה
ימים רבים לא ראיתיהו. בקשתיהו ולא מצאתיהו⁸. וכי אחר מאהלו. לא ידעתי מה
25 היה לו⁹. ותבא הארנבת בקיני. ותשב שם ותשכון במעוני. ולמקצת הימים שב הצפרד
אל מאורתו. וירב עם הארנבת אשר מצא במעונתו. ותאמר הארנבת הרף מחרונך.
אל נא תהן מריבה ביני וביניך¹⁰. הן הקן זה ימים רבים בידי היה. המוציא מחבירו
עליו הראיה¹¹. ותאמר הצפרד יש לי עדים נאמנים. ותאמר הארנבת לא יתנו¹² העדים
כי אם לפני הדיינים. ויאמר הצפרד הנה ידעתי אצלינו חתול לא יאכל כי אם מן
30 היבול. ולא בא בפיו בשר פיגול¹³. כי הוא צם כל ימיו. מכפר על אשמיו. הוא יוכיח
בינינו. ישת ידו על שנינו. וילכו יחדו שניהם¹⁴. ואעוף גם אני אחריהם. וכראות
החתול כי אליו הם באים. ויסר מעליו הבגדים הצואים¹⁵. וילבש בגדיו החמודות.
להתפלל בם לפסלו ולהודות. ויקם על רגליו ויחנן לו. מתפלל ומתודה לפסלו.

---

1) *Jér.* XVIII, 14. — 2) Cf. *Jug.* XV, 3. — 3) *I Rois*, I, 14. — 4) Ms. כטעכים. —
5) *II Sam.* XXI, 10. — 6) Ms. ומנה. (7) صفرد. Espèce de moineau, dont la timidité a
passé en proverbe; *Prov. ar.* I, p. 327. Il fallait לעוף. — 8) Ci-dessus, p. 80. — S. d. S.
p. 187, l. 12. — 9) *Cant.* V, 6. — 10) Cf. *Ex.* XXXII, 2. — 11) *Gen.* XIII, 8. — 12) Principe
du droit talmudique; cf. *Baba kamma*, fol. 46a et passim. — 13) Cf. *Ez.* IV, 14. — 14) Il
faut lire יעידו, ou ajouter עדותם. — 15) Cf. *Gen.* XXII, 6. — 16) Cf. *Zach.* III, 4.

כורע ומשתחוה לו. ויפן אליהם וירא כי מפניו חרדות לבשו¹. ויאמר נשו אלי ויגשו.
ויספרו לו אודות דינם. ויעש נפשו כחרש ולא ענם. ויוסיפו עוד בקול גדול לקרא
לו. ויען וכאוב מארץ קולו². ויאמר אתם בני. ואור עיני. על כן אספר לכם קורותי.
וקצת צרותי. כי כאשר זקנתי חרדתי לרגעי. זוכרי חטאת נעורי ופשעי³. וארא כי רב
5 עוני וגדל כחשי. עיניתי בצום נפשי⁴. ואני צם בתשובה. ומחסר את נפשי מטובה⁵.
ומרוב עונות וחטאות. ותכהינה עיני מראות⁶. ויוסיפו פשעי אל לבי להכות השיגוני
עונותי ולא יכולתי לראות. יצרו צעדי⁷ מפשוע. וכבדה אזני משמוע⁸. ויקרבו אליו. כי
האמינו ברוב¹⁰ מיליו. וישתחוו לרגליו. ויוסיפו לספר קורותם. ודברי ריבותם. ויאמר
החתול בני אל תלכו אחר התאוה. בקשו צדק בקשו ענוה¹¹. כי מבקש הצדק יצלח.
10 ולכל פשעיו נסלח. והרשע יכשל ואם גבר בהשפטו. והצדיק אם גבר עליו רשע
בהלבטו. י״י לא יעזבנו בידו ולא ירשיענו בהשפטו¹². אל תבצעו במערני תבל
ובשכיות הדמה. כי מעט המה. ואין לאדם מכל עמלו. כי אם טוב מפעלו. ובטוב
עמלו יתפאר. והוא לבדו נשאר. ואין לו מכל נכסיו. כי אם טוב מעשיו. על קנו¹³
העומד. ועוכו האובד. כי הנכסים בעיני כל בעל חכמה. כדומן על פני האדמה¹⁴.
15 והנשים. כנחשים¹⁵. ויקר כל אדם בעיניו כספו וזהבו. כי אהבת נפשו אהבו. ויהי כן
מוכיחם. עד רפתה רוחם. ויתמרמר אליהם¹⁷. ויקם עליהם. ויצמיתם וישברם.
ועצמותיהם יגרם¹⁸.

צורת החתול הגויר והצפרד והארנבת

וכן הכום אשר אין בעולם מום שלא יבא בו. וגדול מכולם תרמיתו ועקבו. על
20 כן לא תמליכוהו עליכם. פן יכבד עולכם. וישמעו כל קהל העוף אליו. ויתעבר
את הכום על רוע מעלליו ומפעליו. ויאמר הכום לעורב מדוע נרדפתני. ולפני זקני
העוף חרפתני ותביישני. ותרם עלי קולך. ואנכי לא חטאתי לך¹⁹. והפרת עצתי ורב
שרעפי. על לא חמס בכפי²⁰. ודע כי אם יכרת העץ עוד יחליף. ומכת החרב אם
חובשה תרפא ורמה לא תרעוף. ומכת הלשון כבדה מאוד. לא יוכל להרפא עוד²¹.
25 והאש יכבוה המים. ומכת הלשון בלי מרפא עד בלתי שמים²². ועתה עת לנקום מכם
קהל העורבים תקרב ומיכם יעבוי²³. וקרוב לבא עתה וימיה לא ימשכו²⁴. ודע כי אש
איבתינו יום יום יוסיף שאונה. לעולם יעלה עשנה. כי מכת הלשון אין למכאובה
צרי ולא אבקת רוכל. כי אש היא עד אבדון תאכל²⁵. וילך לדרכו מתקצף. וסר
וזעף. וינחם העורב על כל ניאוצותיו. ויבטא בשפתיו. ויאמר מי הביאני בכום חרבות
30 למרוד. הנה הסכלתי ואשגה במאוד מאוד. ולא היה²⁶ בעוף יותר ממני מתאנה.
ולהמליך הכום מקנא. ואולי ראה זולתי מה שראיתי. ובזה אשר בויתי. ותמנעהו
חכמתו לגלותו. ותכחישהו בינתו להראותו. וייבא מאשר לא יראתי. על כן נהייתי
ונחליתי²⁷. ועל כל משפחתי חטאה גדולה הבאתי. על כן זדוני. דברתי בלשוני. ואנשי

1) Cf. Ez. XXVI, 16. — 2) Cf. Is. XXIX, 4. — 3) Ms. באש. — 4) Cf. Ez. XXVI, 16. — 5) Ps. XXV, 7. — 6) Ib. XXXV, 13. — 7) Eccl. IV, 8. — 8) Cf. Gen. XXVII, 1. — 9) Job, XVIII, 7. — 10) Cf. Is. LIX, 1. — 11) Lis. בטוב; cf. 385, l. 4. — 12) Zeph. II, 3. — 13) Ps. XXXVII, 33. — 14) Incorrect pour קנוהו. — 15) Jér. VIII, 2. — 16) Ms. והנשאא בכחשים; cf. ci-dessus, p. 83, l. 10. — 17) Cf. Dan. VIII, 7. — 18) Nomb. XXIV, 8. — 19) Jug! XI, 27. — 20) Job, XVI, 17. — 21) Jér. XIX, 11. — 22) Cf. Jos. XI, 8; ms. עור. — 23) Cf. Job, XVII, 1. — 24) Is. XIII, 22. — 25) Job, XXXI, 12. — 26) „n'y avait-il". — 27) Dan. VIII, 27.

מליצה. לא ידברו דבר עד יצרפוהו במצרף עצה. ויצא משפטים. מזוקק שבעתים¹.
ואם היו אנשי גבורה לא ישענו בגבורתם. כי אם על טוב עצתם. ולא יאות להם
לקנות איבה. ולמבוּר אהבה. כי ראיתי גבורי אנשים. בחתיתם מגבורתם בושים.
ואין חסד בטוב מילוֹ. כי אם בטוב מפעליו. אף כי איל כמוני. אשר לא מנעני²
5 שבלי למען דראוני. מחטוא בלשוני. ולא נמצאו בשפתי דברים ערבים. ולא במעללי
מעשים טובים. ואיש שכל יום הצדה³ לשונו. נראה חסדו בטוב רצונו. ואיש דברים.
לא ידינוהו על קושט אמריו. כי אם בגמלו חסד על חביריו. ומכסילותי לא השיבותי
אל לבי ואל רעיוני. ולא שאלתי זקני. אבל דברתי בלא דעת ובלא טעם. ואין דעת
בלבבי רק זעם. וממצא עצה נואשתי. ובדברי פי נוקשתי⁴. ולשוני לב הבום המסה⁵.
10 על לא חמם עשה⁶. וקניתי שנאה תמיד תרבה. וקידחתי אש איבה לא תכבה. ויהי
כן הערב ברוב עצבו. מריב בחזקה אל לבו. ובמרירותו יקלל תבונתו. ויאמר המלך
ומה תועיל הנחמה. אחרי הבלמה. ולפה דברים מתלהמים⁷. ולפה דברים ניחומים.
בחר לנו עצה טובה. אשר תוציאנו לרחבה. ויאמר הערב כבר הודעתיך כי אין לי
חפץ במלחמה. כי אם בערמה ובמרמה. ועתה שלחיני להבשילו. אולי יפותה ונוכלה
15 לו. כאשר קרה לנזיר בצבו. ויאמר המלך איכה היה הדבר. ויאמר הערב אמרו⁸
כי נזיר קנה צבי בקצת קנייניו. להקריב קרבנו. וימשכהו אחריו בחבלו. להביאו
לזבולו. ויראוהו שלשה מרמים. ויעמדו לו על הדרך בצורת תמימים. ויצא האחד
ויאמר מה הכלב הזה. ויצא השני ויאמר אנה תלך לצוד בכלב. ויצא השלישי ויאמר
כלב במקום גדי נזיר. ומעשה גנב מהיר. וישלח הנזיר את הצבי ויקח חבלו. ויפתוהו
20 בפיהם ובלשונם יכזבו לו⁹. ויקחו שלשתם את הצבי בתרמיתם. בשקריהם ובפחזותם.

צורת הנזיר מושך הצבי והגנבים

ונשאתי לך את המשל הזה למען תדע כי בערמה ובתחבולות יעשה הערום
גדולות. ועתה לכה איעצך קצוף עלי לעיני העורבים. וצו לאשר עליך נצבים.
ויכוני. ויפצעוני וימחצוני. וימרטו זנבי ואברתי. וישאסו¹⁰ את כל גויתי. עד אשר אתגולל
25 בדמי. ולא יכירוני כי אם בצלמי. ואתנפל בשורש האלה. ושם אסלדה בחילה¹¹.
ותלך אתה וגדודיך אל מקום פלוני אלמוני. ושם אודיעך סודי ורצוני. ויעש המלך
כן וילך הוא וכל המונו ואנשי הודו. אל המקום אשר יערו. ובלילה ההוא בא מלך
הבום אל מחנו העורבים עם כל גדודם. והנה אין שם איש וקול אדם¹². וישובו אל
מקומם. וכל מחניהם עמם. והערב קרא תחת האלה. וישמע הבום הקול בחילה.
30 ויראהו ויבא מלכם וגדוליו וישאלוהו. וינש המלך לראות מי הוא. ולשאול אנה
הלכו העורבים.

צורת עדת הבום והעוף הפצוע באלה

ויאמר הערב אני פלוני בן פלוני ואתה תראה את אשר עשו לי העורבים.
מכות גדולות ומכאובים. ויאמר המלך ואתה מיועצי המלך וגדוליו. והקרוב אליו.
35 ומדוע הבאיבוך. ושפטים עשו בך. ויאמר הערב כי ראיתים התקבצו למאה

1) *Ez.* XXXII, 30. — 2) Ms. בעיני. — 3) Peut-être : הצרה. — 4) Cf. *Prov.* VI, 2. — 5) Ms. ידנהו. — 6) Cf. *Jos.* XIV, 8. — 7) *Is.* LIII, 9. — 8) Cf. *Prov.* XVIII, 8. — 9) Ci-dessus, p. 88. — S. d. S. p. 192, l. 2. — 10) *Ps.* LXXVIII, 36. — 11) Cf. *Jér.* XXX, 16. — 12) *Job*, VI, 10. — 13) *II Rois*, VII, 10.

25

ולרבבה. לעלות עליכם לצבא. ואומר אליהם אתם ידעתם כי כוס חרבות גבורים
המה. ומרי נפש המה. ושלופה להבות חרבם. אל תתגרו בם[1]. האל תעלו ולא תלחמו[2]
פן באחריתם תנחמו. והשלימו אותו ומבוחכם שחרו בעדכם[3]. ועיניכם אל תחום על
כליכם[4]. ולא יחמול איש מכם על רבושו. עור בעד עור וכל אשר יתן איש בעד
נפשו[5]. או עודו ממקומבם. וגוסו ומלטו על נפשבם[6]. כי אין לאל ידכם. וינם איש אל
יערו ואיש אל חרשו. ומלטו[7] איש על נפשו. כי אין לאשר אין לאל ידו עצה ולא
כח. כי אם להשלים את אויבו או לברוח. ויאמר כל נבל מהם וכל נבזה. משפט
מות לאיש הזה. ויאמרו אלי ואיך תאמר בשביל הכוס נבורים. ובגבורה נאורים. שקר
אתה טופל. ועל הכוס אתה נופל. כי איך תרפה ידי גבורינו. הלנו אתה אם לצרינו.
ויאמרו הלא שמעת משל הקדמוני אין עור כפקח. ואין עורב כזורח. ואין דואג כשמח.
ואומר שמעתי אין חרד כבוטה. ושמעתי לא יהרד אריה לכלב נובח. ושמעתי אל
יתהלל חוגר כמפתח[8]. ושמעתי אין לב לבורח. ואין מנוס לפסח. ואין הוד לאורח.
ושמעתי מדון אש קודח. וזדון נקיים רוצח. ואמרו הלא שמעת אין חסר כעודף.
ואומר שמעתי אין מורדף כרודף. ואין הרוף כהודף. וכל אשר מפני רגלים נסים.
איך יתחדו את השבים[9]. ושמעתי נלחם בלא כח. ידכה ישוח[10]. ויקומו עלי ויבוני
וימחצוני. ויפצעוני וילחצוני. ואת זנבי ואברתי מרטו. ואת כל בשרי שרטו. ואחר כל
עצבי. וידו אבן בי[11]. ועתה אדוני המלך הנני אליך נמלט ממושך ומורט[12]. ונמתי אליך
כנם אל עיר מקלט. כשמוע מלך הכוס דבריו. אמר לגדוליו ושריו. מה לעשות
לעורב הזה. ויאמר אחד מיועציו עו פנים. רגזי ירגמו אותו באבנים[13]. כי מלך העורבים
לטוב עצתו ולחכמתו ותבינתו. הרבה מבתו ומחץ רקתו[14]. ואין לך כי אם להרגו
ולובחו. ולהפשיטו מעורו ולנתחו. ולמלך אין שוה להניחו[15]. כי אם שלחתו מפח
יקושו. והיתה נפשך תחת נפשו. ואמרו כי ימצא איש את אויבו[16]. לא יאחר לשלוף
עליו חרבו. וישים ראשו על ברעיו ועל קרבו[17]. ויאמר ליועץ השני מה לעשות לעורב.
ויאמר העורב הגמלט אליך. ואם היה אויביך. רחמיהו והוא נפל עליך. ואם היה
שונאך נחמהו. והנם עליך לעזרה עזריהו. והשמך לעיר מקלט שמריהו. והחרד
הבא עליך השקיטהו. והנמלט אליך מלטיהו. ותחנן על מפיל אליך התחנוניו. אשר
ינצל אליך מעם אדוניו[18]. כאשר נשה אשת הזקן אליו. ובצרתה נפלה עליו. ויאמר
המלך איכה היה הדבר. ויאמר אמרו[19] כי עשיר סוחר היה אהב נשים. והוא זקן בא
באנשים. ולו אשה יפה בת שלושים. והיא חובק בה. ומדבר על לבה. והיא
שנאה אותו. ולא תובל לראותו. הוא ילך אליה שחוח[20]. והלום. והיא לא תובל[21] דברו
לשלום. הוא יאיר פניו והיא תעיב פניה. הוא יביט אליה והיא תעצים עיניה. הוא
יקרב אליה והיא תרחיקהו. יתחנן אליה והיא לא תעניקהו. וכל אשר תוסיף לרחוק.
יוסיף עמה לשחוק. ויהי הלילה ויבא גנב אל ביתו. והוא ישן עם אשתו על[22] מטתו.
תראה הגנב ותפחד ממנו ותירא ותברח אל השיח. ותשב אצלו[23] והחזיקה בו

---

1) Deut. II, 5. — 2) Cf. Deut. I, 42. — 3) Cf. Job, VI, 22. — 4) Gen. XLV, 20. —
5) Job, II, 4. — 6) Cf. Gen. XIX, 17; lis. והמלטו. — 7) Lis. והמלטו. — 8) Jos. V, 13. —
9) I Rois, XX, 11. — 10) Cf. Jér. XII, 5. — 11) Ps. X, 10. — 12) Lam. III, 53. — 13) Is.
XVIII, 2. — 14) Cf. Nomb. XV, 25. — 15) Cf. Jug. IV, 22. — 16) Cf. Est. III, 8. —
17) I Sam. XXIV, 20. — 18) Ex. XII, 9. — 19) Deut. XXIII, 16. — 20) Ci-dessus, p. 95. —
S. d. S. p. 194, l. 13. — 21) Cf. Is. LX, 14. — 22) Ms. יבלה. — 23) Ms. אל.

ונשקה לו. ותבא בין זרועיו ותדבק בצלעיו. וכמעט תבא במעיו. ויקץ הסוחר וימצאה בבשרו דבקה. מנשקה ומחבקה. ויאמר מאין באו אילו התענוגות אלי. כי די י"י הטובה עלי. ויהי כראותו את הגנב כי בשלו חבקתהו. ובעבורו נשקתהו. ויקרא אחרי הגנב ויאמר לו לך לשלום בכל אשר גנבת. כי אתה הטובה הזאת עלי סבבת.

5 ואני אעשה עמך בכל מאדי. בחסד אשר עשית עמדי. וילך הגנב בגנבתו. והסוחר דבר באשתו אהובתו.

צורת הנועלת את אישה נופלת עליו והגנב יוצא בגניבתו

ויאמר המלך ליועץ שלישי מה לעשות לעורב. ויאמר כי יעצתי שתחייהו ותטיב לו. ואולי יהיה לנו למשמר מהעורבים בשבילו. כי המלך המשכיל ייטיב לקצה

10 אויביו. להיותם עובדים לו כאחד מאוהביו. ובמרוד קצה האויבים על קצתם יכלו וידמו. חלק לבם עתה יאשמו¹. כמרוד השטן על הגנב ובמורדו נצל האיש. ויאמר המלך איכה היה הדבר. ויאמר היועץ אמרו² כי נזיר נתן לו נדיב פרה. וימשכה אחריו במדבר נורא. וירדפו אחריו נגב ושטן בצורת אדם. להציק את הנזיר היה סודם. ויאמר הגנב אל השטן מי אתה. ויאמר אני שטן ארדוף אחרי הנזיר וכאשר ישן

15 אחנקיהו. ויאמר השטן אל הגנב ומי אתה. ויאמר גנב אני ארדוף אחרי הנזיר לגנוב פרתו ועוד לא אציקהו. ויבא הנזיר אל ביתו ויאסור פרתו. ויאכל להם וישכב במטתו. ויאמר הגנב בלבו אם בא השטן לפני לדרנו אולי אל שכניו יקרא. ולא אוכל לגנוב הפרה. ויאמר הגנב אל השטן עמוד עד הוציאי את הפרה. ואחרי כן תבא לנזקו מהרה. ויאמר השטן בלבו אם בא הגנב לגנוב הפרה. ויקץ הנזיר ויקרא.

20 ויאמר אל הגנב לא כי אתה. עמוד עד אשר אחנקיהו ואחרי כן הקם הפרה. כי תמצאהו מת ולא יקרא. ויפצרו איש ברעהו עד קרא הגנב אל הנזיר הזה השטן יבא להנקך. ויקרא גם השטן הגנב הזה בא לגנוב פרתך ולעשקך. ויעור הנזיר הוא והשכנים. וינוסו שניהם בבשת פנים. ונמלט הנזיר מתמותתו. ומגנוב פרתו.

צורת הנזיר והפרה והגנב והשטן

25 ויהי כאשר כלה השלישי לדבר לדבר. ויען הראשון אשר יעץ להמית העורב ויאמר. העורב הזה כבר רמה אתכם במרמתו. והציל עיניגו³ בערמתו. ראו מה תעשו. כי על תוהו תחסו. ואל יישר בעיניכם. חלקת אויביכם⁴. ואל ישיאכם מתק שפתי צריכם. כי נמהרי לב נפתה לבם בדברי המחליקים. וירך לבם לחלקת אמרי המציקים. עד שיראו כי רוב דבריהם תככים. וחלקת שפתותם סירים סבוכים. ויראו בעיניהם

30 אשר יכובו בחסרון דעתם. ויאמינו אשר לא יראו באולתם. כמו הרש עצים אשר הכזיב ראות עיניו. ונלו את ערותו והסב פניו. ויאמר המלך הכום איכה היה הדבר. ויאמר היועץ⁵ אמרו כי הרש עצים היה לו אשה יפה ויאהביה. ויראה אחד משכניו ויענביה. וידע אחד מקרוביו זנותה. וינד להרש ענבתה. ויאמר לא אאמין עד אשר אראה בעיני. ואחרי כן אשפוך עליהם הרוני. ויאמר לאשתו הביני לי צידה. כי קראני

35 איש מוקני העדה. ללכת לקרייתו. לעשות מלאכתו בעליתו. והביני צידה תהי על

---
1 *Néh.* II, 8. — 2) *Osée*, X, 2. — 3) Ci-dessus, p. 97. — S. d. S. p. 195, l. 10. —
4) *II Sam.* XX, 6. — 5) Ci-dessus, p. 100. — S. d. S. p. 196, l. 14.

— 388 —

צידת כל פעם בפלים. כי המלאכה רבה לא ליום אחד ולא לשנים. ותשמח האשה
ותכן את הצידה. ותהי לו עתודה. ויהי בערב ויקח החרש צידתו. ויצו עליה לשמור
כל אשר בביתו. ויתגנב ויתחבא תחת מטתו.   ותשלח האשה אל עונבה. ויבא לילה
להתעולל בה. והאכילתהו והשקתהו. ועל מטה עמו השכבתהו. והחרש תחת
5 המטה אשר הם עליה. וירדם ולא ידע בבא העונב אליה.   ויט החרש רגלו והוא ישן
חוץ למטה. ותרא האשה ותדע כי רגל בעלה הוא אשר נטה. ותבקש בלבה
בכשפיה. להמלט ממוקש נאפופיה. ותאמר לעונבה שאליני בקול רם למי את
אוהבת לי או לבעליך. ויעש כן וישאלה ולא ענתהו. ויפצר בה עד אשר השיבתהו.
ותאמר לו למה בזאת תשאליני. ויאמר לה אשביעך באהבתינו להודיעני. ובעלה
10 בהקיצו משנתו שומע. וזעות שניהם יודע.   ותאמר לו אנחנו כל הנשים. לא נענב את
העונבים. כי אם למלאות את האותינו¹. ולמצא מהם את בקשתינו. ואין עלינו מיחשו.
כי אם למלא כסו². והעת שנשבע מן העונב יהי אצלינו כזולתו. ולא נוסיף לאהבתו.
והבעל הוא אב נכבדיהו. והיא אח נקרביהו. והוא בן נעשעהו. כי אחינו בשרינו
הוא³. וכל אשה אשר לא תאהב אישה. יותר מנפשה. תהי ארורה ודחויה. ומספר
15 החיים מחוייה.   בשמוע אישה דבריה. רך לבו להלק אמריה. והאמין בידידותה.
ויוסף לאהבה אותה. וישב עד עלות השחר תחת מטתו. שומע את העונב את אשתו
ישחית עונבתו. ויתעלל בה כל הלילה עד מחרתו⁴. ובצאת העונב לדרכו יצא החרש
וימצא את אשתו כנרדמה. ישנה במרמה. ויקרב אליה. וירוח עליה. וכאשר הקיצה
אמר לה אחותי נומי כי איך התעוררת. ועם עונביך פור התפוררת.

20   לא מצאתי. יותר בטוססי⁵.

1) Lisez : כיסו, ou כרסו: „nous n'avons rien à faire avec sa famille, nous n'avons qu'à lui remplir la bourse (ou : le ventre)." — 2) Gen. XXXVII. 27. — 3) Cf. Jug. XIX, 25. — 4) Cf. ci-dessus, p. 103, l. 6. — 5) Ms. בטוסתי, afin de rimer avec מצאתי.

TABLE DES MATIÈRES.

A. Version attribuée à R. Joël.

Chapitre III. [Instruction du procès de Dimnâh,] p. 1.

1. L'agriculteur et ses deux femmes, p. 1.

    Accusation de Dimnâh contre le chef des cuisiniers. — Intervention de la mère du lion. — Entrevue de Dimnâh avec Rusbêh. — Dimnâh devant les juges.

2. La femme calomniée par un domestique, p. 13.

    Dimnâh est ramené en prison. — Nouvelles instances de la mère du lion auprès de son fils. — Déposition du loup et exécution de Dimnâh.

Chapitre IV. La colombe, la souris, le corbeau et le cerf, p. 18.

   La colombe et ses suivantes sont prises dans un filet. — Elles le soulèvent et arrivent près du trou d'une souris. — Elles sont suivies par un corbeau qui a tout observé. — La souris, amie de la colombe, coupe le filet. — Le corbeau sollicite l'amitié de la souris, qui, après de longues hésitations, l'accorde. — La colombe et le corbeau se rendent ensemble auprès d'une tortue, ancienne amie du corbeau.

1. Histoire de la souris et du dévot, p. 33.
2. L'homme prodigue et la femme aux grains de sésame, p. 35.
3. Le loup trop cupide, p. 36.

    Regrets de la souris qui perd son trésor et ses forces. — Tentatives malheureuses de reprendre le trésor. — Conseils de la tortue. — Arrivée d'un cerf et conclusion d'amitié avec lui. — Le cerf est pris par un chasseur et délivré par la souris. — La tortue, prise à son tour, échappe par la ruse de la souris.

Chapitre V. La communauté des corbeaux et celle des hiboux, p. 60.

   Attaque des hiboux et défaite des corbeaux. — Délibération du roi des corbeaux avec ses cinq conseillers. — Le cinquième corbeau demande le secret pour son conseil.

1. Histoire de l'origine de l'inimitié entre le corbeau et le hibou, p. 72.

    Le hibou recherche la royauté sur les oiseaux. — Le corbeau démontre son incapacité.

2. Les lièvres et les éléphants, p. 74.

3. Le lièvre et un oiseau prenant un chat pour juge, p. 80.

Mortification du hibou et serment d'une haine éternelle contre les corbeaux. — Ruse conseillée par le corbeau au roi.

4. Le dévot et le cerf, p. 88.

Le corbeau meurtri est recueilli par le roi des hiboux. — Conseil donné au roi par son premier ministre de tuer le corbeau. — Autre conseil du second chef.

5. Le vieillard, sa jolie femme et le voleur, p. 95.

Avis du troisième chef.

6. Le dévot, le démon et le voleur, p. 97.

Persistance du premier ministre de vouloir tuer le corbeau.

7. Le charpentier trompé par sa femme, p. 100.

Le roi accorde sa grâce et son amitié au corbeau. — Demande du corbeau d'être par le feu transformé en hibou.

8. Le dévot et la souris changée en jeune fille, p. 107.

Trahison du corbeau et destruction de tous les hiboux. — Conversation entre le roi et le corbeau.

9. Le serpent servant de véhicule à une grenouille, p. 117.

Chapitre VI. Le singe et la belette (tortue), p. 127.

Le singe chassé de son trône se lie d'amitié avec une tortue. — La femme de la tortue délaissée cherche à se venger. — Simulant une maladie, elle dit à son mari rentré, que le cœur d'un singe la guérirait. — Entraîné d'abord par la tortue, le singe se ravise à temps et déclare avoir laissé son cœur chez lui.

1. Le lion, le renard et l'âne, p. 138.

Chapitre VII. Le dévot imprévoyant, p. 141.

Sa femme stérile devient enceinte. — Espérance exagérée qu'il attache à cet événement et rémontrances de sa femme.

1. Le dévot, brisant le pot de miel, base de sa fortune rêvée, p. 146.

Naissance d'un fils. — Un chien fidèle est tué par suite des soupçons du père.

Chapitre VIII. Le chat et la souris, p. 151.

Le chat est pris dans un filet et la souris s'en réjouit. — Menacée d'une part par un chien et de l'autre par un oiseau, la souris fait la paix avec le chat. — Entretien sur l'amitié entre des ennemis. — La souris coupe les filets et se sauve immédiatement. — Elle refuse de continuer des rapports avec le chat.

Chapitre IX. Le roi et l'oiseau Pinza, p. 166.

Intimité entre le fils du roi et le petit de Pinza. — Dans un accès de colère le prince tue le petit, et Pinza, pour se venger, arrache les yeux du prince. — Le roi fait de vains efforts pour attirer l'oiseau, qui reste sur ses gardes et s'envole.

Chapitre X. Le roi Ardum et son ministre Bilâr, p. 182.

Ardum a huit songes qui l'inquiètent. — Il appelle, pour les interpréter, les sages d'une ville, dont il s'était attiré la haine. — D'après leur conseil, le roi devait tuer sa femme Hallabat, ses parents, son ministre et se dépouiller de ce qu'il avait de plus précieux. — Le roi stupéfait avoue, après des hésitations, à Hallabat, la cause de sa tristesse. — Hallabat l'engage à consulter le sage Kinârôn.

— Selon celui-ci, les songes présagent des magnifiques cadeaux que le roi recevrait de différentes contrées de la terre. — Les cadeaux arrivent et le roi les distribue, en réservant deux objets pour Hallabat et sa suivante. — Incertaine lequel des deux objets elle doit choisir, la reine échange des signes avec Bilâr. — Le roi conçoit des soupçons sur l'honnêteté de sa femme. — Un soir il la rudoie en présence de la suivante, et la reine irritée lui verse un plat de riz sur la tête. — Le roi ordonne à Bilâr de tuer sa femme. — Bilâr l'amène et la cache chez lui, espérant que le roi reviendrait sur sa décision.

1. Le mâle de deux colombes tue sa femelle par suite d'une fausse supposition, p. 208.

2. Un singe voulant trop prendre perd tout, p. 210.

Longue conversation entre le roi et Bilâr dans laquelle celui-ci expose un grand nombre de sentences. — Bilâr s'aperçoit du repentir du roi et lui avoue que Hallabat vit encore. — Elle est amenée auprès du roi, et les premiers interprètes des songes sont mis à mort.

Chapitre XI. Le chasseur et la lionne, p. 229.

Une lionne, en rentrant dans sa tanière trouve ses lionceaux dépécés. — Ses rugissements sont entendus par un animal qui demeure dans le voisinage. — Il lui observe qu'elle aussi a dévoré les petits des autres animaux. — La lionne se convertit et cesse d'être carnivore. — Là-dessus les fruits de la terre deviennent rares et une disette éclate.

Chapitre XII. Le dévot et l'étranger, p. 235.

L'étranger regrette que les fruits de son pays sont moins doux que ceux que le dévot lui offre. — Le dévot lui observe qu'il faut se contenter de ce qu'on peut avoir. — L'étranger essaie aussi de parler l'idiome du dévot, et n'y parvient pas.

1. Un corbeau veut se dandiner doucement comme une colombe, p. 237.

Chapitre XIII. Le lion et le renard, p. 238.

Un animal mène au milieu de ses camarades une vie d'abstinence. — Le lion l'apprend, le fait venir et lui offre la première place de sa cour. — L'animal refuse longtemps le service du roi et cède enfin à ses instances. — Les courtisans envieux cachent dans la maison de l'animal la viande destinée à la table royale et cherchent à faire tomber sur lui les soupçons du vol. — L'animal est jeté en prison. — La mère du lion intervient en sa faveur. — Une belette vient exposer le plan tramé par les conspirateurs. — L'animal est mis en liberté et ne se décide qu'après de longues hésitations à reprendre son rang auprès du roi.

Chapitre XIV. L'orfèvre et le serpent, p. 263.

Un dévot passe devant une fosse dans laquelle étaient tombés un orfèvre, un singe, un serpent et une vipère. — A la corde qu'il jette à l'orfèvre se suspendent d'abord les animaux et l'orfèvre ne sort que le dernier. — En traversant le pays, le dévot reçoit des animaux les marques de leur reconnaissance; la vipère va vite au palais tuer la fille du roi pour enlever sa parure et la donner au dévot. — L'orfèvre que le dévot visite, voit la parure et le fait arrêter comme voleur. — Traîné par la ville pour être pendu, le dévot est reconnu par le serpent. — Il va mordre le jeune prince qui déclare ne pouvoir être guéri que par le dévot condamné à mort. — Le dévot est mis en liberté et l'orfèvre pendu.

Chapitre XV. Le fils du roi et ses compagnons, p. 271.

Un prince, un commerçant, un beau fils de famille et un colporteur, tous pauvres se rencontrent. — Chacun à son tour devait gagner ce qu'il fallait pour vivre. — Le colporteur abat du bois qu'il porte et vend dans la ville. — Le jeune beau est aperçu par une jolie femme qui le nourrit et lui donne ensuite de l'argent. — Le commerçant achète dans le port le chargement d'un vaisseau, le revend et apporte le profit à ses compagnons. — Le prince, tristement assis près de la porte de la ville, voit passer le convoi funèbre du roi, et comme il ne se lève pas, il est arrêté. — Devant ses juges, il se fait connaître, et, en l'absence d'héritiers du roi, on lui confie le gouvernement du pays.

1. Un homme généreux est récompensé par deux oiseaux auxquels il a donné la liberté, p. 279.

Chapitre XVI. Les oiseaux, p. 282.

Deux canards sauvages, mâle et femelle, veulent établir leur nid à un endroit solitaire et inconnu. — La femelle a pour ami un héron qu'elle veut amener malgré la discrétion que le mâle lui a imposée. — Afin de pouvoir l'avertir, elle prétend devoir chercher au lointain un poisson ou deux nécessaires à la santé de ses petits.

1. Le singe malade dont le camarade meurt, en cherchant un remède, p. 286.

La femelle s'en va, et discussion entre elle et le héron. — Par une ruse, le héron se fait inviter par le mâle à venir avec lui.

2. Un loup cruel est tué par les chats, p. 292.

Les deux canards et le héron se rendent à leur nouvelle demeure. — Le héron, dans un moment de disette médite la mort des deux canards. — Il pousse la femelle à tuer le mâle.

3. La souris et le chien, p. 299.

Après cela il fait tuer le mâle par un renard.

Chapitre XVII. La colombe et le renard, p. 306.

La couvée d'une colombe est toujours dévorée par un renard. — Un moineau qui vit dans son voisinage indique à la colombe les moyens d'échapper aux exigences du renard. — Celui-ci se venge du moineau par une ruse.

B. Version de Jacob Ben Elazar.

Deux introductions rimées et métriques, p. 312.

Préface de J. b. E. en prose rimée, p. 313.

Introduction du livre de Kelîlâh et Dimnâh, p. 314.

Les sages de l'Inde se servent des paraboles de ce livre pour se diriger dans la vie.

1. Un homme ayant trouvé un trésor est trompé par les porteurs, *ibid*.
2. Un ignorant qui veut passer pour être instruit, p. 315.
3. L'homme qui s'endort pendant qu'on le vole, *ibid*.

4. Le fripon qui, voulant faire voler son associé, est volé lui-même, p. 316.

5. Le voleur qui recule devant le dénûment de celui qu'il veut voler, p. 317.

Chapitre du médecin persan Berzouïèh, p. 319.

Ce médecin apprend qu'il y a dans les Indes des herbes qui donnent l'immortalité. — Il demande au roi Anouschirvân la permission de chercher ces herbes. — Ne les trouvant pas, il apprend par les sages de l'Inde qu'il s'agit des règles de conduite enseignées par le livre de Kelîlâh et Dimnâh.

Division des Chapitres de ce livre, p. 320.

Histoire de Berzouïèh, p. 321.

Issu d'une famille noble, il pénètre, jeune encore, dans les mystères de la médecine. — Il guérit tout le monde gratuitement.

Allocution a son âme, p. 322.

Il résiste aux objurgations des médecins qui courent après le salaire.

1. Le voleur à qui on fait accroire que les rayons de la lune peuvent servir d'échelle, p. 325.

2. L'amant qui, par une fausse sortie, est attrapé par le mari, p. 326.

3. Un joaillier qui veut faire tailler une pierre fine, dépense son argent à entendre chanter l'ouvrier, *ibid*.

4. Le chien, trompé par l'image de la viande dans l'eau, p. 327.

Longue tirade sur le néant des choses terrestres. — Développement de l'embryon et peines de l'homme depuis sa naissance jusqu'à sa mort. — La vertu et la science sont les seuls biens réels.

5. L'homme qui passe d'un danger à l'autre, p. 330.

Chapitre du lion et du taureau, p. 331.

Un riche marchand démontre à ses fils les dangers de la prodigalité. — Le fils aîné se met en route avec des marchandises. — Sa voiture, tirée par deux bœufs, s'enfonce sur la route, et Schénzébeh l'un des deux bœufs est laissé pour mort.

1. L'homme qui ayant échappé à plusieurs dangers, est écrasé par un mur, p. 332.

Le bœuf se relève et effraie par ses mugissements le lion. — Deux chacals instruits, Kelîlâh et Dimnâh, le dernier ambitieux, se tiennent à la porte du palais du lion. — D. communique à K. ses projets de grandeur. — K. lui raconte

2. L'histoire du singe et de la scie, *ibid*.

D. expose les avantages de ses projets. — Les deux chacals continuent leur conversation. — D. se présente devant le roi et s'insinue dans sa grâce. — Il lui promet de lui amener l'animal dont la voix l'effraie.

3. Le chacal et la timbale, p. 337.

D. va voir le bœuf et revient auprès du lion pour calmer ses terreurs. — Il retourne et amène Schénzébeh. — Le bon accueil fait à S. excite la jalousie de D. — Il communique à K. son chagrin et celui-ci lui raconte

4. L'histoire du dévot, à qui on vole ses bijoux, p. 338.

5. Le chacal tué par deux chamois, p. 339.

6. La femme débauchée, tuée en voulant donner la mort à un amant, *ibid*.

7. Le charpentier, le barbier et leurs deux femmes, *ibid.*

>D. se propose de brouiller S. avec le roi. — K. montre la difficulté de cette entreprise. — Mais D. raconte

8. L'histoire du corbeau et de la vipère, p. 341.

9. Le canard, les poissons et l'écrevisse, *ibid.*

>Après une nouvelle observation de K., D., pour démontrer l'efficacité des ruses, raconte

10. L'histoire du lion et du lièvre, p. 343.

>D. évite pendant quelque temps de voir le roi, et se rend auprès de lui avec un air triste et abattu. — Il explique sa tristesse par les soupçons qu'il éprouve contre la fidélité de S. — La confiance du roi est entamée lorsque D. lui raconte

11. L'histoire des trois poissons, p. 344.

>Le lion est ébranlé davantage par

12. L'histoire de la pou et de la puce, p. 345.

>Enfin D. est chargé par le roi d'amener S. — Arrivé auprès du bœuf, D. cherche à le convaincre que le lion veut le tuer. — S. suppose qu'il a été calomnié et raconte

13. L'histoire de l'oiseau Battah qui prit le reflet d'une étoile pour un poisson, p. 347.

>D. et S. s'entretiennent de la versatilité des rois et de leur cruauté. — S. raconte

14. L'histoire du lion, du loup, du corbeau, de la belette et du chameau, p. 349.

>S. veut attaquer le roi. — D. l'en dissuade en lui racontant

15. L'histoire du goëland, de sa femelle et du démon de la mer, p. 351.

16. Histoire des deux Battah et de la tortue, *ibid.*

>S. hésite encore, et D. lui apprend les signes par lesquels se manifeste la colère des lions. — D. avertit K., et tous deux assistent, à l'arrivée de S., qui, après une lutte terrible, est terrassé et tué par le lion. — En voyant le repentir du lion K. fait des reproches à D. et lui raconte

17. L'histoire des singes et du grand oiseau, p. 355.

>Il lui prédit l'issue funeste et lui raconte

18. L'histoire du fripon, de son père, du simple et du trésor, *ibid.*

19. Le canard, la vipère et l'écrevisse, p. 356.

>Il ajoute que les menteurs ne réussissent pas et lui raconte

20. L'histoire des souris qui mangent du fer, p. 357.

>D. quitte K. et cherche à calmer le lion.

Chapitre de l'instruction du procès de Dimnâh, p. 359.

>K. et D. s'entretiennent du crime commis sur S. — Un léopard les entend et fait un rapport à la mère du lion. — Celle-ci se rend immédiatement chez le roi, réunit toute sa cour et fait venir D. — D. proteste de son innocence, mais la mère du lion persiste dans son accusation. — D. est jeté en prison. — K. va l'y trouver et, après s'être entretenu avec D., il est saisi de douleur et meurt. — Leurs paroles sont entendues par un loup prisonnier. — La mère du lion hâte l'instruction du procès et D. est amené devant les juges. — D. leur raconte

1. L'histoire du médecin ignorant qui empoisonne une princesse, p. 364.

   Le chef des cuisiniers dépose contre D. et D. lui donne un démenti. — Il reproche au chef ses défauts et raconte

2. L'histoire de l'agriculteur et de ses deux femmes, p. 365.

   D. est ramené en prison et y est visité par un ami nommé Rouzbèh. — Il lui donne l'héritage de K., en le priant de suivre attentivement le procès. — Les nouvelles sont mauvaises, le léopard raconte ce qu'il a entendu et bien que D. raconte aux juges

3. L'histoire de la femme calomniée par son domestique, p. 367.

   Il est condamné à mort lorsque le loup confirme le témoignage du léopard.

Chapitre de la colombe au collier, p. 370.

La reine des colombes et ses sujettes sont prises dans un filet. — Réunissant leurs forces elles soulèvent le filet et le portent jusqu'au trou d'une souris. — Celle-ci coupe les mailles et sauve les colombes. — Un corbeau qui a tout vu, recherche l'amitié de la souris et l'obtient après beaucoup d'hésitations. — Le corbeau et la souris se rendent ensemble chez une tortue, amie du premier. — La souris leur raconte

1. L'histoire du dévot dont elle mangeait autrefois les provisions, p. 373.
2. L'homme qui gaspille son avoir en invitations, *ibid*.
3. L'ours trop cupide, p. 374.

   Privée de cette ressource, la souris se plaint des privations qu'elle endure. — La tortue lui prêche la sagesse et le contentement. — Il survient un cerf avec lequel le corbeau et la tortue se lient d'amitié. — Par imprudence le cerf est pris par un chasseur, et délivré par la souris.

Chapitre des hiboux et des corbeaux, p. 379.

Les corbeaux sont attaqués et défaits par les hiboux. — Le roi des corbeaux consulte ses cinq conseillers. — Le cinquième conseiller demande le secret pour le plan qu'il propose au roi. — Il raconte d'abord l'origine de l'inimitié entre le corbeau et le hibou. — Les oiseaux, dans une élection d'un roi, sont sur le point de choisir le hibou lorsque le corbeau les en dissuade. — Il leur raconte

1. L'histoire des éléphants, des lièvres et de la fontaine de la lune, p. 382.

   Il les prévient d'être sur leur garde en leur racontant

2. L'histoire du moineau, du lièvre et du chat, p. 383.

   Le hibou irrité jure une haine éternelle au corbeau. — Le corbeau conseille une ruse qu'il appuie en racontant

3. L'histoire du dévot qui abandonne un cerf à trois fripons, p. 385.

   Le corbeau se laisse meurtrir et ramasser par le roi des hiboux. — Des trois conseillers du roi des hiboux le premier conseille de tuer le corbeau. — Le second est pour la pitié, et raconte

4. L'histoire du vieillard riche, de sa jolie femme et du voleur, p. 386.

   Le troisième demande également la grâce du corbeau et raconte

5. L'histoire du dévot, de la vache, du voleur et du démon, *ibid*.

   Le premier reprend la parole et raconte

6. L'histoire du charpentier, de sa femme et d'un amant, p. 387.

P. 212, l. 24 : Mettez : qui n'a jamais péché. — P. 214, l. 24 et suiv. Mettez : Tu aurais dû t'arrêter et te tenir tranquille … fût apaisée …. doivent s'arrêter et se tenir tranquilles.

VIENNE. — TYP. ADOLPHE HOLZHAUSEN.
IMPRIMEUR DE LA COUR I. & R. ET DE L'UNIVERSITÉ.

www.ingramcontent.com/pod-product-compliance
Lightning Source LLC
Chambersburg PA
CBHW071912230426
43671CB00010B/1575